Ricardo Mansur

Governança da nova TI: a Revolução

Governança da Nova TI: A Revolução
Copyright© Editora Ciência Moderna Ltda., 2013

Todos os direitos para a língua portuguesa reservados pela EDITORA CIÊNCIA MODERNA LTDA.

De acordo com a Lei 9.610, de 19/2/1998, nenhuma parte deste livro poderá ser reproduzida, transmitida e gravada, por qualquer meio eletrônico, mecânico, por fotocópia e outros, sem a prévia autorização, por escrito, da Editora.

Editor: Paulo André P. Marques
Produção Editorial: Aline Vieira Marques
Assistente Editorial: Lorena Fernandes
Copidesque: Kelly Cristina da Silva
Capa: Paulo Vermelho
Diagramação: Rodrigo Martins

Várias **Marcas Registradas** aparecem no decorrer deste livro. Mais do que simplesmente listar esses nomes e informar quem possui seus direitos de exploração, ou ainda imprimir os logotipos das mesmas, o editor declara estar utilizando tais nomes apenas para fins editoriais, em benefício exclusivo do dono da Marca Registrada, sem intenção de infringir as regras de sua utilização. Qualquer semelhança em nomes próprios e acontecimentos será mera coincidência.

FICHA CATALOGRÁFICA

MANSUR, Ricardo.

Governança da Nova TI: A Revolução

Rio de Janeiro: Editora Ciência Moderna Ltda., 2013.

1. Programação de Computador – Programas e Dados 2. Ciência da Computação
I — Título

ISBN: 978-85-399-0379-5

CDD 005
004

Editora Ciência Moderna Ltda.
R. Alice Figueiredo, 46 – Riachuelo
Rio de Janeiro, RJ – Brasil   CEP: 20.950-150
Tel: (21) 2201-6662/ Fax: (21) 2201-6896
E-MAIL: LCM@LCM.COM.BR
WWW.LCM.COM.BR

Dedicatória

Uma vez Shakespeare disse que a vida é tão curta que deveria ser feita só de momentos de prazer. Dedico esta obra aos meus pais e amigos que possibilitaram os bons momentos da minha vida.

Agradecimentos

Agradeço aos meus pais e professores pelo empenho na educação formal e preparação para a vida, aos meus amigos que me ajudaram nesta caminhada e a Deus pela força de vontade para superar os desafios da vida.

Ricardo Mansur

Sobre o autor

Ricardo Mansur é graduado em Engenharia Eletrônica com Mestrado e MBA em Finanças, Administração, Tecnologia da Informação e Negócios Digitais. Na atuação profissional em várias empresas multinacionais de grande porte desenvolveu e comandou mais de 500 projetos de qualidade dos serviços de TI.

Desde 1986, atua no desenvolvimento e gerenciamento de tecnologia utilizando modelos, frameworks e melhores práticas como o Six Sigma, CMMI, PMBoK®, Prince2TM, ITIL®, CobiT, IT Balanced Scorecard, eSCM-SP, eTOM®, ISO 27001, M_O_R, MSP etc. para promover a integração entre negócios e TI. As várias centenas de projetos desenvolvidos revelam uma taxa média de retorno de investimento de 37%. Algumas iniciativas alcançaram a estratosférica taxa de 1.200%.

Durante a carreira, o autor vem exercendo inúmeras atividades de inovação, gestão empresarial, planejamento estratégico, administrativo e financeiro e gerenciamento de escritório de tecnologia, projetos, engenharia, eletrônica, software, telecomunicações, inteligência artificial e competitiva, conhecimento e colaboração, cenários, robótica e automação predial e industrial.

O autor é palestrante de diversos congressos nacionais e internacionais. Entre os trabalhos publicados, destacam-se os livros "Governança dos Novos Serviços de TI na Copa", "Governança de TI Verde - o Ouro Verde da Nova TI", "TI Habilitando Negócios", "Orçamento Empresarial 360°", "Planos de Negócios na Prática", "Governança Avançada de TI na Prática", "Escritório Avançado de Projetos na Prática", "Balanced Scorecard - Revelando SEPV", "Implementando um Escritório de Projetos", "Governança de TI: Frameworks, Metodologias e Melhores Práticas" e "Uma Evolução Silenciosa no Gerenciamento das Empresas com o Six Sigma". O Isaca® (Information Systems Audit and Control Association®) e o ITGI (IT Governance Institute) dos Estados Unidos desenvolveram várias iniciativas em conjunto com o autor e publicaram o seu artigo "WEG Brazil Cobit Implementation Case Study Analysis" no volume 3, 2007 da Cobit Focus. A editora europeia líder em melhores práticas de TI (Van Haren) publicou os livros "Six Sigma for IT Management" e "Frameworks for IT Management" revisados pelo autor.

Sumário

Prefácio...XI
Introdução 1

Parte 1

Capítulo 1 ◆ O Nascimento de um Novo Herói. Capitão Cpt.............................9
Capítulo 2 ◆ Governança de TI...13
Capítulo 3 ◆ Por que o ITIL®?.. 45
Capítulo 4 ◆ Planejando a Implementação do Gerenciamento de Serviços.............57
Capítulo 5 ◆ Trabalhando com o ITIL®...75
Capítulo 6 ◆ Benefícios do ITIL®..89
Capítulo 7 ◆ Relacionamentos do ITIL® com outros Modelos.........................119
Capítulo 8 ◆ Estratégias do Service Management no Brasil............................ 145
Capítulo 9 ◆ Teste os seus Conhecimentos...157
Capítulo 10 ◆ Autoavaliação da Aderência com o SOX..................................163
Capítulo 11 ◆ Desafios do Desenvolvimento de Software...............................165
Capítulo 12 ◆ Adaptação do ITIL® para Empresas de Saúde...........................175
Capítulo 13 ◆ ITIL® como Ferramenta Anticorrupção e Antifraude...................181
Capítulo 14 ◆ Indicadores de Performance dos Projetos................................193
Capítulo 15 ◆ Seleção de Projetos Armadilhas da TIR 199
Bibliografia...203

Parte 2

Capítulo 16 ◆ A Era do lucro. Ti como Serviço 211
Capítulo 17 ◆ iT As a Service...213
Capítulo 18 ◆ TI Verde... 243
Capítulo 19 ◆ Caixa de Ferramentas do Profissional de TI e Comunicações........... 285
Capítulo 20 ◆ Performance do Investimento em TI e Comunicações...................331
Capítulo 21 ◆ Estudo de Casos de Retorno de Investimento em Tecnologia............371
Capítulo 22 ◆ Terceirização da Infraestrutura de TI e Comunicações....................425

X ◆ Governança da Nova TI: Revolução

Capítulo 23 ◆ Terceirização das Aplicações de TI e Comunicações.............................447
Capítulo 24 ◆ ITaaS e Request For Proposal...453
Bibliografia...471

Parte 3

Capítulo 25 ◆ IT AS A MARKET...483
Capítulo 26 ◆ TI Social...485
Capítulo 27 ◆ Mercado Profissional de TI no Brasil...555
Bibliografia...601

Prefácio

A minha convivência no dia a dia da SUCESU-SP (Sociedade dos Usuários de Informática e Telecomunicações do Estado de São Paulo) me dá o privilégio de manter contatos com os mais renomados profissionais do mercado de TI: executivos e CIO's de médias e grandes corporações públicas e privadas, consultores de renome nacional e internacional, integradores e provedores de soluções, empresários de pequenas, médias e grandes empresas de serviços e soluções em TI, sendo que em tempos de constantes mudanças um dos temas que mais se destaca nas inevitáveis trocas de experiências é a Governança de TI.

Percebo nestas discussões que podemos associar a Governança de TI à famosa lenda do "Santo Graal". As práticas de governança estão inseridas em praticamente a totalidade das empresas, e tenho notado que em especial os CIO's têm procurado alcançá-las ao longo das últimas décadas visando obter longevidade em seus mercados e áreas de atuação.

Ao ler este livro os leitores farão uma viagem às melhores práticas da Governança de TI, tema este que o Ricardo Mansur é um grande especialista, pesquisador e evangelizador e sem dúvida oferece excelentes alternativas de como os executivos de TI e CIO´s podem se aproximar do Santo Graal da Governança de TI.

Como descreve o autor em determinado trecho, "Ao combinar ITIL, COBIT, ISO, SIX SIGMA, etc., o CIO trouxe para si a responsabilidade de criar um novo ciclo de melhorias para TI, baseando nas metodologias já consagradas no mercado e esta oportunidade não apenas estabilizou a rota de "queda" da carreira do CIO, como ainda ajudou no sentido de criar novas expectativas e permitir um crescimento futuro em suas carreiras. A combinação destas metodologias (ITIL, COBIT, SIX SIGMA, ISO, etc.) é forte o suficiente para atender a gestão de riscos demandada pelo mercado e também para criar um novo ciclo de crescimento de TI".

O texto explora com muita propriedade as alternativas de como tratar as questões de custos, ciclo de vida, níveis de qualidade de serviço e integração entre TI e negócios. Os temas "por que implementar o ITIL", "quais são seus benefícios e resultados" e "implantação do Service Management" são descritos de forma didática e objetiva, permitindo mesmo aos leitores que não estão afetos a estes temas entenderem perfeitamente que esta metodologia é um dos pilares da boa Governança de TI.

A viagem pela origem da Governança de TI nos leva ao Bug do Milênio, estouro da Bolha, SOX, etc. bem como ao cerne da questão muito bem tratada pelos Profs. Peter Weil e Jeanne Ross do MIT é muito bem analisada pelo autor.

Sustentabilidade e TI Verde, elementos chaves de uma boa governança, também são tratados nesta viagem. Pessoalmente tenho acompanhado junto com o autor a evolução deste tema no mercado brasileiro, tema este de vital importância, para a redução de custos de TI e a boa imagem da empresa junto ao mercado consumidor, mais um dos caminhos, em tempos de mudança, rumo ao Santo Graal.

Para finalizar, o autor oferece uma caixa de ferramentas (frameworks, melhores práticas, etc.) e descreve casos práticos para os executivos de TI poderem obter subsídios visando aplicar a Governança Avançada de TI em suas corporações.

Uma ótima leitura,
José Jairo S. Martins
Vice Presidente da SUCESU-SP
Sócio-Diretor da Mobile Telemática

Introdução

O desenvolvimento dos livros "Governança de TI: Metodologias, Frameworks e Melhores Práticas", "Governança Avançada de TI na Prática" e "Governança da nova TI: a Revolução" foi o resultado de jornada pessoal na busca da efetividade do gerenciamento de tecnologia. O sucesso das primeiras iniciativas mostrou que era possível melhorar ainda mais os resultados e, por isso, coordenei no segundo semestre de 2007 a primeira Pesquisa Nacional dos Indicadores de Performance de TI (PNIPTI) para entender detalhadamente os modelos de gestão em prática no Brasil.

O livro enfatiza e apresenta o novo papel da TI na realidade atual do negócio através de governança, metodologias, frameworks e melhores práticas. O entendimento das novas abordagens para aumentar a efetividade da gestão de tecnologia de informações e comunicações (entender efetividade como: (i) eficácia de endereçar um desafio ou problema real e relevante e (ii) eficiência para resolver o desafio ou problema com o uso ótimo de recursos) deve ser pautado em fatos e números, por isto, as três partes desta obra foram desenvolvidas em conjunto com as várias PNIPTIs.

As pesquisas vêm abrangendo consistentemente a avaliação de cinco macrotemas da gestão de tecnologia (gerenciamento da estratégia, ativos, informações, financeiro e conhecimento e colaboração). Os resultados compilados nos capítulos sobre governança apresentam ao leitor dois novos conceitos do mercado de tecnologia. iT as a Service (iTaaS) e TI Social. Eles são o grande porto destino das iniciativas de gerenciamento de TI. Com eles a organização de tecnologia é alçada ao nível máximo na escala de importância estratégica. O iT as a Service tem o poder de transformar a realidade da rotina diária da tecnologia em negócio.

Quando transmutam *software*, *hardware*, capital intelectual, serviços, tecnologia, investimentos e despesas em serviços, os CIOs (*Chief Information Officer*) e gestores de tecnologia dão o grande salto em termos de efetividade e reengenharia da tecnologia de informações e comunicações. Oferecer, vender e manter serviços de TI (Tecnologia de

2 ◆ Governança da Nova TI: Revolução

Informações) é uma atividade completamente diferente de fazer a gestão de *hardware*, *software*, telecomunicações, terceirizações, contratos etc. A nova engenharia da gestão está cada vez mais voltada ao conhecimento, colaboração, padronização, efetividade, excelência, produtividade, retorno financeiro etc.

A PNIPTI mostrou que a nova engenharia da gestão não é apenas um conceito teórico. Ela já é uma realidade para mais de 23% das empresas pesquisadas. Estas empresas ou estão em fase final de implantação ou já estão operando com o catálogo dinâmico de serviços de TI. A questão do lucro corporativo é bastante destacada, pois as empresas que estão amadurecidas com o catálogo dinâmico apresentam lucratividade 37% superior em relação às organizações que ainda não o desenvolveram.

O modelo de negócio avançou tanto na direção de serviços de TI que praticamente a totalidade dos executivos e profissionais entrevistados afirmaram que a sua avaliação e seu bônus anual estão condicionados à efetividade e à qualidade dos serviços disponibilizados.

Nunca na história da TI no Brasil medir, controlar, otimizar e demonstrar resultados dos investimentos foi tão importante, relevante e necessário. Esta nova arquitetura mudou profundamente a gestão do capital intelectual e dos recursos humanos, pois a remuneração dos profissionais não depende apenas da sua performance individual. O bônus dos profissionais depende agora do desempenho dos fornecedores, da equipe, da chefia, dos usuários e das capacidades.

A pesquisa mostrou também que as empresas de alto resultado na qualidade de tecnologia estão com elevado nível de satisfação em relação aos fornecedores e colaboradores. No outro extremo, as empresas de baixa performance apresentam forte insatisfação com os fornecedores e de média para moderada insatisfação com os colaboradores. Em geral, estas organizações apresentam redução de investimentos em tecnologia e resultado financeiro restrito.

A TI Social é um novo universo que ainda está em fase de exploração de elevado impacto para o negócio. O artigo "Redes sociais são mais ágeis que SAC como canal de reclamação" (http://www1.folha.uol.com.br, acessado em 01/11/2011) afirma que o jogo do poder mudou. As frases "A internet mudou completamente a forma como clientes e empresas se relacionam." e "Enquanto a interação no SAC ainda é unidirecional, as redes sociais deram poder aos usuários." escancaram a real face da mudança. As seguintes afirmações não deixam duvidas sobre a natureza da TI Social.

Juliana Rios, superintendente do SAC do Santander, concorda. "Não existe mais a opção de não estar nas redes sociais. O efeito avassalador atinge todo mundo." Ela diz que a expectativa de resposta é totalmente diferente nesse novo SAC: "A própria rede não permite responder no dia seguinte". No Santander, há três metas: protestos que chegam via Twitter têm de ser atendidos em até duas horas; via Facebook, em 24 horas; via telefone, em até cinco dias úteis. Outras empresas trabalham com prazos similares.

Assim como Santander, Magazine Luiza e outras empresas, a Whirlpool, das marcas Brastemp e Consul, também tem um núcleo para monitorar redes sociais. "Quando vem uma menção negativa [nas redes], nossa primeira missão é entrar em contato e resolver o problema do cliente", diz a diretora de marketing da empresa para a América Latina, Cláudia Sender. "Nosso prazo de resposta é no mesmo dia, mas o ideal é responder aos clientes em, no máximo, uma hora.

Fonte: "Empresas atendem protestos no Twitter em até duas horas", Jornal Folha de São Paulo, quarta-feira, 12 de outubro de 2011, caderno tec.

Terceirização, Trabalho e Emprego

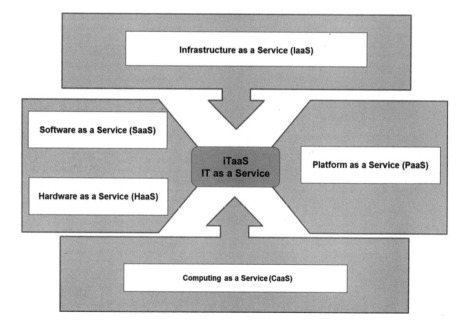

4 ◆ Governança da Nova TI: Revolução

Embora tenha subido 79% em valores reais (descontada a inflação) desde 1985, o salário médio dos trabalhadores terceirizados de São Paulo é pouco mais da metade (54%) do pago ao conjunto dos empregados formais.

Fonte: *"Salário de terceirizado é 54% do pago a empregado formal em SP", Jornal Folha de São Paulo, terça-feira, 18 de outubro de 2011, caderno Mercado.*

Desenvolvendo plataformas para clientes pesos pesados como Sony e Coca-Cola, a HuntMads, segundo o diretor Gastón Bercun, encontrou na Argentina um cenário ideal para atuar.

"Há uma capacidade empreendedora muito grande, e a mão de obra argentina é boa e barata", disse. Para Mariano Stampella, 32, um dos sócios da FDV Solutions, o fenômeno digital argentino deve-se também ao fato de ser um mercado jovem muito qualificado, que vem principalmente de universidades públicas, como a de Buenos Aires.

Fonte: *"Argentina exporta software e aplicativos para o Brasil", Jornal Folha de São Paulo, domingo, 16 de outubro de 2011, caderno Mercado.*

Software pouco competitivo
http://www1.folha.uol.com.br/fsp/mercado/me2909201128.htm

"Grande parte das empresas brasileiras de software demora muito a perceber a mudança dos ventos. O mercado de software e serviços de TICs deve chegar a R$ 63 bilhões em 2011. E a taxa de crescimento anual, até 2020, deve ser o dobro da do aumento do PIB (Produto Interno Bruto). Essas boas notícias (no link **bit.ly/pV0ZDQ**) seriam ainda melhores se não revelassem, também, que 97,3% das 75 mil empresas do setor empregam de 5 a 19 pessoas e que só 0,5% do total tem mais de 50 colaboradores. Ah, e que as margens do setor -no país- vêm diminuindo ano a ano.Tem mais: o Brasil não está se tornando mais competitivo no mercado internacional e, depois de 20 anos tentando, exportamos apenas 5% do que exportam os indianos (veja em **bit.ly/o3Ntrm**). Sem falar que boa parte disso advém dos negócios internacionais das filiais nacionais de empresas globais."

(Acessado em 01/11/2011)

Empresas caçam profissional fora do eixo RJ-SP	TERCEIRIZAÇÃO	Aplicativo para celular pode valer R$ 200 mil no Oi Inovação
http://www1.folha.uol.com.br/fsp/mercado/me1910201105.htm "Em busca de mão de obra com custos menores do que no Rio de Janeiro ou em São Paulo, empresas devem mirar principalmente o Nordeste e o interior do país. Segundo a pesquisa da Brasscom, Bahia, Pernambuco e Minas Gerais são os Estados com maior disponibilidade de profissionais nos próximos três anos." (Acessado em 01/11/2011)		http://macworldbrasil.uol.com.br/noticias/2011/10/24/aplicativo-para-celular-pode-valer-r-200-mil-no-oi-inovacao/ "A operadora Oi abre inscrições para financiar projetos que desenvolvam aplicativos para celulares no Brasil. O objetivo é criar facilidades para turistas brasileiros e estrangeiros em visita ao Brasil, especialmente nos grandes eventos que o País irá sediar, como Copa do Mundo 2014 e Olimpíadas 2016." (Acessado em 01/11/2011)

Projeto da Telefônica estimula inovação e empreendedorismo
http://computerworld.uol.com.br/telecom/2011/09/12/projeto-da-telefonica-estimula-inovacao-e-empreendedorismo/#ir

"Wayra é o nome da iniciativa da Telefônica que chega ao País com o objetivo de incentivar a inovação e o empreendedorismo em áreas como segurança, cloud computing, redes, sistemas, aplicações móveis e redes sociais. "A iniciativa já existe no Colômbia, México, Uruguai, Espanha e Argentina e no Brasil, a primeira onda de identificação de empresas inovadoras está programada para acontecer no próximo mês", afirma Carlos Domingos, diretor-geral de Inovação e Desenvolvimento da Telefônica na Espanha."

(Acessado em 01/11/2011)

Em muitos casos, o mercado adotou a terceirização total de tecnologia como solução para o cenário de resultado financeiro restrito. A pesquisa mostrou que mais de 77% das empresas insatisfeitas com a performance de TI pretendem transferir as atividades da área para empresas especialistas do mercado. No entanto, menos de 37% das empresas que adotaram soluções de terceirização conseguiram sucesso nas suas metas de redução dos custos e aumento da efetividade dos serviços de tecnologia. Para uma grande parte do mercado (cerca de 40%) os resultados alcançados não justificaram a movimentação. Mais de 80% dos entrevistados enxergam TI como infraestrutura básica do negócio. "A solução de terceirização precisa contribuir para aumentar a rentabilidade no curto, médio e longo prazo".

O resultado desta nova matriz de valor é a crescente importância para os executivos das avaliações de melhor preço. O critério menor preço aparente reduziu de importância para mais de 30% dos executivos financeiros consultados, que agora adotam (mais de 42%) o discurso segundo o qual o critério preço deve contemplar o menor custo total do ciclo de vida do serviço. A diferença de melhor e menor preço é muito maior do que apenas a troca das letras "lh" por "n". Para os executivos consultados é preciso avaliar o custo da terceirização em função do ciclo de vida das soluções oferecidas e da necessidade do negócio a curto, médio e longo prazo. Neste ponto da pesquisa, ficou bastante claro que o custo de aquisição não é mais o principal critério de avaliação para as decisões.

Compras

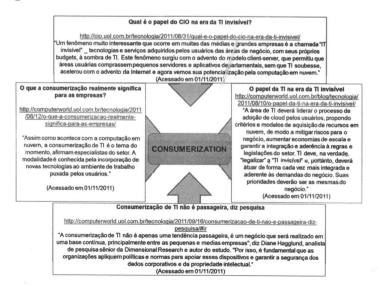

6 • Governança da Nova TI: Revolução

Saindo do território terceirização e indo para aquisição de ativos, o critério de avaliação do custo passou por processo parecido para cerca de 20% das empresas consultadas. O custo real do produto adquirido é composto pelo custo do direito de uso, manutenção, depreciação, Capex (Capital expenditure), indisponibilidade, implantação e demonstração dos resultados.

Alguns executivos comentaram que parece ser muita coisa em uma cesta só, mas segundo eles a lista não tem novidade alguma, pois são atividades rotineiras de TI há mais de quinze anos. A nova abordagem de organização e orquestração das atividades e resultados é basicamente a única mudança. Quando a pesquisa avaliou a redução dos custos não operacionais, apareceu algo que à primeira vista pode parecer um paradoxo. As empresas de maior performance reduziram os custos de TI ao mesmo tempo em que aumentaram os gastos com os fornecedores.

O paradoxo é desfeito quando o custo total do ciclo de vida é calculado. O detalhamento das despesas mostrou que o aumento do custo aparente dos fornecedores de soluções e serviços foi mais do que compensado pela redução do custo total de médio e longo prazo. Maior disponibilidade, eliminação de erros e retrabalhos, redução significativa dos atrasos nas entregas e maior previsibilidade permitiram um planejamento superior de TI, derreteram custos não aparentes e habilitaram operações que maximizaram o resultado da organização.

Governança Avançada

A análise das atividades realizadas pela área de TI e a avaliação dos resultados corporativos mostraram que as empresas com governança avançada têm um resultado operacional 30% maior do que as empresas com governança menos avançada. O resultado operacional superior destas empresas foi consequência da maior efetividade da infraestrutura de negócio. Tecnologia social melhor, custo não operacional menor, otimização dos processos e tecnologia eficiente e eficaz foram os principais insumos.

A pesquisa também mostrou que as organizações com governança avançada de TI têm a coordenação de tecnologia estruturada como um negócio, no qual existem claramente preocupações em relação aos resultados e planejamentos de curto, médio e longo prazo. Por isto, é muito comum o CIO trabalhar com ferramentas avançadas de gestão como: plano de negócio, *balanced scorecard* (BSC), *corporate performance management* (CPM) etc.

TIC atuando como um negócio

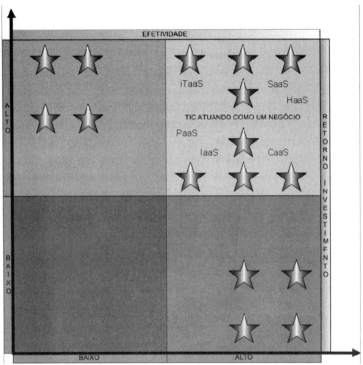

No caso de atuação como um negócio, o impacto de TI nas operações da organização foi muito forte e a percepção do valor agregado foi extremamente elevada. Em função do impacto e valor agregado, a remuneração média dos executivos e profissionais (bônus incluído) é cerca de 20% maior quando comparada com a remuneração destes profissionais em empresas de governança não avançada.

> Software está se tornando serviço, via provedores como Salesforce.com. Mais empresas e pessoas vão usar mais software, mais sofisticado e de desenvolvimento mais complexo, porque sujeito a novos parâmetros de performance, experiência de uso, segurança e resiliência. Ao mesmo tempo, tal "informaticidade" (veja no link bit.ly/aT96C1) vai padronizar processos e o próprio software, comoditizando não seu desenvolvimento, mas seu uso. E o resultado será menos empresas pequenas escrevendo repetidamente o "mesmo" software, a "mesma" folha ou contas a pagar. Isso deve recriar a economia global de software – agora como serviço – numa nova escala – global – de desenvolvimento, utilização, agregação e captura de valor. Em sua quase

totalidade, as empresas brasileiras de software demoram muito a perceber a mudança dos ventos e, nessa virada, não será surpresa se, em vez de se tornarem commodity, boa parte daquelas 97,3% se torne, simplesmente, extinta.

Fonte: "Software pouco competitivo", Jornal Folha de S. Paulo, quinta-feira, 29 de setembro de 2011, caderno Mercado.

O conjunto de empresas de governança avançada foi avaliado com detalhamento: a análise mostrou a presença de empresas de grande e médio porte e de diversos mercados. A diferença da remuneração média dos profissionais de TI entre as empresas era de apenas 3% . A reengenharia da organização de TI e a transformação em negócio permitiram que estas empresas praticassem no seu dia a dia a governança avançada pela busca permanente de resultados superiores, com atendimento das necessidades do negócio através de plano robusto e consistente de negócio e abordagem de ciclo de vida. O destaque para a questão do ciclo de vida é muito importante porque a imensa maioria das empresas com governança avançada já tem tecnologias físicas e sociais para trabalhar com o iTaaS na sua rotina diária.

PARTE 1
Capítulo 1 - O Nascimento de um Novo Herói. Capitão CPT

"Use 2012 para mudar as regras de governança atuais para solicitar projetos de TI com a benção da área de negócios já prevendo vantagens financeiras", aconselha [o instituto de pesquisas Gartner].

Fonte: *"CIOs devem desenhar projetos com resultados mensuráveis",* http://computerworld.uol.com.br/gestao/2011/10/24/cios-devem-desenhar-projetos-com-resultados-mensuraveis/, *acessado em 01/11/2011.*

Ainda, segundo Sondergaard, dois terços dos CEOs acreditam que a TI fará uma contribuição maior às suas organizações nos próximos dez anos do que nas décadas anteriores. "Para que os líderes da tecnologia da informação prosperem nesse ambiente eles devem conduzir das linhas de frente e reinventar o setor. Eles ainda precisam abraçar os negócios pós-modernos, onde as empresas são dirigidas pelo relacionamento com os clientes, alimentadas pela explosão da informação, da colaboração e da mobilidade", afirma Sondergaard. Outros impactos. O próximo estágio da computação social será o envolvimento em massa de clientes, cidadãos e funcionários com os sistemas empresariais, de acordo com o instituto de pesquisas. "Com 1,2 bilhão de pessoas nas redes sociais [cerca de 20% da população mundial], a computação social está em uma nova fase. Os líderes de TI devem incorporar imediatamente as capacidades de software social em seus sistemas empresariais".

Fonte: *"Gastos com TI no Brasil chegarão a US$144 bilhões em 2012",* http://computerworld.uol.com.br/tecnologia/2011/10/25/gastos-com-ti-no-brasil-chegarao-a--us-144-bilhoes-em-2012/, *acessado em 01/11/2011.*

Segundo a pesquisa, apenas 6% dos 256 órgãos da administração pública federal estão em um estágio aprimorado de governança de TI (índice criado pelo TCU). Outros 37% estão em estágio intermediário e 30% não

10 ◆ Governança da Nova TI: Revolução

passou do nível mais baixo _ são aqueles onde a governança inexiste. Há outros dados preocupantes, como o fato de 65% dizer não ter uma política corporativa de segurança da informação, e 51% da alta administração não ser responsabilizar pela área de TI. Apenas 48% dos órgãos possui um comitê de TI formalmente designado; em 57% os objetivos de desenvolvimento foram definidos.

> Fonte: "Administração pública federal peca na governança de TI", http://compu-terworld.uol.com.br/gestao/2011/09/22/administracao-publica-federal-peca-na-go-vernaca-de-ti/, acessado em 01/11/2011.

Governança de TI: Metodologias, Frameworks e Melhores Práticas

A previsibilidade pesa no bolso do trabalhador alemão, que tem mais tempo para consumir? Não, pois ele também usa o tempo livre para produzir mais, seja trabalhando ou estudando. Contando com transporte público eficiente perto de casa, os alemães podem dispor de mais tempo com a família, ter hábitos mais saudáveis e viver uma vida mais previsível. Resultado: menos estresse, menos ansiedade e menos problemas de saúde. Provavelmente, seus gastos com eventuais quitutes ou revistas enquanto aguardam o trem não pesam no bolso, pois em países como o Brasil esse dinheiro também é gasto, só que com tratamentos de saúde.

> Fonte: "O 'custo Brasil' indireto", Jornal Folha de S. Paulo, segunda-feira, 24 de outubro de 2011, caderno mercado

As organizações têm na gestão da tecnologia um desafio crescente frente a investimentos, custos, complexidade tecnológica e estratégia do negócio. Ainda é regra no mercado de TI fornecedores sinalizando em 36 meses como o tempo de vida dos seus produtos de tecnologia. Como os ativos de tecnologia são depreciados em 60 meses, um ciclo de vida de três anos representa uma perda de praticamente 50% do valor ativo. Em resumo, o mercado demanda medidas urgentes que equilibrem as questões tecnológicas e dos negócios.

Além das questões relativas ao desafio do ciclo de vida, depreciação e CAPEX, a atual indefinição do nível de serviços gera conflitos entre TI e usuários, resultando em um adicional de custos, pois as soluções são em geral reativas e emergenciais. É muito comum encontrar na alta administração reclamações sobre a área de TI, como por exemplo: prazo de entrega acima das necessidades da empresa, constantes atrasos, falta de flexibilidade e custos elevados para problemas considerados simples.

Este livro tem como principal objetivo oferecer ao leitor alternativas de mercado sobre como tratar as questões dos custos, ciclo de vida, níveis dos serviços e integração entre TI e negócio. O autor tem como proposta utilizar as melhores práticas do ITIL® como a base da pirâmide para equilibrar os três desafios da Gestão de Tecnologia: Qualidade, Custos e Tecnologia. O Controle, Transparência e Previsibilidade (CPT) é a pedra de sustentação desta nova estrutura de lucro superior.

O ITIL® já é por si só uma ferramenta poderosa, mas quando ele é integrado com os modelos, "frameworks" e melhores práticas do CMMI, COBIT, ISO, PMBOK, SIX SIGMA, gerenciamento de custos, temos como resultado um sistema completo, equilibrado, poderoso e simples para a gestão de tecnologia nas corporações. A primeira parte do livro foi dividida em seis grandes grupos:

1. Governança de TI, gestão de custos, ciclo de vida dos ativos e visão geral do ITIL®.
2. Por que implementar o ITIL®, benefícios e resultados da metodologia, como demonstrar os resultados para a alta administração, cálculo de ROI e planejando a implantação do ITIL®.
3. Descreve o relacionamento do ITIL® com outras estruturas existentes no mercado, como CobiT, CMMI, ISO, PMBoK e Six Sigma.
4. Análise das estratégias de implantação do Service Management no Brasil.
5. Anexos com teste de conhecimentos e casos do mercado.
6. Bibliografia.

Capítulo 2 ◆ Governança de TI

Conteúdo deste capítulo:

- Introdução
- Gestão de custos de TI
- Gestão do ciclo de vida dos ativos de TI
- Priorizando as iniciativas de TI
- Modelo de forças competitivas de Porter para TI
- Demonstração de resultados
- O que é ITIL®?
- Barramento ITIL®
- Metadado ITIL®
- Modelo de implantação do ITIL®
- Fatores críticos de sucesso em um projeto de ITIL®

Introdução

O que não se pode medir, não se pode gerenciar.

A frase é de Peter Drucker e traduz a necessidade dos gestores de TI de se servirem de metodologias e indicadores que lhes permitam estabelecer objetivos, monitorar resultados e verificar, de forma objetiva, como e se as metas propostas foram atingidas.

O que não se pode medir, não se pode controlar.

A frase atribuída a Lord Kelvin, físico e matemático britânico do século XIX, expressa como é antigo o desejo de medir o desempenho para então poder controlá-lo.

A governança de TI pode ser definida como a especificação dos direitos decisórios e do framework de responsabilidades para estimular comportamentos desejáveis na utilização de TI, segundo Peter Weill e Jeanne Ross.

14 ◆ Governança da Nova TI: Revolução

No livro "Governança de TI", Peter Weill e Jeanne Ross identificaram que o melhor indicador para a governança de TI é a porcentagem de administradores em cargos de liderança capazes de descrevê-la acuradamente. Basicamente, a governança de TI pode ser resumida nas respostas às perguntas:

1. Que decisões devem ser tomadas?
2. Quem deve tomá-las?
3. Como tomá-las e monitorá-las?

O Center for Information System Research (CISR), da MIT Sloan School, identificou as principais decisões e os arquétipos da Governança de TI (Governança de TI, Peter Weill e Jeanne Ross).

1. **Princípios de TI** - Decisões de alto nível sobre a integração entre TI e o negócio. Por exemplo, em uma empresa que adota uma estratégia de competição de liderança de custos TI pode endereçar a necessidade através da utilização de tecnologias-padrão de mercado, simplificação da complexidade do ambiente tecnológico via integrações e consolidações e estabelecimento de processos claros, simples, documentados e divulgados.

2. **Arquitetura de TI** - Decisões sobre a organização lógica dos dados, aplicações e infraestrutura, definidas a partir de um conjunto de políticas, padronizações e integrações. Por exemplo, para assegurar a integridade dos dados contábeis e previsões de faturamento é necessária a realidade de dados consolidados e padronizados para que a visão dos clientes, fornecedores, estoques etc. seja única.

3. **Infraestrutura de TI** - Decisões sobre a capacidade atual e planejada de TI disponível para o negócio na forma de serviços compartilhados. Por exemplo, um investimento excessivo em infraestrutura representa desperdício de dinheiro pela depreciação dos ativos e um investimento escasso implica problemas operacionais e decisões de investimento emergenciais.

4. **Necessidades de aplicações de negócio** - Decisões sobre as necessidades de negócios que geram valor. É preciso encontrar o ponto de equilíbrio entre criatividade e disciplina. Por exemplo, para assegurar que uma aplicação de negócio esteja disponível no prazo, custo e qualidade, é necessário muita disciplina. No entanto, a disciplina e a sistematização não podem comprometer a criatividade.

5. **Investimento e priorização de TI** - Decisões sobre quanto gastar, em que gastar e como equilibrar as necessidades diferentes. Por exemplo, os serviços e soluções TI posicionados nos quadrantes de pontos fracos e ameaças (modelo de pontos fortes, fracos, ameaças e oportunidades), representam e revelam as prioridades.

Capítulo 2 ◆ Governança de TI ◆ **15**

A. **Monarquia do Negócio** – Os direitos decisórios e contribuições são de um grupo de executivos de negócios ou dos executivos de forma individual. Existem comitês de executivos de negócios e o CIO pode ter participação nestes grupos. Os executivos de TI não tomam decisões de forma independente.

B. **Monarquia de TI** – Os direitos decisórios e contribuições são de um grupo de executivos de TI ou dos executivos de forma individual.

C. **Feudalismo** – Os direitos decisórios e contribuições são dos líderes das unidades de negócio, donos dos processos-chave ou seus delegados.

D. **Federalismo** – Os direitos decisórios e contribuições são dos executivos e dos grupos de negócios (donos de processos ou unidades de negócios). Os executivos de TI podem participar das decisões.

E. **Duopólio de TI** – Os direitos decisórios e contribuições são dos executivos de TI e outros grupos, por exemplo, donos de processos e unidades de negócios.

F. **Anarquia** – Os direitos decisórios e contribuições são tomados de forma isolada pelos indivíduos ou pequenos grupos.

Os autores do livro "Governança de TI", Peter Weill e Jeanne Ross, propõem a seguinte matriz de arranjo de governança.

	Decisão									
	Princípios de TI		Arquitetura de TI		Estratégias de infra-estrutura de TI		Necessidades de aplicações de negócio		Investimentos em TI	
	Contribuição	Decisão	Contribuição	Decisão	Contribuição	Decisão	Contribuição	Decisão	Contribuição	Decisão
Monarquia de negócio										
Monarquia de TI										
Feudalismo										
Federalismo										
Duopólio										

Em relação à proposta apresentada pelos autores Peter Weil e Jeanne Ross, eu desenvolvi varias pesquisas no mercado brasileiro e proponho alguns ajustes ao modelo.

No Brasil, tanto a Monarquia de negócio como de TI são arquétipos inexistentes na forma definida. A monarquia do negócio para as decisões de TI é muito mais um modelo orientado ao negócio, pois os executivos de negócio não se sentem à vontade para tomar as decisões de TI sem o aval de TI. Não é um duopólio porque o negócio quer manter grande parte do poder da decisão.

No caso da monarquia de TI temos o efeito oposto e os executivos de TI necessitam do aval dos executivos do negócio para as suas decisões. Também não é um caso de duopólio, pois os executivos de TI querem manter grande parte do poder de decisão. No caso do Brasil a monarquia do negócio e TI pode ser classificada como orientada ao negócio e orientada a TI, respectivamente.

Outro ajuste de nacionalização é a criação do arquétipo orientado ao usuário. Ele acontece quando o poder de decisão é exercido em grande parte pelos usuários, sem levar em conta os aspectos de padronização e integração. Não é uma anarquia, porque apenas uma parte das decisões é da alçada dos usuários. Os executivos de TI têm neste tipo de organização um poder de decisão menor, mas ainda assim ele é importante e relevante. Este arquétipo vem ganhando enorme força com a consumerização.

> *Os resultados do levantamento põem um ponto final em todas as dúvidas de que a "consumerização" seja apenas um slogan. Dos 750 entrevistados, 87% dizem que seus funcionários usam dispositivos pessoais para fins relacionados ao trabalho, que vão desde o acesso a e-mail até o CRM e o ERP; 80% dos funcionários usam smartphones pessoais e 69% dizem que PCs pessoais são levados para o trabalho pelos funcionários.*

> Fonte: *"Consumerização de TI não é passageira, diz pesquisa",* http://computerworld. uol.com.br/tecnologia/2011/09/16/consumerizacao-de-ti-nao-e-passageira-diz- -pesquisa/#ir, *acessado em 01/11/2011.*

Matriz ajustada do arranjo de governança

		Decisão									
		Princípios de TI		Arquitetura de TI		Estratégias de infra-estrutura de TI		Necessidades de Aplicações de Negócio		Investimentos em TI	
		Contribuição	Decisão	Contribuição	Decisão	Contribuição	Decisão	Contribuição	Decisão	Contribuição	Decisão
Arquétipo de Governança	Orientada ao Negócio										
	Orientada a TI										
	Orientada ao Usuário										
	Feudalismo										
	Federalismo										
	Duopólio										

Origens da Governança de TI

> *Se para ir aos meus compromissos aqui no Brasil pudesse contar com* **horários precisos** *de saída do transporte, certamente diminuiria os intervalos que faço para compensar problemas de tráfego e tempo de espera.* **Produziria mais, ganharia mais e também consumiria mais.** *Meus clientes sabem por que praticamente aboli reuniões em minha agenda. Em São Paulo, para fazer uma reunião de uma hora a dez quilômetros de meu escritório, gasto cerca de três horas do meu dia, contando o deslocamento de ida e volta.* **Não funciona.**
>
> Fonte: "O 'custo Brasil' indireto", Jornal Folha de S. Paulo, segunda-feira, 24 de outubro de 2011, caderno mercado.

As necessidades da governança de TI originaram-se das demandas de **Controle, Transparência e Previsibilidade (CTP)** das organizações. As origens destas demandas datam do começo dos anos 1990, em que as questões relativas à qualidade ganharam uma enorme importância no cenário mundial. Apesar da forte demanda por governança, o crescimento exuberante da economia mundial acabou esfriando a sua necessidade imediata e o processo de maturidade da governança nas empresas acabou atrasando alguns anos.

Com as crises do México, Ásia, Rússia etc. na segunda metade dos anos 1990, os investidores mudaram de comportamento, passando a exigir dos CEOs (*Chief Executive Officer*) um maior acerto nas previsões orçamentárias. Na ótica dos investidores, quando a empresa tinha um lucro menor do que a previsão, o CEO foi incompetente na sua gestão, e quando ocorria o inverso, o investidor considerava-se enganado, pois poderia ter investido muito mais naquela empresa.

Esta nova atitude alavancou as necessidades de governança corporativa, a partir de 1998, mas a lucratividade e o crescimento da economia ainda eram grandes o suficiente para impedir que o tema governança alcançasse o nível de **essencial** nas organizações. O status de **desejável** alcançado após o ano 2000 representou um enorme avanço para a governança, mas não foi forte o suficiente para implantar as mudanças estruturais necessárias nas empresas. Apenas a ocorrência de novos fatos poderia mudar o mercado e fazer com que as organizações entendessem que o tema governança era questão de "vida e morte" para a continuidade dos negócios.

18 ◆ Governança da Nova TI: Revolução

Diante da necessidade de pelo menos **um** fato relevante, o mercado acabou apresentando **uma sequência** de fatos que definitivamente tiraram da gaveta dos executivos os projetos de governança. Os novos fatos foram fortes o suficiente para que o assunto governança fosse inicialmente reclassificado para o nível de normas e regulamentações, com posterior elevação para a condição de lei no início do século XXI.

Bug do milênio

O bug do milênio demandou um nível de investimentos em TI que poucas vezes foi registrado na história, mas infelizmente a base para as justificativas de investimentos era um discurso "terrorista". A prática mostrou que a maioria dos investimentos era desnecessária, uma vez que empresas com orçamentos muito menores administraram os riscos com sucesso, sem interrupção dos serviços.

O segredo destas empresas é que elas conheciam o seu parque de ativos de tecnologia e a gestão foi feita em função do risco e impacto. Ao ser aprofundada a questão dos investimentos realizados, foi estimado que 70% dos valores gastos nos projetos de Y2K foram destinados apenas para identificar os ativos de TI e os seus relacionamentos.

Foram gastos milhões de dólares apenas para que os CIOs soubessem o que tinham em casa e estavam gerenciando. O mercado concluiu que se o CIO sequer sabia o que tinha, o nível pobre dos serviços de TI era resultado de falhas gerenciais.

A desconfiança nos investimentos realizados em TI provocou um maior rigor nas auditorias, e o CobiT, por ter métricas claras, acabou sendo o "framework" adotado pelos auditores. A governança de TI ganhou impulso extra, pois tinha o objetivo de evitar a queda na carreira dos CIOs.

Os CIOs, que antes do bug estavam em voo livre na direção da alta administração, tiveram o seu plano de voo abortado e voltaram para o guarda-chuva do CFO, que detinha a auditoria, os controles e as métricas. A auditoria, além de medir, via CobiT, buscava também melhorar o desempenho da área de TI, e neste momento apareceu uma oportunidade de ouro para os CIOs. Introduzir a dupla ITIL® e CobiT para medir e melhorar a organização de TI.

> *O CFO tem uma maior influência nas decisões de investimento em TIs do que o CIO, diz a Gartner. O CFO autoriza 26% de todos os investimentos em TI, e 51% quando combinado com o CIO, segundo revela a edição 2011 do Financial Executives International (FEI) Technology Study, que mostra*

também um aumento significativo da quantidade de CIOs que passaram a se reportar aos CFOs, em relação à edição de 2010.

Fonte: "CFOs decidem mais sobre TI do que CIOs, diz Gartner", http://cio.uol.com. br/gestao/2011/06/01/cfos-decidem-mais-sobre-ti-do-que-cios-diz-gartner/, _acessado em 01/11/2011._

Um estudo realizado pela consultoria Gartner, em parceria com o instituto de pesquisas especializado na área financeira FERF (Financial Executives Research Foundation), aponta que em 42% das organizações do mundo, o CIO se reporta ao principal executivo de finanças, ou CFO. O levantamento, conduzido entre outubro de 2009 e janeiro de 2010, com 482 empresas mostra ainda que em 33% dos casos a TI está diretamente ligada ao CEO, em 16% ao COO (Chief Operation Officer ou responsável pela área de operação), em 2% ao diretor administrativo e em 7% para outros executivos.

Fonte: "O CIO se reporta ao CFO em 42% das empresas, mostra estudo", http://cio. uol.com.br/gestao/2010/05/04/o-cio-se-reporta-ao-cfo-em-42-das-empresas-mostra- -estudo/, _acessado em 01/11/2011._

"Bolha" da Internet

A "bolha" de Internet mostrou orçamentos inflados, superestimavas de faturamento e lucros pelas empresas da nova economia e os investidores reagiram aos prejuízos buscando normas e regulamentações para reduzir os riscos dos investimentos, empréstimos etc. (um exemplo foi a Basel II - the second of the Basel Accords). Este novo contorno de regulamentação visou melhorar a gestão dos riscos. A governança corporativa foi o mecanismo adotado. Mesmo com toda esta agitação, o mercado ainda assim conseguiu apresentar novas distorções de informações, como os casos Parmalat, MCI etc.

Lei SOX

Os casos de mercado em relação às informações fraudulentas mostraram que, apesar da força das normas e regulamentações, o instrumental ainda não era forte o suficiente para combater a doença, com isso a lei SOX foi aprovada e passou a responsabilizar o CEO e o CFO (_Chief Financial Officer_) pelas informações das empresas. O SOX é uma regulamentação tão poderosa que permite ao estado americano prender os responsáveis em caso de fraudes contra a economia. Neste momento a governança

20 • Governança da Nova TI: Revolução

deixou a condição de desejável e foi elevada para o status de **essencial** para os negócios das empresas.

Controle, Transparência e Previsibilidade

> *Pontualmente às 17h19, vi a paisagem começar a correr pela janela, inspirando-me a refletir sobre como a típica precisão alemã criara um momento agradável em meio a um intenso dia de trabalho. Se não soubesse o horário do trem, ficaria aguardando ansiosamente na plataforma. Certamente, aquele vendedor de pretzels vende mais do que os quiosques de pão de queijo brasileiros, pois a* **previsibilidade** *na partida dos trens diminui a ansiedade das pessoas e evita a aglomeração nas plataformas. Mais vendas significa* mais dinheiro circulando, **mais prosperidade na economia.**
>
> Fonte: "O 'custo Brasil' indireto", Jornal Folha de S. Paulo, segunda-feira, 24 de outubro de 2011, caderno Mercado.

Controle, transparência e previsibilidade são agora ferramentas de gestão das organizações e como as informações estão na maioria dos casos no formato digital, a área de TI passou a desempenhar um papel vital na governança. A auditoria, que em geral trabalhava com as métricas do CobiT, comparava os resultados tanto no âmbito interno como externo da empresa, mas isso ainda era pouco, pois era necessário melhorar os serviços e processos. Os CIOs passaram então a adotar o ITIL® e as suas melhores práticas para os serviços e processos de TI, reduzindo assim os custos e melhorando a qualidade dos serviços.

ITIL®, CobiT, ISO, Six Sigma, CMMI e PM

Ao combinar ITIL®, CobiT, ISO, Six Sigma etc., o CIO trouxe para si a responsabilidade de criar um novo ciclo de melhorias para TI, baseado nas metodologias já consagradas no mercado. Esta oportunidade não apenas estabilizou a rota de "queda" da carreira do CIO, como ainda ajudou no sentido de criar novas expectativas e permitir um crescimento futuro na carreira dele.

> *Entre as divisões que mais tiveram redução no espaço do orçamento das empresas estão software e hardware. Os gastos com sistemas de informação, que cresceram 13,7% em 2010 na comparação com o ano anterior, devem subir 6% neste ano. O volume total investido será de R$ 11,5 bilhões. Equipamentos como servidores, computadores e outros aparelhos de redes devem*

movimentar *R$ 22,6 bilhões, repetindo o percentual modesto do software. "Projetos que envolvem serviços de computação em nuvem e virtualização de redes, que permitem a substituição da infraestrutura pela contratação de serviços que tenham os mesmos resultados, no entanto, devem continuar na pauta", afirma. A recuperação deverá vir somente a partir de 2013.*

Fonte: "Investimentos em tecnologia crescem menos no Brasil", http://www1.folha.uol. com.br/fsp/mercado/me2210201121.htm, *acessado em 01/11/2011.*

Quanto aos principais projetos que os gestores de TIC planejam apresentar ao conselho executivo das organizações em 2010, a maior parte (36,99%) cita a intenção de conduzir iniciativas relacionadas a ferramentas de inteligência e análise de negócios em conjunto com ações para melhorar a produtividade da empresa. Outros 26,03%, por sua vez, apontaram o objetivo de apresentar ações voltadas a reduzir custos operacionais e a aprimorar os processos. A inovação aparece em terceiro lugar na lista de prioridades dos CIOs, sendo uma estratégia para 12,33% da base de executivos consultados.

Fonte: "66% das empresas no País ampliarão o orçamento de TI até 2012", http:// cio.uol.com.br/gestao/2010/02/11/66-das-empresas-no-pais-ampliarao-o-orcamento-de-ti-ate-2012/, *acessado em 01/11/2011.*

Como gerir TI em uma estrutura departamental de grande porte, que tem a missão de atender prontamente mais de 23 milhões de clientes? São variadas áreas de negócios com alta demanda, pressionando a TI para viabilizar projetos e colocá-los em prática à frente da concorrência. Segundo Laércio Albino Cezar, vice-presidente executivo do Bradesco, o segredo mora no desenho da gestão de TI, apoiada especialmente no Departamento de Tecnologia e Negócios, criado há dez anos.

Fonte: "Governança de TI: a engrenagem do gigante Bradesco", http://cio.uol.com.br/ gestao/2011/10/03/governanca-de-ti-a-engrenagem-do-gigante-bradesco/, *acessado em 10/11/2011.*

A combinação destas metodologias (ITIL®, CobiT, Six Sigma, ISO etc.) atendeu a gestão de riscos demandada pelo mercado e criou novo ciclo de crescimento de TI. As métricas claras e objetivas permitiram medir a real contribuição da área em relação aos lucros, redução dos custos, melhoria dos serviços e transmitiram aos investidores a mensagem de que agora temos no "pé da empresa o sapato de número correto". O ITIL® trata a gestão de riscos quando endereça as questões de SLA, redução de

22 • Governança da Nova TI: Revolução

variabilidade etc. O resultado final é um aumento na confiança nos serviços de TI, que significa, na prática, redução dos riscos e custos. A maior certeza do negócio em TI elimina os custos das redundâncias operacionais.

Daqui para frente, a expectativa é que o SOX se torne universal, de uma forma ou de outra, e que os principais mercados mundiais sejam pautados nos princípios de transparência, controle e previsibilidade.

Gestão de Custos de TI

Nos últimos anos, diversos autores vêm escrevendo sobre a área de TI em termos de custos, benefícios e produtividade. Apenas citando alguns, temos o V.W. Setzer, que no final dos anos 80 escreveu uma série de artigos sobre a miséria da computação, em que demonstrou que 80% do tempo de TI era destinado à manutenção dos sistemas antigos e apenas 20% destinado para os sistemas novos (Jornal do software, quatro de junho de 1989, página 12).

Também na década de 1980, o prêmio Nobel Robert Solow mostrou que, apesar dos crescentes gastos com computadores, as empresas e a economia como um todo não obtiveram ganhos significativos de produtividade. E, atualmente, Nicholas G. Carr vem demonstrando que TI ainda tem uma elevada taxa de insucesso nos projetos estimada entre 70% a 90%.

Todos estes questionamentos levaram a área de tecnologia a buscar novas formas de gerenciamento, tais como: TCO, CobiT, ITIL®, CAPT etc. No entanto, o mercado ainda busca o custo ótimo de TI e estamos agora introduzindo uma nova e importante variável na contabilização de custos e benefícios: **O USUÁRIO de TI**.

Em uma civilização como a descrita no livro "A era do acesso", do autor Jeremy Rifkin, podemos perceber que, após a universalização da tecnologia, as vantagens competitivas migraram para as pessoas, processos e conhecimento. Por isso o gerenciamento do conhecimento tornou-se vital para as empresas. O resultado final deste ciclo de mudanças é que as vantagens competitivas, que estavam nos ativos de TI, migraram para a forma de uso da tecnologia. Como consequência, estamos propondo que os custos relacionados à tecnologia não estão mais totalmente dentro da área de TI, e sim dispersos pela empresa como um todo.

CIOs que já começaram a implantar políticas para BYOT estão dando início a uma nova era no consumo de TI. Eles procuram cortar custos e mudar a maneira de interação entre a equipe de TI e os demais funcionários da companhia. Eles também esperam melhorar a produtividade da equipe de TI recém-libertada de algumas tarefas típicas de suporte.

Fonte: "*Consumerização: 9 coisas que é preciso saber*", http://cio.uol.com.br/gestao/2011/10/03/consumerizacao-9-coisas-que-e-preciso-saber/, acessado em 01/11/2011.

Observe o impacto do *downtime* dos recursos de tecnologia na performance dos usuários e dos negócios da empresa. Veja o exemplo: retire o mouse de um micro e veja como o tempo para a execução de atividades triviais como cadastro de pedidos, propostas comerciais, vendas, entregas etc. aumentará, ou como a ausência do telefone implicará perdas de negócios.

As quatro principais razões para a ineficiência da TI, diz Baschab, são: (1) turbulências na área de negócios da empresa, como a necessidade de rápido crescimento da receita ou uma fusão forçando uma maior demanda por TI; (2) seleção equivocada e uma fraca gestão dos fornecedores; (3) inexperiência de gestão ou uma gestão que afaste a equipe de TI das áreas de negócio; (4) e orçamento reduzido ou um gestor financeiro que não compreenda perfeitamente a relação custo/benefício da área.

Fonte: "*Saiba como combater a ineficiência da área de TI*", http://computerworld.uol.com.br/gestao/2011/09/05/saiba-como-combater-a-ineficiencia-da-area-de-ti/#ir, acessado em 01/11/2011.

De acordo com o responsável pelos produtos digitais do grupo Saraiva, Deric Degasperi Guilhen, a companhia dará uma compensação na forma de desconto em compras futuras para os clientes afetados pelo problema – no entanto, o valor não foi informado. Até o fechamento desta reportagem, a empresa não sabia precisar quantas pessoas foram afetadas pelo bug em seu aplicativo.

Fonte: "*Pane em app da Saraiva para iPad impede download de livros comprados*". http://macworldbrasil.uol.com.br/noticias/2011/08/25/pane-em-app-da-saraiva-para-ipad-impede-download-de-livros-comprados/, acessado em 01/11/2011.

Depois da grande interrupção do serviço na semana passada, a Research In Motion (RIM) está oferecendo aplicativos gratuitos e suporte como forma de

24 • Governança da Nova TI: Revolução

compensar o ocorrido. A RIM afirmou que vai oferecer US$100 em aplicativos para usuários finais e suporte gratuito por um mês para clientes corporativos.

Fonte: *"Após falha na rede do BlackBerry, RIM oferece apps gratuitamente"*, http:// idgnow.uol.com.br/mobilidade/2011/10/17/apos-falha-na-rede-do-blackberry-rim-oferece-aplicativos-gratis/, *acessado em 01/11/2011.*

Assim como utilizei os exemplos acima, existem muitos outros que demonstram que a indisponibilidade de TI afeta a produtividade da empresa. A afirmação anterior nos leva a uma nova equação financeira, em que o custo ótimo de TI (menor custo) acontece quando relacionamos os ativos de menor *downtime* com os usuários que mais agregam valor aos negócios.

Para estabelecer as curvas de *downtime* de uma empresa serão utilizados os conceitos dos indicadores CAPT e CAPU da Fundação Getúlio Vargas. O CAPT (custo anual por teclado) e o CAPU (custo anual por usuário) estabelecem que todos os custos de TI sejam divididos pela quantidade de teclados ou de usuários; desta forma, o CAPT e o CAPU representam os custos da estação de trabalho do usuário, das comunicações, segurança, rede local, internet, softwares, servidores etc.

De forma semelhante, vamos estabelecer o indicador CDWT (custo anual do *downtime*) por teclado-usuário. Este indicador associa ao par teclado-usuário o custo da indisponibilidade anual dos recursos considerando os seguintes componentes: estação de trabalho, comunicações, segurança, rede local, internet, softwares, servidores etc. O conceito do indicador CDWT permite o estabelecimento de um conjunto de pontos para os custos da indisponibilidade anual do par teclado-usuário.

CDWTWS [ ] = [CDWTWS1, CDWTWS2, CDWTWS3, ... , CDWTWSn]

Sendo:
CDWTWS [ ] = Conjunto dos pontos dos custos do *downtime* das *workstations*.
CDWTWSn = Custo do *downtime* da *workstation* n.
CDWTWS1 =
[DWTWS1*CUSR1, DWTWS1*CUSR2, DWTWS1*CUSR3,...,DWTWS1*CUSRn],
CDWTWS2 =
[DWTWS2*CUSR1, DWTWS2*CUSR2, DWTWS2*CUSR3,...,DWTWS2*CUSRn],
,...,
CDWTWSn =

[DWTWSn*CUSR1, DWTWSn*CUSR2, DWTWSn*CUSR3,...,DWTWSn*CUSRn]
Sendo:
DWTWSn = *Downtime* em horas por ano dos serviços de TI da *workstation* do usuário n.
CUSRn = Custo total da hora (para a empresa) do usuário n.

O menor custo de indisponibilidade do par teclado-usuário para a empresa será dado pela equação:

min (CDWT) =
min (CDWTWS1) + min (CDWTWS2) + min (CDWTWS3) + ... + min (CDWTWSn),

ou seja, o CDWT ótimo (mínimo) é a soma dos custos mínimos das indisponibilidades.

A equação a seguir permite o cálculo do custo-hora do usuário:

CUSRn = CHn + PHn

Sendo que:

CHn = Custo do usuário n por hora, ou seja, valores pagos como salário, encargos, benefícios etc.

PHn = Custo da produtividade do usuário n por hora, ou seja, quanto a empresa deixa de ganhar pela interrupção (ou pela redução significativa) da produtividade do usuário n em função da indisponibilidade dos recursos de TI dele.

A Figura 1.1 apresenta o custo de manutenção do usuário J. Carlos (relacionamento entre o custo e produtividade por hora do usuário e o custo da manutenção corretiva).

Usuário	Custo Manutenção preventiva anual (R$)	Custo Manutenção corretiva Anual (R$)		R$ Total por ano	Valor residual do teclado (R$)
		Custo anual de peças e serviços (R$)	Custo Indisponibilidade (R$)		
			Custo Usuário (R$)	Custo Produtividade do Usuário (R$)		
J. Carlos			329,40	1.976,40		
J. Carlos	100,00	200,00	2.305,80		2.605,80	2.500,00

Figura 1.1 *Tabela de custos do usuário J. Carlos.*

Em que: o usuário J. Carlos teve *uptime* de 99,75% = 21,96 horas de indisponibilidade dos recursos de TI por ano.

Quando analisarmos o conjunto de número, tabelas, gráficos para todos os pares de teclado-usuário, percebemos que podemos estabelecer uma regra prática simplificadora. O menor custo (custo ótimo do par teclado-usuário) será obtido quando os teclados com os menores tempos de *downtime* estiverem associados com os usuários de maior valor agregado ao negócio.

O gráfico a seguir demonstra a curva da função *downtime* do par teclado-usuário e o custo total mínimo. A curva com CDW médio = 2.193 representa a associação das menores indisponibilidades com os usuários que mais agregam ao negócio, ou seja, ela é a curva do menor custo possível para este conjunto de pontos. No gráfico da Figura 1.2 temos as curvas de *downtime* x custos.

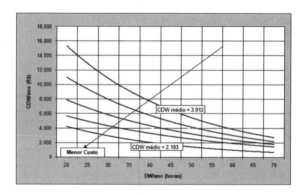

Figura 1.2 *Curva do custo do downtime dos usuários.*

O custo da indisponibilidade do par teclado-usuário é apenas um dos componentes do custo total de manutenção anual, que é dado pela equação a seguir:
CMn = CMPn + CMCn
Sendo:
CMn = Custo de manutenção anual do par teclado-usuário n.
CMPn = Custo de manutenção preventiva do par teclado-usuário n.
CMCn = Custo de manutenção corretiva do par teclado-usuário n (custo peças e serviços + custo indisponibilidade).

Gestão do Ciclo de Vida dos Ativos de TI

A condição de equilíbrio para o uso ótimo de um teclado relacionado a um usuário é dada pela equação a seguir:
CMn - VRn = 0
Sendo que:

VRn = Valor Residual do par teclado-usuário.

Então, temos as seguintes condições fora do ponto de equilíbrio:

Se CMn > VRn a manutenção do teclado não agrega valor.

Se CMn < VRn a manutenção do teclado agrega valor.

Ou seja, sempre que o custo de manutenção de um ativo for maior do que o seu respectivo valor contábil, este é o momento ideal para a sua substituição. Mas cuidado, a variável nesta equação é o CUSRn, ou seja, substituir os recursos de TI do João não quer dizer que os recursos devam ser descartados, pois eles podem ser direcionados para o Paulo, que tem um CUSR menor. Se trabalharmos consistentemente nesta direção, estaremos minimizando o custo total de manutenção de TI da organização no médio e longo prazo.

Ao aplicarmos a ótica financeira na reposição dos ativos, estaremos dando o primeiro passo para o aumento do ciclo de vida dos recursos de tecnologia. No exemplo, fica claro que os investimentos em hardware e software são otimizados quando os ativos de TI do João são realocados para o Paulo. Como consequência, o custo total de manutenção foi reduzido, pois os pares teclado-usuário de Paulo e João têm disponibilidades maiores do que a situação anterior.

Ao implantarmos políticas iguais ou similares para todos os usuários, estaremos prolongando o ciclo de vida dos ativos de TI dos tradicionais 36 meses para algo mais próximo dos cindo anos de depreciação contábil e com isso reduziremos os custos de TI, atendendo uma das necessidades mais prementes do negócio.

Estamos considerando os riscos do negócio nestas equações dos custos?

Quando introduzimos no cálculo do *downtime* o valor da produtividade por hora, estamos, ao contrário dos modelos tradicionais, considerando os riscos, pois quanto maior for a produtividade por hora, maior será a perda da empresa com a sua indisponibilidade e, portanto, maiores serão os custos, logo, o processo de minimizar os custos de manutenção também reduz os riscos da organização.

Esta equação na realidade estabelece uma importante conexão entre negócios e TI, pois a produtividade dos usuários está diretamente ligada com o faturamento e a imagem institucional da empresa.

Priorizando as Iniciativas de TI

		Fornecedores				Empresa				Infraestrutura			Produção			
	SERVIÇO DE VALOR AGREGADO	Estoque	Planejamento	Compras	Armazenagem e Logística	Portal Recursos Humanos	Portal Finanças	Portal Vendas	Portal Produtos	Portal colaboração	Portal relacionamento cliente	Portal Fusões e Aquisições	Fatores de Produção	Desempenho	Logística	Estoque e Capital
FLUXO DE CAIXA	Gerenciamento dias de estoque	X	X		X											X
	Gerenciamento dias de recebíveis					X										
EFETIVIDADE	Gerenciamento mão de obra		X	X	X	X	X	X		X	X					
	Gestão produtividade		X	X	X	X	X	X		X	X			X	X	X
	Gerenciamento rotatividade mão de obra		X	X	X	X	X	X								
	Gestão ciclo de vida		X	X	X	X	X	X	X	X	X	X		X	X	X
	Gerenciamento compras			X												
	Gestão capital intelectual									X	X					X
	Gerenciamento custos	X	X	X	X	X	X	X	X	X	X	X	X	X	X	X
	Gestão produção									X	X		X	X	X	
	Gerenciamento estoque mercadorias	X	X											X	X	
	Gestão resiliência							X	X	X	X	X				
	Gerenciamento novos mercados			X				X	X	X	X	X				X
	Gestão fidelização			X				X	X	X	X	X				X
	Gestão vendas	X		X				X	X	X	X	X				X
SUSTENTABILIDADE	Gerenciamento fornecedor	X	X	X	X		X	X			X					
	Gestão riscos	X	X	X	X		X	X		X	X				X	X

Fonte: Livro "Governança dos Novos Serviços de TI na Copa", Ricardo Mansur. Editora Ciência Moderna.

As iniciativas de TI podem ser classificadas ou como atividades de suporte aos negócios, ou como atividades que fazem parte do negócio, ou ainda como atividades que são os negócios da empresa.

Atividades de TI como suporte aos negócios

Para suportar os negócios TI, a empresa deverá apoiar as suas atividades no Plano Estratégico de Negócio (PEN). O plano estratégico de TI terá objetivos, metas, ações estratégicas do negócio e fatores críticos de sucesso como base para determinar as diretrizes e as justificativas dos projetos propostos de TI. A seguir apresentaremos algumas iniciativas de TI para suportar as diretrizes estratégicas do negócio.

Ação estratégica do negócio – Reduzir os custos operacionais da empresa.

Iniciativas de TI – Redução do nível de estoques. Após a análise do ambiente de negócio, percebemos que o estoque de produtos acabados pode ser reduzido de 30 para 20 dias. Melhorando o fluxo de informações entre clientes, empresa e fornecedores, podemos disparar ações para os envolvidos na cadeia produtiva, de forma a agilizar a programação de produção reduzindo os prazos de entrega e, como consequência, a necessidade de estoque elevado de produtos acabados.

Este novo fluxo produtivo agilizará diversos aspectos da produção e logística para que a empresa atenda os seus clientes de forma mais rápida e com menores custos e permitirá, em função do fluxo de informações e materiais, uma sensível redução no nível de estoque dos produtos acabados.

A iniciativa de TI será criar um portal do sistema produtivo tendo como *back office* os sistemas atuais de ERP, Supply Chain, mensagens, comunicações etc. TI terá a missão de identificar e comprar (ou desenvolver) uma aplicação que integre desde a requisição do pedido no CRM até a entrega do produto no cliente final.

Este sistema deverá refletir os novos processos, agilizando a recepção, compra, produção etc. para que a empresa opere na configuração de "built to order", ou seja, a programação de produção será realizada conforme a demanda, reduzindo assim a necessidade de estoque do produto final.

30 • Governança da Nova TI: Revolução

Uma vez identificada a iniciativa de TI, deve-se gerar o plano de ações do projeto que mostrará a necessidade de recursos de infraestrutura, segurança, pessoas, aplicativos, comunicações, treinamento, investimentos e manutenção.

TI como parte integrante do negócio

A atualização da infraestrutura de TI em função do crescimento das vendas, base de clientes ou novas operações são exemplos das atividades de TI fazendo parte do negócio. O desenvolvimento dos mapas de relacionamento mostrando a realidade atual e futura dos recursos de TI é um dos caminhos que temos para assegurar que o plano de atividades atende todas as necessidades essenciais da empresa.

O primeiro mapa de relacionamento é demonstrado na Figura 1.3, onde estão relacionadas a cadeia de valor e as aplicações existentes. A performance das aplicações é classificada por meio de notas que variam de 0 a 5.

As notas permitem uma fácil visualização do que é mais crítico para o negócio e com isto podemos definir as prioridades e o cronograma de atividades de curto, médio e longo prazo do plano estratégico de TI.

		Aplicativos			
		Expedition/Sales Order	Financial Trading	Cash Flow	Budget
Logística de Entrada	Recebimento de Energia Elétrica, agua, aromas e frutas		3	3	3
Operações	Processamento de Frutas				3
Logística de Saída	Armazenamento em Silos	3			3
Marketing e Vendas	Estratégias de Vendas e Marketing				2
Serviço Pós Vendas	Acompanhamento do Pedido on-line	4	4	4	4
Infraestrutura da Empresa	Contábil (Contas a Pagar e Receber, Folha de Pagamentos, Aplicações)	3	3	3	3
Gerenciamento Recursos Humanos	Recrutamento				
Desenvolvimento Tecnológicos	Análise da Concorrência e Mercado	2	2		2
Compras	Compras de Frutas			3	3
	Casos Críticos				

Figura 1.3 Mapa de relacionamento entre cadeia de valor e aplicativos.

Após identificar no mapa as aplicações de performance crítica para o negócio, o próximo passo é relacionar as aplicações com a infraestrutura de TI da organização.

O plano estratégico exige o estabelecimento do relacionamento entre as aplicações e bancos de dados. A figura a seguir mostra o segundo mapa com relacionamento entre os aplicativos e os bancos de dados, em que a performance do banco de dados em relação as aplicações de TI é classificada com notas de 0 a 5.

	Banco de dados			
Aplicativos	DB 400	Oracle	Notes NSF	MS SQL
Expedition/Sales Order	3	4		
Financial Trading		3	2	
Cash Flow	3		2	
Budget			2	3
Casos Críticos				

Figura 1.4 *Mapa de relacionamento entre aplicativos e banco de dados.*

O terceiro mapa, mostrado a seguir, é o relacionamento entre infraestrutura, aplicativos e banco de dados, sendo a performance da infraestrutura classificada com notas de 0 a 5.

	Aplicativos				Banco de dados			
Infra-estrutura	Expedition/Sales Order	Financial Trading	Cash Flow	Budget	DB 400	Oracle	Notes NSF	MS SQL
MainFrame	2	2	2	2	3	4		
Servidores Intel							3	3
Rede WAN	2	2	2	2	2	4	2	2
Sistemas de Segurança	3	3	3	3	3	3	3	3
Sistemas de Fax e Telex	2				3	3	3	3
Sistema Lotus Notes	3		3		3	3	3	3
Sistema Intranet				3	4	3	3	3
Sistemas de gerênciamento conhecimento/notícias		1			3		1	
Pabx/Telefones	3	3						4
Casos Críticos								

Figura 1.5 *Mapa de relacionamento entre infraestrutura, aplicativos e banco de dados.*

O quarto mapa (Figura 1.6) é bem mais complexo que os anteriores, pois mostra o relacionamento da necessidade pós-implementação dos projetos de recursos humanos para administrar e gerenciar infraestrutura, banco de dados e aplicativos de TI. Neste mapa a necessidade de recursos humanos de TI será classificada com notas de 0 a 5 em relação à situação futura de infraestrutura, banco de dados e aplicativos.

32 • Governança da Nova TI: Revolução

	Aplicativos				Banco de dados				Infra-estrutura									
	Expedition/Sales order	Financial Trading	Cash Flow	Budget	DB 400	ORACLE	Notes NSF	MS SQL	MainFrame	Servidores Intel	Servidor Digital	Rede WAN	Sistemas de Segurança	Sistemas de Fax e Telex	Sistema Lotus Notes	Sistema Intranet	Sistemas de gerênciamento conhecimento/notícias	Pabx/Telefones
Diretor TI	3	3	3	3	3	3	3	3	3	3	3	3	3	3	3	3	3	3
Gerente Desenvolvimento	3	3	3	3	3	3	3	3	3	3	3						3	3
Equipe A	3				3	3	3	3										
Equipe B		3	3		3	3	3	3										
Fábrica de Software	3	3	3	3														
Gerente Telecomunicações	3	3	3	3	3	3	3	3	3	3	3	3	3	3	3	3	3	3
Gerente Suporte	3	3	3	3	3	3	3	x	3	3	3	3	3	3	3	3	3	3
Coordenador filial 1	1	1	1	1	1	1	1	1	1	1	1	1	1	1	1	1	1	1
Equipe Suporte Matriz					3	3	3	3	3	3	3	3	3	3	3	3	3	3
Operação Matriz 24x7x365					3	3	3	3	3	3	3	3	3	3	3	3	3	3
Operação Filial 1 24x7x365	1	1	1	1	1	1	1	1	1	1	1	1	1	1	1	1	1	1
Help Desk Terceirizado					3	3	3	3	3	3	3	3	3	3	3	3	3	3
Funções Redundantes																		

Figura 1.6 *Mapa de relacionamento entre recursos humanos, aplicativos, banco de dados e infraestrutura.*

O quinto e último mapa para determinação das prioridades do plano de ações de TI é a análise PFOA (pontos fortes, fracos, oportunidades e ameaças), cujo quadrante ameaças x fragilidades mostra as necessidades críticas urgentes de curto prazo.

		OPORTUNIDADES				AMEAÇAS			
		1	2	3	4	5	6	7	8
POTENCIALIDADES	a	x	x				x		
	b	x	x						
	c			x	x				x
	d			x					
FRAGILIDADES	e	x	x				x		
	f								x
	g			x	x				
	h	x	x				x		

Figura 1.7 *Análise PFOA de TI.*

Oportunidades

1. Redução de custos dos novos servidores.
2. Acesso remoto aos servidores da matriz pelas *workstations* de baixa performance com software especializado.
3. Acesso móvel remoto aos sistemas aplicativos da empresa.
4. Desenvolvimento de novos modelos dos sistemas de gerenciamento do conhecimento, notícias e inteligência competitiva.

Ameaças

5. Fornecedores desistirem de fabricar plataformas de hardware no Brasil.
6. Aumento do volume já elevado de mensagens indesejadas.
7. Consolidação das empresas de telecomunicações, aumentando os custos pela falta de concorrência.
8. Descontinuidade pelos fornecedores dos pacotes de softwares ou pressões para atualizar as versões.

Potencialidades

a. Banco de dados único.
b. Sistemas integrados e padrões do mercado (inteligência desenvolvida pelo mercado).
c. Interface amigável e intuitiva para o usuário.
d. Comitê de padronização de softwares e segurança da informação mundial.

Fragilidades

e. Excesso de informações gerado pelos sistemas de simulação, notícias e mensagens.
f. *Workstations* desatualizadas (hardware e software).
g. Sistemas legados antigos e sem suporte.
h. Rede WAN e Servidores necessitam de atualização para suportar novas transações comerciais.

As necessidades críticas serão a base para as ações táticas de TI e desenvolvimento do orçamento de investimento, despesas, cronograma etc. O plano estratégico será o resultado das iniciativas propostas.

34 • Governança da Nova TI: Revolução

O plano pode contemplar (dependendo da situação organizacional de TI) iniciativas que suportam o negócio e iniciativas que fazem de TI uma parte do negócio. Todos os riscos do plano tático de TI devem ser detalhados na análise PFOA e no planejamento do projeto.

O resultado final desta abordagem é um plano estratégico de TI integrado com o negócio, com análise de riscos e impactos, refletindo as necessidades essenciais da empresa, maximizando a performance e minimizando os custos e com um bom nível de equilíbrio entre as necessidades mais importantes de TI e da empresa.

Modelo de Forças Competitivas de Porter para TI

Em função das ferramentas de TI poderem ser facilmente copiadas pela concorrência no curto prazo, a área já não é capaz de gerar vantagens competitivas de médio e longo prazo. No momento atual, a maioria das vantagens mais interessantes e lucrativas de médio e longo prazo está relacionada **ao uso** da tecnologia pelos usuários.

A utilização de TI é um fator que afeta a rentabilidade e até a sobrevivência da organização, pois através dela é possível definir, criar e monitorar processos de forma que eles sejam eficientes e eficazes. A seguir temos alguns exemplos de como TI pode auxiliar na estratégia das empresas.

Principal Força sobre o Setor	Implicações Comerciais	Possíveis reações de TI
Ameaça de novos entrantes	• Maior capacidade. • Redução de preços. • Nova base de competição. • Grande volume de informações.	• Integração da cadeia produtiva para frente, para trás e para os lados de forma a aumentar muito o investimento inicial de um novo competidor. • Automatização dos processos possibilitando a liderança de custos.
Poder de fornecedores em alta	• Aumento de custos ou preços. • Redução da qualidade do suprimento.	• Padronização das solicitações de compra de matéria-prima para reduzirmos os custos.
Poder dos compradores em alta	• Demanda por maior qualidade.	• Acompanhamento dos pedidos on-line pelos clientes.
Ameaça de substitutos	• Preços limitados a um teto.	• Sistema de pesquisa dos hábitos do consumidor de forma a acompanhar a sua evolução.
Concorrência	• Competição através de preços. • Desenvolvimento de novos produtos.	• Criação de vantagens competitivas com os sistemas de informações que reduzam os custos e com a integração dos processos da cadeia produtiva.

Demonstração de Resultados

TI deveria olhar com muita atenção à área de Marketing, que tem características muito similares (não compra, vende e produz bens da empresa, tem custos de investimentos e despesas mensais elevados e também demanda por profissionais especializados) e que em geral demonstra os resultados obtidos com muita propriedade.

> *Nesta nova era, a tecnologia é vital para o sucesso. No entanto, aos olhos de muitas equipes de marketing, o departamento de TI parece um grupo lento e desatualizado, preso no século passado, tentando reengenharia de processos de negócios com sistemas de ERP que levam anos para serem implementados. Como resultado, diretores de marketing têm olhado para a nuvem e para o modelo de software como serviço como caminho rápido e direto para resolver suas necessidades tecnológicas, contornando a TI. Infelizmente, é o CIO que tem que aparar as arestas quando se trata de integração e segurança.*
>
> Fonte: *"Como melhorar as relações entre a TI e Marketing"*, http://cio.uol.com.br/gestao/2011/08/27/como-melhorar-as-relacoes-entre-a-ti-e-marketing/#ir, *acessado em 01/11/2011.*
>
> *Prevendo "tempos incertos" na economia, instituto aposta em orçamentos enxutos de TI e trabalho conjunto entre CIOs e CMOs* (Chief Marketing Officer).
>
> Fonte: *"CIOs precisam repensar departamentos, diz Gartner"*, http://computerworld.uol.com.br/gestao/2011/10/19/cios-precisam-repensar-departamentos-diz-gartner/, *acessado em 01/11/2011.*

Em termos de resultados, TI ainda é considerada como uma caixa preta dentro das empresas, mas por ser uma caixa preta de custo elevado, deve procurar apresentar níveis de transparência muito maiores do que o atual.

Uma demonstração anual de resultados cria na empresa uma cultura de envolvimento mínimo dos executivos de negócios com TI, e desta forma a integração TI e negócio é mais complexa devido às barreiras de comunicação.

A demonstração de resultados deve ser um processo interativo com a alta administração em base mensal, mostrando como estão os projetos, os investimentos, as despesas, a satisfação dos usuários, a performance dos ativos e do time de TI ou de qualquer outra grandeza que seja relevante para a empresa. Um relatório para as gerências deve atender as seguintes características:

- Visão do todo.
- Detalhamento via navegação.
- Relatórios intuitivos.
- Relatórios customizados.

> *Fenômeno dos tempos modernos, o Big Data – gestão de grandes volumes de dados – ainda desafia a indústria de software de Business Intelligence.*
>
> Fonte: "BI? É hora de se preparar para o CI", http://cio.uol.com.br/noticias/2011/09/16/bi-e-hora-de-se-preparar-para-o-ci/#ir, *acessado em 01/11/2011.*

O que é ITIL®?

O Information Technology Infrastructure Library (ITIL®) é um conjunto de orientações descrevendo as melhores práticas para um processo integrado do gerenciamento de serviços de TI que foi desenvolvido pela OGC, United Kingdom's Office of Government Commerce, no final dos anos 1980 para melhorar o gerenciamento dos serviços de TI do governo da Inglaterra.

O ITIL® preocupa-se, basicamente, com a entrega e o suporte aos serviços de forma apropriada e aderente aos requisitos do negócio, e é o modelo de referência para o gerenciamento dos serviços de TI mais aceito mundialmente. Em geral, os serviços de TI são fornecidos através da infraestrutura de hardware, software, procedimentos, documentação, bases de conhecimentos, comunicações e pessoas.

Em geral, o gerenciamento dos serviços de TI trata tanto dos serviços como do gerenciamento da infraestrutura de TI, mas no mercado também temos os termos IT Service Delivery e IT System Management para descrever estas funções.

O IT Service Support e o IT Service Delivery descrevem os processos-chave para melhorar a qualidade dos serviços de TI. As competências podem ser agrupadas em **táticas** e **operacionais**.

Capítulo 2 • Governança de TI • **37**

Competências Táticas
- Availability Management
- Service Level Management
- IT Service Continuity Management
- Capacity Management
- Financial Management

Competências Operacionais
- Incident Management
- Problem Management
- Configuration Management
- Change Management
- Release Management

Incident Management - Tem a meta de restabelecer a normalidade operacional no menor tempo possível. Este processo define as atividades e responsabilidades para minimizar os impactos e atender os níveis de serviços acordados.

Problem Management - Tem a meta de identificar as causas dos incidentes e corrigir os erros de forma preventiva. O processo define as atividades e responsabilidades para solucionar os erros e para reduzir o tempo necessário para resolver os problemas dentro dos níveis de serviços acordados.

Configuration Management - Tem a meta de controlar a infraestrutura de TI assegurando o uso do hardware e software homologados. O processo define as atividades de controle e relacionamento dos itens de configuração que compõem a infraestrutura de TI.

Change Management - A meta deste processo é melhorar a operação do dia a dia de TI. O processo assegura o uso correto de padrões e processos para um rápido e eficiente atendimento das mudanças através de planejamento, controle e suporte das implantações das mudanças e pela identificação dos riscos e impactos.

Release Management - A meta deste processo é assegurar que somente versões autorizadas e corretas serão disponibilizadas e que apenas os softwares com licença estejam instalados. O processo assegura que todos os aspectos (técnicos ou não) sejam tratados para a distribuição dos pacotes.

38 ♦ Governança da Nova TI: Revolução

Availability Management – A meta deste processo é otimizar a capacidade da infraestrutura, serviços e suporte de TI para que a disponibilidade (com custos aceitáveis) dos recursos permita que o negócio alcance os objetivos. O processo define, junto com o negócio, os requisitos da disponibilidade e analisa a capacidade da infraestrutura, serviços e suporte de TI para atender os requisitos e endereça as lacunas entre necessidades e capacidade.

Service Level Management – Tem como meta manter e melhorar o nível de qualidade dos serviços de TI através da eliminação dos serviços de qualidade pobre. O processo define as atividades de planejamento, coordenação, desenvolvimento, monitoração e comunicação dos Acordos dos Níveis dos Serviços (Service Level Agreements - SLA's), além de tratar das atividades de revisão dos acordos para garantir a melhoria constante da qualidade e custos.

IT Service Continuity Management – É o processo de gerenciamento dos recursos organizacionais, técnicos e humanos para garantir que os serviços de TI estejam dentro dos níveis dos serviços acordados. O processo define um ciclo contínuo de avaliação de riscos, medidas de contorno, revisão dos cenários, planos de contingência e garantias de aderência ao Plano de Continuidade do Negócio.

Capacity Management – O processo define as atividades de gestão e previsão dos recursos de TI através da sua monitoração, análise e planejamento e pelas especificações das suas métricas e condições operacionais.

Financial Management – Tem como meta dar transparência aos custos de TI. O processo define a metodologia e as atividades para o desenvolvimento e acompanhamento dos orçamentos e dos critérios de rateio dos investimentos e despesas.

O que é a infraestrutura de TI?

> *Para o Gartner, sistemas de escolhas humanas possuem gargalos e mudança para a automação traria benefícios.*
>
> Fonte: *"Máquinas podem substituir pessoas nas tomadas de decisão"*, http://computerworld.uol.com.br/gestao/2011/10/21/maquinas-podem-substituir-pessoas-nas-tomadas-de-decisao/, *acessado em 01/11/2011.*

A infraestrutura de TI pode ser decomposta em dois grandes grupos: ativos e estrutura organizacional. Os ativos podem ser classificados em:

Capítulo 2 ♦ Governança de TI ♦ 39

1. **Hardware** (servidores, *workstations*, sistemas operacionais etc.).
2. **Comunicações** (equipamentos de comunicação em rede local, wan, man etc.).
3. **Bancos de dados** (sql, oracle, db2 etc.).
4. **Sistemas de mensagens** (email, fax, telex etc.).
5. **Gateways internos** (*gateways* de comunicação, antivírus, antispam etc.).

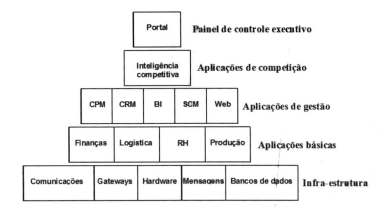

Figura 1.8 *Infraestrutura de TI*

A estrutura organizacional atua na segurança, no gerenciamento, no desenvolvimento etc. da infraestrutura de TI. O TOGAF definiu o seu modelo organizacional conforme a figura a seguir:

Estrutura organizacional de TI

Figura 1.9 *The Open Group Architectural Framework (TOGAF).*

Barramento ITIL®

O principal objetivo da criação do barramento ITIL® é preservar todos os investimentos já realizados nos sistemas de monitoramento e controle dos ativos de tecnologia.

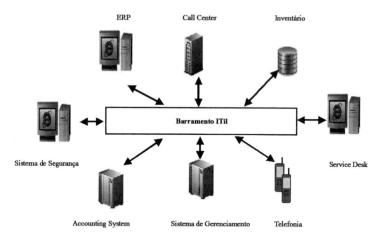

Figura 1.10 *Exemplo do Barramento ITIL*.

O barramento habilita a criação de um Unified ITIL® Service através da integração de todas as informações (relevantes) técnicas, financeiras e comerciais. O Unified ITIL® Service é no fundo um repositório (integrado, consolidado e relevante) de informações de TI e do negócio, que permite a geração de relatórios dinâmicos e interativos da performance de TI.

Os sistemas de Inventário, Help Desk ou Service Desk, Telefonia, Contábil, Recursos Humanos, Call Center, Auditória, Controle de Acesso, Monitoramento e Gerenciamento, Informações externas (como, por exemplo, sites de segurança de TI), Autenticação Remota, Logs dos componentes da estrutura de segurança como os Firewalls, Sistemas Operacionais, Proxys, Autenticação Remota, Antivírus etc. são exemplos de sistemas que podem ser integrados no barramento ITIL®.

Metadado ITIL®

A integração das informações e dados através do barramento ITIL® e Unified ITIL® Service geram no primeiro momento um problema de gerenciamento de informações, pois a integração em geral resulta em um elevado volume de informações.

Para que os relatórios da performance de TI não percam o foco (em função do excesso de informações) da melhoria da qualidade dos serviços de TI e do atendimento das necessidades do negócio, é necessário que as informações sejam consolidadas no Metadado ITIL®.

> *Mas como chegamos ao Big Data?* "*O Big Data vem de fontes bastante diferentes das que estávamos acostumados*", *explica Brobst, na Teradata desde 1999.*
>
> Fonte: "Além do BI: é hora de se preparar para o CI, diz Teradata", http://computerworld.uol.com.br/tecnologia/2011/09/16/alem-do-bi-e-hora-de-se-preparar-para-o-ci-diz-teradata/#ir, acessado em 01/11/2011.

> *O conceito de data warehouse empresarial, contendo todas as informações necessárias para as decisões, está morto. Múltiplos sistemas, incluindo gestão de conteúdo, data warehouses, data marts e sistemas de arquivos especializados unidos com serviços de dados e metadados vão se tornar um warehouse "lógico" dos dados empresariais. "A informação é o combustível do século 21, e as análises o motor de combustão," descreve Sondergaard.*
>
> Fonte: "Gastos com TI no Brasil chegarão a US$144 bilhões em 2012", http://computerworld.uol.com.br/tecnologia/2011/10/25/gastos-com-ti-no-brasil-chegarao-a--us-144-bilhoes-em-2012/, acessado em 01/11/2011.

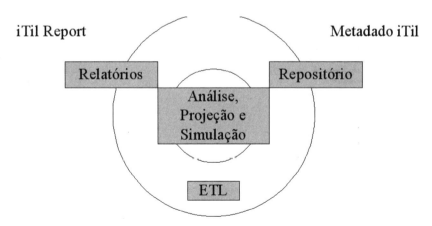

Figura 1.11 *Exemplo do Metadado ITIL*.

O metadado permite que a corporação tenha a visão geral dos serviços de TI (voltados ao negócio) através da consolidação das informações de performance técnica, financeira e segurança. A principal vantagem do metadado é que ele permite a navegação desde a visão geral dos serviços até os componentes da infraestrutura, atendendo assim tanto as necessidades da alta administração de entender os resultados alcançados por TI, como das áreas mais técnicas que demandam por informações mais detalhadas. As principais vantagens do metadado ITIL® são:

1. Criação de contexto técnico e gerencial.
2. Visão do todo e detalhamento via *drill down*.
3. Relatórios customizados pelo usuário final.
4. Fácil e rápida implantação.
5. Modelo largamente utilizado no mercado e de domínio público.
6. A mesma interface permite o acompanhamento dos processos pelos técnico especialistas, pelos usuários finais e pela alta administração.

Modelo de Implantação do ITIL®

Na Figura 1.12 vemos o modelo de implantação do ITIL®, em que os recursos a serem gerenciados estão envolvidos tanto pelas melhores práticas como pela gestão do conhecimento. Os recursos de TI estão direcionados a um único ponto de contato, que é o responsável pela interface com o usuário final.

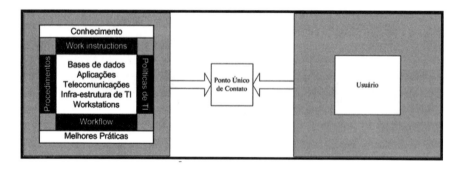

Figura 1.12 *Modelo ITIL*.

Fatores Críticos de Sucesso em um Projeto de ITIL®

Os cinco fatores essenciais para o sucesso de um projeto são:

1. Comprometimento da alta administração.
2. Processos especificados focando o negócio.
3. Plano de qualificação do time e divulgação da metodologia.
4. Gestores de processos comprometidos e habilitados.
5. Demonstração de resultados para as gerências de negócios.

O primeiro fator crítico é o clássico comprometimento da alta administração, patrocinadores e *stakeholders* apoiando o começo do projeto. No entanto, será a força política conquistada pelos patrocinadores e influenciadores através da qualidade da demonstração dos resultados que possibilitará seus passos seguintes. É importante ter no topo da agenda que a transparência da demonstração de resultados é um tema que deve ser endereçado desde a fase de iniciação. Para minimizar os impactos das mudanças culturais propostas pelo projeto é fundamental qualificar e habilitar os profissionais e usuários através de workshops gerenciais.

Capítulo 3 ✦ Por que o ITIL®?

Conteúdo deste capítulo:

- Por que adotar o ITIL®?
- Qual é a percepção das organizações sobre TI?
- Quais são os desafios imediatos da área de TI?
- Quais são os resultados do ITIL®?
- Quais os desafios a enfrentar?
- Quais os objetivos a perseguir?

Por que adotar o ITIL®?

Para responder a esta pergunta, o primeiro passo é o entendimento da visão da alta administração sobre a tecnologia. A seguir temos os comentários mais comuns das gerências de negócio sobre TI.

1. Provisão de serviços inadequada.
2. Falta de comunicação e entendimento.
3. Gastos excessivos com infraestrutura.
4. Justificativas insuficientes ou pouco fundamentadas para os custos.
5. Falta de sincronismo entre mudanças e objetivos do negócio.
6. Entrega dos projetos com atrasos e acima do orçamento.

Na Figura 2.1 temos um modelo que representa qual é a visão da alta administração sobre TI. Este modelo mostra que, no primeiro momento, TI deve buscar a excelência operacional objetivando a previsibilidade e constância, para que em médio prazo alcance a condição de ser uma área de suporte ao negócio.

Segundo o CEO do Twitter, Dick Costolo, enquanto o Facebook e o Google+ competem para ver quem tem mais recursos em sua rede social, o microblog irá tomar o caminho contrário: o da simplicidade.

Fonte: "CEO do Twitter: esqueça os aplicativos, o foco é na simplicidade", http://itweb.com.br/49248/ceo-do-twitter-esqueca-os-aplicativos-o-foco-e-na-simplicidade/, acessado em 01/11/2011.

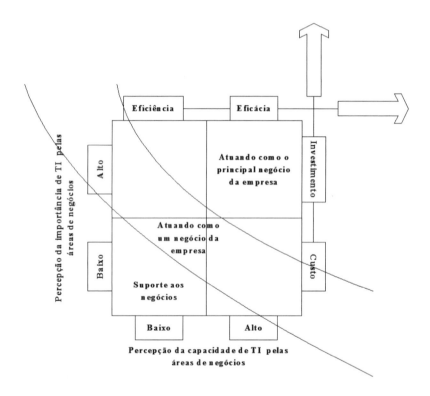

Figura 2.1 *Percepção da alta administração sobre a área de TI.*

É importante destacar que, em geral, os gestores do negócio dão pouca importância para a conquista da excelência operacional, pois na visão deles a otimização dos recursos é o mínimo que a área de TI deveria realizar. Para estes gestores, em função dos elevados investimentos exigidos pela tecnologia, a área de TI deve oferecer uma taxa de retorno melhor do que simplesmente funcionar com eficiência e eficácia.

Capítulo 3 • Por que o ITIL®? • **47**

A demanda por uma taxa de retorno maior do que apenas a excelência operacional fica clara quando observamos que TI também apresenta uma baixa percepção de importância pelo negócio no cenário de elevada percepção da sua capacidade.

A percepção pelo negócio de que TI é uma área de suporte significa na realidade que ela é vista como um mal necessário e, por consequência, um centro de custo. A excelência operacional com estrutura de custos e riscos otimizada é o primeiro passo que TI deve dar para aumentar a sua credibilidade junto à alta administração e aos gestores do negócio. O aumento da credibilidade permite o reposicionamento de TI de suporte para parte integrante do negócio em função da sua capacidade de habilitar novos negócios.

O aumento da credibilidade e evolução para ser parte integrante do negócio está diretamente relacionado com a capacidade de TI de demonstrar os resultados obtidos com as suas iniciativas. Ao alcançar o nível de parte integrante do negócio, TI passa a ser vista como centro de investimentos e as suas atividades ganham importância, significância e valor dentro da empresa.

O topo da montanha ocorre quando a empresa tem a visão de que TI é o negócio e os investimentos na área são vistos como fundamentais para gerar lucros. Neste nível o grau de maturidade de TI é grande, pois questões como excelência operacional, integração com o negócio e resultado estão consolidados em patamar elevado. A adoção das melhores práticas de gerenciamento de serviços do ITIL® endereça as principais questões em relação ao posicionamento estratégico de TI na organização (excelência operacional, otimização do uso dos recursos, previsibilidade, integração com o negócio etc.). Os principais desafios dos gestores de TI para conquistar e manter a credibilidade e a excelência operacional são:

1. Incrementar a efetividade dos serviços.
2. Estender o ciclo de vida da tecnologia.
3. Remover gargalos.
4. Racionalizar a complexidade.
5. Assegurar a aderência à evolução dos negócios.

Os desafios mostram que, na visão do negócio, os recursos de TI são subutilizados, são complexos em excesso, não são facilitadores e, em geral, são barreiras pela falta de flexibilidade. O desafio mais comum e importante no momento é o prazo de entrega dos projetos de TI que demandam, em geral, seis ou nove meses de implantação madura (sem *bugs*) em um cenário em que as empresas trabalham com oportunidades de dois ou três meses.

48 • Governança da Nova TI: Revolução

O ciclo de vida da tecnologia é, sem sombra de dúvida, o desafio dos gestores de TI mais cobrado pelo Chief of Financial Officer, pois um ativo diretamente ligado à produção é depreciado em 60 meses. Para as gerências de negócio, a previsibilidade dos serviços de TI é um ponto-chave para o aumento da credibilidade da tecnologia e, por isto, a implementação de métricas, processos e fluxos é um dos desafios mais relevantes para a melhoria da área de TI. Estes três desafios crescem cada vez mais em importância, pois as vantagens competitivas das empresas estão cada vez mais relacionadas com o uso da tecnologia e cada vez menos com a posse dos ativos de TI.

Em termos de complexidade e facilidades, a meta ideal para TI seria se tornar uma caneta. O uso da caneta é ensinado aos alunos logo no início da vida, e após este treinamento eles estão aptos a utilizar os mais diversos tipos e modelos de canetas ao longo da sua vida, sem treinamentos adicionais. Os recursos de TI devem caminhar fortemente nesta direção, pois a forma de uso das informações é muito mais importante do que a posse de aplicativos e infraestrutura. Integração, simplificação, excelência operacional, previsibilidade, constância de propósitos são os valores que permitirão que TI alcance a confiança dos gestores do negócio.

Ser suporte ao negócio pode até ser positivo no curto prazo, mas no médio e longo prazo significa terceirização.

Veja o exemplo da energia elétrica, que no começo do século XX tinha um gestor com nomenclatura CEO (*Chief Energy Officer*) e, após o crescimento da disponibilidade, oferta e redução de preço da energia elétrica, este profissional deixou de ser importante e foi extinto do mercado de trabalho. Toda vez que um produto se torna uma *commodity* a importância da sua gestão ou inexiste ou é muito baixa. Ninguém gerencia o uso de clipes, lápis ou canetas nas empresas, pois o custo para o seu controle é muito maior do que o seu valor. As melhores práticas do ITIL® surgiram para otimizar o uso dos recursos de TI e para que a tecnologia caminhe integrada com o negócio, gerando benefícios importantes e relevantes. Em função dos desafios o mercado entende que os principais objetivos de TI são:

- Atuar com foco nos processos.
- Atuar de forma preventiva e proativa.
- Atuar com foco no cliente (usuário).
- Apresentar soluções integradas e de gerenciamento centralizado, mas com abrangência distribuída.
- Apresentar a demonstração dos resultados obtidos de forma clara.
- Estar permanentemente alinhada com o negócio.

Estes seis pontos estão presentes nos mais diversos tipos e tamanhos de negócios e, em linha geral, constituem as expectativas da alta administração sobre TI. Observe que os objetivos representam um forte equilíbrio entre excelência operacional, otimização dos custos, integração com o negócio e agregação de valor. A adoção do ITIL® visa endereçar estes seis objetivos no curto, médio e longo prazo. As melhores práticas do ITIL® têm as seguintes metas de curto prazo:

- Aumentar a produtividade.
- Centralizar controle.
- Estender o ciclo de vida da tecnologia.
- Remover gargalos.
- Simplificar a complexidade.

Os fatores motivacionais para a adoção do ITIL® podem ser classificados em três grandes grupos: financeiro, qualidade e competitividade. Do ponto de vista financeiro, a adoção das melhores práticas permite a redução dos custos de investimentos e despesas de TI pela otimização dos recursos, pelo melhor dimensionamento dos ativos (redução do CAPEX e depreciação), pela redução das indisponibilidades, pelo aumento do ciclo de vida (redução do CAPEX e depreciação), pela redução do número de incidentes, pela eliminação dos erros operacionais etc. As principais motivações do ponto de vista financeiro são:

- Redução dos custos operacionais de TI.
- Fortalecimento dos controles e da gestão do ambiente de TI.

O fator motivacional qualidade é muito importante, pois a melhoria das margens de lucro da empresa é resultado da maior qualidade. W. Edwards Deming mostrou no seu livro "Qualidade: A Revolução da Administração" e em diversas realizações no Japão e no mundo que a qualidade não apenas reduz custos, mas aumenta a lucratividade das empresas e a satisfação dos clientes. A qualidade não é algo pontual, mas sim um processo de melhoria contínua, cujos resultados são colhidos a curto, médio e longo prazo. O ITIL® tem como um dos seus principais pilares de sustentação a melhoria da qualidade dos serviços. As principais motivações do aspecto qualidade sao:

- Diminuição da indisponíbilidade dos recursos e sistemas de tecnologia da informação.
- Significativa redução do tempo de execução e distribuição dos serviços pela orientação a processos.
- Aumento da satisfação dos usuários com relação à disponibilidade e à qualidade dos serviços de TI.

50 • Governança da Nova TI: Revolução

O terceiro fator motivacional é basicamente uma consequência do sucesso dos dois anteriores. Com as melhorias nas dimensões financeiras e qualidade é natural que a competitividade da empresa esteja sendo melhorada. Custos menores, maior disponibilidade, aumento do ciclo de vida, usuários com melhor atendimento, redução de erros, previsibilidade e constância etc. são os fatores que melhoram a competitividade da empresa pelo uso das melhores práticas do gerenciamento de serviços de TI.

Como competitividade não é algo que se consegue perceber com facilidade no curto prazo, é muito importante que a demonstração de resultados seja clara e no momento correto para que os resultados alcançados sejam percebidos pela alta administração e pelos gestores do negócio. A principal motivação do aspecto competitividade é o reconhecimento da capacidade de gerenciamento por acionistas, colaboradores e clientes. Os objetivos das melhores práticas são audaciosos, porém bastante simples. A simplicidade vem permitindo que o mercado alcance resultados significativos:

- Redução de 10% no Total Cost of Ownership (TCO).
- Redução de 35% nas falhas operacionais.
- Redução de 70% no tempo de reparo.
- Tempo de diagnóstico 50% mais rápido.
- Aumento de 10% na disponibilidade média do ambiente.

A análise do conjunto de objetivos, motivações, benefícios e resultados permite identificar as justificativas para a adoção das melhores práticas em uma organização.

Qual é a percepção das organizações sobre TI?

TI ainda é uma caixa preta nas empresas, principalmente em função das suas dificuldades na demonstração de resultados, e com isto abre espaço para que a alta administração crie uma visão negativa baseada em alguns casos pontuais de atendimento, no relatório anual de custos e investimentos, na crescente demanda por recursos, no grau de satisfação dos usuários etc. O gerenciamento de comunicações de TI inadequado criou na direção das empresas as seguintes imagens:

- **Provisão de serviços inadequada** – Como não existem SLAs definidos e comunicados para a empresa, todos acham que a sua atividade é mais importante e por isto o seu chamado deve ser atendido imediatamente. Em geral, os recursos existentes não permitem este tipo de atendimento. É muito comum a situação em que o nível de recursos foi aumentado e a insatisfação dos usuários também aumentou, pois os recursos continuavam sendo insuficientes

Capítulo 3 • Por que o ITIL®? • **51**

para atender todos ao mesmo tempo. Resumindo, a empresa tem a impressão de que TI não sabe qual é a real necessidade de recursos.

- **Falta comunicação e entendimento** - Não existem fluxos de informação bem definidos e em geral os usuários ficam sem respostas e o help desk é mais conhecido como "help esquece". Além de o usuário não ter a resposta no momento que ele precisa, a falta de conhecimento das necessidades do negócio por TI fez crescer a visão de que não existe comunicação entre usuários e TI.

- **Gastos excessivos com infraestrutura** - Toda vez que se analisa um gasto sem ver o benefício fica a impressão de que o custo foi excessivo. Esta percepção está relacionada com a ausência da uma correta demonstração de resultados para a alta administração da empresa. A falta de informações robustas e consistentes sobre a situação da disponibilidade, nível de atendimento, uso dos recursos de TI etc. fazem com que os gestores do negócio olhem apenas para os gastos. Em geral, os resultados de um projeto são disponibilizados por um simples e-mail para a diretoria e apenas na sua fase final de implantação. Qual foi o esforço de trabalho do time? Quem era o time do projeto? Quais eram as metas? Qual foi o resultado obtido? Qual resultado será alcançado nos próximos meses? Estes e muitos pontos ficam totalmente esquecidos durante grande parte do tempo e apenas no final do ano, na hora de aprovar o orçamento do ano seguinte, a alta administração lembra que os números de TI são grandes. Poucos sabem dizer com clareza o que foi realizado com os recursos investidos em TI. Esta falha no gerenciamento das comunicações faz com que as justificativas de TI pareçam ser sempre insuficientes e pouco fundamentadas.

- **Falta sincronismo entre as mudanças e objetivos de negócio** - A falta de alinhamento dinâmico com o negócio provoca esta sensação. Por exemplo, realizar manutenção na energia elétrica no fechamento contábil ou da folha de pagamento ou a inflexibilidade de TI em mudar os planos de manutenção, atualização etc. no momento de uma nova e inesperada oportunidade de negócio são exemplos comuns do motivo pelo qual os executivos têm esta percepção sobre TI. Um calendário anual das manutenções previstas (negociado com a empresa) é uma solução muito simples e fácil para alguns dos problemas de sincronismo.

- **Entrega de projetos com atrasos e acima do orçamento** - Esta percepção é talvez a mais comum e abrangente no mercado. TI sempre alega que os usuários mudaram os requisitos dos projetos e por isto o prazo e o orçamento não foram cumpridos, mas onde estão estas informações? A alta administração teve como acompanhar o projeto e ser informada com antecipação? Os projetos são longos o suficiente para que o ambiente de negócios e requisitos mudem por evolução natural? TI realiza esforços para aumentar a produtividade e reduzir o tempo de entrega dos projetos? O grande ponto em questão aqui é a demonstração de resultados, o calcanhar de Aquiles de TI. É cada vez mais importante que sejam disponibilizados na linguagem da alta gerência relatórios sobre o andamento dos projetos. Em projetos de milhões de dólares, é normal o efeito dissonância cognitiva aumentar a insegurança e ansiedade. A demonstração dos resultados é o melhor remédio para controlar este efeito.

Quais são os desafios imediatos da Área de TECNOLOGIA?

Em função da percepção da alta gerência sobre TI, redução constante dos orçamentos, dependência que os negócios têm em relação à tecnologia etc., existem alguns desafios que devem ser enfrentados imediatamente.

- **Incrementar a efetividade dos serviços** - O nível de serviços de TI deve ser clarificado e comunicado com SLAs e respectivos custos. Ainda existem erros operacionais, ausência de fluxos de informações etc. que podem e devem ser eliminados. Ações que resultem na redução da quantidade de chamados abertos, como proatividade no gerenciamento, produzem resultados significativos no discurso de fazer mais com menos.

- **Estender o ciclo de vida da tecnologia** - Um ciclo normal de uma ferramenta industrial é de cinco anos e muitas chegam a atingir o dobro do tempo. Quando se fala que a vida útil de um computador é de 18 meses, este discurso soa como uma agulha no ouvido dos executivos. Hoje em dia, o poder de fogo dos PCs é elevado o suficiente para que um computador de quatro ou cinco anos de vida atenda as necessidades dos usuários em geral. Também é necessário que a troca de ativos não seja apenas focada em aspectos subjetivos, mas sim que os custos sejam o grande fator motivacional, ou seja, toda vez que a manutenção de um bem é mais cara que o seu valor residual, este é o momento para a troca deste ativo.

- **Remover gargalos** - O ambiente de tecnologia muitas vezes impacta negativamente o ambiente de negócio. As dificuldades para implantar um sistema ou promover a integração entre parceiros de negócios ou ainda exigências exageradas de segurança são exemplos de como TI pode fazer a empresa perder oportunidades importantes. Os gargalos também podem vir na esfera de ausência de recursos na infraestrutura de TI, como por exemplo, o processamento de um novo sistema que vise melhorar a produtividade da empresa, mas não existam recursos de TI suficientes para tal. Este, no entanto, é um caso bem simples, em que basta realizar o investimento no ativo que representa o gargalo que o problema estará resolvido. Entretanto, quando o gargalo vem de normas, procedimentos, pessoas etc. o problema é bem mais grave. Normas de segurança são importantes e salutares, mas a avaliação do impacto dos riscos é fundamental, ou seja, TI necessita fazer a análise de risco focando no negócio e não na tecnologia. No exemplo anterior de integração de sistemas com empresas parceiras a análise dos riscos deve focar no negócio como um todo, e as exigências de segurança das informações devem ser revistas caso a oportunidade compense os riscos envolvidos. Eliminar gargalos exige um entendimento do negócio com tal profundidade que o mercado ainda está em busca do equilíbrio. TI ainda tem que galgar significativos passos na direção de ajustar a sua capacidade de reação com as necessidades da empresa.

- **Racionalizar a complexidade** - O ambiente de TI só muito recentemente ganhou um contorno de padrões fortes pela criação dos fóruns de tecnologia, nos quais usuários, fornecedores e desenvolvedores estão presentes discutindo normas e padrões. O ambiente híbrido, no entanto, acabou se tornando a configuração mais comum nas empresas, uma vez que o atendimento das necessidades envolve produtos de fabricantes diferentes, *gateways* de comunicação, conversores, tradutores de protocolos, interpretadores de linguagem etc. Tudo isto acabou criando uma parafernália que faz do ambiente de tecnologia algo complexo. A complexidade custa caro, dificulta a gestão e TI tem agora como missão a adoção de padrões para simplificar o ambiente e eliminar *gateways*, conversores etc. TI sempre será um ambiente com alguma complexidade, mas tem que evitar que o ambiente seja mais complexo que o necessário.

- **Assegurar a aderência à evolução dos negócios** - Os negócios são dinâmicos, mudando rapidamente regras, parceiros, condições da economia etc. e com isso a empresa ajusta os fluxos e processos todo o tempo. Como os processos de negócio estão apoiados em TI, pode ser necessário realizar ajustes nos aplicativos e na infraestrutura em função das mudanças. O alinhamento aos negócios só será pleno quando TI conseguir acompanhar estas mudanças dinamicamente.

Quais são os Resultados das Melhores Práticas?

O ITIL®, dentro das suas diversas competências, consegue produzir excelentes resultados no aspecto financeiro, na qualidade e na competitividade. A seguir foram identificados os principais resultados obtidos pelo mercado com a adoção das melhores práticas:

- **Redução dos custos operacionais de TI.**
  - **Redução de 10% no TCO** - Este resultado foi alcançado pela identificação dos ativos de TI (reduziu a quantidade e os custos dos chamados abertos), pelo envolvimento de finanças em que foram quantificados os custos da indisponibilidade dos recursos e também pelo melhor gerenciamento dos níveis dos serviços.

- **Fortalecimento dos Controles e da Gestão dos ambientes de TI.**
  - **Redução de 35% nas falhas operacionais** - Pelos melhores fluxos, procedimentos, *check lists, work instructions, scripts* e escalonamento foi possível reduzir a quantidade de falhas operacionais.

- **Significativa redução nos tempos de execução e distribuição dos serviços pela orientação a processos.**
  - **Redução de 70% no tempo de reparo** - Com os processos documentados, *workflows* bem definidos, base de conhecimento e escalonamento correto, foi possível reduzir o tempo médio de reparo.
  - **Diagnóstico 50% mais rápido** - Pelo melhor gerenciamento dos problemas, mudanças e configurações foi possível chegar à origem das falhas mais rapidamente.

- **Diminuição da indisponibilidade dos recursos e sistemas de tecnologia da informação.**
  - **Acréscimo de 10% na disponibilidade do ambiente** - Pelo conhecimento da real necessidade do negócio e dos impactos dos processos foi possível alinhar o dimensionamento e a disponibilidade do ambiente com as estratégias de negócio.

- **Aumento da satisfação dos usuários internos e clientes com relação à disponibilidade e qualidade dos serviços de TI.**
  - **Aumento de 18% na satisfação da alta administração** - Deming sempre afirmou que a maior qualidade reduz os custos e aumenta a satisfação dos clientes.

Capítulo 3 ◆ Por que o ITIL®? ◆ **55**

- **Reconhecimento da capacidade de gerenciamento pelos acionistas, colaboradores e clientes.**
  - **Aumento médio de 15% do valor agregado de TI ao negócio** - A confiabilidade e a previsibilidade dos recursos de TI permitiram a eliminação de processos de negócio redundantes, aumentando a eficiência e a eficácia da corporação.

- **Aderência às instruções normativas das entidades reguladoras e certificadoras.**
  - **Aumento de mais de 30% do valor das empresas que estão operando no mercado de governança corporativa na bolsa de valores de São Paulo** - As melhores práticas de TI habilitaram as boas práticas de governança corporativa para as empresas do novo mercado da bolsa de valores de São Paulo.

Em linhas gerais, podemos dizer que os resultados obtidos foram conseqüência de melhorias em relação ao conhecimento das necessidades do negócio, adequação dos recursos e disponibilidade. Através do gerenciamento de problemas, mudanças e configurações foi possível ser eficiente e eficaz na identificação dos ativos, na implantação de processos, na disponibilização de bases de conhecimento etc. e reduzir a quantidade e os custos dos chamados.

Quais os desafios a ENFRENTAR?

As melhores práticas para o gerenciamento dos serviços de TI estão sendo adotadas pelas empresas para que elas endereçem os principais desafios imediatos de TI. Os principais desafios da tecnologia estão contemplados nas diversas disciplinas do ITIL®. De uma forma geral, podemos dizer que as disciplinas operacionais (Incident, Problem, Configuration, Change e Release Management) terão um peso maior para **incrementar a efetividade dos serviços e estender o ciclo de vida da tecnologia** e as disciplinas táticas (Availability, Service Level, IT Service Continuity, Capacity e Financial Management) terão um maior peso para **assegurar a aderência à evolução dos negócios, remover gargalos e simplificar complexidade.**

O motivo para esta separação é que as atividades operacionais conseguem m lhorar a eficiência do nível de serviços, eliminando erros, retrabalhos etc. através de fluxo de trabalho mais efetivo pelo compartilhamento das bases de conhecimento etc. No entanto, quando observamos as questões relacionadas à eficácia (endereçar a estratégia de TI), necessitamos de alterações estruturais e, neste caso, as ações táticas

56 • Governança da Nova TI: Revolução

são mais indicadas. É claro que a separação não é tão rígida assim na prática, mas em geral conseguimos separá-las nestes grupos. A consequência desta observação é que um projeto de ITIL® deve equilibrar a sua implantação inicial entre ações operacionais e táticas caso queira atacar simultaneamente os desafios mais comuns de TI.

Quais os objetivos a PERSEGUIR?

As melhores práticas foram desenvolvidas com alguns objetivos. Os mais genéricos estão relacionados a equacionar os desafios imediatos de TI. No entanto, endereçar apenas questões de curto prazo envelheceria o ITIL® muito rapidamente. Além do lado prático mais imediato, o ITIL® objetiva equacionar as questões de TI no médio e longo prazo. Sempre que falamos em resolver um problema ao longo do tempo, o termo processo logo nos vem à cabeça e não é por mero acaso que um dos primeiros objetivos do ITIL® é o (i) **Foco nos processos**. A partir do momento em que processos são estabelecidos, temos uma cadeia produtiva com características de ser (ii) **Preventiva, Proativa** e (iii) **Focada no cliente (usuário)**. A cadeia produtiva de TI envolve fornecedores, clientes (usuários), parceiros (datacenters, telecomunicações, fábrica de software etc.), o que leva a termos necessidade de (iv) **Soluções integradas, mas distribuídas** de forma que um único ponto central concentre as informações, porém que todos os pontos da cadeia tenham acesso e possam gerenciar as atividades.

Os desafios a serem enfrentados são complexos, os objetivos são grandiosos, enfim muito trabalho será realizado para a implantação das melhores práticas e a (v) **Demonstração dos resultados** não pode ser ignorada ou deixada para o segundo plano. Tão importante quanto fazer é saber mostrar o que foi feito, pois com objetivos realizados e resultados alcançados teremos fôlego para dar continuidade e avançar no projeto. O (vi) **Alinhamento dinâmico com o negócio** é um objetivo extremamente importante, mas em geral ele é consequência do sucesso dos objetivos imediatos anteriores.

Capítulo 4 ♦ Planejando a Implementação do Gerenciamento de Serviços

Conteúdo deste capítulo:

- Planejando a implementação do gerenciamento de serviços
- Aspectos culturais corporativos
- Ferramentas de apoio

O projeto de implantação do Service Management pode ser executado em oito passos simples.

Passo 1:

Visão Geral do Projeto - A implementação do Service Management envolve várias disciplinas e pode tornar-se uma solução bastante complexa caso não seja bem planejada. É muito importante ter clareza sobre questões como a situação atual, situação desejada, investimento e benefícios do projeto.

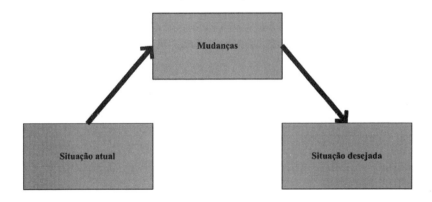

Figura 3.1 *Ciclo de Evolução do Service Management.*

Onde estamos – Verifica o grau de maturidade dos processos.
Onde queremos chegar – Identifica os objetivos de curto, médio e longo prazo.
Tempo e Dinheiro – Portfólio de projetos com escopo, objetivos e metas endereçando as necessidades do negócio.

Figura 3.2 *Nível de Maturidade dos Processos.*

Passo 2:

Base de Dados – Uma vez tendo a visão geral do projeto, a próxima meta é definir os serviços de TI através da base de dados CMDB e dos CIs (Configuration Items). Um CI pode ser desde um chip até um conjunto de componentes. Para o início do projeto é recomendável a visão mais macro possível. Por exemplo:

- *Workstation* do Usuário João = Hardware + Software + Segurança (antivírus, políticas de segurança etc.) + Aplicativos + Comunicação local com o *backbone*.

- Comunicação Matriz - Filial 1 = Hardware (roteadores, switches, modems etc.) + Software (protocolos, Sistemas Operacionais etc.) + Meio de comunicação (coaxial, cobre, fibra óptica, satélite etc.).

- Servidor ERP = Hardware + Software + Segurança + Aplicativo + Comunicação *backbone* local.

Capítulo 4 ◆ Planejando a Implementação do Gerenciamento de Serviços ◆ **59**

E assim sucessivamente até que TI defina todos os principais componentes da infraestrutura e os seus inter-relacionamentos. Também é interessante incluir como CIs os usuários, o time de tecnologia, a infraestrutura de energia elétrica (no-break, estabilizador etc.), a infraestrutura de ambiente (ar condicionado, layout das instalações etc.) e a infraestrutura do usuário (mesa de trabalho, tomadas 110 V ou 220 V etc.).

Exemplo de Service Catalog

O usuário João está na filial 1 e deve ter acesso às aplicações de ERP, Correio, Voice Mail e Telefone. O catálogo de serviços do João é:

- Serviço Workstation usuário João.
- Serviço Servidor ERP usuário João.
- Serviço Servidor Correio Eletrônico usuário João.
- Serviço Servidor Telefonia usuário João.
- Serviço Servidor Voice Mail usuário João.
- Serviço Comunicação Matriz - Filial 1.
- Serviço Service Desk Filial 1.

Passo 3:

Disponibilidade dos CIs e Serviços – O objetivo do Availability Management é assegurar a disponibilidade dos serviços TI no nível especificado pelo usuário. Para prever, planejar e controlar a disponibilidade dos serviços, TI deve garantir três condições:

- Os serviços são suportados pela confiabilidade e nível de manutenção dos CIs existentes.
- Quando os CIs não são suportados internamente existem contratos com os fornecedores externos estipulando as condições de qualidade dos serviços ou produtos.
- As mudanças serão propostas com o objetivo de evitar uma perda futura na disponibilidade dos serviços.

A base de dados ADB contém as disponibilidades dos CIs e é o ponto de partida para o cálculo da disponibilidade dos serviços do Service Catalog (SC). O valor da disponibilidade dos serviços e CIs deve ser representado em termos de valor médio e variabilidade.

60 ◆ Governança da Nova TI: Revolução

Passo 4:

Níveis de Serviços – Com a visão geral do projeto e as bases de dados CMDB, ADB e Service Catalog, o Service Management pode definir os níveis dos serviços e negociar os SLAs. No primeiro momento uma boa estratégia é fazer a definição dos níveis de serviços com os recursos atuais de infraestrutura. O serviço de ERP do João Filial 1 é composto pelas CIs:

- Workstation João.
- Servidor ERP.
- Comunicação Matriz - Filial 1.
- Service Desk Filial 1.

Caso exista a necessidade de algum requisito especial, as bases de dados serão populadas com as necessidades especiais do João. A base ADB fornece a disponibilidade de cada um dos componentes do serviço ERP do João e a interseção das disponibilidades determinará o nível de disponibilidade do serviço ERP do João e o seu nível de atendimento no Service Desk (resolução dos incidentes ou plantão de dúvidas).

De forma similar ao usuário João da filial 1, TI pode definir o serviço ERP da filial 1 para todos os usuários da filial contemplando os requisitos especiais individuais ou coletivos. O nível de serviços deve ser no mínimo expresso em termos de valor médio e variabilidade.

Passo 5:

Incident Management – O objetivo principal para o Incident Management é restaurar a normalidade operacional do serviço o mais rápido possível, minimizando os impactos negativos nas operações de negócio. A operação normal do serviço é definida como a operação dentro dos limites do acordo do nível do serviço. Para as situações em que os SLAs não foram especificados e formalizados, o Service Management não pode determinar qual é o nível dos serviços porque não existem referenciais de comparação e o resultado final neste caso é um confronto permanente entre TI e usuários sobre como resolver os incidentes.

Por isso é muito importante ter o nível de serviços definido, comunicado e entendido pela organização para implementar o Incident Management (meta de manter e melhorar a qualidade dos serviços de TI). Com os SLAs o usuário conhece com clareza as regras do jogo e será um importante aliado no processo de melhoria, pois o Incident

Management necessita que ele abra os chamados para saber quais são as falhas e erros de infraestrutura de TI. A principal vantagem da formalização e comunicação do SLA (Service Level Agreement) é que o Service Management demonstra de forma contundente para a corporação a organização da área de tecnologia. Caso a sua organização não tenha o Incident Management, esta é uma excelente oportunidade para a sua implementação em função do interesse comum de usuários e TI.

Passo 6:

Melhorando a qualidade dos serviços de TI – Quando a organização de TI implementa os SLAs, é muito importante que o nível de serviço acordado seja alcançado o mais rapidamente possível. TI pode aumentar a velocidade através da integração de processos como o Incident e Change Management, pois ela possibilita uma reação mais rápida às falhas ou erros das mudanças.

Outra integração importante é com o Configuration Management, pois com ele o Service Management pode identificar os componentes da infraestrutura de TI que falharam e os impactos ao negócio. Com a consolidação dos SLAs, o Service Management pode agora entender melhor quais são as necessidades e expectativas dos usuários, quais são as suas habilidades, dificuldades e rotina diária e quais são as disponibilidades dos serviços de TI. Como os usuários gostam de ser atendidos, quais são as suas necessidades específicas etc. são informações relevantes para TI personalizar os serviços com foco no atendimento das expectativas e necessidades de cada um dos usuários.

Na prática, estamos falando dos modernos princípios do marketing *one-to-one*, pois buscamos conhecer as necessidades dos nossos clientes e atendê-las dentro do planejamento financeiro. Atender as necessidades do negócio ao menor custo possível em função dos recursos disponíveis significa:

- Níveis de serviços definidos e entendidos.
- *Feedbacks* permanentes dos usuários através de pesquisas de opinião.
- Eliminação dos serviços de qualidade pobre.

O processo de melhoria da qualidade deve realizar ações para erradicar os serviços de qualidade pobre alinhados dinamicamente com o negócio

Passo 7:

Alinhamento dinâmico com o Negócio – Até o momento TI estruturou uma mecânica de atendimento mínimo para os usuários, mas faltam considerações sobre estarmos atendendo todas as necessidades essenciais dos negócios e também quais seriam os custos dos serviços. No caso dos custos, a base de dados FDB (Financial Data Base) será populada com as informações financeiras dos serviços disponíveis aos usuários. Despesas como Depreciação, CAPEX, Manutenção Corretiva e Preventiva, Rateios, Investimentos, Custo e Produtividade por Hora dos Usuários são exemplos das informações contidas nesta base de dados. As cinco categorias para a contabilização dos custos são:

- Equipment Cost Units (ECU)
- Organization Cost Units (OCU)
- Transfer Cost Units (TCU)
- Accommodation Cost Units (ACU)
- Software Cost Units (SCU)

Sendo:

- Equipment = Hardware;
- Organization = Equipe de tecnologia;
- Transfer = Custos de TI como usuário de tecnologia;
- Accommodation = Instalações e espaço físico.

A contabilização dos investimentos e custos deve ser feita conforme os conceitos das normas e práticas contábeis. Os principais conceitos são:

- **Centro de custo**: A contabilização por centro de custo mostra a qual departamento da empresa os custos dos serviços foram atribuídos.
- **Conta detalhe**: A contabilização dos custos é sempre destinada a um centro de custo (administração, jurídico etc.), e dentro do centro de custo existem contas onde o valor da despesa é alocado.
- **Custo Direto**: Os custos diretos são destinados diretamente a um serviço de forma individual (*cost unit*).
- **Overhead**: O *overhead* ou custo indireto não pode ser alocado diretamente a um serviço ou usuário ou porque são custos incorridos para diversos serviços, ou porque a alocação direta é demasiada trabalhosa e cara (por exemplo: custos de manutenção do PABX).

Capítulo 4 ✦ Planejando a Implementação do Gerenciamento de Serviços ✦ **63**

- **Custo fixo**: Os custos fixos não são afetados por variações do nível de uso e não se referem a um período de tempo em particular. Um exemplo são os seguros dos equipamentos, instalações etc.
- **Custo variável**: É diretamente proporcional à taxa de utilização, como por exemplo, materiais de consumo tais como cartuchos de impressora.
- **Custo fixo-variável**: O custo fixo-variável refere-se à taxa de utilização que cresce em saltos.
- **Custeamento**: O cálculo dos custos tem por finalidade determinar quais são os custos individuais dos serviços de TI.
- **Break-even**: É o ponto de equilíbrio entre custos e receitas. É um dos indicadores do comportamento do lucro nas empresas.

Com a determinação dos custos dos serviços de TI, o Service Management pode trabalhar no equilíbrio entre quantidade de serviços, níveis de qualidade e custos. O processo de negociação com os usuários e *stakeholders* sobre a situação atual, necessidades e serviços futuros será realizado de forma pragmática e construtiva através da demonstração dos resultados alcançados, dos benefícios esperados, dos novos projetos e das comparações com o mercado.

Passo 8:

Ciclo de Melhoria Contínua – O ciclo permanente de melhoria deve assegurar, através de acordos, monitoração e comunicação, que as melhorias são boas o suficiente e representam casos de negócio. Para o alinhamento dinâmico é necessário o desenvolvimento de outras competências do ITIL®, como o Change Management (para executar as melhorias), o Financial Management (para o acompanhamento dos custos) e o Configuration Management (para identificar a abrangência e os impactos das melhorias). Adicionalmente às competências temos o Return on Investment (ROI), que necessita ser calculado e demonstrado, e o custo total de propriedade (custo de aquisição e manutenção), que deve ser medido antes e depois da execução das melhorias. O funcionamento integrado do Service Improvement Program (SIP) com o Problem e Availability Management permite a eliminação dos serviços de qualidade pobre.

O SIP é um lugar onde as dificuldades que impactam negativamente a qualidade dos serviços estão identificadas. Em conjunto com o Problem e Availability Management, o SIP investiga e executa ações para eliminar os serviços de qualidade pobre integrados com o negócio.

O sucesso de erradicação dos serviços de qualidade pobre pode ser medido através da melhoria permanente dos serviços (integrados com o negócio), pela proatividade do Service Improvement Program e pela forma de reação a falhas e erros.

> Os departamentos de TI empenhados na constante melhora dos serviços são vistos frequentemente como fazendo parte dos negócios porque eles aumentam o poder de fogo da organização na realização dos negócios

A análise da base de dados dos incidentes permite verificar qual é a reincidência dos chamados e eliminar ou não os problemas. Esta análise pode ter critérios como quantidade ou custo da reincidência. As bases CMDB, ADB, FDB etc. são fortemente relacionadas e devem ser integradas tanto entre si como com bases externas como a contábil (depreciação, CAPEX, valor residual dos ativos etc.) e a de recursos humanos (custo e produtividade/hora dos usuários).

A integração resultará em um metadado que permitirá a visão do todo. O metadado possibilita a realização de análises por (i) quantidade de repetição dos incidentes, (ii) custos, (iii) usuário, (iv) prioridade, (v) atendimento fora do prazo etc. Com isto é possível determinar o relacionamento entre qualidade de atendimento, custos, riscos, impactos e necessidades do negócio. Uma ferramenta de inteligência competitiva, como o Business Intelligence (BI), pode ajudar muito na consolidação das informações.

A identificação das oportunidades (processos que devem ser melhorados a curto, médio e longo prazo) permite também a melhoria da qualidade dos serviços e redução dos custos. A seguir temos um caso exemplo mostrando como o Problem Management maximizou a função investimento ao caracterizar um problema de forma integrada. A análise da base de dados mostrou que existe uma elevada incidência de um determinado chamado que é um problema, mas ele é de baixo custo, risco e impacto ao negócio.

Caso a análise fosse baseada apenas no critério repetição do incidente, isto poderia nos levar a resolver este incidente como um problema. No entanto, quando o Service Management observou de forma integrada os custos, riscos e necessidades, ele percebeu que a melhor alternativa era deixar o caso em *stand by*. A mesma análise revelou um problema de reincidência muito menor, mas com custo e impacto bem maior, cuja solução, via Problem Management, exigia um investimento de apenas 30% do impacto provocado no negócio.

> A gestão do Service Management será tão mais eficiente quanto for a sua capacidade de análise com objetivo de reduzir o número de chamados considerando os riscos, impactos e custos.

Os relatórios do Service Management são a base para a identificação de necessidades como treinamentos, desenvolvimento de soluções com maior nível de funcionalidades, renegociação dos contratos com os fornecedores externos (Underpinning Contracts - UCs) e internos (Operational Level Agreements - OLAs). O objetivo desses oito passos não é ser uma camisa de força, mas sim fornecer referenciais e parâmetros de comparação para a implementação do Service Management.

Aspectos Culturais Corporativos

Os principais papéis do CIO na organização são:
- Gerenciar a infraestrutura de TI.
- Gerenciar as inovações e agregar valor às informações.
- Gerenciar tempo e custos.

Os objetivos do CIO estão relacionados com o aumento da credibilidade e a redução da dependência das áreas de negócios em TI. A redução da dependência pode parecer no primeiro momento um tiro no pé, mas ela é vital para que TI deixe de ser um centro de custo.

Dimensão	Ações
Credibilidade	• Excelência operacional. • Manutenção e aumento do capital intelectual. • Demonstração de resultados.
Dependência	• Gerenciamento das informações. • Gerenciamento de relacionamentos. • Desenvolvimento do Service Catalog.

Para deixar de ser percebido como um centro de custo, TI deve realizar ações para que os serviços não gerem dependências e sejam consideradas fundamentais para o negócio.

Dimensão	Ações
Credibilidade	• Inovação através de TI. • Liderança.
Dependência	• Agregação de valor ao negócio. • Planejamento alinhado.

O CIO deve desenvolver as seguintes habilidades:

Dimensão	Habilidade
Inteligência	Desenvolver ou usar tecnologias que agreguem valor ao negócio.
Paixão	Ter a sua visão corporativa e da organização de TI entendida e compartilhada pela corporação.
Coragem	Desenvolver um excelente gerenciamento dos riscos

O executivo de TI deve ser capaz de tomar decisões rapidamente e por isto deve desenvolver as seguintes competências:

Dimensão	Competência
Criatividade	Capacidade de ser criativo na solução dos problemas.
Comunicação	Capacidade de saber perguntar e entender as respostas.
Engenharia	Capacidade de ter pensamento sistêmico e lógico para melhorar os processos.
Vendas	Capacidade de vender o seu ponto de vista.
Equilíbrio	Capacidade de equilibrar os interesses.
Conhecimento	Capacidade de adquirir e transferir conhecimento.
Estrutural	Capacidade de organizar logicamente atividades e processos

As habilidades do CIO são de enorme importância para equilibrar os conflitos entre TI e negócio. A Figura 3.3 nos mostra os conflitos mais comuns em termos de estratégia.

Dimensão	Negócio	TI
Tempo	Curto prazo	Médio e longo prazo
Abrangência	Especialista	Genérica
Visão de Negócio	Caso a caso	Integração

Figura 3.3 *Conflitos entre as estratégias de TI e negócio*

Os principais conflitos estão em termos do tempo e abrangência, pois o negócio busca soluções de curto prazo e especialista, e a tecnologia desenvolve as suas estratégias com visão de médio e longo prazos e solução genérica (que atenda toda a corporação). O modelo da Figura 3.4 mostra que é necessário um equilíbrio entre excelência operacional, cultura, negócio, segurança, performance e impacto para que os conflitos sejam identificados e equilibrados. A meta de TI é que ela consiga atuar para atender as necessidades da empresa de uma maneira mais significativa do que ser apenas um centro de custos.

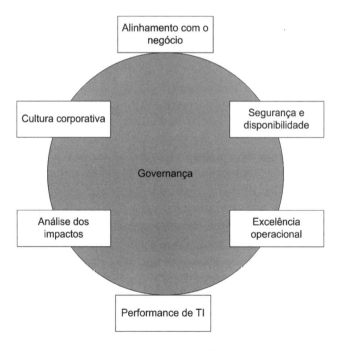

Figura 3.4 *Modelo de Governança*

Para atingir este objetivo TI deve desempenhar um novo papel na estruturação do negócio. A Figura 3.5 mostra o comportamento atual de TI e qual deve ser o seu novo papel para deixar de ser um centro de custos.

Organização de TI	
TI Tradicional	**TI Moderna**
Atividades operacionais	Serviços de TI
TI orientado à tecnologia	TI orientado ao negócio
Foco na operação	Foco nos processos
Ausência de previsibilidade	Previsibilidade pelo uso das melhores práticas
Foco individual	Foco coletivo
Reativa	Proativa
Conflitos constantes com os usuários	Qualidade pela eliminação de serviços pobres
Ambiente não integrado	Ambiente integrado
Inteligência interna	Inteligência do mercado

Figura 3.5 *Transformação de TI.*

As melhores práticas ajudam muito este processo de mudanças de TI, pois conforme podemos ver na Figura 3.6, as fases do projeto estão diretamente relacionadas com a estrutura da organização.

Figura 3.6 *Relacionamento ITIL e Estrutura Organizacional.*

Seguindo este modelo de adoção do ITIL®, TI pode transformar o modelo de gestão com base na tecnologia em um novo modelo com base no negócio.

Ferramentas de Apoio

Para a implantação das melhores práticas foram desenvolvidas algumas ferramentas de apoio. Existem as ferramentas certificadas que, além de obedecerem as melhores práticas, também têm os seus processos aderentes ao ITIL®. O mercado demanda neste momento por ferramentas que facilitem implementação das competências operacionais do ITIL, que podem ser classificadas nas seguintes categorias:

- Service Desk.
- Gerenciamento e controle de ativos de TI.
- Gerenciamento, distribuição e instalação de software centralizado.
- Gerenciamento de redes corporativas.
- Gerenciamento de pesquisas de satisfação.

As competências táticas têm uma menor gama de ferramentas, mas com pequenos ajustes BI, ERP, BSC, planilhas etc. podem ser utilizados para facilitar a implementação da metodologia em termos da gestão de TI.

Ferramentas Operacionais ITIL®

As ferramentas operacionais têm como base o Service Desk. A Figura 3.7 mostra o seu diagrama funcional. Os diagramas mostrados nas Figuras 3.8 e 3.9 facilitam o entendimento do comportamento das ferramentas, desde a abertura de um chamado até o fechamento do incidente com as atualizações na base de conhecimento.

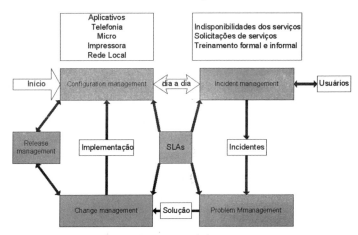

Figura 3.7 *Diagrama de funções de um Service Desk típico.*

Na Figura 3.8 são destacados os três "Ps" (Pessoas, Processos e Produtos) definindo a implantação e na Figura 3.9 é mostrado o fluxo de comunicações do Service Desk.

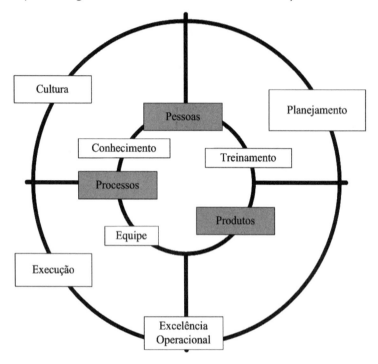

Figura 3.8 *Estrutura lógica genérica do Service Desk Management.*

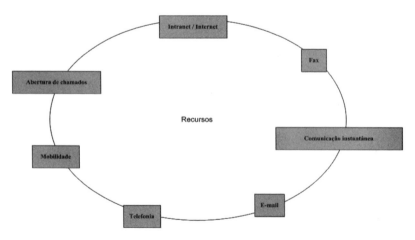

Figura 3.9 *Fluxo de comunicações do Service Desk.*

Capítulo 4 ◆ Planejando a Implementação do Gerenciamento de Serviços ◆ **71**

A ferramenta de Service Desk deve oferecer recursos para:

- Centralizar o recebimento de chamadas através de múltiplos canais.
- Classificar, priorizar e escalonar.
- Identificar os pontos de falhas.
- Fornecer feedbacks e follow-ups.
- Integrar com os outros processos.
- Atualizar a base de dados de configurações.
- Gerar relatórios de performance consolidados e detalhados.

A ferramenta para o Service Desk é o ponto central para a construção da base de conhecimento das melhores práticas, mas ela necessita estar integrada com outras ferramentas.

Configuração dos ativos de TI

O sistema de inventário é o responsável por manter a base de informações sobre os ativos de TI atualizada. Quanto melhor for a integração entre o Service Desk e o Sistema de Inventário menor será o tempo de atendimento ao usuário e maior será a disponibilidade dos ativos.

Um sistema de inventário não deve tratar apenas do hardware e software dos micros e servidores, mas de todos os componentes como hubs, switches, roteadores etc. O sistema terá a responsabilidade de manter os micros apenas com os aplicativos e arquivos homologados, permitindo assim um controle eficiente de licenças, eliminando ou reduzindo os riscos de pirataria, de imprevisibilidade de comportamento do ambiente e de segurança. Uma das consequências do uso sistema de inventário é a melhoria da performance global dos equipamentos pela eliminação de aplicativos e softwares desnecessários (melhor uso de disco e CPU).

Para o gestor de TI este fator é muito importante, pois sempre que ele for justificar a atualização do parque dos ativos ele terá a certeza de que não existem desperdícios de recursos e poderá estar constantemente alinhado com as necessidades do negócio. Além da gestão e controle do hardware e software, um dos maiores benefícios de um sistema de inventário é o aumento de performance e previsibilidade do ambiente de TI.

Disponibilidade e uso dos ativos de TI

O sistema de gerenciamento é o responsável por monitorar os recursos de TI, fornecendo aos gestores alertas de continuidade ou exceção em caso de falhas e sobrecargas. A segunda grande competência do sistema é prover relatórios do nível de uso dos recursos para os gestores analisarem o ritmo de crescimento do uso (melhor planejamento da capacidade atual e futura). O sistema também deve fornecer as informações para o rateio dos custos de investimentos e despesas baseado no nível de utilização dos recursos pelos usuários.

A integração do sistema de gerenciamento com o Service Desk é muito importante, pois o atendente poderá ter na sua tela informações sobre a situação dos servidores, comunicações, segurança etc. (redução do tempo de diagnóstico e encaminhamento dos chamados).

Controle e Distribuição Centralizada de Software

O sistema de distribuição de pacotes é o responsável pela atualização dos aplicativos, patches de correções, implantação e manutenção das políticas de segurança etc. O sistema realiza uma checagem no ambiente verificando se as condições mínimas de configuração estão atendidas antes de iniciar qualquer processo de atualização e, ao final do processo, envia para os administradores relatórios de como foi o envio e a instalação dos pacotes. Em caso de falhas são gerados relatórios e alertas demonstrando os motivos pelos quais um pacote não foi instalado. Também deve existir a facilidade de um rápido retorno para a situação imediatamente anterior.

Além dos micros e servidores, é importante que este sistema também possa ser utilizado por outros componentes como hubs, switches, roteadores etc. A integração com o Service Desk permite ao atendente saber sobre a situação atual do micro do usuário, em termos de aplicativos e versões, reduzindo assim o tempo de diagnóstico e resolução dos incidentes. Um dos resultados desta integração é que o atendente poderá comparar a situação atual do micro contra como ele deveria estar (ações corretivas de curto prazo). Este sistema também pode ser utilizado como uma poderosa ferramenta de proatividade do Service Desk (eliminação de problemas antes que eles ocorram). A integração permite que a base de conhecimento permaneça atualizada com as novas configurações dos aplicativos e respectivas versões após a implantação.

Pesquisa de Satisfação do Atendimento

O próximo elo desta cadeia é o grau de satisfação do usuário com os serviços de TI. Uma clara sinalização de como foi o atendimento permitirá ao gestor ajustar os planos da área conforme forem as necessidades do negócio. A integração deste sistema com o Service Desk permitirá ao atendente saber como foram os últimos chamados e quais foram os pontos fortes e fracos (ciclo de melhoria contínua). As informações sobre o perfil do usuário, suas necessidades, preferências, motivações e opiniões possibilitarão um atendimento personalizado. O feedback do usuário é importante para os gestores de TI, pois eles terão uma clara visão de qual nível de informações e serviços que o usuário quer e com isso poderão implantar programas e ações para transformá-los todos em parceiros. O Service Desk integrado com os sistemas de inventário, gerenciamento, distribuição de pacotes e pesquisa de satisfação permite:

- Otimização e redução do tempo de diagnóstico dos incidentes e problemas.
- Adoção de procedimentos proativos controlando e minimizando as indisponibilidades.
- Implantação, controle e manutenção das políticas de segurança.
- Rateio dos investimentos e despesas conforme o uso.
- Administração e controle de licenças e versões dos aplicativos.
- Aumento da previsibilidade e redução da variabilidade do ambiente.
- Aumento da segurança pela eliminação de arquivos e softwares não homologados.
- Ambiente flexível, permitindo customizações usuário por usuário ou por grupos.
- Redução dos custos pela eliminação dos desperdícios de recursos.
- Rápida recuperação em caso de erros e falhas.
- Análises de tendência, permitindo melhor dimensionamento dos equipamentos e eliminação da capacidade ociosa.
- Aumento da confiabilidade e redução das margens de segurança.
- Melhor planejamento das atividades.
- Menor número de atendentes pela redução da quantidade e tempo de atendimento dos chamados.
- Aumento da satisfação do usuário por um atendimento dentro das suas expectativas e necessidades.
- Estabelecimento de métricas claras para o nível de serviços.

Ferramentas Táticas de ITIL®

As competências táticas da metodologia estão focadas em administração, controle e demonstração de resultados. Apesar de o Service Desk ter uma base de conhecimento

74 ♦ Governança da Nova TI: Revolução

excepcional, ele necessita, neste caso, ser integrado com sistemas como ERP, BPM, BSC etc. para gerar uma base de dados gerencial. Esta base será a ferramenta que facilitará a atuação dos gestores de TI na busca de um alinhamento dinâmico entre tecnologia e necessidades do negócio. Temas como gestão de recursos e custos aumentam de importância após a consolidação do ambiente operacional (disponibilidade, previsibilidade, confiabilidade e metas claras).

Com a divulgação das metas e resultados, os esforços e as conquistas realizadas são visíveis pelo negócio. Com isso, aumenta a credibilidade de TI gerando os incentivos necessários para novos desafios e projetos. No caso das competências táticas, cada caso se comporta de forma individualizada e tanto uma simples planilha como um sofisticado sistema podem ser as ferramentas necessárias para a implementação das melhores práticas táticas em uma organização.

Capítulo 5 ◆Trabalhando com o ITIL®

Conteúdo deste capítulo:

- Por onde começar?
- O que é importante considerar?
- Saindo do caos tecnológico rumo à excelência
- Os seis passos para uma implantação de sucesso
- Implantação rápida de ITIL (fast track)

Por onde COMEÇAR?

O primeiro passo para a implementação das melhores práticas do gerenciamento dos serviços de TI ocorre na dimensão do conhecimento. É necessário que o Service Management identifique e mapeie a situação atual, as necessidades do negócio e defina aonde quer chegar. O mapeamento da situação atual é o conhecimento pleno do ambiente de tecnologia e pode ser feito com ferramentas como os sistemas de inventário e gerenciamento.

Na identificação e mapeamento da situação atual, busca-se responder questões sobre a **empresa e os negócios** e os fatores que afetam TI. Um exemplo seriam as interfaces entre TI, empresa e cultura corporativa envolvendo os **processos** e as práticas, procedimentos, normas etc.

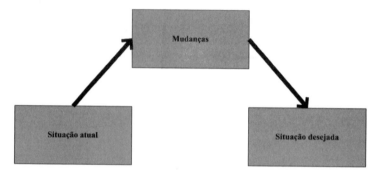

Figura 4.1 *Fluxo de Mudanças.*

Complementando o relacionamento com os processos existem as interfaces de TI com as **pessoas,** via gestão do conhecimento, com a **tecnologia** através dos aspectos lógicos e físicos da infraestrutura e com a **integração** pela participação de TI no modelo de negócio.

Após verificar quais são os ativos de TI existentes, em qual intensidade e como eles são utilizados, o Service Management deve identificar as necessidades do negócio em termos de recursos de tecnologia. Para finalizar a resposta da pergunta sobre onde queremos chegar, TI deve estabelecer os pontos de contato entre o planejamento estratégico do negócio (PEN) e a análise PFOA (pontos fortes, fracos, ameaças e oportunidades) da área de tecnologia.

Com base na situação atual e necessidades do negócio, o Service Management pode identificar a situação futura desejada (em conjunto com os usuários, stakeholders e patrocinadores), desenvolvendo um plano estratégico para os serviços de TI com custos, prazos e iniciativas.

O que é importante CONSIDERAR?

A Figura 4.2 mostra uma estrutura lógica dos processos para facilitar o entendimento dos pontos mais importantes em um projeto de implementação das melhores práticas. O ponto de partida inicial é a integração entre negócio e tecnologia. O pleno conhecimento das necessidades do negócio é vital para o sucesso do projeto. O segundo ponto relevante é o uso de tecnologias aderentes com as melhores práticas do gerenciamento dos serviços de TI. O terceiro ponto importante são os treinamentos. Uma correta condução dos workshops com os usuários permitirá que o projeto e a implementação do ITIL® esteja dentro das reais necessidades da empresa.

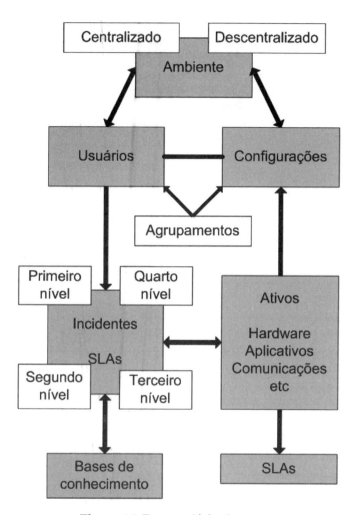

Figura 4.2 *Estrutura lógica dos processos.*

O profissional que será o facilitador dos trabalhos dos workshops com os usuários, além da visão técnica, deve estar habilitado para: (i) entender e compreender as necessidades dos usuários, (ii) trabalhar com informações incompletas ou incorretas e (iii) extrair a essência das conversas para produzir um projeto final aderente à real necessidade do negócio. A experiência do facilitador é um peso importante na sua escolha, pois quanto mais ele estiver acostumado com o negócio da empresa e souber pensar com a cabeça do usuário, mais produtivos serão os workshops. O resultado final será um projeto de qualidade.

Saindo do caos para a otimização em poucos passos

O caos tecnológico é definido quando o ambiente de tecnologia apresenta as seguintes características:

- Ausência de procedimentos estruturados;
- Falta de sintonia entre as áreas de TI;
- Inexistência de um ponto único de contato para problemas dos usuários;
- Desconhecimento da configuração do ambiente;
- Ciclos de soluções incoerentes;
- Bases de conhecimento inconsistentes;
- Falta de acordo sobre os níveis de serviço;
- Pessoas sem treinamento;
- Ausência de foco nos resultados;
- Erros operacionais;
- Falhas no gerenciamento dos problemas;
- Falhas no gerenciamento das mudanças.

Essas características geram um efeito chamado de espiral negativa e a sua consequência é que o nível de satisfação dos usuários é baixo. Os custos em função da baixa qualidade são elevados e crescentes. Os investimentos são reduzidos ano a ano. O ciclo negativo tem como consequência uma crescente degradação do nível de qualidade dos serviços. Um exemplo da situação anterior seria haver várias e seguidas avaliações ruins do nível de serviços, gerando desconfiança da empresa em relação aos gestores de TI, resultando em redução dos investimentos e tendo como consequência o aumento dos erros e indisponibilidade dos recursos de TI. O resultado final deste cenário é o nível crescente de insatisfação dos usuários.

A espiral negativa é um ciclo que, uma vez iniciado, se autoalimenta e quanto mais tempo durar, maiores serão as dificuldades de saída, pois a desconfiança e o desgaste só aumentam com o passar do tempo. No entanto, independentemente do nível de dificuldade de saída, apenas com um processo de ruptura é que TI será capaz de interromper este tipo de ciclo. Uma das formas conhecidas e reconhecidas para reverter uma espiral negativa é a adição de um fator externo de mudança que interrompa a espiral e gere um ciclo de investimentos.

O evento externo é vital para o processo, pois os gestores de negócios não confiam mais nos gestores de TI e os novos investimentos só serão aprovados caso exista uma forte sinalização afirmando que os problemas da empresa serão resolvidos. Para sair do caos o primeiro passo é identificarmos onde estamos na curva de maturidade dos serviços de TI.

Capítulo 5 • Trabalhando com o ITIL® • **79**

Figura 4.3 *Curva de Maturidade dos serviços de TI.*

Uma vez identificado o ponto atual de operação, devemos traçar um plano de melhoria contínua, objetivando uma consistente redução dos custos. A estrutura do CobiT 4.0 pode ajudar no planejamento das iniciativas de melhoria dos serviços de TI através dos indicadores de performance dos processos.

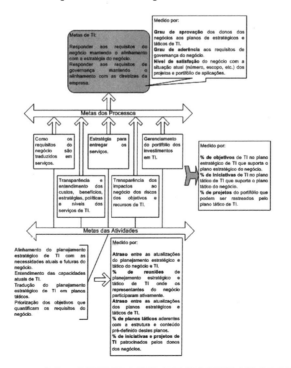

Figura 4.4 *PO1 - DEFINE A STRATEGIC IT PLAN ORGANIZE*

80 • Governança da Nova TI: Revolução

Um plano genérico de melhoria endereça basicamente três perguntas: Onde estamos? Quais são as necessidades que atenderemos? Aonde queremos chegar? Estas três simples perguntas e as suas respostas representam a chave para o sucesso do plano de implementação das melhores práticas do gerenciamento de serviços de TI.

Passo 1

Estratégias do negócio - O primeiro passo é o entendimento do negócio, suas necessidades, expectativas e situação atual de TI. Este é o momento de definição das metas, da qualidade do nível de serviços, da infraestrutura de TI e dos orçamentos. A análise de riscos e impactos e do perfil dos usuários orientará no sentido de justificar os investimentos. Em resumo, o passo 1 estabelecerá as condições gerais do nível de serviço tratando dos temas:

- Metas e objetivos.
- Disponibilidade.
- Infraestrutura de TI.
- Orçamento de investimentos e despesas.
- Análise de riscos e impactos.
- Ambiente de negócio da empresa
- Perfil dos usuários.

Passo 2

Nível de Maturidade - O nível de maturidade permitirá um posicionamento de como estão os processos internos de TI e o que deve ser realizado.

Passo 3

Entendendo o ambiente - Este é o momento de detalhar as configurações dos ativos de TI de forma a ter uma base de conhecimento segura e confiável para suportar os passos seguintes. Ter uma base de conhecimento é importante, mas é fundamental que ela seja continuamente atualizada, de forma a refletir a realidade e evitar retrabalhos.

Passo 4

Entendendo as necessidades e expectativas dos usuários de TI - Os negócios são realizados por pessoas com necessidades individuais e coletivas, portanto o trabalho

Capítulo 5 ♦ Trabalhando com o ITIL® ♦ **81**

não deve restringir-se ao pleno domínio das regras de negócios, tecnologias etc. Quando W. Edwards Deming escreveu o livro "Qualidade: A Revolução da Administração", destacou a disciplina do saber profundo e aqui ela nos serve como uma luva, pois apenas com o pleno conhecimento e entendimento das questões técnicas e humanas da empresa é possível avançar na qualidade de serviços de TI. Algumas perguntas como: "O que o usuário precisa?", "Quais são suas dificuldades e como amenizá-las?", "O usuário conhece os processos de TI e os seus custos?", "O que perturba o usuário?" são exemplos simples, mas que podem orientar na busca de soluções (harmonização do lado financeiro e de atendimento ao usuário).

Passo 5

Crie e estruture a sua documentação formal - O saber profundo para infraestrutura de TI implica desenvolver e comunicar procedimentos, scripts, fluxos, check lists ou work instructions, workflows e políticas de segurança.

Passo 6

Entenda os riscos e impactos das atividades de TI - A análise de riscos e impactos permite decidir o que é mais importante e prioritário para o negócio.

Passo 7

Organize as bases de conhecimento - Mais do que ter simples documentos, a enorme quantidade de informações gerada leva à necessidade de acessibilidade. Para atender ao requisito de acessibilidade, os documentos devem estar estruturados de forma a ter mecanismos facilitadores para a recuperação rápida das informações. A biblioteca da infraestrutura de TI pode ser organizada, por exemplo, da seguinte forma:

- Categorias de incidentes;
- Soluções desenvolvidas;
- Mapa dos processos;
- Procedimentos;
- Fluxos operacionais;
- Incidentes;
- Erros conhecidos;
- Work instructions;
- Check lists.

82 • Governança da Nova TI: Revolução

O ponto mais importante e relevante não é forma da organização das informações, mas sim as facilidades de recuperação.

Passo 8

Defina e monitore as métricas do nível de serviços – Para que seja possível medir e monitorar o nível de serviço é necessário definir e comunicar as regras. O nível dos serviços é consequência direta do ambiente operacional de TI. Por exemplo, a performance dos serviços, o nível de segurança das informações etc. são consequências diretas dos recursos técnicos e humanos da infraestrutura do ambiente operacional de TI. Esses oitos passos permitem que o caos seja controlado e a espiral negativa seja interrompida, caminhando-se para um processo de melhoria contínua, em que uma nova espiral positiva será formada.

O ITIL® é um poderoso ferramental para controlar e reverter a espiral negativa, pois ele adiciona uma credibilidade externa aos processos por ser baseado nas melhores práticas e em casos reais de sucesso. A padronização dos serviços de TI e do seu nível permite a criação de indicadores de performance e comparação com o desempenho médio do mercado ou do setor.

Seis passos para uma implementação de sucesso

PASSO 1	Workshop Gerencial	Visão executiva sobre o ITIL® e seus processos. Estudo de casos com especialistas sobre o alinhamento das estratégias de TI e do negócio.
PASSO 2	Diagnóstico das Práticas	Levantamento das atuais práticas em uso na organização de TI no que diz respeito à gestão dos serviços de TI.
PASSO 3	Planejamento do Projeto	Plano estratégico alinhando pessoas, processos, tecnologia e objetivos do negócio.
PASSO 4	Implementação	Execução do plano estratégico definido e aprovado.
PASSO 5	Pós-Implementação	Revisão dos resultados garantindo que TI mantenha o alinhamento com o negócio.
PASSO 6	Melhoria Contínua	Programas de melhoria contínua, analisando os resultados, aprimorando as práticas e atualizando os processos conforme a realidade do mercado e do negócio.

Pela abrangência dos seis passos, é recomendável realizar o projeto de adoção das melhores práticas em quatro fases com um processo contínuo de avaliação e melhoria.

Fase 1: Alicerce e Salvaguardas do Projeto.
- Workshop gerencial.
- Diagnóstico das práticas atuais em Tecnologia da Informação.

Fase 2: Projeto e Implantação.
- Planejamento do Projeto.
- Implementação do Projeto.

Fase 3: Demonstração dos Resultados.
- Pós-implementação com demonstração dos resultados alcançados.

Fase 4: Melhoria Contínua.
- Avaliação e evolução dos processos de forma permanente e contínua.

No workshop gerencial são identificados e desenvolvidos os benefícios e as metas para a implementação da metodologia através do estudo de casos. No diagnóstico das práticas de TI é verificado o posicionamento atual da operação na curva de maturidade dos processos. Um projeto como o ITIL® está presente em toda infraestrutura de negócios da empresa e necessita do envolvimento da organização como um todo (característica típica dos projetos de qualidade total). O workshop gerencial não é apenas um trabalho de apresentação do que é o ITIL® e do projeto de implementação, mas sim um estudo de caso dirigido por especialistas, para que o projeto reflita as necessidades atuais e futuras do negócio. Muitas vezes o tempo de resposta de TI cria gargalos para os negócios da empresa e, para evitá-los, são necessários planos com visão de curto, médio e longo prazo.

Por isto, nada melhor que os "donos dos porcos" falem como será o processo de engorda, pois desta forma o gestor do negócio estará participando ativamente do projeto, deixando de ser um mero espectador. O tempo é um recurso escasso e caro nas empresas e não é possível retirar um grupo de gestores de negócios das suas atividades rotineiras por períodos elevados. Um bom workshop deve durar em torno de duas horas e ao seu final os participantes deverão ter uma visão clara dos trabalhos realizados. Portanto, é vital um resumo com as principais conclusões no encerramento do workshop. No entanto, o trabalho não se encerra aí. Após o término do workshop, um relatório deverá ser disponibilizado para a empresa, destacando os pontos levantados e as soluções e alternativas.

84 ◆ Governança da Nova TI: Revolução

Com a realização de diversos workshops para os diferentes grupos da empresa, o Service Management pode consolidar as informações em um mapa, que é a essência das necessidades de TI da empresa. Este relatório final consolidado deve ser disponibilizado e comunicado para a empresa inteira, pois será a base para o projeto de implementação do ITIL®. Os workshops não precisam ser realizados com a presença física de todos no mesmo ambiente, mas são eventos em tempo real, pois exigem participação e interatividade de todos os presentes.

A segunda fase após a disseminação da cultura do ITIL® na empresa é o projeto de implementação, que deverá contemplar os feedbacks dos usuários, priorizando as atividades e competências mais críticas conforme as necessidades dos negócios da empresa. A fase de projeto e implantação segue a lógica do mercado, com a definição do escopo, objetivos, recursos, investimentos, fluxo de caixa, retorno do investimento, cronograma, demonstração dos resultados etc. É muito importante ter em mente que a realidade dos negócios tem prazo de validade e, portanto, temos que estar atentos ao time-to-market. O tempo para o mercado pode demandar alguma criatividade para os prazos de implementação.

Os gestores do negócio devem ser comunicados quando os prazos não forem exequíveis. A comunicação clara e precisa permite que a empresa entenda que existem implicações de natureza legal, física, dos fornecedores, clientes e parceiros que fazem com que o projeto tenha um tempo mínimo de execução. Como o modelo é evolutivo, a organização de TI deve estabelecer um plano de ações a partir das necessidades do negócio e dos feedbacks dos usuários (privilegiar os pontos mais críticos). Um projeto como o ITIL® deve ser acompanhado desde o primeiro momento da demonstração de resultados (vide o tópico "Demonstrando os Resultados para a Alta Administração" para maiores detalhes).

Com uma estratégia baseada nas ações do dia a dia, TI deve ajustar continuamente o projeto de forma a estar dinamicamente alinhada com as necessidades do negócio, sem que ocorram prejuízos em termos do escopo, prazo e custos. Quando falamos de projeto e implementação, os resultados alcançados são sempre interessantes para a demonstração das realizações de curto prazo e aumentar a credibilidade do projeto. Uma marca de biscoitos famosa baseava o seu marketing em função de estar sempre fresquinho por vender mais e vender mais por estar sempre fresquinho.

> O princípio dos resultados de curto prazo é exatamente o mesmo. Os primeiros resultados positivos aumentam as motivações e demandas para a continuidade do projeto.

Um exemplo de projeto neste perfil é o sistema de inventário que otimiza o uso de licenças de software na companhia. Em uma organização foi desenvolvido um relatório de uso dos aplicativos e, após a implantação do sistema de inventário, percebeu-se que existiam casos de uso eventual ou raro de softwares como o MSOffice. Com base no uso, as licenças foram revistas e realocadas para os usuários que tinham maior necessidade, e as modalidades de contratação das licenças foram revistas (os usuários do pacote Office Professional podiam ser plenamente atendidos pela modalidade Standard).

Existe outra vantagem imediata de um sistema de inventário. Algumas vezes são realizados upgrades nos equipamentos em função do uso elevado, mas podem existir arquivos desnecessários para a empresa, como mp3, jpegs etc., que quando eliminados liberam recursos significativos, evitando upgrades e aumentando a vida útil. Outro caso do mercado é a integração do Service Desk com o sistema de inventário para reduzir o tempo médio de atendimento através de um dispositivo móvel (smartphone ou tablet) em que o atendente tem informações importantes do micro do usuário, como por exemplo, o uso de memória, CPU, disco etc. O device pode ser mais inteligente ainda e disponibilizar informações sobre a configuração atual do micro, como a versão e os patches instalados do sistema operacional, mostrar o resultado da última análise do antivírus, mostrar e comparar a configuração da política de segurança através da lista de vírus e versão da *engine* instalada (em relação à homologada), listar os aplicativos instalados e comparar se todos eles estão homologados, os aplicativos instalados sem uso, a configuração do hardware, a versão do BIOS, indicar a existência de lixo eletrônico, listar um resumo dos últimos chamados, mudanças etc.

O atendente teria na sua tela um mapa da situação atual do equipamento do usuário e de como ele está em relação ao ambiente homologado, e o device pode adicionalmente indicar ações necessárias recomendadas. Uma sinalização verde, amarela e vermelha pode indicar a situação do ponto de rede, hub, switch, roteador e dos servidores que este usuário acessa. Além de mostrar uma gestão eficiente com melhoria do nível de serviço e do atendimento, as aplicações mencionadas são todas simples e de fácil implantação e os resultados obtidos são todos de curto prazo.

86 • Governança da Nova TI: Revolução

A terceira fase é a demonstração dos resultados obtidos, quais são os passos seguintes e as metas finais. Em um projeto, demonstrar os resultados é tão importante quanto executar o projeto com sucesso. É fundamental uma medição do antes e do depois do ITIL®. A meta a ser atingida será uma sinalização clara de que estamos em um processo evolutivo e os stakeholders e usuários saberão sempre onde estávamos, onde estamos e aonde queremos chegar. O sucesso na execução dos passos intermediários aumentará cada vez mais a credibilidade da organização de TI e motivará a empresa no sentido de alcançar os passos seguintes o mais rápido possível.

Quando quantificamos metas é vital estabelecermos qual é a sua variabilidade, pois a confiança é uma das consequências da previsibilidade. Portanto, TI deve equilibrar as suas ações entre alcançar as metas e reduzir a variabilidade (desvio padrão). Por exemplo, todos os esforços para reduzir o tempo médio de atendimento pela metade irão por água abaixo se a sua variabilidade for elevada (por exemplo, 30%). Neste caso, teria sido melhor uma meta mais modesta de redução do tempo médio de atendimento, por exemplo, 25% , e uma maior ousadia na redução da variabilidade. Nos casos em que a variabilidade é muito grande o melhor a fazer é concentrar as ações para reduzi-la drasticamente em um primeiro momento.

> O equilíbrio entre meta e variabilidade produz resultados mais expressivos e um retorno de investimento maior.

A última fase é o processo de melhoria constante, que consiste em estabelecer uma espiral positiva de melhora de qualidade e redução de custos. Tendo como princípio que cada passo do projeto alcançado implicará a sinalização de uma nova meta, que será o novo objetivo, a organização de TI mostra para a empresa que o caminho adotado levará ao limite ótimo da utilização dos recursos de TI. A fase de melhoria constante é acompanhada da demonstração de resultados em um formato simples, com uma clara sinalização de onde estávamos, onde estamos, qual é a meta final e qual é o prazo para alcançá-la. Demonstrando os resultados com um formato intuitivo, todos os stakeholders e usuários entenderão sem maiores explicações que TI está evoluindo consistente e constantemente na direção do objetivo final conhecido por todos.

Implantação Rápida de ITIL® (Fast Track)

Alguns exemplos de implantações das melhores práticas com retorno de investimento no curto prazo:

Capítulo 5 • Trabalhando com o ITIL® • **87**

- Implantação de sistema de inventário, com prazo de três dias, teve como resultado imediato a economia no licenciamento do pacote Office, que era versão Professional. A realidade de uso demonstrou que a versão Standard atendia perfeitamente as necessidades do usuário.
- Implantação do sistema de inventário, com prazo de dois dias, demonstrou que diversos aplicativos não estavam em uso. As licenças foram disponibilizadas para usuários que estavam solicitando novas aquisições.
- Integração do sistema de inventário com o helpdesk, com prazo de cinco dias, reduziu em até 50% do tempo de atendimento. O atendente passou a chegar ao usuário conhecendo as configurações de hardware e software, slots ocupados, tipo e quantidade de memória, aplicativos instalados, relatório dos últimos atendimentos etc.
- Implantação do sistema de inventário, com prazo de dois dias, eliminou o lixo eletrônico como mp3, jpegs etc., disponibilizou espaço em disco e melhorou a performance global dos micros em relação a processamento, disco e memória. Implantação do sistema de inventário, com prazo de dois dias, eliminou os softwares ilegais e passou a controlar as licenças dos produtos instalados nas máquinas dos usuários.
- Implantação do sistema de distribuição de patches, com prazo de dois dias, eliminou mais de 95% dos custos de atualizações dos patches de segurança do Windows, mantendo advertência com as políticas de segurança.

Capítulo 6 ◆ Benefícios do ITIL®

Conteúdo deste capítulo:

- Introdução
- Retorno de investimento
- Demonstrando resultados para a alta administração

Introdução

As ações de TI nos dias de hoje estão diretamente conectadas ao faturamento, vendas, crédito etc. das empresas. Podemos afirmar que um dos principais drives do negócio é a tecnologia. É fato que a lucratividade depende agora de fatores como alta disponibilidade, segurança e performance dos serviços de TI, e é justamente por este conjunto de necessidades que o tema maturidade do gerenciamento dos serviços de TI ganhou força e forma no mercado.

O processo se tornou ainda mais complexo após as terceirizações dos serviços de TI (parciais ou totais). O gerenciamento do nível da entrega dos serviços de terceiros do tipo Clound ou Application Service Providers (ASPs) ou SaaS ou PaaS ou CaaS, Datacenters, operadoras de telecomunicações etc. tornou-se vital para a continuidade dos negócios. A indisponibilidade dos serviços de TI impacta diretamente no volume de vendas, faturamento, atendimento aos clientes etc. Para muitas empresas, os negócios mudam com tal velocidade que elas não têm tempo ou recursos para melhorarem os processos. É comum o mercado pressionar as empresas para que reduzam os custos ou a lucratividade ou receita. A exigência de mudanças rápidas (ou que demandam muitos recursos) é um dos principais motivos para terceirização dos serviços de TI.

A melhoria de um processo é tanto mais importante quanto maior for a sua importância e relevância para o negócio. Para as empresas cuja concretização dos negócios depende da tecnologia, a evolução dos processos e do gerenciamento de TI tem

90 • Governança da Nova TI: Revolução

enorme significado financeiro. A adoção da estratégia de gerenciamento através de melhores práticas habilita, na maioria dos casos de mercado, resultados superiores. Exemplos de melhorias para o negócio:

- Aumento da utilização dos recursos.
- Melhoria da competitividade.
- Redução dos retrabalhos.
- Eliminação de atividades redundantes.
- Redução da variabilidade dos projetos em termos de custo e prazo.
- Aumento da disponibilidade, confiabilidade e segurança dos serviços críticos de TI.
- Justificativa dos custos em função do nível de serviço requerido pelo negócio.
- Integração dos processos de forma centralizada.
- Alinhamento dinâmico de TI com as necessidades do negócio, clientes e usuários.
- Entendimento, comunicação e documentação das regras e responsabilidades do nível de serviço.
- Melhor uso de experiência do mercado e lições aprendidas.
- Demonstração dos resultados via indicadores de performance.

O ITIL® oferece uma abordagem sistemática e profissional no gerenciamento dos serviços de TI e tem como benefícios:

- Aumento da satisfação dos clientes com os serviços de TI.
- Redução do risco de TI estar desalinhada com as estratégias do negócio.
- Redução dos custos com a adoção das melhores práticas do mercado.
- Melhoria do fluxo das informações e comunicação entre usuários e TI.
- Uso da inteligência do mercado com a utilização dos padrões do ITIL®.
- Aumento da produtividade pelo melhor uso das habilidades e experiência dos profissionais de TI.
- Introdução da qualidade para o nível de serviços de TI.

Os usuários têm os seguintes benefícios pela maturidade do gerenciamento dos serviços de TI:

- Certeza de que os serviços estão conforme o acordado e que os processos e resultados são auditados e revistos.
- Previsibilidade do nível de serviço, permitindo o planejamento do uso dos recursos conforme as necessidades do negócio.

Capítulo 6 ◆ Benefícios do ITIL® ◆ **91**

- Ponto único de contato (Service Desk) com processos bem definidos, facilitando o fluxo de informações entre usuários e TI.

- Certeza de que as informações de negócio serão utilizadas para justificar as mudanças nos serviços de TI e que os feedbacks e níveis de serviços de TI estão sendo monitorados, controlados e gerenciados de forma rotineira e permanente.

Benefícios dos Processos

Incident Management

OBJETIVO
Restaurar a normalidade operacional do serviço o mais rápido possível, minimizando os impactos negativos nas operações de negócio. A operação normal do serviço é definida como a operação dentro dos limites do acordo dos níveis dos serviços (SLAs).

PRINCIPAL FRAGILIDADE
A ausência de SLAs não permite a determinação do nível dos serviços e o resultado final é um confronto permanente entre TI e usuários sobre como resolver os incidentes. A ausência de SLAs demonstra falta de organização e contribui negativamente para a imagem de TI junto aos usuários e à alta administração.

NECESSIDADE DO NEGÓCIO
É importante que o nível de serviço acordado seja alcançado o mais rápido possível. Uma das técnicas para aumentar a velocidade é a integração entre o Incident e Change Management (permite rápida reação quando ocorrem falhas ou erros nas mudanças) e entre o Incident, Change e Configuration Management para identificar rapidamente os componentes que falharam.

DETERMINAÇÃO DE PRIORIDADES
Como TI poderá determinar as prioridades atendendo as necessidades do negócio e assegurando os melhores níveis de qualidade e disponibilidade dos serviços sem SLAs formais? A palavra-chave desta pergunta é atender as necessidades do negócio ao menor custo possível em função dos recursos disponíveis, isto significa, na prática, ter os níveis de serviço bem definidos e determinados e feedback permanente dos usuários. As prioridades serão determinadas em conjunto com os usuários para minimizar o impacto das eventuais indisponibilidades de TI nas atividades críticas do negócio.

MANUTENÇÃO DAS PRIORIDADES

Tão importante quanto definir as prioridades é a sua revisão periódica para assegurar que as atividades de negócio mais críticas continuem a ter um nível de atendimento correto.

OTIMIZAÇÃO DOS RECURSOS

É importante manter o canal de comunicações aberto para que os usuários acompanhem o histórico dos chamados on-line, eliminando assim a necessidade de desenvolver e comunicar os incidentes através de relatórios regulares estáticos.

Problem Management

OBJETIVO

Minimizar os impactos dos incidentes e problemas (indisponibilidades dos recursos de TI). As indisponibilidades são causadas por erros e falhas e este processo tem como meta impedir a recorrência de incidentes.

PRINCIPAL FRAGILIDADE

A área de TI tradicional está mais concentrada na performance e suporte do que na qualidade e redução de erros e falhas. Como exemplo, encontramos no mercado diversas situações em que a performance do Service Desk é determinada pelo nível de solução de incidentes na primeira chamada e a redução do número total de incidentes não é um indicador relevante de performance. O resultado desta abordagem é que o Service Desk procura os incidentes mais simples para resolvê-los na primeira chamada em vez de procurar soluções para reduzir o número de incidentes. Na prática, esta abordagem resulta em atrasos e tamanho da equipe maior do que o necessário.

> O gestor de TI bem-sucedido mantém permanentemente no topo da sua agenda uma meta de redução do número dos incidentes.

OTIMIZAÇÃO DOS RECURSOS

O Problem Management identifica as causas dos incidentes e inicia as ações para melhorar ou corrigir a situação com aspectos reativos e proativos. O grande benefício de identificar a raiz dos problemas é poder decidir se o custo de eliminar o problema é maior ou menor que o seu impacto. Em geral, as causas dos problemas são mal entendidas. Por exemplo, existe no mercado uma pesquisa que mostra que entre 30% a 50% dos incidentes são perguntas do tipo "como eu faço" e a solução em geral está em

Capítulo 6 • Benefícios do ITIL® • 93

bases de conhecimento, mas a causa do incidente é a falta da instrução do usuário e os esforços e recursos deveriam estar concentrados nesta direção.

Configuration Management

OBJETIVO

Identificação em documentos (base de conhecimento) dos ativos, serviços e configurações da tecnologia existente. Esta documentação suportará os processos de Incident, Problem, Change e Release Management, em que as configurações do ambiente são gerenciadas e controladas.

OTIMIZAÇÃO DOS RECURSOS

Contabiliza todos os ativos (inclusive programas desenvolvidos internamente, documentação dos processos, pessoas, serviços, configurações etc.) como CIs para suportar os processos de gerenciamento dos serviços de TI. Um Configuration Management Data Base (CMDB) exato e completo significa melhores decisões no processo de solução dos incidentes. O CMDB também permite que o segundo e o terceiro nível alcancem melhorias de produtividade através do aprimoramento do cálculo dos custos para as mudanças e escalonamento dos chamados. O mercado estima que 70% dos valores gastos nos projetos do ano 2000 foram destinados apenas a identificar os ativos de TI e os seus relacionamentos e por isto existe atualmente um entendimento comum da necessidade de controlar, gerenciar e proteger todos os ativos de TI através do gerenciamento de configurações.

Change Management

OBJETIVO

Assegurar a padronização dos métodos e procedimentos para obter efetividade e flexibilidade na administração das mudanças, minimizando os impactos ao negócio e melhorando a qualidade dos serviços e operações de TI.

NECESSIDADE DO NEGÓCIO

- Assegurar, através do Change Control, que as mudanças sejam controladas (incluindo pré-projeto, análise, tomada de decisão, aprovação, execução e pós-implantação de uma mudança).
- Assegurar o gerenciamento do conjunto de mudanças através do Change Management.
- Assegurar que o Change Management controle o ciclo de vida e o status das mudanças e que o Change Control faça parte do Change Management.

OTIMIZAÇÃO DOS RECURSOS

Aumento da disponibilidade dos serviços de TI pela eliminação dos erros e falhas nas mudanças e dos incidentes ou problemas criados pelas mudanças. Como o custo das mudanças não está mais apenas em TI, a gestão deve planejar e controlar os orçamentos de despesas e investimentos com o envolvimento de todas as partes interessadas.

Release Management

OBJETIVO

Planejamento, supervisão das liberações e garantia de que os ativos implantados sejam gerenciáveis, seguros, corretos, autorizados e testados. A meta "gerenciável" significa que o ativo está atualizado, a meta "seguro" significa nível correto de acesso e cópias de segurança do software, configurações e dados críticos na Definitive Software Library (DSL), a meta "correto" significa versões homologadas dos aplicativos e arquivos, a meta "autorizado" significa nível de licenciamento previsto nos contratos e a meta "testado" significa que cada um dos componentes, configurações e arquivos foram testados independentemente.

NECESSIDADE DO NEGÓCIO

- Performance nas implantações de software e hardware.
- Template padronizado para os planos e projetos.
- Check lists ou work instructions.

OTIMIZAÇÃO DOS RECURSOS

A integração do Release com o Change Management elimina os atrasos e impactos negativos das novas implantações, otimizando processos e recursos de TI.

Availability Management

OBJETIVO

Assegurar a disponibilidade dos serviços TI no nível especificado. Para prever, planejar e controlar a disponibilidade dos serviços, os recursos devem ser corretamente dimensionados, os CIs devem ser confiáveis, os contratos com os fornecedores devem definir claramente as condições de qualidade dos serviços ou produtos contratados e a disponibilidade dos serviços deve ser melhorada continuamente.

Capítulo 6 • Benefícios do ITIL® • 95

TÉCNICAS E FERRAMENTAS

- CFIA - Component Failure Impact Analysis.
- Árvore de análise das falhas.
- CRAMM - Análise do risco com plano de ações e medidas preventivas.
- SOA - System Outage Analysis, análise estruturada das causas.
- Processos de melhora contínua com o uso das métricas do mercado.

NECESSIDADES DO NEGÓCIO

- **Reliability** - Capacidade de manter os serviços disponíveis e operacionais através de prevenção de erros, detecção dos incidentes, diagnóstico dos problemas, resolução dos erros conhecidos e recuperação dos serviços.
- **Maintainability** - Habilidade da **empresa** em manter os serviços operacionais através da prevenção das falhas e dos erros, detecção dos incidentes, diagnóstico dos problemas, resolução dos erros conhecidos e recuperação dos serviços.
- **Resilience** - Poder de recuperação da **organização** no caso de falhas, erros ou catástrofes.
- **Serviceability** - Performance comprometida dos **fornecedores** em relação aos componentes da infraestrutura de TI.
- **Maintainability** - Tempo médio de recuperação do serviço dado pelo MTTR (Mean Time to Repair).
- **Availability** - Tempo médio entre falhas de um componente ou serviço dado pelo MTBF (Mean Time between Failures).
- **Reliability** - Tempo médio entre incidentes do sistema dado pelo MTBSI (Mean Time Between Systems Incidents).
- **Mean Time to Repair (MTTR)** - Tempo entre a detecção e a solução de um incidente.
- **Mean Time Between Failures (MTBF)** - Tempo entre a restauração e um novo incidente.
- **Mean Time Between System Incidents (MTBSI)** - Tempo entre dois incidentes (MTTR + MTBF).

OTIMIZAÇÃO DOS RECURSOS

É comum existirem necessidades de diferentes disponibilidades em função das atividades. Por exemplo, o servidor da folha de pagamento necessita estar com uma disponibilidade elevada nos dias do fechamento da folha e para os outros dias este sistema pode ter uma disponibilidade menor. As necessidades dos negócios são dinâmicas e mudam conforme o tempo. A sua empresa verifica com os usuários qual é a necessidade de disponibilidade no planejamento da substituição de um ativo de

96 • Governança da Nova TI: Revolução

TI ao final da sua vida útil? A sua empresa compara os custos de manutenção de um ativo com o seu respectivo valor residual contábil, verificando e comparando a sua disponibilidade, custo, valor, para ter planejamento de disponibilidade e financeiro integrado e objetivando ter o melhor serviço ao menor custo?

A sua empresa tem uma gestão de custos dos serviços de TI baseada na disponibilidade e em multas por indisponibilidades junto aos fornecedores externos? Caso a resposta seja negativa para estas perguntas, a sua empresa pode estar levando uma estrutura de custos ultrapassada do passado para o futuro, comprometendo a sua competitividade. Existe alguma medição do tempo produtivo perdido por usuário em função de indisponibilidades dos serviços de TI? A sua empresa é submetida a alguma multa contratual em função de atrasos na entrega de produtos e serviços? Se sim, existe alguma estatística sobre a contribuiçõe das indisponibilidades de TI para os atrasos? Existem indicadores de quanto tempo as indisponibilidades tomam da equipe de TI para controle e gerenciamento das expectativas dos usuários e explicações? A sua empresa tem alguma estatística dos recursos consumidos adicionalmente em função das indisponibilidades (por exemplo, o custo do uso de telefone comum em função da indisponibilidade da rede VoIP e WAN)?

Existe administração e controle das penalidades pelo não-cumprimento das cláusulas de qualidade dos contratos? A sua empresa se preocupa com a perda da imagem quando está se relacionando com os clientes (por exemplo, quando o contact center trava, derrubando todas as ligações, ou quando o seu site está indisponível)? A sua empresa já avaliou as oportunidades de negócio perdidas em função das indisponibilidades (por exemplo, quando o sistema de cotações estava inoperante pela queda da linha de comunicação e não pôde operar no mercado de capitais)? Existem pesquisas com os usuários para saber quais são os impactos da indisponibilidade?

Service Level Management

OBJETIVOS

Manter e melhorar qualidade do serviço através de um ciclo de melhoria contínua com comunicação, monitoração e acordos para estabelecer um melhor relacionamento entre TI e os usuários, definir metas e métricas para controlar as expectativas dos usuários e erradicar os serviços de qualidade pobre alinhados com o negócio.

TÉCNICAS E FERRAMENTAS

A sua organização de TI comunica-se regularmente com os usuários para verificar se está mantendo os níveis dos serviços? A sua organização de TI ajusta regularmente os objetivos dos serviços para reduzir a variabilidade? Os usuários respondem as pesquisas de avaliação dos serviços conhecendo as metas e custos?

- **Melhorar a qualidade dos serviços** - Ter uma política clara, para melhorar os níveis da qualidade e não ficar estagnado.

- **Melhorar relacionamento entre TI e usuários** - Normalmente a única comunicação entre TI e usuários ocorre quando um serviço deixa de estar operacional. Este modelo de comunicação incentiva os conflitos, resultando em descontentamento e baixa credibilidade. Um ciclo constante de acordo, monitoração e comunicação com demonstração dos resultados é um caminho simples e fácil para melhorar o relacionamento.

- **Definição de metas e métricas** - TI pode controlar a realidade através do tripé acordo, monitoração e comunicação. A organização de TI deve definir os serviços no Service Catalog (SC) e os níveis de qualidade no Service Level Agreement (SLA). Os Operational Level Agreement (OLA) e Underpinning Contract (UC) também contribuem para assegurar um nível de serviço constante. Os OLAs e UCs devem estar bem definidos antes que as negociações com os usuários para discutir e acordar o nível dos serviços sejam iniciadas.

- **Avaliação das metas e métricas** - Algumas vezes, mesmo atingindo os objetivos, a avaliação dos usuários é negativa, significando que os SLAs não estão claros ou não atendem as necessidades do negócio. No mercado é comum a situação de avaliação negativa com SLAs que atendam as necessidades do negócio e estejam dentro do proposto. Por isso é muito importante que os usuários conheçam os custos atuais e saibam quais seriam os custos para outros patamares de qualidade. Desta forma, o próprio usuário poderá ponderar se a demanda é um excesso ou uma real necessidade do negócio. Outro ponto importante são os benchmarks. É bem mais simples explicar para um usuário o uso de um determinado SLA se o mercado em geral, ou o setor específico da empresa, adota um SLA similar ou igual.

- **Ciclo de melhoria** - Existem reuniões regulares com os usuários para acordar e documentar os níveis dos serviços? A organização de TI monitora os níveis dos serviços acordados e os demonstra de uma maneira fácil para os usuários? Existem processos de melhoria contínua com relatórios regulares de recomendações e sugestões objetivando eliminar todas as falhas que prejudiquem as metas do nível dos serviços? Existem processos de melhoria constante para reduzir a variabilidade do nível dos serviços, permitindo um aumento da credibilidade e confiança dos usuários em TI? Existe comportamento proativo em relação às metas? Existem processos de melhoria contínua para superar os objetivos? A sua empresa constantemente melhora os serviços com alinhamento com o negócio? A sua empresa tem um Service Improvement Program ativo? A sua empresa apenas reage quando as falhas aparecem?

O Service Improvement Program (SIP), em conjunto com o Problem e Availability Management, identifica as necessidades do nível dos serviços e alcança e supera as metas acordadas com os usuários através da erradicação dos serviços de qualidade pobre (Change Management executa as melhorias, Financial Management identifica, qualifica, quantifica e comunica os custos e Configuration Management identifica a abrangência e impactos das melhorias).

> Os departamentos de TI empenhados na constante melhora dos serviços são vistos frequentemente como fazendo parte dos negócios porque eles aumentam o poder de fogo da organização na realização dos negócios.

OTIMIZAÇÃO DOS RECURSOS

Como o gerenciamento de serviços de TI pode alcançar as metas se os usuários não avaliarem e concordarem com o plano? Como a organização de TI pode resolver os incidentes se eles não forem relatados? Como o TI pode manter um CMDB exato se os usuários não informarem quais foram as suas novas aquisições em termos de recursos? É muito importante que os SLAs e o Service Catalog mostrem claramente todos os serviços e seus níveis. Para formalizar os SLAs os usuários devem assiná-los para confirmarem que concordam e compreendem o nível de serviços que será oferecido. As responsabilidades dos usuários e do gerenciamento dos serviços de TI devem estar claramente definidas nos SLAs.

> O Service Level Management efetivo é o fator chave para que TI seja visto pela corporação com um centro de lucro trabalhando pelo sucesso do negócio.

IT Continuity Management

OBJETIVO

Proteger o nível dos serviços em todas as eventualidades. Para preservar o nível dos serviços, o IT Continuity Management busca reduzir a probabilidade de erros e falhas e o tempo de restauração dos serviços com base no planejamento e prevenção.

NECESSIDADES DO NEGÓCIO
- Aumentar a credibilidade no mercado.
- Reduzir os riscos do negócio em relação a TI.
- Reduzir o custo e tempo de recuperação dos serviços de TI.
- Eliminar ou reduzir as multas contratuais provocadas por falhas na infraestrutura de TI.
- Estar operacional em caso de grandes catástrofes.

TÉCNICAS E FERRAMENTAS

Uma das principais atividades do IT Continuity Management é a realização de análises de risco como parte do plano de continuidade do negócio e, com base nestas análises, gerar os planos de recuperação dos serviços de TI. A análise de impacto ao negócio inclui três atividades:

- Análise de risco, em que são verificados o valor, as ameaças e as vulnerabilidades dos ativos.
- Gerenciamento dos riscos, em que são avaliados as contramedidas, o planejamento e gerenciamento de atividades para os desastres potenciais.
- Análise de risco baseado no Computer Risk Analysis and Management Methodology (CRAMM).

PLANO DE DISASTER AND RECOVERY

O plano de Disaster and Recovery pode ser desenvolvido em oito passos simples:

- Listar as necessidades do negócio derivadas da cadeia de valor.
- Verificar os riscos mais significativos através da análise de impacto.
- Associar as atividades de negócio com os serviços de TI.
- Associar os serviços de TI com a infraestrutura de ativos e pessoas de TI.
- Associar a infraestrutura de ativos e pessoas de TI aos recursos como eletricidade, ar condicionado, espaço físico etc.
- Fazer uma SWOT (Strengths, Weaknesses, Opportunities and Threats) analysis.

100 • Governança da Nova TI: Revolução

- Identificar as vulnerabilidades mais urgentes (quadrante ameaças e fragilidades).
- Associar as prioridades com uma nota de risco, determinando-as.

O nível de investimentos, abrangência, repercussão externa e interna, tendências do mercado, benchmarks com os concorrentes, facilidade de execução etc. devem ser usados como critérios para estabelecer as notas de risco.

PROCESSOS

O IT Continuity Management está fortemente ligado aos processos de Availability e Service Level Management, e é comum existir alguma confusão sobre as diferenças entre estes processos. O Availability Management é dado pela equação ((Agreed Service Hours - Downtime) x 100)/ Agreed Service Hours, logo aqui a disputa pela maior disponibilidade passa pela redução ou eliminação do downtime, o que significa que a disponibilidade de um ativo de TI nunca será maior do que a disponibilidade garantida pelo fornecedor.

O Service Level Management associa um determinado serviço aos recursos de tecnologia disponíveis e o seu nível de disponibilidade é dado pela interseção das disponibilidades dos diversos componentes do serviço. O IT Continuity Management é um processo cujo foco é aumentar a disponibilidade dos ativos adicionando contingências, logo, enquanto os outros dois processos gerem os recursos de forma que a disponibilidade seja a máxima possível em relação a um limite, o IT Continuity Management, por definição, tem a propriedade de aumentar este limite.

OTIMIZAÇÃO DOS RECURSOS

A sua empresa tem um indicador para o nível de serviço de continuidade do negócio (tempo de atraso e perda dos dados no caso de catástrofes)? Já foram calculados os custos do investimento e manutenção de uma solução da recuperação de TI? A sua empresa já fez um estudo de caso em termos de tecnologia, negócio, situação atual e situação desejada para um projeto de continuidade do negócio? Existem avaliações dos custos que a sua empresa teria no caso de processos por falhas de entrega dos produtos? Se sim, qual é a dependência de TI?

Um bom plano é aquele em que os recursos essenciais estão disponíveis, as pessoas estão treinadas e o ambiente foi testado, verificado e auditado de tal maneira que os serviços podem ser recuperados em uma emergência dentro do tempo requerido. O plano de Disaster and Recovery deve contemplar o gerenciamento, a administração e check list, a infraestrutura de TI, o gerenciamento da infraestrutura e dos procedimentos operacionais, a equipe técnica, as políticas de segurança, as contingências e os procedimentos para retornar à operação normal e atender os requisitos de recuperação rápida e controlada, de acesso registrado e controlado, de equilíbrio entre as necessidades administrativas e retorno à normalidade, de soluções tipo cold ou hot standby e de testes regulares.

Para manter o plano atualizado e ter certeza dos procedimentos é importante testar a contingência a cada 6 a 12 meses e, após cada desastre, testar os sistemas na situação real executando as mudanças através do Change Advisory Board (CAB). No momento, a sua empresa pode não estar implantando um plano de continuidade do negócio, mas é muito importante que o assunto seja ao menos discutido. Como opções ao plano formal o mercado vem adotando:

- Não fazer absolutamente nada.
- Contingenciamento manual.
- Acordos formais entre TI e usuários.
- Cold standby, em que as peças defeituosas são trocadas com os sistemas parados.
- Warm standby, em que as peças defeituosas são trocadas com parte do sistema em funcionamento.
- Hot standby, em que as peças defeituosas são trocadas com o sistema disponível para os usuários.

É comum imaginar que um plano de continuidade dos negócios deva ser um projeto complexo e com investimento elevado. Seguem alguns exemplos de soluções que podem ser realizadas com orçamentos limitados:

Em caso de indisponibilidade das instalações da empresa, o acesso remoto aos servidores pode permitir uma rápida recuperação, mas este tipo de acesso acaba criando vulnerabilidades em função de o usuário querer senhas simples e fáceis. Quando as senhas são complexas, com caracteres especiais, números e letras maiúsculas e minúsculas, e com trocas mensais, o Service Desk acaba recebendo um número adicional de chamados, provocando aumento de custos. Uma solução simples e barata são tokens, que providenciam uma senha dinâmica, evitando que o usuário tenha que decorar senhas complexas, fornecendo um serviço seguro.

É comum o usuário deletar os faxes do servidor após a leitura e depois de algum meses ou anos surge a necessidade de esclarecer um processo com um cliente e é preciso restaurar uma base de dados antiga. Este tipo de procedimento impacta todos os usuários, pois o servidor fica indisponível. Uma solução simples e barata seria negociar com o fornecedor uma licença de uso eventual para recuperar este tipo de informação em um servidor que não seja o de produção. Só que recuperar a base de dados ainda não é bom o suficiente para resolver o problema, pois o usuário se lembra apenas de fragmentos da informação daquele fax em especial, e a base de dados do usuário é muito grande. Logo, um sistema de busca e recuperação de informações faria o trabalho de recuperação de uma forma muito mais rápida e eficiente. A recuperação rápida das informações permite que as pendências sejam resolvidas rapidamente, dando continuidade aos negócios entre as partes.

Verificação rotineira dos backups e restores, assegurando que as mídias estejam operacionais (mesmo as mais antigas). Em caso de catástrofes, estas mídias permitirão a restauração do ambiente operacional do negócio o mais rápido possível.

Tempo de restore. Um restore que recupere o ambiente em um tempo maior do que o requerido pelo negócio indica que a estratégia de backups e ambiente de contingência deve ser revista.

Desenvolvimento de um plano de disaster and recovery. Mesmo nos casos em que a implantação do plano seja muito cara, só o fato de ter um plano faz com que a empresa avalie alguns processos, entenda as limitações do ambiente e possa, com pequenas medidas, eliminar e minimizar as vulnerabilidades.

Capacity Management

OBJETIVO
Equilíbrio eficiente e eficaz dos recursos de infraestrutura de TI e necessidades do negócio, assegurando que toda a capacidade de processamento comprada seja justificada. A oferta disponível de recursos de TI precisa atender de forma efetiva as necessidades do negócio.

METAS
Estabelecer e justificar os processos, definir as atividades e as tarefas que devem ser realizadas, planejar e implantar os planos.

TÉCNICAS E FERRAMENTAS
Qual é o nível de contingência exigido pelo negócio? Qual é o custo de investimento e manutenção destes recursos? O Capacity Management irá responder estas perguntas, possibilitando um dimensionamento economicamente correto e garantindo que sejam atendidas as exigências mínimas do negócio em termos de volume de transações, tempo de processamento e de resposta.

ERROS COMUNS

Os analistas estão ocupados em demasia com as atividades rotineiras. Os dois grupos que necessitam estar envolvidos para um processo eficaz do Capacity Planning são os analistas da área de infraestrutura e desenvolvimento das aplicações. No entanto, eles estão mais envolvidos com as atividades do dia a dia de manutenção, incidentes e problemas, fazendo ajustes de performance e em novas instalações do que nas atividades de planejamento. A melhor maneira para resolver este conflito é designar um grupo dentro da infraestrutura para ser o responsável pelo Capacity Planning. No início, podemos começar com somente uma pessoa para executar este processo e ela será a responsável pelas negociações com os usuários e desenvolvedores.

Os usuários não estão interessados em prever as necessidades futuras. Um bom nível de acerto na previsão dos workloads futuros é um dos principais pilares para o planejamento da capacidade e por isto ele é um tema de extrema importância, tanto para os usuários como para o departamento de TI. No entanto, ainda temos no mercado uma maior ênfase para o curto do que o médio e longo prazo no planejamento. O desenvolvimento pode ajudar explicando aos usuários sobre a importância de uma previsão exata do workload, pois ela justifica a necessidade dos recursos adicionais no curto, médio e longo prazo. O trabalho em conjunto com o time responsável pelo Capacity Planning simplifica os questionários de workload.

Os analistas podem estar relutantes em usar ferramentas de medição eficazes. Os analistas às vezes são relutantes em usar ferramentas novas ou complexas e muitos se sentem mais confortáveis usando apenas técnicas velhas. Uma atividade que envolva treinamento, documentação, consultoria e apoio aos profissionais pode ajudar na superação desta barreira.

O planejamento não faz parte da cultura da empresa. A maioria dos profissionais de infraestrutura está mais habituada a controlar e administrar o ambiente de produção do que a realizar ações de planejamento e, em geral, o único planejamento que eles fazem é o budget de investimentos e despesas. O resultado é que muitos analistas, ainda hoje, não tem nenhuma atividade formal de planejamento dentro do seu grupo de atuação, deixando que todo o planejamento técnico fique a cargo de outras áreas de TI. Esta situação está mudando lentamente, com as crescentes necessidades de qualidade de níveis de serviço tipo classe mundial e os analistas de infraestrutura estão percebendo a necessidade e os benefícios de um bom planejamento da capacidade. Em um primeiro momento, é recomendável a criação de um subgrupo dentro da equipe de infraestrutura para cuidar exclusivamente deste planejamento. Após a cultura ter sido absorvida pela equipe, este grupo deixará de ser exclusivo para o

104 ♦ Governança da Nova TI: Revolução

planejamento, executando também as atividades de rotina da área, tornando-se o grupo gestor das atividades de planejamento do Capacity Planning. O plano de capacidade trabalha com o nível de utilização atual dos recursos, necessidade futura e orçamento de investimento e despesa.

PROCESSOS

- O Capacity Management tem como subprocessos o Business Capacity Management, o Service Capacity Management e o Resource Capacity Management.
- **O Business Capacity Management** é o subprocesso responsável pela análise da demanda e o Demand Management gerencia a demanda dos recursos de TI baseado nas necessidades e expectativas de crescimento do negócio.
- **O Service Capacity Management** é o subprocesso responsável pela distribuição de carga entre os diversos recursos de TI e o Workload Management realiza as ações de ajuste no nível dos serviços em função do Demand Management (apoiado pelas atividades de monitoração, análise de performance e balanceamento de carga).
- **O Resource Capacity Management** é o subprocesso responsável pelo gerenciamento e performance dos recursos. O Resource Management realiza ações para obter recursos financeiros, infraestrutura (espaço, ar condicionado, energia elétrica, equipe etc.) apoiado pela atividade de verificação da performance dos sistemas dos usuários. O Performance Management monitora, verifica e ajusta o nível de utilização dos recursos (por exemplo, alterando prioridades) apoiado pela atividade de ajuste fino no balanceamento de carga.

OTIMIZAÇÃO DOS RECURSOS

A sua empresa tem um indicador do nível de utilização dos recursos de tecnologia? Existe um mapeamento dos gargalos? A sua empresa tem indicadores sobre a taxa da utilização dos recursos humanos e sistemas? Existe um planejamento dos investimentos evitando os custos da ociosidade dos recursos? O planejamento envolve uma análise sobre qual é o hardware mais adequado? Existem considerações no planejamento futuro sobre os saltos de crescimento do hardware de forma que não se tenha ociosidade de recursos? O planejamento inclui um cronograma de eventos atendendo as necessidades atuais, futuras e emergenciais do negócio?

O subprocesso Performance Management garante o nível de utilização economicamente viável dos recursos através da identificação das necessidades do usuário (Demand Management), nível de utilização necessário para atender a demanda (Workload Management) e necessidade de recursos para atender a qualidade acordada (Resource Management). O Capacity Management gerencia a capacidade potencial (capacidade que pode ser disponibilizada no futuro pelo planejamento de médio e longo prazo) e a capacidade potencial máxima (máxima capacidade dos recursos de TI). Os limites são resultados de diversos fatores, como por exemplo: família de produtos, tecnologia utilizada, limitações ambientais, capacidade de medição (capacidade disponível um determinado momento) etc. O CDB é a base de dados do Capacity Management que contém as informações sobre a utilização dos recursos e o desempenho com informações sobre o negócio, os serviços de TI, as tecnologias em uso, as informações financeiras e o nível de utilização. O CDB permite desenvolver relatórios sobre o nível de utilização, a capacidade máxima dos sistemas, a previsão e o planejamento para: (i) melhorar a relação custo x benefício pela otimização dos recursos, (ii) reduzir a probabilidade de ocorrerem gargalos inesperados, (iii) monitorar custos, planejar expansões e evitar capacidade ociosa, (iv) melhorar o relacionamento com o usuário, (v) definir as necessidades de performance, (vi) melhorar as previsões do comportamento futuro da performance, (vii) melhorar a gestão da equipe, (viii) reduzir os custos de aquisição, manutenção e expansão do hardware e (xix) otimizar a relação performance x capacidade. Um exemplo de otimização dos recursos foi a eliminação da ociosidade do ERP cuja infraestrutura de hardware consumiu US$ 500 mil e ficou ociosa em 40% por dois anos (representou um custo de US$ 80 mil em depreciação). Como o hardware (inclui sistema operacional) sofre desgaste em função do tempo e não pelo uso (custo da obsolescência), a empresa evitou perda de 16% do investimento pela depreciação tecnológica e financeira do ativo.

Financial Management

OBJETIVO
Planejamento financeiro, rateio e contabilização dos custos.

NECESSIDADES DO NEGÓCIO
- **Planejamento Financeiro** - Previsão e controle dos investimentos de TI.
- **Contabilidade de TI** - Identificação dos custos por usuário, serviços etc.
- **Rateio dos Custos** - Faturamento dos usuários em função do uso de TI.

O ITIL® recomenda para a contabilização dos custos as categorias de: Equipment Cost Units (ECU), Organization Cost Units (OCU), Transfer Cost Units (TCU), Accommodation Cost Units (ACU) e Software Cost Units (SCU). Sendo Equipment = Hardware, Organization = Equipe de tecnologia, Transfer = Custos de TI como usuário de tecnologia, Accommodation = Instalações e espaço físico.

Os custos devem ser classificados de acordo com a sua categoria, pois a organização da

106 • Governança da Nova TI: Revolução

contabilização precisa determinar os custos reais de um serviço e critérios de rateios. O cálculo correto dos custos reais dos serviços de TI permite planejar as otimizações. Por exemplo, se o custo do toner, papel, impressoras etc. for maior (ou tiver tendência a ser maior) do que o outsourcing de impressão, então é o momento para propor mudanças. A contabilização dos investimentos e custos precisa ser feita conforme as normas e práticas contábeis e deve endereçar os conceitos de centro de custo, conta detalhe, custo direto, overhead, custo fixo, custo variável, custo fixo-variável, rateio e break-even.

OTIMIZAÇÃO DOS RECURSOS

A sua empresa tem um orçamento de TI aderente ao orçamento corporativo? A sua empresa tem um planejamento do fluxo de caixa da operação, do dia a dia e de projetos, contemplando o custo de aquisição dos ativos, serviços, pré-projeto e demonstração de resultados? A sua empresa tem indicadores históricos dos custos dos processos internos de TI, Service Desk, desenvolvimento etc.?

O Financial Management é um poderoso ferramental para demonstração dos resultados dos projetos de tecnologia. Por exemplo, cito o caso de um projeto de integração da cadeia produtiva com clientes e fornecedores, que reduziu o estoque de 45 para 30 dias. A integração demandou investimento de dois milhões de reais e reduziu 15 dias do estoque de produtos acabados (benefício de dez milhões de reais). É comum o usuário não ter ideia dos custos envolvidos em tecnologia e exagerar nas solicitações de serviços, por isso é necessário que a empresa conheça e entenda a estrutura dos custos de TI e elimine desperdícios e exageros.

Benefícios Intangíveis do ITIL®

As empresas estão interessadas em resolver os problemas antes que eles aconteçam ou, no pior caso, o mais rápido possível. A principal razão para esta demanda é que os negócios exigem decisões cada vez mais rápidas e tempo de reação cada vez menor. As métricas tradicionais como participação no mercado e vendas refletem uma situação do passado e estão relacionadas com o fechamento contábil em base mensal, trimestral, quadrimestral ou anual. O dinamismo do mercado não permite trabalhar com este nível de atraso nas informações, pois em muitos casos um mês já é tempo demais para tomar as medidas corretivas.

O ITIL® tem como uma das suas principais características a definição clara dos processos de TI e o alinhamento dinâmico com o negócio. Em geral, as mudanças demandadas são rapidamente atendidas após a implementação dos processos do ITIL®.

As práticas padronizadas permitem fácil e rápida adaptabilidade, que possibilita ao Service Desk atender as novas necessidades do negócio através da capacidade de resiliência de tecnologia. A adaptabilidade e resiliência de TI habilitam o negócio a responder rapidamente as demandas dos consumidores.

Return On Investment (ROI)

Para o cálculo do retorno do investimento foi assumindo o seguinte cenário:

- Os funcionários custam em média cinquenta reais/ hora, incluindo benefícios, impostos, previdência etc.
- Os funcionários têm produtividade média de cem reais/ hora.
- A empresa tem mil funcionários que usam os recursos de TI.
- O número total de incidentes por ano é de cem mil.
- O tempo médio para resolver um incidente é de dez minutos.
- O ano tem trezentos e sessenta e cinco dias.
- O investimento orçado em TI é de quatro milhões de reais.
- Cada um dos funcionários que usam os recursos de TI abre em média cem chamados por ano.

Processo	Principal atividade	Benefício
Incident Management	Continuidade dos serviços de TI	Em função dos treinamentos e da melhoria das informações no Service Desk, o tempo médio de solução dos incidentes foi reduzido em 3 minutos por chamado. **Economia = 3*1.000*100*((100+50)/60) = R\$750.000/ano**
Problem Management	Eliminação de retrabalho	O Problem Management reduziu a quantidade de problemas recorrentes (dez mil incidentes por ano). **Economia = 10.000*10*((100+50)/60) = R\$250.000/ano**

108 ♦ Governança da Nova TI: Revolução

Configuration Management	Uso ótimo da infraestrutura de TI (Garante a presença apenas de hardware e software homologados)	A infraestrutura homologada reduziu a quantidade de incidentes e permitiu a redução de um analista de atendimento ao usuário. **Economia = 1*(365 x 8) x 50 = R\$146.000/ ano**
Change Management	Gerenciamento eficiente e eficaz das mudanças	Duas mudanças simultâneas foram realizadas e o sistema de vendas ficou indisponível por dez horas no ano. A empresa perdeu mil vendas de valor médio de oitenta reais. **Economia = 1.000*80 = R\$80.000 no ano**
Release Management	Assegura o correto licenciamento e instalação automatizada dos softwares e patches de correção	Novas versões do cliente do CPM foram disponibilizadas, mas os bugs no sistema exigiram que as versões anteriores fossem reinstaladas nos micros dos usuários. As instalações foram realizadas manualmente e quatrocentos e cinquenta usuários foram afetados com quatro horas de indisponibilidade no ano devido aos trabalhos emergenciais de reinstalação. **Economia = 450*(100+50)*4 = R\$270.000**
Availability Management	Reduz o downtime ao mínimo possível	Devido a um defeito no servidor do Database Marketing, o sistema ficou indisponível por oito horas e um grupo de cem usuários foram afetados. A indisponibilidade poderia ter sido evitada pela monitoração e acompanhamento da infraestrutura. **Economia = 100*(100+50)*8 = R\$120.000**
Service Level Management	Estabelece e revê periodicamente os acordos do nível dos serviços de TI	Os novos acordos com os fornecedores melhoraram o comprimento dos SLAs e eliminaram 15 mil incidentes por ano. **Economia = 15.000*10*((100+50)/60) = R\$375.500/ ano.**

Capítulo 6 • Benefícios do ITIL® • **109**

iT Service Continuity Management	Assegura rápida recuperação após um desastre	Os servidores no Datacenter ficaram indisponíveis em função de um defeito do sistema de ar condicionado. Por segurança, os servidores foram desligados em função da alta temperatura. Todos os mil usuários foram impactados. O tempo de reparo do ar condicionado foi de 6 horas. O investimento em sistema de refrigeração emergencial de backup era de cem mil reais. **Economia = (1.000*(100+50)*6)-100.000 = R$800.000**
Capacity Management	Uso ótimo da infraestrutura atual e futura de TI	Existe uma sobra de recursos no servidor de ERP de 30% . Como o investimento no hardware foi de três milhões de reais, seria possível uma economia de seiscentos mil reais, pois 10% de excesso de capacidade é a margem de manobra necessária para o bom desempenho da aplicação. O custo financeiro da depreciação da capacidade desnecessária é de cento e vinte mil por ano. O correto dimensionamento da oferta e demanda da aplicação teria economizado **seiscentos mil reais no investimento e cento e vinte mil reais** por ano de depreciação.
Financial Management	Gerenciamento dos custos, orçamentos e rateio das despesas e investimentos de TI	O conhecimento dos custos de TI, através do rateio de despesas e investimentos, permitiu que os usuários decidissem o nível do serviço em função do custo e necessidade. Os usuários não tinham ideia dos valores e exageravam nas requisições, gerando desperdícios. O gerenciamento dos custos financeiros dos investimentos permitiu uma redução de mais de duzentos mil em depreciação e CAPEX. O melhor entendimento dos custos,demanda e capacidade da infraestrutura de TI permitiu uma redução de 10% dos investimentos. **Economia = 10% * 4.000.000 = R$400.000**

Demonstrando os Resultados Para a Alta Administração

Para que a demonstração de resultados para as gerências seja eficiente é necessário conhecer o seu perfil.

- Não se interessam pelo "como", mas sim pelo que foi feito e quais foram os resultados.
- Têm necessidade de ser independentes e demandam respostas curtas, rápidas e objetivas.
- Querem mobilidade e customização a custos razoáveis.
- São resistentes à tecnologia, enxergando-a como mal necessário e centro de custo.

Também é importante mapear a visão das gerências sobre a área de tecnologia:

- As gerências acham que TI deveria atender as necessidades da empresa e não o contrário.
- As gerências enxergam os profissionais de TI como extraterrestres.
- As gerências analisam a performance de TI de forma pontual.
- As gerências não foram atendidas plenamente nas suas necessidades nos últimos doze meses.
- As gerências formam atendidas de forma incorreta ou incompleta nos últimos doze meses.

Ao analisar a visão das gerências, fica claro por que TI é visto como um mal necessário pela alta administração. Faltam aos projetos de TI um maior cuidado e empenho na demonstração dos resultados na linguagem que os gestores entendam. É comum encontrar no mercado projetos que levaram meses de esforços e trabalho, com forte negociação com fornecedores e de gestão complexa, terem a sua finalização feita por um simples e-mail para a diretoria divulgando a disponibilização do novo serviço.

Sempre que um investimento é realizado, a ansiedade dos patrocinadores aumenta, gerando certa insegurança (este fenômeno é chamado de dissonância cognitiva). A forma mais simples de evitar ansiedade e insegurança é o acesso às informações do projeto pelos stakeholders. Com o uso de uma ferramenta adequada, simples, intuitiva e personalizada, a alta gerência pode acompanhar o andamento dos projetos, investimentos no formato que eles consideram relevante. Para alguns, o fluxo de caixa é fundamental, outros consideram o prazo do projeto como quesito mais importante e também existem os que consideram a macrovisão do projeto como ponto mais relevante, ou seja, não temos como definir qual é a melhor visão do relatório gerencial do projeto.

Capítulo 6 ◆ Benefícios do ITIL® ◆ **111**

A saída para este tipo de situação é uma interface que privilegie as macrocondições e por simples customizações cada usuário poderá ter a visão que melhor atenda as suas necessidades. A grande vantagem deste procedimento é que as análises dos gestores de negócios sobre TI não mais será pontual, tornando-se um processo de acompanhamento contínuo das atividades da área pela alta administração. Os gestores de TI passam a ter agora uma nova missão nos projetos; além de definirem os recursos necessários para a implantação e execução dos projetos, também devem alocar recursos para a sua divulgação e demonstração dos resultados.

A demonstração dos resultados tem que atender as demandas da alta gerência, ou seja, relatórios intuitivos, personalizados, objetivos e com foco no resultado. As empresas hoje em dia estão bastante adaptadas a uma ferramenta chamada Balanced Scorecard, cuja interface com o usuário é em geral uma sinalização verde, amarela e vermelha. Como esta interface está sendo muito bem-sucedida, recomendamos não reinventar a roda e utilizá-la como meio de comunicação com as gerências de negócios. A Figura 5.1 é um exemplo da interface visual dos relatórios gerenciais.

> O gestor de TI ao utilizar-se de ferramentas como esta, estará sempre um passo à frente, antecipando-se aos problemas mais graves, resolvendo-os antes que a empresa os perceba e eliminando os "pepinos" de TI ainda na fase de germinação.

112 • Governança da Nova TI: Revolução

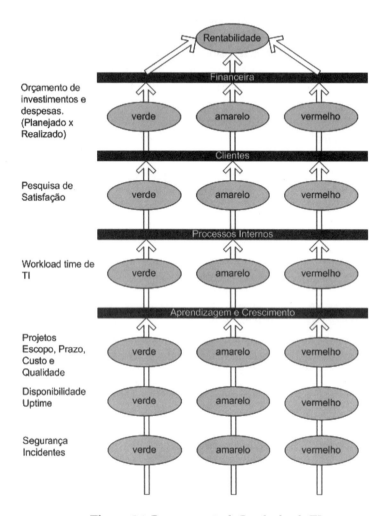

Figura 5.1 *Demonstração de Resultados de TI*

A dimensão **financeira** trata das questões de investimentos e despesas, podendo avançar para o fluxo de caixa e algumas comparações. A cor verde indica que os investimentos e despesas estão ocorrendo conforme o planejamento aprovado pela diretoria, usuários e comitê gestor de tecnologia. Eventualmente, valores extra budget, como projetos emergenciais, novos negócios etc. podem ser demonstrados, mas em uma rubrica específica de forma a não contaminar os resultados operacionais planejados de TI. A cor amarela indica que, apesar de os resultados globais estarem dentro do planejado, existem despesas pontuais que estão fora do planejamento de investimentos

Capítulo 6 • Benefícios do ITIL® • 113

e despesas da área. Sempre que falamos de valores que não estão dentro do planejado, devemos ter em mente que deve existir uma margem de tolerância previamente acordada para evitarmos sinalizações errôneas em função de desvios irrelevantes (recomendo que a margem de tolerância seja de -5% e +10%).

A cor vermelha indica que os resultados globais estão fora do esperado e uma análise mais detalhada faz-se necessária. Neste ponto, a vantagem de se ter o mecanismo drill down habilitado é enorme, pois clicando nos objetos do relatório podemos entender o que está impactando o resultado. A condução em base mensal permitirá que a alta administração acompanhe os resultados rotineiramente, criando assim uma saudável cultura de administração por processos. Desta forma evitamos as análises pontuais que podem levar a conclusões errôneas e sedimentamos os resultados e as contribuições da área para o negócio. Este tipo de demonstração permite um total alinhamento com as estratégias do negócio, pois mesmo quando o dinamismo do mercado alterar as estratégias do negócio, TI poderá acompanhar o processo dinamicamente, ajustando o budget, finalizando ou agilizando projetos de médio e longo prazo e mudando as prioridades. O mecanismo de drill down permite que o usuário salve os relatórios no modelo de visão que lhe é mais relevante e atenda a sua demanda de independência e personalização.

A **Satisfação do Usuário** está dentro do contexto clientes e é uma grandeza fortemente relacionada ao estado emocional dos usuários, então nem sempre é exata. Por isso é muito importante que os resultados considerados sejam consequência de um processo e não análises pontuais e momentâneas. Portanto, um processo contínuo de avaliação é de extrema importância, pois os pontos que são desvios da curva podem ser identificados e tratados como tal. É importante lembrar que uma avaliação extremamente positiva por parte dos usuários pode parecer, na ótica da alta administração, que existem recursos em excesso. Obter graduação máxima em todos os itens e por todos os usuários pode ser muito bom ao ego de TI, mas para muitos gestores de negócio um "bom" seria um resultado mais bem alinhado ao negócio. Na visão da alta gerência, o "ótimo" pode ser um exagero para as necessidades da empresa e representa um desperdício de recursos.

Ter SLAs dos serviços compatíveis com o mercado é tão importante quanto ter avaliações positivas dos usuários. O resultado das pesquisas de avaliação dos serviços de TI representa não apenas a visão do usuário sobre a área, mas também a integração TI e negócio, pois a qualidade dos serviços é consequência do orçamento de investimentos e despesas e das prioridades. Ou seja, a pesquisa de avaliação deve ser conduzida de forma que o usuário avalie os serviços em função dos SLAs propostos (que devem ter sido comunicados no início do orçamento vigente). Neste caso, o verde, o amarelo e o vermelho indicam o grau de satisfação dos usuários em função da qualidade proposta e acordada. Por exemplo, um usuário que avaliou que o tempo de resposta do seu chamado foi longo (mas ele estava dentro do SLA) deve ser tratado como um caso especial e receber melhores explicações de como os serviços são realizados e o porquê da opção deste nível de atendimento. Este usuário não pode ser classificado como insatisfeito. O resultado da pesquisa deve receber tratamento para eliminar compilação da pesquisa tratada e consolidada.. O relatório de performance global é a tabulação da pesquisa tratada, compilada e consolidada.

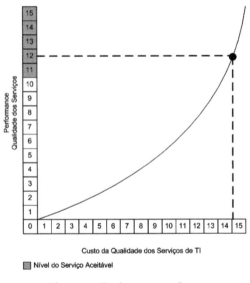

Figura 5.2 Performance x Custo

A Figura 5.2 relaciona o nível dos serviços e os custos. A empresa deve procurar operar em um ponto da curva que seja ótimo para a sua realidade do negócio. Na figura o quadrado representado pelo "11" é o mínimo de qualidade aceitável para o nível dos serviços (menor nível de qualidade que não compromete a operação da empresa) e o quadrado "15" representa a máxima qualidade possível em função dos recursos existentes.

Entre os quadrados "11" e "15", a empresa estará operando com um nível aceitável dos serviços de TI e será o grau de sofisticação dos serviços acima do patamar mínimo que definirá a estrutura de custos para de TI. Apesar das pesquisas de satisfação do usuário interno, é relevante e importante que as comparações com o mercado sejam

Capítulo 6 ◆ Benefícios do ITIL® ◆ **115**

disponibilizadas à alta administração para posicionar a empresa no mercado global e setorial. As métricas do ITIL® representam padrão de mercado e permitem comparar os níveis de serviço entre diversas empresas, possibilitando ajustes das estratégias de TI em função da avaliação interna e externa. Tempo de atendimento, grau de satisfação do usuário e custos são valores mensuráveis e comuns a todas as empresas e podem ser utilizados nesta base de comparação.

As comparações podem sinalizar para a alta gerência qual é o nível de satisfação ótimo para a empresa e ajustar os planos de TI. Este tipo de análise impede que uma avaliação grau nove seja considerada exagerada, pois estamos trabalhando com metas do mercado. É normal ter no primeiro momento uma fase de ajustes em função dos clientes internos e do mercado, no entanto, as justificativas são mais simples quando os serviços de TI estão posicionados dentro dos parâmetros do mercado. A sinalização verde indica que o nível de satisfação dos usuários em relação aos serviços de TI está conforme o planejado. O amarelo indica que o resultado global está dentro do plano, mas existem alguns usuários cujo atendimento não foi realizado a contento e o vermelho indica que o resultado global está desalinhado com o planejado pelo comitê gestor de TI e são necessários ajustes. É muito importante destacar que a margem de tolerância recomendada é de -5% e +10% .

O **Workload do time de TI** está dentro do contexto de processos internos. É comum um profissional do time ser mais lembrado e acabar sendo sobrecarregado enquanto existem recursos disponíveis. Também é importante que a alta administração veja como está a carga de trabalho do time, facilitando o entendimento do tempo de resposta às suas requisições. Além de permitir o equilíbrio, que naturalmente vai desajustando com o tempo, o workload possibilita, de uma forma rápida, a análise dos recursos disponíveis, justificando a necessidade de recursos adicionais. O equilíbrio das atividades no time de TI também é um fator motivacional para o grupo, pois fica claro que todos são lembrados e participam das atividades da área.

O nível de serviços também será impactado positivamente pelo equilíbrio, pois desta forma será mais simples oferecer serviços com a mesma qualidade ao longo do tempo, já que o nível de ocupação dos recursos humanos será planejado, constantemente e equilibrado ao longo do ano para todas as pessoas do time de TI. Nesta dimensão, o verde indicará que o workload planejado está sendo realizado (todos os profissionais estão alocados de forma equilibrada); o amarelo indica que, apesar de o workload global estar dentro do especificado, existem desajustes individuais que devem ser revistos e readequados; o vermelho indica que o workload está fora do planejado. É preciso entender melhor a situação e providenciar ajustes. Também vale para o

116 • Governança da Nova TI: Revolução

workload os cuidados com os números "duros", pois é importante trabalhar com uma faixa de tolerância para evitar trabalhos de investigação desnecessários e improdutivos.

Os **projetos** estão dentro do contexto de aprendizagem e crescimento e tratam de questões como: investimentos, fluxo de caixa, atividades realizadas e a serem realizadas etc. O verde indica que o portfólio de projetos está dentro do planejamento do escopo, prazo, custo e qualidade. O amarelo indica que os resultados globais estão dentro do planejado, mas existem projetos cuja execução do escopo, prazo, custo ou qualidade está fora do planejado e aprovado. O vermelho indica que os resultados globais estão fora do planejamento e um melhor entendimento do que está acontecendo deve ser realizado. Agindo em tempo, TI pode corrigir a rota e ajustar os planos de forma que rapidamente volte para a situação planejada, mesmo que para isto seja necessário rever o portfólio de projetos com o comitê gestor de TI e stakeholders. Para evitar sinalizações erradas, os indicadores não são números "duros", ou seja, estão dentro da margem de tolerância aprovada pelos stakeholders. É muito importante que a dimensão dos projetos seja regularmente atualizada para que todo e qualquer ajuste ocorra com o avião no ar e ainda em velocidade de cruzeiro. Esta abordagem de atualização regular permite a recuperação dos projetos de tal forma que é possível manter o prazo e custo do portfólio de projetos e também evitar desvios individuais significativos nos projetos.

A **Disponibilidade** também está no contexto de aprendizagem e crescimento e é na realidade a mais simples e fácil grandeza para aferição. Os sistemas de gerenciamento de TI fornecem facilmente as medições de disponibilidade (uptime) do ambiente. A sinalização verde indica que a disponibilidade está alinhada com o planejamento realizado pelo comitê gestor. A sinalização amarela mostra que o resultado global está dentro do planejamento, mas existem usuários ou serviços que estão com resultados fora do esperado. A sinalização vermelha mostra que o resultado global está fora do que foi planejado e um melhor entendimento da situação faz-se necessário para que sejam realizados os ajustes necessários.

A **Segurança** também está no contexto de aprendizagem e crescimento e também é bem simples e fácil de medir. Os sistemas de segurança fornecem os incidentes de segurança em função das ameaças e impactos. A sinalização verde indica que a segurança está alinhada com o planejamento. A sinalização amarela mostra que, em termos globais, o resultado da segurança está dentro do planejado, mas existem incidentes de segurança que impactaram alguns usuários ou serviços fora do que havia sido planejado. A sinalização vermelha mostra que o resultado global está fora do que foi planejado e é necessário um melhor entendimento da situação para que sejam realizados

Capítulo 6 • Benefícios do ITIL® • **117**

ajustes. A grande virtude de uma demonstração de resultados neste formato é que, de uma forma simples, a alta gerência passa a ter uma visão rápida e completa da área de TI e por conta própria pode investigar e navegar no relatório, obtendo um maior detalhamento das informações apresentadas.

Quanto mais TI conseguir que a alta administração visualize com frequência as realizações da área, maior será a sua integração com o negócio. No processo de interação com os usuários, a facilidade de visualização dos resultados trará mudanças culturais na empresa. Com o passar do tempo, o próprio usuário passará a defender a necessidade de recursos para TI para que os resultados do negócio sejam alcançados. Um exemplo disto é o telefone em que o próprio usuário justifica o seu nível de uso e custo. O papel de TI, neste caso, é encontrar ferramentas que reduzam custos, melhorem a qualidade etc. dos serviços de telefonia.

Capítulo 7 ◆ Relacionamentos do ITIL®
com outros Modelos

Conteúdo deste capítulo:

- ITIL X COBIT 4.0
- SIX SIGMA
- ISO 9000
- COBIT 4.0
- BS7799
- CMMI
- PMBOK

Introdução

As melhores práticas do ITIL® são, na maioria dos casos, complementares às outras estruturas de gerenciamento dos serviços de TI presentes no mercado. Para facilitar o entendimento da complementaridade vamos verificar os pontos fortes e fracos das melhores práticas do gerenciamento dos serviços de TI em relação às dimensões Estrutura e Procedimentos, Métricas, Processos, Tecnologia, Controles e Pessoas.

120 • Governança da Nova TI: Revolução

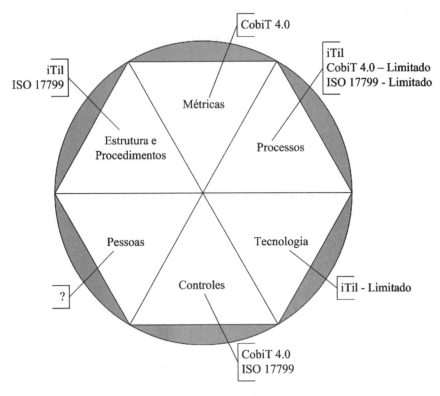

Figura 6.1 *Forças e Fraquezas do ITIL*, COBIT 4.0 e ISO 17799*

O estudo dos pontos fortes e fracos comprovou a relação de complementaridade das estruturas, pois a grande força ITIL® está nos processos, a do CobiT 4.0 está nas métricas e controles e a da ISO 17799, na segurança das informações. Em contrapartida aos pontos fortes, o ITIL® tem a segurança das informações como ponto fraco e o CobiT e a ISO 17799 têm o fluxo dos processos como fragilidade. De uma forma geral, as comparações mostram que: (i) as três estruturas têm limitação na dimensão pessoas, pois não abordam com força os requisitos para o time de TI, (ii) as métricas claras do CobiT 4.0 e ISO 17799 permitem uma fácil determinação da situação atual e auditoria da saúde da infraestrutura e segurança das informações e (iii) os processos bem definidos do ITIL® permitem o gerenciamento efetivo dos serviços de TI.

As estruturas do ITIL®, CobiT 4.0 e ISO 17799 têm metas comuns em relação a integração com o negócio, segurança das informações, prazo de entrega dos serviços de TI, redução dos custos e riscos e melhoria da qualidade.

Capítulo 7 • Relacionamentos do ITIL® com outros Modelos • 121

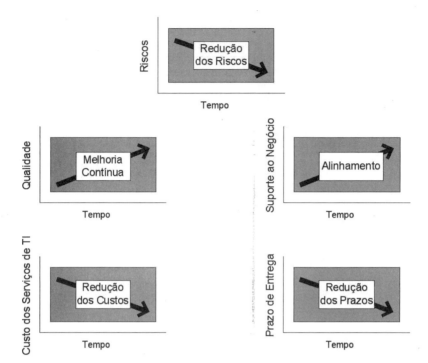

Figura 6.2 *Metas do ITIL®, COBIT 4.0 e ISO 17779*

As estruturas têm o objetivo comum de melhorar a qualidade dos serviços de TI, reduzir os custos da infraestrutura (menor patamar possível em função da excelência operacional), reduzir os riscos e atender as necessidades do negócio.

Processos ITIL® x CobiT

Tabela de equivalência entre o ITIL® e o COBIT 4.0:

SERVICE DESK	
ITIL®	**CobiT**
Função	DS8 Manage Service Desk and Incidents
Conceitos	DS8.1 Service Desk. DS8.5 Trend Analysis.
Infraestrutura	DS8.1 Service Desk.

Responsabilidades	PO7.3 Staffing of Roles. DS7.3 Evaluation of Training Receive.
Competências do Time	PO 7.4 Personnel Training.
Ambiente	ME3.1 Identification of Laws and Regulations Having Potential Impact on IT.
Treinamento	PO7.4 Personnel Training.
Processos	DS8.1 Service Desk. DS8.3 Incident Escalation. DS8.4 Incident Closure. DS10.1 Identification and Classification of Problems. DS10.3 Problem Closure.
Indicadores de Performance	DS5.5 Security Testing, Surveillance and Monitoring.

INCIDENT MANAGEMENT	
ITIL®	**CobiT**
Competência	DS8 Manage SD and Incidents.
Metas e gols	DS8 Manage SD and Incidents.
Escopo	DS8 Manage SD and Incidents.
Conceitos	DS8 Manage SD and Incidents.
Benefícios	DS8 Manage SD and Incidents.
Planejamento e implantação	DS10.2 Problem Tracking and Resolution.
Atividades	DS8 Manage SD and Incidents.
Administração dos incidentes	DS8 Manage SD and Incidents.
Processos	DS8 Manage SD and Incidents.
Indicadores de Performance	DS8 Manage SD and Incidents.
Processos	DS8 Manage SD and Incidents.

Capítulo 7 • Relacionamentos do ITIL® com outros Modelos • 123

PROBLEM MANAGEMENT	
ITIL®	**CobiT**
Competência	DS10 Manage Problems.
Metas e gols	DS10 Manage Problems.
Escopo	DS10 Manage Problems.
Conceitos	DS10 Manage Problems.
Benefícios	DS10 Manage Problems.
Planejamento e implantação	DS10 Manage Problems.
Atividades do Problem Control	DS10 Manage Problems.
Proatividade	DS10 Manage Problems.
Suporte	DS10 Manage Problems.
Indicadores de Performance	DS10 Manage Problems.
Processos	DS10 Manage Problems.

CONFIGURATION MANAGEMENT	
ITIL®	**CobiT**
Competência	DS9 Manage the Configuration.
Metas e gols	DS9 Manage the Configuration.
Escopo	DS9 Manage the Configuration.
Conceitos	DS9.1 Configuration Repository and Baseline.
Benefícios	DS9.1 Configuration Repository and Baseline.
Planejamento e implantação	DS9.1 Configuration Repository and Baseline.
Atividades	DS9 Manage the Configuration.
Processos	DS9 Manage the Configuration.

124 ◆ Governança da Nova TI: Revolução

CHANGE MANAGEMENT	
ITIL®	CobiT
Competência	AI6 Manage Changes.
Metas e gols	AI6 Manage Changes.
Escopo	AI6 Manage Changes.
Conceitos	AI6.1 Change Standards and Procedures. AI6.4 Change Status Tracking and Reporting.
Benefícios	AI6.2 Impact Assessment, Prioritization and Authorization
Planejamento e implantação	AI6 Manage Changes.
Indicadores de Performance	AI6 Manage Changes.
Processos	AI6.2 Impact Assessment, Prioritization and Authorization

RELEASE MANAGEMENT	
ITIL®	CobiT
Competência	AI6 Manage Changes.
Metas e gols	AI7.9 Software Release.
Escopo	AI7.9 Software Release.
Conceitos	AI7.9 Software Release.
Benefícios	AI7.9 Software Release.
Planejamento e implantação	AI7.9 Software Release.
Process Control	AI7.9 Software Release.
Processos	AI7.9 Software Release.

Capítulo 7 • Relacionamentos do ITIL® com outros Modelos • **125**

AVAILABILITY MANAGEMENT	
ITIL®	**CobiT**
Competência	DS4 Ensure Continuous Service.
Conceitos	DS4.1 iT Continuity Framework.
Processos	DS4 Ensure Continuous Service.
Custos	PO9 Assess and Manage iT Risks
Planejamento e implantação	DS3.4 iT Resources Availability.
Metas e gols	DS4.3 Critical iT Resources.
Indicadores de performance	DS3.5 Monitoring and Reporting.
Ferramentas	DS3 Manage Performance and Capacity.

SERVICE LEVEL MANAGEMENT	
ITIL®	**CobiT**
Competência	DS1 Define and Manage Service Levels.
Metas e gols	DS1.3 Service Level Agreements.
Escopo	DS1.6 Review of Service Level Agreements and Contracts.
Conceitos	DS1.6 Review of Service Level Agreements and Contracts.
Benefícios	DS1.6 Review of Service Level Agreements and Contracts.
Planejamento e implantação	DS1.3 Service Level Agreements.
Indicadores de Performance	DS1.5 Monitoring and Reporting of Service Level Achievements.
Processos	DS1.1 Service Level Management Framework.

CAPACITY MANAGEMENT

ITIL®	CobiT
Competência	DS2 Manage Third-party Services.
Metas e gols	DS3.2 Current Capacity and Performance.
Planejamento e implantação	DS3 Manage Performance and Capacity.
Atividades	DS3.2 Current Capacity and Performance.
Indicadores de Performance	DS2.4 Supplier Performance Monitoring.
Processos	DS3 Manage Performance and Capacity.

IT SERVICE CONTINUITY MANAGEMENT

ITIL®	CobiT
Competência	DS4 Ensure Continuous Service.
Escopo	DS4.1 iT Continuity Framework.
Business Continuity	DS4.1 iT Continuity Framework.
Benefícios	DS4.1 iT Continuity Framework.
Planejamento e implantação	DS4.1 iT Continuity Framework.

FINANCIAL MANAGEMENT

ITIL®	CobiT
Competência	PO5 Manage the IT Investment.
Metas e gols	PO5.3 iT Budgeting Process.
Escopo	PO5.3 iT Budgeting Process.
Conceitos	DS6.1 Definition of Services. DS6.3 Cost Modelling and Charging.
Benefícios	PO5.3 iT Budgeting Process.
Planejamento e implantação	DS6 Identify and Allocate Costs.
Atividades	DS6.2 IT Accounting. DS6.3 Cost Modelling and Charging.

Six Sigma

O autor W. E. Deming mostra no livro "Out Of Crisis" catorze pontos que podem aumentar a qualidade e a satisfação do cliente. No mercado existem diversos casos relacionando a melhoria de qualidade com a performance financeira das corporações.

- Jack Welch descreveu o Programa Six Sigma da GE como a mais importante iniciativa que a companhia já realizou. Apenas em 1999 a empresa economizou mais de US$ 1,5 bilhão.
- A Motorola estima que em pouco mais de 10 anos conseguiu economizar mais de US$ 11 bilhões.

Nível Sigma	Defeitos por milhão	Custo da qualidade
2	308.537	Não se aplica
3	66.807	25% a 40% das vendas
4	6.210	15% a 25% das vendas
5	233	5% a 15% das vendas
6	3,4	< 1% das vendas
Um sigma de melhoria aumenta a receita líquida em 10% . (Fonte: M. Harry, 2000)		

Figura 6.3 *Nível Sigma, número de defeitos e custo da qualidade*

Segundo os estudos do mercado, o custo de fornecer um produto sem qualidade pode chegar até 40% do preço de venda em retrabalhos apenas para garantir que o cliente está levando um produto de qualidade mediana.

Por que Governança Corporativa, ITIL® e o Six Sigma devem caminhar juntos?

Em função das incertezas do mercado causadas por moratórias, fraudes etc. os investidores retraíram-se e passaram a exigir uma maior transparência das empresas. A Lei SOX em vigor nos Estados Unidos afeta de maneira positiva praticamente todas as grandes corporações mundiais e representa na sua essência as boas práticas da governança. A lei pode ser resumida em três palavras: **GERENCIAMENTO DOS RISCOS**. O gerenciamento dos riscos envolve ações em torno de três objetivos: Controle, Transparência e Previsibilidade.

128 • Governança da Nova TI: Revolução

Para que o controle, a transparência e a previsibilidade estejam presentes no ambiente de TI é necessária a existência simultânea de: (i) processos bem definidos e maduros, (ii) monitoração e controle da performance através de métricas claras e acordadas e (iii) baixo nível de erros e falhas assegurando a qualidade dos processos.

Estas três características ambientais podem ser endereçadas com o ITIL® definindo os processos, com o CobiT definindo suas métricas e com o Six Sigma definindo sua qualidade.

Conceitos ITIL® e Six Sigma

O ITIL® é baseado nas melhores práticas do gerenciamento dos serviços de TI e especifica o que a organização deve fazer para melhorar a qualidade dos serviços, mas não define como as melhorias devem ser realizadas. Por exemplo, as melhores práticas definem que o Service Desk deve identificar e classificar a reincidência dos incidentes, mas não define como o gerenciamento de incidentes deve realizar o processo de identificação e classificação dos incidentes reincidentes.

O Six Sigma define um processo específico baseado na estatística. Ele é direcionado para melhorar a qualidade e reduzir os custos operacionais e define uma metodologia para continuamente mapear, medir e melhorar o processo da qualidade, ou seja, ele nos diz como fazer, mas não aborda a questão sobre o que deve ser feito.

Os cinco grupos de processos do Six Sigma são conhecidos pela sigla **DMAIC**: **Define**, **Measure**, **Analyze**, **Improve** e **Control**.

- **Define**: No grupo de processo do Define são identificados, definidos e mapeados claramente os processos considerando as questões de gerenciamento da qualidade, custos e prazos.
- **Measure**: No grupo de processos do Measure são medidas a performance dos processos e a sua variabilidade. Para facilitar os trabalhos de medição são identificados e classificados os Key Process Input Variables (KPIVs) e os Key Process Output Variables (KPOVs). A classificação é realizada em termos de variáveis de entrada incontroláveis, controláveis e sob controle.
- **Analyze**: No grupo de processos do Analyze as informações dos processos são analisadas para serem conhecidas as relações de causa e efeito da performance e da variabilidade. A análise permitirá estabelecer um conjunto de ações para melhorar a qualidade e reduzir a variabilidade.

Capítulo 7 ◆ Relacionamentos do ITIL® com outros Modelos ◆ 129

- **Improve:** No grupo de processos do Improve são realizadas as ações para a melhoria dos processos com o objetivo de aumentar a qualidade e a satisfação dos clientes ou usuários e reduzir os custos.
- **Control:** No grupo de processo do Control são realizadas as ações de monitoração e controle dos processos para assegurar a manutenção dda sua performance ao longo do tempo.

Quadro integração ITIL® e Six Sigma

	O que é?	O que não é?
ITIL®	Melhores práticas para o gerenciamento dos serviços de TI. Tem foco em definir **o que** deve ser feito para melhorar os serviços e processos de TI.	Não detalha com profundidade os processos e as práticas. Não descreve **como** melhorar a qualidade dos serviços de TI.
Six Sigma	Metodologias, técnicas e ferramentas para melhorar continuamente a qualidade. Tem foco em **como** melhorar a qualidade.	Tem propósito genérico e, portanto, não é dirigido especificamente para os serviços e processos de TI. Não define **o que** deve ser feito para melhorar a qualidade.

Em resumo, o ITIL® define "o que" deve ser feito para melhorar a qualidade de serviços de TI através de processos bem definidos, e o Six Sigma define "como" fazer a melhoria de qualidade dos processos e serviços. A atuação em conjunto dos especialistas ITIL® Masters e Six Sigma Black Belts permitirá o desenvolvimento de técnicas e ferramentas para a melhoria permanente dos serviços e processos de TI.

No mercado já existem algumas soluções que integram as duas estruturas. As soluções desenvolvidas suportam as melhores práticas descritas pelo Incident, Problem, Change, Configuration, Service Level e Availability Management do ITIL® e fornecem uma base de dados sólida para que o Six Sigma enderece as soluçoes de melhoria de qualidade dos serviços e processos de TI.

Conceituando o Six Sigma no Service Delivery do ITIL®

Existem dois focos diferentes para melhorar a qualidade dos serviços de TI:

130 • Governança da Nova TI: Revolução

- Foco na Tecnologia.
- Foco no usuário da Tecnologia.

Como o principal driver do ITIL® é o alinhamento dinâmico com o negócio, devemos focar no primeiro momento o usuário de TI, pois é ele que operacionaliza os negócios da empresa. Do ponto de vista do usuário, um serviço de TI deve atender as questões de **disponibilidade e funcionalidade** e existem três crenças:

- O usuário acredita nas funcionalidades.
- O usuário acredita nos prazos.
- O usuário acredita nos custos.

São estas três crenças que fazem o usuário apoiar os processos do negócio em TI e aqui temos o primeiro ponto de contato forte entre ITIL® e Six Sigma: **Previsibilidade**.

A previsibilidade do serviço de TI permitirá ao usuário acreditar na constância do serviço e tê-lo como ferramenta de suporte para o negócio.

Estudo de caso

Reduzir a variabilidade de alguns dos principais indicadores de performance dos serviços de TI de uma grande instituição financeira brasileira. Cenário:

- Ano = 365 dias.
- Serviço = Sales System Access.
- Componentes do Serviço (CIs) = User WorkStation + Local Network + Sales System Server + Sales System Services + Wan Communication.
- A disponibilidade média acordada com o usuário é de 80% , ou seja, downtime = 73 dias por ano.

A primeira fase do trabalho foi o entendimento da **disponibilidade** do serviço. Em função das informações históricas da base de incidentes e do sistema de gerenciamento, foi traçado o perfil dos últimos 180 dias da disponibilidade. A amostra permitiu realizar as análises com base mensal, semanal, diária ou horária.

Antes de avançarmos na questão da monitoração e controle da disponibilidade precisamos sedimentar alguns conceitos importantes:

- A função disponibilidade é instantânea e granular com resultado final binário. Ou existe a disponibilidade (1) ou ela não existe (0).
- A função disponibilidade de um serviço [f(dispsrv)] é equivalente à função lógica "and" das disponibilidades de cada um dos CIs que fazem parte do serviço.
- Um serviço só estará disponível quando todos os seus componentes estiverem disponíveis simultaneamente.
- A disponibilidade, do ponto de vista do usuário ou cliente, é afetada pela capacidade. Um serviço de TI disponível com tempo de resposta muito elevado é considerado indisponível.
- Do ponto de vista do usuário ou cliente, a disponibilidade instantânea ou quase instantânea não tem sentido, pois fenômenos da ordem de grandeza de nano ou pico segundos não são percebidos por eles. Ou seja, a disponibilidade que interessa é a disponibilidade média do serviço.
- Para compensar o uso da disponibilidade média, temos que estabelecer outro parâmetro, que é a máxima indisponibilidade contínua (MIC). O MIC é o tempo máximo de indisponibilidade contínua de um serviço de TI e é em geral dado em horas.
- No estudo de caso a máxima indisponibilidade contínua do serviço de TI Sales System Access é de quatro horas, ou seja, o negócio suporta até 4 horas de interrupção contínua no sistema de vendas sem impactar os resultados da organização.
- No estudo de caso a disponibilidade média anual do serviço de TI Sales System Access é de 292 dias.
- O processo de melhoria da variabilidade da disponibilidade implica em eliminar os serviços de qualidade pobre através de otimizações.

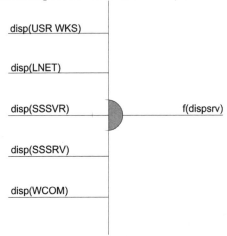

Figura 6.4 *Função disponibilidade de um serviço de TI*

132 • Governança da Nova TI: Revolução

$$\bar{f}(dispsrv) = \frac{1}{\blacktriangle t} \int_0^t f(dispsrv)dt$$

Figura 6.5 *Disponibilidade média de um serviço de TI*

Com os conceitos definidos, podemos voltar para a redução da variabilidade da disponibilidade. No caso do estudo foram "atacados" inicialmente apenas os pontos de alta variabilidade (nível três Sigma). O trabalho com as médias diárias ou horárias permitiu identificar as causas da qualidade pobre. O Six Sigma identificou os serviços e processos de qualidade pobre e o Service Improvement Program (SIP) do ITIL® identificou e eliminou as causas dos serviços e processos de qualidade pobre. Após três meses de acompanhamento com medições e monitorações, foi possível afirmar que os processos estavam estáveis e foi alcançada a meta de nível de processo de três Sigma. A repetição da primeira fase em novas rodadas permitiu melhorar os serviços e processos e alcançar o nível de processo de quatro Sigma em um segundo momento e o nível cinco Sigma na fase final.

O outro indicador relevante para o usuário, tempo de resposta, foi abordado da mesma forma que a disponibilidade. Este indicador recebeu o mesmo tratamento e teve a sua variabilidade reduzida significativamente (nível cinco Sigma), permitindo assim uma maior previsibilidade dos serviços de TI em termos de disponibilidade e tempo de resposta.

ISO 9000

ISO 9000 - Tem o seu principal foco em processos, cadeia de valor, qualidade e auditoria. O gerenciamento da matriz de responsabilidades, qualidade, treinamentos e dos sistemas de recompensas são os seus principais requisitos.

ITIL® - Tem o seu principal foco nos processos e serviços de TI. Os principais fatores críticos de sucesso são o gerenciamento dos serviços, as normas e políticas para os serviços e processos e os treinamentos.

	O que é?	O que faz?
ISO	Modelo de gerenciamento genérico com ênfase em auditoria.	A auditoria dos requisitos de alto nível é um teste do tipo que as organizações passam ou não.

ITIL®	Melhores práticas para o gerenciamento de TI.	Especifica os objetivos e as atividades principais para a entrega dos serviços de TI.

CobiT

As informações atualmente são a infraestrutura de suporte ao negócio e ativo mais valioso de muitas corporações. No entanto, é comum encontrarmos no mercado um baixo nível de entendimento sobre a importância das informações e da tecnologia para o sucesso do negócio. A governança de TI permite que as corporações tirem o máximo proveito das suas informações ao capitalizar as oportunidades de negócio e ao criar vantagens competitivas robustas.

Por que TI necessita de previsibilidade?

- Forte apoio dos processos do negócio nos sistemas de informações.
- Aparente descontrole e excesso de variabilidade dos custos de TI.
- Forte foco no menor preço e fraco foco no melhor preço.
- Ausência de foco na melhoria da produtividade.
- Ausência e falhas na comunicação entre o negócio e TI.
- Os níveis dos serviços de TI não estão atendendo as necessidades do negócio.
- Aumento da complexidade do ambiente de tecnologia.
- Aumento da terceirização dos serviços de TI.
- Baixo retorno nos investimentos em TI.
- Baixo nível de agilidade e flexibilidade em relação às mudanças demandadas pelo mercado.
- Aumento do uso dos serviços de TI para alavancar as estratégias do plano estratégico do negócio.
- Aumento da descentralização da infraestrutura de TI.
- Aumento da redundância de processos de negócio em função das frustrações dos usuários com a qualidade pobre dos serviços de TI.
- Aumento da necessidade das corporações de serem aderentes às normas e regulamentações do mercado.

Como e por que CobiT é usado?

O CobiT aumenta a aceitação e reduz o tempo para efetivar o programa de governança de TI, pois permite o uso dos resultados das auditorias como uma oportunidade para melhorar os serviços de TI.

136 • Governança da Nova TI: Revolução

- DS6 Identify and Allocate Costs
- DS7 Educate and Train Users
- DS8 Manage Service Desk and Incidents
- DS9 Manage the Configuration
- DS10 Manage Problems
- DS11 Manage Data
- DS12 Manage the Physical Environment
- DS13 Manage Operations

Monitor and Evaluate

Os processos de TI precisam ser avaliados regularmente para assegurar a qualidade e aderência aos requisitos. Este domínio endereça a supervisão do gerenciamento dos processos de controle e a sua confiabilidade.

Autoavaliação

- A performance de TI está sendo medida e comparada?
- Os problemas são descobertos antecipadamente, minimizando os impactos?
- São realizadas auditorias para garantir que as áreas críticas estão operando conforme o esperado?

Processos

- ME1 Monitor and Evaluate IT Performance
- ME2 Monitor and Evaluate Internal Control
- ME3 Ensure Regulatory Compliance
- ME4 Provide IT Governance

BS 7799 (ISO 17799)

O British Standard 7799 (BS 7799) é um padrão de segurança britânico amplamente reconhecido. Ele é de fácil compreensão e implementação e contém um grande número de requisitos de controle. A primeira parte é o código da prática para a segurança das informações contendo dez seções e controles-chave para a criação da estrutura de segurança das informações. A segunda parte (base para certificação) contém cem controles que foram detalhados e ajustados conforme os objetivos e os controles da primeira parte. A BS 7799 é um padrão de segurança organizado em dez seções:

Capítulo 7 ◆ Relacionamentos do ITIL® com outros Modelos ◆ **137**

- Planejamento da continuidade dos negócios.
- Controle de acesso aos sistemas.
- Manutenção e desenvolvimento dos sistemas.
- Segurança física e do ambiente.
- Conformidade legal.
- Segurança pessoal.
- Segurança da organização.
- Segurança da rede e dos computadores.
- Controle e classificação dos bens.
- Políticas de segurança.

Resumindo, o padrão BS 7799 abrange a segurança com uma visão holística desde a definição e documentação das políticas de segurança até a conformidade com as normas, regulamentações e legislações de proteção dos dados, passando pelos treinamentos, relatórios de incidentes, controle dos vírus, etc. O objetivo do Security Management (ITIL®) é assegurar que os dados e a infraestrutura estejam protegidos com garantias de: Confidencialidade, Integridade, Disponibilidade e Autenticidade (CIDA). O gerenciamento deve definir, documentar, negociar, comunicar, monitorar e executar a política de segurança da corporação com base (i) nos objetivos, (ii) na área de atuação e (iii) nas leis, normas e regulamentações da segurança. O gerenciamento da segurança deve estar presente em todos os processos do Service Management através das atividades:

- Categorização da criticidade dos processos.
- Determinação da estratégia para a infraestrutura crítica.
- Identificação dos processos, componentes e relacionamentos.
- Definição, documentação, negociação e comunicação dos processos críticos.
- Identificação dos pontos fracos.
- Avaliação da incidência das ameaças.
- Avaliação dos impactos das ameaças para o CIDA.

A otimização dos investimentos da segurança das informações pode ser alcançada pela avaliação dos impactos nas atividades críticas, pela aceitação de ter setores menos protegidos e pela priorização de acordo com o impacto. Para a implantação da segurança são necessários recursos financeiros e humanos, métricas de monitoração, plano de segurança para os sistemas, plano de emergência, padrões e normas (Responsibility Management).

140 • Governança da Nova TI: Revolução

- Existem estatísticas do número de intrusões que aconteceram?
- Existem análises dos logs dos sistemas de segurança do Firewall, Antivírus etc. para verificar as tentativas dos ataques e o grau de sucesso?
- Existem análises dos impactos dos incidentes de segurança (imagem e recuperação dos serviços)?
- Existem avaliações financeiras sobre os custos para eventuais casos de violação da confidencialidade, integridade, disponibilidade e autenticidade das informações?

CMMI

O CMMI tem como foco o desenvolvimento e manutenção de software. O objetivo do CMMI é disponibilizar modelos para melhorar os processos e habilidades das corporações no desenvolvimento, compra ou manutenção de produtos e serviços. A base do CMMI são os Process Areas (PAs), que são as melhores práticas de uma área específica que satisfazem um conjunto de métricas. As vinte e duas PAs são:

Domínio	Process Areas
Process Management	<ul><li>Organization Process Focus (OPF)</li><li>Organization Process Definition (OPD)</li><li>Organization Training (OT)</li><li>Organization Process Performance (OPP)</li><li>Organization Innovation and Deployment (OID)</li></ul>
Project Management	<ul><li>Project Planning (PP)</li><li>Project Monitoring and Control (PMC)</li><li>Supplier Agreement Management (SAM)</li><li>Integrated Project Management (IPM)</li><li>Risk Management (RSKM)</li><li>Quantitative Project Management (QPM)</li></ul>

Categoria	Process Areas
Engineering	<ul><li>Requirements Management (REQM)</li><li>Requirements Development (RD)</li><li>Technical Solution (TS)</li><li>Product Integration (PI)</li><li>Verification (VER)</li><li>Validation (VAL)</li></ul>

Support	■ Configuration Management (CM) ■ Process and Product Quality Assurance (PPQA) ■ Measurement and Analysis (M&A) ■ Causal Analysis and Resolution (CA&R) ■ Decision Analysis and Resolution (DAR)

Os principais fatores de sucesso para a implementação do CMMI são:

- Definir e gerenciar o orçamento e objetivos das mudanças.
- Definir e gerenciar os agentes de mudanças.
- Definir e gerenciar um Process Action Team (PAT) atuante.
- Definir e gerenciar os treinamentos para os agentes e PAT.
- Definir e gerenciar os workshops de transição.

O ITIL® tem o seu principal foco no gerenciamento dos serviços de TI. Os fatores críticos de sucesso são gerenciamento, políticas e treinamento. Os pontos de contato entre as melhores práticas do ITIL e as PAs do CMMI são:

Pontos de Contato ITIL® e CMMI							
ITIL®	PAs CMMI						
Service Support	PP	PMC	CM	PI	REQM	RSKM	M&A
Service Desk			X	X	X		
Incident Management			X	X	X		
Problem Management		X	X	X	X		X
Configuration Management			X				
Change Management	X	X	X	X	X	X	
Release Management	X		X				

Capítulo 8 ◆ Estratégias do Service Management no Brasil

Conteúdo deste capítulo:

- Estratégia de autoajuda nos incidentes de TI
- Estratégia da estrutura do Service Desk
- Estratégia de atendimento do Service Desk
- Estratégia de implementação dos frameworks

Planilhas de Cálculo

Indicadores de Renda e Despesas

		PMmu		
R$	968,30	11.871,69	1.018,00	1.833,60

Legenda

RMmu	Renda Média mensal usuário
PMmu	Produtividade Média mensal usuário
RMmti	Renda Média mensal Help Desk TI
DMmti	Despesa Média mensal Help Desk TI
VTMmu	Valor Total Médio mensal do usuário TI (RMmu + PMmu)
VTMmti	Valor Total Médio mensal do Help Desk TI (RMmti + DMmti)

Estratégia de Autoajuda nos Incidentes de TI

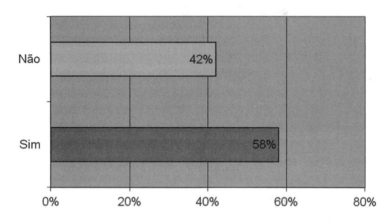

Figura 7.1 *Uso de ferramentas de autoajuda nas empresas*

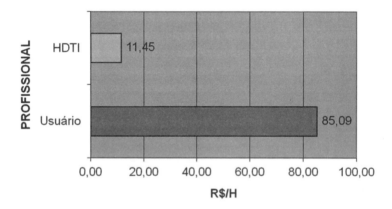

Figura 7.2 *Custo da autoajuda*

No gráfico Custo da Autoajuda de TI fica claro que existe um formidável equívoco nesta estratégia. O custo-hora do Help Desk de TI é quase **oito vezes menor** do que o custo do usuário na modalidade de autoajuda. Na realidade, a pesquisa apenas vem comprovar o paradoxo da **produtividade de TI**. Na década de 80, economistas norte-americanos como o Prêmio Nobel Robert Solow verificaram que apesar de gastarem cada vez mais com computadores as empresas e a economia como um todo não obtinham ganhos significativos de produtividade. No caso do estudo, a causa do custo exagerado é a crença nas soluções de autoajuda, considerando apenas os custos de TI. Quando a empresa é considerada como um todo, fica claro que o custo improdutivo do usuário de TI é muito caro e que a solução do Service Desk ajudando e esclarecendo as dúvidas dos usuários é mais eficiente e mais barata.

> Toda vez que TI não leva em conta o custo da improdutividade dos usuários o resultado final é uma forte redução relativa nos lucros da organização.

As áreas de tecnologia necessitam rever as suas estratégias levando em conta o **custo global** da empresa e, desta forma, integrar as estratégias de TI e da organização.

Estratégia da Estrutura do Service Desk

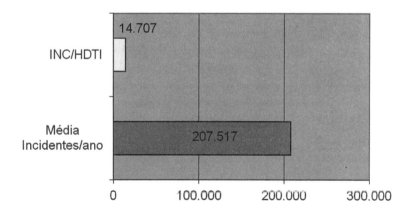

Figura 7.3 *Quantidade de incidentes por analista de Help Desk por ano*

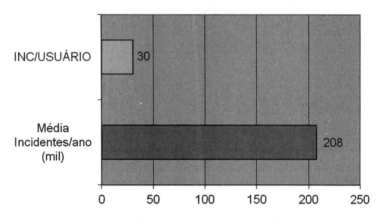

Figura 7.4 *Quantidade de incidentes por usuário de TI por ano*

Os gráficos incidentes por usuário e por analista do Help Desk mostram uma pequena quantidade de incidentes por usuário e uma quantidade significativa de incidentes por analista, indicando uma possível necessidade de expansão da quantidade de analistas. Diariamente, cada analista atende em média 40 incidentes. O atendimento e a resolução ocorrem em uma média de 6,96 horas. O tempo é considerado exageradamente grande pelo usuário de TI.

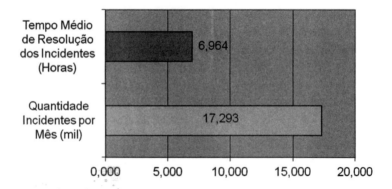

Figura 7.5 *Tempo médio de resolução dos incidentes*

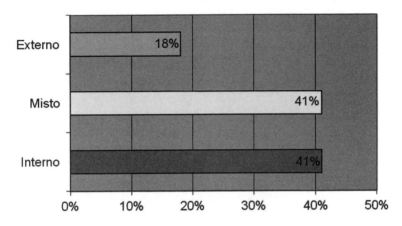

Figura 7.6 *Modelos de Help Desk*

Os gráficos mostram que a atual estratégia não vem produzindo um resultado alinhado com a ótica dos usuários de TI (rápida solução dos incidentes). O tempo médio de resolução dos incidentes é o principal motivo para o aumento do uso no mercado das ferramentas de autoajuda. Quando o mercado amadurecer e perceber que está trabalhando com um modelo de custos acima do ideal, uma enorme oportunidade de trabalho aparecerá para o Service Desk.

Os SLAs presentes em apenas 51% das empresas mostram um enorme potencial de crescimento para as soluções externas de Service Desk com SLAs.

Estratégia de Atendimento do Service Desk – Parte I

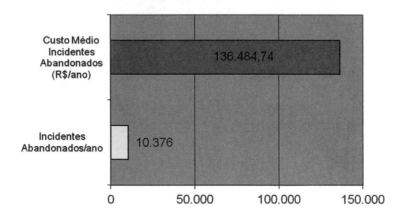

Figura 7.7 *Custo dos chamados abandonados por empresa*

O custo médio de um chamado abandonado é de R$ 13,15. Isto significa em outras palavras que o mercado está **jogando no lixo** mais de R$ 13,00 por chamado abandonado.

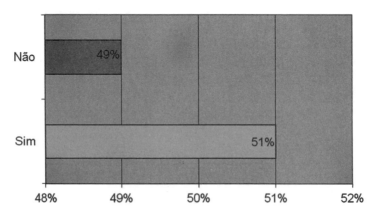

Figura 7.8 *SLAs nas empresas*

Basicamente, um chamado é abandonado por quatro motivos:

1. Não existem recursos de TI para resolver o incidente.
2. O tempo de resolução é grande o suficiente para que o usuário de TI encontre uma solução alternativa.
3. O Service Desk está tão sobrecarregado que não consegue atender todos os incidentes.
4. Falta de credibilidade do Service Desk.

Todos estes motivos convergem para a mesma causa raiz: ausência de SLAs. A implementação do Incident Management sem SLAs acordados com os usuários tem por consequência os incidentes abandonados. Eles indicam a perda de produtividade do Service Desk. O problema dos chamados abandonados é que eles consomem recursos, gerando o custo dos incidentes abandonados (custo de abertura, diagnóstico e tratamento do incidente), sem produzir contrapartida alguma, ou seja, recursos são consumidos e não há uma solução para o incidente.

Para piorar ainda mais o cenário, o usuário de TI fica insatisfeito e o resultado final é a perda da credibilidade da área de TI. O SLA corta o mal pela raiz, pois de início sabe-se o que pode ou não ser feito e, com isso, não existem os custos de diagnóstico e tratamento do incidente abandonado. Como o custo dos chamados abandonados é consequência da ausência de SLAs, podemos atribuir como benefício direto da implementação de SLAs em TI a eliminação ou forte redução deste custo.

> A revisão da estratégia de atendimento sem SLAs representa uma importante oportunidade para a área de TI, para as consultorias especializadas e empresas de terceirização de Service Desk.

Estratégia de Atendimento do Service Desk – Parte II

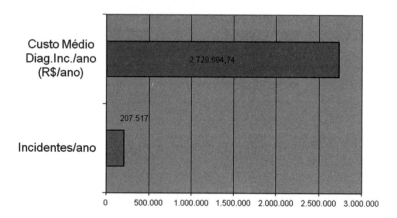

Figura 7.9 *Custo do diagnóstico dos incidentes por empresa*

No gráfico Custo do Diagnóstico dos Incidentes podemos perceber que o custo é preocupante e alarmante. O principal componente deste custo (tempo do usuário de TI) impacta sobremaneira a atual estratégia de diagnosticar incidentes por entrevista. É necessário que o analista de Service Desk possa entender e diagnosticar os incidentes consumindo menos tempo dos usuários de TI. Neste ponto, as deficiências do gerenciamento da infraestrutura de TI ficam claras e os custos de diagnóstico podem ser diretamente relacionados com elas. Em geral, os projetos de gerenciamento de infraestrutura de TI são de difícil mensuração em termos de ROI e a eliminação ou redução dos custos de diagnóstico dos incidentes é o benefício direto de um melhor gerenciamento e o principal componente do ROI do projeto.

> Existe aqui uma excepcional oportunidade para gerenciar todos os serviços de TI (com qualidade e redução dos custos) desde a estação do usuário até os servidores abrangendo todos os componentes intermediários como, por exemplo, as comunicações.

Estratégia de Implementação dos FrameWorks

Os gráficos Incidentes por Usuário e Custo dos Incidentes Abandonados (Figuras 7.4 e 7.7) mostram que a implementação do Incident Management sem SLAs aumenta os custos. O custo dos incidentes abandonados pode ser traduzido como um desperdício de recursos, pois são consumidos recursos importantes e valiosos e o resultado final obtido é pobre. Podemos afirmar que o custo dos incidentes abandonados é o custo de oportunidade da implementação dos SLAs de TI e, com isso, demonstramos os benefícios financeiros do projeto do Incident Management com SLAs. Além da redução de custos pela maior qualidade, os SLAs também melhoram sensivelmente a credibilidade da área de TI, pois as respostas passam a ser precisas e ágeis, atendendo assim as principais demandas dos usuários.

A estratégia de implementação de frameworks e melhores praticas sem SLAs acordados com os usuários deve ser monitorada e revista, uma vez que o custo dos incidentes abandonados já está em um patamar elevado e com tendência de alta.

Capítulo 9 ✦ Teste os seus Conhecimentos

1. Quais incidentes devem estar registrados no Service Desk?

a) Apenas os incidentes não resolvidos.
b) Todos os incidentes, exceto perguntas do tipo "como se faz para..."
c) Apenas os incidentes legítimos.
d) Todos os incidentes.

2. Quais informações o Configuration Management fornece para a empresa?

a) Variações do nível de serviço acordado.
b) Tempo gasto na investigação e diagnóstico por cada grupo de suporte.
c) Número de incidentes e problemas por categoria.
d) Detalhes da infraestrutura de tecnologia.

3. O Availability Management é responsável por:

1. Compreender a confiabilidade dos componentes sob condições dadas em um determinado período de tempo.
2. Facilitar a manutenção de componentes dos serviços.
3. Negociar o nível de disponibilidade com os usuários.

Quais das alternativas estão corretas?

a) 2 e 3
b) 1 e 3
c) 1, 2 e 3
d) 1 e 2

158 • Governança da Nova TI: Revolução

4. Qual é a combinação correta dos conceitos e dos processos de ITIL?

1 - CI level	a - Availability Management
2 – Disaster	b - Configuration Management
3 – Resilience	c - IT Service Continuity Planning
4 - OLAs e UCs	d - Service Level Management

a) 1-b, 2-d, 3-c, 4-b
b) 1-d, 2-c, 3-a, 4-b
c) 1-d, 2-c, 3-a, 4-b
d) 1-b, 2-c, 3-a, 4-d

5. Qual é a diferença principal entre o CMDB (base de dados do Configuration Management) e os registros dos recursos de TI (Asset)?

a) O CMDB é um sistema computadorizado e os registros dos recursos de TI (Asset) não são.
b) Não existem diferenças.
c) Apenas hardware é armazenado no CMDB.
d) O CMDB é uma base de dados que inter-relaciona os diversos CIs.

6. Quando o projeto, teste e execução de uma mudança começa?

a) Se for urgente, assim que o pedido para a mudança seja classificado.
b) Assim que houver um plano para a mudança.
c) Assim que a análise do impacto for discutida pelos membros do conselho gestor.
d) Assim que o pedido para a mudança estiver autorizado formalmente.

7. A porcentagem da disponibilidade é calculada como:

a) (Downtime x 100) / Agreed service time
b) ((Agreed service time - Downtime) / (Agreed service time)) X 100
c) ((Agreed service time) / (Agreed service time - Downtime)) X 100
d) ((Agreed service time) / (Downtime)) X 100

Capítulo 9 • Teste os seus Conhecimentos • 159

8. Qual dos seguintes dados é o menos provável de ser usado no processo do controle de incidente?

a) Categoria do incidente.
b) Fabricante e modelo do item em falha.
c) Código de impacto.
d) Custo do item com falha.

9. Considere as seguintes frases:

1. Os usuários devem sempre ser faturados pelos serviços de manutenção de TI que eles usaram.
2. A única razão de os usuários serem faturados é para eles estarem cientes dos custos envolvidos no uso dos serviços.

Quais, dentre estas afirmações, estão corretas?

a) As duas estão corretas.
b) Somente a afirmação 1.
c) Somente a afirmação 2.
d) Nenhuma delas está correta.

10. Qual dos seguintes itens não é do IT Financial Management?

a) Tarifação dos ramais e linhas diretas.
b) Revisões dos serviços.
c) Rateio de custos diferenciados por área e serviço prestado.
d) Rateio de custos.

11. Qual das seguintes afirmações do IT Financial Management está correta?

a) O Cost Manager deve negociar com os usuários antes de estabelecer um modelo de custos.
b) Para atender as necessidades do orçamento e rateio, os SLAs e OLAs (Operational Level Agreements) devem ser acordados.
c) Só é possível ter um custo claro se o usuário for cobrado pelos serviços utilizados.
d) O IT Financial Management identifica o custo que será incorrido por TI e propõe os preços para os serviços.

160 ◆ Governança da Nova TI: Revolução

12. Qual dos seguintes itens não pode ser considerado como um CI?

a) Hardware, Software e Componentes da rede.
b) Hardware, Documentação, Software, Equipe de tecnologia e Componentes da rede.
c) Hardware, Documentação, Software e Componentes da rede.
d) Incidentes de Hardware e Software.

13. Considere as seguintes afirmações:

1. O gerenciamento do Change Management assegura-se de que a urgência e impacto sejam as questões chaves para a programação das mudanças.
2. O Change Management controla todos os aspectos do processo da mudança.

Qual destas afirmações é verdadeira?

a) 1.
b) Nenhuma delas.
c) 2.
d) As duas.

14. Qual a frequência das reuniões do CAB/EC?

a) Diária.
b) Mensal.
c) Semanal.
d) Quando for necessário.

15. Qual indicador de performance não é válido para o Service Desk?

a) Quantidade de incidentes resolvidos.
b) Quantidade de incidentes registrados e categorizados corretamente.
c) Quantidade de incidentes abandonados.
d) Quantidade de erros de hardware comunicado.

Respostas:

1. D	2. D	3. D	4. D	5. D
6. D	7. B	8. B	9. B	10. B
11. B	12. D	13. D	14. D	15. D

Capítulo 10 ◆ Autoavaliação da Aderência com o SOX

1. Os sistemas foram atualizados para atender o Sox?
2. A documentação dos controles está atualizada em função das mudanças nos controles e indicadores?
3. Os sistemas possuem flags para as previsões?
4. Os indicadores não financeiros (liderança, marca, reputação, tecnologia, capital humano, cultura, inovação, capital intelectual, adaptabilidade etc.) são medidos?
5. Existem diferenças nos indicadores em função do sistema usado?
6. Como são controladas as alterações dos dados?
7. A empresa revê as transações atípicas?
8. A empresa determina a lucratividade com cenários "e - se"?
9. Os itens extrabudget são controlados e aprovados?
10. Quais procedimentos estão presentes para detectar e impedir as fraudes?
11. Quantos sistemas estão relacionados com os indicadores?
12. Com qual atraso a empresa conhece o seu resultado financeiro?
13. Quantas horas são dedicadas para a análise dos indicadores?
14. Qual é a frequência do backup dos dados?
15. Qual é a frequência de teste do restore dos dados?
16. São identificadas as causas das diferenças entre previsto e realizado?
17. Qual é a capacidade de TI para o processamento das transações?
18. Os documentos originais são salvos periodicamente?
19. Qual a frequência de testes do restore destes documentos?
20. Como é calculado o fluxo de caixa operacional?
21. As previsões são desdobradas em unidades de negócio, linhas de produto e níveis funcionais?
22. As revisões dos controles internos estão incorporadas aos sistemas?
23. As entradas manuais são identificadas e aprovadas?
24. A empresa identificou as áreas onde as fraudes ocorreram?
25. Como as transações e pagamentos extrabudget são tratadas?

26. Qual a frequência de atualização dos indicadores financeiros?

27. Os impostos diretos e indiretos estão demonstrados na consolidação?

Capítulo 11 ◆ Desafios do Desenvolvimento de Software

O desenvolvimento de software tem enormes desafios que precisam ser superados. As questões sobre custo, qualidade, treinamento e certificações já vêm sendo abordadas há algum tempo, mas só mais recentemente é que elas alteraram a dinâmica da indústria.

Ambiente de negócios

"O que não se pode medir não se pode gerenciar." A frase é de Peter Drucker e traduz a principal necessidade dos gestores de TI. As metodologias e indicadores permitem estabelecer objetivos, monitorar os resultados e verificar de forma objetiva como e se as metas propostas foram atingidas.

"O que não se pode medir não se pode controlar." A frase atribuída a Lord Kelvin, físico e matemático britânico do século XIX, expressa como é antigo o desejo de medir a performance para controlá-la.

80% do tempo de TI é destinado à manutenção dos sistemas antigos e apenas 20% para sistemas novos (Jornal do Software, 4 de junho de 1989, página 12, artigo: Miséria da computação - V.W Setzer). O autor mostra nesta série de artigos as dificuldades e soluções para um desenvolvimento de software com custo efetivo.

Na década de 80, economistas norte-americanos como o Prêmio Nobel Robert Solow verificaram que, apesar de gastarem cada vez mais com computadores, as empresas e a economia como um todo não obtinham ganhos significativos de produtividade. Tal constatação ficou conhecida como Paradoxo de Solow ou Paradoxo da Produtividade. Os investimentos em TI não aumentam a produtividade da corporação quando o usuário de TI não faz parte do processo.

166 • Governança da Nova TI: Revolução

"A alta taxa de fracassos dos projetos de TI - estimada em torno de 70% a 90% - comprova a dificuldade contínua das empresas em aproveitar o poder da tecnologia. A meta agora é simplesmente utilizar TI de forma adequada, mais do que utilizá-la com criatividade." ("É o fim dos executivos de TI?", Nicholas G. Carr; Revista Info Corporate n. 12, Setembro/2004)

Podemos observar pelos estudos publicados que a falta de qualidade provoca um aumento dos custos dos projetos de software, principalmente em função dos custos de manutenção e prazo de entrega. Atualmente a falta de qualidade é uma barreira para o sucesso dos projetos de software. O mercado brasileiro vem procurando nos últimos anos contornar a barreira da qualidade (custos elevados) através do efeito e não da causa. A principal argumentação para explicar os custos elevados são as mudanças nos requisitos, crescente quantidade e complexidade do número de variáveis, quantidade de combinações das variáveis e custo dos testes.

Apesar de não ser maioria como linha de pensamento, já é senso comum por uma parte expressiva do mercado que a indústria de software tem três grandes desafios a vencer dentro dos novos paradigmas da gestão de riscos. Controle, transparência e previsibilidade são os novos pilares para um novo ciclo de desenvolvimento das empresas de software. O cliente corporativo está buscando mecanismos para reduzir riscos e custos e ele espera encontrar soluções na direção da qualidade.

No caso do software os riscos existem no desenvolvimento, na implementação ou adaptação e na manutenção, pois o cliente é dependente da continuidade dos negócios dos fornecedores. O risco é agravado nos softwares mais sofisticados, pois a priori não existem ferramentais de simulação do negócio para uma avaliação "real case" dos produtos na linha de ERP, BI, BSC, CPM, BPM etc.

Apenas quando os usuários estiverem trabalhando com o produto nas suas aplicações de negócios do dia a dia é que eles podem realmente afirmar que a aplicação trouxe retorno de investimento e atendeu as expectativas e necessidades do negócio.

O risco de aquisição em função da ausência da qualidade elevou-se a tal ponto que as empresas falam em responsabilidade interna compartilhada para a compra de software. A seguir temos alguns casos publicados no artigo **"A difícil arte de comprar bem"** (Eduardo Vieira, Revista Info Corporate nº 14, Novembro/2004).

Comprar bem

"De acordo com a escola de administração de empresas da Fundação Getúlio Vargas (FGV), as companhias brasileiras investiram no de 2003 4,9% do seu faturamento líquido em tecnologia, valor bem abaixo da média histórica da pesquisa, de 9% , e em 2004 a FGV estima que os investimentos em TI permanecerão estáveis."

"A HP trabalha com um estudo que afirma que a utilização média de um serviço de tecnologia é de **30% a 40%,** o que, numa conta simples significa uma ociosidade média de **60% a 70%.**"

Cada vez mais a palavra final vem do líder da área de negócios

"Quando a compra envolve a área de negócios, José Carlos Padilha, CIO da Carbocloro, ouve os líderes das áreas usuárias. No Bradesco, o processo de compra respeita uma lógica rígida e descentralizada e quando a compra é muito valiosa ou requer uma mudança muito profunda, a decisão pode ser levada até o conselho de administração."

"O CIO deve desenvolver uma estratégia de governança para as compras de TI, apostar em indicadores de retorno, custos e performance, otimizar os recursos já existentes na organização e principalmente dividir a responsabilidade com os seus pares das áreas de negócios, incluindo aí o Chief Financial Officer (CFO)".

Gerenciamento das Aquisições de TI

Dez dicas para comprar melhor

1. Antes de comprar avalie o que tem dentro de casa, para descobrir o que pode ser mais bem utilizado.
2. A compra não pode ser apenas uma necessidade tecnológica.
3. Não se baseie no concorrente para comprar tecnologia. A decisão deve ser tomada na necessidade.
4. Avalie o impacto da compra para o negócio.
5. Trabalhe sempre em conjunto com as áreas de compras, financeira e de negócio.
6. Crie indicadores de performance e de retorno que sejam atrelados aos objetivos estratégicos (taxas de crescimento, fatia de mercado etc.).

7. Quantifique tudo o que for possível.

8. Trate de forma integrada, mas com independência, a solução tecnológica e os processos.

9. Analise os riscos e as despesas do dia a dia de tecnologia (não esqueça das despesas financeiras como depreciação, CAPEX etc.)

10. Compare performance e custos. Compre pelo **melhor** preço.

Gestão de Tecnologia

A partir do momento em que TI tornou-se parte relevante da infraestrutura de negócios, sua performance passou a afetar os resultados operacionais da organização e a gestão de riscos de TI cresceu vertiginosamente de importância em função dos impactos da tecnologia no negócio. Como a gestão de riscos está intimamente ligada a controle, transparência e previsibilidade, as metodologias, modelos e melhores práticas como ITIL®, CobiT, CMMI, PM, ISO, Six Sigma tornaram-se obrigatórias para as empresas de tecnologia, auxiliando na questão cerne do problema da indústria de software, que é a qualidade dos produtos e serviços.

Veja por exemplo o fato de que 80% do custo de um aplicativo está concentrado nas suas fases de pós-vendas. Este fato significa que existem diversas oportunidades para uma brutal redução de custos através da qualidade. Os dados da pesquisa da FGV mostram que os investimentos em TI estão na ordem de 5% do faturamento das empresas no Brasil, portanto existe um potencial de otimização de algumas centenas de milhares de dólares por ano.

Os quatro porquês

1. **Ponto de vista do negócio.** Por que um aplicativo que apenas automatiza atividades rotineiras de negócio demanda treinamento dos usuários?

2. **Ponto de vista técnico.** Por que uma nova versão de um aplicativo demanda recursos cada vez maiores de infraestrutura? Por que esta demanda se concentra em recursos caros?

3. **Ponto de vista de recursos humanos.** Por que os aplicativos demandam certificações profissionais específicas que são caras, para a sua implantação, administração e manutenção?

4. **Ponto de vista relacionamento.** Por que os requisitos mudam?

Para iniciar a discussão destes porquês é importante que o ponto de vista do cliente dos projetos de desenvolvimento de software seja entendido.

Ponto de vista do cliente

Custo de aquisição de software – O investimento na aquisição de um software tem o seu custo distribuído em duas dimensões:

- Custo das licenças.
- Custo da avaliação do software.

O custo da aquisição não demanda maiores comentários, pois é representado pelo valor da licença e custos operacionais dos processos de compras e auditoria. Resumindo: é o custo do tempo requerido para licitar, analisar propostas, comprar, pagar, receber a mercadoria, contabilizar e auditar. No entanto, o custo de avaliação dos aplicativos vem crescendo sistematicamente, ano após ano, pois eles dependem basicamente dos recursos internos das empresas. Os principais componentes deste custo são basicamente três:

1. Tempo dos profissionais e técnicos de TI para avaliar um aplicativo em termos de (i) performance, (ii) estabilidade, (iii) aderência ao ambiente, (iv) confiabilidade.
2. Tempo dos gestores de TI para avaliar os fabricantes e consultorias (se forem necessárias ao projeto) em termos de (i) credibilidade, (ii) continuidade nos negócios, (iii) capacidade e (iv) benchmarks.
3. Recursos para implementação de um projeto piloto, como por exemplo, a infraestrutura necessária, tempo dos técnicos e o recurso mais caro que é o tempo dos usuários para avaliar o aplicativo em termos de (i) funcionalidade, (ii) facilidade de uso, (iii) customizações, (iv) simplicidade de uso.

Custos de implantação do aplicativo – A implementação de um aplicativo apresenta dois tipos de custos:

Infraestrutura: São os investimentos necessários na infra de tecnologia para atender as questões de processamento, integração com outros sistemas, backups, segurança, network, comunicação etc. de forma que o aplicativo tenha o desempenho e estabilidade prevista pelo fabricante.

Treinamento: São os investimentos feitos na capacitação dos usuários e administradores do aplicativo de forma a garantir a performance e o seu uso correto.

Custos de manutenção de um aplicativo – A manutenção dos aplicativos está relacionada com os custos de (i) manutenção das licenças, (ii) manutenção dos componentes de infraestrutura (hardware, sistema operacional, segurança, antivírus,

170 ◆ Governança da Nova TI: Revolução

network, comunicação, gerenciamento, recursos humanos, backups, restores etc.), (iii) gestão dos erros e falhas, (iv) implantação das atualizações e (v) documentação do aplicativo, banco de dados, infraestrutura etc.

Custos Financeiros – Um aplicativo e a sua infraestrutura é um ativo da empresa e como tal tem despesas de depreciação e obsolescência. Quando o ciclo de vida do aplicativo é no mínimo igual à sua depreciação (60 meses), o capital investido é predominantemente recuperado, pois apenas as despesas de treinamento, comunicação e instalação não serão recuperáveis. O CAPEX é utilizado na gestão do ciclo de vida do aplicativo. A sua principal missão é criar um fluxo de caixa para que os ativos sejam repostos ao final da vida útil, minimizando os impactos no caixa.

Em geral, o CAPEX assume: (i) ciclo de vida de 36 meses para o software e (ii) que os processos de negócio suportados pelo aplicativo são contínuos ao longo do tempo e continuarão a existir após o final da vida útil dos ativos. A depreciação e o CAPEX podem ser utilizados separadamente ou em conjunto, com o objetivo comum de repor o ativo ao término da sua vida útil. No caso de um aplicativo, a sua vida útil é dada por: (i) recursos como linguagem de programação, (ii) quantidade e volume de correções, (iii) estrutura do programa, (iv) recursos de infra como sistemas operacionais, hardware, antivírus, network etc.

Um software tem o final da sua vida útil marcado, tipicamente, ou por uma nova versão ou por sua descontinuidade. A descontinuidade é um fator de risco que deve ser considerado com muito cuidado pelas empresas no momento da aquisição do software, pois os processos de negócios serão suportados pelo aplicativo.

Ponto de vista do negócio

Por que um aplicativo que apenas automatiza atividades rotineiras de negócio demanda treinamento dos usuários? A mera automatização de processos de negócios já existentes não justifica os custos de treinamento para o uso de um aplicativo. Logo, um processo como este deve ser justificado ou por uma decisão estratégica ou por um aumento de produtividade excedente ao que seria obtido apenas com automatização ou por agregar facilidades para as funções operacionais, de forma que as atividades e os processos do negócio possam ser realizados com uma menor quantidade de pessoas.

É importante lembrar que, além do lado visível do usuário final, existem as funções administrativas do aplicativo que, em geral, são exercidas pela área de TI. Quando comparamos o antes e o depois é importante salientar que no antes existiam

Capítulo 11 ♦ Desafios do Desenvolvimento de Software ♦ **171**

funções administrativas dos processos que em geral eram exercidas por secretárias, assistentes administrativos, contabilidade etc. Estas funções administrativas estão relacionadas com: (i) documentação em papel, (ii) gestão da documentação, (iii) controle de acesso, (iv) espaço físico etc. Esses custos devem ser levantados e comparados com os novos custos da administração do software após a sua implantação. A não existência desta comparação pode levar à impressão, no longo prazo, de que os custos de TI aumentaram sem contrapartida de benefícios ao negócio.

Ponto de vista técnico

Por que uma nova versão de um aplicativo demanda recursos cada vez maiores de infraestrutura? Por que esta demanda se concentra em recursos caros? É necessário que o aplicativo ofereça flexibilidade na interface de comunicação com o usuário. Para a maioria dos casos, a interface "plain text" oferece os recursos de análise que o usuário necessita para a operacionalização dos negócios.

Uma nova versão que troque uma interface texto por uma gráfica aumenta em quase dez vezes a necessidade de comunicação. Quando um processo de negócio demandar por tal sofisticação, certamente as justificativas estarão presentes, mas elas não existem para um caso genérico. Ter flexibilidade na interface com o usuário pode ser uma importante vantagem competitiva para o fabricante de software.

Ponto de vista dos recursos humanos

Por que os aplicativos demandam certificações profissionais específicas que são caras em implantação, administração e manutenção? Com a especialização das aplicações como ERPs, BIs, BPMs, CPMs etc., a sua administração deveria ser automatizada ao maior nível possível e as atividades restantes deveriam ser realizadas pelos mesmos usuários (secretárias, assistentes, administrativos, contabilidade etc.) que as realizavam antes do processo de automatização.

Apenas as atividades administrativas mais técnicas e complexas devem ser da alçada de TI, como backups, restores, impactos nos bancos de dados etc. Com este tipo de procedimento apenas as atividades de implantação exigiriam profissionais especializados e certificados na ferramenta. Neste caso, a empresa que realizaria a implantação é que seria certificada pelo fabricante. As empresas passariam por um processo formal de avaliações e atualizações, e o fabricante poderia garantir que a empresa estivesse qualificada para tal. Seminários e congressos poderiam ser direcionados para os profissionais de forma individualizada, mas sempre com uma abrangência generalista e focada nas melhores práticas do mercado.

Ponto de vista do relacionamento

Por que os requisitos mudam? Os requisitos dos projetos mudam em função da velocidade de mudança nas regras do negócio e do tempo de entrega do software. Em geral, a agilidade das mudanças das regras do negócio (aquisições, novos concorrentes, novos produtos substitutos etc.) impacta o tempo de entrega do software através de mudanças nos requisitos.

O tempo de entrega dos projetos de software é muito longo em relação ao ambiente de negócios e precisa ser ajustado para ocorrer mais rapidamente. Uma boa resposta do mercado de TI é a metodologia ágil, que permite reduzir muito o tempo de entrega. O segundo grande motivo para a mudança dos requisitos é o processo de desenvolvimento e aprovação dos requisitos. Em geral, existe uma única oportunidade para o desenvolvimento dos requisitos pelas áreas de negócio, o que resulta em requisitos genéricos e horizontalizados (grande número de requisitos e descrição genérica de cada um deles).

A horizontalização excessiva dos requisitos é vista quando os institutos de pesquisa mostram que menos de 40% das funcionalidades são utilizadas pelos usuários de TI. Este nível de ociosidade mostra que foram gastos milhares de dólares em facilidades desnecessárias, encarecendo os custos do desenvolvimento do software. A ausência de verticalização resulta também em mudanças de requisitos em função da falta de profundidade das funcionalidades. É comum no mercado encontrarmos situações de inclusões de requisitos por conta da necessidade de profundidade não prevista para as funcionalidades. Normalmente o mercado argumenta que estas funcionalidades adicionais são vitais para o negócio (sem elas o software não tem utilidade ou não agrega valor ao processo do negócio).

A armadilha da horizontalização e a falta de profundidade podem ser facilmente resolvidas por dois instrumentos do primórdio do desenvolvimento de software, que é o incremento (pelas áreas do negócio) do "Function Description" e do "Code Description". Estas duas atividades desenvolvidas pelo negócio e facilitadas e coordenadas por TI evitarão a horizontalização desnecessária dos requisitos e trarão para a mesa de negociações a profundidade necessária para as facilidades do aplicativo.

Crenças do desenvolvimento de software

1. O cliente acredita na funcionalidade do software.
2. O cliente acredita nos prazos dados pelo fornecedor.
3. O cliente acredita que a capacidade de gestão do fornecedor garantirá a continuidade do negócio.

Para a crença de funcionalidade, a gestão do conhecimento, a reutilização de códigos e funções testados e aprovados e o entendimento do negócio do cliente são fatores críticos de sucesso. Para a crença de prazos, a gestão de recursos próprios, as políticas de incentivos à melhoria constante e as bibliotecas de funções são fatores críticos de sucesso. Para a crença de capacidade de gestão e continuidade dos negócios, a transparência dos principais indicadores financeiros de performance, a adoção das melhores práticas da governança corporativa e equilíbrio na gestão são fatores críticos de sucesso. Tanto os clientes como os fornecedores têm nas questões de funcionalidade, prazos e continuidade os principais desafios. O conjunto controle, transparência e previsibilidade é a ferramenta que permite alcançar o sucesso no enfrentamento destes desafios.

Capítulo 12 ◆ Adaptação do ITIL® para Empresas de Saúde

Ambiente de Negócios - Empresa de Saúde

1. O marco regulador incentiva a operação focada no fluxo de caixa, implicando uma atuação mais forte no curto prazo, o que pode levar a indústria a ter desequilíbrios no médio e longo prazo.
2. O envelhecimento da base de usuários apresenta como tendência a elevação dos custos no médio e longo prazo.
3. O crescimento intenso e a liderança de custos são estratégias com forte tendência de aplicação pela indústria, em função da necessidade de equilíbrio do fluxo de caixa ao longo do tempo.
4. Estas estratégias podem levar o setor a se consolidar em poucas empresas no médio e longo prazo, pela necessidade de capital intensivo.
5. Liderança de custos e crescimento intenso demandam controles, eliminação de fraudes e desperdícios e conhecimento profundo dos clientes.
6. Um aumento da lucratividade poderá ser obtido com produtos premium, com pleno conhecimento das necessidades de segmentos e nichos de mercado.

Para atender as necessidades deste ambiente de negócios os serviços devem ser focados em:

Aumento dos controles e redução dos custos

- Melhores práticas como: ITIL®, CobiT, CMMI, ISO, Six Sigma, PM
- Redução dos custos, riscos, fraudes e desperdícios

176 • Governança da Nova TI: Revolução

I.   Plano de Continuidade do negócio (foco TI).
II.   Aumento da produtividade.
III. Redução da reincidência dos incidentes.
IV.   Eliminação dos erros operacionais de TI.
V.   Dimensionamento correto de TI eliminando desperdícios.
VI.   Níveis de serviços de TI, compatíveis com o setor.
VII. Service Desk priorizando as atividades essenciais.
VIII. Controle de riscos e impactos.

Crescimento intenso controlado

- Trabalho cooperativo sem perder o controle.
- Conhecimento do usuário para soluções de saúde.
- Benchmarks com o mercado.
- Transformar a estratégia em ações.
- Usuário contente, cliente atendido e acionista remunerado.
- Produtos Premium, produto certo ao cliente correto.
- Desenvolvimento e implantação sem surpresas.
- Proatividade identificando vulnerabilidades e padrões suspeitos.

Estratégia do Negócio

- Plano Estratégico do negócio.
- Plano Estratégico de TI.
- Plano Estratégico de Segurança.
- Equilíbrio entre negócio, clientes e custo.
- Criação de vantagens competitivas pela tecnologia.

Para a gestão operacional do negócio de saúde estamos adaptando o ITIL para uma estrutura de serviços.

Sistema de Gestão

Sistema de atendimento e agenda de consultas, internações e exames.

Objetivos:

1. Redução dos custos pela eliminação de papel.
2. Redução de fraudes por controles fortes.

Capítulo 12 ◆ Adaptação do ITIL® para Empresas de Saúde ◆ **177**

3. Maior eficiência no atendimento, reduzindo tempo, automatizando processos, centralizando ações, mantendo histórico etc.
4. Concentração de recursos em um site único, permitindo ganhos por escala.
5. Permitir que o foco seja uma empresa com clientes saudáveis.

Metas:

1. Ponto único de contato.
2. Melhores práticas de atendimento.

Sistemas de Apoio:

Sistema de agenda para as consultas médicas. Principais características:

- Envia e-mail ao médico com agenda da semana.
- Médico tem ficha e histórico do paciente.
- Médico altera ficha com diagnósticos, receitas, solicitações de exames etc.

Sistema de agenda para os exames. Principais características:

- Laboratório recebe e-mail com agenda da semana.
- Laboratório envia resultado do exame.

Sistema de agenda para o cliente corporativo. Principais características:

- Cliente recebe relatório gerencial e detalhado dos custos.
- Cliente pode navegar por tipo de diagnóstico, tratamento e médias do mercado.
- Cliente recebe apoio de e-learning de medicina preventiva para os casos mais frequentes.

Sistema de agenda para o paciente:

- Marca consultas médicas.
- Paciente recebe feedback das consultas médicas.
- Paciente recebe apoio de e-learning de medicina preventiva para os casos mais frequentes.

Sistema de agenda para a empresa de saúde. Sistema gera relatórios sobre:

178 • Governança da Nova TI: Revolução

- Controle das consultas, exames etc.
- Controle dos leitos.
- Controle do uso de e-learning para os casos mais significativos.
- Controle da base de clientes saudáveis em relação aos atendimentos.
- Tempo de recuperação dos pacientes.
- Tempo médio de espera dos pacientes.
- Taxa de sucesso nos tratamentos.

Uma vez que o ambiente de negócios esteja entendido, podemos mapear os serviços de saúde dento do ITIL®.

Configuration Management

- Informações sobre a infraestrutura de atendimento aos clientes.
- Informações dos médicos (nome, especialidade, localização, tempo de experiência, especializações etc.).
- Informações dos dentistas (nome, especialidade, localização, tempo de experiência, especializações etc.).
- Informações dos equipamentos de saúde (hospitais, leitos, exames, laboratórios, clínicas de repouso, spas, remédios, UTIs etc.).
- Informações das documentações (Anamneses, normas e procedimentos, regulamentações, contratos, formulários etc.).

Incident Management e Service Desk

- O Service Desk é o ponto único de contato entre o cliente e a empresa e abre chamados com as solicitações, reclamações etc. dos usuários.
- As solicitações podem ser marcar consultas médicas e odontológicas, marcar exames, dúvidas sobre a medicação ou receitas etc.
- Um diagnóstico de doença também é um incidente.

Problem Management

- Análise da repetição dos incidentes, buscando o princípio de que sintomas semelhantes têm soluções parecidas (exames, remédios, quantidade de retornos etc.).
- As repetições podem indicar endemias, epidemias, fraudes etc. Os tratamentos recorrentes demandam medições de eficiência e eficácia, como controle de peso, colesterol, diabetes etc.

Capítulo 12 ◆ Adaptação do ITIL® para Empresas de Saúde ◆ **179**

- As bases de conhecimento podem virar serviços de consultoria para as anamneses, entidades públicas de saúde etc., permitindo o aprofundamento de medidas públicas de saúde preventiva.

Indicadores de produtividade:

- Taxa de sucesso nos tratamentos de obesidade, colesterol etc.
- Taxa de redução de cáries.

Change Management

Ao identificar as melhores práticas para os procedimentos recorrentes (obesidade, colesterol, odontológico etc.), podemos segmentar a base, oferecendo serviços direcionados aos incidentes recorrentes, gerenciando mudanças nos pacientes, otimizando a relação custo x resultado x medidas preventivas. A empresa pode identificar oportunidades como, por exemplo, ir além da excelência nos serviços de saúde e ser a melhor solução para o controle de peso. Um comitê gestor analisará as alternativas, os riscos e impactos para as ações de mudanças. Uma vez que incidentes semelhantes demandam por soluções parecidas, as medidas de auditoria com sistemas automatizados podem ajudar no combate As fraudes.

Release Management

Uma vez aprovadas as mudanças, as mesmas serão implantadas conforme as filas de prioridade. Após a implantação de uma mudança, as outras que estão na fila sofrem uma análise de impacto, podendo retornar ao comitê gestor em caso de necessidade de alterações.

Application Management

Muitas vezes a medicina recorrente e preventiva necessita de facilitadores. Podemos citar (na odontologia preventiva) aplicações como vídeos explicando sobre o correto uso de fios e fitas dentais, escovações eficientes, horários de formação das cáries e medidas para combatê-las. Faqs e outros mecanismos *one-to-net* podem difundir as medidas preventivas rapidamente e com capilaridade.

Para a medicina recorrente as aplicações de *check list* costumam produzir resultados notáveis. Por exemplo, uma aplicação de monitoração para os programas de aumento ou redução de peso facilita ao paciente e ao médico acompanharem as metas e resultados obtidos. Muitas vezes as dietas apresentam um cardápio restrito, e opções automatizadas mostrando possíveis substitutos podem gerar resultados significativos. O acompanhamento de atividades como, por exemplo, uma hora diária de caminhada, permitem um relacionamento médico-paciente mais direto e simples, pois podem mostrar os efeitos de um adicional de quinze minutos de caminhada em relação ao objetivo proposto.

Financial Management

Os incidentes, problemas, mudanças, liberações etc. devem ser acompanhados por um planejamento financeiro, permitindo manter o equilíbrio do trinômio custo x benefício x lucro.

Capacity Management

Capacidade ociosa de recursos significa desperdícios e capacidade faltante significa acordos não cumpridos. O pleno conhecimento dos incidentes, problemas, mudanças etc. permitirá ajustes mais precisos na capacidade de atendimento, equilibrando custo x nível de serviço.

Business Continuity

Uma empresa de saúde estável é feita pela sua capacidade em manter os clientes saudáveis ao menor custo possível. Oferecer quantidade e diversidade de opções aos clientes e buscar melhores práticas é fator diferencial no mercado. Quantidade de consultas, procedimentos médicos etc. são importantes métricas corretivas, mas indicadores da "saudabilidade" dos clientes são vitais para o negócio no médio e longo prazo.

Por exemplo, indicadores da redução da quantidade de cáries dos clientes são mais importantes do que o número de obturações, ou ainda a taxa de sucesso dos programas de controle e redução de peso mostra a eficiência das ações da empresa, ou, mais ainda, o indicador de checkups saudáveis mostra a eficiência das políticas da medicina preventiva e corretiva da empresa. Tal qual seguros, planos de saúde e odontológicos são comprados para não serem utilizados pelos clientes. A clara demonstração de medidas preventivas pode dar ao setor a mesma credibilidade que o ramo de seguros obteve com o uso de alarmes, rastreadores etc.

Capítulo 13 ♦ ITIL® como Ferramenta Anticorrupção e Antifraude

No Aurélio encontramos as seguintes definições para corrupção e fraudes:

cor.rup.ção – s. f. 1. Ato ou efeito de corromper; decomposição, putrefação. 2. Depravação, devassidão.

frau.de – s. f. 1. Ato ou efeito de fraudar; logro, fraudação. 2. Abuso de confiança. 3. Contrabando.

Ambiente de Negócios

1. Ranking de Corrupção
Fonte: http://www1.folha.uol.com.br/folha/brasil/ult96u64999.shtml
20/10/2004 - 10h21

A ONG Transparência Internacional divulgou, em outubro de 2004, o seu ranking anual de corrupção. Segundo a Transparência, fundada em 1993 e reconhecida hoje como a maior organização não governamental centrada no combate à corrupção do mundo, o Brasil aparece em 59º lugar na lista de 2004.

2. Repercussões **internacionais da colocação do Brasil no ranking**
Fonte: http://www1.folha.uol.com.br/folha/bbc/ult272u36273.shtml
20/10/2004 - 06h42

Brasil fracassa em reduzir corrupção, indica estudo
Andrea Wellbaum da BBC Brasil

O nível de corrupção no Brasil não melhorou no último ano, de acordo com o Índice de Percepção de Corrupção de 2004, divulgado nesta quarta-feira, em Londres,

182 • Governança da Nova TI: Revolução

pela Transparência Internacional. O documento da organização não governamental afirma que o Brasil permanece com o índice registrado no ano passado: 3,9 em uma escala de 0 a 10 (dez é o menor grau de corrupção).

3. Tipos de fraudes e corrupção

1. **Governamental** - Em geral, estamos falando de desvios de verbas e superfaturamento em nível municipal, estadual e federal para os poderes executivo, legislativo e judiciário.

2. **Cidadão Comum** - Pirataria e compras em camelôs sem notas e recolhimento de impostos e taxas são exemplos de práticas comuns e aceitas pela sociedade brasileira.

3. **Judiciário** - Lentidão nos processos, excesso de varas para recorrer, inexistência de auditorias para os juízes e casos constantes de intimidação policial sem provas são casos corriqueiros aqui no Brasil.

4. **Situações legais** - Existem práticas como por exemplo o aumento salarial de políticos em 2005 que, apesar de legal perante a lei, não são aceitas pela sociedade civil.

Apesar de existirem quatro grandes categorias para a corrupção, a origem tem um lugar comum, que é o trinômio **transparência, controle e justiça.** Este trinômio está relacionado com todos os casos de corrupção, ou seja, quanto maior é a ausência destes fatores maior é o nível de corrupção daquele ambiente. O artigo do Cláudio Abramo, reproduzido em parte, ilustra a importância da justiça.

São Paulo, 12 de Novembro de 2000.
JUDICIÁRIO E CORRUPÇÃO
Cláudio Weber Abramo - Folha De S. Paulo, 12/11/2000, P. A3.

Como observamos anteriormente, o sistema judiciário brasileiro tem sido pouco examinado, e seus procedimentos, eficiência, forças e vulnerabilidades têm permanecido quase sem escrutínio.

Uma recente CPI do Senado foi instituída com a finalidade de examinar o tema, mas acabou por se fixar nos casos da construção do prédio do Tribunal Regional do Trabalho de São Paulo, e de um juiz suspeito de tirar crianças de mães e vendê-las a pais adotivos, o qual ninguém nunca mais ouviu falar.

Capítulo 13 ♦ ITIL® como Ferramenta Anticorrupção e Antifraude ♦ 183

A partir de diferentes fontes desse tipo, pesquisadores do World Bank Institute compilam um ranking, e na classificação de 1999 o Brasil ocupa a 88ª posição entre 166 países, situando-se cerca de 25% abaixo da média mundial. Outra avaliação é um levantamento realizado anualmente pela Freedom House, onde o judiciário não é avaliado isoladamente, mas no âmbito de uma classificação de "liberdades civis", que incorpora também três outras famílias de indicadores: liberdade de expressão e crença; liberdade de associação; autonomia pessoal e direitos econômicos. No ranking da Freedom House de 1999-2000, o Brasil se localiza abaixo da média, na companhia do Azerbaijão, Bangladesh, Colômbia, Costa do Marfim, Gabão, Guatemala, Lesoto, México, Peru, Venezuela e outros.

A tabela a seguir descreve a pontuação aproximada que o Brasil passaria a ter no ranking da corrupção caso seu judiciário sofresse melhorias de 20% , 30% e 50% na classificação do Banco Mundial, usando-se a projeção sugerida pela curva da figura.

Melhoria no Judiciário	20%	30%	50%
Raking daCorrupção	4,6	5,0	6,0

Na tabela Corrupção x Judiciário está representada a evolução aproximada do índice de corrupção brasileiro, no caso de uma melhoria de 50% no índice judiciário. A pontuação atingida, cerca de 6,0 na escala da corrupção, colocaria o país nas imediações da Estônia e da Botsuana, logo abaixo da Bélgica. O artigo completo se encontra no endereço: http://www.acordabrasil.com.br/artigo32.htm.

Em geral a corrupção se aproveita da **ausência de controles**, o que por consequência impede o aparecimento dos fatores de transparência e justiça. Em resumo, o melhor fiscal é a própria população, pois é quase impossível aos poderes executivo, legislativo e judiciário fiscalizarem todas as ações que estão sendo realizadas no país em termos de intenção e realização de fraudes.

Framework Anticorrupção

A proposta deste trabalho é a implantação de um framework Anticorrupção e Fraudes, objetivando controlar e melhorar os níveis de transparência e justiça. A seguir temos uma descrição deste framework nos ambientes operacional (onde as ações são realizadas), tático e estratégico (onde buscamos agir proativamente e envolver todos os brasileiros na proteção dos recursos).

184 • Governança da Nova TI: Revolução

Ambiente Operacional

Cadastro Único de Contribuintes e Beneficiários

O Cadastro Centralizado Único (CCU) é o resultado da unificação de todos os cadastros governamentais dos contribuintes e beneficiários nos níveis municipal, estadual e federal.

Gerenciando Configuração – Geração de um cadastro, a partir das informações dos diversos bancos de dados governamentais nos três níveis: municipal, estadual e federal e nas três esferas: executivo, legislativo e judiciário. No caso dos conflitos inevitáveis dos cadastros atuais, eleger-se-á o melhor banco de dados – O cadastro da Receita Federal (por exemplo) pode ser a base.

Gerenciando Incidentes – O cadastro disponibilizará para os usuários as suas informações pessoais e as dos seus dependentes. O usuário pode validar ou solicitar atualizações eletronicamente, mas os documentos comprobatórios deverão ser encaminhados ao Comitê Gestor do Cadastro Único (CGCU).

Gerenciando Problemas – Os incidentes repetidos são problemas que demandam uma abordagem de atacado para a sua resolução definitiva. Muitas vezes um problema demanda a revisão dos processos para a sua correção e eliminação de casos futuros.

Todas as vezes que a análise dos incidentes indicar um problema (excesso de erros cadastrais ou vulnerabilidades para fraudes) esta disciplina desenvolverá um projeto de solução indicando a situação atual, a solução proposta, os riscos e impactos, o planejamento financeiro e de prazos etc. Estes projetos serão priorizados com níveis de urgência, aprovados, dotados de recursos financeiros, humanos etc. e serão encaminhados para o Comitê Gestor de Mudanças (CGM).

Gerenciando Mudanças – As mudanças solicitadas nos cadastros e processos deverão seguir um ritual para a sua aprovação. Ou seja, não basta dizer que o cadastro de um contribuinte ou beneficiário está errado. É necessário provar com documentos qual é a informação correta. Cartórios 24 horas poderiam ser o ponto de contato único para a atualização dos cadastros, na sua versão "rascunho". Os projetos de mudanças serão analisados pelo Comitê Gestor de Mudanças (CGM), que terá a missão de criar uma fila de prioridades para a sua implantação, conforme uma análise de riscos, impactos e necessidades.

Capítulo 13 ♦ ITIL° como Ferramenta Anticorrupção e Antifraude ♦ **185**

Gerenciando Liberações – Após a aprovação das alterações na versão "rascunho" pelas autoridades e beneficiários, as mesmas serão publicadas no Cadastro Centralizado Único (CCU), passando a refletir em todos os sistemas governamentais e públicos (previdência, receita federal, estadual e municipal, programas sociais, judiciários etc.). A implantação dos projetos de mudanças dos processos e procedimentos também estará a cargo desta disciplina, que fará a execução da implantação acompanhando o planejamento financeiro e dos prazos de cada um dos projetos de mudanças.

Após a implantação de um projeto de mudança, uma avaliação dos impactos desta implantação em relação aos outros que estão na fila de prioridades deverá ser realizada. Caso exista a necessidade de revisões, o projeto será reenviado para o comitê gestor de mudanças (CGM), que terá a responsabilidade de ajustar o projeto conforme os indicadores da análise de impactos.

Sistema Integrado de Gestão Financeira

Sistema integrado de gestão financeira nas esferas federal, estadual e federal, abrangendo os poderes executivo, legislativo e judiciário.

Gerenciando a Configuração – O orçamento validado e aprovado estará disponível, permitindo fácil acompanhamento do que foi orçado e realizado. O Sistema Integrado de Gestão Financeira (SIGF) permitirá a visão global da macroeconomia governamental, possibilitando uma rápida análise de riscos e impactos para o caso de mudanças. Todos os sistemas de gestão estarão integrados via SIGF, permitindo que questões de previdência, endividamento etc. sejam rapidamente analisadas pelo comitê gestor da economia brasileira.

A gestão da configuração será responsável por estar o orçamento disponível no sistema e também por todas as revisões e alterações com as respectivas análises de impactos. Toda a documentação (inclusive normas, procedimentos e legislações) são itens de configuração que devem estar disponíveis e atualizados. O gerenciamento permitirá que de uma forma simples e fácil as normas e procedimentos de solicitação de recursos orçamentários sejam disponibilizados aos interessados, evitando a necessidade de contratação de consultorias para o correto preenchimento da documentação.

Gerenciando Incidentes – As solicitações de alterações no orçamento são classificadas como incidentes que seguirão um ritual claro e determinado para a sua aprovação.

186 ♦ Governança da Nova TI: Revolução

Gerenciando Problemas - As solicitações de alterações que estiverem relacionadas entre si, ou que forem repetidas, constituem propostas de alteração que se transformam em projetos de alteração orçamentária. Os projetos de alteração orçamentária terão o seu ritual estruturado na forma de situação atual, nova proposta e recursos necessários (investimentos e despesas de manutenção e atualização). Também podemos ter projetos de alteração orçamentária para correção de erros no orçamento ou ajustes em função de mudanças macroeconômicas.

Gerenciando Mudanças - A alteração do orçamento deve seguir um rito de validações e aprovações, quer sejam alterações individuais e pequenas, quer sejam mudanças de maior porte via um projeto de alteração.

Gerenciando Liberações - Uma vez aprovada uma alteração ou um projeto de mudanças no orçamento, sua publicação será feita no sistema de gestão, gerando também os relatórios dos impactos desta mudança em relação ao orçamento e em relação às outras mudanças que estão na fila de espera. A análise de impacto poderá recomendar alterações de prioridades e projetos que serão realizados ao longo do ano. No caso da análise de impacto recomendar alterações em projetos na fila, os mesmos deverão ser enviados ao comitê gestor do orçamento, que poderá rever ou não os projetos e as prioridades.

Sistema Integrado de Gestão

O Sistema Integrado dos Serviços Públicos Essenciais (SISERVPE) é o responsável pela manutenção dos serviços públicos de educação, saúde e segurança.

Gerenciando Configuração - Este sistema é integrado com o cadastro único de contribuintes, de forma a mantê-lo sempre atualizado. Os alunos que entram nas escolas públicas são cadastrados no SISERVPE e passam a fazer parte do cadastro único. O mesmo ocorre com as crianças que nascem e com os óbitos. O CCU deve sempre refletir a posição mais atualizada dos beneficiários das políticas públicas. Uma vez que o CCU esteja atualizado, os sistemas de previdência, seguridade, seguro desemprego etc. também estarão. A principal consequência deste procedimento é a eliminação de beneficiários fantasmas.

Gerenciando Incidentes - As solicitações de alterações ou inclusões no CCU são consideradas um incidente. As solicitações de novos serviços de educação, saúde e segurança são consideradas como incidente. Neste último caso, as solicitações devem ter uma clara descrição da sua necessidade, dos recursos que serão utilizados

Capítulo 13 • ITIL® como Ferramenta Anticorrupção e Antifraude • **187**

etc. Aumento da quantidade de salas de aulas, merenda, uniformes escolares, livros, transporte escolar ou hospitalar, vacinações, internações hospitalares ou tratamentos recorrentes, remédios, viaturas policiais, oficiais de justiça, celas de cadeia etc. são exemplos de solicitações.

Gerenciando Problemas – No caso da saúde pública, um grande número de incidentes pode indicar epidemias ou endemias, ou ainda casos de infecção hospitalar, escolar etc. Na área de educação, um grande número de incidentes de matrícula pode indicar a necessidade de novas escolas, ou de turnos ou ampliação das já existentes, e, no caso da segurança, a repetição dos incidentes pode representar rebeliões, acidentes graves, incêndios, necessidade de reforço policial etc. O gerenciamento permitirá tratar das prioridades de investimentos, despesas, atendimentos, atualização de recursos etc.

Gerenciando Mudanças – Uma vez que os problemas são caracterizados pelas repetições dos incidentes (ou eventos relacionados), um problema pode demandar a alteração da configuração dos recursos disponíveis ou de prioridades. Para tal devemos ter um rito de normas e procedimentos para viabilizar as mudanças. A análise da situação atual, da nova proposta, das necessidades e impactos será controlada por esta competência de forma a gerar as mudanças a curto, médio e longo prazo.

Todos os projetos de alterações serão submetidos a um comitê gestor de educação, saúde e segurança que aprovará ou não as mudanças, além de ter a responsabilidade de controlar as prioridades de cada um dos projetos de mudanças aprovados. O comitê gestor deverá preferencialmente ser composto por membros dos poderes executivo, legislativo e judiciário, focando as suas atividades em serviços públicos, recursos existentes, novas necessidades, finanças, equilíbrio orçamentário, normas, legislações e políticas públicas.

Gerenciando Liberações – A publicação dos projetos no SIGF e a sua execução são da responsabilidade desta competência. Todas as mudanças têm um planejamento de recursos, prazos, finanças e validade que deve ser respeitado na execução dos projetos. As informações orçamentárias e de execução devem estar disponíveis nos sistemas de gestão para as consultas pelas entidades de fiscalização e população.

Toda vez que um projeto de mudança tiver a sua execução finalizada, uma análise de impacto deverá ser feita nos projetos que estão na fila de espera para avaliações de performance. Para os casos em que seja relevante rever um determinado projeto, a análise de impacto deve ser enviada ao comitê gestor, que poderá realizar alterações.

Sistema de Indicadores de Performance

Um país grande em dimensões, recursos e população necessita de indicadores de performance mostrando aos gestores como estão a eficiência e eficácia da máquina administrativa. O Sistema de Indicadores de Performance (SIP) mostrará, em uma interface de comunicação simples, os possíveis casos de corrupção e fraudes e também uma análise de vulnerabilidade dos controles implantados, permitindo assim um ciclo de melhoria constante do sistema.

Gerenciando Incidentes – São incidentes os chamados que mostram as possíveis tentativas de corrupção e fraudes aos sistemas públicos e demandam investigações mais detalhadas.

Gerenciando Problemas – A repetição de um mesmo incidente (ou evento correlato) mostra a necessidade de uma análise nos processos e de mudanças.

Gerenciando Mudanças – Quando a análise dos incidentes demandar mudanças nas normas, procedimentos, legislações, o comitê gestor será envolvido para avaliar a situação atual, ponderar sobre as propostas de mudanças, seus impactos, riscos, necessidade de recursos humanos, técnicos e financeiros. As mudanças deverão seguir critérios de importância política, viabilidade, riscos e impactos, planejamento financeiro etc. para que os projetos sejam aprovados e a ordem de prioridades seja determinada pelo comitê gestor.

Gerenciando Liberações – As alterações aprovadas serão implantadas segundo um cronograma de prazos, importância, relevância política etc. cujo foco será o de eliminar as fraudes e corrupções de maior impacto, segundo as políticas governamentais. Esta competência, além de coordenar a implantação de mudanças no SIP, fará uma análise dos impactos nas demais mudanças na fila e em caso de necessidade o comitê gestor receberá os resultados desta análise de impacto.

Sistema de Satisfação do Usuário

Um mecanismo de grande eficiência no combate de fraudes e corrupções é o envolvimento do usuário (contribuinte) na aprovação do serviço realizado. Por exemplo: os pais avaliam os serviços de educação para os filhos, o paciente aprova os serviços recebidos no hospital, posto de saúde etc. O Sistema de Satisfação do Usuário (SSU) não apenas estará detalhando para o contribuinte usuário, mas para toda a sociedade, os serviços realizados, os custos envolvidos e as respectivas aprovações.

Capítulo 13 ◆ ITIL® como Ferramenta Anticorrupção e Antifraude ◆ **189**

O usuário final terá o poder de aprovar os serviços pela sua qualidade e custos, comparando-o com serviços equivalentes no mercado. Com isto daremos um grande passo para reduzir fraudes e desperdícios. Ao governo será facultado o direito de bloquear pagamentos e repasses para serviços de qualidade pobre na visão da população.

Ambiente Tático e Estratégico

Sistema de Detecção de Fraudes – SDF

O SDF tem como principal componente o princípio de que as fraudes e corrupções obedecem a padrões. Este sistema aprende com os casos anteriores (registrados como fraude ou corrupção) e analisa em tempo real as operações que estão sendo realizadas. Quando uma operação é considerada suspeita, o sistema sinaliza para que os gestores tenham conhecimento imediato. A operação considerada suspeita receberá um status de estar sob investigação e gerará um incidente. A base de incidentes será continuamente realimentada com o resultado das investigações e, com isto, o SDF estará apreendendo e melhorando a sua eficiência ao longo do tempo.

O **gerenciamento de problemas** investiga os casos de fraudes e corrupções conforme a sua reincidência e correlação, com a meta de identificar vulnerabilidades dos sistemas e propor alterações em normas, procedimentos e legislações.

O **gerenciamento das mudanças** prioriza os projetos de alterações conforme os riscos e impactos. O comitê gestor executivo terá a missão de aprovar e priorizar os projetos de mudanças.

O **gerenciamento de liberações** é o responsável por implantar as alterações aprovadas conforme o planejamento de prazo, prioridade e recursos. Após a implantação de uma mudança, uma análise de impacto é feita para as outras pendentes na fila de espera. Caso sejam necessárias revisões nos projetos, eles são remetidos ao comitê gestor.

Sistema Inteligente Antifraudes - SIAF

O SIAF permitirá aos executivos do governo uma análise de macrovisão das ações suspeitas e por navegação no sistema será possível obter um maior detalhamento das operações, chegando ao nível de individualizar cada uma das ações realizadas (se necessário). A análise permite (de forma rápida) identificar possíveis ações suspeitas e aprofundar o entendimento da abrangência, envolvidos, sistemas, vulnerabilidades etc.

190 • Governança da Nova TI: Revolução

O **gerenciamento dos incidentes** fará a análise das possíveis ações de fraudes que forem identificadas pelo SIAF. A analise de abrangência, impacto, risco etc. determina o nível de prioridade. Os incidentes repetidos ou correlacionados representam problemas no sistema de gestão governamental. As vulnerabilidades devem ser equacionadas via normas e procedimentos, legislações, alterações nos sistemas de informação etc.

O **gerenciamento dos problemas** é o responsável por identificar as vulnerabilidades de forma reativa e proativa e priorizar projetos de solução conforme uma análise de risco e impacto.

O **gerenciamento das mudanças** é a competência responsável pela aprovação e priorização dos projetos de mudanças, conforme a análise de risco e impacto. Em função dos projetos de mudanças propostos, o comitê gestor das mudanças poderá solicitar ao gerenciamento dos problemas novas avaliações e projetos, agrupando diversos projetos propostos.

O **gerenciamento de liberações** é o responsável por implantar as mudanças propostas, alterando sistemas, documentações, normas e procedimentos conforme o planejamento do prazo e custo dos projetos.

O **gerenciamento da configuração** tem por responsabilidade catalogar os recursos antifraudes existentes. Atualização do catálogo com as novas versões de normas e procedimentos, documentações, sistemas etc. também faz parte da rotina diária. Um dos componentes deste catálogo são as vulnerabilidades, a sua abrangência, riscos, prioridades etc. Os gestores precisam ter clareza sobre os aspectos técnicos das fraudes para propor as soluções.

Tanto o SIAF como o SDF utilizarão as informações das vulnerabilidades descobertas e não resolvidas para alertar os gestores executivos de uma forma proativa sobre como está a gestão dos riscos de fraudes. Pela integração destes dois sistemas será possível analisar toda a base de dados informatizada. A meta é identificar as tentativas de fraudes o mais cedo possível e aplicar soluções de contorno.

Uma vez que o SDF armazena nos sistemas de informações os padrões de comportamento das ações fraudulentas, o gestor receberá relatórios consolidados para facilitar as ações investigativas. Ele terá que detalhar apenas as ações com maior probabilidade de serem fraudes. Com o auxílio da gestão de risco e impacto, o gestor pode

Capítulo 13 ◆ ITIL® como Ferramenta Anticorrupção e Antifraude ◆ 191

priorizar o seu tempo e trabalho em termos de ações de maior impacto político, risco financeiro, abrangência, etc.

Sistema de Qualidade de Gestão - SQG

O SQG é um conjunto de ferramentas que permite a redução das fraudes através de ações orquestradas em conjunto. O Sistema de Qualidade de Gestão demonstra, de forma simples e intuitiva, os resultados obtidos e as metas a serem alcançadas. Gráficos de bolinhas verde, amarela e vermelha mostram os grandes objetivos, os resultados alcançados e os detalhes do sucesso ou fracasso da iniciativa. As grandes metas podem ser novas vagas nas escolas, casas, empregos, impostos etc. Os sistemas antifraudes mostram os impactos das fraudes nas grandes metas.

O SQG mostra como a eliminação proativa das fraudes contribui para que a nação alcance os seus objetivos maiores. O sistema permite que todos percebam os danos causados pelas fraudes e como é importante a sua eliminação. Ele também mostra os ganhos reais para a população da redução dos riscos. A constância de propósito incentiva as denúncias responsáveis, a proatividade dos gestores e intimida os transgressores. A demonstração clara de que existem controles sólidos e robustos inibe uma grande parte das tentativas de fraudes.

O SQG habilita maior credibilidade para as ações governamentais, reduz o risco Brasil e reposiciona o país no ranking da corrupção em posição compatível com a sua grandeza. Maior credibilidade e menor risco permitem taxas de juros menores, aumento dos investimentos internacionais etc. O sistema permite fácil visualização de onde estamos, onde queremos chegar e como podemos melhorar ainda mais o que estamos fazendo. As métricas comparativas permitem visualizar as ações e os resultados, tornando a escolha de prioridades mais simples. Os projetos são selecionados por critérios de eficiência e eficácia.

Para este sistema o **gerenciamento da configuração** é o responsável por catalogar as metas globais a serem demonstradas e o seu relacionamento com os objetivos intermediários. O **gerenciamento de incidentes** controla a necessidade de demonstrar uma nova meta ou de ajustar os objetivos intermediários com novos pesos etc. O **gerenciamento de problemas** controla os incidentes repetidos (ou correlacionados) para um ajuste proativo do sistema.

O **gerenciamento de mudanças** prioriza as diversas alterações em função de análise de risco e impacto (planejamento de custo e prazos das mudanças). O **gerenciamento**

de liberações executa e publica as alterações aprovadas. Ele também faz a análise de impacto dos projetos na fila de espera. O comitê gestor pode ter que ajustar os projetos na fila de implantações em função do impacto das alterações realizadas.

Capítulo 14 ◆ Indicadores de Performance dos Projetos

O Controller e os Projetos

O gerenciamento de projetos não é um assunto novo. Durante os anos 70 e 80 ele foi bastante debatido. O Controller tem nas suas atribuições a função de ser o maestro da orquestra no gerenciamento do orçamento, que pode ser considerado um portfólio de projetos, e o Controller (no papel de maestro da orquestra) tem responsabilidades pelo planejamento, execução, controle e encerramento deste portfólio.

O Controller ou CFO, além da responsabilidade direta na condução do orçamento, também participa em praticamente todos os outros projetos na condição de stakeholder ou sponsor.

Indicadores de Performance dos Projetos

O PMBOK lista o IDC e IDP como indicadores de performance dos projetos. No entanto, a taxa de juros no Brasil, em conjunto com os critérios de contabilização, pode produzir distorções formidáveis nos indicadores intermediários de performance dos projetos. As empresas contabilizam as despesas ou por custo incorrido (a despesa é reconhecida na entrega do produto ou serviço), ou por custo ocorrido (a despesa é reconhecida no momento do pagamento do produto ou serviço).

Como no Brasil é comum um prazo de faturamento de até 40 dias – em média 30 dias – a taxa de juros de cerca de 20% a.a. provoca uma distorção significativa nos indicadores intermediários CPI e SPI. Observe os exemplos:

194 • Governança da Nova TI: Revolução

Projeto Mensalus – Mensalione
Taxa de Juros 19,75% a.a. – Critério Contábil Despesa Incorrida

	EV R$ (mil)	PV R$ (mil)	AC* Faturamento 30 dias Valor Presente R$ (mil)	Sobra de Caixa Acumulado R$ (mil)
Jan	10,00	10,00	9,85	0,15
Fev	20,00	20,00	19,70	0,45
Mar	40,00	40,00	39,40	1,04
Abr	80,00	80,00	78,81	2,24
Mai	150,00	150,00	147,76	4,47
Jun	200,00	200,00	197,02	7,45
Jul	200,00	200,00	197,02	10,44
Ago	100,00	100,00	98,51	11,93
Set	100,00	100,00	98,51	13,42
Out	50,00	50,00	49,25	14,16
Nov	50,00	50,00	49,25	14,91
Dez	0,00	0,00	0,00	14,91
To-tal	1.000,00	1.000,00	985,09	14,91

*O Actual Cost (AC) ajusta o valor da despesa para o mês em que a mesma foi reconhecida pela contabilidade em valor presente. Por exemplo, o valor de janeiro representa o valor presente da despesa em janeiro e assim sucessivamente para os outros meses.

	CV	SV	CPI	SPI
1º TRI	1,04	0,00	1,02	1,00
2º TRI	6,41	0,00	1,02	1,00
3º TRI	5,96	0,00	1,02	1,00
4º TRI	1,49	0,00	1,02	1,00

Capítulo 14 ◆ Indicadores de Performance dos Projetos ◆ **195**

No critério de contabilização despesa incorrida, os indicadores intermediários de performance do "schedule" e "cost" do primeiro, segundo, terceiro e quarto trimestres não sofreram distorção alguma, pois as atividades planejadas, realizadas e contabilizadas têm como referência o mês corrente. No entanto, o fluxo de caixa registrou uma sobra de recursos de R$ 14,91 mil ao final do projeto, provocado pela aplicação financeira do caixa do projeto (prazo de pagamento de 30 dias).

O gerente de projetos não poderá utilizar esta sobra de recursos ou mesmo demonstrá-la na realização de resultados, pois os números que o sponsor e stakeholders verão serão os registrados pela contabilidade (despesa incorrida). Neste caso, a sobra de caixa do projeto será um resultado creditado à gestão do CFO e não do gerente de projetos, ou, em outras palavras, o gerente de projetos perdeu uma boa oportunidade de marketing.

Projeto Mensalus – Mensalione
Taxa de Juros 19,75% a.a. – Critério Contábil Despesa Ocorrida

	EV R$ (mil)	PV R$ (mil)	AC Faturamento 30 dias Valor Presente R$ (mil)	Sobra de Caixa Acumulado R$ (mil)
Jan	10,00	10,00	0,00	10,00
Fev	20,00	20,00	10,00	20,00
Mar	40,00	40,00	20,00	40,00
Abr	80,00	80,00	40,00	80,00
Mai	150,00	150,00	80,00	150,00
Jun	200,00	200,00	150,00	200,00
Jul	200,00	200,00	200,00	200,00
Ago	100,00	100,00	200,00	100,00
Set	100,00	100,00	100,00	100,00
Out	50,00	50,00	100,00	50,00
Nov	50,00	50,00	50,00	50,00
Dez	0,00	0,00	50,00	0,00
Total	1.000,00	1.000,00	1.000,00	0,00

Neste caso, notamos que não existem sobras de caixa, mas os indicadores de performance do primeiro, segundo, terceiro e quarto trimestres mostram variações artificiais do orçamento em função da contabilidade reconhecer uma atividade 30 dias após a sua entrega.

	CV	SV	CPI	SPI
1º TRI	40,00	0,00	2,33	1,00
2º TRI	160,00	0,00	1,59	1,00
3º TRI	-100,00	0,00	0,80	1,00
4º TRI	-100,00	0,00	0,50	1,00

A impressão que se tem na visão externa, neste caso, é que o gerente de projetos correu riscos desnecessários em função de conter os custos no primeiro, segundo e terceiro trimestres. No quarto trimestre ele deu um "gás" e finalizou o projeto no tempo e no custo aprovados. Em resumo, no conceito despesa incorrida o gerente de projetos perde a oportunidade de destacar o seu trabalho por uma gestão financeira competente e no conceito despesa ocorrida fica a impressão de que ele correu riscos em excesso por ser muito conservador.

Os valores reais mostram que o projeto foi conduzido exatamente como o planejado, mas o que vale no mercado é a imagem, ou seja, é muito importante que o gerente de projetos entenda como funcionam os mecanismos de contabilização para poder virar o jogo a seu favor.

Virando o jogo

Em geral, quando a contabilidade opta pelo critério de despesa incorrida, a empresa se interessa por um forte controle nas atividades realizadas, ou seja, a alta administração quer que os planos e projetos ocorram nos prazos do planejamento estratégico e o fluxo de caixa é deixado para um segundo plano em função da elevada capacidade da empresa de captar recursos financeiros. Para este perfil de empresa um rígido cumprimento dos prazos planejados é mais importante do que um eventual aumento de custos nos projetos. Quando a contabilidade opta pela despesa ocorrida, a empresa se interessa por um forte controle no caixa, ou seja, a alta administração prioriza o fluxo de caixa em relação às atividades do planejamento estratégico.

Para este perfil de empresa um aumento dos custos acima do planejado é mais grave do que um atraso nos prazos dos projetos. Após o gerente de projetos entender o cenário político administrativo da empresa é hora de ele se preparar para utilizar a taxa de juros a favor da sua gestão. Como a assinatura dos contratos com os fornecedores de serviços e produtos acontece na fase de execução do projeto, este é o momento ideal para o ajuste final das propostas, redução do prazo de faturamento e estabelecimento de cronograma de pagamento com taxa de juros descontada do preço. Este é o momento ideal para o ajuste final das propostas, reduzindo assim os prazos de faturamento e estabelecendo um cronograma de pagamentos no qual taxa de juros será descontada dos preços. Com base nestes ajustes o projeto Mensalus-Mensalione terá o perfil financeiro a seguir:

Projeto Mensalus – Mensalione Ajustado
Taxa de Juros 19,75% a.a. – Critério Fluxo de Caixa Ajustado

	EV Original R$ (mil)	EV Ajustado R$ (mil)	PV Ajustado R$ (mil)	AC R$ (mil)	Sobra de Caixa Acumulado R$ (mil)
Jan	10,00	9,85	9,85	9,85	0,00
Fev	20,00	19,70	19,70	19,70	0,00
Mar	40,00	39,40	39,40	39,40	0,00
Abr	80,00	78,81	78,81	78,81	0,00
Mai	150,00	147,76	147,76	147,76	0,00
Jun	200,00	197,02	197,02	197,02	0,00
Jul	200,00	197,02	197,02	197,02	0,00
Ago	100,00	98,51	98,51	98,51	0,00
Set	100,00	98,51	98,51	98,51	0,00
Out	50,00	49,25	49,25	49,25	0,00
Nov	50,00	49,25	49,25	49,25	0,00
Dez	0,00	0,00	0,00	0,00	0,00
Total	1.000,00	985,09	985,09	985,09	0,00

Notamos que o novo fluxo de caixa do projeto apresenta um resultado menor de R$ 14,91 mil, que poderá ser utilizado no marketing do gerente de projeto, pois foi obtido como resultado da sua eficiência e eficácia administrativa. Este resultado será obtido quer a empresa utilize o conceito de despesa incorrida ou ocorrida, pois o gerente do projeto trabalhou no ajuste do fluxo de caixa de tal forma que o critério de contabilização tornou-se indiferente.

	CV	SV	CPI	SPI
1º TRI	0,00	0,00	1,00	1,00
2º TRI	0,00	0,00	1,00	1,00
3º TRI	0,00	0,00	1,00	1,00
4º TRI	0,00	0,00	1,00	1,00

Além do resultado positivo do caixa, os indicadores de performance intermediários foram medidos conforme a realidade do projeto, pois o gerente de projetos trabalhou junto aos fornecedores de produtos e serviços para descontar a taxa de juros do prazo de faturamento, equilibrando as questões de entrega, faturamento e contabilização.

Capítulo 15 ◆ Seleção de Projetos
Armadilhas da TIR

Podemos estar abandonando os projetos de maior rentabilidade quando levamos em consideração como critério de seleção de projetos apenas o resultado da TIR. O cálculo da TIR não leva em consideração os fluxos de caixa intermediário e por isto a TIR é bom indicador da taxa de retorno do investimento apenas quando os fluxos de caixa intermediários podem ser reinvestidos com taxas iguais a ela. Para exemplificar a importância da questão do fluxo de caixa intermediário dos projetos, vamos comparar os projetos XYZ e KWH, que são mutuamente exclusivos (ou seja, a empresa pode realizar apenas um dos dois projetos). Os fluxos de caixa dos projetos XYZ e KWH são iguais e eles têm o mesmo risco, prazo e TIR.

A seleção de projetos considerando apenas a TIR pode gerar graves distorções em casos como os projetos XYZ e KWH. Nós podemos selecionar **qualquer um** dos projetos, uma vez que eles têm a mesma TIR. No entanto, a avaliação realizada da qualidade do fluxo intermediário do caixa do projeto KWH mostrou que o caixa do projeto pode ser reinvestido em um projeto complementar com taxa de retorno de 42% e a avaliação da qualidade do fluxo intermediário do caixa do projeto XYZ mostrou que ele só pode ser reinvestido ao custo do capital de 15% a.a. (ou, em outras palavras, a taxa de crescimento composta, TCAC, no projeto KWH é de 42% a.a. e no projeto XYZ é de 15% a.a.). A análise do fluxo de caixa mostrou que a melhor escolha em termos de rentabilidade é o **projeto KWH,** pois ele apresenta um retorno de 1.818 contra 997 do **projeto XYZ.**

Projeto XYZ							TIR
Ano	0	1	2	3	4	5	
Fluxo de caixa	-100	160	160	160	160	160	
							42%

Projeto KWH							TIR
Ano	0	1	2	3	4	5	
Fluxo de caixa	-100	160	160	160	160	160	
							42%

Taxa de Reinvestimento = TIR							
Projeto KWH							TCAC
Ano	0	1	2	3	4	5	
VF Fluxo de caixa		160				651	42%
			160			458	42%
				160		323	42%
					160	227	42%
						160	42%
Total						1.818	

Taxa de Reinvestimento = Custo Capital							
Projeto XYZ							TCAC
Ano	0	1	2	3	4	5	
VF Fluxo de caixa		160				252	12%
			160			225	12%
				160		201	12%
					160	160	12%
						160	12%
Total						997	

Legenda:

TIR = Taxa Interna de Retorno.
TCAC = Taxa de crescimento anual composta = custo capital.
VF = Valor Futuro.

Bibliografia

AGUIAR, S., WERKEMA, C. Análise de Regressão: Como Entender o Relacionamento entre as Variáveis de um Processo. Belo Horizonte: Werkema, 2006.

AGUIAR, S., WERKEMA, C. Otimização Estatística de Processos: Como Determinar a Condição de Operação de um Processo que Leva ao Alcance de uma Meta de Melhoria. Belo Horizonte: Werkema, 1996.

AGUIAR, S., WERKEMA, C. Planejamento e Análise de Experimentos: Como Identificar as Principais Variáveis Influentes em um Processo. Belo Horizonte: Werkema, 1996.

AHERN, D. M. CMMI Distilled: Practical Introduction To Integrated Process Improvement. Boston: Addison Wesley, 2005.

AHERN, D. M., ARMSTRONG, J. CMMI Scampi Distilled: Appraisals For Process Improvement. Boston: Addison Wesley, 2005.

APPLEGATE, L.M., MCFARLAN, F.W., MCKENNEY, J.L. Corporate Information Systems Management. Irwin, 1996.

ARCHIBALD, R. D. Managing High-Technology Programs and Projects. John Wiley & Sons, 2003. BASTOS, ROCHA, PAIXÃO *et alii*. Manual para a Elaboração de Projetos e Relatórios de Pesquisa, Teses, Dissertações e Monografias. São Paulo: LTC, 1995.

BEER, M. Managing Change and Transition. Rio de Janeiro: Record, 2002.

BERNSTEIN, S. Project Offices in Practice. Project Management Journal, dec./2000.

BLOCK, T. R. e FRAME, J. D. The Project Office – A Key to Managing Projects Effectively. New York: Crisp Publications, 1998.

BOAR, B.H. The Art of Strategic Planning for Information Technology. John Wiley Prof. BRUE, G. e LAUNSBY, E.G. Design for Six Sigma. New York: John Wiley, 2003.

CARR, N. G. É o Fim dos Executivos de TI? Info Corporate Nº 12 - Set./2004.

CAVANAGH, R., NEUMAN, R., PANDE, P. Estratégia Seis Sigma. Rio de Janeiro:

Qualitymark, 2001.

CHRISSIS, M. B., KONRAD, M., SHRUM, S. CMMI - Guidelines For Process Integration And Product Improvement. Boston: Addison Wesley, 2006.

CLELAND, D. I. e IRELAND, L. R. Gerência de Projetos. Rio de Janeiro: Reichmann & Affonso, 2002.

CORTADA, J.W. Best Practices in Information Technology: How Corporations Get the Most Value from Exploiting their Digital Investments. Prentice Hall, 1998.

CRAWFORD, J. K. The Strategic Project Office - A Guide to Improve Organizational Performance. New York: Marcel Dekker, 2002.

DAVENPORT, T.H. Reengenharia de Processos. Rio de Janeiro: Campus, 1994.

DELL, M. O Novo Empreendedor. HSM Management - aug./1998.

DEMING, W.E. Qualidade: A Revolução da Administração. São Paulo: Saraiva, 1990.

DINSMORE, P. C. e SILVEIRA NETO, F. H. Gerenciamento de Projetos - Como Gerenciar seu Projeto com Qualidade, Dentro do Prazo e Custos Previstos. Rio de Janeiro: Qualitymark, 2004.

ECKES, G. A Revolução Seis Sigma. São Paulo: Campus/Elsevier, 2001.

ENGLUND, R. L. ,GRAHAM, R. J. e DINSMORE, P. C. Creating the Project Office - A Manager's Guide to Leading Organizational Change. New York: Jossey-Bass, 2003.

FURLAN, J.D. Como Elaborar e Implementar Planejamento Estratégico de Sistemas de Informação. São Paulo: Makron Books, , 1991.

GEORGE GROUP. Green Belt Lean Six Sigma Documentation. George Group.

GEORGE, M.L, ROWLANDS, D., PRICE, M., MAXEY J. The Lean Six Sigma Pocket. George Group, 2005.

GEORGE, M.L. Combining Six Sigma Quality with the Lean Speed. George Group.

GERTZ, D. Crescimento - Foco nos Clientes Atuais. HSM Management Nº 12 - jan.-fev./1999.

GITMAN, L.J. Princípios de Administração Financeira. São Paulo: Harbra, 2002.

HAMEL, G. Dez Princípios de Revolução. HSM Management Nº 6 - jan.-fev./1998.

HELDMAN, K. PMP: Project Management Professional Study Guide. New York: Wiley Publishing, 2005.

IT Governance Institute. CobiT 4.0 Control Objectives for Information and related Technology.

itSMF - NL. Frameworks for IT Management. Norfolk: Van Haren Publishing, 2007.

itSMF - NL. Six Sigma for IT Management. Norfolk: Van Haren Publishing, 2006.

JENSEN, B. O Desafio da Simplicidade. HSM Management Nº 9 - ago./1998.

KERZNER, H. Gestão de Projetos - As Melhores Práticas. Porto Alegre: Bookman, 2002.

KERZNER, H. Project Management Logic Puzzles. New York: John Wiley & Sons, 2006.

KOTLER, P. Administração de Marketing. São Paulo: Prentice Hall, 2000.

LAUDON, K.C., LAUDON, J.P. Essentials of Management Information Systems: Organization & Technology in the Networked Enterprise. Prentice-Hall, 2001.

LAUDON, K.C., LAUDON, J.P. Management Information Systems: Managing the Digital Firm. Prentice Hall, 2002.

LAURINDO, F.J.B. Tecnologia da Informação – Eficácia nas organizações. Futura. MAFFEO, B. Engenharia de Software e Especificação de Sistemas. São Paulo: Campus, 1992.

MANSUR, R. Governança dos Novos Serviçoes de TI na Copa. Rio de Janeiro: Ciência Moderna, 2012.

MARANHÃO, M. ISO Série 9000 – Versão 2000. Rio de Janeiro: Qualitymark.

MIGUEL, P. A. C., GEROLAMO, M. C., CARPINETTI, L. C. R. Gestão da Qualidade ISO 9001: 2000. São Paulo: Atlas: 2008.

MILLER, J. Project Office – One of the Fastest Growing Segments in Information Systems. Project Management Institute - Seminars & Symposium, 1998.

MULCAHY, R. PMP Exam Prep. Minnetonka: RMC Publications, 2005.

MULLALY, M. Defining the Role of the PMO: The Quest for Identity. 2002.

O'BRIEN, J.A. Sistemas de Informação e as Decisões Gerenciais na Era da Internet. São Paulo: Saraiva, 2004.

OFFICE OF GOVERNMENT COMMERCE. ITIL Service Delivery. OGC, 2000.

OFFICE OF GOVERNMENT COMMERCE. ITIL Service Support. OGC, 2000.

PORTER, M.E. A Nova Era da Estratégia. HSM Management. Edição Especial 2000.

PORTER, M.E. Estratégia competitiva – Técnicas para Análise de Indústrias e da Concorrência. Rio de Janeiro: Campus, 1999.

PORTER, M.E. Strategy and the Internet. HBR On Point PN 6358.

PRADO, D. S. Gerenciamento de Programas e Projetos nas Organizações. INDG Tecnologia e Serviços S.A., 2004.

PROJECT MANAGEMENT INSTITUTE. A Guide to the Project Management Body of Knowledge. Project Management Institute, 2004.

PYZDEK, T. The Six Sigma Handbook: The Complete Guide for Greenbelts, Blackbelts, and Managers at All Levels, Revised and Expanded Edition. New York: McGraw-Hill Companies, 2010.

PYZDEK, T. The Six Sigma Project Planner: A Step-by-Step Guide to Leading a Six Sigma Project Through DMAIC. New York: McGraw-Hill Companies.

RIFKIN, J. A Era do Acesso. São Paulo: Makron, 2000.

ROBSON, W. Strategic Management & Information Systems. London: Pitman

206 ◆ Governança da Nova TI: Revolução

Publishing, 1997.

RODRIGUEZ, M. V. R. Gestão da Mudança. São Paulo: Elsevier, 2005.

SERRA, L. A essência do Business Intelligence. São Paullo: Berkeley, 2002.

SETZER, V.W. A Miséria da Computação I – X, Jornal de Software - junho/1989 a agosto/1990.

TOFFLER, A. A Terceira Onda. Rio de Janeiro: Record, 2001.

TORRES, N.A. Planejamento de Informática na Empresa. São Paulo: Atlas, 1991.

TURBAN, E., MCLEAN, E. e WETHERBE, J. Information Technology for Management. New York: Wiley, 1999.

VALERIANO, D. L. Gerenciamento Estratégico e Administração por Projetos. São Paulo: Makron, 2001.

VIEIRA, E. A Difícil arte de Comprar Bem. Revista Info Corporate N° 14 – nov./2004.

WEILL, P., ROSS, J. W. Governança de TI: Tecnologia da Informação. São Paulo: M. Books, 2005.

WERKEMA, C. Análise de Variância: Comparação de Várias Situações. Belo Horizonte: Werkema, 1996.

WERKEMA, C. As Ferramentas da Qualidade no Gerenciamento de Processos. Belo Horizonte: Werkema, 1995.

WERKEMA, C. Avaliação de Sistemas de Medição. Belo Horizonte: Werkema, 2006.

WERKEMA, C. Como Estabelecer Conclusões com Confiança: Entendendo Inferência Estatística. Belo Horizonte: Werkema, 1996.

WERKEMA, C. Criando a Cultura Seis Sigma. Belo Horizonte: Werkema, 2005.

WERKEMA, C. Design for Six Sigma: Ferramentas Básicas Usadas nas Etapas D e M do DMADV. Belo Horizonte: Werkema, 2005.

WERKEMA, C. Ferramentas Estatísticas Básicas para o Gerenciamento de Processos. Belo Horizonte: Werkema, 2006.

WERKEMA, C. Lean Seis Sigma: Introdução às Ferramentas do Lean Manufacturing. Belo Horizonte: Werkema, 2006.

WHEELER, D.J. Understanding Variation - The Key to Managing Chaos. Knoxville: SPC Press, 2000.

ZACHARIAS, O. J. ISO 9000-2000 - Conhecendo e Implementando. São Paulo: Quality: 2001.

Portais:

http://www.crmassist.com

http://www.exin-exams.com
http://www.helpdeskinst.com
http://www.isaca.org
http://www.itservicecmm.org
http://www.ITIL.co.uk
http://www.itsmf.com.br
http://www.SixSigmazone.com
http://iSixSigma.com
http://www1.folha.uol.com.br/folha/brasil/ult96u64999.shtml
http://www1.folha.uol.com.br/folha/bbc/ult272u36273.shtml
http://www.acordabrasil.com.br/artigo32.htm.

Fonte de Pesquisa:

Pesquisa Nacional de Métodos e Métricas em Help Desk e Service Desk, HDO.
Pesquisa Mensal de Emprego. Instituto Brasileiro de Geografia e Estatística - IBGE.
Revista EXAME Melhores e Maiores, Editora Abril.

Acessado em 2011

http://www1.folha.uol.com.br/tec/989698-redes-sociais-sao-mais-ageis-que-sac-
-como-canal-de-reclamacao.shtml, "Redes sociais são mais ágeis que SAC como canal
de reclamação", acessado em 01/11/2011.

http://www1.folha.uol.com.br/fsp/mercado/me1910201105.htm, "Empresas ca-
çam profissional fora do eixo RJ-SP", acessado em 01/11/2011.

http://macworldbrasil.uol.com.br/noticias/2011/10/24/aplicativo-para-celular-
-pode-valer-r-200-mil-no-oi-inovacao/, "Aplicativo para celular pode valer R$ 200
mil no Oi Inovação", acessado em 01/11/2011.

http://www1.folha.uol.com.br/fsp/mercado/me2909201128.htm, "Software pouco competitivo", acessado em 01/11/2011.

http://computerworld.uol.com.br/telecom/2011/09/12/projeto-da-telefonica-
-estimula-inovacao-e-empreendedorismo/#ir, "Projeto da Telefônica estimula inovação e empreendedorismo", acessado em 01/11/2011.

http://computerworld.uol.com.br/tecnologia/2011/09/16/consumerizacao-de-

208 • Governança da Nova TI: Revolução

-ti-nao-e-passageira-diz-pesquisa/#ir, "Consumerização de TI não é passageira, diz pesquisa", acessado em 01/11/2011.

http://computerworld.uol.com.br/blog/tecnologia/2011/08/10/o-papel-da-ti-na--era-da-ti-invisivel/, "O papel da TI na era da TI invisível", acessado em 01/11/2011.

http://computerworld.uol.com.br/tecnologia/2011/08/12/o-que-a-consumeri-zacao-realmente-significa-para-as-empresas/, "O que a consumerização realmente significa para as empresas?", acessado em 01/11/2011.

http://cio.uol.com.br/tecnologia/2011/08/31/qual-e-o-papel-do-cio-na-era-da-ti--invisivel/, "Qual é o papel do CIO na era da TI invisível?", acessado em 01/11/2011.

http://www1.folha.uol.com.br/fsp/mercado/me1810201115.htm, "Salário de terceirizado é 54% do pago a empregado formal em SP", acessado em 01/11/2011.

http://www1.folha.uol.com.br/fsp/mercado/me2909201128.htm, "Software pouco competitivo", acessado em 01/11/2011.

http://www1.folha.uol.com.br/fsp/mercado/me1610201112.htm, "Argentina exporta software e aplicativos para o Brasil", acessado em 01/11/2011.

http://www1.folha.uol.com.br/fsp/mercado/me2410201116.htm, "O 'custo Brasil' indireto", acessado em 01/11/2011.

http://cio.uol.com.br/gestao/2011/06/01/cfos-decidem-mais-sobre-ti-do-que--cios-diz-gartner/, "CFOs decidem mais sobre TI do que CIOs, diz Gartner", acessado em 01/11/2011.

http://cio.uol.com.br/gestao/2010/05/04/o-cio-se-reporta-ao-cfo-em-42-das--empresas-mostra-estudo/, "O CIO se reporta ao CFO em 42% das empresas, mostra estudo", acessado em 01/11/2011.

http://www1.folha.uol.com.br/fsp/mercado/me2210201121.htm, "Investimentos em tecnologia crescem menos no Brasil", acessado em 01/11/2011.

http://cio.uol.com.br/gestao/2010/02/11/66-das-empresas-no-pais-ampliarao-o--orcamento-de-ti-ate-2012/, "66% das empresas no País ampliarão o orçamento de TI até 2012", acessado em 01/11/2011.

http://cio.uol.com.br/gestao/2011/10/03/governanca-de-ti-a-engrenagem-do--gigante-bradesco/, "Governança de TI: a engrenagem do gigante Bradesco", acessado em 10/11/2011.

http://cio.uol.com.br/gestao/2011/10/03/consumerizacao-9-coisas-que-e-preciso-saber/, "Consumerização: 9 coisas que é preciso saber", acessado em 01/11/2011.

http://computerworld.uol.com.br/gestao/2011/09/05/saiba-como-combater-a--ineficiencia-da-area-de-ti/#ir, "Saiba como combater a ineficiência da área de TI", acessado em 01/11/2011.

http://macworldbrasil.uol.com.br/noticias/2011/08/25/pane-em-app-da-saraiva-para-ipad-impede-download-de-livros-comprados/, "Pane em app da Saraiva para iPad impede download de livros comprados", acessado em 01/11/2011

http://idgnow.uol.com.br/mobilidade/2011/10/17/apos-falha-na-rede-do-blackberry-rim-oferece-aplicativos-gratis/, "Após falha na rede do BlackBerry, RIM oferece apps gratuitamente", acessado em 01/11/2011.

http://cio.uol.com.br/gestao/2011/08/27/como-melhorar-as-relacoes-entre-a-ti--e-marketing/#ir, "Como melhorar as relações entre a TI e Marketing", acessado em 01/11/2011.

http://computerworld.uol.com.br/gestao/2011/10/19/cios-precisam-repensar--departamentos-diz-gartner/, "CIOs precisam repensar departamentos, diz Gartner", acessado em 01/11/2011.

http://cio.uol.com.br/noticias/2011/09/16/bi-e-hora-de-se-preparar-para-o--ci/#ir, "BI? É hora de se preparar para o CI", acessado em 01/11/2011.

http://computerworld.uol.com.br/gestao/2011/10/21/maquinas-podem-substituir-pessoas-nas-tomadas-de-decisao/, "Máquinas podem substituir pessoas nas tomadas de decisão", acessado em 01/11/2011.

http://computerworld.uol.com.br/tecnologia/2011/09/16/alem-do-bi-e-hora-de--se-preparar-para-o-ci-diz-teradata/#ir, "Além do BI: é hora de se preparar para o CI, diz Teradata", acessado em 01/11/2011.

http://itweb.com.br/49248/ceo-do-twitter-esqueca-os-aplicativos-o-foco-e-na-

-simplicidade/, "CEO do Twitter: esqueça os aplicativos, o foco é na simplicidade", acessado em 01/11/2011.

http://computerworld.uol.com.br/gestao/2011/10/24/cios-devem-desenhar-projetos-com-resultados-mensuraveis/, "CIOs devem desenhar projetos com resultados mensuráveis", acessado em 01/11/2011.

http://computerworld.uol.com.br/tecnologia/2011/10/25/gastos-com-ti-no-brasil-chegarao-a-us-144-bilhoes-em-2012/, "Gastos com TI no Brasil chegarão a US$144 bilhões em 2012", acessado em 01/11/2011.

http://computerworld.uol.com.br/gestao/2011/09/22/administracao-publica-federal-peca-na-governaca-de-ti/, "Administração pública federal peca na governança de TI", acessado em 01/11/2011.

PARTE 2
Capítulo 16 - A Era do lucro. TI como Serviço

Governança Avançada de TI

Nos últimos anos, organizações governamentais buscaram uma estratégia de racionalização e consolidação direcionada à redução das infraestruturas e às aplicações horizontais e polivalentes para diminuir custos e complexidade. Mais recentemente, o surgimento da computação em nuvem vem forçando organizações governamentais a analisar a adoção de soluções altamente "commoditizadas" para exigências de infraestrutura e aplicação. Como outros setores da indústria, o governo é afetado pela importação de dispositivos para consumo e embora exigências demográficas e de conformidade dificultem a rápida adoção, a mídia social para a classe consumidores (Facebook, LinkedIn, Twitter) está lentamente começando a suportar colaboração interna e externa.

> *Fonte: "A redução de custos na TI do governo",* http://info.abril.com.br/noticias/corporate/gartner/a-reducao-de-custos-na-ti-do-governo-29112010-34.shl, *acessado em 01/11/2011.*

A ESAB, uma empresa de máquinas e componentes industriais, tinha como grandes desafios, em determinada momento, expandir suas operações, ter um maior controle nos processos, melhorar a produtividade, fazer o fechamento de resultados financeiros de forma mais rápida e precisa, automatizar processos e aumentar o número de linhas e a complexidade de produtos. Ou seja, havia um leque de demandas bastante amplo, e o objetivo de abordá-las conjuntamente era ambicioso. No entanto, após utilizar metodologias e práticas que levaram em conta uma estreita integração entre ações de tecnologia, controles de SAP e objetivos de negócio, a empresa chegou à redução de impressionantes 800% no tempo de fechamento no final do mês. Também aumentou entre 400% e 500% o faturamento entre 2002 e 2007, elevou em 250% o número de faturas por mês e obteve um aumento de 600% no número de produtos com qualidade comprovada.

> Fonte: *"Tecnologia: fator de diferenciação"*, http://br.hsmglobal.com/notas/43716-
> -alberto-ferreira-%7C-tecnologia-fator-diferencia%C3%A7%C3%A3o, *acessado em*
> 01/11/2011.

Embora tenham feito avanços importantes nos últimos anos, as infraestruturas de TI das grandes empresas brasileiras ainda não atingiram o nível de maturidade desejável. A conclusão é do estudo "Brazil Infrastructure Maturity X-Ray", realizado pela Accenture, em parceria com a IDC, divulgado hoje (21/9), durante o evento "IDC LA Infrastructure & Virtualization". Em uma escala de 1 a 5, a média das empresas brasileiras foi de 2,7, revelando evolução em relação aos anos anteriores – no ano passado, a nota média foi 2,5 e em 2009 de 2,4. Mas ainda há potencial de melhoria para as empresas. Segundo o estudo, para alcançar a excelência esperado, as empresas passam por cinco níveis distintos: informal, repetível, definido, controlado e otimizável. Ao atingir o nível 3,0, ou "definido", as empresas alcançam a maturidade mínima esperada. Foram entrevistadas cerca de cem companhias de grande porte, segmentos financeiro, produtos de consumo, telecomunicações, indústria de base, saúde e setor público em agosto e setembro de 2011 e o estudo elegeu oito temas para fazer a avaliação da infraestrutura de TI das empresas: Green IT & Data Center, Segurança, Redes, Mobilidade, Investimentos em TI, Delivery, Suporte aos serviços e Governança.

> Fonte: *"Infraestrutura de TI no Brasil ainda não atingiu nível ideal"*, http://compu-
> terworld.uol.com.br/tecnologia/2011/09/21/infraestrutura-de-ti-no-brasil-ainda-
> -nao-atingiu-nivel-ideal/#ir, *acessado em* 01/11/2011.

Capítulo 17 ◆ iT As a Service

Conteúdo deste capítulo:

- Transformação da tecnologia da informação e comunicações em serviço
- Serviços de TIC orientado ao negócio.

A transformação da Tecnologia da Informação e Comunicações (TIC) em serviço

Falhas e lentidão nas redes internas das empresas fazem com que cada funcionário perca, em média, dois a três dias de produtividade por ano (Pesquisa da empresa de tecnologia Dimension Data, publicada na coluna Mercado Aberto da "Folha de S. Paulo" de 11-09-2008).

Em 2008, uma pane de um fornecedor de Internet no Brasil fez um pequeno comércio perder R$ 120 mil. ("Pane prejudicou os negócios, dizem pequenos empresários" - "Folha de S. Paulo", 05-07-2008, Caderno Dinheiro, página B3)

Figura 15.1 *TIC como infraestrutura do negócio*

Como podemos perceber pelos casos práticos citados, nos últimos anos não faltam exemplos de TIC transformando-se em infraestrutura do negócio. A transformação da tecnologia da informação em parte ativa do empreendimento leva obrigatoriamente a uma mudança de paradigma, em que a importância de TIC como ativo (hardware e software) é fortemente reduzida. Este novo modelo de negócio (ponto de vista de empresas usuárias de TIC) está impulsionado e trazendo para a prática do dia a dia o conceito "iT as a Service (iTaaS)". Na prática, o conceito não representa uma revolução ou enorme inovação, pois o mercado já vem trabalhando com a modalidade "as a service", de uma forma ou outra, há algum tempo.

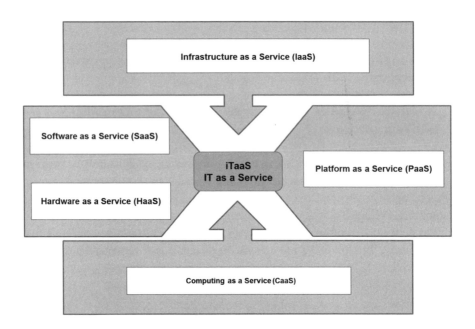

O iTaaS representa, em termos práticos, apenas uma consolidação estruturada das diversas estratégias de serviço, software e hardware "as a service". A natureza da tecnologia da informação e comunicações como serviço fica fortemente evidenciada e destacada quando os processos de negócio são avaliados (ponto de vista da empresa usuária de TIC) para consolidar os diversos estratagemas "as a service" em torno do iTaaS.

Capítulo 17 • iT As a Service • 215

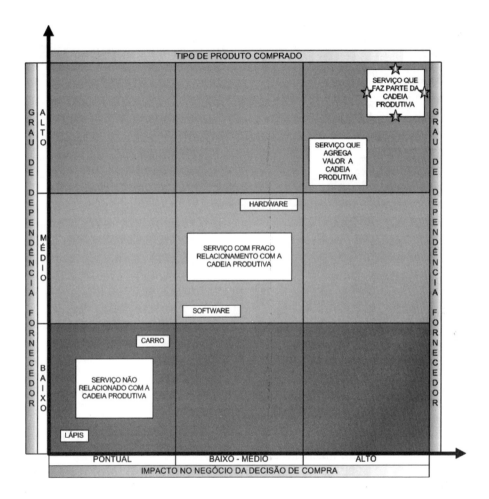

Figura 15.2 *Relação produto x dependência do fabricante*

Na grande maioria dos produtos disponíveis no mercado, o comprador pode tomar a sua decisão de compra com ótica de curto prazo, pois os produtos adquiridos geram pouca ou nenhuma dependência do negócio com o fabricante. No caso de TIC, o atual momento do mercado mostra uma realidade bastante diferente em relação à dependência do negócio com o fornecedor.

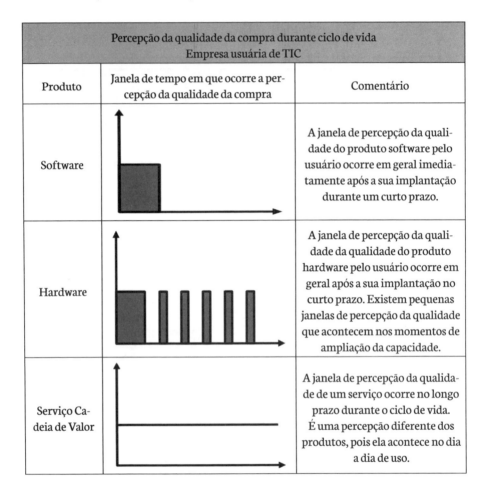

Figura 15.3 *Como o usuário enxerga a qualidade (forma contínua ou pontual).*

A PNIPTI mostrou que a imensa maioria das compras recentes de TIC contribuiu fortemente para criar ou aumentar a dependência do negócio em relação ao fornecedor. Apesar do espetacular crescimento da dependência do negocio na tecnologia, em praticamente todas as empresas (independentemente do segmento e porte) ainda é raro encontrar processos de aquisição com ótica de custo de médio e longo prazo em função do ciclo de vida. As empresas usuárias de TIC estão cada vez mais experimentando o formato de compras com "casamento com o fornecedor", pois as soluções adquiridas ou agregam valor aos processos ou representam processos da cadeia de valor estendida. O chamado "casamento com o fornecedor" acontece porque os processos da cadeia de valor do negócio demandam equilíbrio, estabilidade e previsibilidade durante todo o ciclo de vida do processo para as características de disponibilidade, funcionalidade, tempo de resposta, atualização etc.

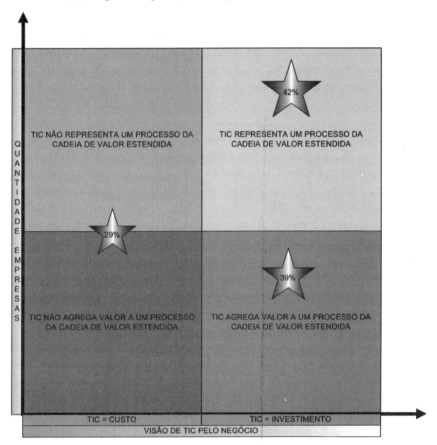

igura 15.4 *Valor agregado TIC.*

Para facilitar o entendimento das práticas de aquisições de TIC no Brasil, vamos analisar e conceituar a seguir os tipos de compra mais comuns do mercado. Basicamente, as aquisições de tecnologia da informação e comunicações podem ser classificadas em três grandes grupos genéricos (hardware, software e serviços).

GRUPO GENÉRICO SERVIÇOS

Vamos iniciar a avaliação dos tipos de compras com o grupo genérico serviços. Os serviços de TIC que fazem parte da cadeia de valor estendida ou agregam valor a ela

218 • Governança da Nova TI: Revolução

geram por característica de construção dependência de médio e longo prazo com o fornecedor (de uma forma geral, os serviços que não fazem parte da cadeia de valor não agregam valor aos serviços e produtos da empresa e representam apenas custos que devem ser eliminados). Como um exemplo simples deste tipo de compra, temos as linhas de comunicação. A avaliação do retorno de investimento do serviço não é realizada de forma única e pontual, pois a qualidade do serviço banda larga de Internet pode ser excelente em um dado momento e cinco minutos mais tarde ser absolutamente sofrível.

A reportagem do jornal "Folha de S. Paulo" sobre o apagão da Internet de 2008 ilustra de forma clara as questões sobre qualidade e dependência da empresa em relação ao fornecedor e impacto da indisponibilidade no negócio. Para que o leitor compreenda corretamente o exemplo, é importante destacar que o serviço em questão faz parte da cadeia de valor estendida do negócio. A matéria "Pane prejudicou os negócios, dizem pequenos empresários" (publicada na "Folha de S. Paulo", sábado, 05 de julho de 2008, Caderno Dinheiro, página B3), mostra que a empresa usuária de TIC perdeu um negócio praticamente certo de R$120 mil por não conseguir enviar as fotos e detalhes do seu produto para o cliente. O elevado tempo de indisponibilidade do serviço de banda larga impossibilitou o envio do e-mail no prazo acordado.

Este tipo de situação mostra, na prática, o que acontece quando a empresa usuária de TIC apoia as suas atividades de negócio na expectativa (real ou não) de uma determinada qualidade de serviço (tempo de resposta, máxima indisponibilidade contínua, disponibilidade média e tempo mínimo entre duas indisponibilidades). O exemplo evidencia como a performance e a sobrevivência do negócio podem estar intimamente condicionadas ao desempenho de médio e longo prazo do fornecedor, ou seja, comportamento de casamento. Neste tipo de situação, a troca de fornecedor em função da quebra das expectativas não é uma atividade simples e trivial, pois a relação de dependência pode gerar enormes perdas financeiras no momento da transição. A perda potencial em função da troca de fornecedor do serviço deve ser sempre avaliada no momento da decisão da compra, pois ela faz parte do custo de propriedade da solução.

GRUPO GENÉRICO SOFTWARE

A análise do grupo genérico software mostrou que o formato da aquisição vem passando por uma enorme mudança nos últimos anos. O tipo de compra de software se comportou durante muito tempo como um produto com análise de decisão de aquisição pontual. Nos últimos anos, este formato de compra vem mudando radicalmente e atualmente é muito comum encontrar no mercado nacional empresas que construíram, ao longo dos anos, uma forte dependência em relação aos fornecedores de software.

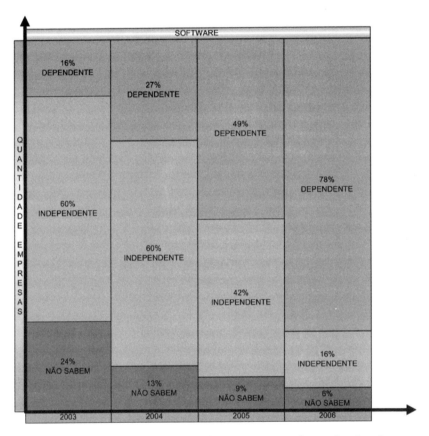

Figura 15.5 *Dependência do negócio em relação ao fornecedor de software.*

Em termos práticos, as questões de atualização da aplicação em função de mudanças nas regras de negócio e versões do ambiente computacional (sistema operacional, BIOS, drivers, segurança, hardware etc.) tornaram o software um produto vivo com características de "casamento cliente x fornecedor" ao longo do ciclo de vida dos processos. A PNIPTI mostrou claramente que o tempo de vida das aplicações está diretamente relacionado ao valor das informações controladas e gerenciadas. A nova natureza de formatação do modelo de negócio do software, em função do ciclo de vida e dependência do fornecedor, fez com que o produto software adquirisse uma nova personalidade, transmutando-o à categoria de serviço. Ainda existem no mercado abordagens que afirmam que, pelo fato de o custo da licença ser realizado uma única vez (se o pagamento foi parcelado é apenas uma questão financeira), o software é um produto. Esta abordagem deve e necessita ser revista em termos da nova realidade do ciclo de vida das informações controladas e gerenciadas pelas aplicações.

A natureza estrutural do modelo de negócio software vem mudando de produto com custo pontual para serviço com custo recorrente, em função do comportamento do usuário em relação às questões de atualização e qualidade (disponibilidade média, tempo de resposta etc.). O usuário típico moderno tem percepção minuto a minuto da qualidade das aplicações durante o ciclo de vida de médio e longo prazo, por isto nos últimos anos vem aumentando fortemente a dependência das empresas em relação aos fornecedores. Os fabricantes mais ágeis em relação às mudanças de mercado já perceberam esta nova realidade e necessidade e habilitaram o estratagema comercial de SaaS, em que a aplicação é entregue para a empresa usuária de TIC como um serviço. Esta nova realidade estimula uma revisão dos processos de compras para software, pois o comprador neste cenário deve levar em conta todos os cuidados da contratação de um serviço que faça parte da cadeia de valor estendida e gera dependências.

GRUPO GENÉRICO HARDWARE

No caso do hardware, a sua dependência com relação aos softwares do sistema operacional e BIOS faz com que o conjunto (empacotamento consolida os três componentes como um único, na prática) tenha a necessidade de atualização constante, gerando daí uma estrutura de custo recorrente em função do ciclo de vida das informações gerenciadas e controladas.

As características de qualidade (disponibilidade média, tempo de resposta, máxima indisponibilidade contínua, tempo mínimo entre duas indisponibilidades etc.) para o hardware são dadas na prática como uma função contínua. De forma similar ao software, a necessidade de qualidade minuto a minuto durante o ciclo de vida do processo de negócio habilita o estratagema comercial e funcional "as a service", por isto a modalidade HaaS, PaaS ou CaaS vem apresentando forte nível de crescimento nos últimos anos. O grau elevado de padronização das soluções de mercado de hardware ameniza um pouco a questão do casamento do negócio com o fornecedor, mas não elimina por completo a dependência.

Como podemos perceber nos exemplos, a incorporação de TIC aos processos de negócio está catapultando o crescimento do iTaaS nas organizações. A PNIPTI mostrou que a agregação de valor por TIC aos produtos e serviços das grandes, médias e pequenas

Capítulo 17 ◆ iT As a Service ◆ **221**

empresas é o grande catalisador da transformação de tecnologia da informação e comunicações em serviços. Apesar do destaque dado à questão do valor agregado pela maioria dos executivos, a pesquisa também mostrou que a exploração de novas oportunidades de negócio habilitadas por TIC vem sendo um robusto impulsionador do estratagema iTaaS. Uma parcela bastante intensa dos pesquisados afirmou que a questão das oportunidades de negócio foi um dos maiores responsáveis pela transformação em realidade da modalidade "as a service" na sua organização.

A PNIPTI mostrou que para 63% das empresas atuantes no Brasil o iTaaS é parte ativa e relevante da rotina corporativa. Apesar da boa notícia do reconhecimento pelo mercado nacional do valor agregado dos serviços de TIC, as respostas dos entrevistados mostram a existência de um efeito colateral preocupante. O sucesso do "as a service" vem mascarando o desenvolvimento de uma visão holística da estratégia iTaaS pelos executivos e empreendedores. Apenas 36% dos gestores têm pleno entendimento que a moeda que mostra na face superior o valor agregado e oportunidades habilitadas tem na sua face inferior os riscos de TIC que impactam o negócio. A abordagem iTaaS põe em definitivo a questão do serviço na mesa, mas o grande desafio da área de tecnologia ainda precisa ser endereçado no Brasil, segundo a pesquisa, que mostrou, com destaque, que ainda é necessário estabelecer processos maduros para que os serviços de TIC sejam nomeados, declarados, definidos e comunicados em uma linguagem em que o negócio entenda o que eles representam.

Serviços de TIC orientado ao negócio.

Durante os trabalhos de avaliação da maturidade do ITIL® e CobiT no Brasil (empresas usuárias de TIC) foram desenvolvidos diversos indicadores. Os índices mostram com clareza que os serviços de tecnologia da informação e comunicações foram definidos de diversas maneiras pelas empresas. Uma avaliação mais detalhada dos indicadores permitiu identificar uma regra geral, que é válida para a grande maioria dos casos. Em geral, os serviços foram nomeados, definidos, declarados e comunicados no formato de alguns poucos Configuration Items (é razoavelmente comum encontrar casos no formato de apenas um Configuration Item). Uma amostra de como foi nomeado e comunicado o catálogo de serviços de tecnologia da informação e comunicações pela maioria das empresas analisadas é apresentada a seguir:

- Administração de acordos de nível de serviço
- Administração dos custos de TI

- Pesquisa de satisfação
- Conexão rede local
- Conexão rede corporativa
- Conexão com parceiros ou clientes
- Conexão sem fio rede local
- Acesso remoto
- Acesso remoto sem fio
- Conexão com bancos
- Infraestrutura de hardware e software
- Gerenciamento, controle e monitoramento da performance da infraestrutura
- Atualização da infraestrutura
- Manutenção preventiva da infraestrutura
- Gerenciamento da confidencialidade e integridade das informações
- Armazenamento dos dados
- Gerenciamento, controle e monitoração dos servidores
- Gerenciamento, controle e monitoração das estações de trabalho
- Gerenciamento, controle e monitoração dos notebooks
- Gerenciamento do sistema operacional dos servidores
- Acesso a rede corporativa global
- Gerenciamento das mudanças e novas instalações na infraestrutura

Do ponto de vista do retorno de investimento em governança e gestão de TIC, é muito importante que a estrutura de comunicação e gerenciamento adotada esteja integrada ao negócio, ou, em outras palavras, quando falamos de serviços de TIC (que agregam valor aos produtos e serviços da empresa) devemos evitar o discurso ultrapassado, porém fácil, de comunicar e gerenciar serviços como se fossem ativos de hardware ou software. A pesquisa mostrou que as empresas desejam que os serviços de TIC mostrem explicitamente o seu valor agregado, ou seja, o negócio tem muito interesse em conversar sobre notas fiscais emitidas, pedidos, solicitações de vendas, autorizações de pagamento, gerenciamento de estoque etc., e não tem interesse (deve ser entendido como baixo interesse) em falar sobre impressoras, correio eletrônico, softwares etc. As organizações de TIC que adotaram o modelo de serviço orientado ao negócio conseguiram agregar valor nas ações para: (i) acelerar a taxa de crescimento, (ii) reduzir os custos operacionais e (iii) mitigar os riscos do ambiente de negócio.

Capítulo 17 • iT As a Service • 223

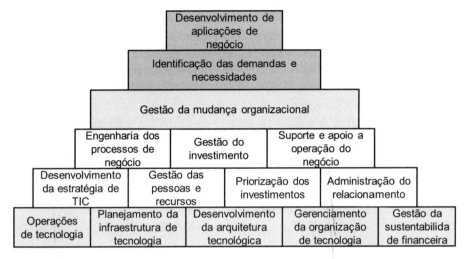

Figura 15. 6 *Atividades TIC - Fonte: Livro "Governança dos Novos Serviços de TI na Copa", Ricardo Mansur. Editora Ciência Moderna.*

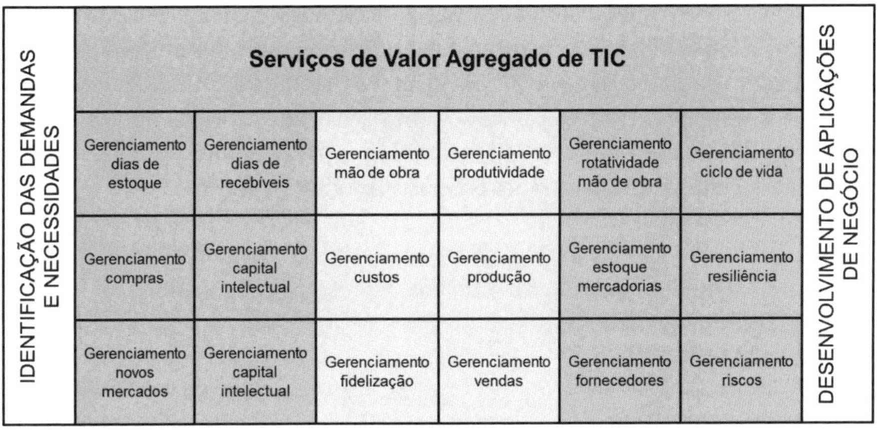

Figura 15.7 *Serviços de TI - Fonte: Livro "Governança dos Novos Serviços de TI na Copa", Ricardo Mansur. Editora Ciência Moderna.*

O valor agregado foi na grande maioria dos casos expresso pelo:

1. Aumento da velocidade de resposta da organização em relação às necessidades do mercado (menor "time to market").
2. Aprimoramento da tomada de decisões através de fluxo de informações mais efetivo.

224 ◆ Governança da Nova TI: Revolução

3. Aprimoramento do nível de relacionamento com os clientes através do crescimento da efetividade dos canais de comunicações. Em algumas empresas da construção civil, o blog do presidente conseguiu aumentar as vendas em 25% .
4. Crescimento do faturamento através da redução do tempo de venda.
5. Crescimento do market share através da maior efetividade da comunicação com o mercado.
6. Aumento da eficiência operacional através da melhoria do gerenciamento e processos.
7. Aumento da taxa de retorno de investimento pela redução dos custos e crescimento das vendas.
8. Aprimoramento na identificação e mitigação dos riscos de TIC e negócio.
9. Aumento da garantia de aderência às normas, regulamentações e leis.
10. Aprimoramento da efetividade das informações, favorecendo as condições de continuidade do negócio.

Pela estrutura do valor agregado fica claro que já existe no mercado nacional um forte relacionamento entre serviços de tecnologia orientados ao negócio e organização. Existem estudos que apontam que mais de 80% das funcionalidades do negócio são realizados ou habilitados pela tecnologia da informação e comunicações. O nível de crescimento da participação de TIC no Capital Expenditure (CAPEX) reforça a tese de que as organizações estão trabalhando com visão de médio e longo prazo. Na prática, o CAPEX é uma reserva de recursos financeiros para a renovação dos serviços de tecnologia durante o ciclo de vida dos processos, produtos e serviços.

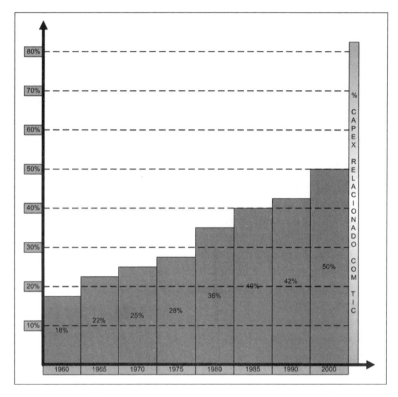

Figura 15.8 Participação de TIC no CAPEX - Fonte: US Dept of Commerce.

Como mostramos anteriormente, os executivos e profissionais de negócio ainda têm pouca visibilidade em relação ao fato de que os riscos de TIC são riscos para o negócio.

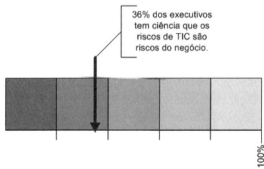

Figura 15.9 *Percepção dos riscos do negócio.*

226 • Governança da Nova TI: Revolução

Caso fosse delegada a mim a missão de apontar o grande vilão da falta de conhecimento do impacto dos riscos de tecnologia pelos gestores de negócio, o meu dedo indicador estaria em riste na direção da pobreza atual de definição, nomeação, declaração e comunicação dos serviços de TIC. Serviços de tecnologia definidos como conexão à rede, acesso remoto, conexão móvel, administração de SLAs, gerenciamento de mudanças e implantações etc. mostram uma extravagante pobreza na sua conceituação e impedem que gestores de negócio tenham ideia sobre o que eles representam para o negócio.

A PNIPTI mostrou que mais de 98% dos gestores de negócio enxergam serviços conceituados, definidos e nomeados como conexão à rede, acesso remoto, administração de SLAS, atualização da infraestrutura etc. apenas como um custo inútil ou um mal necessário. A principal consequência desta visão de custo inútil ou mal necessário é a brutal redução dos executivos que veem o ITIL® como muito crítico para o sucesso das suas metas. Em apenas três anos (entre 2004 e 2007), a redução foi de cerca de 30% .

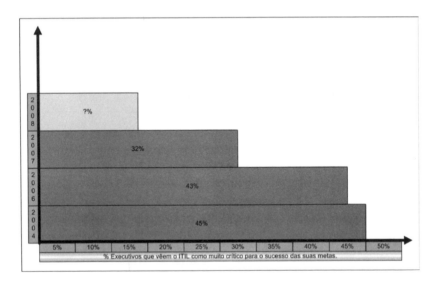

Figura 15.10 *Percepção dos benefícios do ITIL® para o negócio – Fonte: Governança de TI? O que ela (não) faz por você. ComputerWorld, 17-10-2007.*

Em particular, dou total razão para os executivos de negócio, pois é simplesmente impossível para um não especialista em tecnologia entender por que a empresa deve investir em disponibilidade e tempo de resposta de serviços como conexão à rede, acesso remoto, conexão móvel, rede corporativa, administração de acordos de nível de serviço, administração dos custos de TI, pesquisa de satisfação etc. É natural e justo que este tipo de serviço seja absolutamente "grego" para a grande maioria dos executivos. Portanto, não deveria ser surpresa para os profissionais da área de tecnologia que a principal consequência desta forma de comunicação dos serviços seja a sua área um dos primeiros lugares para cortes de pessoas, custos e investimentos.

A grande vantagem para a nomeação, definição, conceituação e comunicação de serviços de TIC como conexão à rede, acesso remoto, conexão móvel, pesquisa de satisfação etc. é a facilidade. Outra vantagem deste tipo de definição é que é mais fácil, em geral, gerenciar, monitorar e controlar serviços que podem ser diretamente associados a um ou dois ativos. Estas facilidades não significam efetividade, pois a avaliação dos resultados financeiros das organizações mostrou baixo ou nenhum retorno de investimento. Uma justificativa bastante comum para esta estratégia é que as atividades de conceituação, definição e nomeação, gerenciamento e comunicação dos serviços de TIC podem ser realizadas por profissionais de menor custo. Podemos afirmar que a estratégia de menor custo aparente de curto prazo é tão boa quanto a possibilidade de comprar um elefante por dez centavos. O que a empresa pode fazer de efetivo com o elefante no médio e longo prazo? O elefante, em geral, representa apenas um custo. Quanto custa a manutenção de médio e longo prazo do elefante? Qual foi a vantagem do menor custo aparente? Para a empresa que perdeu o negócio pelo não entendimento dos riscos, o elefante custou na realidade R$ 120 mil. Para a empresa que faliu após implantação mal-sucedida do ERP, ele custou bilhões de dólares. A sobrevivência do negócio precisa estar fundamentada em uma base vigorosa, robusta, por isso é importante que o custo visível de curto prazo não seja o único critério para a seleção e contratação de produtos e serviços ligados à estratégia da corporação.

Acredito que neste ponto a semelhança do elefante de dez centavos e a definição pobre dos serviços de TIC esteja bem clara para os leitores. Caso a sua empresa ainda não tenha percebido a importância da definição dos serviços orientada ao negócio, este é o momento ideal para dialogar e refletir sobre o assunto. O caso da matéria "Pane prejudicou os negócios, dizem pequenos empresários", publicada na "Folha de S. Paulo" em 5 de julho de 2008, Caderno Dinheiro, página B3, ilustra muito bem a situação do risco desconhecido, pois com certeza o dono do negócio não sabia do elevado nível de risco que estava correndo.

A grande vantagem da abordagem de linguagem de negócio, valor agregado e retorno de investimento é que ela reduz muito as tradicionais barreiras de investimento que os CIOs enfrentam no dia a dia para as soluções de monitoração, controle, gerenciamento e segurança. O desenvolvimento do serviço de TIC orientado ao negócio passa basicamente por duas fases: a primeira é a criação do serviço aplicado de TIC. A figura a seguir mostra que o serviço aplicado é resultado dos recursos interagindo com os processos, produzindo assim a função transformadora: y = F(x)

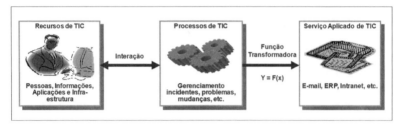

Figura 15.11 *Fase 1 - Serviço Aplicado de TIC.*

Na segunda fase o serviço aplicado habilita processos de negócio, produzindo uma nova função transformadora que resulta em notas fiscais emitidas, pedidos, solicitações de vendas, autorizações de pagamento, gerenciamento de estoque etc.

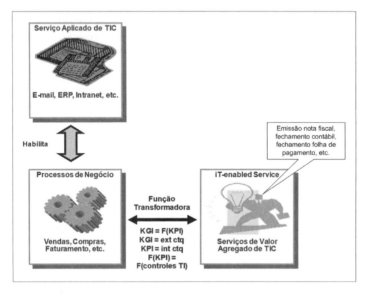

Figura 15.12 *Fase 2 - Serviço de TIC orientado ao negócio.*

Na prática, o caminho mais utilizado pelas empresas é definir, de uma forma macro, o catálogo de serviços de tecnologia de informações e comunicações orientado ao negócio e depois decompor o serviço até o nível de recursos de TIC. A grande vantagem deste estratagema é que ele permite que a visão geral da infraestrutura de tecnologia esteja integrada com o negócio. Esta arquitetura possibilita que o controle e o gerenciamento da disponibilidade seja compatível com as necessidades da organização em termos de performance operacional e financeira.

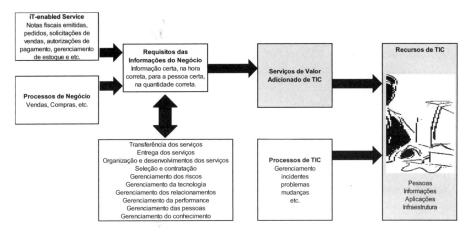

Figura 15.13 *Decomposição Serviço de TIC orientado ao negócio.*

Outra vantagem para o estratagema da decomposição é a facilidade da orquestração da disponibilidade do serviço. Como em geral neste tipo de arquitetura os serviços são resultados de diversos recursos de TIC, é importante entender e definir com clareza as regras do jogo em função das necessidades do negócio. Em resumo, o iTaaS demanda um gerenciamento da disponibilidade robusto e efetivo. É extremamente importante para o planejamento do estratagema serviços de TIC orientado ao negócio que o custo da indisponibilidade seja calculado de forma realista e consistente. Na prática, este custo pode ser calculado pela soma dos custos a seguir:

1. Custo da perda de produtividade do usuário
2. Custo da recuperação do serviço
3. Custo do faturamento perdido
4. Custo das penalidades e multas contratuais

Na tabela a seguir, temos o custo por hora da indisponibilidade dos serviços de TIC orientado ao negócio. É bastante claro que o custo da indisponibilidade varia em função do tipo de negócio, por isso é comum encontrar infraestruturas bastante semelhantes em termos de funcionalidades apresentarem custos de indisponibilidade diferentes.

230 • Governança da Nova TI: Revolução

Quanto custa a indisponibilidade dos serviços de TIC orientado ao negócio	
Negócio	Custo por hora (US$)
Operações de corretagem	6,5 milhões
Autorização de vendas Operações com cartões de crédito	2,6 milhões
Televisão PayPerView	150 mil
Vendas pela televisão	113 mil
Vendas por catálogo	90 mil
Reservas de passagens aéreas	89,5 mil

Figura 15.14 *Custo da indisponibilidade*

Em termos práticos, os componentes perda da produtividade e faturamento perdido são os principais responsáveis pelas diferenças (algumas vezes extraordinariamente grandes) do custo da indisponibilidade. A matéria "Falhas de tecnologia comem até 3 dias de produtividade por ano", publicada na coluna Mercado Aberto da "Folha de S. Paulo", de 11-09-2008, mostra de uma forma bastante clara qual é o impacto financeiro da indisponibilidade da rede de comunicações no negócio. Em casos mais extremos, a indisponibilidade dos serviços pode:

- Comprometer a saúde financeira do negócio (caso da distribuidora farmacêutica, por exemplo)
- Gerar consequências graves pelo não-cumprimento de normas e regulamentações
- Inviabilizar a estratégia do negócio
- Denegrir a imagem de credibilidade da empresa
- Inviabilizar o capital intelectual e colaboração da organização pela falta de

confiança dos funcionários na disponibilidade dos serviços de tecnologia
- Gerar penalidades vultosas

Devemos entender como indisponibilidade de um serviço de TIC orientado ao negócio como toda e qualquer interrupção que impeça que o usuário utilize os recursos para realizar negócios. Esta definição significa, em outras palavras, que não estamos falando apenas de erros e falhas, pois uma degradação da performance do serviço que resulte em tempo de resposta muito superior ao acordado como operação normal com o usuário também deve ser considerada como indisponibilidade. A disponibilidade de um serviço é dada pelas características de:

- Confiabilidade (tempo médio entre falhas do serviço e tempo mínimo entre duas falhas consecutivas)
- "Recuperabilidade" (tempo médio para recuperar o serviço após uma falha)
- Máxima indisponibilidade contínua (tempo máximo para recuperar o serviço após uma falha)
- Controle e gerenciamento (máximo tempo entre as amostragens da operação e performance do serviço)

Em termos práticos, a disponibilidade de um serviço composto por diversos *configurations items* é dada pela equação: f(dispsrv) = dispCI1(t) * dispCI2(t) * dispCI3(t) * ...* dispCIn(t). Para um serviço composto por três componentes, a disponibilidade pode ser expressa conforme a figura a seguir:

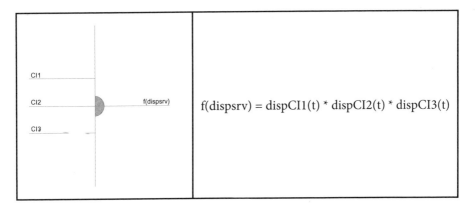

Figura 15.15 *Função disponibilidade de um serviço de TIC.*

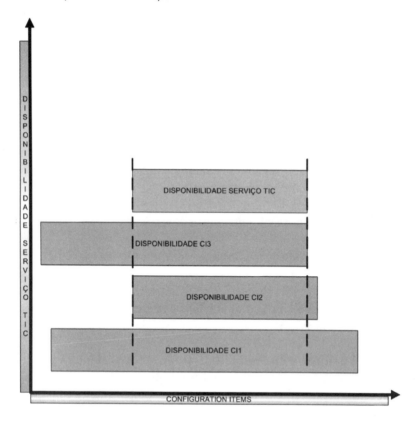

Figura 15.16 *Disponibilidade de um serviço de TIC.*

Outro conceito importante que deve ser bem entendido sobre a disponibilidade de um serviço é a diferença entre disponibilidade instantânea e média. A disponibilidade de um serviço é uma grandeza digital, ou seja, ou o serviço está disponível ou não está. Não é possível ter um meio-termo. Como a disponibilidade instantânea é um retrato da situação do serviço em um dado instante, em termos práticos para o usuário ela tem pouca serventia, pois em um dia de trabalho podem existir milhares de fotografias em função do intervalo de amostragem escolhido.

Por isso, o usuário do serviço tem um interesse maior na disponibilidade média em um dado intervalo de tempo, por exemplo, 99% de disponibilidade ao mês. O conjunto de informações sobre disponibilidade média, duração máxima de uma indisponibilidade, tempo mínimo entre indisponibilidades e tempo de reposta permite que o usuário avalie se o serviço atende ou não as necessidades de negócio.

Capítulo 17 • iT As a Service • 233

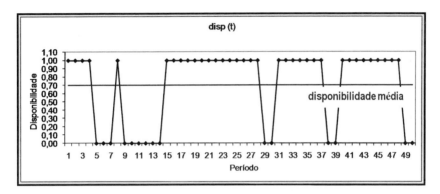

Figura 15.17 *Disponibilidade instantânea e média.*

A disponibilidade média traz à tona a questão da variabilidade. A estatística diz que, em uma distribuição, cerca de 50% dos pontos estarão acima da média e outros 50% estarão abaixo. São raros os pontos que estão exatamente na média. A variabilidade dos pontos em relação à média é uma característica muito importante de um serviço, pois a confiança e a aprovação do usuário com o serviço de TIC orientado ao negócio está diretamente ligada a uma baixa variabilidade da disponibilidade média.

Não é funcional, por exemplo, ter uma disponibilidade média do serviço de 70% e ela variar entre 50% e 90%. Todos os esforços realizados para conseguir a média são perdidos pela elevada variabilidade de 40 pontos percentuais, pois o usuário não confia no serviço. O Six Sigma é uma excelente ferramenta para ajudar na medição, no controle e na redução da variabilidade do serviço. As duas figuras a seguir mostram as curvas de distribuição para a disponibilidade média. Na primeira figura temos um nível Sigma baixo e alta variabilidade e na segunda figura temos o oposto (nível Sigma alto e baixa variabilidade).

Fica claro pelas figuras que a situação de baixa variabilidade é muito melhor como performance do serviço, pois ela permite que o usuário tenha previsibilidade do desempenho ao longo do tempo, ou seja, é possível apoiar o negócio no serviço como sendo um processo da cadeia de valor estendida. A previsibilidade permite que o gestor do negócio pense na situação atual e futura e planeje com robustez e equilíbrio o ciclo de vida e o nível de crescimento anual do produto ou serviço vendido.

234 • Governança da Nova TI: Revolução

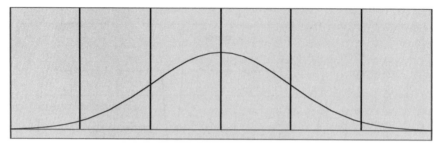

Figura 15.18 *Distribuição da disponibilidade média com alta variabilidade.*

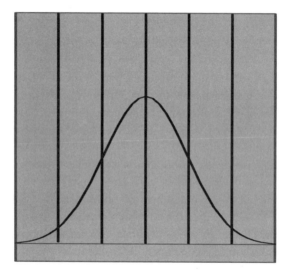

Figura 15.19 *Distribuição da disponibilidade média com baixa variabilidade.*

O tempo de resposta é outro fator importante que influi na disponibilidade do serviço de TIC orientado ao negócio, pois para um usuário uma sobrecarga exagerada (ou seja, tempo de resposta muito acima do acordado) significa, na prática, falta de disponibilidade, já que não é possível utilizar o serviço. O gerenciamento da capacidade, ou, em outras palavras, a oferta e procura é extremamente importante para manter a disponibilidade média dentro do intervalo acordado com o usuário. Na figura a seguir, apresentamos o perigo da falta de equilíbrio do gerenciamento da capacidade. As situações em que a demanda do serviço é muito maior que a oferta desequilibram a balança da capacidade e impactam negativamente o tempo de resposta. Quanto maior for o desequilíbrio, maior será o nível de degradação.

Degradações muito elevadas provocam a indisponibilidade prática do serviço e, em geral, são perigosas para a confiabilidade, pois o tempo médio de reparo é elevado em função da necessidade de aquisições de recursos adicionais. O planejamento e o acompanhamento da oferta e demanda são muito importantes, pois apenas com ele será possível antecipar problemas futuros de capacidades e no mínimo diminuir os efeitos do desequilíbrio.

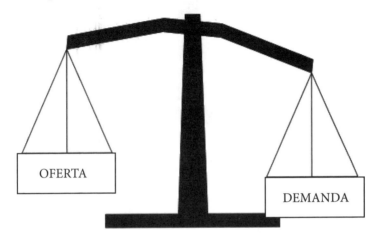

Figura 15.20 *Demanda impactando o tempo de resposta do serviço.*

As situações em que a oferta é maior que a demanda também são um problema que deve ser evitado. Em geral, quando a oferta é maior, significa que os investimentos realizados foram maiores que os necessários e o usuário será penalizado com um custo do serviço maior. O impacto do custo maior será sentido pelo usuário tanto a curto prazo, no fluxo de caixa, como a longo prazo através do CAPEX. Este aumento de custo reduz a margem dos produtos e serviços vendidos e cria um risco desnecessário para o negócio. Como podemos perceber, o gerenciamento da capacidade desequilibrado em favor da oferta pode gerar um grave risco para a continuidade do negócio. Lembrando que o negócio é a razão de existir o serviço de TIC, fica clara a importância de um gerenciamento equilibrado entre a oferta e a procura dos serviços.

É importante destacar que é comum encontrar casos no mercado em que o capital intelectual vem sendo gerido com tamanha eficiência e eficácia que a organização conseguiu obter uma expressiva vantagem competitiva em relação à concorrência apenas pela maior efetividade da administração da capacidade dos serviços de TIC orientado ao negócio.

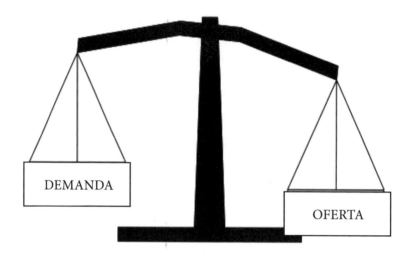

Figura 15.21 *Oferta impactando o custo do serviço.*

A PNIPTI mostrou que os principais problemas, na visão dos executivos, para a disponibilidade dos serviços de tecnologia da informação e comunicações estão relacionados com:

- Elevado foco na disponibilidade dos ativos.
- Baixo foco na disponibilidade dos serviços.
- Esquecimento da variabilidade da disponibilidade.
- Falta de entendimento sobre o que é disponibilidade média e máxima indisponibilidade contínua.
- Ambição em excesso impedindo que seja realizada uma abordagem evolutiva.
- Falta de avaliação estruturada para os problemas passados despercebidos.
- Uso não efetivo do capital intelectual do time da linha de frente.

A pesquisa também mostrou que o usuário enxerga a disponibilidade de um serviço de TIC orientado ao negócio como resultado da: (i) quantidade de indisponibilidades durante um determinado intervalo de tempo e (ii) duração e impacto de cada uma das indisponibilidades. As indisponibilidades dos serviços de TIC orientado ao negócio podem ser de quatro tipos diferentes: planejada e programada, planejada e não programada, não planejada e programada e não planejada e não programada. As indisponibilidades planejadas e programadas devem ser demonstradas claramente no acordo do nível de serviço com o usuário, pois elas representam o limite máximo da disponibilidade, ou seja, a máxima disponibilidade potencial do serviço.

Capítulo 17 • iT As a Service • 237

A PNIPTI mostrou que as empresas que investem com robustez e coerência no capital intelectual corporativo conseguem ter um nível de indisponibilidade planejada e programada em até 30% menor que a concorrência com o mesmo nível de investimento nos serviços. A principal razão para a performance superior é a melhor qualidade das escolhas. O capital intelectual adequadamente capacitado permitiu uma melhor tomada de decisão de investimento nos componentes do serviço e resultou em políticas e soluções melhores para segurança da informação, backup, arquitetura etc. O nível de indisponibilidades planejadas e programadas é um bom indicador do desempenho da área e do principal executivo de tecnologia de informações e comunicações.

É importante destacar que sempre existirá algum nível de indisponibilidade planejada e programada para atividades, como por exemplo, reorganização de bases de dados, reconciliação de indicadores, backup, IPL etc. Por isso, um aumento na máxima disponibilidade potencial só é possível com investimentos na arquitetura de sistemas, aplicações, dados, recursos intelectuais e infraestrutura. A disponibilidade que é negociada e entregue para o usuário do serviço é a chamada disponibilidade útil, que é a disponibilidade total dada pelo fabricante do componente menos a indisponibilidade planejada e programada. É importante destacar que em geral, o fabricante não oferece 100% de disponibilidade.

O usuário deve ser comunicado sobre a disponibilidade da solução (disponibilidade informada pelo fornecedor menos as indisponibilidades planejadas e programadas). É preciso comunicar com clareza que a solução adquirida não tem 100% de disponibilidade. As indisponibilidades planejadas e não programadas mostram, de certa forma, o nível de risco do serviço. Em termos práticos, uma indisponibilidade planejada representa uma necessidade conhecida; mas se ela não foi programada é porque se acredita que no futuro ela não será necessária. Caso a aposta esteja errada, o usuário terá uma disponibilidade menor do que ele esperava e poderão ocorrer impactos no negócio pela falha do serviço.

Em geral, o mercado brasileiro é bastante conservador e o número de empresas que têm serviços com indisponibilidades planejadas e não programadas é praticamente nulo. No entanto, mesmo nestes casos este tipo de indisponibilidade entra na margem de variabilidade da disponibilidade, ou seja, em termos práticos a disponibilidade entregue acaba sendo a disponibilidade no pior caso previsto. É comum encontrar a disponibilidade definida como valor nominal com limite inferior de -5% e superior de +10% . As indisponibilidades não planejadas e programadas representam, em geral, situações emergenciais de: (i) reparo de segurança, contra-ataques digitais,

238 • Governança da Nova TI: Revolução

(ii) rede elétrica, (iii) ar condicionado, (iv) cabeamento e (v) situações de domínio não maduro da arquitetura existente de sistemas, aplicações, dados, recursos intelectuais e infraestrutura em que se descobre, no meio do caminho, que é necessário realizar procedimentos que tornarão indisponível o serviço, quer seja por tempo de resposta elevado, quer seja por interrupção da disponibilidade dos componentes.

Apesar de a indisponibilidade não ter sido inicialmente planejada no negócio, o usuário do serviço é envolvido e fica ciente da nova situação e um novo acordo é estabelecido de tal forma que os danos da falha inicial de planejamento sejam reduzidos ao nível mínimo. As indisponibilidades não planejadas e não programadas são o que de pior pode acontecer para o iTaaS. Neste caso, temos tanto a questão da gestão inadequada do capital intelectual como a falta de confiança do usuário no serviço pela ausência de previsibilidade. A falta de planejamento e programação pode estar diretamente associada a questões estruturais graves, como conhecimento inadequado e ausência de gestão, por isso é muito importante que este tipo de indisponibilidade tenha nível de ocorrência muito próximo a zero.

Já existem empresas que avaliam o desempenho do executivo da área de tecnologia de informações e comunicações a partir do indicador de indisponibilidade não planejada e não programada. A PNIPTI mostrou que as indisponibilidades dos serviços orientados ao negócio são provocadas, em geral, por um dos fatores listados a seguir:

- Encerramento anormal do serviço
- Capital intelectual inadequado ou erros humanos
- Falhas do hardware
- Problemas conhecidos, mas não adequadamente resolvidos
- Mudanças não testadas
- Complexidade em excesso da arquitetura de sistemas, aplicações, dados, recursos intelectuais e infraestrutura

A pesquisa também mostrou que o intervalo de duração de uma indisponibilidade dos serviços é determinado na maioria dos casos por:

- Falhas no diagnóstico do problema
- Procedimentos informais de recuperação
- Arquitetura complexa em excesso do ambiente de tecnologia
- Nível inadequado de capital intelectual
- Medo
- Indecisão

Capítulo 17 • iT As a Service • **239**

- Falta de capacidade de backup e restore

Os profissionais de TIC entrevistados afirmaram que o impacto (número de usuários afetados) da indisponibilidade do serviço no negócio é determinado principalmente por dois fatores:

1. Arquitetura bastante complexa dos sistemas, aplicações, dados, infraestrutura e recursos humanos
2. Configuração do ambiente

Como possíveis medidas preventivas e corretivas para melhorar a percepção de disponibilidade pelo usuário, podem ser destacadas as seguintes ações:

1. Prevenção proativa dos problemas através da análise da causa raiz das indisponibilidades
2. Gerenciamento efetivo das mudanças
3. Melhoria da arquitetura dos sistemas, aplicações, dados e infraestrutura
4. Controle, monitoração e gerenciamento proativo dos serviços
5. Aumento do nível de padronização
6. Redução da complexidade do ambiente
7. Aumento do nível de efetividade dos procedimentos de recuperação
8. Melhoria da análise de impacto das falhas dos serviços
9. Crescimento do nível controlado da automatização
10. Aumento da efetividade do gerenciamento de problemas
11. Realização de revisões pós-incidente de forma efetiva e conclusiva
12. Aumento do nível de simplificação da arquitetura dos sistemas, aplicações, dados, recursos intelectuais e infraestrutura
13. Aumento da efetividade da política de backup e restore
14. Crescimento do nível de integração da arquitetura dos sistemas, aplicações, dados, recursos intelectuais e infraestrutura
15. Melhoria da arquitetura e ambiente dos serviços críticos para o negócio
16. Melhoria do capital intelectual para analisar efetivamente o impacto dos erros e falhas

Na tabela a seguir temos alguns exemplos mostrando como os serviços de TIC orientado ao negócio foram declarados e comunicados aos usuários por algumas empresas no mercado brasileiro:

240 • Governança da Nova TI: Revolução

NOTAS FISCAIS EMITIDAS	
Disponibilidade	98% com variabilidade de +10% e -5%
Tempo de resposta	Menor ou igual a 3 segundos com variabilidade de +10% e -5%
Período de maior uso	10:00 as 22:00
Impacto no negócio	Elevadíssimo

PEDIDOS	
Disponibilidade	93% com variabilidade de +5% e -5%
Tempo de resposta	Menor ou igual a 5 segundos com variabilidade de +10% e -5%
Período de maior uso	Última semana do mês
Impacto no negócio	Alto

SOLICITAÇÕES DE VENDAS	
Disponibilidade	99% com variabilidade de +5% e -2%
Tempo de resposta	Menor ou igual a 3 segundos com variabilidade de +5% e -2%
Período de maior uso	08:00 as 20:00
Impacto no negócio	Alto

AUTORIZAÇÕES DE PAGAMENTO	
Disponibilidade	99% com variabilidade de +2% e -2%
Tempo de resposta	Menor ou igual a 3 segundos com variabilidade de +2% e -2%
Período de maior uso	11:00 as 14:00
Impacto no negócio	Elevadíssimo

GERENCIAMENTO DE ESTOQUE	
Disponibilidade	99% com variabilidade de +5% e -1%
Tempo de resposta	Menor ou igual a 3 segundos com variabilidade de +1% e -5%
Período de maior uso	16:00 as 22:00
Impacto no negócio	Elevadíssimo

Como resumo do iTaaS, podemos afirmar que o estratagema está imerso em um oceano com infinitas oportunidades e algumas restrições (financeira e tecnológica). As oportunidades e restrições manifestam-se nos serviços, principalmente através dos componentes (Configuration Items). O gerenciamento equilibrado dos serviços de TIC orientado ao negócio permite agregar valor aos ativos dos clientes (produtos e serviços vendidos pela empresa) e produzir resultados superiores para o negócio.

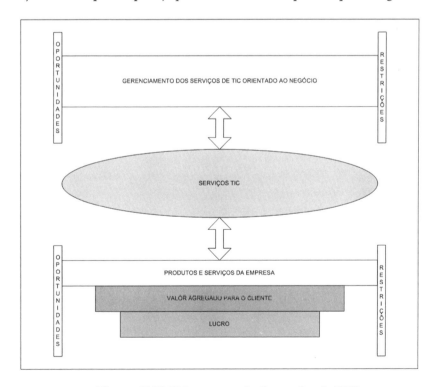

Figura 15.20 Valor agregado do serviço de TIC.

Capítulo 18 ◆ TI Verde

Conteúdo deste capítulo:

- Introdução
- Mercado verde
- Resultados TI verde
- Por que TI verde?
- Fazendo a escolha verde
- A importância do entendimento da função transformação TIC para o negócio
- A PNIPTI e a governança de TI verde

Introdução

A fabricação de um carro consome recursos equivalentes ao seu peso, de cerca de uma tonelada. Para fabricar e embalar um laptop de dois quilos é preciso consumir o equivalente a uma tonelada de água, 240 litros de combustíveis fósseis e 22 quilos de produtos químicos. Os principais produtos usados na fabricação do laptop são o mercúrio usado nos monitores de cristal líquido, o plástico usado nas placas de circuito impresso, carcaça e teclado, o alumínio usado na parte externa, monitor e placas internas, o lítio usado nas baterias, o cobre usado nos condutores, cabos etc. e o silício usado no processador e demais chips.

> O gerenciamento inteligente da tecnologia das informações e comunicações (foco da TI verde) pode ser a resposta para o clamor das empresas de reduzir os danos causados ao meio ambiente, melhorar a efetividade do uso de energia e tecnologia, reduzir os custos operacionais crescentes do negócio e aumentar os lucros.

244 • Governança da Nova TI: Revolução

Os estudos de especialistas estimam que a indústria de tecnologia de informações e comunicações é responsável por cerca de 2% da emissão mundial de CO_2. Foram considerados nestes estudos computadores pessoais e servidores, aparelhos de telefonia fixa e móvel, centrais telefônicas públicas e privadas, equipamentos de rede local, impressoras e "datacenters". Os trabalhos realizados mostram que o excesso de emissão de CO_2 é provocado principalmente pelo gerenciamento inadequado da energia. Atualmente, as organizações e a sociedade buscam caminhos para melhorar a efetividade energética da área de tecnologia e preservar o meio ambiente.

Existe no mercado uma corrente que enxerga a sustentabilidade da tecnologia como sacrifício e aumento de custos. As práticas de mercado mostram que o resultado alcançado é exatamente o contrário, ou seja, custos menores e facilidades. As organizações que avaliaram e implantaram as novas tecnologias verdes nos processos conseguiram resultados financeiros superiores. A matéria "Empresa 'sustentável'" vale mais", publicada no jornal "O Estado de S. Paulo de 27 de agosto de 2008, apresenta um estudo de mercado que mostra que as empresas que estão no Índice de Sustentabilidade Empresarial (ISE) apresentaram um valor de mercado até 19% superior em relação às empresas que não fazem parte. A comunicação é uma ferramenta pouco explorada na otimização da efetividade energética de tecnologia. Ainda são poucas as pessoas que sabem que um computador, em média, aproveita apenas uma parte da energia consumida e que o calor produzido por ele representa na prática a queima de dinheiro ganho arduamente.

Os servidores têm nível de efetividade energética um pouco maior, mas mesmo assim é comum encontrar casos em que até 40% da energia consumida é desperdiçada. Os usuários em geral ficam espantados quando descobrem quanto de dinheiro bom está sendo utilizado para produzir calor indesejável. Os estudos mostram que computador ligado durante dez horas por dia responde pela emissão de um décimo de CO_2 de um automóvel e que existe um parque de mais de um bilhão de computadores em uso no mundo. É fácil perceber que existe um enorme potencial de ganho no consumo de energia, que pode ser obtido pela ativação de recursos simples, como a facilidade de repouso do sistema operacional. Um enorme volume da energia consumida no mundo pode ser eliminado apenas com o uso mais racional da tecnologia. Menos energia significa para a natureza menor emissão de CO_2 e, para o bolso, mais dinheiro. A Climate Savers Computing Initiative (CSCI) foi criada com o objetivo de melhorar a efetividade energética da tecnologia.

A meta era reduzir o consumo de energia de computadores em 50% até o ano de 2010. Apesar de alguns entenderem que era um objetivo ambicioso demais, o nível de

Capítulo 18 • TI Verde • **245**

desperdícios e ineficiências de 2007 mostrava que era plenamente possível de ser feito. A CSCI apostou em duas medidas simples e fáceis para alcançar a meta. A primeira foi a comunicação e o conhecimento. A melhoria do capital intelectual dos usuários em termos do gerenciamento de energia dos seus equipamentos podia fazer a diferença. Saber que era possível economizar dinheiro e salvar o planeta foi um enorme incentivador para o uso racional do computador. Outra frente utilizada foi o incentivo para o desenvolvimento de computadores com maior nível de aproveitamento da energia.

A lista de empresas signatárias desta iniciativa contemplou as principais organizações do mercado de tecnologia e sustentabilidade. A diretoria da CSCI era composta em 2010 pela Dell, Google, HP, Intel, Lenovo, Microsoft e World Wildlife Fund. Todas estas empresas vêm trabalhando desde 2006 em projetos para reduzir a emissão de CO2 e desde 2010 realizam campanhas públicas para reduzir as emissões. O primeiro foco delas foi a divulgação de tecnologias e práticas para melhorar a efetividade energética do computador através da redução do consumo quando ele estiver inativo. A função repouso quando o computador não está sendo utilizado permite uma elevada economia no consumo de energia elétrica. Em 2012, todos os computadores fabricados por estas empresas dispõem de funções amigáveis de economia. Em 2010, apenas 10% dos usuários utilizavam o modo economia. Em 2014, é esperado que 100% dos usuários de computadores utilizem as funções de economia de energia.

Outro ponto focal utilizado para alcançar a meta de redução de 50% foram as tecnologias. Foram desenvolvidos e utilizados componentes mais eficientes para reduzir drasticamente o nível de consumo de energia. A recomendação da CSCI para que os computadores pessoais atendam à diretriz Energy Star 4.0 e utilizem fontes de alimentação com eficiência mínima de 80% foi plenamente endereçada em 2012. O passo de elevação do patamar mínimo de eficiência para 90% vem sendo atendido pelos maiores fabricantes. No caso dos servidores, a recomendação de eficiência mínima da fonte de alimentação de 85% foi endereçada em 2010 e a maioria já alcançou o patamar de 92%. O planeta agradeceu e o bolso também.

- A Rent-A-Car espera reduzir o consumo interno em 5 milhões de quilowatts-hora, economizar 500 mil dólares e reduzir as emissões de dióxido em aproximadamente 3 mil toneladas por ano com o novo sistema de transações de aluguéis. "ComputerWorld" 502.
- A cidade de São Francisco espera que a utilização mais difundida das impressoras em rede, em conjunto com a implantação do sistema de gerenciamento centralizado de documentos e ferramentas para criar e compartilhar PDFs,

246 • Governança da Nova TI: Revolução

ajude o governo a reduzir em 20% o uso de papel nos escritórios. A otimização significa, na prática, uma redução de 215 milhões de folhas de papel ao custo anual de 946 mil dólares. "ComputerWorld" 502.

- Todo mundo fala de TI Verde, mas ninguém sabe o que é de fato. "ComputerWorld" 500.
- Empresa "sustentável" vale mais. "O Estado de S. Paulo", 27 de agosto de 2008.
- 43% das organizações ressaltam que na hora de escolher um fornecedor prestam atenção nas suas ações de preservação ambiental. "InfoCorporate", março de 2008.
- Bater as metas de consumo controlado está diretamente ligado à participação nos lucros da companhia. "InfoCorporate", março de 2008.
- Mais de 89% das empresas do Reino Unido não têm ideia do consumo energético de seus departamentos de TI. "ComputerWorld" 497.
- Dell estimula a criação de um ecossistema corporativo verde. "ComputerWorld" 495.
- Pesquisa realizada nos Estados Unidos para a EDS indica que 50% dos CIOs já começaram a economizar em contas de energia. "ComputerWorld" 494.
- A maioria dos executivos não cogita a eficiência de energia em avaliações de produtos de TI. "ComputerWorld" 493.
- O custo de energia e refrigeração de um "datacenter" é superior ao custo dos equipamentos. "ComputerWorld" 493.
- Mais de 50% dos entrevistados não tomaram medidas para reduzir o consumo, como remover servidores que não estão mais em uso. "ComputerWorld" 493.
- A meta dos operadores de "datacenter" deve ser um PUE inferior a 2 e o mais próximo possível de 1. "ComputerWorld" 493.
- HP passou a usar plástico reciclado na produção de cartuchos. "ComputerWorld", 26-03-2008.
- AMD reduziu emissões de gases em 50% . "ComputerWorld", 26-03-2008.
- Dell anunciou compromisso de neutralizar emissões de carbono. "ComputerWorld", 26-03-2008.
- HP reduziu o consumo de energia em 7.500 MWH ao ano, ao consolidar "datacenters" e usar tecnologia dynamic smart cooling. "ComputerWorld", 26-03-2008.
- Até 2010, 75% das empresas terão como pré-requisito de compra de hardware o certificado de emissão de carbono e o uso otimizado de energia. "ComputerWorld", 490.
- A maioria dos "datacenters" hoje tem espaço físico excedente, mas não suportaria o aumento nos custos de energia e de refrigeração para que ele seja preenchido. "ComputerWorld", 15-04-2008.

TI Verde ou sustentabilidade tecnológica ambiental é uma ideia que veio para ficar. Além de prejudicar o meio ambiente, o uso ineficiente de energia em TI pode levar as empresas a enormes prejuízos e a perder vantagens competitivas importantes. Uma ineficiência comum é o desperdício de processamento dos servidores, resultante do crescimento explosivo da capacidade de processamento não utilizada pelas empresas. A consolidação dos servidores melhora a eficácia do uso de energia pela eliminação de servidores desnecessários e utilização mais elevada da capacidade de processamento dos servidores.

Mercado Verde

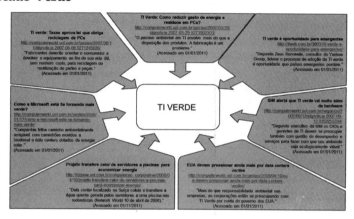

Figura 16.1 *Mercado TI Verde.*

Resultados TI Verde

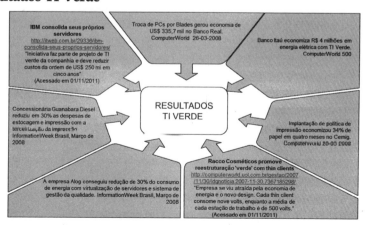

Figura 16.2 *Resultados TI verde.*

248 • Governança da Nova TI: Revolução

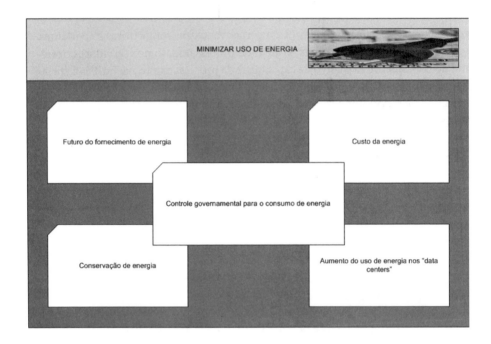

Figura 16.3 *Melhorar o uso de energia.*

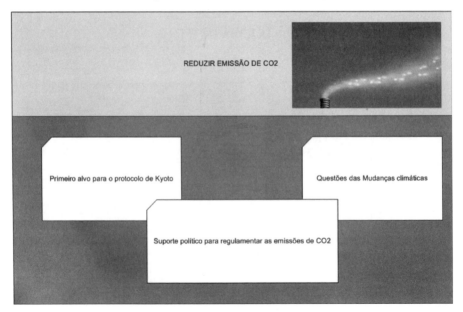

Figura 16.4 *Reduzir a emissão de CO_2.*

Capítulo 18 ♦ TI Verde ♦ 249

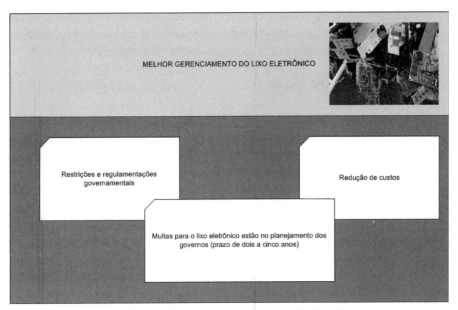

Figura 16.5 *Melhorar o gerenciamento do lixo eletrônico.*

Por que TI VERDE?

Minimizar o impacto ambiental das operações de TI está se tornando uma prioridade para as empresas. O impacto ambiental e os custos crescentes do consumo de energia estão entre as principais preocupações das organizações hoje em dia. De acordo com os estudos, estão sendo gastas centenas de milhões de reais em energia elétrica por ano de forma totalmente desnecessária. Este volume exagerado de consumo de energia não está apenas prejudicando o meio ambiente, mas também representa um enorme desperdício de dinheiro das organizações, pois a energia está sendo consumida em alimentação, refrigeração e gerenciamento de infraestrutura ineficiente de TI.

As perdas, os desperdícios e as ineficiências de TI também geram riscos para o negócio, como custo desnecessário, perda de vantagem competitiva e degradação da imagem corporativa. A situação atual do consumo de energia é insustentável, pois a taxa de crescimento é muito maior do que o crescimento da oferta de energia e os gastos com refrigeração, espaço físico etc. já representam o maior gasto de tecnologia das organizações no Brasil. Considerando que a grande maioria das organizações não tem espaço físico ou recursos financeiros para expansões caras de TI e que a necessidade de capacidade computacional crescente é real, vemos que estamos claramente em um dilema empresarial.

A solução deste conflito encaixa-se perfeitamente com as metas de sustentabilidade tecnológica ambiental, ou seja, maximização da capacidade de processamento existente com a eliminação das perdas, ineficiências e desperdícios.

Fazendo a Escolha Verde

Eficiência do uso de energia da infraestrutura é uma preocupação especial para o gerenciamento da tecnologia da informação. A consolidação dos servidores pode ser um elemento essencial na estratégia de TI verde. Além de benefícios ambientais, as iniciativas verdes podem reduzir custos, aumentar lucratividade e criar vantagens competitivas. Existem casos em que a consolidação permitiu a redução de vinte servidores em apenas um, com considerável redução do espaço físico, consumo de energia elétrica e refrigeração. Em resumo, quando a TI é verde, o negócio ganha e o ambiente também.

A PNIPTI mostrou que as iniciativas de TI verde visam aumentar a efetividade do consumo de energia e objetivam reduzir os custos operacionais de médio e longo prazo através do crescimento dos benefícios corporativos. Mais de 40% dos líderes de TIC no Brasil estão "muito" ou "extremamente" interessados nos temas relacionados com a eficácia e a eficiência do consumo de energia e responsabilidade ambiental dos fornecedores de tecnologia da informação e comunicações. Uma pesquisa do IDC mostra um forte aumento da quantidade de executivos e profissionais interessados na questão sobre eliminação de ineficiências e desperdícios. Para 80% dos executivos brasileiros, as iniciativas de TI verde estão crescendo em importância na sua organização e 43% dos entrevistados informaram que já levam em consideração as ações de preservação ambiental na hora de selecionar um fornecedor.

Profissionais de TIC Interessados em Aumentar a Efetividade do Consumo de Energia Elétrica e Programa de Sustentabilidade Ambiental:

Capítulo 18 ♦ TI Verde ♦ 251

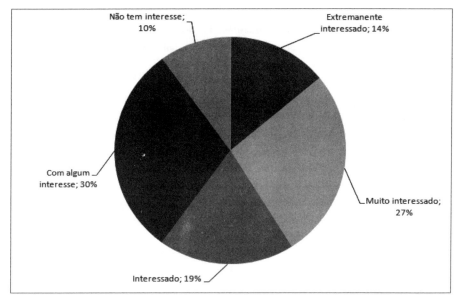

Figura 16.6 *Interesse no uso eficiente e eficaz da energia elétrica.*

A PNIPTI também mostrou que existe alto interesse e baixa adoção de iniciativas de TI verde. Em função do elevado custo e da escassez de energia, capacidade de resfriamento dos "datacenters", além de estratégias corporativas de maior consciência ambiental, muitos líderes da área de tecnologia estão começando a se interessar pela operação de tecnologia da informação e comunicação verde. A pesquisa mostra que a falta de conhecimento sobre o nível de desperdício de energia elétrica e o custo das ineficiências operacionais são os principais vilões para a existência no Brasil de poucas implementações de tecnologia verde.

> *A energia elétrica representa, em média, 10% do custo total da indústria, segundo a FIERJ (Federação das Indústrias do Estado do Rio de Janeiro).*
> Fonte: "Tarifa eleva preços ao consumidor", "Folha de S. Paulo", 10-08-2011, caderno mercado. http://www1.folha.uol.com.br/tsp/mercado/me1008201107.htm

> *Tarifa média brasileira está 131% acima da de parceiros comerciais. Alto custo inicial, de geração, transmissão e distribuição, esquenta debate sobre renovação das concessões do setor. A indústria brasileira paga a quarta conta de energia mais cara do mundo, o que afeta a sua competitividade. A tarifa de consumo industrial, de R$ 329 por MWH na média nacional, fica atrás apenas de Itália, Turquia e República Tcheca, segundo estudo inédito da*

252 ◆ Governança da Nova TI: Revolução

Firjan *(Federação das Indústrias do Estado do Rio de Janeiro).*

Fonte: *"Energia para indústria é a 4ª mais cara do mundo", "Folha de S. Paulo", 10-08-2011, caderno mercado.* http://www1.folha.uol.com.br/fsp/mercado/me1008201106.htm

Especialistas dizem que escolha do local para operação do site, gestão e uso de alguns sistemas contribuem para manter o ambiente refrigerado.

Fonte: *"Como melhorar a eficiência energética do data center",* http://computerworld.uol.com.br/tecnologia/2011/09/30/como-melhorar-a-eficiencia-energetica-do-data--center/, *acessado em 01/11/2011.*

O preço da energia elétrica no Brasil é objeto de intenso debate devido aos altos valores praticados quando comparados aos de outros países. No segmento industrial, isso vem comprometendo a competitividade, em particular das chamadas indústrias eletrointensivas, que respondem por 40% do consumo industrial de energia elétrica.

Fonte: *"Energia elétrica muito cara afeta a competitividade do setor industrial", "Folha de S. Paulo", 10-08-2011, caderno mercado.* http://www1.folha.uol.com.br/fsp/mercado/me1008201108.htm

Empresas ainda precisam superar desafios para obterem eficiência energética em seus datacenters. Durante um seminário no Centro de Energia do Pacífico, há algumas semanas, Mark Hydeman, da Taylor Engenharia apresentou os cinco desafios que as indústrias precisam superar para obterem eficiência energética em seus datacenters. Percebi que ele tem uma lista de pendências em execução e que se for solicitada a lista de todos os obstáculos, dificuldades e desafios para criar um datacenter eficiente em termos energéticos, ele teria uma lista muito boa no final do dia.

Fonte: *"Desafios da TI Verde",* http://br.hsmglobal.com/notas/58258-desafios--da-ti-verde?utm_source=news_sustentabilidade_070710&utm_medium=news_sustentabilidade_070710&utm_content=news_sustentabilidade_070710_desafios-da--ti-verde&utm_campaign=news_sustentabilidade_070710, *acessado em 01/11/2011.*

O ministro de Minas e Energia, Márcio Zimmermann, jogou para os Estados a maior parte da culpa pelo elevado custo da energia elétrica no Brasil. Segundo ele, a tarifa na geração hidrelétrica é uma das mais baixas do mundo, embora não chegue barato aos consumidores devido aos encargos e aos tributos, sobretudo o ICMS.

Fonte: *"Tarifa de energia alta é culpa dos Estados, diz governo", "Folha de S. Paulo",*

18/09/2011, caderno mercado. http://www1.folha.uol.com.br/mercado/800682-tarifa-de-energia-alta-e-culpa-dos-estados-diz-governo.shtml

O peso dos tributos federais na conta de energia dobrou nos oito anos do governo Lula. A cada R$ 100 pagos em 2002, quase R$ 7 iam para a Receita Federal. Agora, em uma conta no mesmo valor, a fatia é de R$ 14.

Fonte: "Tributos na conta de luz dobram sob governo Lula", "Folha de S. Paulo", 06/12/2010, caderno mercado. http://www1.folha.uol.com.br/mercado/841289-tributos-na-conta-de-luz-dobram-sob-governo-lula.shtml

Falta de água para as hidrelétricas força o aumento de geração pelas termelétricas; custo extra de R$ 500 mi será pago pelo consumidor

Fonte: "Reservatório em baixa deve afetar conta de luz", "Folha de S. Paulo", 25/11/2010, caderno mercado. http://www1.folha.uol.com.br/fsp/mercado/me2511201003.htm

Nível de verde nas operações de TIC

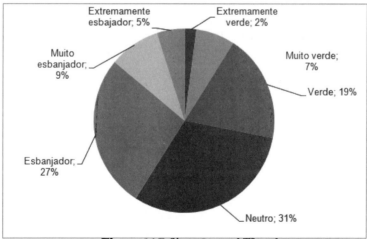

Figura 16.7 *Situação atual TI verde.*

Embora mais de 40% dos entrevistados afirmem na pesquisa que estão extremamente ou muito interessados no tema do uso da energia elétrica, apenas 9% deles implementaram de fato as melhores práticas verdes na sua empresa. Isto mostra que estamos diante de uma tendência nova e que existe um enorme potencial para o crescimento do mercado verde.

Potencial de Crescimento TI Verde:

254 • Governança da Nova TI: Revolução

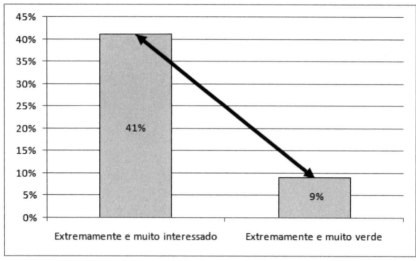

Figura 16.8 *Mercado TI verde.*

Desperdício = Custo Operacional

Uma grande parte dos profissionais de TIC das organizações que se autoclassificam como esbanjadores (cerca de 40%), não se preocupam com a eficiência e a eficácia do consumo de energia elétrica ou a responsabilidade ambiental.

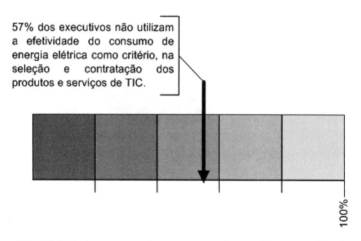

Figura 16.9 *Visão de longo prazo do menor custo dos produtos e serviços de tecnologia ainda é privilégio de poucos.*

Capítulo 18 • TI Verde • 255

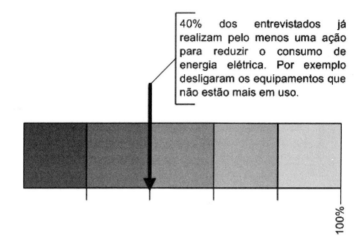

Figura 16.10 *Ações para reduzir custo da energia elétrica.*

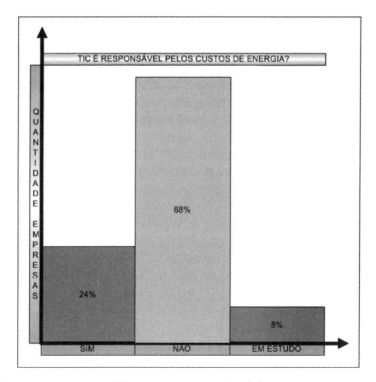

Figura 16.11 *Responsabilidade custo da energia elétrica. Fonte: "ComputerWorld"*
493.

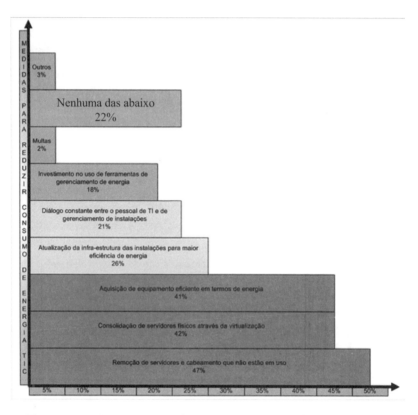

Figura 16.12 *Ações para reduzir consumo de energia elétrica. Fonte: "ComputerWorld" 493.*

Como em média os custos de energia representam 20% das despesas dos "datacenters", as empresas estão jogando fora quantias significantes de dinheiro. Os exemplos mais comuns de desperdício são:

1. Processamento e armazenamento alimentado e não utilizado (expressivo volume de investimento, depreciação e CAPEX jogado no lixo)
2. Fontes de energia ineficientes (dinheiro bom é transformado em calor indesejado e inútil)
3. Aterramento defeituoso, desperdiçando energia elétrica
4. Subutilização dos componentes de rede como roteadores e switches (volume grande de investimento, depreciação e CAPEX jogado no lixo)
5. Desperdício de espaço da sala e do "datacenter"
6. Desperdício de papel e tonner de impressão

7. Equipamentos desnecessários comprados em função de um gerenciamento de configuração pobre (volume significativo de investimento, depreciação e CAPEX jogado no lixo)

Energia Elétrica e Capacidade de Resfriamento

A maioria dos "datacenters" que existe hoje não foi construída para suportar a densidade de calor e consumo de energia típica dos servidores e soluções de armazenamento atuais. O gerenciamento da capacidade de energia, refrigeração e contingência está crescendo de importância nas organizações pela restrição de espaço físico e devido ao nível de crescimento da temperatura média dos equipamentos.

O Orçamento para as Iniciativas Verdes é um Primeiro Passo Crítico

Atualmente, apenas 23% dos executivos de tecnologia da informação e comunicações têm orçamento específico para TI verde. No entanto, o nível de crescimento destes orçamentos está acima de 14% a.a. Cerca de 60% dos entrevistados que se autoclassificam como "forte foco no controle dos custos de tecnologia" estão alocando algo em torno de 25% do orçamento de investimentos em TI em projetos verdes.

Muitos Modelos de Total Cost Of Ownership (TCO) Não São Precisos

É preciso revisitar o TCO tradicional e incorporar os custos de energia ao planejamento do ciclo de vida dos ativos de tecnologia. Os custos de energia elétrica, refrigeração e indisponibilidade dos serviços de TIC são frequentemente omitidos dos cálculos de TCO. Na maioria dos casos de mercado, o custo das operações de TIC é muito maior que o custo do investimento.

Ser Verde é uma Excelente Estratégia de Marketing

Existem estratégias e princípios para as empresas que usam o marketing verde. Com o crescimento da popularidade da TI verde, os fornecedores rapidamente irão "pintar" de verde tudo o que eles podem vender e estilizar as soluções atuais como verdes. A empresa usuária de TIC deve ser cautelosa em relação aos exageros dos fabricantes e tomar decisões com base em benefícios reais aplicáveis ao negócio.

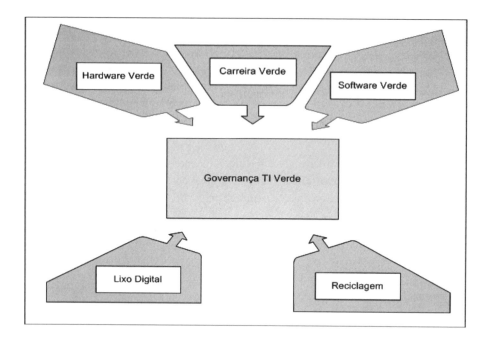

Figura 16.13 *Competências da Governança de TI Verde.*

Hardware Verde

Em 2001, o consumo médio de energia elétrica por rack era de apenas 3kW. Hoje em dia existem casos de consumo superior a 30kW por rack, ou seja, estamos diante de um crescimento espetacular do consumo de energia. Com certeza o crescimento do consumo e do custo faz o tema gerenciamento de energia elétrica voltar à mesa de trabalho de tecnologia. A área de tecnologia de informações e comunicações tem como missão a transformação dos dados em informações. O calor resultante do processamento de transformação representa na prática um efeito inútil e indesejável e mostra, de certa forma, o nível de ineficiência e desperdício do processo.

A solução mais comum adotada pelo mercado nacional para resolver o problema do calor inútil gerado pelo processo de transformação (refrigeração através de ar condicionado) representa, na prática, apenas um aumento maior ainda de energia elétrica, custos, ineficiências, desperdícios, investimentos, CAPEX e depreciação. A solução proposta, além de não resolver o problema (pois não ataca a sua causa raiz), agrava-o, pois a alternativa refrigeração gera calor, consome energia elétrica e transforma mais dinheiro bom em lixo.

Capítulo 18 • TI Verde • 259

O atual cenário demanda que a área de tecnologia da informação e comunicações repense com urgência o gerenciamento de energia e interrompa o ciclo de transformação de dinheiro bom em coisas inúteis. As perdas anuais (calor inútil gerado no processo de transformação dos dados em informação) já representam, em média, 1,2 vez do orçamento de investimento anual de tecnologia de informações e comunicações de uma empresa.

A infraestrutura verde de TIC tem a missão de eliminar este tipo de desperdício e ineficiência através de novas soluções de infraestrutura, refrigeração e gestão dos ativos e serviços. Por exemplo, soluções como: (i) corrente contínua, (ii) refrigeração por convecção, (iii) consolidação de servidores (iv) etc. vêm ganhando adeptos desde 2006 no Brasil, conseguindo endereçar com algum sucesso a questão da redução do consumo de energia elétrica e produção de calor. Como principais benefícios deste conjunto de soluções, temos:

- Redução do custo de energia
- Redução do custo de administração e suporte
- Aumento da agilidade para suprir as necessidades do negócio
- Redução do custo total de manutenção
- Redução dos custos de hardware
- Aumento da segurança da informação
- Aumento da segurança da rede
- Crescimento do retorno de investimento em tecnologia

Apesar do sucesso da grande maioria das iniciativas em ação no mercado nacional, a comunidade da tecnologia de informações e comunicações ainda tem uma enorme expectativa com os ganhos futuros dos "datacenters" verdes em relação às custosas questões de produção inútil de calor.

"Datacenter" Verde

Estudos mostram que os equipamentos de armazenamento e de redes são grandes vilões do consumo de energia. O consumo de energia dos sistemas de armazenamento e rede chega a representar até 35% do total de energia de um "datacenter".

Storage Verde

As novas tecnologias de armazenamento, como o gerenciamento do ciclo de vida das informações, permitem reduzir ou limitar o crescimento do consumo de energia.

260 ◆ Governança da Nova TI: Revolução

O Information Lifecycle Management (ILM) gerencia as informações armazenadas conforme a necessidade de uso. As informações acessadas com maior frequência são armazenadas em discos mais rápidos que consomem mais energia, e as informações menos acessadas são armazenadas em discos de menor velocidade e consumo de energia. Em geral, os sistemas usam como discos rápidos o Serial Attached SCSI (SAS) e como discos de menor velocidade o Serial Advanced Technology Attachment (SATA). O consumo de energia dos discos SATA é praticamente a metade dos discos SAS.

A hierarquia das informações não para na solução disco rígido, e as tecnologias de disco ótico e fita magnética fazem parte da realidade da maioria das empresas para as informações de acesso raro que precisam estar disponíveis por motivos econômicos ou legais. Os menores consumos dos equipamentos de fita magnética tornam esta solução extremamente interessante do ponto de vista ambiental, energético e financeiro. Os drives em estado sólido (SSD) baseados em memória flash já são realidade em diversos dispositivos do mercado. Por não terem partes móveis, estes discos rígidos consomem menos energia e têm acesso mais rápido aos dados. A questão da capacidade de armazenagem e regravação limitada não permite ainda o seu uso em larga escala no "datacenter", no entanto, grandes avanços na tecnologia vêm sendo alcançados nos últimos anos e os fabricantes prometem eliminar estas limitações em pouco tempo.

Gerenciamento Verde

As possibilidades de redução do consumo de energia são enormes em termos do ciclo de vida das informações. No entanto, a efetividade do uso dos recursos de armazenamento pode trazer resultados de curto prazo mais significativos. A tecnologia Massive Array of Idle Disks (MAID) é um exemplo prático de como o gerenciamento pode colaborar com a redução do consumo. O gerenciamento do MAID desliga os discos que não estão sendo utilizados no momento. O único inconveniente deste tipo de solução é que o tempo de acesso aumenta ao religá-los.

O Thin Provisioning (TP) é outra tecnologia de gerenciamento que as empresas vêm utilizando para alcançar maior efetividade energética. A solução permite a redução do nível de ociosidade dos discos através da virtualização, pois as arquiteturas de armazenamento compartilhado são bastante eficientes em relação ao consumo ótimo de energia. O Storage Area Network (SAN) e o Network Attached Storage (NAS) são exemplos de arquiteturas distribuídas. Em termos de efetividade energética, os sistemas de armazenamento ligados diretamente a um único servidor não apresentam resultados animadores. O Direct Attached Storage (DAS) é um exemplo de solução de sistema ligado a um servidor específico.

Rede Verde

As novas tecnologias dos equipamentos de rede estão abrindo um mundo de oportunidades de redução de consumo. Um fabricante recentemente anunciou que já consegue oferecer soluções de rede que consomem 44% menos energia que os produtos tradicionais. O equipamento tem inteligência para reconhecer a situação do estado da conexão e caso ela esteja em repouso entra em modo standby. O switch também é capaz de identificar o tamanho do cabo de rede e gerenciar a potência consumida em função do seu comprimento. Cabos de cem metros precisam de mais potência do que os de apenas cinco metros.

No caso das redes móveis, os fabricantes realizaram um enorme esforço para reduzir o consumo das suas estações de transmissão de 800 para 300 Watts por hora. Os engenheiros entregaram em 2010 as funcionalidades que colocam os equipamentos em modo econômico quando a rede estiver com baixa demanda.

PC Verde

A forte queda dos preços do computador portátil trouxe para a mesa de negociação a comparação laptop e desktop. O fator custo do consumo de energia está desequilibrando a balança financeira em favor do computador portátil. O laptop é muito mais eficiente em termos do consumo de energia por característica de construção. Em função da necessidade de mobilidade e limitações da duração da bateria, estes equipamentos foram projetados para elevado nível de efetividade do uso da energia. Um notebook consome em média 30 Watts por hora, enquanto que um desktop chega a consumir até 200 Watts por hora.

É evidente que os critérios energia e custo devem estar no topo da agenda quando a compra de um PC está sendo avaliada. No entanto, não pode ser o único critério, pois a forma de uso do equipamento deve ser considerada. Para aplicações de CAD é importante alta performance de processamento e vídeo, mas as aplicações normais de escritório podem ser realizadas com tranquilidade e produtividade por computadores com processador Celeron ou Sempron. Em geral, computadores equipados com estes processadores têm consumo máximo de 45 Watts por hora.

Apesar do menor consumo dos chips Celeron, não é possível adotar como regra geral que um processador menos recente e de menor capacidade consome menos energia. A avaliação do consumo de energia deve ser feita pelo indicador Thermal Design Power (TDP) dado pelo fabricante. O consumo da dupla processador e cooler deve ser sempre analisado, pois existem casos de baixo consumo de energia pelo processador e elevada perda energética em função da grande quantidade de calor inútil gerada. Neste tipo de avaliação, um processador que consome mais energia com maior efetividade e menor geração de calor inútil pode ter um consumo de energia total (processador + cooler) menor do que um processador de menor energia e pior eficiência. A quantidade de calor inútil gerado e custo de dissipação do calor são os fatores que fazem a diferença.

Desktop Verde

Para aumentar a efetividade energética e verde dos desktops, os fabricantes desenvolveram um modelo com mais de 90% de material reciclável aderente ao Energy Star 4.0, com consumo de apenas 45 Watts por hora e com alimentação por células solares.

Fonte de Alimentação Verde

A eficiência da fonte de alimentação deve ser sempre avaliada. Existem fontes no mercado com eficiência de apenas 50% , ou seja, metade da conta de energia é jogada no lixo. Existem análises que justificam a compra deste tipo de equipamento pelo menor custo. O investimento precisa ser avaliado de forma mais criteriosa, pois a conta total do ciclo de vida normalmente revela neste tipo de situação um gasto total muito maior que o planejado.

As melhores fontes têm eficiência de pelo menos 80% e vem com o logo 80 Plus. Em geral, a análise financeira mostra que o custo ao longo do ciclo de vida de uma fonte com 90% de eficiência é extraordinariamente menor do que o custo de uma fonte com 50% de eficiência. As únicas coisas menores na fonte de 50% são o custo aparente de curto prazo e a eficiência. No planejamento de médio prazo da maioria dos fabricantes de fontes de alimentação existe um forte comprometimento com a melhoria da efetividade energética dos seus produtos. **Lembre sempre que fontes precisam ser refrigeradas**.

Vídeo Verde

Outro ponto para considerar na compra dos computadores é o consumo da placa de vídeo. Uma solução mais sofisticada chega a consumir 200 Watts por hora. Não existe justificativa para uma solução deste porte em aplicações rotineiras de escritório. Não tem sentido algum ser ambicioso em excesso em termos de tecnologia. Uma placa de vídeo simples faz o trabalho do escritório com elevada produtividade e consome apenas 50 Watts por hora.

Impressora Verde

A PNIPTI mostrou que poucas empresas no Brasil conheciam corretamente os seus custos de impressão. A maioria que calculou o custo na ponta do lápis descobriu que tinha um enorme potencial de otimização. Na pesquisa, os executivos relataram que reduziram os custos de impressão entre 15% e 24% com a substituição de equipamentos obsoletos, consolidação, padronização e conscientização. A análise não levou apenas em conta a impressora. Foram considerados nos custos insumos como: tonner, cartuchos, papel, consumo de energia, manutenção, custo da indisponibilidade, CAPEX, depreciação etc.

Consolidação, padronização e conscientização possibilitaram uma enorme economia em energia, suprimentos e despesas financeiras. A simples atividade de rever a distribuição dos equipamentos em função da necessidade do negócio permitiu uma considerável melhoria no uso das impressoras. As soluções integradas multifuncionais (fax, scanner, copiadora e impressora) mostraram-se muito mais produtivas e efetivas do que a antiga solução de equipamentos individuais. A redução típica do consumo de energia ficou entre 25% e 35%.

Novos Produtos, Mercados e Consumidores

A TI verde está testando o mercado com novos produtos. Por exemplo, um fabricante revestiu os notebooks com couro em busca de um nicho de mercado que queira exclusividade. Outra iniciativa deste fabricante na linha de nicho de mercado foi o desenvolvimento do eco notebook com tiras de bambu. Na linha de energia alternativa, a criatividade vem correndo solta e um fabricante de bluetooth desenvolveu um conjunto viva-voz, que capta a energia necessária através de células solares fixadas no para-brisa do carro. Outro caso interessante é a bolsa para notebook que capta a energia solar para carregar a bateria.

Software Verde

O papel é uma solução de excelente relação custo x benefício e alta tangibilidade, por isso muitas pessoas o consideram uma barreira para o crescimento dos aplicativos verdes. No entanto, a prática de mercado mostrou que as aplicações verdes superaram a barreira de posicionamento restrito às tecnologias físicas, passaram a agregar

264 • Governança da Nova TI: Revolução

tecnologias sociais na solução e tornaram-se extremamente vantajosas (virtude de tangibilidade, mobilidade e baixo custo). Outro desafio endereçado pelas aplicações verdes foram as informações inúteis.

> *A baixa qualidade dos dados compromete a inteligência analítica, diz o vice-presidente geral do SAS, Jim Davis. Em cenários incertos, como o que vivemos hoje, a inteligência analítica é uma ajuda e tanto para o CIO, pela capacidade de ir além do BI tradicional e transformar dados em conhecimento estratégico, aumentando o nível de acerto na tomada de decisão. Em entrevista à Info CORPORATE, o vice-presidente geral do SAS, Jim Davis, que destacou, entre outros aspectos, os principais erros na implementação de projetos de inteligência.*
>
> Fonte: "Se entra lixo, sai lixo", http://info.abril.com.br/corporate/business-intelli-gence/se-entra-lixo-sai-lixo-1.shtml, *acessado em 01/11/2011*.

Apenas 20% das informações impressas têm real utilidade e são lidas pelo público-alvo. Os sistemas de relatórios verdes vêm resolvendo com bastante inteligência as questões de gastos com informações inúteis e desperdícios com papel, tinta, processamento, energia, distribuição, comunicação, armazenamento etc. A efetividade da informação é um fator de elevada relevância para que os relatórios tenham utilidade para os leitores. Algumas iniciativas que estão em curso na área de software verde são, por exemplo, a virtualização, a eliminação de protocolos indesejados, a geração de relatórios customizados por usuário etc. Os principais benefícios alcançados até o momento foram:

- Automação de relatórios gerenciais
- Aumento das facilidades e crescimento da agilidade do negócio
- Melhoria da qualidade das informações e tomada de decisões
- Crescimento das facilidades para a divulgação com segurança das informações para os diretores, gerentes, órgãos externos, meios de comunicação etc.
- Redução do tempo de processamento dos relatórios
- Redução do tempo das reuniões de auditoria e gerenciais
- Aumento da capacidade de análise de informações
- Crescimento da capacidade de realização de projetos
- Customização dos relatórios em função da necessidade do usuário de negócio
- Redução dos custos de energia
- Redução dos custos de hardware
- Eliminação de perdas de produtividade dos processos de negócio
- Redução do tempo para alocação de recursos de tecnologia

Capítulo 18 • TI Verde • **265**

- Redução do tempo de entrega dos produtos e serviços
- Redução do prazo de manutenção dos equipamentos, sistemas, banco de dados etc.

O software verde tem enormes vantagens em relação ao papel quando o ambiente não é móvel. O custo de gerenciamento da solução papel é bastante elevado e as aplicações verdes de gerenciamento de arquivos históricos, contratos etc. apresentam uma enorme redução dos custos de gerenciamento, armazenagem, recuperação das informações etc. A redução significativa dos custos do CO_2 produzido também deve ser computada no cálculo da comparação da solução papel (em ambiente fixo) e aplicativo verde. As aplicações verdes já estão presentes em diversas empresas do mercado, mas ainda tem um enorme espaço de crescimento em função do gigantesco potencial para redução de custos, consumo de energia, emissão de CO_2 e etc.

Governança da Impressão Verde?

A ausência do gerenciamento financeiro e verde de TIC vem impedindo que os usuários conheçam o real impacto das impressões no negócio e ambiente. O volume total de páginas impressas vem aumentando ano a ano, apesar do forte crescimento dos processos digitais. As pessoas imprimem, em alguns casos, todos os seus e-mails. A falta de conhecimento do custo e impacto ambiental de uma página impressa faz com que o volume total de impressão tenha um nível de crescimento descontrolado.

A solução de terceirização da impressão trouxe alguns resultados positivos em termos de limitação do crescimento, mas após algum tempo os resultados perderam força e ocorre o volume total foi estabilizado em um patamar não ótimo. O pleno conhecimento do custo e do impacto ambiental pode ser o catalisador para criar uma cultura de imprimir apenas o que é realmente necessário para a atividade e para o negócio. No entanto, para que isto seja verdade é preciso criar uma alternativa para a mobilidade do papel.

Carreira Verde

Sustentabilidade, responsabilidade corporativa e TI verde são temas que ganham cada vez mais destaque e espaço nas estratégias corporativas. Participar das iniciativas de sustentabilidade e desenvolver projetos verdes são ações que dão grande visibilidade aos executivos e profissionais de tecnologia de informações e comunicações. Os profissionais de tecnologia precisam ter no topo da sua agenda de atividades que tecnologia sustentável é um assunto muito maior do que as iniciativas de "vitrine de loja". A troca de equipamentos gastadores de energia é importante, mas é algo bem menor do que pode ser alcançado pela governança efetiva de TI verde. Políticas para desligar equipamentos desnecessários, eliminar protocolos indesejados, retirar cabeamento inútil são exemplos de como atividades simples, triviais e de baixo custo podem cortar significativamente os custos de energia.

Uma nova carreira e um novo perfil profissional podem estar surgindo na área de tecnologia. Levantamento realizado por um instituto de pesquisa mostra que a imensa maioria dos executivos brasileiros afirma que as iniciativas de TI verde estão crescendo em importância na sua organização. Já é comum encontrar no mercado nacional empresas que adotam como critério iniciativas de preservação ambiental para selecionar e contratar um fornecedor. Várias entidades financeiras usam no seu dia a dia o critério de sustentabilidade ambiental do negócio para aprovar empréstimos. Em algumas empresas, a participação no resultado da empresa está diretamente ligada com a superação das metas de consumo sustentável de energia, papel etc. Os executivos destas organizações têm o seu bônus condicionado à superação das metas ambientais.

Lixo Digital

> *Não é só projeção internacional positiva que o Brasil tem ganhado com sua ascensão econômica. O país é agora o campeão mundial de spams, tendo sido a origem de 14% do lixo virtual que entupiu caixas de e-mail pelo mundo nos dois primeiros meses do ano. E o principal foco é fraude bancária.*
>
> Fonte: "Brasil lidera ranking mundial de spams com 14% de envio", "Folha de S. Paulo", 25/03/2010, caderno dinheiro. http://www1.folha.uol.com.br/folha/informatica/ult124u711748.shtml

Em geral, as soluções de eliminação do lixo digital ("spam", ataques tipo "denial--of-service", "phishing" etc.) passam por soluções não verdes e custosas de aumento de processamento, consumo de energia elétrica, produção de carbono e calor. O mercado está combatendo uma ineficiência com o aumento do desperdício e custo, ou seja, maximiza a transformação de dinheiro bom em lixo. As aplicações verdes de eliminação do lixo digital têm o desafio de resolver a causa raiz do problema e economizar milhões de reais em termos de custos operacionais de tecnologia de informações e comunicações e emissões de CO_2.

Apesar do enorme custo, pouco ou nada se tem feito nesta direção. A esperança é que a governança de TI verde pegue de fato, e que a seleção e a contratação de fornecedores

Capítulo 18 • TI Verde • **267**

sejam pautadas não mais na ilusão do menor custo visível de curto prazo, mas na realidade de menor custo total da solução. Um pequeno aumento da produtividade dos provedores de Internet no Brasil pode resultar em reduções gigantescas no consumo de energia pela eliminação de pragas como "spam", "phishing", "spyware" etc.

Reciclagem

A reciclagem de equipamentos eletrônicos precisa fazer parte da cadeia produtiva do setor, pois são geradas cerca de 50 milhões de toneladas de sucata eletrônica por ano no mundo. Com o forte crescimento da China e da Índia, o problema do lixo eletrônico está se agravando. A boa notícia é que os centros de reciclagem dão lucro pouco tempo após a sua abertura através da reciclagem de materiais como o plástico e metal. Um efeito colateral não esperado da reciclagem é o aumento do capital intelectual.

Os novos conhecimentos do processo de reciclagem permitiram uma significante evolução do design do hardware. Os fabricantes de computadores buscam na reciclagem uma forma de melhorar a imagem corporativa e conquistar o coração dos consumidores. A HP recolheu, entre 2004 e 2007, mais de 90 mil toneladas de lixo eletrônico na Europa, Oriente Médio e África. Transformação de tecnologia em arte e novos objetos é um desafio que os artistas verdes estão superando com criatividade no Brasil. A reportagem "Lixo eletrônico é material para artista criadora das tecnojoias", publicada em 20 de agosto de 2008 na "Folha de S. Paulo", caderno Informática, mostra como o mercado vem reciclando os componentes do computador de forma sustentável e rentável. O artigo explica como a artista plástica criou um novo e rentável negócio através da transformação de cabos em telas, teclas em anéis e processadores e placas em chaveiros, colares e bolsas.

Os projetos de responsabilidade social sustentada vêm explorando com enorme sucesso a oportunidade gerada pela reciclagem do lixo eletrônico, de aumentar o nível de crescimento do poder de compra das classes sociais C, D e E. O mercado de segunda linha de celulares, notebooks, micros etc. é uma importante oportunidade para que novos fornecedores estabeleçam-se no mercado e ganhem muito dinheiro ao atender as necessidades de uma nova classe social que está surgindo no país.

Muitas empresas já adotam estratégia de sustentabilidade que leva em conta os impactos sociais e econômicos nas comunidades onde estão instaladas. Quando escrevemos sobre a sustentabilidade e os CIOs, muitas vezes focamos em como os líderes de TI podem ajudar suas empresas a reduzir o consumo de energia. É um alvo óbvio porque é relativamente fácil de quantificar. *Se vai ou não ter metas formais de redução de emissões de carbono, economia com kilowatts ou de litros de óleo para aquecimento fica evidente no resultado financeiro.*

Fonte: "Em vez de reciclar PCs antigos, melhor doá-los", http://computerworld.uol.com.br/tecnologia/2011/09/08/em-vez-de-reciclar-pcs-antigos-melhor-doa-los/, acessado em 01/11/2011.

Micros a partir do PIII representam, na prática, uma excelente opção de tecnologia para alunos do primeiro grau. No Brasil já existem algumas iniciativas com custo de investimento e manutenção muito baixo e elevado grau de inclusão digital. Programas públicos de sustentabilidade ambiental de tecnologia de informações e comunicações representam enormes oportunidades para governos, sociedades e comunidades. Os programas privados de sustentabilidade ambiental como a compra de cartuchos de impressoras, baterias de celulares, pilhas, trade-in de equipamentos de tecnologia etc. são, na prática, enormes oportunidades para aumentar os lucros corporativos e reduzir as desigualdades ambientais e sociais.

A Importância do Entendimento da Função Transformação TIC Para o Negócio

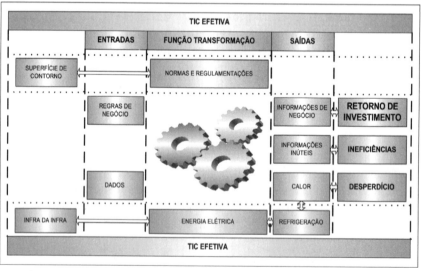

Figura 16.14 *Função transformação tecnologia de informações e comunicações.*

A função transformação f(TIC) mostra que a tecnologia da informação e telecomunicações transforma as entradas (dados e regras de negócio) em informações úteis,

Capítulo 18 ◆ TI Verde ◆ **269**

inúteis e calor. Como as saídas calor e informações inúteis não são desejadas e nem agregam valor, elas representam as perdas e ineficiências da função transformação. Quando avaliamos a quantidade de calor inútil produzido pelo processo de transformação f(TIC), estamos calculando na prática o desperdício estrutural do sistema.

A governança de TI verde e a eliminação de desperdícios e ineficiências têm forte relacionamento, pois o principal objetivo da governança verde é maximizar o retorno de investimento em TIC de forma sustentável. Antigamente era bastante comum encontrarmos crianças brincando com jogos de varetas. A regra básica do jogo era pegar primeiro as varetas fáceis. Para a TIC verde, a vareta bola da vez é o desperdício estrutural do sistema. A justificativa para a sua escolha é o elevado coeficiente de impacto ambiental verde em função de: (i) grande quantidade de calor inútil produzido pelo processo de transformação, (ii) extraordinário consumo de energia para dissipar o calor inútil, (iii) custo extremamente elevado da energia elétrica e (iv) elevada e descontrolada taxa de crescimento do custo da energia.

Gastar dinheiro bom e caro para corrigir um desperdício beira o irracional, por isso a eliminação desta fragilidade é tão visível, premente e necessária. Embora a avaliação do cenário mostre uma taxa financeira de retorno de investimento em governança de TIC verde clara bem definida e elevada, não é o ponto de vista econômico que tem o maior fator de alavancagem do capital. Como o calor produzido pela função transformação f(TIC) precisa ser neutralizado para o correto funcionamento da infraestrutura, nós temos o ambiente criando vida própria e consumindo recursos de investimentos para compras de equipamentos de refrigeração. Em conjunto com o custo de aquisição vêm os custos operacionais de gerenciamento, manutenção e atualização da solução. Parece que o custo do calor é bem caro, não é? Segure-se para não cair da cadeira, pois ainda não chegamos ao total real. Temos que somar nestes gastos o custo de oportunidade do capital. O calor inútil gerado pela função de transformações compromete o funcionamento da infraestrutura de tecnologia e obriga à realização de investimento adicional em refrigeração.

Em função da obrigatoriedade ou "mal necessário", as unidades de negócio perdem os recursos que foram utilizados para a dissipação de calor inútil e com isso os lucros corporativos são reduzidos. Esta estrutura de custos mostra, sem a necessidade de cálculos complexos e malabarismos financeiros, que a taxa de retorno direto da sustentabilidade ambiental de tecnologia é enorme. Se o componente indireto de retorno, que é o ganho de imagem verde, for adicionado ao componente financeiro, fica muito simples explicar por que o desperdício estrutural de tecnologia de informações e comunicações é a bola sete do jogo de bilhar.

Nas minhas atividades e apresentações sobre efetividade dos custos de tecnologia, este momento é sempre crítico, pois é muito comum ouvirmos comentários que o problema de desperdício foi resolvido através da terceirização da infraestrutura. Neste ponto, sempre procuro explicar com ênfase a questão da efetividade real dos custos. Transferir um problema não significa solução, pois na prática o preço da terceirização é composto por custo, valor agregado, investimento, desperdício, ineficiência e taxas e impostos.

No caso de outsourcing, que apresenta desperdícios e ineficiências estruturais, as perdas financeiras para o cliente são grandes em função do efeito alavancador dos impostos sobre elas. Em geral, os profissionais do mercado nacional afirmam que estão imunes às perdas pelo desperdício da empresa contratada, pois o poder de barganha da empresa é tão grande que eles conseguiram um preço muito abaixo do mercado na compra da terceirização. Apesar da boa-fé da colocação, a prática mostra que esta afirmação não reflete a realidade. Eu sempre procuro orientar os executivos e profissionais de tecnologia sobre a inexistência do mágico e sobre devermos manter o nosso olhar financeiro no longo prazo.

Se o preço de venda do fornecedor estiver muito espremido, ele não vai conseguir entregar permanentemente a qualidade acordada dos SLAs e o custo vai aumentar ou pela falta de confiabilidade da solução e demanda por redundâncias (desnecessárias) pelos usuários, ou pela perda da capacidade de investimento do fornecedor e no curto prazo a sua empresa estará apoiando a infraestrutura de negócio em uma solução defasada, correndo o risco de perder negócios para a melhor estrutura da concorrência, ou pela perda da rentabilidade do fornecedor e ele rapidamente estará sem capacidade de continuidade do negócio e a sua empresa terá que arcar com um enorme custo de mudança da terceirização.

Resumindo, não existe no mundo real almoço de graça. Ou ele é pago na entrada ou na saída. Em geral, é conveniente acreditar na gratuidade do almoço, mas a prática dos executivos financeiros mostrou que a conta sempre vem. Felizmente, os executivos de TIC no Brasil estão adotando um posicionamento bastante pragmático em relação ao tema. O primeiro passo, em termos de solução deste desperdício, vem sendo dado em duas abordagens distintas por fornecedores e empresas usuárias de tecnologia.

Primeira Abordagem – Não Produzir Calor Inútil

Não produzir calor desnecessário no processo de transformação tem alto poder de alavancagem financeira, pois endereça à questão do problema de desperdício de energia elétrica em três grandes frentes diferentes:

Frente 1 - Redução dos Custos de Energia Elétrica

Esta é a frente mais óbvia e simples. É a redução da quantidade de energia consumida pela infraestrutura de tecnologia de informações e comunicações pela maior efetividade do uso. Muitos fornecedores estão fazendo a sua lição de casa e disponibilizando equipamentos mais eficientes e eficazes. Como exemplo de mercado, temos as diversas soluções verdes de servidores que apresentam expressiva redução no consumo de energia elétrica e geração de calor.

A consequência do menor consumo de energia elétrica é a redução da quantidade de calor inútil produzida pelo processo de transformação. Como a necessidade de refrigeração para neutralizar o calor é menor, a quantidade de energia elétrica necessária consumida pelos equipamentos de resfriamento do ambiente também é menor, portanto o custo do desperdício estrutural acaba sendo reduzido duplamente.

Frente 2 - Redução dos Custos da Neutralização do Calor

A segunda frente é a redução ou eliminação do custo da dissipação do calor indesejado pela maior efetividade do custo da neutralização. No exemplo da matéria "Datacenter localizado na Suíça coleta e transfere a água quente gerada pelos servidores a uma piscina nas redondezas", publicada pelo "Network World" de 10 de abril de 2008, temos um caso em que o calor indesejado está sendo transformado em útil através do aquecimento de uma piscina.

Outra forma de reduzir o custo da dissipação em uso pelo mercado é a utilização de soluções de convecção e corrente contínua. Neste tipo de solução, o consumo de energia elétrica para realizar a neutralização do calor inútil produzido pelo processo de transformação é menor do que as soluções atuais. Em resumo, quando avaliamos o custo de longo prazo e o agregamos ao custo da solução atual de dissipação do calor, aos custos do capital (CAPEX, depreciação e custo de oportunidade) e aos custos do gerenciamento do resfriamento (monitoração, controle e manutenção), encontramos um valor total que é grande o suficiente para permitir a viabilidade de diversos projetos de transformação do inútil em útil e economizar muito dinheiro.

Frente 3 - Coração dos Clientes

A terceira frente é a mais atraente, pois endereça ao coração dos clientes. As otimizações de TI verde não apenas reduzem os custos operacionais pela eliminação dos desperdícios e ineficiências, mas também aumentam o índice verde dos produtos e serviços da empresa e servem como diferenciais competitivos. O fator de alavancagem do marketing verde é extraordinário e permite um crescimento expressivo das vendas e do lucro.

Estudo da ONU mostra Brasil no topo do ranking de produção per capita de lixo eletrônico vindo de computadores. O Brasil tem a maior produção per capita de lixo eletrônico vindo de computadores entre 11 países emergentes e em desenvolvimento selecionados para um estudo conduzido pelo Pnuma (Programa das Nações Unidas para o Meio Ambiente). A pesquisa da agência da ONU foi divulgada no final de fevereiro pela organização.
Fonte: "e-lixo e seus perigos", "Folha de S. Paulo", 24/03/2010, caderno informática. http://www1.folha.uol.com.br/fsp/informat/fr2403201001.htm

Segunda Abordagem - Ser Inteligente no Corte dos Custos

Atualmente, um centro de processamento de informações tem o custo anual de energia elétrica praticamente igual ao custo operacional. É muito comum encontrar casos no Brasil em que o CIO foi pressionado pelo negócio a reduzir o orçamento e a solução adotada foi cortar custos e qualidade dos serviços de tecnologia. Em diversos casos, o executivo renegociou os contratos em função do aumento da produtividade dos fornecedores. É muito saudável que a empresa cliente demonstre para os fornecedores que exige ganhos de produtividade.

No entanto, existem casos em que a questão da produtividade não foi entendida corretamente e a redução dos custos foi feita com perda do capital intelectual e redução da qualidade dos serviços no médio e longo prazo. O grande problema deste tipo de ação é que ele aumenta o nível de insatisfação do usuário e provoca aumento de custos no médio e longo prazo. Por isto, no caso de necessidade de cortes nos custos (é saudável que seja uma prática permanente), as soluções verdes de revisão dos serviços e processos são muito interessantes. Elas permitem manter no portfólio apenas os serviços e processos de TIC que agregam valor aos produtos e serviços da empresa (redução dos desperdícios e ineficiências). Este tipo de situação é extremamente interessante, pois reduz ao mesmo tempo o uso de energia elétrica, a produção de calor e o custo da neutralização do calor inútil.

Capítulo 18 ◆ TI Verde ◆ 273

As mensagens indesejadas são mais de 50% de tudo que se recebe por e--mail atualmente e dão prejuízo a empresas e internautas. Os números são assustadores – e a tendência, infelizmente, é que aumentem outro tanto antes que as empresas consigam se proteger. Os spams, aquelas mensagens eletrônicas inconvenientes, que lotam nossas caixas postais sem serem convidadas, respondem por mais de US$ 50 bilhões em prejuízos anualmente, segundo levantamento da consultoria Ferris Research.

Fonte: "O spam é chato e custa muito dinheiro", http://planetainteligente.blog.terra. com.br/2009/04/20/o-spam-e-chato-e-custa-muito-dinheiro/, *acessado em 01/11/2011.*

Apesar da importância da onda verde, é recomendável que as organizações tenham muito cuidado quando estão sendo propostas soluções que eliminem serviços e processos de TIC que agregam valor aos produtos e serviços da empresa. Não é raro encontrar situações em que a facilidade de propor cortes de custos sobrepôs uma avaliação mais detalhada sobre melhorias da produtividade. Em geral, medidas que resultam na perda pura e simples do capital intelectual ou no emagrecimento desequilibrado dos serviços de tecnologia têm como consequência a geração de redundâncias operacionais, perdas de receitas e aumento de custos.

Neste tipo de situação, a redução planejada do orçamento não produz efeito prático algum. É comum acontecer exatamente o oposto, ou seja, um aumento descontrolado dos custos gerando perda da competitividade, redução da lucratividade e capacidade de investimento. O ciclo pode ser tão perverso que pode gerar uma espiral negativa de crescimento do negócio e comprometer a sua continuidade. O executivo deve estar muito atento em relação à qualidade e à inteligência da redução de custos.

Inteligência Verde no Planeta TIC – Governança de TI Verde Como Resposta

A governança de TI verde busca na prática apenas um objetivo adicional ao tradicional da tecnologia: a proteção ambiental através da maior eficiência energética. A boa notícia é que a preservação ambiental é atualmente um alvo comum tanto para os vendedores como para os compradores de tecnologia. A produçao e a utilização de equipamentos de tecnologia com consumo reduzido de energia protege o ambiente ao mesmo tempo em que reduz os custos, ou seja, temos uma amplificação dos ganhos.

País deve fomentar os aparelhos que economizam energia elétrica; micro-ondas e chuveiros passarão a ter selo. Expectativa é que itens possam consumir até 50% menos, a exemplo do que acontece com produtos

274 • Governança da Nova TI: Revolução

> *já certificados. Para intensificar o combate ao desperdício de energia, que causa um prejuízo de, pelo menos, R$ 10 bilhões por ano, o governo pretende ampliar o número de eletrodomésticos que consomem menos energia elétrica.*
>
> Fonte: "Governo quer eletrodoméstico eficiente", "Folha de S. Paulo", 20/02/2011, caderno mercado. http://www1.folha.uol.com.br/fsp/mercado/me2002201109.htm

Em função do enorme impacto da tecnologia na infraestrutura dos negócios, os ganhos de produtividade da efetividade do uso de energia geram uma escala tamanha que todos os setores da economia são afetados positivamente. Apesar dos benefícios do menor custo, a melhor notícia vem do fator ambiental. Ele fica fortemente alavancado em todas as atividades econômicas pelo efeito cascata na cadeia produtiva estendida da redução da emissão de CO_2 e do consumo de energia.

Será Que Finalmente Estamos Diante de Um Jogo Perfeito em que Todos Ganham?

- Produtos mais eficientes e soluções mais eficazes em relação ao consumo de energia
- Melhor eficiência do gerenciamento da tecnologia
- Uso consciente das tecnologias permite a redução de emissão de CO_2
- Efetividade energética gera retorno financeiro
  Wallmart
  Save money. Live better.
  Fonte: http://www.walmart.com

Até o momento, falar de crescimento da atividade econômica implicava falar sobre consumo de energia, ou seja, uma maior riqueza gerava uma menor natureza. Economia e natureza eram adversárias. A TI verde veio para quebrar este paradigma. Inovações tecnológicas ecologicamente corretas ou soluções de capital intelectual que reduzam o consumo de energia e danos ao meio ambiente e o objetivo verde passaram a fazer parte do dia a dia do mundo corporativo. A governança de TI verde tem abrangência bastante ampla, indo desde produtos de alta tecnologia até soluções de gerenciamento mais efetivas. Como exemplo de produtos, soluções e gerenciamento já disponíveis, temos:

- Processadores com diversos núcleos que consomem menos energia.
- Gerenciamento efetivo das informações reduzindo o consumo de energia no "datacenter" pelo menor processamento.

Capítulo 18 ◆ TI Verde ◆ **275**

- Redução do consumo de energia com a utilização da solução impressora multifuncional em relação ao ambiente não integrado de impressora, scanner, fax etc.
- Desenvolvimento de produtos e soluções orientados ao meio ambiente. Projetos que consideram o ciclo de vida completo desde a matéria-prima até a reciclagem.
- Processos de produção verdes que integram a natureza ao conjunto embalagem, distribuição e descarte.
- Maximização do uso verde dos equipamentos e aplicações através de melhor gerenciamento.
  - Melhor controle e nível de temperatura do "datacenter" para manter os equipamentos funcionando adequadamente e reduzir o consumo de energia.
  - Melhor layout dos equipamentos para utilizar o ambiente como meio de refrigeração.
  - Soluções de corrente contínua para consumir menos energia.
  - Maior eficiência das fontes de alimentação.
  - Quantidade de monitores, teclados e mouses no "datacenter" adequada à necessidade.
  - Automatização do adormecimento dos equipamentos durante os períodos de não-utilização.
  - Atualização do parque de equipamentos conforme a necessidade do negócio de redução do consumo de energia.
  - Certificações de qualidade verde dos equipamentos.
  - Carregadores que desligam automaticamente quando os dispositivos portáteis estiverem carregados.
  - Comunicação clara do problema sobre os equipamentos de TIC serem responsáveis por 2% da emissão global de CO_2 e introdução de metas de redução sustentáveis.
  - Incentivo ao uso de tecnologias que reduzam a emissão de CO_2.
    - Teletrabalho
    - Videoconferência
    - Gerenciamento efetivo do trânsito
    - Gerenciamento efetivo da logística de transporte e distribuição

Os estudos mostram que no atual nível de crescimento do consumo e custo, a energia elétrica representará a maior parcela do custo operacional de um "datacenter" no prazo de até cinco anos; por isto, os investimentos em efetividade energética têm alto potencial de retorno financeiro no médio e longo prazo. Pegando carona no menor custo, vem a reboque a maior proteção ambiental. Para alcançar uma redução no consumo de energia em um "datacenter" de forma sustentável, a governança de TI verde recomenda alguns passos simples. Apesar da simplicidade e facilidade, as etapas têm enorme importância e significância na direção da otimização dos recursos.

276 • Governança da Nova TI: Revolução

O primeiro passo é o do saber profundo, ou seja, conhecer em detalhes a situação atual. Muitas vezes as organizações desconhecem que estão utilizando equipamentos antigos e obsoletos, pagando custos exorbitantes de energia. Não é incomum encontrar casos de equipamentos ligados sem utilidade alguma. Também é fácil encontrar aplicações que consomem uma enorme parte dos recursos computacionais, sem que exista uma real necessidade para tal. Da mesma forma que existem equipamentos (e cabeamento) alimentados desnecessariamente, também existem no ambiente típico de TIC protocolos e aplicações desnecessárias.

O pleno conhecimento de todos os itens de configuração da arquitetura de tecnologia de informações e comunicações permite identificar a sua necessidade de uso pelo negócio. Economias significativas podem ser obtidas apenas com a eliminação de equipamentos e aplicações desnecessárias. Outro patamar de economia pode ser obtido pela análise das informações, pois informações inúteis só consomem processamento e espaço de armazenamento. Finalmente, o terceiro patamar, que é quando o gerenciamento de tecnologia está pronto para avaliar se os equipamentos e aplicativos não consomem recursos em demasia.

Após a etapa de pleno conhecimento vem a fase de ação simplificadora do ambiente. Uma solução bastante utilizada pelo mercado para eliminar os desperdícios do hardware e simplificar a arquitetura é a consolidação e virtualização. Existem estudos de mercado que afirmam que o nível de utilização de um servidor é no máximo de 20% , ou seja, existe pelo menos 80% de ociosidade de processamento, CAPEX, depreciação, investimento e custo de oportunidade. A avaliação dos casos em que o projeto de centralização e virtualização foi executado com sucesso mostra que é perfeitamente possível diminuir o nível de ociosidade dos servidores do patamar de 80% para o nível de 20% , mantendo a mesma performance para o usuário. Ou seja, estamos diante do famoso "fazer mais com menos".

A terceira etapa é o software verde. Um estudo do mercado de aplicativos mostrou que apenas 40% das funcionalidades das aplicações de software são utilizadas na prática pelos usuários. Ou seja, códigos mais enxutos fazem o mesmo trabalho e custam bem menos em termos de investimento no desenvolvimento e custo operacional. No entanto, as otimizações de software não param por aí, pois existem na maior parte das aplicações utilizadas pelos usuários códigos ineficientes que consomem muito mais recursos de infraestrutura do que o necessário. Uma política clara de gerenciamento da aquisição das aplicações em função do menor custo total do ciclo de vida é uma solução que produz extraordinários resultados na redução do consumo de energia e dinheiro. A governança da TI verde inclui um gerenciamento efetivo da aquisição de

Capítulo 18 • TI Verde • **277**

software, pois o consumo suficiente de processamento resulta em uma brutal redução do consumo de energia elétrica e aumento do índice de preservação ambiental.

A quarta etapa é talvez a atividade mais óbvia, em termos de economia de energia e preservação ambiental. Utilizar equipamentos mais eficientes em relação ao uso de energia reduz o consumo, custo e impacto ambiental. O hardware verde trata exatamente deste tema: equipamentos que consomem menos energia e produzem menos calor reduzem a necessidade de refrigeração e o resultado final é mais natureza e menos custo.

Após as otimizações do ambiente, é necessário eliminar desperdícios provocados pelo capital intelectual inadequado. A quinta etapa trata exatamente disto, ou seja, do uso dos recursos e investimentos conforme a real necessidade do negócio. Os estudos mostram que cerca de 40% do consumo de energia de um "datacenter" é destinado à neutralização do calor, ou seja, à refrigeração. Considerando que a temperatura operacional ideal é de 26°C, fica claro que existe um enorme espaço para a racionalização dos recursos e consumo de energia elétrica.

Outra manifestação de capital intelectual inadequado é apresentada na sexta etapa. A redução da quantidade de informações armazenadas também reduz o consumo de energia. Menor quantidade de informações representa, na prática, menor volume de processamento para as atividades rotineiras de reorganização, limpeza, backup, restore etc. dos bancos de dados. Armazenar informações inúteis ou redundantes em bancos de dados, e-mails, planilhas eletrônicas etc. são exemplos de uso ruim da tecnologia.

A governança da TI verde tem o importante papel de convencer os usuários para a "tecnologia de informações e comunicações do bem" e construir atitudes para que as informações inúteis sejam imediatamente descartadas. O apelo verde é um importante aliado, pois a campanha pode atacar o coração dos usuários ao solicitar o não-armazenamento e divulgação de informações inúteis. A natureza agradece e a empresa também. Em geral, o apelo de não armazenar e-mails inúteis cai no vazio, mesmo que sejam utilizadas políticas duras e severas. A minha experiência pessoal como gestor de tecnologia mostrou que o apelo ao coração, à natureza e à sustentabilidade é muito mais efetivo e produz resultados extraordinários em relação à economia de energia e refrigeração. O apelo ao coração é relevante, mas também é muito importante escolher a tecnologia adequada para o armazenamento ótimo das informações úteis. No mercado existem diversas tecnologias como ILM, SAN, NAS, HBA (host bus adapter) e etc. para economizar energia no armazenamento de informações na memória, disco etc.

A PNIPTI e a Governança de TI Verde

Dez áreas tecnológicas merecem a atenção das empresas hoje e no próximo ano, segundo estudo recém divulgado pelo Gartner. Entre elas, a empresa de consultoria classifica a mobilidade em primeiro lugar, por forçar as empresas a prepararem o seu software de modo a disponibilizarem acesso às aplicações de todas as formas possíveis e promover a consumerização das TICs ou a abordagem "Bring Your own Device" (BYOD) ou "Bring Your own Technology" (BYOT).

Fonte: "Dez tendências tecnológicas para 2012, segundo o Gartner", http://cio.uol. com.br/noticias/2011/11/04/dez-tendencias-tecnologicas-para-2012-segundo-o-gartner/, *acessado em 01/12/2011.*

Levantamento realizado pela consultoria MarketTools, a pedido da fornecedora de aplicações web F5 Networks, aponta que 67% das empresas concluíram ou estão no processo de conclusão da migração para Infraestrutura como Serviço (IaaS) e da Plataforma como Serviço (PaaS). Dessas, 15% implementaram ou estão em fase de adoção, preparando o terreno para a ITaaS em escala total em toda a organização, indica o estudo. Uma das conclusões do estudo é que quase 75% dos entrevistados acreditam que a mudança para a ITaaS vai ocorrer entre três a cinco anos. A pesquisa ouviu 538 profissionais de TI de corporações globais instaladas nos EUA para obter esses resultados. Os números, aponta, mostra a progressiva migração de data centers estáticos para data centers dinâmicos. Além disso, 80% dos gerentes de TI acreditam que o modelo se tornará predominante.

Fonte: "ITaaS: 75% das empresas apostam no modelo até 2016", http://cio.uol.com. br/gestao/2011/11/03/itaas-75-das-empresas-apostam-no-modelo-ate-2016/, *acessado em 01/12/2011.*

As iniciativas de consolidação e visualização dos servidores deverão estar no topo da agenda dos executivos de tecnologia para os anos de 2008 a 2016, segundo a PNIPTI. O mercado acredita que estas iniciativas irão garantir maior efetividade econômica e verde do hardware e do gerenciamento. O principal argumento para este estratagema é o nível de ociosidade da capacidade de processamento por servidor. As pesquisas de mercado mostram um nível de ociosidade da ordem de 80% da capacidade dos servidores. Como as soluções apresentam, na prática, um nível de consumo de energia elétrica e produção de calor muito próximo ao consumido com carga máxima, fica claro o potencial de otimização energética da consolidação e visualização do ambiente. Existem casos no mercado em que dezessete servidores de médio e grande porte foram consolidados em quatro equipamentos de grande porte. A vantagem de melhor aproveitamento da energia elétrica em termos de consumo justificou financeiramente o projeto.

No caso, a vantagem de energia foi importante, mas não foi a única obtida. O projeto de centralização e virtualização trouxe, no primeiro ano, benefícios como reduções de: (i) espaço ocupado, (ii) consumo de energia, (iii) custo operacional e financeiro, (iv) emissão de CO_2, (v) geração de calor e (vi) consumo de refrigeração. O menor consumo de energia reduziu tanto a quantidade de calor gerado como a necessidade de refrigeração. Para quem pensou que as boas notícias paravam por aí, existe uma boa surpresa. O ambiente virtual permitiu a otimização do nível de utilização da memória física dos servidores. Como os chips de memória dinâmica têm ciclos periódicos de atualização para a manutenção das informações armazenadas, o melhor uso reduziu o consumo de energia, calor, CAPEX, depreciação, custos etc. A natureza agradeceu e o bolso da empresa também. Em termos práticos, a consolidação e virtualização dos servidores cria uma máquina virtual semelhante à que existe no ambiente de mainframe, em que os componentes físicos como processador, disco rígido, memória etc. são compartilhados por diversos computadores virtuais. As máquinas virtuais são independentes e cada uma delas pode ter um conjunto diferente de sistema operacional, aplicativos, configuração etc.

Ok! Já entendi que ter sustentabilidade ambiental significa na prática conservar o verde da natureza e do meu bolso, mas como determino o nível de efetividade energética da minha empresa?

Não é uma tarefa trivial medir o nível de efetividade de um "datacenter", por isso as empresas estão buscando no mercado a ajuda de especialistas. No entanto, o mercado também está criando indicadores para facilitar o trabalho dos profissionais da área de tecnologia. Um exemplo prático de ferramenta facilitadora é a metodologia do fabricante Sun para medir a efetividade energética dos seus servidores. A performance energética dos servidores Sun é medida pelo indicador Space, Watts e Performance (SWaP). O SWaP é um índice objetivo, tridimensional, que permite avaliar o desempenho energético dos servidores.

SWaP - PERFIRMANCE + (SPACE × POWER CONSUMPTIOM)

Performance - Uso de padrões de comparação da indústria
Space - Altura do servidor em "rack units" (RUs)
Power - Potência consumida pelo sistema em Watts usando dados das comparações de

280 • Governança da Nova TI: Revolução

mercado ou informações fornecidas pelo fabricante

	Servidor A	Servidor B	Comparação (A/B)
Performance	1.000 operações	1.000 operações	A = B
Space	2 RU	4 RU	A = 0,5 x B
Power	300 Watts por hora	900 Watts por hora	A = 0,33 x B
SWaP	1,67	0,28	A = 5,96 x B

No exemplo, o Servidor A tem a mesma performance do Servidor B, mas tem a metade do seu tamanho. Usando a fórmula de espaço, performance e watts, o Servidor A é quase seis vezes mais efetivo que o Servidor B. Quanto maior for o índice SWaP, mais efetivo será o servidor em relação à performance energética. Outra forma de comparação é o índice SPEC (Standard Performance Evaluation Corp), que é o resultado de uma aplicação que simula várias situações de carga do servidor. Os equipamentos e os seus componentes (processador, memória, disco rígido etc.) são submetidos a vários níveis de carga e o consumo de energia é medido. O nível de carga vai desde a situação de repouso até a de plena carga.

> *No Facebook, por exemplo, o índice está em 1,07. No Brasil, uma das melhores marcas é da Locaweb, que tem PUE de 1,5. Nos data centers tradicionais, o índice pode chegar a até 3. O centro de dados mais novo da Locaweb, em São Paulo, foi inaugurado em 2009 e privilegia o uso de compartilhamento e virtualização. "Assim aumentamos a concentração de gigabytes por servidor", diz Gilberto Mautner, CEO da Locaweb. A empresa usa processadores de baixa voltagem e fontes que dissipam menos calor, economizando energia para o resfriamento. O data center tem espaço para quatro módulos e sua capacidade total pode superar 30 mil servidores. O investimento para a construção chegou a 40 milhões de reais e até 2017 a empresa pretende investir mais 111 milhões de reais em suas fazendas de servidores.*
>
> Fonte: "Os novos data centers verdes", http://info.abril.com.br/noticias/tecnologias--verdes/os-novos-data-centers-verdes-20092011-10.shl, *acessado em 01/12/2001.*

Para medir o consumo de um "datacenter", o método do consórcio Green Grid é uma solução que vem sendo adotada em larga escala pelo mercado. Segundo a metodologia do consórcio, o nível de efetividade energética de um "datacenter" é dado pelo índice Datacenter Infrastructure Efficiency (DCiE), que é o inverso do Power Usage Effectiveness (PUE) e mostra o volume de energia que vai para os equipamentos de TIC como percentual da energia total que vai para a facilidade. O PUE é a relação entre a quantidade de energia do "datacenter" (Total Facility Power) e a demanda de energia dos equipamentos de TIC (IT Equipment Power). O "IT Equipment Power" é definido como equipamentos que são utilizados para gerenciar, processar, armazenar ou direcionar os dados dentro do "datacenter". Como "IT Equipment Power" foram considerados pelo Green Grid:

- Computadores
- Sistemas de armazenamento de dados
- Equipamentos de rede
- Equipamentos suplementares como chaves, disjuntores, monitores, estações de trabalho ou laptops para controlar e gerenciar o "datacenter"

A potência total consumida pelo "datacenter" (Total Facility Power) é medida considerando o consumo de todos os equipamentos que suportam os equipamentos de TIC, ou seja: estabilizadores, no-breaks, geradores, chaves, disjuntores, banco de baterias, perdas da distribuição de energia para os equipamentos de tecnologia, resfriadores, ar condicionado, bombas, torres de refrigeração etc.

O consórcio Green Grid afirma que é possível medir o consumo de energia de um "datacenter" através destes dois índices. Um PUE de dois significa que a demanda de energia do "datacenter" é duas vezes maior que o consumo de energia dos equipamentos de TIC. Se for necessário adicionar mais um servidor com consumo de 1.500 Watts por hora, o responsável pela infraestrutura sabe que será necessário ampliar a oferta de energia de mais 3.000 Watts por hora (1.500 x 2).

A meta da governança da TI verde é conseguir um PUE o mais próximo possível de 1. A matéria "Energia: a realidade do custo nos "datacenters", publicada na "ComputerWorld" 493, de 23 de abril de 2008, informa que a quarta maior instituição financeira dos Estados Unidos, a Wachovia, tem um "datacenter" que opera com um PUE de 1,6. Para os novos projetos, a meta é alcançar um PUE de 1,4. A meta final é baixar para 1. No caso da matéria, a eficiência atual do "datacenter" dada pelo DCiE é igual a 62,5% , ou seja, existe uma perda de energia de 37,5% . Como os custos de energia chegam a bilhões de dólares por ano nos Estados Unidos, fica claro que as ineficiências têm um custo muito grande no bolso. A natureza agradece os planos de PUE igual a 1.

Como a PNIPTI mostrou que a maioria das empresas no Brasil espera enfrentar problemas semelhantes em relação a capacidade de processamento, armazenamento, espaço físico, consumo de energia e refrigeração do "datacenter", nos próximos anos é

282 • Governança da Nova TI: Revolução

importante que os líderes da governança de TI verde estabeleçam metas para o desenvolvimento do capital intelectual e escolham uma metodologia para medir e gerenciar o consumo de energia elétrica. O capital intelectual e a metodologia permitirão que a empresa tenha um critério prático comunicado, aceito e entendido para compra de tecnologia com efetividade energética. A governança é importante, pois ela poderá evitar investimentos desnecessários em soluções de infraestrutura de energia e refrigeração. Os valores de investimento, custo de oportunidade, CAPEX, depreciação, gerenciamento, manutenção etc. economizados representam, na prática, o retorno de investimento em governança de TI verde.

Como Calcular o Retorno de Investimento Verde

Considere o seguinte cenário:

- Empresa de agronegócio com 3.000 colaboradores e 18 filiais "Datacenter" com:

  - 17 servidores
  - 12 Terabytes de armazenamento
  - Equipamentos de rede
  - Unidades de fita
  - Controle e gerenciamento
  - Climatização

O "IT Equipment Power" é de 3.200 MW por ano e o custo anual de energia é R$ 691.200,00. O projeto de consolidação e virtualização planeja reduzir o número de servidores para quatro, mantendo intacta a capacidade total de armazenamento. Os estudos indicam uma redução de 42% no custo de energia, ou seja, R$ 290.304,00 por ano. O investimento planejado para o projeto é de R$ 162.000,00 em soluções e R$ 54.000,00 em serviços. O ciclo de vida do projeto é de cinco anos e o custo de oportunidade é de 10% a.a.

	Ano 0	Ano 1	Ano 2	Ano 3	Ano 4	Ano 5
Investimento	-216.000					
Economia de energia		290.304	290.304	290.304	290.304	290.304
Valor presente economia de energia		263.913	239.921	218.110	198.282	180.256

Valor presente líquido	-216.000	47.913	287.833	505.943	704.225	884.481

Quadro Resumo:

	R$
Investimento em Consolidação e virtualização	216.000,00
Economia no ciclo de vida - Valor Presente	1.100.481,00
Retorno de Investimento no ciclo de vida - Valor Presente	884.481,00

Glossário Verde

80 Plus - Fontes com no máximo 20% de perdas.

Blauer Engel - Certificação alemã para produtos e serviços que são amigos do meio ambiente.

RoHS (*Restriction of Certain Hazardous Substances*) - Diretiva europeia que proíbe que substâncias perigosas sejam usadas em processos de fabricação dos produtos. É proibido pela diretiva o uso de cádmio, mercúrio, cromo hexavalente, bifenilos polibromados, éteres difenil-polibromados e chumbo.

Energy Star - O programa foi criado nos Estados Unidos em 1992 e adotado pela Austrália, Canadá, Japão, Nova Zelândia, Taiwan e União Europeia com o objetivo de aumentar a efetividade energética e reduzir a emissão de gás. As especificações foram produzidas pela Agência de Proteção Ambiental e pelo Departmento de Energia dos Estados Unidos. Equipamentos com o logo Energy Star são produtos com eficiência energética.

TCO - Certificação pertencente ao Swedish Confederation of Professional Employees com normas e diretrizes de ergonomia, sustentabilidade, emissão de campos magnéticos e elétricos, limites de consumo e emissão de pó para equipamentos de escritório.

TCO 01 - Certifica telefones móveis e define emissões, ergonomia e sustentabilidade.

TCO 03 - Regula o tubo de raios catódicos e display de tela flat. Os requisitos de luminância e resolução são mais rígidos.

TCO 04 - Define mobília de escritório. É a primeira certificação de TCO para dispositivos não eletrônicos. A mobília certificada inclui mesas e cadeiras de trabalho.

TCO 05 - Define notebook e desktop.

TCO 06 - Ampliação para incluir TV de tela flat e display multifuncional usado para monitorar imagens em movimento.

TCO 92 - Define padrão de baixa emissão para vídeo dos computadores e facilidades para o gerenciamento de energia.

TCO 95 - Amplia a categoria de certificações para tubos de raios catódicos, teclados e unidades de sistema.

TCO 99 - Certifica o tubo de raios catódicos, display de tela flat, notebooks, desktops, teclados e impressoras.

Capítulo 19 ◆ Caixa de Ferramentas do Profissional de TI e Comunicações

Conteúdo deste capítulo:

- Introdução
- Australian Standard for Corporate Governance of IT (AS 8015)
- Application Service Library (ASL)
- Management of Risk (M_o_R®)
- Business Information Services Library (BISL)
- Control Objectives for Information and Related Technology (CobiT)
- Generic Framework for Information Management (GFIM)

Introdução

A velocidade dos fatos do mundo moderno coloca os paradigmas existentes em cheque a todo o momento. Não são raras as vezes que investidores, funcionários, colaboradores e parceiros sentem-se enganados pelo fato de a realidade dos fatos ser totalmente diferente do que foi prometido.

> **Expectativas frustradas e promessas quebradas são em geral a causa raiz das crises de confiança.**

Apesar das sinalizações do mercado em relação ao foco em fato e previsibilidade, ainda é comum encontrar casos em que ferramentas como Six Sigma, CobiT, ITIL®, recomendações de controle interno do Committee of Sponsoring Organizations of the Treadway Commission (COSO) etc. são consideradas condições suficientes para garantir a governança e qualidade das informações.

A realidade dos fatos mostra que este nível de suficiência destas ferramentas não existe na prática. Quando os momentos de turbulência e crise são avaliados, as limitações

286 • Governança da Nova TI: Revolução

do alcance das ferramentas ficam claramente evidenciadas. As diversas crises mundiais enfrentadas pelos mercados nos últimos anos são bons exemplos do relacionamento entre expectativas não atendidas, alcance das ferramentas e amplificação das dificuldades. Por exemplo, na crise do crédito de setembro de 2008, o poder limitado das ferramentas em termos de Controle, Transparência e Previsibilidade (CTP) causou uma enorme frustração das expectativas do mercado e amplificou fortemente a volatilidade. A crise de confiança mostrou que mesmo uma regulamentação robusta como o Basel ll não era forte o suficiente para acalmar a desconfiança em relação à saúde das instituições financeiras.

As dificuldades em relação ao controle, à transparência e à previsibilidade provocou uma enorme falta de confiança do mercado em relação ao nível de exposição ao risco de empresas sólidas e tradicionais e gerou como consequência uma crise no crédito. Como regra geral, as crises de confiança causadas por frustração das expectativas levam os mercados a movimentos de ruptura. Economias com caixa de trilhões de dólares foram fortemente impactadas pelo turbilhão da crise. Entre mortos e feridos todos foram afetados de uma forma ou de outra no mundo inteiro. Gestores efetivos, habilidosos e atentos são especialistas em elevar o nível de CTP para aproveitar a enorme quantidade de oportunidades geradas nos momentos de crise. O conceito Controle, Transparência e Previsibilidade passou a fazer parte da pauta do dia a dia do mercado como mecanismo de salvação e regulamentação pela sua extraordinária simplicidade e exuberância.

Os ataques feitos à efetividade das ferramentas de governança após cada uma das grandes crises mostram que ainda não foi adequadamente entendido que a Governança Corporativa é um estado de espírito, ou seja, é preciso querer ser CTP e é necessário querer muito ser CTP para manter o navio no curso correto. As ferramentas adotadas devem ser encaradas apenas como facilitadores dos princípios de transparência, desejo de informar corretamente, tratamento justo e igualitário, demonstração dos resultados etc. A sobrevivência e a perenidade da organização, em tempos de normalidade e de turbulência, é conquistada pela prestação coerente de contas e responsabilidade corporativa, social e ambiental.

Na crise de confiança de 2008 ficou claro que apenas ter dinheiro e lucro não era condição necessária e suficiente para a sobrevivência. O mercado queria mais do que apenas caixa. Controle, Transparência e Previsibilidade fizeram a diferença entre sobreviventes e catapultados. Nunca na história da tecnologia os desafios de TIC de incrementar a efetividade dos serviços, estender o ciclo de vida da tecnologia, remover gargalos, racionalizar a complexidade e assegurar a aderência à evolução dos negócios foram tão presentes na mesa de negociação. As estatizações, fusões e aquisições ocorridas no olho do furacão da crise de crédito de setembro de 2008 nos Estados Unidos evidenciaram ao extremo a necessidade de superar estes desafios.

Os desafios e oportunidades demandam uma nova estrutura organizacional de TIC, que direcione com efetividade as necessidades e requisitos do mercado. Em função das características culturais do mercado brasileiro e necessidades de otimização de resultados, o autor sugere a estrutura organizacional a seguir:

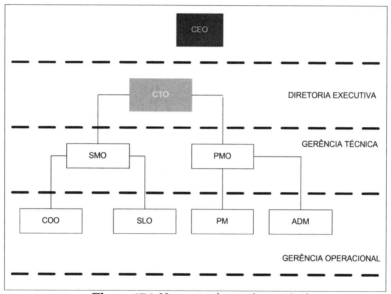

Figura 17.1 *Nova organização de tecnologia.*

O Chief of Technology Officer (CTO) tem nesta estrutura o papel de: (i) analisar necessidades do negócio, (ii) definir uma arquitetura de tecnologia que seja aderente ao negócio, (iii) analisar estrategicamente os fornecedores em termos de planos de negócio, balanço e investimento de médio e longo prazos em engenharia e produtividade, (iv) orquestrar compras através de Requests for Invitation e Proposal e (v) realizar SWOT analysis para a arquitetura de tecnologia escolhida. O gerente técnico Service Manager Officer (SMO) tem a missão da liderança de custos de tecnologia ao longo do ciclo de vida. Por isto, ele precisa realizar esforços para:

- Manter os serviços do negócio operacionais
- Alcançar a excelência da efetividade operacional
- Assegurar a qualidade dos serviços entregues

288 • Governança da Nova TI: Revolução

Em paralelo com o SMO, o Chief Project Officer (CPO) tem como principal missão garantir o sucesso operacional dos projetos de tecnologia da informação e comunicações. Este profissional deve assegurar que os projetos operacionais e não operacionais (em relação ao negócio) de TIC cumpram o planejamento proposto de custo, prazo, risco, qualidade, satisfação do cliente e escopo. O sucesso operacional dos projetos visa garantir que as entregas sejam realizadas com qualidade. Para auxiliar o SMO nas suas atividades, o Chief of Operations Officer (COO) tem como principal missão manter a infraestrutura de tecnologia. As suas atividades não estão limitadas ao "datacenter", por isso ele também deve assegurar as operações em relação a energia elétrica, refrigeração, iluminação, umidade etc. do ambiente computacional.

Em conjunto com o COO, o Service Level Officer (SLO) tem o objetivo de auxiliar o SMO no desempenho das suas atividades. A principal missão do SLO é manter a performance da terceirização ao longo do tempo no nível ótimo. As principais atividades deste profissional estão relacionadas com a manutenção da qualidade dos contratos e renegociações de contratos tendo em vista ganhos de produtividade e a qualidade das entregas. O Project Manager (PM) tem a missão nesta estrutura organizacional de auxiliar o CPO a conquistar o sucesso operacional dos projetos. Para tal, ele será o gerente de projetos de tecnologia para engenharia, administração, recursos humanos, infraestrutura, marketing etc. Assegurar a qualidade das entregas é obrigatório para o sucesso da sua atividade.

Em conjunto com o PM, o Administrador do Escritório de Projetos (ADM) tem como missão primeira ajudar o PMO na conquista do sucesso da execução do planejamento de escopo, custo, prazo, qualidade, risco e satisfação. O profissional tem a importante responsabilidade da gestão do conhecimento e do capital intelectual. O objetivo do trabalho é assegurar que as entregas dos projetos sejam realizadas com a qualidade requerida.

Arquiteturas de Mercado Para TIC

A nova estrutura organizacional de tecnologia de informações e comunicações está utilizando algumas arquiteturas de sucesso no mercado para: (i) aperfeiçoar o retorno de investimento em TIC, (ii) melhorar a performance das aplicações de negócios, (iii) melhorar os controles dos sistemas de informações, (iv) avaliar e otimizar a capacidade, performance e riscos de tecnologia, (v) desenvolver e entregar serviços de alta qualidade, (vi) otimizar processos de negócio, (vii) realizar a integração estratégica, (viii) gerenciar efetivamente os projetos e (xix) controlar os riscos efetivamente.

AUSTRALIAN STANDARD FOR CORPORATE GOVERNANCE OF IT (AS 8015)

Para os trabalhos de **otimização do retorno de investimento em tecnologia**, o mercado vem adotando o Australian Standard for Corporate Governance of IT (AS 8015) como padrão de referência. O AS 8015 foi publicado no início de 2005 e é um guia de alto nível das melhores práticas de TI, que foram desenvolvidas sob o ponto de vista do uso corporativo da tecnologia e do gerenciamento e controle da utilização da tecnologia de informações e comunicações. As práticas para otimização do uso da TIC englobam as soluções de hardware, sistema operacional, sistemas integrados etc. e são relevantes para os executivos de tecnologia e organização como um todo.

O desenvolvimento do AS 8015 foi realizado por organizações como: o Australian Computer Society, Australian Bankers Association, Australian Institute of Company Directors, Project Management Institute, Society of Consumer Affair Professionals Australia, Australian Chamber of Commerce and Industry, Australian Electrical and Eletronic Manufacturers, Australian Institute of Project Management, Consumers Federation of Australia, Department os Defence (Australia), Information System Audit and Control Association, University of New South, RMIT.

Os trabalhos desenvolvidos mostraram que o principal motivo para a existência de projetos no mercado com retorno de investimento em TIC pobre era a elevada ênfase e foco nos aspectos técnicos, custos e prazos. Os estudos evidenciaram que o equilíbrio entre aspectos técnicos, custos, prazos, benefícios e objetivos do negócio otimiza a taxa de retorno. A Australian Computer Society (ACS), que é uma reconhecida organização de profissionais (negócio, indústria, governo e ensino) experientes e qualificados em assegurar benefícios para o uso da tecnologia de informações e comunicações teve um papel de enorme importância e relevância no desenvolvimento do framework. A sociedade, além de comentar o rascunho, aprimorou o framework AS 8015 através de diversos seminários.

O resultado final das contribuições foi o desenvolvimento de um framework que pode ser utilizado por empresas públicas, privadas, órgãos governamentais, organizações sem fins lucrativos, órgãos militares, pequenos negócios e empresas transnacionais. A versão final do AS 8015 é um documento objetivo e enxuto de apenas doze páginas de recomendações, informações e ajuda, destinado para a alta administração, gerentes de operações, especialistas em governança de TIC, profissionais que atuam no departamento jurídico, contábil, compras, vendas etc., organizações de profissionais de tecnologia, fornecedores de soluções de hardware, software, comunicações, serviços e auditores.

Como Usar e Implementar o Framework

O framework foi desenvolvido para empresas públicas ou privadas (grandes, médias e pequenas) que desejam ter gerenciamento, controle e monitoração de tecnologia de informações e comunicações no mesmo nível de efetividade do gerenciamento, controle e monitoração de finanças, recursos humanos, estoque etc. Os seis princípios básicos do framework AS 8015 enfatizam o equilíbrio entre custos, prazos, aspectos técnicos, governança e retorno dos investimentos através do estabelecimento do entendimento das responsabilidades de tecnologia, planejamento de TIC para endereçar as necessidades da organização, criação de ambiente de compra de tecnologia orientado ao menor custo do ciclo de vida da solução, excelência operacional com Controle, Transparência e Previsibilidade, desenvolvimento da certeza da conformidade da tecnologia com as regras e normas e respeito permanente ao fator humano.

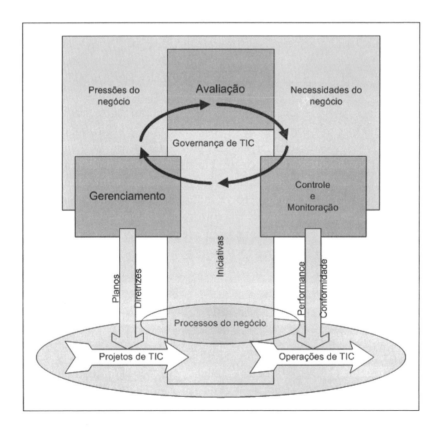

Figura 17.2 *Arquitetura AS 8015.*

Primeiro Princípio Básico

Para endereçar o princípio de entendimento das responsabilidades é preciso avaliar corretamente as alternativas e garantir que os responsáveis tenham as qualidades técnicas e comportamentais requeridas e controlem e monitorem permanentemente a performance das atividades.

Segundo Princípio Básico

Para conquistar o princípio de endereçar as necessidades da organização é preciso planejar e executar os processos de forma que o aproveitamento das oportunidades geradas pela tecnologia e melhores práticas seja maximizado. A avaliação das atividades e processos atuais do negócio e o desenvolvimento e implementação de um plano para o preenchimento das lacunas são dois passos de vital importância para alcançar a integração com o negócio.

Terceiro Princípio Básico

Para alcançar a efetividade nas compras de tecnologia de informações e comunicações é preciso garantir a validade das aquisições através de: (i) avaliação do menor custo considerando o tempo de vida da solução, (ii) análise da política de investimento do fornecedor na continuidade e evolução da solução pelo acompanhamento permanente do plano de negócio e (iii) avaliação da continuidade do negócio do fornecedor através do balanço e demonstração do resultado.

Quarto Princípio Básico

Para conquistar a excelência operacional é preciso melhorar a confiabilidade através do crescimento do capital intelectual. A maior capacidade da organização de TIC em identificar e resolver erros e falhas, responder às mudanças no ambiente provocadas pelas novas tecnologias, encerramento das atividades do fornecedor etc., reciclar lixo eletrônico, disponibilizar equipamentos e informações permitirá uma operação cada vez mais eficaz e eficiente.

Quinto Princípio Básico

Para garantir o cumprimento das normas e regulamentações é preciso desenvolver políticas internas para: (i) uso efetivo e correto do email corporativo, (ii) manutenção dos registros de transações para atender a regulamentações e leis, (iii) proteção e uso das informações pessoais coletadas etc.

292 • Governança da Nova TI: Revolução

Sexto Princípio Básico

Para assegurar o endereçamento do respeito ao fator humano é preciso garantir a usabilidade e acessibilidade dos sistemas de informações e o atendimento das necessidades particulares dos profissionais impactados pela implementação (ou eliminação) de recursos de tecnologia (mudança nos processos do negócio).

Relevância do Framework para o Gerenciamento de TIC

Os principais problemas de tecnologia de informações e comunicações que o AS 8015 endereça são:

1. Integração entre tecnologia e negócio
2. Sucesso operacional das entregas dos sistemas de informações em termos de custo, prazo, escopo, qualidade, risco e satisfação
3. Redução do nível de rejeição aos sistemas através de aplicações intuitivas
4. Eliminação de redundâncias desnecessárias provocadas por atrasos e imprevisibilidade nas entregas dos serviços
5. Aumento da efetividade e retorno de investimento dos serviços de tecnologia
6. Redução dos custos da complexidade de TIC através da padronização e do menor custo de ciclo de vida
7. Crescimento da efetividade do gerenciamento de tecnologia para nível equivalente a gestão financeira, estoque, ativos, recursos humanos etc.

Forças e Fraquezas

O AS 8015 é um padrão consolidado, robusto, acessível e objetivo das boas práticas de governança corporativa e gerenciamento efetivo dos riscos de tecnologia. O framework oferece uma visão ampla do escopo da efetividade (eficácia e eficiência) da governança de TIC e um dicionário para facilitar a comunicação entre especialistas de tecnologia e negócios. Embora o framework seja compacto e descrito em poucas páginas, os conceitos apresentados no documento são complexos e requerem algum tempo de estudo. O elevado nível de consolidação dos conceitos e compactação do padrão permite um fácil entendimento por todos os níveis de todos os departamentos da empresa.

Capítulo 19 ◆ Caixa de Ferramentas do Profissional de TI e Comunicações ◆ 293

Relacionamento do AS 8015-2005 com Outras Ferramentas de Mercado

O framework complementa os seguintes padrões australianos de governança corporativa e gerenciamento de risco:

1. **AS 8000-2003 - Corporate Governance - Good governance principles:** Especifica o projeto de governança aplicável para a maioria das organizações
2. **AS 8001-2003 - Corporate Governance - Fraud and corruption control:** Especifica um projeto de controle de fraude e corrupção
3. **AS 8002-2003 - Corporate Governance - Organizational codes of conduct:** Especifica todos os elementos essenciais para um código efetivo de conduta da organização
4. **AS 8003-2003 - Corporate Governance - Corporate social responsibility:** Especifica os elementos essenciais para a responsabilidade social corporativa
5. **AS 8004-2003 - Corporate Governance - Whistle blower protection programs for entities:** Especifica um programa de proteção
6. **AS 3806-1998 - Compliance programs:** Especifica programas de aderência às normas e regulamentações
7. **AS/NZS 4360:2004 - Risk management:** Especifica o gerenciamento de risco

A arquitetura tem forte relacionamento com os seguintes padrões de gerenciamento da segurança das informações do mercado:

- **AS/NZS 7799.2:2003 - Information Security Management - Specification for information security management systems:** Requisitos para estabelecer, implementar, operar, monitorar, revisar, manter e melhorar o Information Security Management Systems (ISMS) dentro do contexto de risco do negócio da organização
- **ISO/IEC 17799:2005 - IT - Code of practice Information Security Management:** Código de práticas de gerenciamento da segurança das informações
- **AS 8018 IT Service Management Parts 1 and 2:** Gerenciamento das operações e serviços de TIC
- **ITIL® - Information Technology Infrastructure Library:** Melhores práticas de gerenciamento da infraestrutura de tecnologia de informações e comunicações

APPLICATION SERVICE LIBRARY (ASL)

A estrutura ASL está sendo largamente utilizada pelo mercado para melhorar a performance das aplicações de negócio. O framework é uma abordagem de domínio público para gerenciamento, manutenção, atualização e melhoria das aplicações de negócio e para melhorar a performance dos serviços de tecnologia de informações e comunicações. Mais de 250 organizações mundo do inteiro já adotam o framework. O ASL foi desenvolvido no final dos anos 90 pela PinkRoccade para complementar os livros do ITIL® e sua primeira versão foi escrita em 2002. O framework é atualmente bastante utilizado por gestores e profissionais, com objetivo de aumentar a maturidade dos processos de entrega dos serviços de gerenciamento das aplicações. O ASL é permanentemente atualizado e complementado pelos grupos de trabalho da ASL Foundation.

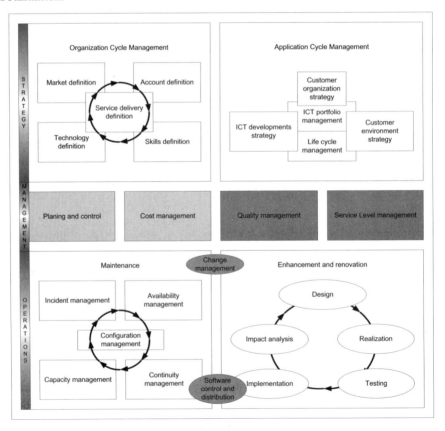

Figura 17.3 *Arquitetura ASL.*

Capítulo 19 ◆ Caixa de Ferramentas do Profissional de TI e Comunicações ◆ **295**

Gerenciamento das Aplicações

São atividades e processos de gerenciamento e execução com o objetivo de manter, atualizar e evoluir as aplicações conforme o nível de serviço acordado, de forma economicamente viável. O ASL foi desenvolvido para suportar os processos de negócio e sistemas de informações durante o ciclo de vida. A abrangência do framework engloba atividades de desenvolvimento, manutenção e atualização do software, base de dados, documentação etc. O gerenciamento e a manutenção descritos pela arquitetura têm foco no ponto de vista do usuário de tecnologia.

As melhores práticas envolvem programação, desenvolvimento de sistemas, projeto e análise de impacto e processos, que asseguram a otimização da disponibilidade das aplicações através da eliminação de desperdícios e ineficiências da operação. O ASL trabalha em conjunto com o Business Information Management e o Infrastructure Management.

Business Information Management

Manutenção das funcionalidades dos sistemas de informações

Infrastructure Management

Manutenção dos aspectos operacionais dos sistemas de informações (hardware, software e banco de dados). O ASL é bastante influenciado pelas melhores práticas do ITIL® e usa o conceito de domínio para gerenciamento, manutenção e melhoria das aplicações. O framework é inteiramente descrito em 26 processos com objetivos, atividades, entradas e saídas e relacionamento com outros processos. O formato de processos para descrever o gerenciamento de aplicações foi adotado pela simplicidade e facilidade de leitura que permite a apresentação de conceitos amplos e profundos.

O ASL tem seis clusters de processos (Maintenance and control, Enhancement and renovation, Change management, Software control and distribution, Applications Cycle Management e Organization Cycle Management), divididos em três níveis: Operational, Management (visão de curto e médio prazo) e Strategy (visão de longo prazo). O cluster maintenance and control assegura a efetividade das aplicações para suportar os processos de negócio com nível ótimo de utilização dos recursos e disponibilidade. Os principais objetivos do application management estão relacionados com suporte, aplicações disponíveis e garantias de disponibilidade. Os cinco processos do cluster são similares ao ITIL® (mesmo nome, objetivo parecido e conteúdo diferente):

296 ◆ Governança da Nova TI: Revolução

- **Incident management** - Registra e gerencia as falhas e dúvidas
- **Configuration management** - Identifica, registra e gerencia a aplicação e seus componentes
- **Availability management** - Gerencia a disponibilidade e confiabilidade das aplicações e serviços
- **Capacity management** - Gerenciamento da oferta e demanda para entregar os serviços com performance correta
- **Continuity management** - Gerenciamento da continuidade da operação e suporte das aplicações. Segurança, prevenção de erros e fraudes, facilidades de fallback, backup e restore são exemplos de componentes do gerenciamento da continuidade. Tempo de restauração maior que o tempo da máxima indisponibilidade contínua suportada pelo negócio é um exemplo de problema que demanda efetividade no gerenciamento.

O cluster enhancement and renovation assegura que as aplicações são modificadas em conformidade com os requisitos de mudanças. Em geral, as modificações nas aplicações são consequências das mudanças nos processos de negócio. Os cinco processos do cluster são:

- **Impact analysis** - Análise do impacto de uma solicitação de mudança
- **Design** - Análise das informações e projeto das funcionalidades
- **Realization** - Desenvolvimento do projeto técnico e codificação das mudanças das aplicações
- **Testing** - Teste e aprovação da nova versão
- **Implementation** - Implantação na produção das alterações e novos componentes do serviço. Inclui conversão, testes de aceitação, treinamento, instruções, migração e aprovação final.

Os principais fatores que afetam a atualização, manutenção e evolução das aplicações são:

- **Heavier demands** - Por exemplo, a mudança deve ser introduzida em até uma data determinada para atender uma nova legislação
- **Shorter feedback cycle** - O desenvolvedor precisa gerenciar a questão de qualidade inferior
- **Fewer options to improvement** - As mudanças devem ocorrer dentro da estrutura atual e, devido às opções tomadas ao longo dos anos, a opção ideal pode ser eventualmente descartada

Os clusters maintenance and control e enhancement and renovation são processos do nível operacional (Operational) e são fortemente conectados, pois têm os mesmos objetivos. Existem dois clusters de processos de conexão que gerenciam, de forma controlada, a transferência de software e a melhoria dos dados para manutenção.

O cluster change management é um processo que determina quais requisições de mudança serão implementadas no ambiente de tecnologia de informações e comunicações. O comitê de gerenciamento das mudanças realiza atividades de consultas, análise de impacto e validações para aprovar as mudanças. Após o processo de aprovação ou rejeição da solicitação, a comissão estabelece um acordo de nível de serviço com prazo, custo, data de entrega e previsão de publicação.

O ITIL® define o change control como um procedimento para assegurar que todas as mudanças sejam controladas desde o pré-projeto até a pós-implantação. Entre o início e fim estão previstas atividades de análise, tomada de decisão, aprovação e execução. O change management é definido pelo Office of Government Commerce (OGC) como um processo de controle e organização das mudanças de infraestrutura, serviços etc. que minimize o impacto da implantação das mudanças aprovadas para o negócio. Pelas definições, é possível afirmar que uma mudança específica é controlada pelo change control e o conjunto das mudanças é administrado pelo processo change management. Resumindo, as mudanças individuais necessitam do bom controle do change control e o conjunto das mudanças demanda a efetividade do cluster change management.

O cluster software control and distribution representa os diversos processos para controlar e publicar os objetos do software e complementos como documentação do desenvolvimento, teste e transferência para o ambiente de produção.

Os processos do nível de gerenciamento (Management) asseguram controle, monitoração e gestão de todas as atividades realizadas. Apesar da clara importância dos aspectos técnicos, é preciso prestar uma atenção especial às questões relativas ao gerenciamento de recursos humanos, cronograma, qualidade, custos, vendas etc. No nível gerenciamento, o planning and control assegura o cumprimento do nível de serviço acordado, garantindo assim a entrega dos recursos de tecnologia e humanos, dentro do prazo, capacidade e custo planejado.

O cost management também acontece em nível de gerenciamento e é o responsável pela contabilização e registro dos custos. A correta contabilização dos custos permite melhor tomada de decisões através de análise de informações financeiras e

298 • Governança da Nova TI: Revolução

resulta em cobrança correta e justa dos serviços. O quality management está em nível de gerenciamento e é responsável pela qualidade dos processos, aplicações e estrutura organizacional. O gerenciamento da qualidade tem como ponto focal as questões que não podem ser tratadas nas atividades rotineiras do dia a dia.

O service level management finaliza o nível de gerenciamento e tem como competência central o controle, a monitoração e a melhoria dos serviços, aplicações e satisfação do cliente. O gerenciamento do nível de serviço tem como principais atividades a definição do nível de serviço demandado pelo usuário e a monitoração e melhoria do nível de serviços atual. O ciclo de melhoria contínua garante ganhos de produtividade.

O Applications Cycle Management (ACM) está posicionado em nível estratégico (strategy) e tem como missão a integração da tecnologia de informações, comunicações e negócio. O cluster desenvolve uma estratégia de longo prazo para os sistemas de informações em linha com a estratégia da organização e negócio. O ACM tem foco em questões de negócio de farol de milha, ou seja, visão do setor econômico e da indústria. Em função da cobertura de longo alcance, o applications cycle management é realizado em conjunto com Business Information Management (BIM). A principal meta do gerenciamento das aplicações é assegurar o correto direcionamento das questões particulares do ACM e BIM. O organization cycle management finaliza o nível estratégico. Ele objetiva o desenvolvimento e crescimento de longo prazo do gerenciamento das aplicações no ambiente de tecnologia de informações e comunicações.

Certificações

O framework ASL permite tanto a certificação individual através da prova ASL Foundation como a certificação da empresa através de auditoria nos processos de gerenciamento de aplicações. Mais de 2.500 pessoas foram treinadas no curso Foundation e mais de 800 profissionais foram aprovados no exame de certificação.

Implementação e Uso do ASL

O Application Management (AM) materializado pelo framework ASL é utilizado pelas organizações como ferramenta para melhorar o desempenho das seguintes características do ambiente tecnológico:

- Controle de custos
- Qualidade dos serviços

- Motivação dos profissionais
- Integração estratégica

O ASL pode ser implementado em um prazo entre 20 e 50 dias (empresa pequena que queira melhorar as comunicações, uniformizar a terminologia e introduzir o framework). Para o caso de grandes empresas, a adoção do Application Services Library nos principais processos pode levar de quatro a cinco anos. Os principais erros de implementação cometidos pelo mercado são:

- Foco excessivo no modelo e não nas melhores práticas
- Ambição em excesso
- Ausência de abordagem evolutiva
- Análise pobre dos problemas percebidos
- Esquecer a experiência da linha de frente

Os principais desafios do mercado de tecnologia de informações e comunicações endereçados pelo framework são:

- Melhor justificativa para os investimentos em TIC
- Melhor entendimento das despesas de tecnologia
- Mitigação de riscos operacionais pela redução da complexidade técnica e organizacional
- Integração entre a tecnologia de informações e comunicações e negócio

A grande maioria das organizações que adotaram o Application Services Library conseguiu conquistar pelo menos um dos três benefícios apresentados a seguir, para o ambiente de tecnologia de informações e comunicações e negócio:

1. Detalhamento dos custos pelo application management
2. Redução dos riscos pela maior confiabilidade e previsibilidade dos processos de gerenciamento e operacionais
3. Integração entre tecnologia e negócio através da comunicação entre o application management e business information management

Forças e Fraquezas

Uma das principais forças do framework é a disponibilização de uma visão geral de todas as atividades, desde o nível operacional até o estratégico, para manter as aplicações atualizadas conforme a necessidade do negócio. O ASL é um modelo de visão ampla e profunda do processo. No entanto, ele pode ser aprimorado através de melhorias na fronteira entre o application management e infrastructure management e pela remoção de alguns conflitos na terminologia.

Relacionamento do ASL com Outras Ferramentas de Mercado

ITIL®

Apesar da complementaridade entre o ITIL® e o ASL, existem algumas sobreposições entre o ASL e o application management do ITIL®. Os dois modelos endereçam a questão de integração com o negócio e necessidade de mudanças. O application management do ITIL® usa a abordagem do modelo de alinhamento estratégico do Henderson and Venkatraman Strategic Alignment Model (SAM). No ASL, a integração entre tecnologia de informações e comunicações e negócio é feita pelo cluster de processos do Application Cycle Management. Este estratagema permite o desenvolvimento de uma estratégia de longo prazo para os sistemas de informação integrada com a estratégia de longo prazo da empresa. As principais diferenças são:

- O application management do ITIL® foca na maneabilidade do gerenciamento das aplicações, em melhorias para os processos do application management para tornar a entrega dos serviços de tecnologia mais efetiva e demanda certo nível de experiência e maturidade.
- O ASL foca em como o application management é executado, melhorias dos processos do application management para melhorar as entregas dos serviços de gerenciamento de aplicações e pode ser adotado com qualquer nível de experiência e maturidade organizacional.

BiSL

O Business Information Services Library (BiSL) é um modelo novo, similar ao ASL, que tem como temas mais importantes:

- Gerenciamento das informações
- Gerenciamento da demanda
- Suporte ao usuário final
- Definição de novos requisitos para as funcionalidades
- Gerenciamento da implantação dos sistemas de informações modificados

Capítulo 19 • Caixa de Ferramentas do Profissional de TI e Comunicações • **301**

Dos três domínios para o gerenciamento da tecnologia, o Business Information Management (BIM) é atualmente o elo fraco da corrente. Um BIM mais profissional e maduro permitirá que tanto o application management como o infrastructure management atuem em nível mais elevado.

ISO 9000:2000

Quando os processos do ASL são adotados no gerenciamento de aplicações no nível de maturidade dois para três, a empresa pode facilmente candidatar-se ao certificado master do ISO 9000. No mínimo, ela já alcançou 80% de cobertura.

Prince2, MSP e PMBOK

São metodologias de gerenciamento de projetos que podem ser utilizadas no projeto do ASL. A atualização das aplicações exige rigorosa atenção e é bastante complexa.

CobiT

É um framework para integração entre tecnologia e empresa, habilitação de negócios e maximização de benefícios. Os recursos de tecnologia de informações e comunicações devem ser utilizados com responsabilidade e gerenciados corretamente. O ASL endereça a integração, habilita negócios e maximiza benefícios, mas não atende significativamente a questão de uso responsável e gerenciamento correto dos recursos de tecnologia. O CobiT e ASL são complementares, pois o primeiro abrange todos os aspectos de TIC e o segundo cobre os aspectos de gerenciamento de aplicações.

ISPL

O Information Services Procurement Library (IPSL) cuida do gerenciamento das aquisições de tecnologia e é diretamente conectado ao gerenciamento das aplicações. Em geral, ele direciona as questões do BIM e melhora a qualidade das entradas dos processos do ASL de gerenciamento do nível de serviços.

ITS-CMM

O IT Service Capacity Maturity Model (ITS-CMM) não direciona a manutenção das aplicações, por isto ele é complementar ao ASL. O ITS-CMM pode ser aplicado a todos os domínios da organização de serviços de tecnologia de informações e comunicações e partes dos domínios do BIM. Comparando os dois modelos, fica claro que o ASL é mais focado nos processos estratégicos e detalha em maior nível as atividades dos processos operacionais.

EFQM

European Foundation of Quality Management Model (EFQM). A adoção do ASL para o gerenciamento das aplicações aumenta o nível de maturidade dos processos e melhora as políticas, estratégias e resultados corporativos.

CMMI

O Capability Maturity Model Integration (CMMI) abrange com força os processos descritos pelo ASL de gerenciamento da qualidade e planejamento e controle. No entanto, o CMMI os aborda em nível não estratégico. Embora o ASL não utilize modelos para medir o nível de maturidade do gerenciamento das aplicações, ele oferece um caminho que permite a sua quantificação. O foco do application services library está relacionado com a qualidade da adoção dos processos. No caso do capability maturity model integration, a abordagem principal está relacionada ema maneira como os processos são gerenciados.

MANAGEMENT OF RISK (M_o_R®)

O gerenciamento do risco é um conjunto de processos harmoniosamente executados com o objetivo de aumentar a efetividade da monitoração, controle e administração da incerteza dos resultados. As condições que geram as oportunidades e ameaças, ou seja, incertezas dos resultados (ou, em outras palavras, os riscos) estão presentes em praticamente todos os ambientes conhecidos. A identificação e planejamento da resposta ao risco permite que a exploração da oportunidade seja maximizada e o impacto da ameaça seja minimizado.

Basicamente, o risco pode ser definido pela combinação da probabilidade de ocorrência e nível de impacto pós-ocorrência. São raras as situações em que é possível eliminar, mitigar e transferir todos os riscos. Na prática, a sobra de algum risco residual após execução de processo de gerenciamento é normal em todos os ambientes de negócio.

Identificar todos os riscos permite eliminar ameaças desnecessárias ao negócio

Capítulo 19 ◆ Caixa de Ferramentas do Profissional de TI e Comunicações ◆ **303**

O Management of Risk (M_o_R®) foi desenvolvido em 2002 pelo governo do Reino Unido para ajudar o mercado a enfrentar a crise de informações financeiras da época (fraudes contábeis). A efetividade do gerenciamento dos riscos foi rapidamente alcançada pela comunidade empresarial e o ambiente de negócios iniciou um forte ciclo de crescimento pós-crise. Na prática, o gerenciamento dos riscos trata-se de uma atividade trivial para o estilo de vida contemporâneo. Todas as pessoas e organizações têm o risco presente no dia a dia através de atividades como atravessar um farol, mudar de casa, comprar e vender ações, exportar, comprar títulos do mercado, emprestar dinheiro etc. Nas organizações, a responsabilidade pelos riscos corporativos é da alçada da diretoria executiva. A área comercial também tem papel ativo no gerenciamento dos riscos, mas na maioria das vezes, o seu nível de atuação é bastante limitado e restrito.

Apesar do destaque recente, o gerenciamento de riscos é uma prática bastante madura. A gestão de risco está presente há muitos anos no dia a dia de negócios de empresas dos setores de saúde, seguros, segurança de informações, continuidade dos negócios etc. O crescimento do uso do gerenciamento de riscos como ferramenta operacional por empresas de outros setores, no entanto, é mais recente e ocorreu apenas (com força e velocidade) após os escândalos contábeis dos anos 90. O crescimento do uso foi tão intenso que atualmente a gestão de oportunidades e ameaças faz parte do dia a dia de praticamente todas as empresas do mercado. Basicamente, as práticas de mercado que direcionam com efetividade as questões de risco operacional e crédito foram consequências dos seguintes fatores político-econômicos.

1. Colapso nos Estados Unidos de empresas de grande porte como: Enron, WorldCom etc.
2. Revisões realizadas no código das melhores práticas financeiras da governança corporativa.
3. Lei Sarbanes-Oxley, também conhecida como Public Company Accounting Reform and Investor Protection, de 2002.
4. Acordo Basel II.
5. Regulamentações do London Stock Exchange (LSE) com base no Cadbury Committee's Code of Best Practice for Financial Aspects of Corporate Governance.

O framework Management of Risk é aplicável a todos os principais componentes do negócio: estratégia, mudanças e operações. O mercado entende a **estratégia** como diretrizes do negócio, as **mudanças** como transformação da estratégia em ações, através do efetivo gerenciamento do portfólio, programas, projetos etc. e as **operações** como as atividades de dia a dia de suporte ao negócio. O objetivo principal do gerenciamento de riscos é identificar e gerenciar as ameaças e oportunidades para melhorar a proteção e aumentar o valor agregado para o acionista.

A eliminação ou redução dos riscos presentes no ambiente de negócio não é a principal preocupação da gestão de riscos. A prática de mercado mostra exatamente o oposto como realidade dominante. O gerenciamento efetivo de riscos é utilizado como ferramenta para que as empresas aumentem a sua exposição ao risco. A formatação organizada e controlada da exposição às ameaças e oportunidades é o ovo de Colombo para conquistar benefícios para o negócio e o acionista. O M_o_R® demanda o apoio da alta administração, pois ele precisa fazer parte da cultura corporativa do negócio. Fazer parte da rotina diária é condição obrigatória para o gerenciamento efetivo dos riscos, pois é preciso que todos façam a sua parte no pleno desenvolvimento da identificação, avaliação, aceitação e resposta às ameaças e oportunidades.

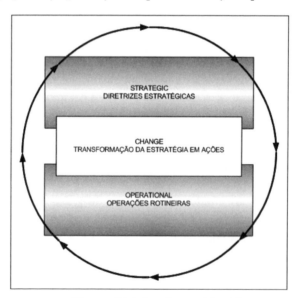

Figura 17.4 *Arquitetura M_o_R*.

O primeiro passo para o sucesso na gestão de riscos é a correta identificação dos principais riscos para alcançar os objetivos do negócio. Após a identificação, o segundo passo é a avaliação adequada dos riscos, ou seja, a probabilidade de ocorrência, impacto e proximidade do risco. O terceiro passo para a eficiência e eficácia é a determinação e comunicação do nível aceitável de exposição aos riscos. Em outras palavras, é a quantidade de riscos que o negócio está disposto a correr (apetite ao risco da organização). O quarto e último passo é o plano de resposta aos riscos.

Capítulo 19 • Caixa de Ferramentas do Profissional de TI e Comunicações • 305

As respostas às ameaças e oportunidades são dadas pela regra dos quatro Ts (em inglês). O primeiro T é de Transfer. A transferência significa, na prática, a divisão do risco com terceiros. Os diversos tipos de seguros são exemplos de como o mercado transfere riscos. O segundo T é de Tolerate. A tolerância ao risco significa a aceitação com a monitoração das ameaças e oportunidades. O terceiro T é de Terminate. Mitigar o risco, ou seja, fazer de forma diferente as atividades para suavizar ou limitar os impactos dos riscos. O quarto e último T refere-se ao Treat. O tratamento significa controlar o risco através da redução da probabilidade da sua ocorrência ou de ações de contingência que reduzam o seu impacto ao negócio.

Para implementar o framework é preciso: (i) definir a propriedade do risco, ou seja, determinar a pessoa correta para ter a responsabilidade do gerenciamento do risco, (ii) desenvolver e implementar o plano de resposta aos riscos, ou seja, aplicar aos riscos as respostas acordadas, (iii) confirmar as respostas aos riscos, ou seja, verificar a efetividade das ações executadas e a identificação dos riscos residuais.

Relevância, Comunicação e Revisão

Para habilitar a total efetividade do M_o_R®, o gerenciamento dos riscos precisa estar inserido na cultura operacional do negócio. Por isso, o plano de gerenciamento precisa ser comunicado e entendido por todos os níveis da organização e deve ser continuamente revisto para assegurar o controle e gerenciamento global dos riscos. Em geral, o business case para a implementação do framework M_o_R® é baseado nos requisitos das normas reguladoras. No entanto, estar aderente às normas e regulamentações não é condição necessária e suficiente para gerar um benefício financeiro. O real benefício da efetiva gestão de riscos é alcançado pela melhoria da qualidade operacional da organização (maximização dos lucros), geração de novos negócios e aumento do valor gerado para o acionista e investidor.

M_o_R® e a Tecnologia de Informações e Comunicações

Os riscos de TIC devem ser gerenciados em função das operações e serviços do dia a dia que são disponibilizados para o negócio. A gestão de programas, projetos, recuperação de desastres e segurança de tecnologia são exemplos de riscos que precisam ser identificados, monitorados, controlados e gerenciados. A inserção da gestão de riscos nas operações de TIC significa, na prática, uma maior habilidade para identificar, monitorar e gerenciar os riscos com Controle, Transparência e Previsibilidade (CTP). O grande desafio para a administração da tecnologia é assegurar o desenvolvimento de uma cultura sem medos, em que a equipe e o gerenciamento tenham o desejo de comunicar os riscos associados com a sua área de responsabilidade.

306 • Governança da Nova TI: Revolução

Forças

As principais forças do M_o_R® são o controle, a visibilidade e a gestão consistente dos riscos dentro da organização. O indicador mais relevante de sucesso do programa ocorre quando a administração sênior e a diretoria cobram a presença do framework nas operações do dia a dia do negócio. Os programas educacionais e de treinamentos são ferramentas poderosas para desenvolver a cultura corporativa. O framework, para ser efetivo em uma empresa, precisa ser implantado levando em conta os aspectos da cultura corporativa, necessidades operacionais, comunicação e entendimento.

Fraquezas

Os resultados de todas as atividades relacionadas com os riscos precisam ser consolidados na visão geral do risco. A natural tendência corporativa de trabalhar em silos como, por exemplo, segurança da informação, continuidade dos negócios, saúde e segurança, riscos do mercado e do crédito, pode resultar na falta de visão de alto nível da real exposição do negócio aos riscos.

Relacionamento do M_o_R® Com Outras Ferramentas de Mercado

O framework M_o_R® é parte fundamental da governança corporativa e tem forte conexão com a segurança da informação, continuidade do negócio, saúde e segurança. Os riscos podem ser gerenciados nas organizações com a abordagem de projetos descrita pelo framework Prince2™ (PRojects IN Controlled Environments) ou pela abordagem de ciclo de vida dos projetos descrita pelo método MSP (Managing Successful Programmes).

BUSINESS INFORMATION SERVICES LIBRARY (BiSL)

A origem do framework está relacionada com a forte insatisfação dos usuários de tecnologia de informações e comunicações com os fornecedores. As empresas que ofereciam tecnologias aos mercados ainda não tinham nos anos 90 uma abordagem holística das necessidades das empresas usuárias de tecnologia, apesar dos esforços realizados em torno da amplificação da tendência dos anos 80 de endereçar as necessidades dos usuários.

Os autores do livro BiSL (Remko van deer Pols, Ralph Donatz e Frank van Outvorst) perceberam que as necessidades de tecnologia eram um fator crítico para o negócio e desenvolveram um framework que direciona com clareza e propriedade

Capítulo 19 ◆ Caixa de Ferramentas do Profissional de TI e Comunicações ◆ **307**

a questão de foco nas necessidades das empresas usuárias de tecnologia. A publicação procurou desenvolver o entendimento da importância do papel dos usuários e encerrar o processo de "pauta" do mercado pelos fornecedores. O framework é utilizado por gerentes e profissionais com objetivo de melhorar a performance e resultados para o negócio dos processos de gerenciamento dos sistemas de informações. O BiSL é bastante aplicado na terceirização dos serviços de TIC, mas também é utilizado nos serviços internos de tecnologia. Mais de 150 empresas já adotaram o BUSINESS INFORMATION SERVICES LIBRARY e cerca de 1.800 profissionais foram treinados nas melhores práticas. As certificações individuais foram oferecidas a partir do ano de 2006. A atualização e a complementação do framework são realizadas de forma regular pelos grupos de trabalho da ASL Foundation. O BiSL é um modelo novo com foco principal no processo de avaliação da demanda da automação administrativa do negócio, que aborda os seguintes aspectos de tecnologia de informações e comunicações:

- Gerenciamento das informações
- Gerenciamento da demanda
- Suporte ao usuário final
- Definição de novos requisitos para as funcionalidades
- Gerenciamento das mudanças dos sistemas de informações

O Business Information Management (BIM) representa atualmente o elo fraco da corrente de domínios do gerenciamento de tecnologia de informações e comunicações. Eliminar as fragilidades do BIM e integrar os processos do negócio com a arquitetura da tecnologia, gerenciamento de alto nível das informações e gerenciamento operacional das informações do negócio são os dois principais objetivos das melhores práticas do BiSL. Para endereçar corretamente a eliminação das fragilidades e integração, o framework descreve e detalha:

- Todos os processos relevantes para o gerenciamento dos sistemas de informações do negócio
- Relacionamento entre os processos
- Diretrizes para melhorar os processos
- Dicionário comum para uniformizar a linguagem

A meta de tornar os processos do gerenciamento dos sistemas de informações do negócio efetivos exige: (i) correto suporte da tecnologia aos processos do negócio, (ii) alinhamento operacional do suporte aos sistemas de informações, (iii) eficácia e eficiência na implantação das mudanças, (iv) adequação dos controles para os fornecedores internos e externos de tecnologia e (v) relação apropriada entre o custo e o benefício para os sistemas de informações. Em resumo, o framework BiSL trata na sua essência do correto direcionamento da janela de tempo da oportunidade de mercado para as mudanças (em relação aos recursos e serviços de TIC) dos objetivos, processos, organização e ambiente do negócio.

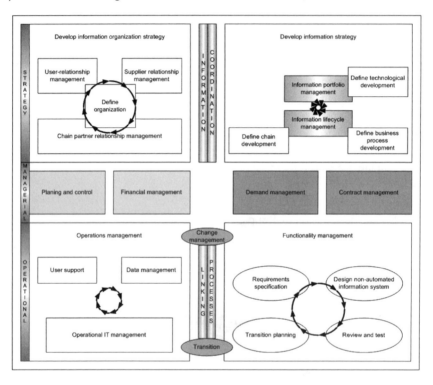

Figura 17.5 *Arquitetura BiSL.*

A estrutura do framework é composta de três níveis. O primeiro é o **Operational**. As operações são os processos operacionais ou de mudanças que envolvam o uso no dia a dia das informações. A identificação e a efetivação de mudanças também fazem parte dos processos operacionais. O segundo nível é o **Managerial**. O gerenciamento cuida do planejamento e execução das receitas, despesas, qualidade dos serviços e contratação de fornecedores de tecnologia de informações e comunicações. O terceiro nível é o **Strategy**. O nível estratégico é o responsável pelo planejamento dos serviços de informações no longo prazo e pela organização da estrutura do gerenciamento para disponibilizar os serviços de tecnologia. Os processos são agrupados em sete clusters dentro dos três níveis.

Capítulo 19 ◆ Caixa de Ferramentas do Profissional de TI e Comunicações ◆ 309

Existem três clusters de processos tanto no nível operacional como no estratégico. O nível de gerenciamento tem apenas um único cluster de processo. No nível operacional, o cluster de processos **Operations Management** tem o objetivo de suportar, de forma otimizada, os processos relevantes e rotineiros do negócio. As atividades envolvem o suporte para os usuários no: (i) uso das informações, (ii) gerenciamento das operações dos fornecedores de tecnologia e (iii) controle operacional da administração dos dados. A pergunta que não quer calar e precisa ser adequadamente respondida é: "As informações das operações disponibilizadas estão sendo utilizadas e gerenciadas adequadamente?".

O cluster de processos **Functionality Management** também faz parte do nível operacional e tem como principal missão assegurar a organização e a efetivação das mudanças realizadas nas informações disponibilizadas. A pergunta para ser respondida neste caso é: "Qual será a efetividade para o negócio das informações modificadas e disponibilizadas?".

O **Linking Processes** é o terceiro cluster de processos do nível operacional e tem como principal missão identificar as alterações necessárias nas informações disponibilizadas. Para a correta identificação das mudanças necessárias é preciso determinar o nível atual de disponibilização das informações dentro da organização. O sucesso do conjunto de processos pode ser medido pela resposta às seguintes perguntas: Por que as informações disponibilizadas devem ser alteradas? Como modificar as informações disponibilizadas?

O nível **managerial** é um guarda-chuva de processos e é uma ponte entre o nível **strategy** e **operational**. O nível de gerenciamento assegura uma administração efetiva da implementação das informações disponibilizadas através do correto tratamento dos seguintes aspectos:

- Planejamento do prazo, oportunidade e capacidade
- Efetividade dos custos
- Necessidade e demanda
- Contrato e acordo do nível de serviço

Como as informações disponibilizadas estão sendo gerenciadas? Esta é a pergunta que o nível de gerenciamento busca responder. O desenvolvimento das políticas para a disponibilização das informações e a organização deste desenvolvimento representam os dois principais objetivos do nível **strategy**. O primeiro cluster de processos do nível estratégico é o Develop information strategy. O cluster traduz em linguagem

310 ◆ Governança da Nova TI: Revolução

simples e clara como a evolução das informações disponibilizadas afetará no futuro o negócio, o ambiente organizacional e a tecnologia. Qual será o perfil de médio e longo prazo das informações que o negócio necessitará é a principal pergunta a ser respondida.

O segundo cluster de processos do nível estratégico é o Develop Information organization strategy. Este conjunto de processos tem foco na organização de todas as partes envolvidas no gerenciamento dos sistemas de informações do negócio. Em outras palavras, os processos tratam dos aspectos referentes a: (i) coordenação da comunicação, (ii) gerenciamento, (iii) organização e (iv) metodologia para a tomada de decisões sobre as informações disponibilizadas pelas partes envolvidas. A pergunta que este conjunto de processos procura responder é como será estruturado o gerenciamento das informações disponibilizadas.

O último cluster de processos do nível estratégico é o **Information coordination**. Este conjunto de processos tem o objetivo de coordenar todas as partes envolvidas e planejar os diversos elementos de suporte às informações disponibilizadas. Como todas as partes que influenciam as informações disponibilizadas podem atuar em conjunto formando um time é a principal pergunta a ser respondida neste cluster. Para as organizações em que a disponibilização das informações tem um papel importante, o framework pode ser utilizado como um guia de orientações. As empresas têm uma combinação única de processos, estruturas e necessidade de informações. A adoção do BiSL precisa respeitar este conjunto de características únicas, por isto é a combinação processos, estrutura e necessidades de informações que determina quais processos serão adotados e qual será a profundidade de cada um deles.

Para cada caso, o framework BiSL disponibiliza um checklist com todos os processos que devem ser executados, para ter um gerenciamento efetivo das informações disponibilizadas. Um conjunto básico de melhores práticas pode ser utilizado para direcionar as necessidades específicas da organização. Para assegurar a evolução contínua do gerenciamento das informações disponibilizadas, as organizações podem utilizar o dicionário padronizado como ferramenta de lições aprendidas. A uniformização do conteúdo permite a troca de experiências e melhores práticas entre diversas organizações ou entre diferentes partes de uma mesma organização.

O BiSL deve ser visto pelas organizações como uma ferramenta para tornar o gerenciamento dos sistemas de informações do negócio mais profissional, por isso é preciso atuar com ênfase no capital intelectual e na colaboração. Um passo básico para alcançar o sucesso da adoção é evitar erros como:

Capítulo 19 ♦ Caixa de Ferramentas do Profissional de TI e Comunicações ♦ **311**

- Foco no modelo e não nas melhores práticas
- Ambição em excesso
- Esquecer abordagem evolutiva
- Não analisar os problemas identificados
- Ignorar a experiência do time de linha de frente

BiSL e o Negócio

Importância das Informações

Os desafios do negócio de como ajustar a gestão e produção, da efetividade logística e da eficiência nas aquisições de matéria-prima provocaram um forte crescimento da importância de informações. Os processos de disponibilização das informações interpenetraram os processos de negócio e passaram a fazer parte da infraestrutura do negócio e do gerenciamento.

Terceirização da Tecnologia

O crescimento da importância das informações, aliado ao fenômeno da terceirização de tecnologia de informações e comunicações, provocou uma mudança nos paradigmas. Atualmente, é voz corrente no mercado que, na terceirização, o negócio deve manter total gerenciamento e controle sobre as informações. Em outras palavras, as demandas de informações devem ser sempre formalizadas, custeadas adequadamente e planejadas com visão de longo prazo.

Gerenciamento das Mudanças

O mundo dos negócios é dinâmico, por isso as organizações estão em constante adaptação. O efetivo gerenciamento das mudanças das informações disponibilizadas permite o aumento da resiliência do negócio e habilita a integração entre negócio e tecnologia de informações e comunicações.

Equilíbrio entre Oferta e Procura

Nas organizações é comum existirem situações de convivência de diversas demandas. Não é raro também existirem situações de conflitos entre essas demandas, em função das necessidades específicas das unidades de negócio, departamentos etc. A situação de conflitos entre as demandas, em conjunto com a necessidade de: (i) atendimento e (ii) equilíbrio dinâmico entre a oferta e a procura exige que seja estabelecida uma

312 • Governança da Nova TI: Revolução

estrutura clara e transparente para a tomada de decisões sobre as necessidades das informações disponibilizadas pelo gerenciamento. O BiSL ajuda as organizações a colocarem em prática processos efetivos de gerenciamento da demanda das informações.

Onde o BiSL é Forte

O framework é novo, atualizado e alcançou elevado nível de maturidade, por isto é estável. O caráter abrangente da arquitetura permite que o BiSL seja utilizado por diversos tipos de organizações de vários setores para profissionalizar o papel do usuário de tecnologia. Por ser uma estrutura de domínio público com suporte da ASL Foundation, todas as empresas podem colher os benefícios da efetividade dos processos com a certeza de que as mudanças do ambiente de negócios estarão refletidas nas atualizações do framework.

As fraquezas do BiSL estão relacionadas com o seu foco, penetração no mercado e implantação. O framework é novo ainda e não é conhecido no mercado de uma forma mais ampla. Esta fragilidade é ampliada pelo uso de terminologia diferente e foco em aspectos de gerenciamento das informações recentemente descobertos. A natureza abrangente do framework permite, de um lado, o seu uso por diversos tipos de organizações, mas de outro lado limita o desenvolvimento de estratagema de adoção. O BiSL não tem uma estratégia de implementação pré-definida.

Relacionamento do BiSL com Outras Ferramentas de Mercado

BiSL, ITIL® e ASL são ferramentas suplementares com algumas semelhanças no modelo. As práticas ASL, ITIL®, ITS CMM, CMMI, ASL, eTom e TickIT têm foco no fornecedor (interno e externo) de tecnologia e o BiSL direciona a sua atenção para o usuário de tecnologia. No caso do modelo European Foundation for Quality Management Excellence Model (EFQM), o BiSL aumenta o nível de maturidade de diversos processos. O Partnerships and Resources, Policy and Strategy e Results (Customer Results e Key Performance Results) claramente evolui com a adoção do framework.

Para a ferramenta Total Quality Management (TQM), a adoção do BiSL funciona como um guarda-chuva que permite a disponibilização adequada das informações para melhorar a performance global da organização. Quando a organização alcança o nível maturidade dois ou três do BiSL, ela também passa a estar no caminho de cumprir os requisitos da certificação ISO 9000:2000, pois a maioria dos critérios está sendo direcionada. O BiSL é complementar às ferramentas Information Services Procurement Library (ISPL) e CobiT. As arquiteturas ISPL e CobiT podem ser

Capítulo 19 ◆ Caixa de Ferramentas do Profissional de TI e Comunicações ◆ **313**

naturalmente utilizadas como um guia direcionador da execução dos processos endereçados pelo BiSL.

CONTROL OBJECTIVES FOR INFORMATION AND RELATED TECHNOLOGY (COBIT)

> Avaliando e melhorando o gerenciamento da capacidade, performance e riscos de tecnologia das informações e comunicações.

Nos anos 80, as restrições de confiança nas informações divulgadas pelo mercado corporativo resultaram no surgimento e no vertiginoso crescimento da demanda de controles internos nos processos de negócio. Evitar a repetição de novos escândalos corporativos era a palavra de ordem. Os investidores, na sua grande maioria, aprovaram e apoiaram as iniciativas de maior efetividade nos controles empresariais e os diversos estudos resultaram no aprofundamento e aprimoramento da proposta original. O nível de incerteza do mercado era bastante elevado na época.

Como resposta às incertezas e escândalos corporativos, o Committee of Sponsoring organizations of Treadway Commission (COSO) desenvolveu e publicou o Internal Controls - An integrated Framework. A publicação deu início a um ciclo de Controle, Transparência e Previsibilidade. Apesar da receptividade do mercado para a solução proposta pela COSO para o controle efetivo de informações, na prática, a alternativa mostrou-se incompleta, pois o gerenciamento da capacidade, performance e riscos da tecnologia de informações e comunicações não foi abordado de forma holística no trabalho realizado.

Os controles internos de tecnologia de informações e comunicações não foram endereçados na publicação "Internal Controls - An integrated Framework". Alguns membros da EDP Auditors Association (EDPAA), conhecida atualmente como Information Systems Audit and Control Association (ISACA), assumiram a responsabilidade de aprimorar a qualidade das informações disponibilizadas através da efetividade dos controles internos de TIC e publicaram em 1994 a primeira versão do Control Objectives for Information and related Technology (CobiT). Atualmente, as publicações sobre o framework estão sob a responsabilidade do CobiT Steering Committee do IT Governance Institute (entidade afiliada ao ISACA). Desde 1996 foram realizadas várias revisões no framework e publicadas literaturas complementares para manter a atualização e relevância do CobiT no gerenciamento da capacidade, performance e risco da tecnologia de informações e comunicações.

A facilidade de aquisição, entendimento e baixo custo permitiu a adoção do framework por organizações de todos os tamanhos, setores e localidades. O nível elevado de adesão permitiu a criação de bases de comparação de mercado e um ciclo contínuo de melhoria do gerenciamento de tecnologia. Atualmente, o framework é bastante utilizado por executivos que querem melhorar o nível de controle da qualidade das informações. O gerenciamento de tecnologia vem utilizando, em larga escala, o formato painel de controle ou balanced scorecard (BSC) para comunicar a performance alcançada e integrar as atividades da equipe com o negócio. Os objetivos e métricas de capacidade, performance e risco do CobiT, em conjunto com o caráter intuitivo da ferramenta BSC, vêm permitindo o desenvolvimento das necessidades do dia a dia do negócio em relação à habilidade, capacidade e disponibilidade.

Em resumo, o CobiT é uma estrutura amplamente adotada pela auditoria interna e externa, com foco primário nos requisitos das informações e secundário em como realizar as atividades necessárias. O framework é um facilitador para a comunicação e o entendimento dos requisitos do negócio. Executivos, líderes do negócio e gerentes seniores de TI são o público-alvo. Em geral, as empresas aderentes ao SOX e Basel II usam a arquitetura como ferramenta para aumentar a efetividade do gerenciamento da tecnologia.

CobiT - O Que Ele É?

A premissa básica da arquitetura é que a área de tecnologia tem que entregar adequadamente as informações que o negócio necessita para alcançar os seus objetivos. O framework é operacionalizado através de dois mecanismos principais: orientação a processos e matriz de responsabilidades.

Capítulo 19 • Caixa de Ferramentas do Profissional de TI e Comunicações • 315

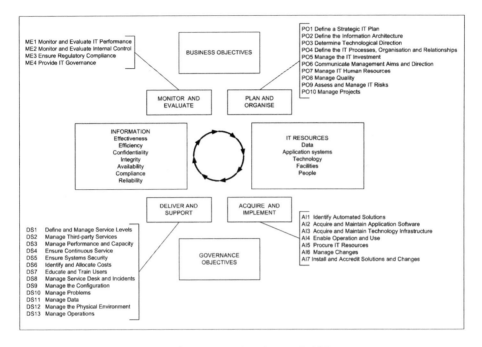

Figura 17.6 *Arquitetura CobiT.*

O CobiT divide TIC em quatro domínios e 34 processos com objetivos de controle de alto nível para atender as necessidades de credibilidade, qualidade e segurança do negócio. As principais ferramentas disponibilizadas para definir de que partes da tecnologia o negócio precisa são baseadas em sete critérios de informação e mais de três centenas de objetivos de controle detalhado:

Orientação a processos

- Domínios - Agrupamento natural dos processos relacionando domínios e responsabilidades na organização

    - Plan and Organize
    - Acquire and Implement
    - Deliver and Support
    - Monitor and Evaluate

316 ◆ Governança da Nova TI: Revolução

- Processos – Conjunto de atividades inter-relacionadas com pontos de controle

  - IT strategy
  - Computer operations
  - Incident handling
  - Acceptance testing
  - Change management
  - Contingency planning
  - Problem management

- Atividades ou tarefas – As atividades precisam alcançar resultados mensuráveis, pois têm ciclo de vida, e as tarefas são eventos discretos.

  - Record new problem
  - Analyze
  - Propose solution
  - Monitor solution
  - Record known problem

Foco nos processos e orientação ao negócio

> A prática da gestão de processo provou que a orientação a processos resulta em abordagem mais efetiva em relação às responsabilidades, ao gerenciamento dos riscos e ao alcance das metas.

"Para prover a informação que a organização precisa para alcançar os seus objetivos, os recursos de TIC precisam ser administrados por um conjunto de processos agrupados naturalmente." Os processos relacionam os requisitos do negócio (information criteria) com os serviços de tecnologia através das conexões e fortalecimento do conceito dono do processo. Os processos decompõem TIC em quatro domínios e 34 processos. Os domínios são do tipo plan, build, run e monitor com controle, auditoria, implementação e gerenciamento estruturado. Os principais requisitos do negócio para as informações são:

1. **Effectiveness** – A efetividade está preocupada em disponibilizar apenas as informações relevantes e pertinentes aos negócios, entregando-as dentro dos prazos acordados, de forma correta, consistente e utilizável pelos usuários.

2. **Efficiency** – A eficiência está preocupada em disponibilizar as informações dos

Capítulo 19 ♦ Caixa de Ferramentas do Profissional de TI e Comunicações ♦ **317**

negócios no ponto ótimo do uso dos recursos (ponto de maior produtividade e economia).

3. **Confidentiality** – A confidencialidade está preocupada em impedir o acesso não autorizado às informações sensíveis aos negócios.

4. **Integrity** – A integridade está preocupada com a perfeição e a precisão das informações, bem como com a sua validade conforme o conjunto de valores e expectativas dos negócios.

5. **Availability** – A disponibilidade está preocupada em prover as informações tão logo elas sejam requisitadas pelos processos do negócio. Logo, uma das principais preocupações da disponibilidade é a proteção dos recursos.

6. **Compliance** – A aderência está preocupada em garantir a obediência às leis, normas, regulamentações e contratos, ou seja, estamos falando das condições de contorno do ambiente de negócios, que são impostas externamente.

7. **Reliability of information** – A confiabilidade das informações está preocupada com o gerenciamento das informações para assegurar a correta operação da organização, disponibilizando os relatórios financeiros para os usuários das informações financeiras e também mantendo informados os organismos reguladores, assegurando o respeito às leis, normas e regulamentos.

Para atender os requisitos do negócio, as organizações de tecnologia de informações e comunicações devem atender as demandas por qualidade, segurança e requisitos fiduciários das informações disponibilizadas. Os requisitos de qualidade são relacionados com a quantidade e qualidade, prazo de entrega e custos das informações. Os requisitos de segurança referem-se aos temas confidencialidade, integridade, disponibilidade e precisão das informações e as demandas fiduciárias tratam da eficácia e eficiência nas operações, aderência às leis e regulamentações e confiabilidade dos relatórios financeiros.

Domínios

PLAN AND ORGANIZE

Este domínio está relacionado com as estratégias e táticas (como TIC pode contribuir para melhorar a realização dos objetivos do negócio). A execução da visão estratégica precisa ser planejada, comunicada e administrada sob diferentes perspectivas. Neste domínio, a organização e infraestrutura tecnológica serão analisadas e, eventualmente, revistas. O domínio trata dos temas relativos às estratégias e táticas, planejamento da visão e organização e infraestrutura. As principais perguntas que serão endereçadas pelo Plan and Organize são:

Governança da Nova TI: Revolução

- TIC e o negócio estão estrategicamente integrados?
- A empresa está alcançando o uso ótimo dos seus recursos?
- Toda a organização entende os objetivos de tecnologia?
- Os riscos de TIC estão sendo entendidos e gerenciados?
- A qualidade dos sistemas de tecnologia de informações e comunicações endereça as necessidades do negócio?

ACQUIRE AND IMPLEMENT

Para transformar a estratégia de TIC em ações é preciso identificar, desenvolver, adquirir e implementar soluções de tecnologia integradas aos processos do negócio. Este domínio também trata das mudanças e manutenções dos sistemas já existentes para assegurar o ciclo de vida. O Acquire and Implement trata, basicamente, das soluções de TIC e das mudanças e manutenções com o objetivo de endereçar as seguintes perguntas:

- Os novos projetos são soluções que endereçam as necessidades do negócio?
- Os novos projetos são entregues dentro do prazo e orçamento planejados?
- Os novos sistemas funcionam corretamente após a implementação?
- As mudanças são realizadas sem afetar as operações do negócio?

DELIVER AND SUPPORT

Este domínio está relacionado com a entrega dos serviços (nível de qualidade). Os serviços podem ser simples e restritos como uma operação rotineira ou complexos e amplos como segurança e continuidade das informações disponibilizadas. Para entregar os serviços, o domínio estabelece todos os processos de apoio necessários. O Deliver and Support inclui também o gerenciamento, o controle e a monitoração do processamento de dados pelas aplicações. O domínio direciona as questões referentes à entrega dos serviços solicitados, a organização dos processos de apoio e o processamento de dados e informações através de sistemas automatizados, respondendo as seguintes perguntas:

- Os serviços de TIC estão sendo entregues conforme as prioridades do negócio?
- Os custos estão otimizados?
- A empresa está habilitada a usar os sistemas com segurança e produtividade?
- A segurança, a integridade e a disponibilidade estão aderentes às necessidades do negócio?

MONITOR AND EVALUATE

Todos os processos de TIC precisam ser avaliados regularmente para assegurar a sua permanente qualidade e aderência aos requisitos de controle. Este domínio endereça as questões da supervisão do gerenciamento dos processos de controle e confiabilidade. Para assegurar a transparência na demonstração dos controles, as empresas realizam auditorias internas ou externas. Os processos de controle serão ajustados em função dos resultados dessas auditorias. O Monitor and Evaluate cuida de temas como avaliação periódica para garantir as entregas, supervisão do gerenciamento dos sistemas de controle e gestão, métricas e medidas de performance através de respostas para:

- A performance de TIC pode ser medida?
- Os problemas podem ser descobertos antes que seja tarde demais?
- Existem garantias independentes assegurando que as áreas críticas estejam operando como o planejado?

Principais características do framework

O CobiT tem 34 processos divididos em 4 domínios que obedecem ao ciclo Plan, Do, Check e Act (PDCA). No nível dos processos, as saídas são planejadas e descritas através dos process goals. A estrutura também descreve, em detalhes, os controles mínimos no detailed control objectives. O modelo de maturidade, a matriz de responsabilidades e a diretriz de mapeamento dos processos individuais em objetivos de TIC foram desenvolvidos para suportar as entidades das atividades do negócio (pessoas, tecnologia e detalhes do processo) no nível dos processos e relacionamento entre eles. O desdobramento dos processos em objetivos do negócio tem foco na integração entre processos e tecnologia e objetivos do negócio.

O CobiT pode ser utilizado para alimentar um balanced scorecard e comunicar o negócio sobre como a organização de TIC está agregando valor. Os objetivos de controle detalhados para cada processo permitem tanto o pleno entendimento do fluxo de informações dentro do processo como a definição dos controles essenciais. O modelo de maturidade habilita o endereçamento de diversas questões referentes aos detalhes adicionais dos processos e às práticas de controle, que ampliam a capacidade de resposta da arquitetura. Como e por que os controles são necessários para o gerenciamento, fornecedores de serviços, usuários e profissionais são exemplos de perguntas respondidas.

320 • Governança da Nova TI: Revolução

Em resumo, o CobiT tem interesse primário na efetividade do gerenciamento e da equipe. Está estruturado em 4 domínios e 34 processos conectados ao negócio. Os objetivos de controle (Control Objectives) representam uma diretriz genérica para as melhores práticas das atividades de TIC, e as práticas de controle (Control Practices) explicam a importância dos controles e como eles podem ser implementados pelas organizações

Adoção e implantação do framework

As melhores práticas não são um fim em si mesmo. O CobiT permite o entendimento do que é suficiente para o negócio ser bem-sucedido. Ele também permite que a organização e a equipe determinem o melhor arranjo e nível de performance das atividades necessárias para o sucesso do negócio. Em geral, a implementação é realizada em um dos seguintes estratagemas:

1. Avaliação da situação atual em relação à situação esperada. É uma abordagem bastante confiável, pois é baseada na análise das necessidades do negócio. Para realização desta estratégia pode ser necessário rever a cadeia de valor estendida para integrar a entrega dos serviços de TIC com os processos que garantem a performance do negócio. Em geral, os custos para a implementação estão entre 2% a 10% do orçamento operacional de tecnologia. O total depende da maturidade inicial da organização de TIC, dos objetivos e da disponibilidade interna e externa de recursos.
2. Adoção de alguns processos principais que endereçam as questões de entrega de valor, integração de TIC, otimização de recursos e gerenciamento de riscos.
3. Melhorias de sistemas e processos de tecnologia para alcançar objetivos do negócio que agregam valor para o resultado.

Principais erros

Os principais erros que as organizações cometem na adoção e implementação do CobiT estão relacionados aos seguintes aspectos:

- Basear a iniciativa nas melhores práticas e não nas reais necessidades do negócio.
- Sobrecarregar a equipe com melhorias de processos que não são relevantes para o negócio.
- Desenvolver a expectativa de que a tecnologia corrige as falhas dos processos.
- Processos para suportar o negócio definidos pobremente.
- Falta de capital intelectual para executar a melhoria dos processos.

Capítulo 19 ◆ Caixa de Ferramentas do Profissional de TI e Comunicações ◆ **321**

Problemas que o framework endereça

As melhorias propostas pelo CobiT incluem: (i) aumento da efetividade do gerenciamento dos riscos, (ii) integração estratégica, (iii) entrega de valor, (iv) gerenciamento otimizado de recursos, (v) melhoria da performance medida, (vi) gerenciamento efetivo da segurança das informações, (vii) otimização de custos e (viii) gerenciamento efetivo dos desktops, disponibilidade dos serviços e capacidade dos processos.

Forças

- O CobiT é um framework simples, de fácil entendimento e tem uma quantidade pequena de diretrizes.
- A estrutura pode ser utilizada como ferramenta de avaliação.
- A matriz de responsabilidades permite a definição, de forma clara, das regras e responsabilidades de cada processo.
- Conceitos como e objetivos genéricos dos processos, objetivos de controle detalhados e práticas de controle permitem definir TIC de forma holística.

Fraquezas

- Não incorpora ferramenta de implementação.
- Não detalha como definir e atribuir responsabilidades aos processos.
- Não detalha a questão da medição da performance, conexão entre KPIs, atividades, processos, objetivos de TIC e negócio.
- Os processos complexos de TIC são descritos com poucas métricas (apenas três ou quatro em geral).
- Não trata da superação de desafios da implementação, como por exemplo:
  - Silos de tecnologia para suportar o negócio
  - Relacionamento interprocessos
  - Interfaces entre os processos
  - Extensão dos processos deve ser definida em função da significância e não da descrição detalhada
  - Necessidade de a equipe ser autorizada para realizar o que é requerido
  - Choque entre o estilo de gerenciamento hierárquico e a abordagem de processos
  - Falta de endereçamento dos desafios para manter as melhorias no futuro
  - Não existe a perspectiva practitioner
  - Diretrizes atuais de implementações são fracas, pois as atividades relacionadas à performance dos processos existentes e à equipe são ignoradas

Relacionamento do CobiT com Outras Ferramentas de Mercado

O framework foi mapeado em relação aos modelos: ISO/IEC 17799:2000, ITIL®, ISO/IEC TR 13335, ISO/IEC 15408:1999, Common Criteria/ITSEC, TickIT, NIST 800-14 e COSO.

- **ITIL® e CobiT são complementares** – O CobiT é um framework guarda-chuva de alto nível para o que é requerido e os modelos de processos como ITIL® fornecem detalhes sobre como executar os processos relativos às atividades em áreas específicas. O CobiT é bastante abrangente na área de TIC e o ITIL® é focado no gerenciamento dos serviços. O ITIL® detalha os processos definidos para dar diretrizes para o service support e delivery.
- **Integração com o IT Balanced Scorecard** – O IT Balanced Scorecard é um dos conceitos-chave para a integração e demonstração do valor agregado do CobiT.

GENERIC FRAMEWORK FOR INFORMATION MANAGEMENT (GFIM)

O papel do Generic Framework for Information Management é fazer a integração estratégica de tecnologia de informações e comunicações com o negócio. O framework iniciou a sua saga de sucesso com a publicação do artigo Contouren van een generiek model voor informatiemanagement, escrito por A.W. Abcouwer, R. Maes e J. Truijens em agosto de 1997. O GFIM é, na prática, uma reinterpretação do Strategic Alignment Model de Henderson e Venkatraman. O modelo foi desenvolvido no Program for Research in Information Management at the University of Amsterdam (PrimaVera), em 1997.

O framework é muito utilizado nas situações em que a organização de tecnologia quer inter-relacionar os diferentes componentes do gerenciamento das informações. Em função das facilidades ímpares de comunicação e relacionamento entre processos, a arquitetura é encontrada na grande maioria dos casos de sucesso de integração entre tecnologia e negócio. A estrutura também é uma ferramenta facilitadora para o gerenciamento de terceirizações, pois ela disponibiliza uma visão de alto nível do gerenciamento das informações.

Em resumo, os recursos para análise da organização e matriz de responsabilidades dos processos permitem que o GFIM seja uma poderosa ferramenta para assegurar a efetividade da governança de tecnologia de informações e comunicações.

Estratégia

A abordagem estratégica do framework ocorre por meio de três frentes diferentes:

- **Caminho descritivo através de orientação e direção** - É realizado o mapeamento completo do domínio do gerenciamento das informações.
- **Caminho específico orientado por projeto** - É usado para reorganizar a arquitetura do gerenciamento das informações. Especifica claramente o papel do Chief Information Officer (CIO) e dos membros da equipe.
- **Caminho prescritivo e regulatório** - O mapeamento é realizado para diagnosticar a situação atual da organização do gerenciamento de informações e definir a abordagem para alcançar a situação desejada.

GFIM - O que ele é?

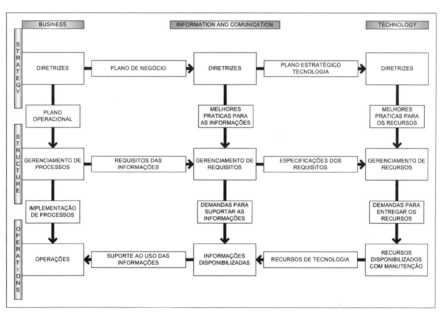

Figura 17.7 *Arquitetura GFIM*.

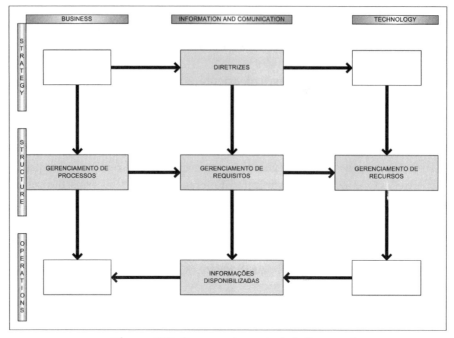

Figura 17.8 *Componentes centrais do framework.*

- O gerenciamento efetivo das informações é consequência da administração balanceada de estratégia, estrutura, operação, negócio, tecnologia, informação e comunicação. Eles são os componentes centrais do mapa.
- A integração entre tecnologia de informações e comunicações e negócio, gerenciamento da terceirização e governança efetiva de TIC são questões estratégicas de responsabilidade da administração sênior do negócio e da tecnologia.
- A coluna central Information and Communication é pouco abordada na literatura existente.
- O modelo pode ser usado em todas as situações e regiões onde a governança de tecnologia e a integração entre tecnologia e negócio é importante.

Para usar o framework com efetividade, alguns aspectos devem ser considerados:

Conteúdo das células – Quais atividades pertencem à célula, quem é o responsável e quais são os resultados das atividades.

Relacionamento entre as células – O efetivo gerenciamento de todos os relacionamentos entre as células habilita a integração balanceada entre tecnologia e negócio.

Posição relativa do domínio Information and Communication (I&C) - Existem três arquétipos diferentes para ele:

- **Stuck-in-the-middle** - I&C é equidistante dos domínios business e technology. O pragmatismo leva a fronteira para o lado do negócio e o tecnicismo para o lado da tecnologia. É preciso evitar que o "centrão" perca a sua identidade em relação aos extremistas.
- **Extension of the iT function** - As responsabilidades do negócio foram delegadas para o domínio technology. Esta abordagem é em geral um desastre, pois o gerenciamento expressa-se em relação aos valores da tecnologia e não do negócio. O negócio torna-se vulnerável em relação aos fornecedores e à tecnologia.
- **Extension of business function** - As informações são consideradas ativos do negócio e o relacionamento com TIC pode ser do tipo contratual, através de terceirização. A tecnologia suporta o negócio.

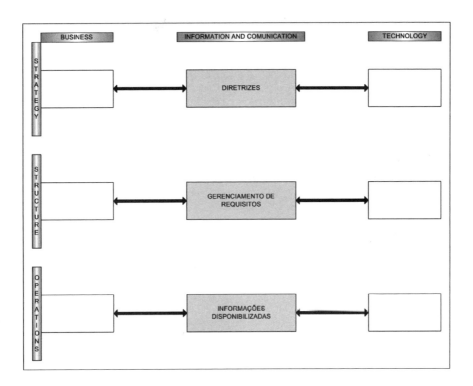

Figura 17.9 *Stuck-in-the-middle.*

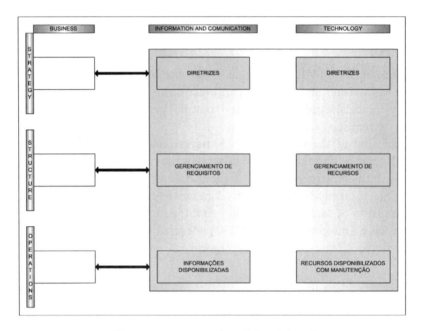

Figura 17.10 *Extension of the IT function.*

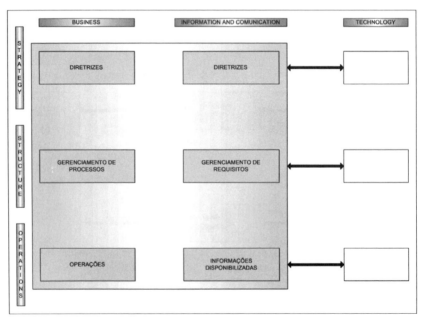

Figura 17.11 *Extension of business function.*

Capítulo 19 ◆ Caixa de Ferramentas do Profissional de TI e Comunicações ◆ **327**

A linha intermediária structure e a coluna information & knowledge & communication representam a chave para a integração entre tecnologia e negócio. O framework explica o comportamento de cada uma das nove áreas e o relacionamento entre elas também é endereçado pela arquitetura. Uma das consequências desta abordagem do framework é que ele ajuda a definir o papel do CIO em função do estilo de governança.

INFORMATION STRATEGIST - Definição e controle da estratégia da informação levando em conta os requisitos do negócio e as oportunidades de TIC.

CO-CREATOR/ADVISOR BUSINESS STRATEGY - O CIO é membro da diretoria. Ele define, em conjunto com a diretoria, a estratégia do negócio. A sua principal abordagem é tomar decisões estratégicas sobre as informações, oportunidades de negócio e riscos de tecnologia de informações e comunicações. Em organizações com menor uso de informações, o CIO é um conselheiro da diretoria.

IT PORTFOLIO MANAGER - O CIO é responsável pelo relacionamento com os fornecedores de TIC. Ele define a estratégia de longo prazo dos serviços de tecnologia e controla a performance e os custos dos fornecedores. Ele também é responsável pelo desenvolvimento.

ORGANIZATION ARCHITECT - O CIO e o time de TI desenvolvem uma arquitetura organizacional completa e integrada, que cobre as três colunas do mapa.

BUSINESS ADVISOR - Em geral, este papel é negligenciado pelo mercado. O sucesso do CIO é dependente em alto grau do relacionamento com os gerentes das unidades de negócio. O CIO e o time de TIC são considerados parte do negócio.

TREND WATCHER - O CIO precisa manter-se atualizado com o mundo. Ele deve estar muito bem informado do desenvolvimento do uso das informações, tanto na organização como na sociedade.

Como Ler o Mapa

Da direita para esquerda, as informações são produzidas, interpretadas e usadas. Na coluna da direita os dados são reconhecidos, na coluna central as informações são reconhecidas através da interpretação dos dados e na coluna da esquerda o conhecimento é reconhecido através de decisões baseadas em informações. O gerenciamento de informações refere-se ao conjunto das três colunas, atuando de forma orquestrada.

Em cada uma das colunas é necessário conhecimento especializado. A coluna negócio representa o pragmatismo. A camada central de gerenciamento efetivo das informações representa o sentido prático da tecnologia. A coluna da extrema direita, chamada de tecnologia, representa inovações e introduz novas sintaxes e vocabulários na organização.

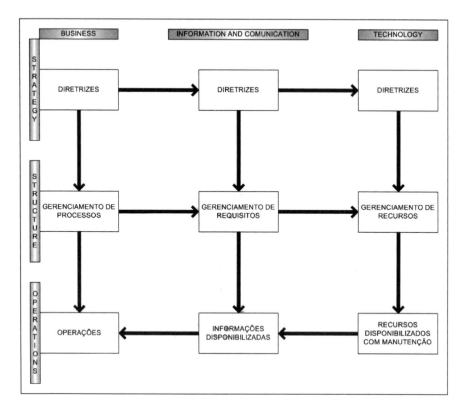

Figura 17.12 *Mapa GFIM.*

Forças

O modelo prova o valor da integração entre tecnologia e negócio na efetividade da governança de TIC. O uso do GFIM é um facilitador para a adoção de outros frameworks como BiSL, ASL e ITIL®. A maior força do modelo é a sua ajuda na abordagem do gerenciamento das informações no nível da alta administração, mostrando como os diferentes aspectos da organização se encaixam.

Fraquezas

A maior fraqueza do GFIM está relacionada ao fato de que ele não disponibiliza uma solução de curto prazo. O Generic Framework for Information Management demanda a adoção de outros frameworks mais detalhados para suportar a sua implementação.

Relacionamento do GFIM com outras ferramentas de mercado

- **ITIL®** - O service delivery pode ser posicionado no nível structure e o service support, no nível operations.
- **ISO 27001** - Pode ser posicionado no nível strategy, structure e operations no domínio information and communication.
- **Prince2™** - Pode ser usado no nível operations dos três domínios.
- **IPMA Competence Baseline** - Pode ser usado no nível operations dos três domínios.
- **PMBoK** - Pode ser usado no nível operations dos três domínios.
- **CobiT** - Usado nos níveis strategy e structure dos domínios technology e information and communication.
- **MSP** - Usado no nível structure dos três domínios.
- **M_o_R®** - Usado nas atividades dos níveis strategy, structure e operations dos domínios technology e information and communication.
- **COPC** - Usado nas atividades do nível operations dos domínios technology e information and communication.
- **ISPL** - Usado nas atividades do structure e operations dos domínios technology e information and communication.
- **ITS-CMM** - Posicionado nos níveis structure e operations do domínio technology.
- **ASL** - Posicionado nos três níveis do domínio technology.
- **BiSL** - Posicionado nos três níveis do domínio information and communication.

Capítulo 20 ◆ Performance do Investimento em TI e Comunicações

Conteúdo deste capítulo:

- Introdução
- Investimento em TIC no Brasil
- Intensidade Ideal de Tecnologia
- Governança e Rendimento
- Máximo Investimento e Retorno do Capital

Introdução

1. Estudo do Instituto de Pesquisa Econômica Aplicada (IPEA) mostra que as empresas que investem em tecnologia da informação (TI) são 13,24% mais produtivas. "Folha de S. Paulo", Mercado Aberto, 20/03/2008.
2. De acordo com José Ricardo Roriz, Diretor do Departamento de Computação e Tecnologia da FIESP, as indústrias que destinaram recursos para TI estão faturando, em média, 20% mais do que aquelas que não aplicam no setor. "Folha de S. Paulo", Mercado Aberto, 20/03/2008.
3. Segundo Robert Atkinson, Presidente do ITIF (Information Technology and Innovation Foundation), nos Estados Unidos, cerca de 78% dos ganhos de produtividade se devem aos investimentos em TI. Na China, esse índice corresponde a 38% . "Folha de S. Paulo", Mercado Aberto, 20/03/2008.
4. Levantamento incluindo 30 países constatou que para cada 10% a mais investidos em tecnologia, acontece um aumento de 1,6% no PIB em países com baixo uso de TI - em que a participação do setor é inferior a 10% no capital total da economia. "InformationWeek", 06/11/2007.
5. A produtividade também aumenta com o maior uso de tecnologia. Nas economias com baixa adoção de TI, a produtividade média é de US$ 4,06 por hora trabalhada e US$ 27,63 em países com uso mais intensivo da tecnologia. "InformationWeek", 06/11/2007.

6. Se um processo de negócio leva quatro horas e os profissionais responsáveis, por conta de problemas com dados, gastam seis horas na tarefa, são duas horas de trabalho de prejuízo. "ComputerWorld" 495, 28/05/2008.
7. 48% dos projetos saem do prazo, 70% dos projetos custam acima do orçamento, 23% das equipes dizem pular etapas de testes para minimizar os atrasos. "ComputerWorld", 09/04/2008.
8. Cansado das falhas nos serviços de conectividade, o consórcio optou pela implementação de sistema próprio. "ComputerWorld" 503, 15/10/2008.
9. Foram utilizados os serviços das operadoras por algum tempo, mas eles eram engessados demais, e o nível de qualidade dos serviços não atendia as necessidades do negócio. "ComputerWorld" 503, 15/10/2008.
10. Nossa modalidade de venda é de pré-venda, isso faz com que eu tenha, muitas vezes, apenas 4 horas para emitir 100 mil notas fiscais. "ComputerWorld" 503, 15/10/2008.

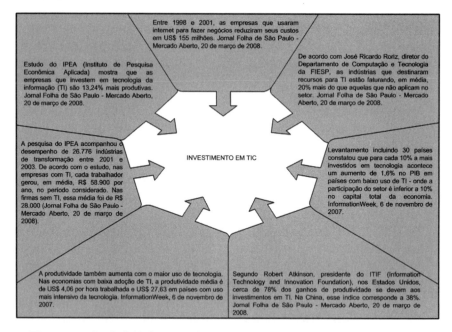

Figura 18.1 *Produtividade e Investimento em tecnologia de informações e comunicações.*

> Higher growth in ICT capital strongly impacts output growth. The Conference Board Productivity Data: Brazil.
>
> Fonte: "Total Economy Database and 2011 Productivity Brief", The Conference Board, www.conferenceboard.org, acessado em 01/12/2011.

É importante observar que existe uma forte correlação entre o crescimento do investimento em tecnologia e o aumento da produtividade da economia. No entanto, existem anos em que o crescimento do investimento reduziu a produtividade. Este fenômeno é explicado pelos trabalhos de Howard Rubin sobre a intensidade ideal de tecnologia. Existe um ponto de saturação em que aumento no investimento resulta na redução do lucro.

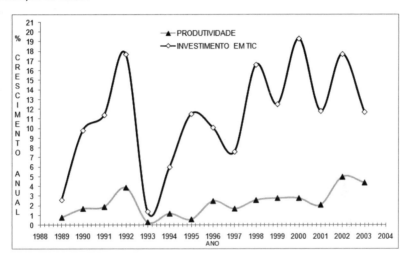

Figura 18.2 Gráfico produtividade e investimento em TIC. Fonte: IDC.

Principais Desafios da Tecnologia	
Tipo	% de respostas
Responder às necessidades de negócio mais rapidamente	58%
Disponibilizar nível de serviço melhor e mais rápido	57%
Reduzir custos operacionais com TI	52%

Fonte: IDC.

Investimento em TIC no Brasil

No passado recente, orçamentos corporativos de investimentos em tecnologia eram bastante elevados e esbanjadores, pois o avanço da carreira do CIO estava ligado a fatores como tamanho da equipe, quantidade de servidores, tamanho do datacenter e montante de dinheiro gerenciado. No século XXI esta realidade mudou bastante, em função dos ajustes realizados após o estouro da bolha de internet, o ataque aos Estados Unidos de 11 de setembro de 2001, escândalos contábeis etc. No gráfico a seguir, vemos o comportamento do investimento total em tecnologia no Brasil desde o ano de 2001. Apesar da curva de crescimento do total investido, o detalhamento mostra orçamentos individuais menores em relação ao passado recente. A redução fica bastante nítida quando é feita a comparação (em valor atual) do orçamento atual de tecnologia por empresa contra o investimento *per capita* (por empresa) realizado na década de 90.

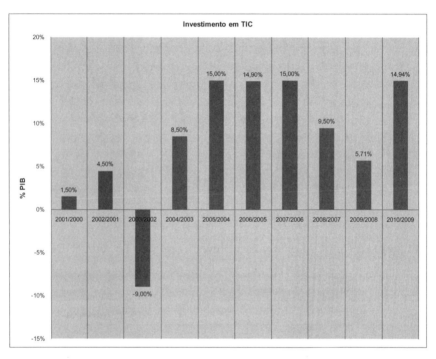

Figura 18.3 *Investimento em tecnologia de informações e comunicações.*

A explicação para este fenômeno é que os executivos de tecnologia entraram na moda após o computador ser considerado o homem do ano nos anos 80 enquanto muitos deles estavam em voo de alta altitude na direção do céu (cargo de CEO) no final dos anos 90. As diversas crises que ocorreram desde o derretimento da bolha de internet interromperam o plano de voo dos CIOS e constrangeram os orçamentos de TIC:

- 50% dos CIOs reportaram redução de orçamento. "ComputerWorld" 499.

Capítulo 20 ◆ Performance do Investimento em TI e Comunicaçõess ◆ **335**

- Para muitos CIOs, a história do orçamento não teve final feliz nos últimos anos. A retração econômica afetou negativamente o orçamento de tecnologia de informações e comunicações. "CIO", novembro e dezembro de 2008.
- Executivos de TI se deparam com aumentos de demandas e diminuição dos recursos. "InformationWeek", 20/022008.

O grande desafio do executivo de tecnologia do século XXI passou a ser eliminar as ineficiências e desperdícios e otimizar os investimentos realizados. Esta nova visão corporativa abortou o voo dos CIOs na direção do cargo de CEO e, na maioria dos casos, levou-os para o guarda-chuva do controle financeiro do CFO. Ainda existem executivos de tecnologia crescendo na direção do topo, mas o número é significativamente menor.

O CFO tem uma maior influência nas decisões de investimento em TIs do que o CIO, diz a Gartner. O CFO autoriza 26% de todos os investimentos em TI, e 51% quando combinado com o CIO, segundo revela a edição 2011 do Financial Executives International (FEI) Technology Study, que mostra também um aumento significativo da quantidade de CIOs que passaram a se reportar aos CFOs, em relação à edição de 2010.

Fonte: *"CFOs decidem mais sobre TI do que CIOs, diz Gartner",* http://cio.uol.com. br/gestao/2011/06/01/cfos-decidem-mais-sobre-ti-do-que-cios-diz-gartner/, *acessado em 01/12/2011.*

Um estudo realizado pela consultoria Gartner, em parceria com o instituto de pesquisas especializado na área financeira FERF (Financial Executives Research Foundation), aponta que em 42% das organizações do mundo, o CIO se reporta ao principal executivo de finanças, ou CFO.

Fonte: *"O CIO se reporta ao CFO em 42% das empresas, mostra estudo",* http://cio. uol.com.br/gestao/2010/05/04/o-cio-se-reporta-ao-cfo-em-42-das-empresas-mostra- -estudo/, *acessado em 01/12/2011.*

336 • Governança da Nova TI: Revolução

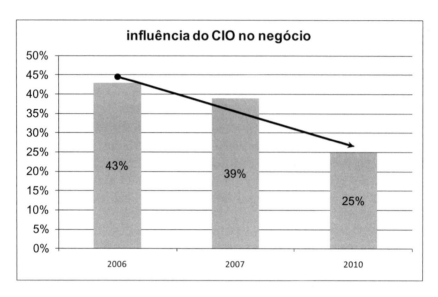

Figura 18.4 *Influência do CIO no negócio. Fonte: "Os CIOs do amanhã" ("InformationWeek" 205, acessado em 01/12/2011) e "O CIO se reporta ao CFO em 42% das empresas, mostra estudo" (http://cio.uol.com.br, acessado em 01/12/2011).*

Figura 18.5.1 *Carreira CIO. Fonte: "Avanço ou retrocesso" ("InformationWeek" 197, acessado em 01/12/2011) e "O CIO se reporta ao CFO em 42% das empresas, mostra estudo" (http://cio.uol.com.br, acessado em 01/12/2011).*

Capítulo 20 ♦ Performance do Investimento em TI e Comunicaçõess ♦ 337

Figura 18.5.2 Carreira CIO. Fonte: "Avanço ou retrocesso" ("InformationWeek" 197, acessado em 01/12/2011) e "O CIO se reporta ao CFO em 42% das empresas, mostra estudo" (http://cio.uol.com.br, acessado em 01/12/2011).

O atual momento de integração entre tecnologia e negócio exige habilidades e capacidades de responsabilidade fiscal e agregação de valor, por isso é cada vez mais comum encontrar no mercado brasileiro CFOs comandando a área de tecnologia de informações e comunicações e gestores de negócio assumindo projetos de tecnologia.

- Cada vez mais os executivos de tecnologia das grandes empresas se reportam ao CFO (Chief Financial Officer). 45% dos CFOs têm, sob sua responsabilidade, a área de tecnologia da informação. "Info Corporate", 10/07/2008.
- Para 43% dos executivos entrevistados, os gerentes de negócio estão assumindo maior responsabilidade pelos projetos de tecnologia de informações e comunicações. "InformationWeek", 14/03/2008.

As empresas precisam que a gestão de tecnologia aprimore os processos de negócio, aumente a produtividade dos colaboradores, facilite a inovaçao, reduza os custos, aumente as vendas e influencie o desenvolvimento de novos produtos e serviços com base nas informações dos clientes e negócio, melhore a integração dos dados, estabeleça padrões de tecnologia etc. O principal motivo para este conjunto de necessidades é o baixo nível de evolução da produtividade. O professor V.W. Setzer pesquisou o mercado brasileiro e publicou no "Jornal do Software" de 4 de junho de 1989 que 80% do tempo de TI era destinado à manutenção dos sistemas antigos e apenas 20% era direcionado para sistemas novos. A realidade atual mostra que, passados quase vinte anos, muito pouco foi alcançado em termos de progresso da produtividade. A relação manutenção *versus* novidade do ano de 2007 era praticamente igual à do ano de 1989.

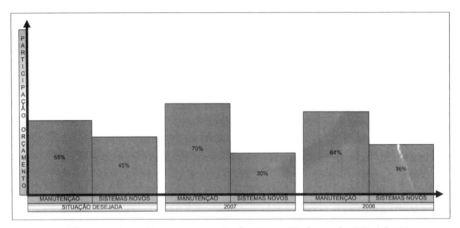

Figura 18.6 - *Gastos em tecnologia. Fonte: "InformationWeek" 205.*

A estrutura de gastos em tecnologia de informações e comunicações ainda não alcançou o ponto desejado de operação, pois vários desafios não foram adequadamente endereçados. O principal desafio da área ainda está relacionado ao peso das aplicações legadas no portfólio de serviços. A relação entre manutenção e inovação desfavorável do legado e atitude pouco ousada dos executivos tornaram o processo de mudança na estrutura de gasto bastante lento ao longo do tempo. Esta lentidão mantém a visão da área de tecnologia como centro de custo, prolonga o processo de mudança e inibe projetos de inovação.

O círculo vicioso é amplificado pela questão do capital intelectual. Os elevados custos de manutenção restringem as verbas e a atração e retenção de talentos é prejudicada. Por causa do capital intelectual inadequado, muitos projetos de inovação acabam fracassando ou custando muito mais que o planejado. A visão de menor custo de curto prazo em detrimento do menor custo do ciclo de vida inibe o sucesso da implantação de soluções de baixo custo de manutenção.

A influência do CIO no negócio completa a espiral negativa de performance do investimento. Como a área de tecnologia é vista como um custo pelos executivos de negócio, como os projetos em geral atrasam e custam mais do que o planejado, como os processos da área têm inteligência de negócio restrita em função do capital intelectual, o nível de influência do CIO é baixo e os executivos de negócio têm pouco

Capítulo 20 ◆ Performance do Investimento em TI e Comunicaçõess ◆ **339**

interesse na estratégia e projetos de tecnologia. O baixo interesse e o nível de influência reduzem a quantidade de novos projetos aprovados, que resultam em prolongamento da estrutura inadequada de gastos.

Para romper a espiral negativa é preciso que os executivos de tecnologia sejam visionários e ousados na eliminação das ineficiências e desperdícios do gerenciamento da tecnologia. A seguir são apresentados alguns exemplos de dificuldades que foram enfrentadas e superadas com força e coragem por executivos inteligentes.

- O processamento de pedidos, contabilidade e sistemas de expedição seriam restaurados em 15 minutos em caso de falhas. O novo CIO perguntava por quê. A maioria dos pedidos pode levar horas, sem nenhum impacto para os clientes. A administração sênior concordou que os custos eram altos em relação aos riscos comerciais. O plano de recuperação foi trocado de 15 minutos para 12 horas, com uma economia de 3% do orçamento de tecnologia (George Westerman e Richard Hunter, "O Risco de TI", p.16).
- Informações mais precisas e entregues com maior rapidez possibilitaram maior visibilidade dos estoques, aprovações de crédito mais rápidas e quintuplicação da porcentagem das expedições diárias (George Westerman e Richard Hunter, "O Risco de TI", p.11).
- A maioria dos riscos de TI resulta não da tecnologia em si, mas de processos decisórios que, conscientemente ou não, ignoram a plena gama de possíveis consequências comerciais (George Westerman e Richard Hunter, "O Risco de TI", p.7).
- Toda nova solução com visão apenas de curto prazo aumentava o comprometimento da agilidade de longo prazo. As mudanças demoravam muito mais do que deveriam e do que os executivos desejavam. Era extraordinariamente difícil conseguir um relatório com visão integrada dos clientes, produtos e pedidos. Os gerentes de negócio reclamavam constantemente da qualidade dos serviços de tecnologia. O extravagante lema "Cinco chamados cumprem o recado" passou a ser considerado normal (George Westerman e Richard Hunter, "O Risco de TI", p.4).

Os casos apresentados mostram que a falta de habilidades de negócio no gerenciamento da tecnologia maximizaram as despesas e reduziram fortemente a lucratividade do negócio. A dinâmica dos fatos e realizações mostrou que o volume de investimento em tecnologia não é condição suficiente e necessária para aumentar a rentabilidade da empresa. Ficou claro para as organizações que é necessário investimento e capital intelectual para alcançar o sucesso nos projetos. A questão agora passou a ser o nível ideal de investimento e capital intelectual.

Inicialmente, o mercado adotou o estratagema de dimensionar o volume de investimento em tecnologia em função do faturamento líquido. A Fundação Getúlio Vargas vem promovendo uma extraordinária contribuição para os gestores de tecnologia com a sua pesquisa anual sobre o cenário e as tendências do mercado nacional.

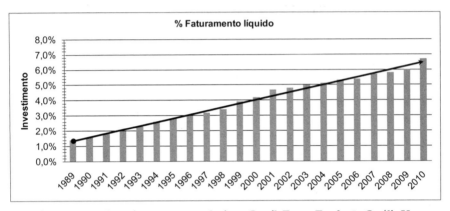

Figura 18.7 – *Investimento em tecnologia no Brasil. Fonte: Fundação Getúlio Vargas.*

Apesar da relação de volume de investimento em tecnologia em função do faturamento líquido do negócio ajudar a determinar o valor ideal do gasto em TIC, ela não responde adequadamente todas as perguntas existentes no mercado. O tema investimento ideal cresceu de importância em tal dimensão que passou a fazer parte da agenda da maioria dos CEOs, CFOs e CIOs na primeira década do século XXI.

Intensidade Ideal de Tecnologia

Os trabalhos do Howard Rubin mostraram que o volume ideal de investimento em tecnologia está relacionado às despesas operacionais e receita líquida. Rubin provou que as empresas que investem mais que a concorrência têm a tendência de obter resultados melhores. No entanto, ele provou também que existe uma condição de saturação. Além de um determinado ponto não existe benefício de rentabilidade. Ele chamou este ponto de saturação de intensidade ótima de tecnologia de informações e comunicações.

Para endereçar o desafio de quantificar a intensidade ótima, o autor desenvolveu curvas de intensidade em função da despesa operacional, receita líquida e lucro. Na visão dele, o cálculo do retorno de investimento de TIC em relação à receita líquida ignora os períodos de investimento e mudanças no mercado. Os gráficos a seguir mostram que a correlação lucro e investimento de tecnologia em relação à despesa operacional é muito mais intensa que a correlação lucro e investimento de tecnologia em relação à receita líquida.

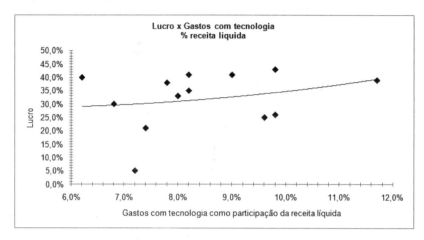

Figura 18.8 - *Investimento em tecnologia como participação da receita líquida. Fonte: Revista "CIO", 05/062008.*

Howard Rubin mostrou, através de centenas de casos, que os investimentos de tecnologia em relação às despesas operacionais justificam melhor as mudanças do negócio. Entrada em novos mercados, atualização da infraestrutura de tecnologia, melhorias na competitividade e efetividade são exemplos de mudanças na realidade corporativa.

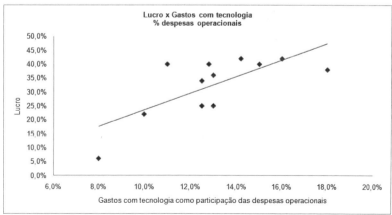

Figura 18.9 - *Investimento em tecnologia como participação das despesas operacionais. Fonte: Revista "CIO", 05/062008.*

O dinamismo do ambiente de negócio é mais bem endereçado pelo gerenciamento de tecnologia quando o investimento em tecnologia responde à realidade fiscal da receita líquida e da despesa operacional. Este estratagema permite que os momentos de contração da receita sejam respondidos por cortes orçamentários temporários, sem perder a visão futura da lucratividade. Ou, em outras palavras, a desaceleração no investimento é intensa o suficiente para evitar o comprometimento no fluxo de caixa de curto prazo e é inteligente o bastante para garantir o lucro futuro a médio e longo prazo.

O conceito de intensidade de TI deriva do equilíbrio entre caixa de curto prazo e lucro de médio prazo. Os trabalhos mostram que existe um intervalo de investimento ideal. O limite superior é o ponto de saturação do investimento, em que os gastos adicionais resultam em valor agregado nulo para o negócio. Rubin mostrou que 14,1% da despesa operacional é o limite para os investimentos em tecnologia das instituições financeiras. Os bancos de investimento têm um limite ligeiramente menor (13,1%). O pesquisador desenvolveu gráficos de intensidade de TIC para dezenas de indústrias.

O ponto máximo da inflexão da curva representa a máxima contribuição da tecnologia para o resultado do negócio. Investimento em TIC acima deste ponto não agrega valor algum. Na prática, ele apenas aumenta as despesas e reduz a lucratividade da corporação.

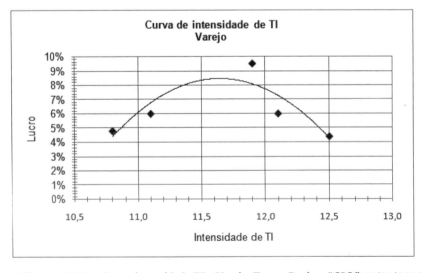

Figura 18.10 - *Curva intensidade TI - Varejo. Fonte: Revista "CIO", 05/06/2008.*

Capítulo 20 • Performance do Investimento em TI e Comunicaçõess • **343**

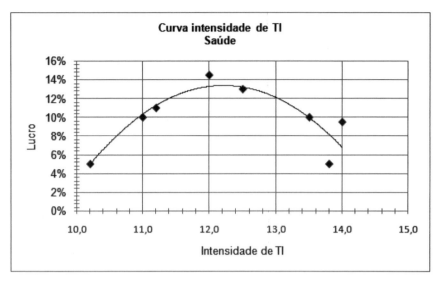

Figura 18.11 – *Curva intensidade TI - Saúde. Fonte: Revista "CIO", 05/06/2008.*

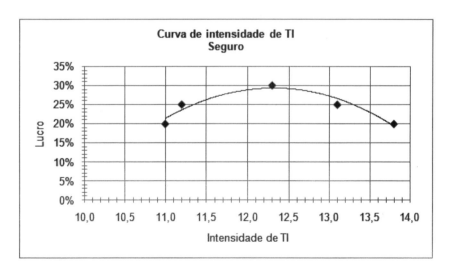

Figura 18.12 – *Curva intensidade TI - Seguro. Fonte: Revista "CIO", 05/06/2008.*

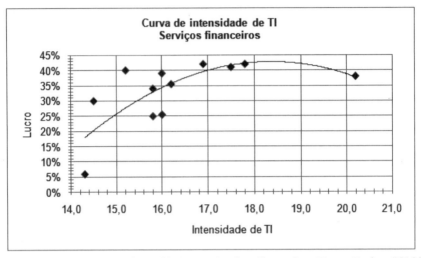

Figura 18.13 - *Curva intensidade TI - Serviços financeiros. Fonte: Revista "CIO", 05/06/2008.*

Os trabalhos do Rubin são focados nos investimentos de infraestrutura em função das informações disponíveis no mercado. A falta de rigor e regularidade na monitoração e no acompanhamento dos investimentos em aplicações torna os gráficos inúteis para avaliações exclusivas de investimentos para sistemas e software. Uma forma de contornar o problema é fazer a avaliação para a área de tecnologia de maneira integral, sem segmentações.

O estudo do autor destaca que encontrar o volume ideal de investimento resolve apenas uma parte do problema, pois não endereça a questão do sucesso. Seleção inteligente das iniciativas, integração com o negócio e efetiva execução são os fatores que determinam o sucesso da estratégia de TIC. O sucesso destes três fatores é o resultado da prática do talento, dedicação, experiência, capacidade, orquestração, colaboração e habilidade do executivo e do time de tecnologia de informações e comunicações. O sucesso da estratégia destacado por Howard é limitado pelo rendimento da função transformação f(TIC).

Na determinação da intensidade ideal de TIC, Rubin assume índice de rendimento do investimento igual a um, ou seja, não existem ineficiências e desperdícios. Na prática, são raros os casos de rendimento de 100%. Para calcular o índice do rendimento do investimento é preciso entender as entradas e saídas da função transformação.

Capítulo 20 • Performance do Investimento em TI e Comunicaçõess • 345

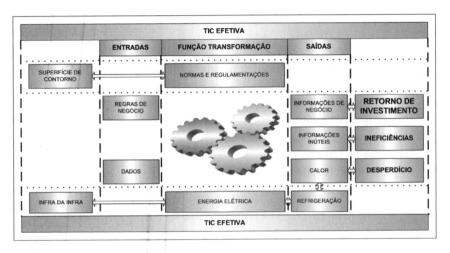

Figura 18.14 - *Função transformação em tecnologia de informações e comunicações.*

Pela figura, o benefício dos gastos é dado na forma de informação de negócio útil. As informações inúteis e o calor produzido representam as ineficiências e os desperdícios do processo. O rendimento do gasto em tecnologia é calculado pela fórmula a seguir:

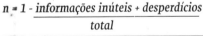

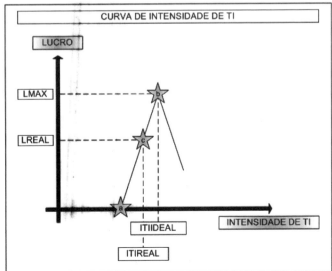

Figura 18.15 - *Intensidade de tecnologia com rendimento.*

Pontos notáveis:

 Intensidade de tecnologia de informações e comunicações que produz benefício de lucro nulo. Como este nível de intensidade exige investimentos, na prática o ponto "a" é muito próximo do par (0,0). Mesmo no pior caso encontrado no mercado, cuja tecnologia é considerada apenas e tão somente como um mal necessário, ela agrega algum valor ao lucro. São raros ou inexistentes os casos de empresas que investem em TIC esperando aumento zero de lucro.

 Ponto de saturação da intensidade de tecnologia. É a situação de intensidade ideal de TI e máximo lucro agregado. Investimentos acima deste ponto reduzem o lucro, pois os recursos atendem satisfatoriamente as necessidades e o negócio não demanda por mais recursos de tecnologia.

 Ponto de operação de tecnologia de informações e comunicações considerando o rendimento. Representa a intensidade de TI real, considerando as perdas e ineficiências dos gastos.

Relações

Considerando que o nível de investimento (I) é o ideal, ou seja, equivalente ao necessário para a intensidade de TI ideal (ITIideal), que garante o máximo lucro potencial (Lmax), temos:

1. Investimento = I = Iideal
2. Lucro máximo potencial = Lmax
3. $Lreal = Lmax \times \dfrac{ITIreal - a}{ITIideal - a}$
4. $ITIreal = n \times ITIideal$
5. $Lreal = n \times Lmax$

Observação: O valor de "a" é muito menor que ITIideal e ITIreal, por isso ele pode ser desprezado na equação do lucro real (Lreal). A equação do lucro real mostra que quanto maior for o rendimento da função transformação de TIC, mais próximo o lucro realizado estará do máximo lucro potencial. A perda de lucro por ineficiências e desperdícios é dada pela equação a seguir:

Capítulo 20 • Performance do Investimento em TI e Comunicaçõess • 347

Perda - P - Lmax - Lreal - Lmax × (1 - n)

A perda de lucro ocorre porque o investimento realizado não é integralmente transformado em benefícios para o negócio. O valor do investimento no ponto ITIideal e ITIreal é o mesmo, por isso, se o rendimento da função transformação de TIC for igual a 1 (máxima efetividade), a intensidade de TI real é IGUAL à intensidade de TI ideal (ausência de desperdícios e ineficiências). Na prática, as perdas do ponto ITIreal representam a consolidação da transformação de dinheiro bom e suado em lixo. O investimento no ponto ITIreal equivale ao produto do investimento (I) no ponto ITIideal, multiplicado pelo rendimento (n). A perda do capital investido por desperdícios e ineficiências é apresentada a seguir:

Perda Investimento - PL -Lideal - Lreal = Lideal × (1 - n)

Quanto maior for o rendimento, menor será o nível de transformação de dinheiro bom e suado em lixo. A governança de TI Verde é um excelente exemplo de como é possível aumentar o rendimento da função transformação de tecnologia e o lucro com iniciativas simples. No entanto, a prática de mercado mostra que os projetos verdes nem sempre são considerados relevantes pela gestão de tecnologia (apesar da clara efetividade em relação à redução dos desperdícios e ineficiências), pois em diversos casos os benefícios das iniciativas ocorrem fora do limite do orçamento de tecnologia de informações e comunicações.

É comum encontrar no mercado projetos verdes em dificuldades porque o gestor de tecnologia tem visão de que eles representam apenas um aumento de gastos para a sua área. O artigo "Desperdício" da revista "ComputerWorld" 497, de 25 de julho de 2008, ajuda a entender as motivações desta forma de pensar. A matéria afirma que mais de 89% das empresas do Reino Unido não têm ideia do consumo energético de seus departamentos de TI. A realidade inglesa não deve ser vista como algo específico da região. Existem evidências de que números da mesma ordem de grandeza fazem parte da realidade brasileira.

As restrições do capital intelectual de decisão em relação à visão holística da corporação reforçam a percepção que os executivos de tecnologia nacionais têm sobre as iniciativas verdes. Uma grande parte dos CIOs enxergam os projetos de tecnologia com foco na redução das perdas de energia, como não prioritários e desnecessários. Para muitas organizações de tecnologia, o fato dos benefícios das iniciativas não serem diretamente encontráveis no orçamento da área desestimula a priorização dos projetos verdes. A curva de intensidade de TI e o rendimento da função transformação mostram que este tipo de abordagem estratégica é um erro grave de gestão.

348 • Governança da Nova TI: Revolução

Governança e Rendimento

O exemplo da governança de TI verde é bastante didático em mostrar o efeito prático do rendimento. A transformação de dinheiro bom em calor inútil mostra com clareza que parte do investimento realizado na intensidade ótima de TIC (máximo lucro) é perdida na forma de dissipação de calor. Portanto, neste caso, a intensidade ideal de tecnologia planejada pela gestão não está sendo alcançada na prática. A organização está trabalhando em um ponto abaixo do planejado, perdendo parte do gasto realizado. Em outras palavras, as ineficiências e os desperdícios reduzem o retorno de investimento planejado de todos os projetos de tecnologia.

A apuração do rendimento e retorno de investimento dos projetos de tecnologia mostrou que o estratagema político adotado de deixar para o vizinho os problemas originados por TIC tem resultado positivo apenas e tão somente no curtíssimo prazo. No médio e longo prazo, os executivos de tecnologia estão pagando de forma bastante cara a conta da estratégia adotada. As matérias publicadas na mídia falando sobre a dança das cadeiras dos CIOs, aumento da quantidade de gestores de negócio gerenciando projetos de tecnologia e crescimento do número de executivos de tecnologia que reportam-se ao CFO mostram que em muitos casos o preço pago foi o emprego do gestor de TIC.

Mesmo depois da realização e publicação de diversos estudos sobre o assunto, ainda existem profissionais que não entenderam o erro do estratagema. Em 1989, o Professor V.W. Setzer mostrou que apenas 20% do orçamento de tecnologia eram destinados a novos sistemas. As pesquisas de 2007 mostram que a participação dos novos sistemas no orçamento é da ordem de 30% , o que significa uma evolução de apenas meio ponto percentual por ano na direção da participação desejada de 45% . Nesta velocidade, apenas por volta de 2017 as empresas no Brasil estarão trabalhando com uma estrutura de custos de tecnologia que destine cerca de 40% dos gastos para novos sistemas.

A dinâmica dos negócios e das necessidades de resiliência mostra que muitas destas empresas deixarão de existir se a atual velocidade de transformação da estrutura de custos for mantida. Ainda não foi totalmente entendido pelo mercado que o rendimento da função de transformação afeta todos os projetos de tecnologia em execução. Em função do impacto do rendimento na função transformação, o retorno do investimento dos projetos realizados ficou aquém do prometido, abalando a credibilidade dos executivos de tecnologia. A desconfiança dos gestores de negócio nos profissionais de tecnologia inibiu com força a aprovação de novos projetos e gerou uma

Capítulo 20 • Performance do Investimento em TI e Comunicaçõess • 349

espiral autoalimentada que restringiu ainda mais a velocidade de transformação da estrutura de gastos da área. Como uma coisa leva à outra na espiral negativa, o corte anual do orçamento de TIC virou rotina com o aumento da insatisfação dos usuários e gestores de negócio. A última fase desta espiral destrutiva foi o início do ciclo da dança das cadeiras.

> Com uma opinião diferente, Ítalo FIammia - que acaba de deixar a Natura após 12 anos - afirma que a grande movimentação é resultado do aumento da pressão sofrida pelos líderes de tecnologia e deve aumentar no futuro.
>
> *Fonte: "Um novo ciclo de carreira para os CIOs", revista "CIO", maio e junho de 2008, p.14.*

Existiram alguns catalisadores para este processo que somente agora estão sendo entendidos pelos profissionais. A gestão de tecnologia gastou muito tempo e esforço em administrar apenas variáveis aparentes e de fácil acesso. Só agora foi percebido que o problema da estrutura de custos é prioridade zero e deve ser endereçado no planejamento de médio e longo prazo da área. Quando o ciclo de corte de orçamento começou, a grande maioria das organizações de tecnologia respondeu com projetos com visão de menor custo aparente de curto prazo, em vez do menor custo do ciclo de vida. Esta linha de atuação pressionou os gastos no sentido da manutenção no médio prazo e reduziu a velocidade de transformação da estrutura de custos.

A estrutura inadequada e a sensação de mal necessário, em conjunto com o não--cumprimento do planejamento, alimentaram o processo tornando o corte de gastos uma rotina. A afirmação de que os CIOs já cortaram seus orçamentos de tecnologia até o osso, publicada no artigo "Tempo sujeito a chuvas e trovoadas", publicado na "ComputerWorld" 503, de 15 de outubro de 2008, mostra que em muitos casos o orçamento chegou ao fundo do poço. No entanto, mesmo com a situação de gasto claramente enxuta, a matéria afirma que ainda podem acontecer novos cortes no orçamento de tecnologia. A conta da escolha realizada no passado de menor custo de curto prazo em detrimento do menor custo do ciclo de vida definitivamente chegou.

Os anos de ênfase no menor custo aparente para as compras de produtos, serviços e capital intelectual deprimiram a produtividade do investimento e a função transformação de tecnologia de informações e comunicações para um patamar bastante baixo. A baixa produtividade do investimento explica por que cada vez mais as empresas escolhem os projetos de outras áreas em detrimento da TI. Para entender melhor a questão da produtividade, a PNIPTI pesquisou em detalhes o assunto menor custo aparente e selecionou as situações que mais comprometem o rendimento do

350 ♦ Governança da Nova TI: Revolução

investimento. Os casos críticos foram classificados nos grupos de hardware, software e capital intelectual.

O grupo hardware destaca-se por ter o indicador produtividade em um patamar menos negativo que os demais. O elevado nível de padronização sem sombra de dúvida é um fator positivo e tornou o desempenho do custo do ciclo de vida menos negativo. Em geral, o rendimento do grupo está sendo comprometido pelo desperdício e pela ineficiência gerada pela performance da capacidade adquirida (perdas pela compra de mais capacidade do que a necessidade do negócio) e pela geração de calor (perdas pela baixa eficiência da fonte de alimentação, que transforma energia elétrica cara em calor inútil).

O grupo software tem desempenho bastante degradado em relação ao hardware, mas é consideravelmente melhor que o capital intelectual. O subgrupo aquisição de licenças é o responsável por segurar o rendimento em um nível menos negativo. As maiores perdas do subgrupo licenças estão relacionadas com políticas de compras extravagantes, que geram a médio e longo prazo custo elevado de regularização. Outro componente deste subgrupo são licenças em excesso em relação à necessidade real do negócio. O subgrupo desenvolvimento de software é o grande vilão do rendimento do grupo. Neste subgrupo as perdas do investimento são extraordinariamente exageradas. Desperdícios e ineficiências provocados pelo estratagema menor custo aparente são gritantes e considero urgente uma revisão neste estratagema. A estratégia de menor custo aparente desconsiderou totalmente a qualidade nas questões das compras de desenvolvimento de software e provocou os seguintes efeitos perversos no rendimento do investimento:

1. **Perdas provocadas pela fixação e aceitação de prazos e custos irreais.** O erro médio do prazo de entrega do desenvolvimento de software é de 190% . O atraso do início das atividades de negócio provocado pela não-entrega dos softwares vem provocando perdas de milhões de reais. Falhas na avaliação do negócio do fornecedor é o principal motivo para esta ineficiência.

2. **Perdas provocadas pela ineficiência do código.** O conjunto de instruções dos aplicativos apresenta redundâncias com incrível incidência, ou seja, instruções sem utilidade alguma para o objetivo que só consomem recursos de processamento, disco e comunicação. No curto prazo, este componente gera custo de aquisição de recursos de tecnologia desnecessários (processamento, disco, memória etc.), e no médio e longo prazo gera um fantástico desperdício do investimento pela geração de calor inútil e custo de refrigeração. Em geral, as restrições do capital intelectual são a principal causa das ineficiências do código. Falhas de comunicação

Capítulo 20 ◆ Performance do Investimento em TI e Comunicaçõess ◆ **351**

geradas por dificuldades na escrita, leitura e interpretação da língua portuguesa e entendimento dos requisitos do negócio provocaram, em vários casos avaliados, códigos confusos e ineficientes. As perdas da ineficiência do código estão relacionadas com capacidade adquirida em excesso, gastos de energia elétrica, depreciação, CAPEX e redundâncias operacionais.

3. **Perdas provocadas pela indisponibilidade do software.** Os erros nas aplicações chegam a provocar paralisações de dias e até semanas. As dificuldades e perdas provocadas pelos erros nos sistemas e pela documentação inadequada chegam a custar centenas de milhares de reais às empresas usuárias de tecnologia. O pior nível de perda acontece quando a indisponibilidade é amplificada pela descontinuidade do negócio do fornecedor. Passivos trabalhistas são, em geral, a causa raiz deste tipo de problema no Brasil. Falhas na avaliação do negócio e no planejamento de investimento do fornecedor representam, na prática, o principal motivo para esta ineficiência.

> *Eles relataram que o sistema dos caixas eletrônicos não completavam as operações financeiras, como saque ou extrato. Outros simplesmente não funcionavam. Devido aos problemas, os caixas do Itaú – agora dono do Unibanco – estavam com enormes filas em diversos pontos, como no Shopping Paulista, na região central da capital São Paulo.*
>
> Fonte: *"Sistema do Unibanco sofre pane"*, http://info.abril.com.br/noticias/tecnologia-pessoal/sistema-do-unibanco-sofre-pane-18072010-9.shl, *acessado em 01/12/2011.*

> *Segundo a Caixa, as falhas estão acontecendo devido à implantação de uma nova solução tecnológica. O motivo da mudança seria a alta demanda de usuários. Em nota, o banco diz que os serviços estão em fase de regularização.*
>
> Fonte: *"Internet banking da CEF falha há três dias"*, http://info.abril.com.br/noticias/ti/internet-banking-da-cef-falha-ha-tres-dias-10112010-36.shl, *acessado em 01/12/2011.*

> *Os serviços de internet banking e de cartão de débito do Banco do Brasil apresentam instabilidade desde a tarde do último domingo (05).*
>
> Fonte: *"Serviços do Banco do Brasil apresentam falhas"*, http://info.abril.com.br/noticias/ti/servicos-do-banco-do-brasil-falham-no-domingo-06122010-11.shl, *acessado em 01/12/2011.*

4. **Perdas provocadas pelo processo de compras.** Ainda é comum encontrar no mercado a afirmação de que as vendas são realizadas por relacionamento. Esta

352 ◆ Governança da Nova TI: Revolução

frase tem em algumas situações uma conotação negativa, pois a palavra relacionamento é um mero eufemismo para a palavra troca. Trocas com base em agenda oculta acabam sendo sinônimo de relacionamento em algumas situações. As perdas provocadas por este tipo de prática não podem ser mensuradas pela inexistência de dados confiáveis; no entanto, é possível estimar números da ordem de dezenas de milhões de reais por ano para esta ineficiência. O principal problema deste tipo de decisão é que a prática elimina do mercado a médio e longo prazo as empresas éticas.

> *O segundo problema é que a nova medida tende a acabar com os contratos de trabalho informais. Pelos cálculos do presidente da Brasscom, dos 1,2 milhão de profissionais empregados pela indústria brasileira de TI pelo menos 50% não possuem contratos em carteira. "Hoje, temos dois grupos de empresas: o 'A' que só emprega pela CLT e o 'B' que só contrata PJ (pessoa jurídica). O 'B' tem mais condições de competir. Isso cria uma concorrência desleal. Agora a concorrência será mais ética", ressalta Gil.*
>
> Fonte: *"Brasscom: TI mais competitiva e ética com novos incentivos"*, http://compu-terworld.uol.com.br/negocios/2011/08/02/brasscom-setor-de-ti-sera-mais-competiti-vo-e-etico-com-nova-politica/, *acessado em 01/09/2011.*

Como o capital intelectual elevado em geral está associado com a ética à restrição, a inteligência do mercado é reduzida e resulta em soluções com desperdícios e ineficiências. As situações com passivo trabalhista são exemplos claros deste tipo de perda.

> *O último problema que a desoneração da folha de pagamento vai atacar é a redução do passivo trabalhista. Como o mercado acabou criando modelo de contratos flex, como acordo de PJ e "pejotinha", o presidente da Brasscom relata que o setor tinha problemas com a Justiça trabalhista e era prejudicado na hora de pedir empréstimos nos bancos.*
>
> Fonte: *"Brasscom: TI mais competitiva e ética com novos incentivos"*, http://compu-terworld.uol.com.br/negocios/2011/08/02/brasscom-setor-de-ti-sera-mais-competiti-vo-e-etico-com-nova-politica/, *acessado em 01/09/2011.*

É comum encontrar nas situações de contratação de desenvolvimento de software estratégias de quarteirizações. Na prática, a empresa contratante do desenvolvimento tem à sua disposição diversos concorrentes atuando sob a bandeira de uma empresa intermediadora. Como a lógica dos jogos está presente em todas as situações de negócio, fica claro que reter informações significa aumento do poder e renda de cada empresa individual, e colaborar com o concorrente significa perder mercado e renda.

Capítulo 20 ◆ Performance do Investimento em TI e Comunicaçõess ◆ **353**

O contexto é de jogo soma zero (para que um ganhe mais alguém deve ganhar menos) com baixo nível de confiança.

> *Ah, e que as margens do setor - no país - vêm diminuindo ano a ano.*
> *Fonte: "Software pouco competitivo", "Folha de S. Paulo", 29/09/2011, caderno mercado.*

O resultado final é inteligência coletiva baixa ou nula e erros sendo empurrados para o vizinho. Pelo fato de as fronteiras do trabalho individual serem muito tênues, a resultante da soma dos trabalhos individuais na prática é menor que a sua soma aritmética.

> Tem mais: o Brasil não está se tornando mais competitivo no mercado internacional e, depois de 20 anos tentando, exportamos apenas 5% do que exportam os indianos.
> *Fonte: "Software pouco competitivo", "Folha de S. Paulo", 29/09/2011, caderno mercado.*

Esta diferença mostra o custo da baixa inteligência coletiva. A repetição da situação registra uma perda adicional no médio e longo prazo. A contínua realização do trabalho de desenvolvimento resulta em ganhos de produtividade em função da reutilização de código, heurística, evolução da documentação, consolidação da arquitetura de desenvolvimento etc. No caso da baixa inteligência coletiva, estes ganhos inexistem e a empresa contratante deixa de ter benefício de menor preço ao longo do tempo.

> Em sua quase totalidade, as empresas brasileiras de software demoram muito a perceber a mudança dos ventos e, nessa virada, não será surpresa se, em vez de se tornarem commodity, boa parte daquelas 97,3% se torne, simplesmente, extinta.
> *Fonte: "Software pouco competitivo", "Folha de S. Paulo", 29/09/2011, caderno mercado.*

A conta é paga na forma da redução da velocidade da transformação da estrutura de gastos em tecnologia. A transparência das políticas de relacionamento com os fornecedores é vital para retomar a ética de mercado e colher resultados financeiros melhores.

5. **Perdas provocadas pela falta de flexibilidade dos relatórios**. Em geral, as aplicações desenvolvidas não oferecem recursos para a customização dos relatórios. Existe uma forte correlação entre o nível de capital intelectual coletivo e as restrições dos desenvolvedores em oferecer facilidades para os relatórios. No

354 • Governança da Nova TI: Revolução

médio e longo prazo, a falta de facilidades para a customização dos relatórios gera custos desnecessários de atualização do software em função de mudanças na gestão, ambiente de negócio etc. O custo do tempo para o mercado no endereçamento da exploração da oportunidade de negócio é amplificado pelo tempo necessário de atualização do software para novo relatório. Em alguns casos, o custo de oportunidade gerado pelo tempo de atualização da aplicação chega a dezenas de milhões de reais.

> *Cerca de 45% dos entrevistados esperam que a análise de dados permita que os insights de negócios sejam mais precisos, enquanto 38% estão procurando usar a tecnologia para um melhor reconhecimento das vendas e das oportunidades de mercado. Mais de 60% esperam que a análise de big data pode aumente a capacidade de marketing da empresa nas redes de mídia social.*
>
> *Fonte: "Big data: análise avançada é vital para os negócios",* http://computerworld. uol.com.br/tecnologia/2011/08/25/big-data-analise-avancada-e-vital-para-os-negocios/, *acessado em 01/12/2011.*

> *Se estes colaboradores tiverem de procurar relatórios históricos para encontrar esta informação, atrasam todo o processo e perdem a oportunidade de negócio. Desta forma, a informação deverá ser selecionada automaticamente, adaptada e entregue de forma a permitir o seu uso imediato. É isso que chamo de "mão invisível" do BI. Ou seja, tudo o que podemos fazer nos bastidores para colocar os usuários em contato com a informação relevante para a sua atividade.*
>
> *Fonte: "A 'mão invisível' do BI",* http://cio.uol.com.br/opiniao/2011/08/11/a--201cmao-invisivel201d-do-bi/#ir, *acessado em 01/12/2011.*

O grupo capital intelectual é o de pior performance e precisa ser reavaliado no menor prazo possível. A estratégia de menor custo de curto prazo vem reduzindo o capital intelectual de tecnologia ano a ano, gerando decisões que aumentam continuamente os custos de manutenção, reduzindo a velocidade de transformação da estrutura de custos de TIC. Como exemplo, apresento um caso relatado por um gestor de telecomunicações de uma grande empresa transnacional.

> *Em palestra sobre Talento 2.0, a gerente do instituto, Virgínia Duarte, disse que o maior problema, hoje, do setor é que a margem líquida das empresas está caindo.*

Capítulo 20 • Performance do Investimento em TI e Comunicaçõess • **355**

Fonte: "Comoditização é risco para a indústria de software brasileira", http://convergenciadigital.uol.com.br/cgi/cgilua.exe/sys/start.htm?infoid=27842&sid=104, *acessado em 01/12/2011.*

Após ter estabilizado a rede convergente de voz, dados e imagem, em uma dada manhã a comunicação de dados estava paralisada. O fornecedor da solução foi chamado para avaliar o quadro e descobriu que os roteadores estavam descartando pacotes em função do excesso de tráfego – seria necessário aumentar a sua memória. Pela natureza do negócio e pelo momento de safra, a paralisação da comunicação de dados tinha potencial de provocar filas quilométricas de caminhões e gerar distúrbios de enorme proporção. Com o diagnóstico de aumento súbito de dados, o gestor de telecomunicações procurou identificar a sua origem através da verificação da implantação de novas aplicações com outros colegas gestores. Uma das características nocivas do capital intelectual restrito é que ele resulta em baixo nível de declaração das decisões tomadas. Por isso, o gestor de telecomunicações apenas recebeu negativas para novas aplicações e não existia motivo algum para o aumento súbito de tráfego de dados.

O gestor percebeu que não descobriria a origem pelo ambiente de baixa declaração das atitudes realizadas e o jeito era resolver a causa. Apesar do discurso do fornecedor de entender as necessidades da empresa, a solução proposta pelos especialistas era trocar os roteadores e, para tal, seria necessário esperar cerca de 40 dias. Os danos ao negócio por quarenta dias de paralisação seriam monstruosos e o gestor perguntou sobre as alternativas provisórias de curto prazo. Diante da resposta negativa da cúpula diretiva do fornecedor, o gestor resolveu mostrar a importância do capital intelectual. Ele perguntou se, com o tráfego de voz desabilitado, sobraria memória suficiente para tratar do tráfego de dados.

Após os testes, a sugestão foi aprovada pelos especialistas do fornecedor e o tráfego de dados foi restabelecido, com o tráfego de voz direcionado para a rede pública. A piada de saber onde bater o martelo mostra, com propriedade, a questão do capital intelectual e o custo da sua ausência. As perdas no caso relatado poderiam chegar a centenas de milhões de dólares. O exemplo mostra que o custo da perda de experiência é espetacularmente maior que os ganhos em curto prazo da troca de um profissional maduro por um em fase de aprendizado.

Como exemplo de desperdício provocado pelo capital intelectual, é apresentado a seguir um caso sobre a efetividade do Service Desk relatado em grupo de especialistas da internet. O caso diz respeito a uma falha funcional no ERP (Enterprise Resource Planning) que a equipe técnica detectou e abriu um chamado. Após isso foram abertos

356 ◆ Governança da Nova TI: Revolução

cerca de 200 chamados pelos usuários. O grande problema da estratégia é que a falta de proatividade gerou um enorme fluxo de trabalho e consumo inútil de recursos.

O usuário, ao ser atendido, recebia apenas a confirmação que o ERP estava indisponível e era informado sobre o prazo máximo de recuperação. Considerando que os usuários precisavam do ERP para realizar processos de negócio, a resposta foi escutada como um simples: "adie o seu negócio, pois nós estamos fazendo a nossa parte ao abrir o incidente". Não foi avaliada em momento algum uma opção para que o usuário continuasse trabalhando.

> *"Minha maior frustação com a TI é... que eles reprimem o empreendedorismo criativo que é importante para o avanço dos negócios... a TI não deveria apenas atender as atender às necessidades específicas, deveria ser parceira para explorar o que PODERIA ser feito". Se fizer uma pesquisa, verá que quase todos os profissionais de TI no mundo concordam com isso. O problema é que a organização da TI está ocupada com uma árvore, e não consegue pensar na floresta toda.*
>
> Fonte: *"Coisas que odeio em TI: um guia para quem não aguenta mais sistema fora do ar", Susan Cramm, São Paulo, Saraiva, 2011, p.13.*

> *Os líderes que conhecem TI são mestres em driblar sua burocracia organizacional, usando atalhos, realizando melhorias, demonstrando valor tangível nos negócios. Eles tornam a tecnologia acessível e incentivam a inovação nas equipes. Infelizmente, em uma recente pesquisa, apenas 27% dos líderes dominam TI (ou seja, obtiveram nota A ou B de líderes de TI na capacidade de lidar com a tecnologia). A boa notícia é que as empresas com líderes conhecedores de TI demonstram relações de negócio com a TI mais produtivas e menos frustrantes do que aquelas cujos líderes não apresentam essa habilidade.*
>
> Fonte: *"Coisas que odeio em TI: um guia para quem não aguenta mais sistema fora do ar", Susan Cramm, São Paulo, Saraiva, 2011, p.17.*

Por não existir uma comunicação geral relatando a indisponibilidade, os chamados dos usuários foram chegando e outros preciosos recursos (que deveriam estar focados no encontro de soluções de contorno para cada caso) foram destinados para gastar o tempo do usuário registrando um incidente. Do ponto de vista do negócio dos 201 incidentes abertos, apenas um tinha real utilidade, pois todos os outros reportavam as mesmas informações, mudando apenas o nome do usuário que estava reclamando. Muito tempo foi perdido, muitos recursos de computação e comunicação

Capítulo 20 • Performance do Investimento em TI e Comunicaçõess • **357**

também. Ao serem gerados incidentes absolutamente inúteis, foram gerados gastos futuros de retenção e recuperação de informações, energia elétrica, CAPEX, depreciação etc.

Todos estes contribuem na direção dos custos de manutenção e são, em grande parte dos casos avaliados, responsáveis pelas dificuldades da transformação da estrutura de custos de tecnologia na direção de aumentar a participação relativa das inovações. Como outro exemplo de ineficiência do capital intelectual, é apresentado a seguir um caso que foi discutido em um grupo de estudos. Os especialistas estavam conversando sobre o gerenciamento da segurança, sobre a confidencialidade das informações. Era uma situação em que as informações deveriam estar protegidas em relação ao acesso não autorizado. Até aqui nada demais. No entanto, não estava sendo tratado um ponto anterior que era a confiabilidade das informações. Não existe retorno de investimento em utilizar os processos do gerenciamento da segurança para informações não confiáveis. Todas as ações realizadas tornam-se apenas gastos inúteis e representam a ineficiência do sistema em perceber o que deve ou não ser protegido.

Uma informação não confiável não tem utilidade alguma para o negócio. Por exemplo, uma informação errada do caixa, estoque, vendas etc. apenas atrapalha a tomada de decisões dos gestores de negócio. Portanto, aplicar processos de disponibilidade, confidencialidade e integridade para informações não autênticas significa apenas transformar dinheiro bom e suado em lixo. O primeiro passo que deve ser realizado no gerenciamento da segurança é a autenticidade ou não-repúdio (confiabilidade) das informações, ou, em outros casos, é preciso selecionar previamente quais informações deverão estar sob o guarda-chuva do gerenciamento da segurança em função da necessidade do negócio.

As empresas que estão simplesmente aplicando o gerenciamento da segurança para declararem ao mercado que estão aderentes às melhores soluções devem buscar melhor entendimento do que está sendo realizado, pois existem casos em que elas estão tendo graves perdas financeiras em função da confiabilidade das informações. Os custos gerados pela perda desta ineficiência reforçam o caminho indesejado da estrutura de gastos de tecnologia de informações e comunicações na direção da manutenção.

A lenda criada no mercado nacional de que profissionais de tecnologia que passam muito tempo em uma mesma empresa são acomodados é outra grave fonte de ineficiência. Em alguma dimensão, muitos dos erros cometidos na estratégia de tecnologia é consequência desta lenda. Considerando que a performance e a evolução dos profissionais de TIC são fruto das escolhas realizadas e que as corporações necessitam

358 • Governança da Nova TI: Revolução

aumentar o ciclo de vida das soluções para aumentar a efetividade dos investimentos e reduzir o peso enorme da manutenção na estrutura de custo, fica claro que os projetos devem apresentar um ciclo de vida próximo a cinco anos para maximização do lucro.

Se a perspectiva profissional de permanência na empresa é de curto prazo, ou seja, o máximo de três anos, fica evidente que serão tomadas decisões com foco no menor custo aparente de curto prazo em detrimento do menor custo do ciclo de vida do passado. O custo desta lenda é crescente e extremamente danoso para o negócio. É preciso que as empresas tenham como critério de avaliação o tempo de permanência em empregos anteriores. Profissionais com muitas trocas e baixo tempo de permanência estão habituados a tomarem decisões ignorando o custo do ciclo de vida. Aumentar o ciclo de vida das soluções implica aumentar o tempo de permanência do profissional na empresa. A eliminação dos custos milionários das ineficiências e desperdícios mais do que compensam o pequeno aumento de custo da retenção de talentos.

Apesar do enorme peso do custo da perda do ciclo de vida, ele não é o maior vilão. O custo da perda da estrutura de contratação do capital intelectual consegue a façanha de superar o ciclo de vida. Assumindo uma hipótese defasada e antiga de que tecnologia não faz parte do negócio da empresa, muitas empresas de terceirização olham apenas o custo aparente de curto prazo. Como a hipótese assumida deixou de ser verdade após a integração entre TIC e negócio (atualmente uma empresa não consegue comprar, vender, faturar, controlar caixa, estoque, recebimentos, faturamentos etc. sem tecnologia de informações e comunicações), o custo das perdas por ineficiências e desperdícios na terceirização é absolutamente extravagante e extraordinário.

As terceirizações realizadas no Brasil vêm permitindo que dezenas e até centenas de competidores estejam compartilhando uma mesma estrutura em busca da maximização da rentabilidade. Como concorrentes não praticam jogos de ajuda aos concorrentes, é natural que a PNIPTI tenha encontrado uma enorme quantidade de bases de conhecimento que apenas refletem informações disponíveis na Internet. Basicamente nenhum conhecimento adicional foi incorporado. Manter em casa informações que estão disponíveis na distância de um clique é apenas dinheiro jogado fora em processamento, disco, memória, energia etc. Esta situação acontece porque a "pjotização" cria uma estrutura de capital intelectual de curto prazo, sem preocupação com a performance do negócio.

O artigo "A nova fronteira da gestão do conhecimento" publicado na "InformationWeek" 197, de 14 março de 2008, sobre a colaboração corporativa

Capítulo 20 ◆ Performance do Investimento em TI e Comunicaçõess ◆ **359**

mostra que foi investido muito dinheiro em ferramentas de colaboração e o resultado alcançado em crescimento de capital intelectual foi pífio. A teoria dos jogos do prêmio Nobel John Forbes Nash Jr. mostra claramente que concorrentes não têm interesse em melhorar o negócio dos concorrentes, por isso a colaboração não veio e as bases de conhecimento têm apenas informações já disponibilizadas na internet.

Os autores George Westerman e Richard Hunter apresentaram no livro "O risco de TI" (p.16) um caso em que o gestor de tecnologia economizou 3% do orçamento anual da sua área ao reavaliar o tempo de recuperação das informações do processamento dos pedidos. Para ter certeza sobre o tempo de 12 horas, o executivo questionou a sua equipe e a administração sênior da empresa. Como todos afirmaram que o novo tempo era suficiente, fica bastante claro que os profissionais sabiam que existia uma significativa perda, mas não falaram nada.

A questão da quarteirização, a lenda de que o profissional de TI acomodado permanece muito tempo na mesma empresa e a qualidade do capital intelectual explicam por que este tipo extravagante de perda acontece na prática de negócios das corporações. A PNIPTI mostrou que a incidência de situações semelhantes é mais comum do que a maioria de nós imagina. A visão de curto prazo na permanência na empresa faz com que os profissionais não tenham preocupações em eliminar os desperdícios e ineficiências dos processos. O principal motivo é que eles não se veem trabalhando na empresa em um prazo de 30 meses, por exemplo. Na prática, o desafio de alterar processos consolidados significa assumir a responsabilidade por diversos riscos, enfrentar o desgaste político da mudança e provavelmente não colher os benefícios do trabalhado realizado de otimização porque trocou de emprego.

Estamos falando, em outras palavras, de "a lot of pain but no gain". Fica fácil perceber por que todos sabiam do desperdício, mas ninguém fazia nada. Foi preciso a presença de um novo membro na equipe com uma cultura diferente para resolver um problema que aparentemente era simples e óbvio. Como em geral o autor da última mudança paga a conta por qualquer falha no ambiente de tecnologia (mesmo quando não existe relacionamento algum entre a mudança e a falha), muitos preferem não propor mudanças.

O pensamento em vigor pela grande maioria é bem simples. "Se vou ter dor, eu quero ganho". Logo, a frase "Vou me ocupar de coisas que geram benefícios e reconhecimento de curto prazo, pois não sei se estarei aqui amanhã" não pode ser encarada como surpresa pelos gestores de tecnologia e negócio. Um rápido cálculo das perdas provocadas pela terceirização com quarteirização invisível mostra que a conta dos desperdícios e ineficiências ultrapassa a casa da centena de milhão. O artigo "17 perguntas (e respostas) sobre Outsourcing", publicado pela "InformationWeek", 207, de setembro de 2008, mostra que problemas de longa data ainda estão presentes na realidade da terceirização no Brasil. De uma forma geral, quando o recurso terceirizado é compartilhado por diversas empresas, a opção realizada representa uma otimização.

O principal motivo para esta regra ser verdadeira é que, em geral, estamos falando de um recurso de capital intelectual ou infraestrutura que é caro, e os ganhos de escala da terceirização permitem acesso a ele com viabilidade econômica. Se por outro lado o recurso estiver disponível de forma exclusiva, não existem ganhos de escalas. A redução de custos ocorre, neste caso, com a contrapartida de menor capital intelectual. O problema deste cenário é que ele recai exatamente no problema-chave do caso da recuperação das informações dos pedidos citado no livro "O risco de TI".

A empresa passa a contar com um recurso que operacionaliza a sua infraestrutura do negócio que não tem fator motivador algum para avaliar os processos e propor ganhos de produtividade. Se for colocado em um prato da balança os ganhos da redução de custo pela terceirização pura ou com quarteirização invisível e no outro prato forem coladas as perdas provocadas pela não-exploração das oportunidades de melhoria da produtividade (desperdícios e ineficiências), fica claro que o prato das ineficiências e desperdícios é muito mais pesado.

O artigo "17 perguntas (e respostas) sobre Outsourcing" trata muito bem este ponto ao citar diversos casos em que a terceirização foi seguida por uma internalização. De uma forma bastante simples, o que acontece neste tipo de situação é que, apesar da redução dos custos provocada pelo outsourcing, o custo unitário do produto produzido aumentou significativamente. Em outras palavras, o menor custo aparente da terceirização representava na prática um aumento do custo unitário das informações de transação em função da redução do capital intelectual.

O custo dos desperdícios e ineficiências impactou de tal maneira a infraestrutura do negócio que toda a cadeia de valor foi afetada na direção de aumentar o custo unitário de produção. O aumento do custo unitário iniciou uma espiral negativa de lucratividade que fez a empresa perder mercado e realimentar o custo da produção com novos aumentos. Em função da integração com o negócio e a capacidade amplificadora, ficou claro neste caso que a internalização de tecnologia teria a capacidade de romper a força negativa da espiral e iniciar um novo ciclo de sentido positivo de crescimento da lucratividade.

Capítulo 20 ◆ Performance do Investimento em TI e Comunicaçõess ◆ **361**

É voz comum no mercado nacional a expressão: "cada um com os seus problemas". À primeira vista parece ser um discurso bastante coerente, mas quando estamos falando de tecnologia de informações e comunicações isto não é verdade. Transferir problemas via terceirização não significa resolver. Toda vez que a infraestrutura de um negócio é transferida para um terceiro, isso quer dizer que desperdícios e ineficiências do fornecedor passam a fazer parte da estrutura de custos do negócio e, em geral, as perdas dos processos ficam internalizadas.

No entanto, caso o outsourcing tenha sido realizado em situação de compartilhamento de recursos e ganhos de escala, a empresa compradora passa a ter, na sua estrutura de custos, os ganhos das eficiências do fornecedor, ou seja, aumentos expressivos na lucratividade. Um dos problemas que culminaram com a dança das cadeiras dos CIOs foi exatamente a falta de percepção que os cortes nos orçamentos de tecnologia deveriam vir acompanhados de estratégias de redução do custo unitário das informações da transações.

Pesquisas mostraram que as estratégias nacionais estavam basicamente ligadas à compensação do menor orçamento com cortes de custos. A opção realizada realmente cortou os custos no primeiro momento, mas depois provocou um brutal aumento do custo unitário. Perdas expressivas de capital intelectual, aquisição de soluções com elevado nível de manutenção, perdas provocadas pela falta de documentação, aumento desnecessário do consumo de energia e utilização de soluções que não resolvem são exemplos clássicos do resultado do estratagema utilizado para a adequação orçamentária.

A compra de soluções antispam é talvez a expressão mais significativa da consequência de soluções que não resolvem. Presenciei o processo de decisão em vários casos e sempre ficou claro que basicamente o investimento seria realizado para transferir responsabilidades. Foi comum ver investimentos significativos realizados em ferramentas que não levaram em conta a causa raiz do problema e a questão da gestão dos positivos falsos.

O fato de que a empresa estava tentando resolver a questão do spam através de solução que aumentava o consumo de processamento, energia elétrica e refrigeração mostrava que o foco em produtividade era relegado a segundo plano. O real objetivo da estratégia era transferir responsabilidade. A área de tecnologia claramente queria passar para o usuário o recado de que ela estava fazendo tudo o que era possível para resolver a questão do spam, mas nem sempre o problema seria resolvido.

362 ◆ Governança da Nova TI: Revolução

O que este discurso de transferência não contava para os usuários é que, somente após a empresa incorrer **em todos os gastos** para receber os e-mails, as ações para eliminar os spams seriam iniciadas. Em outras palavras, estamos falando de novos gastos visíveis e invisíveis para produzir absolutamente nada. Como as listas de decisão sobre spam eram padronizadas, as empresas usuárias tinham que lidar na prática com um novo problema. Os positivos falsos, ou seja, e-mails considerados pela solução como spam, mas que eram importantes e desejados pelo negócio. Para compensar este problema foi adicionado o custo de gerenciamento dos falsos positivos, que demandou enormes gastos em recursos intelectuais. Eles tinham a missão de avaliar se um e-mail considerado spam era realmente um e-mail indesejado.

Quem optou por não ter este gerenciamento incorreu no custo de perda da produtividade do negócio ao ter o Service Desk ampliado pelo crescimento de chamados sobre e-mails não recebidos. Em resumo, muito foi feito, mas quase nada foi realizado. O resultado final na maioria dos casos foi pífio quando comparamos investimento, gastos, solução, proposta de valor e retorno. Em um cenário onde cortes orçamentários estavam sendo realizados e capital intelectual estava sendo perdido, este tipo de projeto tinha um enorme poder destrutivo em função do custo de oportunidade.

Na prática, teria sido muito mais vantajoso concentrar esforços no sentido de eliminar os e-mails indesejados na sua origem, ou seja, não existiriam os custos para receber os e-mails e nem os custos referentes à sua eliminação. Em particular, gosto muito deste exemplo, pois ele ilustra com força como a ação adotada fugiu do objetivo de diminuir o orçamento de tecnologia e foi de encontro ao indesejado aumento do custo unitário das informações das transações do negócio.

É comum encontrar como justificativa para a viabilidade financeira da terceirização de recursos humanos de tecnologia o argumento de que o elevado custo trabalhista de saída dos profissionais provoca acomodação das pessoas e reduz o rendimento. Em termos práticos, é preciso comparar o custo da perda do capital e da colaboração contra o custo de saída e acomodação para poder estimar valores sobre a viabilidade do outsourcing. A primeira coisa que salta aos olhos é a questão de que os custos de saída geram uma sensação de segurança exagerada nos profissionais e resultam em acomodação.

Vamos imaginar que a afirmação seja verdadeira e olhar como seria o comportamento do mercado. Basicamente, a consequência desta hipótese é que todas as empresas que mantêm os recursos humanos internalizados teriam rendimento e produtividade pobre. Ao avaliar as mil maiores empresas do Brasil, em termos de lucro líquido e estrutura de recursos intelectuais, fica claro que a prática de mercado contradiz a

Capítulo 20 ◆ Performance do Investimento em TI e Comunicaçõess ◆ 363

hipótese. Estas empresas vêm obtendo consistente e constantemente ganhos de produtividade em função da otimização dos processos provocada pelo amadurecimento do capital intelectual. Regra básica do ganho de escala: quanto mais um determinado processo é executado, mais previsível ele fica. Quanto maior a previsibilidade, maior é a confiança. E quanto maior a confiança, menores são as redundâncias. Menos redundância significa maior otimização, que quer dizer menor custo e maior lucro.

Portanto, é até possível que existam casos de acomodação, mas claramente não estamos falando de regra geral. É fácil perceber isto quando pensamos no mercado em que empresas que adotaram a estratégia de terceirização competem com firmas que não a adotam. Certamente, a médio e longo prazo, as que não adotam a estratégia seriam engolidas pelas que a adotam. Como a sensação de estabilidade seria confrontada com o medo de perder o emprego pela extinção do negócio, naturalmente os colaboradores passariam a adotar comportamento fora da zona de conforto.

Logo, os casos isolados não podem ser generalizados resultando em teste negativo da hipótese. As avaliações dos resultados dos projetos de outsourcing só encontram melhorias relevantes no rendimento da função transformação de tecnologia nos casos em que ocorreram ganhos de escala pelo compartilhamento de capital intelectual rico.

Máximo Investimento e Retorno do Capital

O assunto rendimento da função transformação de tecnologia é abordado de forma bastante profunda neste capítulo. No entanto, saber que é preciso aumentar a produtividade resolve apenas parte do problema. A determinação do volume ideal de investimento que deve ser direcionado para os projetos de melhoria do desempenho da área de tecnologia é o desafio do momento.

Para exemplificar como superar este desafio, vamos trabalhar com os ganhos de performance resultantes da eliminação de desperdícios e ineficiências. O exemplo da governança de TI verde será utilizado mais uma vez em função da simplicidade. A curva de intensidade do Howard Rubin mostra que a intensidade ideal de TI corresponde ao máximo lucro. Também sabemos que o rendimento da função transformação reduz o lucro de Lmax para Lreal. Ou seja, o investimento ideal em tecnologia resulta no lucro real, que pode ser calculado pelo produto do rendimento e lucro máximo. Para determinar o valor máximo do investimento em governança de TI verde, precisamos identificar qual nível de investimento corresponde ao lucro real na situação de rendimento igual a um. Pelo gráfico a seguir, fica claro que o lucro Lreal corresponde ao nível de investimento Ireal:

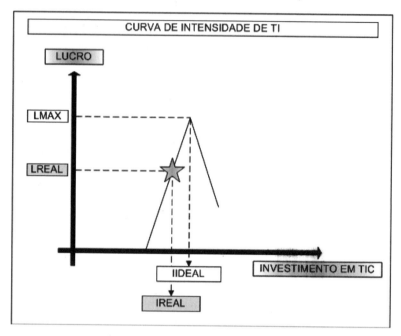

Figura 18.16 *Investimento em tecnologia (rendimento = 1).*

O máximo valor que pode ser investido em projetos de governança de TI verde pode ser determinado pela diferença do investimento ideal e real (IGovTIverde Máximo = Iideal - Ireal). Investimentos maiores do que IGovTIverde Máximo levarão a intensidade de TI para um patamar acima do ideal e reduzirão o lucro.

Capítulo 20 • Performance do Investimento em TI e Comunicaçõess • 365

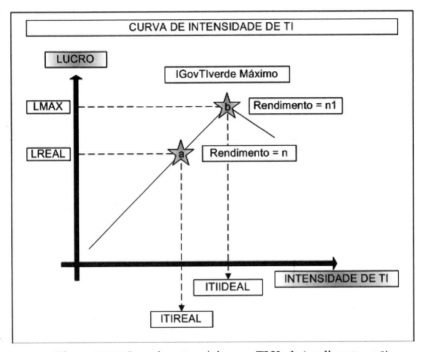

Figura 18.17 *Investimento máximo em TI Verde (rendimento = n1).*

Para o caso de um passo único no projeto de eliminação dos desperdícios e ineficiências, o ponto b representa a situação de máxima intensidade de TI e lucro. Portanto:

- Investimento = I1 < Lmax - Lreal
- Rendimento = n1 > n
- Perda Investimento = PI ponto b < PI ponto a
- Retorno Investimento = Lmax - Lreal

A opção I1 = Lmax - Lreal não é economicamente viável, pois implica efetividade do trabalho realizado e retorno de investimento nulo. Para o caso de diversos passos intermediários no processo de eliminaçao das perdas provocadas pelos desperdícios e ineficiências, os resultados intermediários aumentarão o rendimento da função transformação e o valor do investimento deve ser recalculado após cada etapa. No exemplo a seguir é apresentado o resultado da eliminação dos desperdícios e ineficiências em diversos passos:

366 • Governança da Nova TI: Revolução

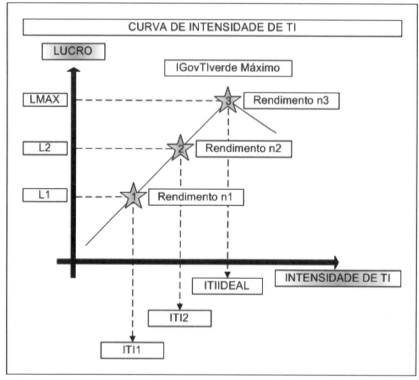

Figura 18.18 *Evolução do rendimento da função transformação pela eliminação dos desperdícios e ineficiências.*

A perda do investimento na passagem do ponto 1 para o 2 é dado por PI1 = (1 - n1) * I1 e a perda da passagem do ponto 2 para 3 é PI2 = (1 - n2) * I2 e assim sucessivamente. Portanto a relação entre perda e investimento é dada por:

$$\frac{\text{Perda Investimento}}{\text{Investimento}} = \frac{PI}{I} = 1 - n$$

Em outras palavras, a transição do ponto 1 para o 3 com passagem pelo ponto 2 tem o seguinte rendimento e perda de investimento:

$$n1 < n2 < n2 \quad e \quad \frac{PI1}{I1} > \frac{PI2}{I2} > \frac{PI3}{I3}$$

Para a situação em que o investimento em um único passo é igual à soma total dos investimentos em diversos passos e I2 (investimento da passagem do passo 2 para o

3) é maior que o I1 (investimento da passagem do passo 1 para o 2), a perda de investimento é menor na situação de múltiplos projetos. Ou seja, I2 maior que I1 implica perda menor e redução do nível de investimento para chegar na intensidade ideal de tecnologia.

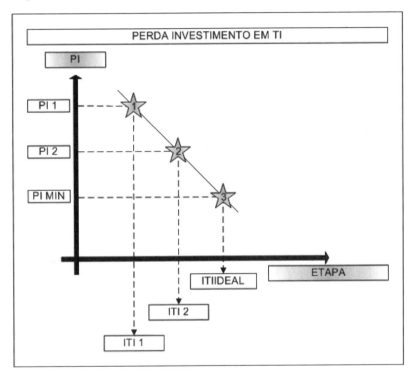

Figura 18.19 *Redução da perda do investimento em TI.*

Como o retorno de investimento para os projetos de governança de TI Verde é o mesmo para projetos com passo único e com múltiplos passos (Lmax - Lreal), fica claro que a relação retorno e investimento é maior na situação de rendimento médio maior. No caso de projetos múltiplos em que o primeiro tenha investimento baixo em relação ao investimento total para alcançar o ponto de intensidade ideal de tecnologia, o retorno de investimento é maior. Quanto menor for a relação entre o investimento do primeiro projeto e o total de investimento, maior será o retorno de investimento. No entanto, se o investimento do primeiro projeto for muito grande em relação ao total, as vantagens dos ganhos intermediários de produtividade dos outros projetos acabam sendo fortemente comprimidas e em alguns casos elas são inexpressivas.

368 • Governança da Nova TI: Revolução

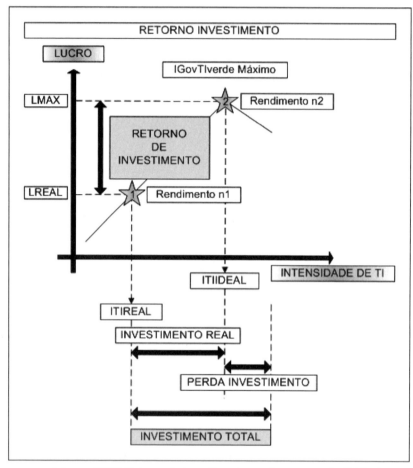

Figura 18.20 *Retorno de investimento em Governança de TI Verde.*

A questão do gerenciamento do portfólio de projetos ganha especial importância, pois os projetos precisam ser orquestrados adequadamente para que os ganhos de produtividade sejam maximizados e a relação retorno/investimento seja a maior possível. A questão da orquestração dos projetos é tratada em detalhes no livro "Escritório Avançado de Projetos na Prática". No entanto, gostaria de destacar que o retorno de investimento dos projetos precisa de cinco fatores: inovação, confiança, capacitação, colaboração e capital intelectual.

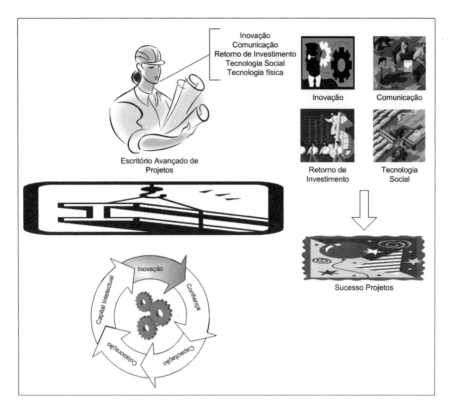

Figura 18.21 - *Orquestração dos projetos. Fonte: "Escritório Avançado de Projetos na Prática", Ricardo Mansur, Editora Brasport, 2009.*

Capítulo 21 ◆ Estudo de Casos de Retorno de Investimento em Tecnologia

Conteúdo deste capítulo:

- Caso Demonstração de Resultados (1994)
- Caso Comunicação Satélite (1994)
- Caso Discagem Direta a Ramal (1994)
- Caso Comunicação Frame Relay (2000)
- Caso da Rede de Hotéis Rmsur (2002)
- Caso Teletrabalho (2002)

CASO DEMONSTRAÇÃO DE RESULTADOS (1994)

Após um ano do desenvolvimento da nova estratégia de tecnologia, o gerente de telecomunicações apresentou para a diretoria executiva um resumo das ações realizadas e resultados alcançados.

Slide 1

372 • Governança da Nova TI: Revolução

Slide 2

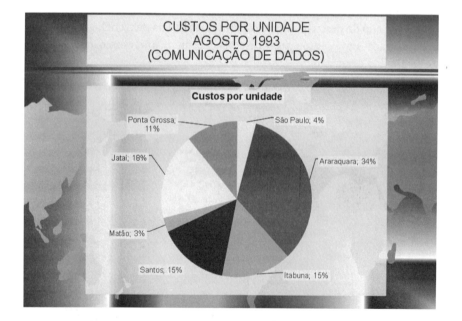

Slide 3

Capítulo 21 ♦ Estudo de Casos de Retorno de Investimento em Tecnologia ♦ 373

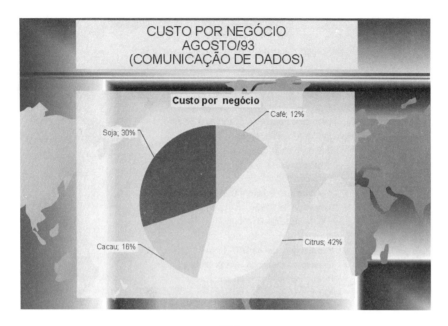

Slide 4

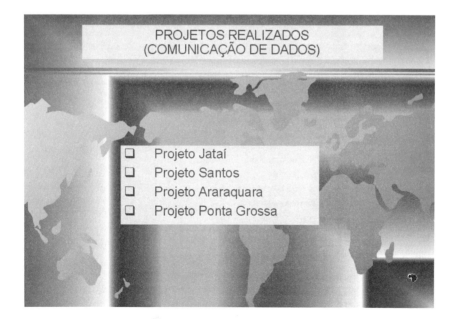

Slide 5

374 • Governança da Nova TI: Revolução

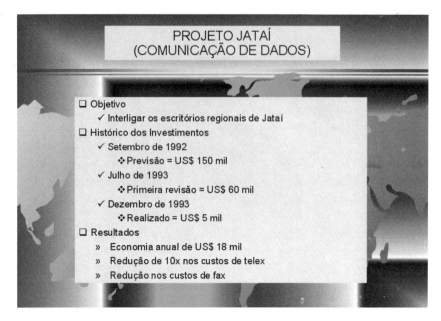

Slide 6

Slide 7

Capítulo 21 ♦ Estudo de Casos de Retorno de Investimento em Tecnologia ♦ **375**

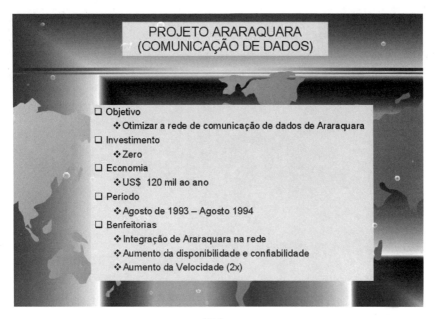

Slide 8

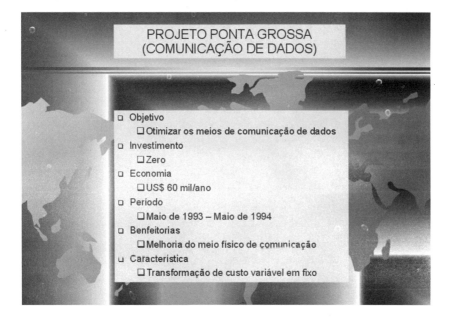

Slide 9

376 • Governança da Nova TI: Revolução

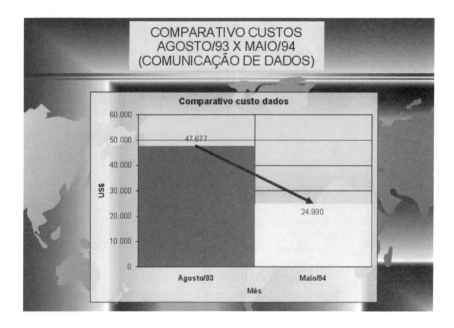

Slide 10

Slide 11

Capítulo 21 • Estudo de Casos de Retorno de Investimento em Tecnologia • 377

Slide 12

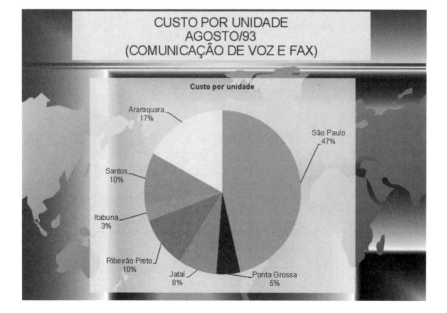

Slide 13

378 • Governança da Nova TI: Revolução

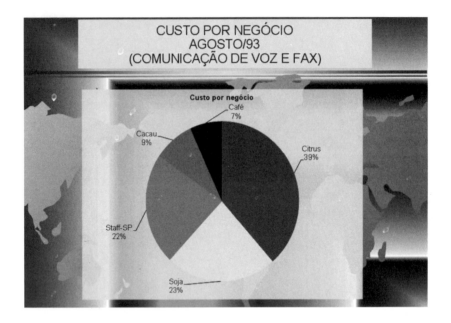

Slide 14

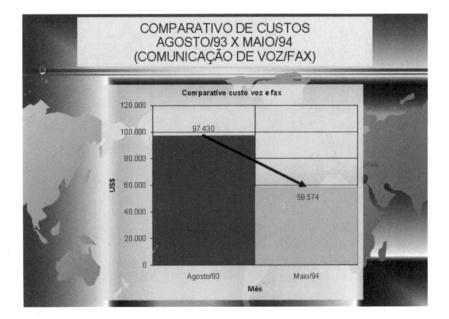

Slide 15

Capítulo 21 ♦ Estudo de Casos de Retorno de Investimento em Tecnologia ♦ 379

CUSTOS
AGOSTO/93 X AGOSTO/94
(COMUNICAÇÃO DE VOZ E FAX)

Unidade	Custo Anual Agosto/93	Custo Anual Agosto/94	Variação %
São Paulo	541.032	338.700	-37%
Araraquara	271.260	217.812	-20%
Ribeirão Preto	119.184	110.064	-8%
Jataí	94.236	80.448	-15%
Ponta Grossa	56.520	47.904	-15%
Itabuna	37.860	32.124	-15%
Santos	119.719	177.540	48%
Total	1.239.811	1.004.592	**-19%**

Slide 16

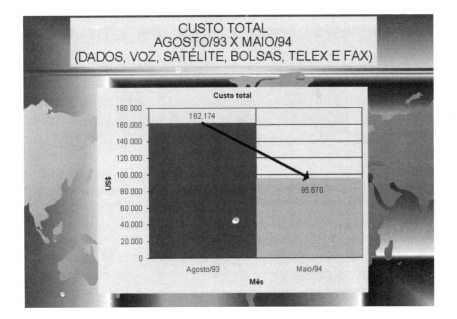

Slide 17

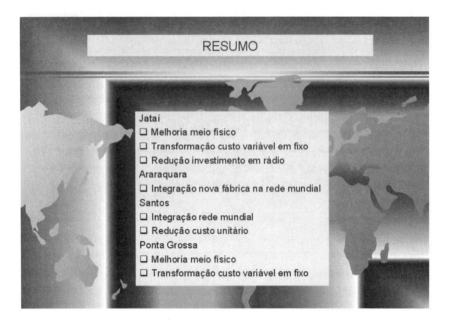

Slide 18

Slide 19

Capítulo 21 ◆ Estudo de Casos de Retorno de Investimento em Tecnologia ◆ **381**

CASO COMUNICAÇÃO SATÉLITE (1994)

A tecnologia de informações e comunicações criando diferencial competitivo e minimizando os custos operacionais de uma das cinco maiores empresas multinacionais de comércio exterior com presença no Brasil.

Introdução

O novo gerente de telecomunicações estudou em detalhes a situação atual da qualidade e custos de comunicações da empresa e percebeu que a solução satélite permitia a convergência de voz, dados e imagem em um único segmento espacial de comunicação. A integração das unidades comerciais e fabris de São Paulo, depósito refrigerado do porto de Santos, Ribeirão Preto, Araraquara, Ponta Grossa e Jataí habilitam uma nova estrutura de qualidade dos serviços oferecidos com forte redução dos custos mensais. O estratagema para a estrutura de comunicações proposto pelo projeto adiciona enorme valor para a estratégia de competição de liderança de custos da organização. O objetivo do projeto é a eliminação das atuais deficiências e desperdícios da comunicação de voz, dados e imagem, e o aumento da produtividade através do ganho de escala dos canais de comunicação de alta velocidade.

O Que São Canais de Alta Velocidade?

São canais de comunicação cuja velocidade varia entre 48.000 bits/s até 256.000 bits/s, permitindo o tráfego simultâneo de dados, voz e imagem no mesmo meio físico.

Situação Atual
(Dados referentes ao mês de Março/94)

TELEFONIA	US$/MÊS
São Paulo - Ribeirão Preto	1.845,11
São Paulo - Araraquara	5.126,80
São Paulo - Ponta Grossa	1.815,92
São Paulo - Jataí	3.066,48
TOTAL SÃO PAULO	**11.854,31**
Ribeirão Preto - São Paulo	1.235,45

Ribeirão Preto - Araraquara	2.095,12
TOTAL RIBEIRÃO PRETO	**3.330,57**
Araraquara - São Paulo	2.873,80
Araraquara - Ribeirão Preto	3.658,88
Araraquara - Santos	830,65
TOTAL ARARAQUARA	**7.363,33**
Santos - Araraquara	677,60
TOTAL SANTOS	**677,60**
Jataí - São Paulo	2.795,97
Jataí - Ponta Grossa	188,01
TOTAL JATAÍ	**2.984,57**
Ponta Grossa - São Paulo	2.085,14
Ponta Grossa - Jataí	276,30
TOTAL PONTA GROSSA	**2.361,44**
TOTAL VOZ	**28.571,82**

DADOS	US$/MÊS
RENPAC 3025	1.000,00
TOTAL RIBEIRÃO PRETO	**1.000,00**
LP Araraquara - Ribeirão Preto	3.000,00
LP Araraquara - São Paulo	3.000,00
TOTAL ARARAQUARA	**6.000,00**
LP Ponta Grossa - São Paulo	3.000,00
TOTAL PONTA GROSSA	**3.000,00**
LP Jataí - São Paulo	4.700,00
TOTAL JATAÍ	**4.700,00**
TOTAL DADOS	**14.700,00**

Capítulo 21 ♦ Estudo de Casos de Retorno de Investimento em Tecnologia ♦ 383

CUSTO TOTAL MENSAL	US$
São Paulo	11.854,31
Ribeirão Preto	4.330,57
Araraquara	13.363,33
Santos	677,60
Jataí	7.684,57
Ponta Grossa	5.361,44
TOTAL	**43.271,82**

Solução Proposta - Satélite

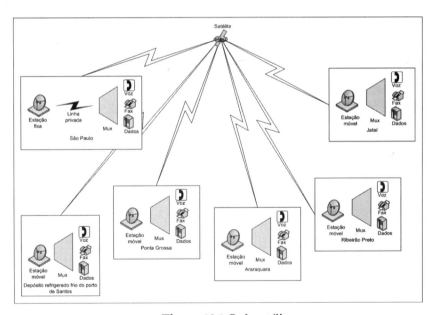

Figura 19.1 *Rede satélite.*

Para acesso de voz e fax, o sistema usou o conjunto código mais ramal de quatro dígitos. O código 44 tem como destino a unidade de São Paulo. Os códigos 53, 54, 55, 66 e 67 têm respectivamente o destino das unidades de Ribeirão Preto, Araraquara, Santos, Ponta Grossa e Jataí. Por exemplo, em qualquer central telefônica do grupo o código 446789 alcança o presidente da unidade São Paulo.

384 • Governança da Nova TI: Revolução

A solução proposta basicamente permite que as unidades de São Paulo, Santos, Ribeirão Preto, Araraquara, Ponta Grossa e Jataí tenham linhas diretas e privativas para o tráfego de voz, dados e imagem (fax). Como facilidade adicional, os PABXs foram programados para acessar o tronco de saída correto, a partir da digitação do ramal, ou seja, digitando o ramal 6789, o equipamento automaticamente completa o número da rota (44) e chama o presidente da unidade São Paulo.

Para dimensionar corretamente a quantidade de canais de voz por unidades foram mapeados os perfis das ligações das unidades de São Paulo, Ribeirão Preto, Araraquara, Santos, Ponta Grossa e Jataí. O mapeamento foi realizado em períodos distintos para conhecer a necessidade de pico, média e mínima de canais de comunicação simultâneos.

Relatório de ligações efetuadas entre FILIAIS

JATAÍ & SÃO PAULO

DIA	ENTRE 08:00 E 09:00h HORARIO INICIAL	HORARIO FINAL	TOTAL MINUTOS	ENTRE 09:00 E 10:00h HORARIO INICIAL	HORARIO FINAL	TOTAL MINUTOS	ENTRE 10:00 E 11:00h HORARIO INICIAL	HORARIO FINAL	TOTAL MINUTOS	ENTRE 11:00 E 12:00h HORARIO INICIAL	HORARIO FINAL	TOTAL MINUTOS	ENTRE 12:00 E 13:00h HORARIO INICIAL	HORARIO FINAL	TOTAL MINUTOS
3/7/1993				09:43	09:49	00:06	10:55	10:57	00:02						
3/7/1993															
8/7/1993	08:21	08:30	00:09	09:08	09:17	00:09	10:05	10:09	00:04	11:02	11:23	00:21	12:02	12:04	00:02
8/7/1993	08:26	08:32	00:06	09:09	09:10	00:01	10:12	10:13	00:01	11:06	11:07	00:01	12:16	12:17	00:01
8/7/1993	08:34	08:35	00:01	09:09	09:10	00:01	10:29	10:30	00:01	11:37	11:41	00:04	12:21	12:23	00:02
8/7/1993				09:19	09:24	00:05	10:37	10:38	00:01	11:55	11:57	00:02	12:55	13:01	00:06
8/7/1993				09:24	09:28	00:04	10:38	10:39	00:01	11:58	13:06	01:08			
8/7/1993				09:46	10:13	00:27	10:38	10:39	00:01						
8/7/1993							10:42	10:49	00:07						
8/7/1993							10:43	10:44							
8/7/1993							10:47	10:48							
8/7/1993							10:51	10:52	00:01						
8/7/1993							10:56	11:00							
8/7/1993							10:58	11:24	00:26						
8/7/1993							10:59	11:23	00:24						
9/7/1993	08:03	08:14	00:11	09:06	09:06	00:01	10:36	10:46	00:10	11:07	11:13	00:06	12:44	12:48	00:04
9/7/1993	08:10	08:11	00:01	09:07	09:08	00:01	10:39	10:44	00:05	11:09	11:15	00:06			
9/7/1993	08:12	08:13	00:01	09:32	09:33	00:01	10:48	10:58	00:10	11:15	11:26	00:11			
9/7/1993	08:15	08:16	00:01	09:38	09:39	00:01				11:26	11:36	00:10			
9/7/1993	08:16	09:22	01:06	09:47	09:49	00:02				11:35	11:38	00:03			
9/7/1993	08:23	08:24	00:01							11:36	11:37	00:01			
9/7/1993	08:25	08:26	00:01												
9/7/1993	08:27	08:28	00:01												
9/7/1993	08:34	08:35	00:01												
9/7/1993	08:38	08:39	00:01												
9/7/1993	08:40	08:41	00:01												
9/7/1993	08:17	08:18	00:01												

Figura 19.2 *Exemplo do mapeamento das ligações de Jataí.*

Relatório de ligações efetuadas entre FILIAIS

RIBEIRÃO PRETO & ARARAQUARA

DIA	ENTRE 13:00 E 14:00h HORARIO INICIAL	HORARIO FINAL	TOTAL MINUTOS	ENTRE 14:00 E 15:00 HORARIO INICIAL	HORARIO FINAL	TOTAL MINUTOS	ENTRE 15:00 E 16:00h HORARIO INICIAL	HORARIO FINAL	TOTAL MINUTOS	ENTRE 16:00 E 17:00 HORARIO INICIAL	HORARIO FINAL	TOTAL MINUTOS	ENTRE 17:00 E 20:00h HORARIO INICIAL	HORARIO FINAL	TOTAL MINUTOS
3/7/1993													18:06	18:07	00:01
5/7/1993							15:40	15:42	00:02	16:24	16:28	00:04	17:03	17:08	00:05
5/7/1993										16:30	16:35	00:05	17:34	17:37	00:03
5/7/1993													17:37	17:39	00:02
5/7/1993													17:43	17:49	00:06
5/7/1993													17:45	17:56	00:11
5/7/1993													18:22	18:28	00:06
6/7/1993	13:38	13:49	00:11	14:30	14:33	00:03	15:08	15:09	00:01	16:17	16:20	00:03	17:51	17:54	00:03
6/7/1993				14:36	14:38	00:02	15:48	15:54	00:06	16:56	17:00	00:04	19:42	20:21	00:39
6/7/1993				14:44	14:48	00:04	15:56	16:07	00:11	16:57	16:58	00:01			
6/7/1993				14:45	14:49	00:04	15:58	16:02	00:04						
6/7/1993				14:47	14:52	00:05									
6/7/1993				14:59	15:03	00:04									
7/7/1993	13:01	13:02	00:01	14:02	14:04	00:02	15:46	15:48	00:02	16:16	16:19	00:03	17:16	17:20	00:04
7/7/1993	13:22	13:24	00:02	14:14	14:25	00:11				16:26	16:28	00:02	17:18	17:20	00:02
7/7/1993	13:35	13:39	00:04	14:28	14:30	00:02				16:28	16:31	00:03	17:55	18:02	00:07
7/7/1993				14:47	14:49	00:02				16:51	16:55	00:04			
7/7/1993				14:53	14:56	00:03									
8/7/1993	13:50	13:53	00:03	14:26	14:32	00:06	15:08	15:09	00:01	16:19	16:21	00:02			
8/7/1993							15:32	15:42	00:10	16:39	16:47	00:08			
8/7/1993							15:56	15:59	00:03						
8/7/1993															
8/7/1993															
8/7/1993															

Figura 19.3 *Exemplo do mapeamento das ligações de Ribeirão Preto.*

Relatório de ligações efetuadas entre FILIAIS

PONTA GROSSA & JATAÍ

DIA	ENTRE 08:00 E 09:00h			ENTRE 09:00 E 10:00h			ENTRE 10:00 E 11:00h			ENTRE 11:00 E 12:00h			ENTRE 12:00 E 13:00h		
	HORARIO INICIAL	HORARIO FINAL	TOTAL MINUTOS	HORARIO INICIAL	HORARIO FINAL	TOTAL MINUTOS	HORARIO INICIAL	HORARIO FINAL	TOTAL MINUTOS	HORARIO INICIAL	HORARIO FINAL	TOTAL MINUTOS	HORARIO INICIAL	HORARIO FINAL	TOTAL MINUTOS
15/7/1993										11:02	11:04	00:02			
16/7/1993							10:52	10:59	00:07	11:04	11:11	00:07			
16/7/1993										11:27	11:31	00:04			
17/7/1993				09:12	09:16	00:04									
18/7/1993							10:08	10:09	00:01						
18/7/1993							10:09	10:10	00:01						
18/7/1993							10:10	10:17	00:07						
19/7/1993							10:41	10:43	00:02						
19/7/1993							10:41	11:05	00:24						
20/7/1993							10:39	10:41	00:02				12:03	12:05	00:02
21/7/1993							10:45	10:58	00:13						
22/7/1993	08:45	08:50	00:05	09:44	09:46	00:02									
23/7/1993	08:00	08:03	00:03										12:17	12:32	00:15
23/7/1993													12:51	12:55	00:04
24/7/1993	08:31	08:34	00:03	09:49	09:50	00:01									
24/7/1993				09:51	09:54	00:03									
26/7/1993										11:30	11:31	00:01			
27/7/1993													12:39	12:44	00:05

Figura 19.4 *Exemplo do mapeamento das ligações de Ponta Grossa.*

Relatório de ligações efetuadas entre FILIAIS

SANTOS & SÃO PAULO

DIA	ENTRE 13:00 E 14:00h			ENTRE 14:00 E 15:00h			ENTRE 15:00 E 16:00h			ENTRE 16:00 E 17:00h			ENTRE 17:00 E 20:00h		
	HORARIO INICIAL	HORARIO FINAL	TOTAL MINUTOS	HORARIO INICIAL	HORARIO FINAL	TOTAL MINUTOS	HORARIO INICIAL	HORARIO FINAL	TOTAL MINUTOS	HORARIO INICIAL	HORARIO FINAL	TOTAL MINUTOS	HORARIO INICIAL	HORARIO FINAL	TOTAL MINUTOS
12-jul-93	13:50	14:07	00:17	14:14	14:16	00:02	15:18	15:19	00:01	16:12	16:14	00:02	17:38	17:41	00:03
12-jul-93				14:25	14:27	00:02	15:21	15:22	00:13	16:43	16:46	00:03	17:41	17:44	00:03
12-jul-93				14:04	14:08	00:04	15:40	15:41	00:01	16:11	16:12	00:01			
12-jul-93				14:46	14:47	00:01	15:36	15:37	00:01	16:31	16:32	00:01			
12-jul-93				14:49	14:51	00:02	15:17	15:21	00:04	16:44	16:48	00:04			
12-jul-93				14:29	14:32	00:03	15:21	15:29	00:08	16:19	16:22	00:03	17:18	17:19	00:01
12-jul-93				14:57	15:02	00:05							17:24	17:32	00:08
12-jul-93										16:57	16:58	00:01			
13-jul-93	13:13	13:15	00:02	14:34	14:35	00:01	15:50	15:54	00:04	16:01	16:08	00:07	17:35	17:40	00:05
13-jul-93	13:26	13:30	00:04	14:01	14:04	00:03	15:25	15:34	00:09	16:45	16:47	00:02	17:13	17:15	00:02
13-jul-93				14:12	14:15	00:03	15:57	15:58	00:01	16:28	16:30	00:02	17:55	17:58	00:03
13-jul-93				14:26	14:30	00:04	15:35	15:36	00:01	16:29	16:30	00:01	17:00	17:04	00:04
13-jul-93							15:49	15:52	00:03	16:36	16:38	00:02	17:09	17:13	00:04
13-jul-93				14:56	14:58	00:02	15:51	15:53	00:02	16:57	17:00	00:03	17:44	17:45	00:01
13-jul-93							15:55	15:57	00:02				17:05	17:07	00:02
13-jul-93				14:59	15:01	00:02	15:08	15:09	00:01						
14-jul-93	13:35	13:36	00:01				15:14	15:20	00:06	16:16	16:17	00:01	17:13	17:14	00:01
14-jul-93	13:45	13:46	00:01	14:45	14:47	00:02	15:22	15:25	00:03	16:11	16:12	00:01			
14-jul-93							15:30	15:33	00:03	16:29	16:34	00:05			
14-jul-93				14:38	14:39	00:01	15:24	15:32	00:08	16:13	16:18	00:05			
14-jul-93				14:42	14:46	00:04	15:22	15:24	00:02	16:35	16:47	00:12			
14-jul-93				14:31	14:32	00:01	15:35	15:36	00:01						
15-jul-93	13:01	13:03	00:02	14:00	14:01	00:01				16:34	16:39	00:05	17:03	17:05	00:02
15-jul-93	13:28	13:31	00:03	14:45	14:47	00:02	15:47	15:56	00:09	16:33	16:43	00:10	17:29	17:31	00:02
15-jul-93	13:52	13:53	00:01	14:30	14:36	00:06	15:59	16:03	00:04	16:05	16:08	00:03	17:00	17:02	00:02
15-jul-93	13:53	13:59	00:06	14:02	14:06	00:03	15:56	15:58	00:02	16:26	16:28	00:02	17:20	17:25	00:05
15-jul-93							15:58	15:59	00:01	16:10	16:13	00:03	17:08	17:11	00:03
15-jul-93				14:49	14:54	00:05				16:22	16:23	00:01			
15-jul-93				14:57	14:59	00:02				16:55	17:05	00:10			

Figura 19.5 *Exemplo do mapeamento das ligações de Santos.*

Relatório de ligações efetuadas entre FILIAIS

ARARAQUARA & SÃO PAULO

DIA	ENTRE 06:00 E 09:00h			ENTRE 09:00 E 10:00h			ENTRE 10:00 E 11:00h			ENTRE 11:00 E 12:00h			ENTRE 12:00 E 13:00h		
	HORARIO INICIAL	HORARIO FINAL	TOTAL MINUTOS	HORARIO INICIAL	HORARIO FINAL	TOTAL MINUTOS	HORARIO INICIAL	HORARIO FINAL	TOTAL MINUTOS	HORARIO INICIAL	HORARIO FINAL	TOTAL MINUTOS	HORARIO INICIAL	HORARIO FINAL	TOTAL MINUTOS
6/7/1993	08:01	08:07	00:06	09:01	09:06	00:05	10:09	10:14	00:05						
6/7/1993	08:25	08:29	00:04	09:12	09:16	00:04	10:50	10:53	00:13	11:09	11:20	00:11	12:00	12:03	00:03
6/7/1993	08:31	08:35	00:04	09:26	09:31	00:03	10:33	10:34	00:01	11:25	11:26	00:01			
6/7/1993	08:48	08:52	00:04	09:40	09:47	00:07	10:35	10:44	00:09	11:32	11:38	00:06			
6/7/1993	08:48	08:52	00:04				10:36	10:46	00:08						
6/7/1993	08:52	08:59	00:07												
6/7/1993	08:57	09:08	00:11												
6/7/1993	08:57	09:08	00:11												
7/7/1993	08:19	08:21	00:02	05:00	09:10	00:10	10:08	10:12	00:04	11:06	11:22	00:16			
7/7/1993	08:34	08:38	00:04	09:01	09:07	00:06	10:17	10:19	00:02	11:16	11:18	00:02			
7/7/1993				09:04	09:07	00:03	10:20	10:26	00:06	11:47	11:53	00:06			
7/7/1993				09:07	09:12	00:05				11:51	11:53	00:02			
7/7/1993				09:17	09:19	00:02				11:52	11:57	00:05			
7/7/1993				09:36	09:48	00:12									
8/7/1993	07:54	08:08	00:14	05:10	09:17	00:07	10:11	10:18	00:07	11:00	11:02	00:02			
8/7/1993	08:23	08:27	00:04	09:30	09:34	00:04	10:30	10:32	00:02	11:02	11:05	00:03			
8/7/1993	08:24	08:30	00:06	09:34	09:40	00:06	10:43	10:45	00:02	11:03	11:10	00:07			
8/7/1993	08:47	08:54	00:07	09:44	09:49	00:05				11:05	11:09	00:04			
8/7/1993	08:57	09:00	00:03							11:23	11:31	00:08			
8/7/1993										11:25	11:27	00:02			
8/7/1993										11:28	11:32	00:04			
8/7/1993										11:51	11:55	00:04			
9/7/1993	07:36	07:39	00:04	09:11	09:19	00:08	10:17	10:23	00:06	11:00	11:02	00:02			
9/7/1993	08:09	08:10	00:01	09:28	09:37	00:09	10:27	10:28	00:01	11:13	11:15	00:06			
9/7/1993	08:10	08:17	00:07	09:48	09:53	00:05	10:29	10:38	00:09	11:14	11:18	00:04			
9/7/1993	08:12	08:23	00:11				10:44	10:49	00:05	11:34	11:36	00:02			
9/7/1993	08:17	08:19	00:02												
9/7/1993	08:45	08:54	00:09												
9/7/1993	08:59	09:02	00:03												

Figura 19.6 *Exemplo do mapeamento das ligações de Araraquara.*

386 ◆ Governança da Nova TI: Revolução

Relatório de ligações efetuadas entre FILIAIS

SÃO PAULO & RIBEIRÃO PRETO

DIA	ENTRE 08:00 E 09:00h			ENTRE 09:00 E 10:00h			ENTRE 10:00 E 11:00h			ENTRE 11:00 E 12:00h			ENTRE 12:00 E 13:00h		
	HORARIO INICIAL	HORARIO FINAL	TOTAL MINUTOS	HORARIO INICIAL	HORARIO FINAL	TOTAL MINUTOS	HORARIO INICIAL	HORARIO FINAL	TOTAL MINUTOS	HORARIO INICIAL	HORARIO FINAL	TOTAL MINUTOS	HORARIO INICIAL	HORARIO FINAL	TOTAL MINUTOS
1/7/1993										11:40	11:42	00:02			
2/7/1993				09:32	09:41	00:09									
6/7/1993				09:27	09:29	00:02	10:34	10:57	00:23	11:18	11:21	00:03			
6/7/1993										11:22	11:30	00:08			
6/7/1993										11:43	11:46	00:03			
6/7/1993										11:51	11:59	00:08			
7/7/1993				09:00	09:06	00:06	10:15	10:17	00:02	11:02	11:25	00:23	12:15	12:21	00:06
7/7/1993				09:12	09:17	00:05	10:53	10:59	00:06	11:33	11:37	00:04	12:16	12:17	00:01
7/7/1993				09:15	09:17	00:02	10:55	10:59	00:04	11:34	11:41	00:07	12:25	12:29	00:04
7/7/1993				09:25	09:28	00:03	10:59	11:02	00:03	11:52	11:58	00:06			
8/7/1993	08:10	08:11	00:01	09:08	09:12	00:04	10:02	10:07	00:05	11:09	11:14	00:05	12:10	12:11	00:01
8/7/1993	08:26	08:34	00:08	09:25	09:33	00:08	10:10	10:13	00:03	11:40	11:48	00:08	12:36	12:38	00:02
8/7/1993	08:29	08:56	00:27	09:27	09:29	00:02	10:15	10:17	00:02	11:40	11:45	00:05	12:46	12:47	00:01
8/7/1993	08:35	08:39	00:04	09:31	09:33	00:02	10:28	10:32	00:04	11:56	12:09	00:13	12:48	12:49	00:01
8/7/1993	08:54	08:59	00:05	09:37	09:41	00:04	10:30	10:31	00:01				12:49	12:50	00:01
8/7/1993				09:38	09:41	00:03	10:33	10:36	00:03						
8/7/1993				09:41	09:42	00:01	10:37	10:48	00:11						
8/7/1993				09:42	09:44	00:02									
8/7/1993				09:52	09:58	00:06									
8/7/1993				09:53	09:54	00:01									
8/7/1993				09:53	09:54	00:01									
9/7/1993	08:41	08:42	00:01	09:16	09:21	00:05	10:10	10:13	00:03	11:03	11:08	00:05	12:20	12:22	00:02
9/7/1993				09:18	09:20	00:02	10:10	10:12	00:02	11:09	11:11	00:02			
9/7/1993				09:47	09:51	00:04	10:20	10:22	00:02	11:09	11:13	00:04			
9/7/1993				09:59	10:01	00:02	10:33	10:34	00:01	11:12	11:15	00:03			
9/7/1993							10:52	10:55	00:03						

Figura 19.7 *Exemplo do mapeamento das ligações de São Paulo.*

Quanto ao Serviço

Empresa	XXXXXTEL
Serviço a ser contratado	Satélite
Custo Fixo Mensal	US$ 17.085,11
Linha Privada Mensal	US$ 140,00
Total Operadora Telecomunicações Mensal	US$ 17.225,11

Investimentos

A alternativa da solução satélite exige investimento em PABX e infraestrutura. Esta atualização permitirá que os sinais de dados, voz e fax trafeguem no mesmo canal de comunicação. A seguir, os investimentos necessários são descritos:

PABX		
QUANTIDADE	LOCAL	US$
01	Ponta Grossa	20.000,00
01	Jataí	20.000,00
TOTAL		40.000,00

ATUALIZAÇÃO PABX – SOLUÇÃO TIE LINE		
QUANTIDADE	LOCAL	US$
04	São Paulo	7.000,00
02	Ribeirão Preto	4.000,00
02	Araraquara	7.000,00
TOTAL		18.000,00

INFRAESTRUTURA	
UNIDADE	US$
São Paulo	3.000,00
Araraquara	2.250,00
Ribeirão Preto	2.250,00
Jataí	2.250,00
Ponta Grossa	2.250,00
TOTAL	12.000,00

RESUMO DOS INVESTIMENTOS	
Investimento Inicial	US$ 70.000,00
Crédito ICMS	US$ 1.482,00 por mês
Aluguel estações satélite	US$ 16.480,00 por mês
Satélite XXXXXTEL	US$ 17.225,11 por mês

VALOR PRESENTE

VPE = Valor Presente do Custo de Telecomunicações mantida a atual tecnologia
VPCC = Valor Presente da opção Aluguel compartilhando a estação central
Taxa de Juros = 22% ao ano
Ciclo de vida do projeto = 60 meses

388 ◆ Governança da Nova TI: Revolução

	Operadora		Compra Solução Satélite			
Mês	US$	US$	Acumulado	Satélite	ICMS	Manutenção
Mar/94	43.272			17.225	1.482	600

Abr/94	42.561	(671.075)	671.075	16.942	1.458	590
Mai/94	41.861	(15.810)	15.810	16.664	1.434	580
Jun/94	41.173	(15.551)	15.551	16.390	1.410	571
Jul/94	40.497	(15.295)	15.295	16.120	1.387	562
Ago/94	39.831	(15.044)	15.044	15.855	1.364	552
Set/94	39.176	(14.796)	14.796	15.595	1.342	543
Out/94	38.533	(14.553)	14.553	15.339	1.320	534
Nov/94	37.899	(14.314)	14.314	15.087	1.298	526
Dez/94	37.277	(14.079)	14.079	14.839	1.277	517

Jan/95	36.664	(13.847)	13.847	14.595	1.256	508
Fev/95	36.061	(13.620)	13.620	14.355	1.235	500
Mar/95	35.469	(13.396)	13.396	14.119	1.215	492
Abr/95	34.886	(13.176)	13.176	13.887	1.195	484
Mai/95	34.312	(12.959)	12.959	13.659	1.175	476
Jun/95	33.749	(12.746)	12.746	13.434	1.156	468
Jul/95	33.194	(12.537)	12.537	13.213	1.137	460
Ago/95	32.648	(12.331)	12.331	12.996	1.118	453
Set/95	32.112	(12.128)	12.128	12.783	1.100	445
Out/95	31.584	(11.929)	11.929	12.573	1.082	438
Nov/95	31.065	(11.733)	11.733	12.366	1.064	431
Dez/95	30.555	(11.540)	11.540	12.163	1.046	424

Capítulo 21 ♦ Estudo de Casos de Retorno de Investimento em Tecnologia ♦ **389**

Jan/96	30.052	(11.350)	11.350	11.963	1.029	417
Fev/96	29.558	(11.164)	11.164	11.766	1.012	410
Mar/96	29.073	(10.980)	10.980	11.573	996	403
Abr/96	28.595	(10.800)	10.800	11.383	979	396
Mai/96	28.125	(10.622)	10.622	11.196	963	390
Jun/96	27.663	(10.448)	10.448	11.012	947	384
Jul/96	27.208	(10.276)	10.276	10.831	932	377
Ago/96	26.761	(10.107)	10.107	10.653	917	371
Set/96	26.321	(9.941)	9.941	10.478	901	365
Out/96	25.889	(9.778)	9.778	10.305	887	359
Nov/96	25.463	(9.617)	9.617	10.136	872	353
Dez/96	25.045	(9.459)	9.459	9.969	858	347

Jan/97	24.633	(9.304)	9.304	9.806	844	342
Fev/97	24.228	(9.151)	9.151	9.644	830	336
Mar/97	23.830	(9.000)	9.000	9.486	816	330
Abr/97	23.438	(8.852)	8.852	9.330	803	325
Mai/97	23.053	(8.707)	8.707	9.177	790	320
Jun/97	22.674	(8.564)	8.564	9.026	777	314
Jul/97	22.302	(8.423)	8.423	8.878	764	309
Ago/97	21.935	(8.285)	8.285	8.732	751	304
Set/97	21.575	(8.148)	8.148	8.588	739	299
Out/97	21.220	(8.015)	8.015	8.447	727	294
Nov/97	20.871	(7.883)	7.883	8.308	715	289
Dez/97	20.528	(7.753)	7.753	8.172	703	285

Jan/98	20.191	(7.626)	7.626	8.037	692	280

Fev/98	19.859	(7.501)	7.501	7.905	680	275
Mar/98	19.533	(7.377)	7.377	7.775	669	271
Abr/98	19.212	(7.256)	7.256	7.648	658	266
Mai/98	18.896	(7.137)	7.137	7.522	647	262
Jun/98	18.586	(7.019)	7.019	7.398	637	258
Jul/98	18.280	(6.904)	6.904	7.277	626	253
Ago/98	17.980	(6.791)	6.791	7.157	616	249
Set/98	17.684	(6.679)	6.679	7.040	606	245
Out/98	17.394	(6.569)	6.569	6.924	596	241
Nov/98	17.108	(6.461)	6.461	6.810	586	237
Dez/98	16.827	(6.355)	6.355	6.698	576	233

Jan/99	16.550	(6.251)	6.251	6.588	567	229
Fev/99	16.278	(6.148)	6.148	6.480	558	226
Mar/99	16.011	(6.047)	6.047	6.373	548	222

TOTAL	1.631.536	(1.271.206)		649.462	55.878	22.623

	Operadora		Aluguel Solução Satélite			
Mês	US$	US$	Antenas	Acumulado	Satélite	ICMS
Mar/94	43.272		16.480		17.225	1.482

Abr/94	42.561	(101.694)	16.209	101.694	16.942	1.458
Mai/94	41.861	(31.173)	15.943	31.173	16.664	1.434
Jun/94	41.173	(30.660)	15.681	30.660	16.390	1.410
Jul/94	40.497	(30.156)	15.423	30.156	16.120	1.387
Ago/94	39.831	(29.661)	15.170	29.661	15.855	1.364

Capítulo 21 • Estudo de Casos de Retorno de Investimento em Tecnologia • **391**

Set/94	39.176	(29.173)	14.920	29.173	15.595	1.342
Out/94	38.533	(28.694)	14.675	28.694	15.339	1.320
Nov/94	37.899	(28.222)	14.434	28.222	15.087	1.298
Dez/94	37.277	(27.759)	14.197	27.759	14.839	1.277

Jan/95	36.664	(27.302)	13.963	27.302	14.595	1.256
Fev/95	36.061	(26.854)	13.734	26.854	14.355	1.235
Mar/95	35.469	(26.412)	13.508	26.412	14.119	1.215
Abr/95	34.886	(25.978)	13.286	25.978	13.887	1.195
Mai/95	34.312	(25.551)	13.068	25.551	13.659	1.175
Jun/95	33.749	(25.131)	12.853	25.131	13.434	1.156
Jul/95	33.194	(24.718)	12.642	24.718	13.213	1.137
Ago/95	32.648	(24.312)	12.434	24.312	12.996	1.118
Set/95	32.112	(23.913)	12.230	23.913	12.783	1.100
Out/95	31.584	(23.520)	12.029	23.520	12.573	1.082
Nov/95	31.065	(23.133)	11.831	23.133	12.366	1.064
Dez/95	30.555	(22.753)	11.637	22.753	12.163	1.046

Jan/96	30.052	(22.379)	11.445	22.379	11.963	1.029
Fev/96	29.558	(22.011)	11.257	22.011	11.766	1.012
Mar/96	29.073	(21.649)	11.072	21.649	11.573	996
Abr/96	28.595	(21.294)	10.890	21.294	11.383	979
Mai/96	28.125	(20.944)	10.711	20.944	11.196	963
Jun/96	27.663	(20.600)	10.535	20.600	11.012	947
Jul/96	27.208	(20.261)	10.362	20.261	10.831	932
Ago/96	26.761	(19.928)	10.192	19.928	10.653	917
Set/96	26.321	(19.601)	10.024	19.601	10.478	901

392 ◆ Governança da Nova TI: Revolução

Out/96	25.889	(19.278)	9.860	19.278	10.305	887
Nov/96	25.463	(18.962)	9.698	18.962	10.136	872
Dez/96	25.045	(18.650)	9.538	18.650	9.969	858

Jan/97	24.633	(18.343)	9.381	18.343	9.806	844
Fev/97	24.228	(18.042)	9.227	18.042	9.644	830
Mar/97	23.830	(17.745)	9.076	17.745	9.486	816
Abr/97	23.438	(17.454)	8.926	17.454	9.330	803
Mai/97	23.053	(17.167)	8.780	17.167	9.177	790
Jun/97	22.674	(16.885)	8.636	16.885	9.026	777
Jul/97	22.302	(16.607)	8.494	16.607	8.878	764
Ago/97	21.935	(16.334)	8.354	16.334	8.732	751
Set/97	21.575	(16.066)	8.217	16.066	8.588	739
Out/97	21.220	(15.802)	8.082	15.802	8.447	727
Nov/97	20.871	(15.542)	7.949	15.542	8.308	715
Dez/97	20.528	(15.287)	7.818	15.287	8.172	703

Jan/98	20.191	(15.036)	7.690	15.036	8.037	692
Fev/98	19.859	(14.789)	7.563	14.789	7.905	680
Mar/98	19.533	(14.545)	7.439	14.545	7.775	669
Abr/98	19.212	(14.306)	7.317	14.306	7.648	658
Mai/98	18.896	(14.071)	7.197	14.071	7.522	647
Jun/98	18.586	(13.840)	7.078	13.840	7.398	637
Jul/98	18.280	(13.613)	6.962	13.613	7.277	626
Ago/98	17.980	(13.389)	6.848	13.389	7.157	616
Set/98	17.684	(13.169)	6.735	13.169	7.040	606
Out/98	17.394	(12.952)	6.624	12.952	6.924	596

Capítulo 21 ◆ Estudo de Casos de Retorno de Investimento em Tecnologia ◆ **393**

Nov/98	17.108	(12.740)	6.515	12.740	6.810	586
Dez/98	16.827	(12.530)	6.408	12.530	6.698	576

Jan/99	16.550	(12.324)	6.303	12.324	6.588	567
Fev/99	16.278	(12.122)	6.199	12.122	6.480	558
Mar/99	16.011	(11.923)	6.098	11.923	6.373	548

TOTAL	1.631.536	(1.284.952)	621.368	1.284.952	649.462	55.878

	OPERADORA	SATÉLITE	ECONOMIA
COMPRA	1.631.536	1.271.206	360.330
ALUGUEL	1.631.536	1.284.952	346.585

VPE = US$ 1.631.536
VPCC = US$ 1.284.952
ECONOMIA = US$ 346.585

Obs.:
A pequena diferença da economia entre as opções aluguel e compra revelou uma neutralidade financeira da escolha. A opção aluguel ou, em outras palavras, terceirização foi exercida em função do pequeno impacto da diferença e possibilidade de manter a gestão de tecnologia focada no negócio.

VANTAGENS

- Rede integrada de comunicações entre São Paulo, Santos, Ribeirão Preto, Araraquara, Jataí e Ponta Grossa
- Aumento da disponibilidade
- Crescimento das facilidades de comunicação
- Criação de diferencial competitivo
- Redução de custos
- Aumento da agilidade e resiliência corporativa
- Redução do tempo de resposta às ameaças e oportunidades

394 ◆ Governança da Nova TI: Revolução

CASO DISCAGEM DIRETA A RAMAL (1994)

A tecnologia de informações e comunicações criando diferencial competitivo para uma das maiores empresas de comércio exterior no Brasil. O novo gerente de telecomunicações, ao avaliar a rotina operacional das operadoras de telefonia, percebeu que existiam graves ineficiências entre o atendimento da ligação e o estabelecimento da comunicação efetiva. Em média, a localização do destino correto consumia 45 segundos por ligação. Pode parecer pouco à primeira vista, mas o volume de ligações era tão grande que a perda anual era de aproximadamente 24 mil dólares.

Considerando o tamanho do patrimônio e o volume de salários, era quase que um desrespeito ao time operacional manter este nível de ineficiência e praticar a política pública oficial de reposição salarial das perdas inflacionárias. Considerando os investimentos necessários, a desmobilização de ativos e a economia das perdas, o projeto adiciona ao caixa de curto prazo cerca de 10 mil dólares e reduz a despesa fixa operacional de médio prazo em quase 120 mil dólares. Ou seja, cada dia de demora para a execução do projeto reduz o lucro líquido da empresa.

O que é a Solução DDR (Discagem Direta a Ramal)?

O DDR é um sistema de acesso direto ao ramal. Como não existe intermediação da operadora, o tempo e o custo para a localização e o estabelecimento da comunicação efetiva são eliminados. A solução será instalada na matriz em São Paulo e reduzirá os custos de comunicação de voz das filiais conforme a tabela a seguir:

Unidade	Redução de custos US$/ano
Araraquara	6.096
Jataí	6.037
Ponta Grossa	5.885
Ribeirão Preto	4.064
Itabuna	1.758
Total	**23.840**

Investimentos

A solução DDR exige a realização de investimentos na matriz em São Paulo para a atualização do equipamento central de atendimento e processamento das chamadas telefônicas. Como consequência da nova forma de comunicação com a central pública de telefonia, os atuais troncos de entrada serão disponibilizados. No total, a matriz terá à sua disposição 12 linhas telefônicas na valorizada região dos Jardins. O nível de demanda reprimida por linhas telefônicas na região permite a troca das linhas por capital monetário de forma imediata.

Investimento	Observação	US$
Atualização do PABX	DDR	(23.000)
Compra de seis novas linhas telefônicas	Plano de Expansão	(7.000)
Compra de uma nova máquina de Fax	Telex	(3.000)
Implantação do DDR	Telesp	(7.000)
Disponibilização de 12 Linhas do tronco de entrada	Linha Direta	50.260
Total		10.260

Configuração da estrutura de Telecomunicações, após a implantação da solução DDR

LINHAS DIRETAS

Oito linhas diretas distribuídas da seguinte forma:

Quantidade de linhas	Local	Uso
Duas	PABX	Interceptação/Contingência
Duas	Telex	Fax
Uma	CPD	Contingência
Uma	Presidência	Contingência
Uma	Diretoria	Contingência
Uma	Trading	Contingência

PABX

Quantidade de Linhas ou Ramais	Uso
20 linhas	DDR de Entrada
02 linhas não DDR	Interceptação/Contingência
16 linhas	Linhas de Saída
184	Ramais

FAX

Quantidade de Linhas/Ramais	Uso
02 Linhas	Sequencial de Fax
02 Ramais	Sequencial de Fax DDR

Vantagens

- Recuperação de curtíssimo prazo do capital investido
- Lucro de curto prazo pela desmobilização de ativos de US$ 10.260
- Redução dos custos operacionais de médio prazo de telefonia de US$ 119.200,00 durante o ciclo de vida do investimento (cinco anos)
- Crescimento da efetividade da comunicação
- Aumento das facilidades para os usuários dos recursos de comunicação
- Maximização da disponibilidade das linhas de comunicação da matriz e filiais
- Redução da necessidade de investimento na ampliação das centrais das filiais
- Aumento da produtividade das operadoras de telefonia
- Eliminação da terceira mesa de atendimento em São Paulo
- Aumento da produtividade das filiais pela eliminação do tempo inútil de espera
- Eliminação do desperdício de energia elétrica pela eliminação do tempo inútil de espera
- Aumento da agilidade operacional pelo estabelecimento de canal de comunicação fim a fim
- Maior resiliência às ameaças pelo crescimento da velocidade de resposta
- Aumento do lucro pela maior capacidade de explorar as oportunidades do mercado
- Criação de diferencial competitivo
- Contribuição para a estratégia de liderança de custos

Capítulo 21 ◆ Estudo de Casos de Retorno de Investimento em Tecnologia ◆ **397**

CASO COMUNICAÇÃO FRAME RELAY (2000)

A tecnologia de informações e comunicações aumentando a resiliência e contribuindo para a liderança de custos operacionais de uma das cinco maiores empresas de comércio exterior no Brasil.

Introdução

A rede da empresa é, atualmente, parcialmente integrada em termos de comunicação de voz, dados e imagem. Com a privatização do ambiente de telecomunicações, a empresa passou a ter diversos fornecedores e contratos para ligações internacionais, ligações de longa distância nacionaisl, ligações para celulares, ligações locais, ligações de dados e telex. O custo para o gerenciamento dos fornecedores e contratos aumentou sobremaneira no último ano e a diversidade não permite um relacionamento de longo prazo com ganhos de produtividade por escala.

Como os avanços técnicos e ganhos de escala, a solução Frame Relay caiu fortemente de preço e existe agora uma excelente oportunidade de integração dos serviços de comunicação da empresa em torno de uma rede madura, com alta disponibilidade e com custos conforme a demanda.

O Que é Frame Relay?

As redes com arquitetura de comunicação tipo frame relay estão consolidadas, maduras e robustas no mundo inteiro. Os ganhos de escala vêm permitindo uma dramática redução da estrutura de custos da tecnologia nos últimos anos. Novos serviços de videoconferência, Internet, telex, voz, fax e dados ganharam viabilidade nesta rede e hoje em dia eles são bem mais baratos que as soluções tradicionais em uso pela organização.

Situação Atual

COMUNICAÇÃO DE VOZ	
Unidade	US$ por mês
Jataí	6 mil
Porto de Rio Grande (silo de soja)	6 mil

Ponta Grossa	6 mil
Batatais	4 mil
Londrina	4 mil
Assis	3 mil
Vitória (Espírito Santo)	3 mil
Porto de Paranaguá	3 mil
Porto de Santos (silo de soja)	2 mil
Porto de Santos (armazém de café)	1 mil
Rondonópolis	0,3 mil
Total	**38,3 mil**
COMUNICAÇÃO DE DADOS	
Unidade	US$ por mês
Jataí	3 mil
Porto de Rio Grande (silo de soja)	3 mil
Ponta Grossa	2 mil
Batatais	2 mil
Londrina	2 mil
Assis	2 mil
Vitória (Espírito Santo)	2 mil
Porto de Paranaguá	2 mil
Porto de Santos (silo de soja)	2 mil
Porto de Santos (armazém de café)	2 mil
Rondonópolis	0,1 mil
Total	**22,1 mil**
TOTAL VOZ E DADOS	**60,4 mil**

Capítulo 21 ♦ Estudo de Casos de Retorno de Investimento em Tecnologia ♦ **399**

Situação Proposta

Rede integrada de comunicação de voz, dados e imagem entre as unidades de Araraquara, Ribeirão Preto, Santos (depósito refrigerado de citros), São Paulo, Assis, Vitória, Paranaguá, Jataí, Rio Grande, Ponta Grossa (fábrica), Ponta Grossa (armazém), Batatais, Londrina, Santos (silo de soja), Rondonópolis e Santos (armazém de café).

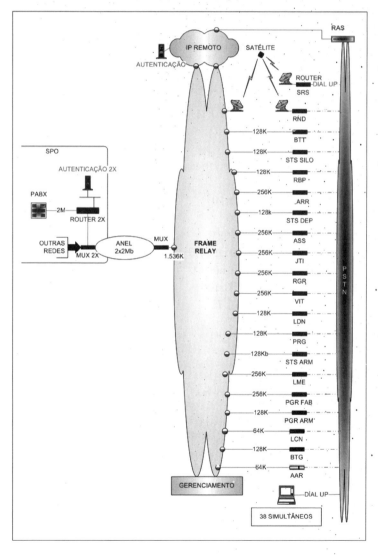

Figura 19.8 *Exemplo de rede frame relay.*

Node Name: CBE_SPO1
Node Address: 1000
Node Number: 1000
Chassis Type: 6560
Maximum Routing Hops: 15
Maximum Routing Hops For Voice: 4
Hop Count Facility Code: 200
Control Port Subaddress: 98
Control Port Idle Disconnect Time (minutes): 10
Alarm Distribution: CTP
Alarm Printer Mnemonic:
Alarm Selection: HIGH
Threshold Alarm Timer (minutes): 15
Broadcast Port Subaddress: 95
*Number of Broadcast Nets: 0
*Number of Broadcast Input Channels: 1
*Billing Printer Mnemonic:
*Billing Record Call Threshold: 10
Maximum Billing Records: 100
*Billing Record Timer (minutes): 0
PVC Billing Record Timer (minutes): 0
SVC Billing Record Timer (minutes): 0
*Maximum Simultaneous Calls: 100
Port Utilization Threshold (%): 75
Buffer Utilization Threshold (%): 75
CPU Utilization Threshold (%): 75
Port Error Threshold: 10
PAD Bulletin Message:
PAD Banner Message: ^M^J (node % N) port % P(% C)^M^J
DCP Facility: 201
*Codex Proprietary Protocol ID: 192
*LAN Connection Subaddress: 94
Contact:
Domain Name:
Node Location:
*Traffic Priority: MED
*Traffic Priority Step: 8
*Max Frame Size: 2200
Cisco Facility: 202

Capítulo 21 • Estudo de Casos de Retorno de Investimento em Tecnologia • **401**

*Route Selection Table Size: 32
*Mnemonic Table Size: 32
*PVC Setup Table Size: 32
*Inbound Call Translation Table Size: 64
*Number of Network Services Channels: 1024
Node switched services security password:
Maximum calling Identifier table size: 255
*Quantity of DSP Devices: 256
*Quantity of SES Devices: 256
Primary NUIC Data Network Address:
Secondary NUIC Data Network Address:
Billing Printer2 Mnemonic:
E.164 format identifier: 09
DORM Subaddress: 91
Other DORM Address:
*Number of X32 Ports: 50
*DC enable facility: 61
*DC negotiate facility: 62
*Ring Frequency: 25 Hz
*Voice Switching Table Size: 20
*Max Switch Service Entries: 200
*LOCAL Dynamic Port Creation Heap Size : 0
*SHARED Dynamic Port Creation Heap Size : 0
Number of Digits to be Omitted from CAEF: 0
Digits to prefix in CAEF:
*Outbound Call Translation Table Size: 64
GSC Call Rate(Number of Calls per Sec.): 0

Figura 19.9 *Exemplo da primeira tela de configuração de roteador de rede frame relay.*

Custo Mensal Proposto

A solução de rede de comunicação frame relay para comunicação integrada de voz, dados e fax permite fortes ganhos de escala e o custo projetado é de US$ 35 mil por mês. Em relação ao ciclo de vida da tecnologia, a economia proposta pelo projeto é de cerca de US$ 1.500.000. Além da redução dos custos, a nova rede oferece uma sensível melhoria na qualidade dos serviços de comunicação.

Investimentos

O investimento para a adaptação na nova tecnologia é de US$ 180 mil. Deste total, 150 mil estão planejados para a atualização das centrais privadas de comunicação de voz de todas as unidades (exceto São Paulo e Araraquara). Os 30 mil restantes representam o investimento na ativação da nova rede. O processo de ativação inclui testes integrados e simultâneos entre os fornecedores das soluções de: (i) central privada de comunicação, (ii) multiplexador, (iii) roteador, (iv) central pública de telecomunicações, (v) servidor de aplicações e fax, (vi) rede local etc.

Retorno do Investimento

Em função do baixo investimento e elevada economia, o indicador payback será adotado para demonstrar o retorno de investimento. O payback do projeto é de 7,2 (180/25) meses, ou seja, em menos de oito meses o projeto de mudança de rede de comunicações estará totalmente pago.

Recursos Necessários

Esta alternativa tecnológica de comunicação demanda que todos os servidores da empresa adotem como protocolo de comunicação o TCP/IP. Esta modificação representa uma atividade bastante restrita, pois apenas alguns servidores ainda adotam o ambiente SNA como padrão de comunicação. A mudança do protocolo de comunicação destes servidores é um pré-requisito para o início dos trabalhos de mudança da rede de comunicação.

Transição

Pela natureza do impacto para o negócio, a transição ocorrerá com um período de sobreposição entre a rede atual e a nova rede. A operadora de telecomunicações assume todas as despesas provocadas por esta sobreposição. A equalização da variável transição permite que a organização tenha certeza sobre a realização, na prática, da estrutura de custos planejada.

Prazos

O projeto tem um prazo total de implantação de 120 dias.

Vantagens

- Redução de custos
- Melhor gerenciamento da disponibilidade dos recursos de telecomunicações
- Integração total das redes no Brasil e no exterior
- Redução considerável do tempo para alterações de velocidade de comunicação
- Flexibilidade para novas implantações
- Integração nacional dos portais de intranet e internet
- Eliminação do efeito de *slow motion* da videoconferência
- Facilidade de rota de menor custo para as comunicações
- Aumento da resiliência corporativa pela maior velocidade de respostas às ameaças
- Redução do tempo para o mercado pela facilidade de ajustes nas comunicações entre as unidades
- Criação de diferencial competitivo pelos novos serviços de comunicação oferecidos

Novas Funcionalidades do Projeto Frame Relay (FR)

As vantagens da economia de escala do projeto são fortemente amplificadas quando o cenário do plano tático trimestral é avaliado. Para endereçar a necessidade de maior controle da disponibilidade dos servidores e redução das despesas de manutenção das novas unidades, as funcionalidades disponibilizadas terão o processamento efetuado de forma centralizada nos servidores em São Paulo. Por isto, os projetos como: (i) crescimento da operação de soja, citros e café do porto de Santos, (ii) aumento do volume de laranja processada e exportada (São Paulo, Araraquara e porto de Santos), (iii) novas transações digitais do portal de internet e (iv) novos controles para o negócio café em Vitória precisam ser revistos em função das oportunidades abertas pelo projeto da rede de comunicações frame relay. A solução original para os projetos táticos de curto prazo tem a seguinte estrutura de custos de comunicações:

404 • Governança da Nova TI: Revolução

Projeto Portuário Soja				
Projeto	Solução Comunicações	Us$ Por Mês Solução Original	Us$ Por Mês Solução	Economia
Crescimento de 45% das operações no porto de Santos pelo crescimento da operação da fábrica de processamento de soja de Batatais	Ampliação de 64K na comunicação entre São Paulo e o porto de Santos	800	600	200
	Ampliação de 64K na comunicação entre São Paulo e Batatais	1.500	600	900
CUSTO TOTAL ORIGINAL		2.300		
CUSTO TOTAL FR			1.200	
ECONOMIA CICLO DE VIDA SOLUÇÃO (60 MESES)				**66.000**

Projeto Transações Seguras Portal				
Projeto	Solução Comunicações	Us$ Por Mês Solução Original	Us$ Por Mês Solução Fr	Economia
Aumento de 75% da quantidade de transações digitais efetuadas no portal em função do crescimento das (i) operações portuárias, (ii) operações de processamento da soja e (iii) operações de esmagamento e processamento da laranja	Ampliação em 64K das comunicações entre São Paulo e o porto de Santos (silo de soja)	800	1.000	-200
	Ampliação em 64K das comunicações entre São Paulo e porto de Paranaguá (silo soja)	1.500	1.000	500

	Ampliação em 64K das comunicações entre São Paulo e a fábrica de Londrina	1.500	1.000	500
	Ampliação em 64K das comunicações entre São Paulo e a fábrica de Batatais	1.500	1.000	500
	Ampliação em 64K das comunicações entre São Paulo e o porto de Rio Grande (silo de soja)	1.900	1.000	900
Aumento de 75% da quantidade de transações digitais efetuadas no portal em função do crescimento das (i) operações portuárias, (ii) operações de processamento da soja e (iii) operações de esmagamento e processamento da laranja	Ampliação em 64K das comunicações entre São Paulo e a fábrica de Assis	1.000	1.000	0
	Ampliação em 64K das comunicações entre São Paulo e Araraquara	1.500	1.000	500
	Ampliação em 64K das comunicações entre São Paulo e o porto de Santos (depósito refrigerado frio de citros)	800	1.000	-200
	Ampliação em 64K das comunicações entre São Paulo e a fábrica de torrefação de café de Vitória	1.800	1.000	800
	Ampliação em 256K das comunicações entre São Paulo e o provedor de Internet	2.000	1.000	1.000

406 • Governança da Nova TI: Revolução

	Estabelecimento de canal E1 entre a unidade de São Paulo e o provedor de aplicações (com gerenciamento 24x7x365)	1.700	1.000	700
CUSTO TOTAL ORIGINAL		16.000		
CUSTO TOTAL FR		11.000		
ECONOMIA CICLO DE VIDA SOLUÇÃO (60 MESES)				**300.000**

Projeto Liderança De Custos Citros				
Projeto	Solução Comunicações	Us$ Por Mês Solução Original	Us$ Por Mês Solução Fr	Economia
A centralização das decisões para a execução orçamentária das operações de dia a dia (estratégia liderança de custos) exige um fluxo permanente e intenso de troca de informações entre o negócio no Brasil (São Paulo, Araraquara, Ribeirão Preto e porto de Santos) e no exterior (Nova York, Londres e porto de Rotterdam). Para o Brasil existe a necessidade adicional de crescimento da rede para atender as necessidades das operações das fazendas de laranja e centros comerciais regionais.	Ampliação em 64K das comunicaçõesentre São Paulo e Araraquara	1.500	600	900

Capítulo 21 ◆ Estudo de Casos de Retorno de Investimento em Tecnologia ◆ **407**

A centralização das decisões para a execução orçamentária das operações de dia a dia (estratégia liderança de custos) exige um fluxo permanente e intenso de troca de informações entre o negócio no Brasil (São Paulo, Araraquara, Ribeirão Preto e porto de Santos) e no exterior (Nova York, Londres e porto de Rotterdam). Para o Brasil existe a necessidade adicional de crescimento da rede para atender as necessidades das operações das fazendas de laranja e centros comerciais regionais.	Ampliação em 64K das comunicações entre São Paulo e o porto de Santos (depósito refrigerado frio de citros)	800	500	300
	Ampliação em 64K das comunicações entre Araraquara e Ribeirão Preto	1.000	500	500
CUSTO TOTAL ORIGINAL		3.300		
CUSTO TOTAL FR			1.600	
ECONOMIA CICLO DE VIDA SOLUÇÃO (60 MESES)				**102.000**

Projeto Novos Controles Café Premium

Projeto	Solução Comunicações	Us$ Por Mês Solução Original	Us$ Por Mês Solução Fr	Economia
Devido ao crescimento do negócio café de luxo, abertura de novas unidades de torrefação e necessidades de novas funcionalidades do sistema de controle da produção e estoque. A linha de comunicação entre São Paulo e Vitória precisa ser atualizada	Ampliação em 64K das comunicaçõesentre São Paulo e Vitória	1.800	1.000	800
CUSTO TOTAL ORIGINAL		1.800		
CUSTO TOTAL FR			1.000	
ECONOMIA CICLO DE VIDA SOLUÇÃO (60 MESES)				**48.000**

ECONOMIA CICLO DE VIDA SOLUÇÃO FRAME RELAY (60 MESES) - US$				
Projeto um	**Projeto dois**	**Projeto três**	**Projeto quatro**	**TOTAL**
66.000	300.000	102.000	48.000	**516.000**

CASO DA REDE DE HOTÉIS RMSUR (2002)

A tecnologia de informações e comunicações maximizando o retorno de investimentos do plano estratégico de marketing da rede. As sólidas fundações do plano estratégico de marketing foram estabelecidas através das avaliações confiáveis e detalhadas do tamanho e do perfil do mercado nacional de hotelaria (lazer, eventos e negócios). As pesquisas estabeleceram parâmetros consistentes para medir e comparar produtos e serviços. Em relação ao ambiente externo, as ameaças foram entendidas, comunicadas e mitigadas, e as oportunidades foram assimiladas e exploradas através do planejamento de curto, médio e longo prazo de preço, rentabilidade e concorrência. Para o ambiente interno a estratégia dominante foi a ampliação da capacidade de tomada efetiva de decisões. O planejamento do crescimento da rede foi consolidado em quatro etapas:

Capítulo 21 ◆ Estudo de Casos de Retorno de Investimento em Tecnologia ◆ **409**

- Determinação das categorias de funcionalidades da rede de hotéis
- Identificação e detalhamento dos processos
- Entendimento e comunicação do relacionamento das diversas categorias
- Propostas para aumentar o valor agregado dos processos da cadeia produtiva estendida

Determinação das Categorias de Funcionalidades da Rede de Hotéis

Os processos da cadeia de valor da rede de hotéis foram classificados em três grandes grupos de atividades. O grupo de serviços de hotelaria reúne as atividades ligadas às operações rotineiras, ou seja, gestão de:

- Restaurantes
- Governança hotelaria
- Estoque
- Inventário
- Contabilidade
- Contas a pagar e receber
- Recursos humanos
- Fluxo de caixa
- Estrutura do capital
- Execução dos investimentos

O grupo capacidade ocupada dos quartos reúne cinco tipos diferentes de atividades de gerenciamento:
- Vendas e reservas
- Check-in e check-out
- Relacionamento com os clientes
- Atendimento das expectativas
- Pesquisas de qualidade e satisfação

O terceiro grupo chamado de tático-estratégico desenvolve atividades relacionadas à gestão dos seguintes planejamentos:
- Marketing
- Mercado
- Preço e rentabilidade
- Concorrência
- Capacidade de tomada efetiva de decisões

410 ◆ Governança da Nova TI: Revolução

Identificação e Detalhamento dos Processos

Categoria	Conhecimento	Canal	Colaboração
MERCADO	• Identificação do cliente-alvo • Como ele viaja • Quando ele viaja • Duração da viagem • Frequência das viagens • Motivos das viagens • Com quem ele viaja • Quanto gasta em média por viagem	• Postos de Imigração • Administração dos portos • Administração dos terminais rodoviários • Administração dos aeroportos • Empresas com sede em São Paulo e filiais em outros estados ou países • Agências governamentais de turismo	1. Quem está chegando 2. Tempo de permanência 3. Local 4. Negócios ou prazer 5. Planeja retornar
CONCORRÊNCIA	• Quantidade de quartos • Taxa de ocupação • Preço da diária • Custo da diária • Quantidade de estrelas • Localização • Quantidade de hotéis e motéis • Margem de lucro	• Associação de hotéis e motéis • Sindicatos de trabalhadores • Juntas e associações comerciais • Secretária da receita municipal, estadual e federal • Concessionária de energia elétrica e telefonia	1. Preço dos principais concorrentes 2. Preço médio do mercado 3. Margem de lucro dos concorrentes 4. Estrutura de custos dos concorrentes 5. Quantidade de estrelas da concorrência 6. Quantidade de quartos 7. Localização da oferta

| PREÇO E RENTABILIDADE | • Custo do capital
• Custo operacional mensal
• Preço praticado pelo mercado
• Margem de lucro | • Contabilidade interna

• Pesquisa de mercado | 1. Quantidade de investimento realizado
2. Valor do investimento planejado
3. Depreciação e Capex
4. Custo atual da manutenção, recursos humanos, marketing e propaganda etc.
5. Custo planejado futuro da manutenção, recursos humanos, marketing e propaganda etc.
6. Preço de outros hotéis e motéis
7. Custo da prevenção das perdas e roubos |

Categoria	Conhecimento	Canal	Colaboração
CAPACIDADE DE TOMADA EFETIVA DE DECISÕES	• Retorno de investimento • Preço de venda em função do tempo de retorno do capital • Quantidade total de quartos da rede • Sugestões e solicitações dos clientes • Sensibilidade do preço em função da sazonalidade • Mídias adequadas para propaganda e publicidade • Rede de hotéis verde	• Contabilidade interna • Serviço de atendimento aos clientes • Pesquisa de mercado.	1. Qual o máximo valor da diária suportado pelo mercado 2. Quantidade de quartos existentes 3. Tamanho do mercado 4. Preço de introdução dos quartos no mercado 5. Tempo de mercado para ofertar os quartos 6. Tempo do retorno do investimento 7. Política de preços e promoções 8. Estratégia de competição como novo entrante 9. Estratégia de competição de médio e longo prazo 10. Estratégia de saída do mercado 11. Posicionamento por diferenciação 12. Métricas para acompanhar a efetividade da estratégia no curto, médio e longo prazo 13. parcerias estratégicas com empresas de turismo, de viagens, feiras e eventos 14. Desenvolvimento de eventos verdes para ganhar o coração da comunidade e conseguir publicidade para a rede 15. Postura de liderança no mercado 16. Estratégia para conquistar a mente, o coração e o bolso dos clientes 17. Pagamento sem perda de tempo do cliente é o lema da rede

Capítulo 21 ◆ Estudo de Casos de Retorno de Investimento em Tecnologia ◆ **413**

Entendimento e Comunicação do Relacionamento das Diversas Categorias

PROCESSOS

O planejamento de marketing tem por objetivo a viabilização do direcionamento dos objetivos e metas no sentido da missão e visão estratégica. O gerenciamento da estratégia administra, monitora e controla as variáveis internas e externas do negócio em função da proposta de valor da organização. Apenas e tão somente as variáveis necessárias para a realização dos negócios serão administradas e controladas.

O crescimento planejado da empresa demanda o aumento do quadro de colaboradores e automatização de funções. É preciso conter a estrutura de custo fixo e variável dentro do limite da rentabilidade do negócio. O crescimento corporativo será direcionado por políticas consistentes de curto, médio e longo prazo de: (i) redução do *turn-over* e custos e (ii) melhoria no atendimento e nível de satisfação dos usuários. As políticas foram desenvolvidas com o objetivo de aumentar o faturamento total anual em 15%. Para alcançar a meta financeira corporativa, o faturamento médio diário por cliente precisa crescer 10%.

OBJETIVOS

A alta administração e o gerenciamento operacional da organização têm a necessidade de conhecer e entender a situação qualitativa do negócio em relação aos objetivos e metas de forma permanente. A necessidade não é restrita apenas ao histórico financeiro passado, pois os investidores querem respostas mais completas. O dinamismo do negócio demanda avaliações de 360 graus.

Para endereçar os requisitos de resiliência e consistência, a missão e a visão estratégica da empresa precisam estar presentes nos sistemas internos. A velocidade do rearranjo do negócio não pode ser limitada por questões triviais como arquitetura dos dados, banco de dados e capital intelectual restrito. Os gols desejados pelo empreendimento exigem a superação de restrições simples no curto prazo.

A integração do negócio e projetos de evolução é materializada através dos orçamentos de investimento e despesa. Uma das formas que o negócio encontrou para medir o sucesso da estratégia planejada foi através de métricas relacionadas com os dois orçamentos. A necessidade de orquestração e gerenciamento do portfólio de projetos foi endereçada por métricas financeiras emolduradas, conforme a estratégia do negócio. A confirmação de conquistas consideradas intangíveis foi realizada através da combinação de avaliações de resultados tangíveis.

Ações Estratégicas para Alcançar os Objetivos
Aumentar as vendas e eliminar desperdícios e ineficiências.
Comunicar e assegurar o entendimento da visão estratégica pela cadeia de valor estendida.
Controle e monitoração da estratégia realizada e a executar, através de fluxo de informações atualizado, constante e permanente.
Modelo de previsões de performance futura baseado em fatos históricos e estimativas robustas.
Arquitetura de informações e dados com foco em agilidade, resiliência e controle.
Infraestrutura para a tomada de decisões baseada em dois pilares: (i) informações atualizadas, robustas e consistentes com curva de tendência e precisão de curto, médio e longo prazo e (ii) informação certa para a pessoa correta na hora apropriada e no volume adequado. Informação em excesso atrapalha mais do que ajuda.

Fluxo dos Processos

PROCESSO SERVIÇOS DE HOTELARIA
Restaurantes, governança hotelaria, estoque, inventário, contabilidade, contas a pagar e receber, recursos humanos, fluxo de caixa, estrutura do capital, execução dos investimentos.

PROCESSO CAPACIDADE OCUPADA
Vendas e reservas, check-in e check-out, relacionamento com os clientes, atendimento das expectativas, pesquisas de qualidade e satisfação.

PROCESSO PLANEJAMENTO TÁTICO-ESTRATÉGICO
Marketing, mercado, preço e rentabilidade, concorrência, capacidade de tomada efetiva de decisões.

PESQUISAS DE MERCADO
Pesquisas sobre o comportamento do consumidor e concorrentes com curva de tendência de curto, médio e longo prazo.

ESTUDO DE VIABILIDADE

O projeto balanced scorecard para a rede RMSUR trabalha com o seguinte cenário:

SISTEMA		2003	2004	2005	2006
Contábil	Capacidade da rede RMSUR	1.350	1.350	1.350	1.500
Vendas	Clientes/ano	295.650	339.997	390.997	449.646
	Média de ocupação dos quartos	60%	69%	79%	82%
Contábil	Lucro líquido por cliente	10%	12%	14%	15%
	Faturamento médio por cliente	300	330	363	399
Recursos humanos	Funcionários de marketing	14	16	18	20
	Custo médio por funcionário por ano	90.000	94.500	99.225	104.186
Relacionamento	Clientes plenamente satisfeitos	70%	76%	82%	88%
Inteligência do negócio	Mercado de executivos e feiras	40%	45%	51%	58%

PROJETO BSC

	US$ MILHÕES				
	2003	2004	2005	2006	TOTAL
CENÁRIO SEM BSC					
Faturamento	88,70	112,20	141,93	179,41	
Lucro	8,87	13,46	19,87	26,91	

416 ◆ Governança da Nova TI: Revolução

Custos de Marketing	1,26	1,51	1,79	2,08
CENÁRIO COM BSC				
Faturamento	88,70	112,20	141,93	179,41
Lucro	8,87	13,46	19,87	26,91
Custos de Marketing	1,26	1,26	1,26	1,26
PROJETO BSC				
Retorno do Projeto	0,00	0,25	0,53	0,82
Custo de Oportunidade anual	10,00%	10,00%	10,00%	10,00%
VALOR PRESENTE DO RETORNO	0,00	0,23	0,43	0,62	**1,28**
INVESTIMENTO BSC	0,00	0,33	0,31	0,31	**0,94**
. Hardware	0,00	0,09	0,09	0,09
. Software	0,00	0,06	0,05	0,05
. Configurações	0,00	0,08	0,08	0,08
. Treinamento	0,00	0,02	0,02	0,02
. Manutenção	0,00	0,07	0,07	0,07
SALDO BSC	0,00	-0,10	0,12	0,31	**0,34**

VALORES TANGÍVEIS

OBJETIVO	DESCRIÇÃO	BENEFÍCIO
Agilidade	• Rápida disponibilização dos quartos • Informações entregues na hora • Resiliência em relação a mudanças	• Crescimento da taxa de ocupação • Antecipação de ações
Cadeia valor	• Integração com agências e agentes de turismo	• Crescimento das vendas
Comunicação	• Otimização dos custos	• Maior agilidade para as promoções e contatos • Redução dos custos menores
Efetividade	• Eliminação de desperdícios e ineficiências	• Aumento do foco no negócio hotelaria

Parceria estratégica com agências de turismo. Sistema de reserva do hotel com acesso em qualquer lugar por todos os meios de comunicação com informações atualizadas, consolidadas e seguras. O acesso pelas empresas prestadoras de serviços de reservas, agentes independentes ofertantes de voucher deve ser simples, padronizado, realístico e não pode demandar customizações nos equipamentos. É parte da estratégia que o agente de viagens possa realizar operações de reservas de quartos em apenas uma única transação eletrônica disponível 24 por 7, durante 365 dias. O procedimento elimina os custos das ineficiências do processo ao assegurar a economia de tempo, dinheiro e ganhos de produtividade. Os principais desperdícios e ineficiências eliminados são:

· Ligações desnecessárias de solicitações.
· Desenvolvimento e entrega de garantia.

Desenvolvido para substituir os meios de comunicação atualmente em uso como fax, telex e telefonemas, o sistema permite que o agente faça a reserva de forma automatizada, sem a necessidade de intervenção humana. Como consequência da automação, os processos de reserva ganharão agilidade, velocidade, confiabilidade e redução do custo unitário das transações.

418 • Governança da Nova TI: Revolução

Mala direta. Sistema efetivo de divulgação das promoções e eventos com foco no retorno da campanha. Meios digitais como sites, grupos de discussão, sistemas de mensagens instantâneas e e-mails devem ser combinados com meios tradicionais como patrocínio de guardanapos, protetores de mesas, cadeiras, jornais, revistas, festas etc. O novo sistema de controle integrado das vendas e estoque do bar, restaurantes, geladeiras dos quartos, cozinha e reservas irá permitir que sejam alcançados ganhos de escala. A maior escala tem como consequência:

- Redução dos custos do controle de estoque.
- Melhoria na rentabilidade do fluxo de caixa.
- Otimização no giro de estoque físico e financeiro.
- Redução do tempo de espera para contabilização e faturamento da diária do cliente.

Agilidade na disponibilização de quartos. O novo sistema de check-out do cliente avisará automaticamente o setor de conservação dos quartos para iniciar os processos de higienização e restauração, para que a rede tenha sempre à sua disposição o maior número possível de quartos. Quarto parado, dinheiro perdido!

Eliminação de ineficiências e desperdícios. A eliminação de processos e atividades inúteis e redundâncias permitirá maior efetividade do trabalho administrativo e gerencial. O uso efetivo dos recursos aumenta a produtividade e a alegria de trabalhar da equipe e reduz o nível das despesas.

Administração estendida integrada. A centralização da arquitetura de dados permitirá que toda a rede de hotéis e agentes trabalhe com informações confiáveis, integradas e autênticas. Os ganhos de escala que serão alcançados pelo novo sistema possibilitarão a redução do custo unitário das informações das transações para um patamar extremamente baixo. Não ter a necessidade de confirmações criará uma enorme agilidade na entrada e saída de reservas e hóspedes e resolverá um dos maiores problemas de satisfação dos clientes.

VALORES INTANGÍVEIS

Valores Intangíveis	Descrição	Benefício
Valorização da imagem corporativa	• Crescimento da percepção do mercado do valor da marca • Aumento do valor da marca	• Aumento do Share of Mind, Heart e Pocket • Aumento da percepção de valor dos serviços
Criação de barreiras de entrada	Estabelecimento de vantagem competitiva de médio e longo prazo	• Criação de barreira de entrada • Aumento da necessidade de capital de investimento dos concorrentes • Estabelecimento de diferencial competitivo
Desenvolvimento e retenção de capital intelectual	Crescimento da capacidade da organização de criar e resolver problemas	• Crescimento do indicador liderança • Aumento do indicador criatividade • Melhoria do indicador desenvolvimento sustentável • Crescimento do indicador felicidade corporativa • Melhoria do indicador agilidade

420 ◆ Governança da Nova TI: Revolução

Valorização da imagem corporativa. Aumento do valor da marca. Ganhos do share of mind, heart e pocket no Brasil e no exterior. A escolha do consumidor pela paixão em função da atratividade da marca é um diferencial competitivo importante. A rede RMSUR tem prioridade na mídia em função de programas e prêmios de sustentabilidade ambiental e corporativa. A festa "Noite Verde" é um sucesso em todas as edições. O programa "O Bolso Agradece e a Natureza Também" se tornou um sucesso em curto prazo em termos de mídia e ocupação dos quartos. A valorização da marca permitiu a consolidação da rede nos serviços premium.

Criação de barreiras de entrada. A organização tem um portfólio de projetos focado em novos sistemas que aumentem a inteligência e a diferenciação dos serviços oferecidos. O capital intelectual diferenciado do grupo permitiu o desenvolvimento de soluções inéditas e novos entrantes precisam superar a barreira de valor agregado ao cliente criada pelo sucesso dos projetos realizados.

Desenvolvimento e retenção de capital intelectual. A valorização do capital intelectual permitiu maior velocidade na tomada de decisões e o indicador agilidade vem sendo melhorado constantemente. Cada vez mais os nossos clientes estão ficando encantados com os serviços de reservas, entrada e saída do hotel e pós-venda. O aumento da efetividade pela automatização dos processos rotineiros reduziu ou eliminou os custos dos desperdícios, ineficiências, roubos e fraudes, melhorando a estrutura de capital da rede. A efetividade das atividades permanentes também permitiu a melhoria do uso do escasso recurso tempo. A maximização alcançada melhorou todo o processo de tomada de decisões pela maior dedicação em inovação, criação, planejamento e análise. Decisões melhores tornaram a gestão mais efetiva e aumentaram o valor da marca. A tecnologia BSC não trouxe apenas retorno de investimento financeiro visível, ela trouxe um enorme leque de vantagens que a empresa não tinha consciência de que possuía.

CASO TELETRABALHO (2002)

A tecnologia de informações e comunicações maximizando o retorno de investimentos na rede de transporte público. Alvin Toffler escreveu no livro "A Terceira Onda" (p.204) que: "Não obstante, forças poderosas estão convergindo para promover a cabana eletrônica. A mais imediatamente evidente é a permuta econômica entre transporte e telecomunicação. As nações de mais alta tecnologia estão experimentando agora uma crise de transporte, com sistemas de trânsito em massa forçados até o ponto de fratura, ruas e rodovias engarrafadas, espaços de estacionamentos raros, poluição, um problema sério, greves e colapsos quase que rotineiros e os custos subindo vertiginosamente."

Capítulo 21 ◆ Estudo de Casos de Retorno de Investimento em Tecnologia ◆ **421**

O telecomuting, teletrabalho ou trabalho remoto, que permite às pessoas trabalharem em diferentes locais, oferece inúmeras oportunidades para as pequenas empresas, incluindo a redução de custos e a capacidade de contratar rapidamente trabalhadores temporários. Ferramentas de telepresença, como videoconferência, tornam o trabalho remoto possível. O governo dos Estados Unidos adotou o trabalho remoto antes de muitas companhias do setor privado. Um número crescente de empresas tem prosperado com trabalhadores remotos, fornecendo serviços por meio da web. No Brasil, não existe qualquer artigo na lei que rege as relações de trabalho que proíba a modalidade, mas muitas empresas evitam a prática, diante das dificuldades de controle da jornada de trabalho, principalmente em função do cálculo de horas extras. Razão pela qual algumas empresas proponham ao trabalhador um acordo no contrato de trabalho, registrando a flexibilidade de trabalho externo em carteira, liberando-as do pagamento de horas extras.

Fonte: "Trabalho remoto traz inúmeros benefícios para empresas", http://computerworld.uol.com.br/gestao/2011/11/09/trabalho-remoto-traz-inumeros-beneficios--para-empresas/, acessado em 01/12/2011.

Em 1974, Jack Nilles e sua equipe realizaram uma pesquisa sobre o trabalho na cidade de Los Angeles com apoio da Fundação Nacional de Ciência. Apesar de a pesquisa ter quase três décadas, as principais conclusões são extremamente atuais para a cidade de São Paulo:

PESQUISA PERFIL DESLOCAMENTO REALIZADA EM 1974	
Quantidade de entrevistados	2.074 pessoas empregadas
Cidade	Los Angeles
Deslocamento médio	34,4 Km
Custo	US$ 0,14/Km
Total anual	US$ 2.730.000

Nilles calculou, através da pesquisa, que a vantagem do *telecommuting* sobre o transporte e o consumo de energia é de 29:1 quando se usa o automóvel particular, 11:1 quando se usa transporte de massa normalmente carregado e 2:1 quando os sistemas de transporte de massa estão em plena utilização.

O conceito de teletrabalho está relacionado a todas as formas de substituição via tecnologia de informações e comunicações dos deslocamentos para o trabalho das pessoas. A arquitetura significa, em outras palavras, que o trabalho é movimentado na direção das pessoas. O novo modelo não representa uma ruptura com a estrutura

422 ◆ Governança da Nova TI: Revolução

tradicional de as pessoas irem ao trabalho, pois a solução mais efetiva é alcançada com arquitetura híbrida equilibrada.

O termo *telecommuting* também é utilizado para o trabalho remoto. No caso deste conceito, o trabalho é realizado de forma parcial ou total, via tecnologia de informações e comunicações, fora do escritório, uma ou mais vezes por semana, ou em casa ou nas instalações do cliente ou em uma central de trabalho remoto. O foco da arquitetura é a redução ou eliminação do deslocamento diário das pessoas ao local de trabalho. Na prática, o *telecommuting* é uma forma de teletrabalho.

Para este estudo de caso, vamos adotar os dois conceitos como sinônimos. As vantagens do teletrabalho para a organização estão relacionadas a:

- Eliminação dos desperdícios e ineficiências do transporte de pessoas
- Aumento da efetividade operacional corporativa pela multipresença da gestão.
- Crescimento da sustentabilidade corporativa pela redução da emissão de poluentes
- Aumento da felicidade corporativa e capital intelectual
- Redução de custos por ausência ou atrasos
- Integração efetiva da cadeia produtiva estendida
- Redução das perdas com impostos (IPTU menor do local do teletrabalho, por exemplo).

Para as pessoas, o teletrabalho representa redução de custos de transporte, aumento da flexibilidade e liberdade por poder trabalhar em qualquer lugar em todos os horários, melhoria da qualidade de vida social e familiar pela redução do nível de stress e evolução da maturidade pela necessidade de autogerenciamento. Para a inteligência coletiva, o teletrabalho significa a maximização do potencial de desenvolvimento das novas tecnologias, melhoria no sistema público de transporte, redução da necessidade de investimento em estrutura pública de transporte, evolução expressiva da empregabilidade das pessoas com dificuldades de movimentação pela eliminação das barreiras de locomoção, maior agilidade nos ajustes dos arranjos produtivos pela facilidade de incorporação de mão de obra não local, redução do nível de emissão de poluentes, aumento da eficácia do consumo de energia, flexibilização da matriz energética.

Exemplo de tecnologia que agrega valor ao teletrabalho. As companhias virtuais precisam do compartilhamento de documentos, sistema de mensagens instantâneas, soluções de apresentações, aulas remotas e conferência. Por isto, a abordagem da estratégia deve ser holística, completa e integrada e as tecnologias físicas e sociais

Capítulo 21 ♦ Estudo de Casos de Retorno de Investimento em Tecnologia ♦ **423**

precisam estar presentes nas ferramentas de colaboração. Em geral, a utilização apenas do e-mail como instrumento do teletrabalho tem se mostrado insuficiente. Por isto, soluções como o IP Remote ganham importância.

A solução IP Remote permite o acesso seguro remoto a uma rede corporativa através de uma linha telefônica comum. O usuário terá, após a conexão e autenticação, todos os serviços de rede à sua disposição quando conectado localmente. Os componentes da solução são poucos e simples: servidor de certificação, modem, linha telefônica e aplicativos. Para estimar o potencial do teletrabalho de maximização das contas públicas foi elaborado em 2002 um projeto para a cidade de São Paulo, com foco apenas na eliminação dos desperdícios provocados pela queima inútil de combustível nos momentos de congestionamento e carros parados.

IMPACTO DO TELETRABALHO NA CIDADE DE SÃO PAULO - PROJETO DE 2002	
Cidade	São Paulo
Frota	Dois milhões de veículos particulares
Congestionamento médio	120 km/dia
Litro da gasolina	US$ 0,43
Consumo do congestionamento	2 litros de gasolina por carro
Custo do congestionamento	US$ 630 milhões por ano
Custo do investimento em vias públicas	US$ 100 milhões por ano
Custo de dispositivo antipoluição	US$ 130 milhões por ano
Custos diversos	US$ 30 milhões por ano
Custo total	US$ 890 milhões por ano
Investimento em centros de teletrabalho	US$ 500 milhões
Tempo para retorno do investimento	Sete meses

Capítulo 22 ◆ Terceirização da Infraestrutura de TI e Comunicações

Hardware as a Service (HaaS)

Computing as a Service (CaaS)

Platform as a Service (PaaS)

Computing as a Service (CaaS)

Recovery as a service (RaaS)

Já ouvimos falar de nuvens privadas, híbridas e turnkey. Agora, prepare--se para as voltadas a setores específicos. A ideia é fornecer tecnologia, processos de negócios e serviços exclusivamente adaptados às necessidades de uma vertical em particular. Já existem ofertas de nuvem para companhias aéreas e instituições financeiras. Analistas esperam o surgimento de outras opções no cardápio do mercado.

Fonte: *"A vez das nuvens setoriais, alinhadas às estratégias de negócios",* http://cio. uol.com.br/gestao/2011/11/09/a-vez-das-nuvens-setoriais-alinhadas-as-estrategias- -de-negocios/, *acessado em 01/12/2011.*

426 ◆ Governança da Nova TI: Revolução

A terceirização e os seus diversos modelos é um tema de destacada importância na governança avançada de tecnologia. Será apresentado a seguir um modelo genérico explicando o funcionamento do estratagema em função da estratégia, do custo, da qualidade, da capacidade, da atualização tecnológica, da disponibilidade, da tecnologia social etc.

Para a terceirização da infraestrutura dos ativos de tecnologia, a principal análise é a financeira, pois as soluções técnicas (interna e externa) são semelhantes. O fator crítico de sucesso é o gerenciamento. A avaliação de todos os riscos da terceirização é muito importante para a comparação dos resultados financeiros (antes e depois). Os três grandes desafios que as soluções técnicas deverão enfrentar são: disponibilidade, capacidade e atualização.

A manutenção preventiva e corretiva é o principal fator que afeta e impacta o custo da disponibilidade da infraestrutura de tecnologia. Devem ser entendidos como infraestrutura passível de terceirização o hardware e os sistemas operacionais dos servidores de aplicações, a infraestrutura de telecomunicações (rádio, estação satélite, central privada de programa armazenado, multiplexadores etc.), os componentes de rede fixa e móvel (roteadores, hubs, switches) etc.

A manutenção preventiva da infraestrutura consiste em atualização planejada e programada de softwares básicos (firmware), sistemas operacionais, soluções de proteção (lista de vírus, mecanismo operacional do antivírus, patches de atualização, backup e restore das informações) etc. As atividades de manutenção preventiva são em geral organizadas e programadas para que o impacto na disponibilidade seja mínimo. No entanto, existem casos em que as ações ocorrem de forma planejada e não programada.

A manutenção corretiva consiste na recuperação emergencial da infraestrutura de tecnologia de informações e comunicações com a troca de componentes de hardware (placas, chips, cabos, computadores etc.) ou de software (reinstalação de aplicativos, sistemas operacionais etc.). As atividades emergenciais são na sua essência não planejadas, por isto este tipo de manutenção tem alto impacto na disponibilidade.

No caso da manutenção preventiva, a terceirização não muda em nada o cenário de risco e impacto, pois sendo a solução interna ou externa, a manutenção terá que acontecer e gerará uma indisponibilidade planejada e organizada na infraestrutura de tecnologia. A grande vantagem da terceirização, neste caso, é o custo de preparação e aplicação das medidas. Por ser, no caso da terceirização, uma solução padronizada e compartilhada, o custo é diluído por um conjunto de empresas.

Portanto, na manutenção preventiva: (i) o custo da terceirização é menor em relação à internalização e (ii) os riscos e impactos da solução interna ou externa são muito parecidos (pode variar em termos de tipo e intensidade individual, mas o conjunto é equilibrado).

No caso da manutenção corretiva é preciso levar em conta que na terceirização existem componentes comuns para um conjunto de empresas e componentes individuais exclusivos para uma determinada empresa. A terceirização por característica de construção aplica soluções de redundância para os componentes compartilhados e por isso o custo deles (para nível de disponibilidade interna e externa igual) é francamente favorável à terceirização pelos ganhos de escala.

Para os componentes compartilhados, ou a terceirização tem disponibilidade maior, ou tem menor custo, ou, ainda, vantagens tanto em disponibilidade como em custo. É importante considerar que em praticamente todas as soluções de mercado existem componentes individuais que são específicos para uma determinada empresa. As empresas adotam na prática duas estratégias diferentes para eles. A primeira é a extensão da estratégia de redundância dos componentes compartilhados para os individuais, assegurando solução com alta disponibilidade. A segunda é assumir que a alta disponibilidade dos componentes compartilhados será perdida e a solução terá uma disponibilidade menor dada pelo elo mais frágil da cadeia.

Nos dois casos, o custo do nível de disponibilização dos componentes individuais será o mesmo para solução interna ou externa (para uma determinada empresa). É importante salientar que o custo não é dado apenas pela aquisição de componentes e soluções. Ele contempla o gerenciamento e operação (mão de obra, treinamento etc.).

Componentes Individuais com Alta Disponibilidade

A recuperação dos componentes defeituosos é, em geral, coberta por contratos de manutenção ou pela aquisição de componentes novos. A comparação das alternativas mostra que o custo de reposição de um componente é praticamente o mesmo nas soluções externa e interna. O custo do gerenciamento da reposição segue basicamente o mesmo caminho do estratagema de recuperação (custo por empresa no caso de terceirização). Em outras palavras, ele é neutro. A neutralidade é em grande parte consequência da redundância na infraestrutura que permite a manutenção corretiva com um nível mínimo de impacto na disponibilidade do serviço.

428 • Governança da Nova TI: Revolução

Componentes Individuais sem Alta Disponibilidade

Para o caso de ausência de redundâncias, é necessário adicionar ao custo da reposição e gerenciamento da recuperação o valor da produtividade perdida pela indisponibilidade do serviço de tecnologia. O custo da produtividade perdida é dado pela soma do preço da mão de obra (salário e encargos), valor agregado da produtividade do trabalho (em geral, entre 10 a 100 vezes o custo total da mão de obra), o lucro perdido pelos negócios não realizados em função da indisponibilidade e o desperdício provocado pela redundância operacional do negócio e pela falta de previsibilidade da disponibilidade do serviço.

Na situação de recuperação sem redundância, os fornecedores de terceirização com elevado capital intelectual e colaboração levam ampla vantagem em relação à solução interna. A vantagem competitiva é dada pelo ganho de escala do fornecedor em relação a: (i) efetividade do gerenciamento da manutenção corretiva e (ii) diagnóstico mais rápido e preciso do problema, (iii) reposição e recuperação mais ágil do componente.

Custo do Gerenciamento da Disponibilidade da Infraestrutura de Tecnologia

O custo do gerenciamento é dado pelo investimento e manutenção das ferramentas de controle, monitoração, alarmes etc. do gerenciamento da infraestrutura e pelo custo operacional da equipe de gerenciamento. Na comparação das soluções externa e interna, deve ser adotado um critério único, ou seja, 24 horas de gerenciamento por dia, oito horas por dia ou, ainda, uma alternativa intermediária. Tanto no caso da aquisição e manutenção das ferramentas de gerenciamento como no caso da operação das ferramentas de gerenciamento, os ganhos de escala conferem ao fornecedor terceirizado uma vantagem competitiva expressiva em relação à solução interna.

DISPONIBILIDADE	ATIVIDADES	INTERNO X EXTERNO
Manutenção preventiva	Atualização de firmware, sistemas operacionais, soluções de proteção (lista de vírus, mecanismo operacional do antivírus, patches de atualização, backup e restore das informações) etc.	Menor custo na solução de terceirização para a mesma disponibilidade

Manutenção corretiva dos componentes compartilhados	Redundância de solução e troca de componentes (gerenciamento, controle, operação, depreciação e CAPEX)	Menor custo na solução de terceirização para a mesma disponibilidade
Manutenção corretiva dos componentes individuais exclusivos	Redundância de solução e troca de componentes (gerenciamento, controle, operação, depreciação e CAPEX	Neutralidade de custos para a mesma disponibilidade
Gerenciamento da disponibilidade da infraestrutura de TIC	Investimento e manutenção em ferramentas de controle, monitoração, alarmes etc. do gerenciamento da infraestrutura e custo operacional da equipe de gerenciamento	Maior efetividade da solução externa em função dos ganhos de escala

A tabela mostra que, no caso da disponibilidade, a terceirização leva clara vantagem. No entanto, o que parece ser uma vitória certa pode não também não ser. Vamos avaliar a seguir o que acontece com a questão da capacidade da infraestrutura de tecnologia de informações e comunicações nos modelos interno e externo.

Capacidade da Infraestrutura

Por construção do modelo de negócio, a terceirização implica compartilhar equipamentos de performance e custo elevados com uma grande base de clientes e entregar uma determinada capacidade prometida. A entrega ofertada pelo fornecedor deve ser avaliada em relação à capacidade de processamento e tempo de resposta. Como a infraestrutura de processamento apresenta crescimento por saltos (não é linear), existe situação de equilíbrio apenas na extremidade superior de um determinado salto de crescimento. Nas situações intermediárias existem excessos de capacidade que estão em situação de ociosidade. A obrigação contratual do fornecedor, em conjunto com a característica de crescimento por saltos, provoca o efeito colateral de excesso de oferta de capacidade.

A capacidade ociosa implica repasse dos custos (investimento, operação, gerenciamento, CAPEX, depreciação etc.) desta ineficiência para os clientes. O repasse do desperdício em geral encarece a solução terceirizada e compartilhada em relação à alternativa individual exclusiva (pode ser adquirida sem ociosidade e perdas). O monitoramento, o controle e o gerenciamento da capacidade entregue são

430 • Governança da Nova TI: Revolução

atividades fundamentais no dia a dia da infraestrutura de tecnologia, seja ela interna ou externa. O nível de necessidade e uso dos recursos digitais e mão de obra para o controle da capacidade do ambiente é basicamente igual quando as soluções externa e interna são comparadas adequadamente. Logo, o gerenciamento e o monitoramento da capacidade entregue são fatores neutros.

Em termos de capacidade da infraestrutura, é preciso também avaliar a questão da capacidade futura. O custo do crescimento apresenta clara vantagem para a solução interna, pois sempre é possível comprar um sapato 43 para um pé 43. No caso da terceirização, o crescimento em saltos irá implicar capacidade ociosa na maioria dos casos. A arquitetura da solução de tecnologia pode minimizar o efeito no investimento no caso da terceirizaçao, mas terá como contrapartida o aumento do custo de gerenciamento e operação da capacidade, ou seja, quando é avaliado o custo total, a terceirização só equilibra o custo com a solução interna quando existe a rara situação de operação no limite da capacidade dos equipamentos. Pode ser argumentado que no lado interno também existe ociosidade. No entanto, como o custo do capital de investimento é muito menor, o desperdício por capacidade ociosa é bastante reduzido nas situações normais. O valor da ociosidade para solução interna só é significativo quando existem erros de dimensionamento da capacidade necessária.

Atualmente existem diversos especialistas no mercado nacional que podem facilmente determinar com precisão qual é a real necessidade de capacidade de tecnologia do negócio. Os custos da avaliação das tendências e da capacidade futura são praticamente os mesmos, quer a solução seja interna ou externa.

Custo do Gerenciamento da Capacidade da Infraestrutura de Tecnologia

> Em 2014, uma em cada três empresas de médio porte, com receitas anuais entre os 150 milhões e os 1.000 milhões de dólares, estará usando Recovery-as-a-service, segundo previsões do Gartner. Hoje, pouco mais de 1% das empresas de médio porte usa RaaS como parte das suas operações. O serviço, que permite a replicação de máquinas virtuais para um fornecedor de cloud, pode eliminar a necessidade de gastos da ordem de 100 mil dólares por ano com recuperação de desastres ("disaster recovery"), segundo a consultoria.

> Fonte: "Uso de recuperação-como-serviço começa a crescer, afirma o Gartner", http://cio.uol.com.br/gestao/2011/11/09/a-vez-das-nuvens-setoriais-alinhadas-as-estrategias-de-negocios/, acessado em 01/12/2011.

Capítulo 22 • Terceirização da Infraestrutura de TI e Comunicações • **431**

É de vital importância que a infraestrutura de tecnologia não seja um gargalo para o negócio, mas é igualmente importante que ela não seja um ônus pesado em função de ociosidade da capacidade disponível. A solução internalizada apresenta, neste caso, uma clara vantagem competitiva, pois a equipe interna conhece melhor o negócio e as estratégias futuras. Este conhecimento permite um gerenciamento da capacidade mais efetivo (melhor serviço e menor custo), pois o planejamento é mais robusto e as ações são mais ágeis. A equipe interna e o fornecedor da solução de terceirização têm acesso às mesmas informações formais do plano de negócio, histórico e curva de tendência da capacidade. No entanto, apenas a equipe interna tem acesso às informações não formais do negócio (bate-papo do café, elevador, corredor etc.). Esta vantagem de conhecimento permite que a solução interna antecipe o planejamento e tenha maior agilidade nas ações.

CAPACIDADE	ATIVIDADES	INTERNO X EXTERNO
Ociosidade	Investimento, operação, gerenciamento, CAPEX, depreciação etc.	Menor custo na solução interna pela menor ociosidade de recursos
Monitoração, controle e gerenciamento	Gerenciamento da necessidade e nível de uso dos recursos de tecnologia e mão de obra especializada	Neutralidade dos custos
Capacidade futura	Gestão do crescimento da capacidade de processamento entregue (investimento, operação, gerenciamento, CAPEX, depreciação etc.)	Menor custo na solução interna pela menor ociosidade de recursos
Custos da avaliação das tendências e capacidade futura	Gerenciamento dos custos para determinar (com precisão) a real necessidade da intensidade de tecnologia	Neutralidade dos custos
Gerenciamento da capacidade da infraestrutura de TIC	Gestão da capacidade futura da infraestrutura de tecnologia em função do negócio, histórico e tendências	Vantagem competitiva para a internalização da infraestrutura de tecnologia

432 • Governança da Nova TI: Revolução

Atualização da Infraestrutura

Até agora o jogo interno x externo está empatado em um a um. Vamos avaliar a seguir o que acontece com a questão da atualização da infraestrutura. A atualização está diretamente relacionada com o CAPEX (Capital Expenditure), ou seja, capital reservado para a reposição da infraestrutura. No caso da comparação solução interna x externa fica simples perceber que o CAPEX é um fator neutro, pois o seu impacto na internalização ou terceirização é exatamente o mesmo.

No caso da terceirização, ele estará embutido no preço e, no caso da internalização, estará presente no orçamento de despesas. No entanto, para que esta neutralidade exista na prática é preciso compensar o risco que existe na terceirização de o fornecedor não colocar no preço final o CAPEX e a empresa ficar a ver navios em relação à atualização. Por isso é importante que as propostas discriminem explicitamente o valor do CAPEX e que ele seja um dos critérios de avaliação da solução de terceirização.

Compensado o risco CAPEX, o empate volta à pauta. No entanto, ainda existe mais um risco que deve ser avaliado na terceirização. É preciso estar atento à questão da continuidade do negócio do fornecedor, que pode ter uma excelente performance no "request for invitation", mas é preciso avaliar a operação do dia a dia para assegurar que o desempenho proposto seja entregue na prática durante o prazo de vigência do contrato. Por isto, no processo de resposta do fornecedor é necessário exigir a apresentação de plano de negócio para os cinco anos seguintes. É preciso existirem as seguintes evidências de gestão:

1. Plano de negócio como base operacional
2. Demonstração pública de resultados
3. Política de investimentos
4. Ganhos de produtividade
5. Redução de custo e preço a médio e longo prazo pela maior produtividade e escala

Pela importância do plano de negócio na terceirização, será apresentado a seguir um modelo-exemplo:

MODELO DE PLANO DE NEGÓCIO

1. Termos de sigilo e confidencialidade
O leitor reconhece que as informações do plano de negócio são confidenciais e concorda em não revelar, copiar, etc., sem permissão formal, o conteúdo do plano.

2. Capa

A capa deve apresentar o logotipo da empresa e informações claras sobre o nome, endereço, telefone (DDI e DDD) da empresa e nome, cargo, endereço e telefone dos principais líderes do negócio.

3. Sumário

Índice do plano de negócio

Sumário executivo..02

Plano estratégico do negócio...03

Histórico da empresa.. 04

Descrição dos produtos e serviços..05

Análise estratégica do mercado..06

Plano estratégico de marketing..07

Planejamento financeiro...08

Anexos...09

Página 02

4. Sumário Executivo

Fundamentos do plano de forma resumida.

Página 03

5. Plano Estratégico do Negócio

Definição das metas e objetivos da empresa.

Página 04

6. Histórico da Empresa

Portfólio de produtos e serviços e informações relevantes do mercado.

Página 05

7. Descrição do portfólio de produtos e serviços

Descrição do portfólio de produtos e serviços, produção, insumos e recursos, ciclo de vida, tecnologia, política de pesquisa e desenvolvimento, principais clientes, marcas e patentes e nível de satisfação dos clientes.

434 • Governança da Nova TI: Revolução

Linha	Código	NOME	FASE ATUAL	OBSERVAÇÃO
1.				
2.				
3.				
4.				
5.				

8. Planejamento das Operações
Principais atividades do negócio, operações rotineiras e planta do local.

9. Planejamento da colaboração e conhecimento
Plano de desenvolvimento do conhecimento e colaboração e treinamento.

Página 06

10. Análise do mercado
Oportunidades e público-alvo.

Ambiente Externo

Oportunidades	Ameaças
1.	
2.	
3.	

Ambiente Interno

Pontos Fortes	Pontos Fracos
1.	
2.	
3.	

Capítulo 22 ◆ Terceirização da Infraestrutura de TI e Comunicações ◆ **435**

Página 07

11. Plano de Marketing

Explicações da escolha do mercado alvo e apresentação dos competidores, portfólio de produtos e serviços, estimativas de vendas e formas de entrega e pagamento.

Fornecedor	Empresa A	Empresa B	Empresa
Produtos oferecidos			
Qualidade dos produtos e serviços			
Participação no mercado			
Pontos fortes			
Pontos fracos			

Meta	Prazo
1.	
2.	

Concorrência Produto	CIA A	CIA B	Empresa	Menor preço de mercado (R$)
1.				
2.				
3.				

Previsão - Vendas (Ano 5)

(todos números em 000)

	2007	2008	2009	2010	2011
Outros	$0	$0	$0	$0	$0
Outros	$0	$0	$0	$0	$0
Outros	$0	$0	$0	$0	$0
Total Vendas	$0	$0	$0	$0	$0

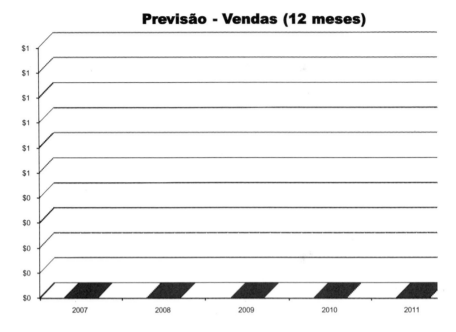

12. Planejamento Financeiro

Iniciativas e ações planejadas para o sucesso do negócio através de projeções de no mínimo três e no máximo cinco anos do capital necessário, fluxo de caixa, balanço, retorno de investimento, ponto de equilíbrio, demonstração de resultados, indicadores de performance, margem, payback e taxa interna de retorno.

Capitalização Inicial		
	R$	%
INVESTIMENTO PRÓPRIO		
Sócio	$0	0%
Sócio	$0	0%
Outro	$0	0%
Outro	$0	0%
Outro	$0	0%
Outro	$0	0%

EMPRÉSTIMO BANCÁRIO		
Banco 1	$0	0%
Banco 2	$0	0%
Outro	$0	0%
Outro	$0	0%
OUTROS EMPRÉSTIMOS		
Outro	$0	0%
Outro	$0	0%
Outro	$0	0%
TOTAL CAPITALIZADO	$0	0%
CAPITALIZAÇÃO EXCEDENTE (DÉFICIT)	$0	0%

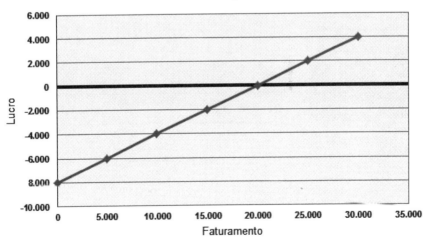

Lucros e Perdas

Entre os anos de 2007 e 2011

(todos os números em $000)

RECEITAS	2007	2008	2009	2010	2011
Vendas Brutas	$0	$0	$0	$0	$0
(-) Imposto de Vendas	$0	$0	$0	$0	$0
(-) Royalties	$0	$0	$0	$0	$0
Faturamento Líquido	$0	$0	$0	$0	$0
CUSTO DE VENDAS					
(-) Total Custo de Vendas	$0	$0	$0	$0	$0
Lucro Bruto	$0	$0	$0	$0	$0
DESPESAS OPERACIONAIS					
Vendas					
MOD	$0	$0	$0	$0	$0
Outros	$0	$0	$0	$0	$0
Outros	$0	$0	$0	$0	$0
Outros	$0	$0	$0	$0	$0
Outros	$0	$0	$0	$0	$0
Total de Despesas Operacionais	$0	$0	$0	$0	$0
Despesas Administrativas e Gerais					
Salários e Ordenados	$0	$0	$0	$0	$0
Benefícios	$0	$0	$0	$0	$0
Folha de Pagamento	$0	$0	$0	$0	$0
Seguro	$0	$0	$0	$0	$0
Aluguel	$0	$0	$0	$0	$0
Água, Luz, Telefone, etc.	$0	$0	$0	$0	$0
Depreciação e Amortização	$0	$0	$0	$0	$0
Suprimentos de Escritório	$0	$0	$0	$0	$0
Viagens e Representação	$0	$0	$0	$0	$0
Despesas Postais	$0	$0	$0	$0	$0
Juros	$0	$0	$0	$0	$0
Equipamentos e Móveis	$0	$0	$0	$0	$0
Total de Gastos Administrativos	$0	$0	$0	$0	$0
(-) Total de Despesas Operacionais	$0	$0	$0	$0	$0
Lucro Líquido (sem taxas)	$0	$0	$0	$0	$0
Imposto de Renda	0	0	0	0	0
Lucro Líquido (com taxas)	$0	$0	$0	$0	$0
Dividendos					
LUCRO	$0	$0	$0	$0	$0

Fluxo de Caixa

Entre os Anos de 2007 e 2011

(todos os números em $000)

	2007	2008	2009	2010	2011
Caixa Inicial	$0	$0	$0	$0	$0
Caixa Operacional	$0	$0	$0	$0	$0
Total de Caixa Disponível	$0	$0	$0	$0	$0
(-)					
Despesas de Capital	$0	$0	$0	$0	$0
Despesas Operacionais	$0	$0	$0	$0	$0
Juros	$0	$0	$0	$0	$0
Dividendos	$0	$0	$0	$0	$0
Resgate de Dívidas	$0	$0	$0	$0	$0
Outros	$0	$0	$0	$0	$0
Total	$0	$0	$0	$0	$0
Total Caixa	$0	$0	$0	$0	$0
(+)					
Empréstimo de curto prazo	$0	$0	$0	$0	$0
Empréstimo de longo prazo	$0	$0	$0	$0	$0
Emissão Cotas	$0	$0	$0	$0	$0
Total	$0	$0	$0	$0	$0
Total Final do Caixa	$0	$0	$0	$0	$0

Desempenho Financeiro

	2007	2008	2009	2010	2011

Liquidez
Coeficiente de Liquidez
Liquidez Imediata

Endividamento
Relação de Dívida
Grau de Endividamento
Indice de Cobertura de Juros

Eficiência
Giro do Estoque
Média de Recebimento
Giro Total

Lucratividade
Margem de Lucro
Retorno Sobre o Ativo
Retorno Sobre o Patrimônio

3. Pesquisa e Desenvolvimento

Situação do projeto dos produtos e serviços. Esforços em pesquisa e desenvolvimento demandados para finalizar o projeto. Previsão de entrega do projeto.

14. Gerenciamento

Competências e habilidades necessárias para gerenciar o negócio.

15. Riscos

Principais riscos do negócio.

16. Prazos

Tempo necessário para estabelecer o negócio.

Mês Atividade	01	02	03	04	05	06	07	08	09	10	11	12
1.												
2.												
3.												
4.												
5.												
6.												
7.												

Página 09

17. Anexos

Informações complementares, *curriculum vitae* dos sócios e líderes da empresa, resultado das pesquisas, catálogo de produtos e serviços, estatuto e contrato social etc.

Capítulo 22 ◆ Terceirização da Infraestrutura de TI e Comunicações ◆ **441**

Risco de Continuidade do Negócio

Com o plano de negócio, evidência de gestão organizada, demonstração pública de resultados, política de investimentos e ganhos de produtividade, o risco de continuidade do negócio é reduzido e o empate entre as soluções interna x externa é restabelecido. Existem custos para a gestão do fornecedor em termos de visitas, acompanhamento de performance, resultados etc., que poderiam levar ao pensamento de que o custo do gerenciamento da manutenção da atualização da infraestrutura de tecnologia (foco no gerenciamento da continuidade do negócio do fornecedor) é maior na terceirização.

Gerenciamento da Continuidade do Fornecedor de Terceirização

Provedores de cloud computing afirmam ser capazes de operar de modo mais seguro que clientes comuns. Dizem, ainda, haver um engano generalizado com relação à segurança de SaaS. Por trás da desconfiança dos clientes está o mistério que envolve as estratégias de segurança adotadas pelos provedores.

Fonte: "Segurança em SaaS: questões a considerar", http://cio.uol.com.br/tecnologia/2011/09/28/seguranca-em-saas-questoes-a-considerar/, *acessado em 01/12/2011.*

Portanto, o gerenciamento não se restringe aos recursos tecnológicos, mas também à gestão e ao planejamento que sai das quatro paredes dos provedores de serviços e chega até os profissionais "residentes" alocados com os clientes. Se bem realizado, todos ganham com o serviço de outsourcing, tanto a empresa provedora quanto as companhias, que visualizam os ganhos a partir da implementação e detalhamento dos projetos.

Fonte: "Outsourcing de impressão precisa investir em gestão e planejamento", http://cio.uol.com.br/opiniao/2011/09/26/outsourcing-de-impressao-precisa-investir-em-gestao-e-planejamento/, *acessado em 01/12/2011.*

Em vez do suporte self-service, as organizações fariam melhor se investissem em soluções de assistência remota, diz Chris Stephenson, co-fundador da empresa de consultoria de gestão Arryve.

Fonte: "Dez verdades que a TI deve aprender a aceitar", http://cio.uol.com.br/gestao/2011/09/06/dez-verdades-que-a-ti-deve-aprender-a-aceitar/, *acessado em 01/12/2011.*

442 ◆ Governança da Nova TI: Revolução

Avalie os fornecedores. Além das soluções oferecidas, deve-se analisar as condições de gerenciamento dos diferentes provedores desse tipo de oferta. De acordo com a consultoria, a escolha nunca deve levar em conta apenas o desempenho da solução no mercado.

Fonte: "Software como serviço: 4 cuidados para adotar a solução", http://computerworld.uol.com.br/gestao/2010/06/17/software-como-servico-4-cuidados-para-adotar-a-solucao/, *acessado em 01/12/11.*

CIO: Mas os fornecedores de serviços terceirizados já não estão se preparando para cloud computing? Sethi: Nos últimos dois anos, vimos uma série de empresas investindo na aquisição de toda a indumentária necessária para sobreviver a essa mudança e para criar um novo modelo de negócios para a indústria de outsourcing. Estou falando de hardware e de conectividade que possibilitam executar serviços de rede e de armazenamento. Também entram nessa relação softwares que possam ser posicionados em plataformas partilhadas no ambiente da nuvem. Isso demanda, no entanto, fôlego financeiro para implementar um modelo de cobrança baseado na demanda real. Esse é, na minha visão, o passo preliminar rumo ao que chamo de revolução no mercado de BPO e terceirização da TI, em geral.

Fonte: "Terceirização de TI está com os dias contados, prevê analista", http://computerworld.uol.com.br/gestao/2010/08/16/terceirizacao-de-ti-esta-com-os-dias-contados-preve-analista/, *acessado em 01/12/2011.*

O custo de gerenciamento da continuidade do fornecedor de terceirização tem como contrapartida a eliminação do gasto do gerenciamento da continuidade do fornecedor de solução de infraestrutura (durante o ciclo de vida da solução interna). Em geral, estes dois custos são semelhantes e o equilíbrio entre internalização e terceirização é mantido neste quesito.

Custo de Entrada e Saída do Uso da Infraestrutura do Fornecedor

A terceirização tem o inconveniente do custo de transição, ou seja, o custo de entrada e saída do uso da infraestrutura do fornecedor. No entanto, em um planejamento robusto de solução de cinco (ou três) anos, o custo de transição é bastante diluído e de impacto praticamente zero na comparação. Resumindo, o quesito custo de transição é basicamente neutro.

Capítulo 22 • Terceirização da Infraestrutura de TI e Comunicações • **443**

Facilidade Física, Colaboradores e Foco no Negócio

O próximo quesito de avaliação da manutenção da atualização é a facilidade física, colaboradores e foco no negócio (gerenciamento das facilidades e colaboradores). Ao comparar as soluções interna e externa sob a visão do gerenciamento das facilidades e colaboradores, é fácil perceber que no preço da terceirização estão presentes todas as despesas de instalações e infraestrutura (ar condicionado, IPTU, energia elétrica, água, limpeza, colaboradores, encargos sociais, gerenciamento dos colaboradores, facilidades e infraestrutura etc.) e existe forte semelhança com a alternativa interna.

Quando a análise leva em conta a questão do foco no negócio, pode-se imaginar que a terceirização apresenta vantagens, pois é eliminado o custo da gestão. No entanto, a necessidade de gerenciamento permanente da atualização (terceirização) é equilibrada com a eliminação da necessidade de gerenciamento da continuidade do datacenter, equipe de suporte e manutenção da infraestrutura, estoque de peças de reposição, espaço físico etc. da internalização. Exceto nas situações em que existam distorções graves, o equilíbrio deverá estar presente neste quesito.

Custo do Gerenciamento da Atualização da Infraestrutura de Tecnologia

A atualização da infraestrutura não pode estar apenas condicionada a uma nova solução ou a um novo equipamento disponível no mercado. Existem diversos testes de compatibilidade com o ambiente e o legado que devem ser realizados antes de ser planejada e realizada a atualização da infraestrutura. Neste quesito, a solução interna e externa acumulam diversas vantagens e desvantagens. O fornecedor da solução terceirizada tem a tendência de atualizar a infraestrutura em função da padronização e da continuidade da solução atual, ou seja, a atualização será em geral evolutiva. Esta característica do fornecedor oferece de um lado uma forte certeza do sucesso das atualizações e, do outro lado, uma limitação no escopo das soluções avaliadas. A limitação do escopo pode provocar uma estrutura de custos maior do que o necessário no longo prazo, pois as soluções de revolução foram deixadas de lado pelo fornecedor.

Solução Evolutiva

A solução interna tanto pode ser evolutiva como revolucionária. Se for evolutiva, ela perde para a solução externa em termos do custo unitário de avaliação da atualização (a solução externa tem elevado ganho de escala), mas ganha quando o foco é a estrutura dos custos de investimento e agilidade. No cenário solução interna

444 ◆ Governança da Nova TI: Revolução

é possível ter estrutura de custos de atualização maior que a média das outras soluções disponíveis e o custo final aderente ao negócio. O porte relativamente pequeno da infraestrutura permite combinar soluções e manter a estrutura de custo do investimento de atualização em um patamar bastante aceitável (investimento apenas ligeiramente acima do ponto ótimo da necessidade da empresa). Um dos fatores relevantes para a melhor estrutura de custos de investimento da internalização em relação à terceirização é o menor custo de saída da solução e troca de fornecedor. No caso da solução externa existe um custo bastante elevado para troca da solução técnica e do fornecedor (equipamentos) pela forte padronização do ambiente.

Solução Revolucionária

No caso da necessidade de uma solução revolucionária, a solução de infraestrutura externa tem a vantagem de menor custo unitário de avaliação das diversas soluções do mercado e a desvantagem de um custo de saída da solução técnica e fornecedor de equipamentos extremamente elevado em função do custo de gestão da base de clientes, padronização, transição e fornecedores.

ATUALIZAÇÃO	ATIVIDADES	INTERNO X EXTERNO
CAPEX	Capital reservado para a reposição da infraestrutura	Neutralidade dos custos
Continuidade do negócio do fornecedor	Operação do dia a dia	Neutralidade dos custos
Custo de transição	Custo de entrada e saída do uso da infraestrutura do fornecedor	Neutralidade dos custos
Facilidade física, colaboradores e foco no negócio	Custos do gerenciamento das facilidades e colaboradores	Neutralidade dos custos
Gerenciamento da atualização da infraestrutura de tecnologia	Atualização da infraestrutura em função da compatibilidade com o ambiente e legado	Depende da solução

A avaliação global mostra que existe equilíbrio entre terceirização e internalização. Aliás, este seria o resultado esperado da comparação, pois em um jogo genérico existe um natural equilíbrio de forças entre as duas soluções. O empate no jogo

Capítulo 22 ◆ Terceirização da Infraestrutura de TI e Comunicações ◆ **445**

genérico não significa equilíbrio em todas as situações do mercado. Existem casos específicos em que o peso de um quesito é muito maior do que os dos outros e, por isto, será o peso e a importância da disponibilidade, capacidade e atualização que decidirá o jogo para um lado ou para o outro.

A disputa genérica terceirização x internalização é basicamente um jogo de empate, porque cada um dos componentes presentes do lado vantagens tem como contrapartida um componente equivalente do lado desvantagens. Mesmo as questões triviais do dia a dia como faltas por doenças ou problemas pessoais, férias, atualização de conhecimentos dos colaboradores, comprometimento etc. apresentam equilíbrio (positivo e negativo) entre as duas alternativas. Quando o "request for proposal" exige a discriminação de cada um dos componentes do preço, fica bastante claro o empate. O risco que existe é o esquecimento do cumprimento da exigência do detalhamento e o comprador assumir algumas verdades que não existem na prática. O ideal é ter um processo de avaliação consistente e desqualificar os fornecedores que não responderam adequadamente às exigências da licitação.

Capítulo 23 ◆ Terceirização das Aplicações de TI e Comunicações

É aí onde entra o título do texto: a vasta maioria das empresas nacionais de software está perigosamente perto de se tornar commodity no mercado errado. Isso significa escrever linhas de código e software genérico, manter sistemas e serviços indiferenciados que, podendo estar em qualquer lugar do planeta graças à internet, irão para onde for mais barato, desde que haja um mínimo de confiança. Como os padrões de desenvolvimento, operação e gestão de TICs são globais, vai ser difícil ver tais coisas por aqui, face à nossa já mencionada falta de competitividade.

Fonte: MEIRA, S. *"Software pouco competitivo",* http://www1.folha.uol.com.br/fsp/mercado/me2909201128.htm, *01/11/2011.*

Quase todo negócio está no negócio de software (também) porque seus processos precisam ser codificados para serem executados e acompanhados. Isso é ainda mais verdade nas empresas distribuídas, onde o dono não vê, o tempo todo, o balcão e o caixa. A maior parte das empresas brasileiras de software está no negócio de, sob demanda, codificar outras empresas. E é daí que vem sua comoditização e diminuição de lucratividade recente. Mas essa nem é a ameaça principal.

Fonte: MEIRA, S. *"Software pouco competitivo",* http://www1.folha.uol.com.br/fsp/mercado/me2909201128.htm, *01/11/2011.*

As alternativas de terceirização das aplicações de TIC podem ser divididas em quatro grupos.

- Terceirização da implantação do aplicativo
- Terceirização do desenvolvimento da aplicação
- Aplicação como um serviço
- Terceirização da manutenção dos aplicativos

448 • Governança da Nova TI: Revolução

No caso da **terceirização da implantação do aplicativo,** existem vantagens e desvantagens. A maior especialização do fornecedor no aplicativo e a inteligência do mercado dos erros e acertos é, sem sombra de dúvida, uma vantagem importante e relevante. Os ganhos com a inteligência de mercado só ocorrem quando o fornecedor escolhido tem capital intelectual e colaboração efetiva. A principal desvantagem desta modalidade é o menor nível de conhecimento específico do negócio do fornecedor em relação ao nível da solução interna.

Existem casos de mercado em que o custo do conhecimento do negócio é tão elevado que viabiliza a especialização da equipe interna na aplicação sob o ponto de vista de implantação. A PNIPTI mostrou que cerca de 50% dos entrevistados já terceirizaram ou pretendem terceirizar a implantação das aplicações de TIC nas suas empresas. A **terceirização do desenvolvimento de aplicações** é uma alternativa claramente vantajosa para o cliente quando o fornecedor escolhido tem elevado capital intelectual e colaboração. Os ganhos de escala pela especialização do fornecedor reduzem custos, riscos, prazos, atrasos, erros, desperdícios, retrabalhos e aumentam consideravelmente a qualidade e a efetividade.

A PNIPTI mostrou que para 100% dos entrevistados as aplicações fazem parte da estratégia e operação do dia a dia do negócio, por isto o custo dos atrasos e erros do desenvolvimento das aplicações está diretamente relacionado com a perda de negócios, multas contratuais, aumento de despesas com redundâncias e ineficiências operacionais do negócio, menor produtividade, maior custo do estoque, menor giro dos investimentos, maior despesa com segurança e seguros, maior custo do gerenciamento etc. A pesquisa mostrou também que a lucratividade das empresas com maior efetividade operacional no desenvolvimento das aplicações (solução com pouco ou nenhum erro entregue dentro do prazo e custo acordado) é 37% superior à lucratividade das empresas com menor efetividade operacional no desenvolvimento das aplicações.

Em função da importância e do impacto das aplicações no negócio, é de vital relevância trabalhar com planejamento de médio e longo prazo com o fornecedor de desenvolvimento de aplicações. A empresa cliente deve sempre exigir do fornecedor certezas em relação à continuidade do negócio (plano de negócio robusto e consistente, evidências de gerenciamento com base no plano de negócio, demonstração pública de resultados, política de investimento e ganhos de produtividade). A continuidade do negócio do fornecedor é vital para o planejamento de médio e longo prazo do desenvolvimento das aplicações, mas é apenas condição necessária. Como condição suficiente é preciso que o fornecedor esteja comprometido com: (i) estratégia de

Capítulo 23 ◆ Terceirização das Aplicações de TI e Comunicaçõess ◆ **449**

melhoria contínua e (ii) controle, transparência e previsibilidade (CTP). Os parâmetros de custo, prazo e solução devem ser realistas e precisam ser executados conforme o acordado.

O produto entregue deve estar testado e isento de erros e falhas operacionais. Para ser considerado como uma entrega válida, o aplicativo deve ser aderente às especificações acordadas e aprovadas. No capítulo 4 do livro "Implementando um Escritório de Projetos", apresentei uma metodologia simples para medir e melhorar a performance dos projetos que pode ser utilizada como referência de critério de seleção de fornecedor. O resultado da melhoria contínua é o aumento da produtividade, previsibilidade, qualidade, redução dos custos, erros, retrabalhos, atrasos etc. A PNIPTI mostrou que as empresas que planejam o desenvolvimento de aplicações com visão de médio e longo prazo conquistam um resultado operacional 27% maior do que as que têm visão apenas de curto prazo.

Dentre as empresas que planejam o desenvolvimento das aplicações com visão de médio e longo prazo, cerca de 80% adotam como condição para a escolha do fornecedor o atendimento da questão continuidade do negócio e melhoria contínua. A **terceirização da aplicação como um serviço** ainda é um conceito bastante novo no Brasil. O Software as a Service (SaaS) basicamente disponibiliza aplicações com performance garantida, sem a necessidade de investimentos em infraestrutura de TIC, facilidades, implantações, licenças etc. O modelo SaaS pode ser realizado como um custo por demanda (função do uso), acesso (função da quantidade de acessos), hora (função quantidade de horas de uso) e contrato (função de contrato que define a quantidade de acessos, horas etc.). A grande virtude deste modelo é que ele elimina o custo de capital de curto prazo.

> *Para reforçar o posicionamento no setor de cloud computing, a Microsoft lança no Brasil o Office 365, que integra serviços de produtividade para empresas de todos os portes. A solução [toda em português] estará disponível a partir de hoje e inclui as últimas versões do Microsoft Office, do SharePoint Online, do Exchange Online, do Lync Online e do Office Professional Plus [para as grandes organizaçoes]. "O Office 365 é a forma mais fácil de migrar a infraestrutura de produtividade para a nuvem", diz Eduardo Campos, gerente-geral de Office para a Microsoft Brasil. De acordo com a companhia, as ferramentas incluem recursos como e-mail, correio de voz, rede social corporativa, mensagens instantâneas, portais web, extranets e videoconferência.*

450 • Governança da Nova TI: Revolução

> *Fonte: "Microsoft fortalece estratégia de cloud no País com Office 365",* http://computerworld.uol.com.br/tecnologia/2011/11/08/microsoft-fortalece-estrategia-de-nuvem-no-pais-com-office-365/, *acessado em 01/12/2011.*

No entanto, a eliminação do capital de curto prazo não significa que ocorrerá uma redução dos custos de tecnologia de informações e comunicações. O resultado final pode ser exatamente o oposto. Por isto é necessária uma boa dose de prudência na adoção do modelo. A grande desvantagem deste modelo de entrega de aplicações é a situação em que é necessária a integração do software com informações históricas ou com outros bancos de dados internos e externos. Neste caso, o custo total será a soma do SaaS e da integração e conexão dos bancos de dados. O custo da integração e conexão é a somatória de custos fixos e variáveis para integrar e conectar os bancos de dados com a aplicação. Existem situações em que a soma da integração e conexão com o SaaS é maior do que a aquisição da aplicação e solução interna ou externa da infraestrutura de tecnologia.

Neste cenário o SaaS perde a vantagem competitiva financeira, mas mantém a vantagem de agilidade e por isso ele pode ser utilizado como parte da estratégia de implantação e ser o piloto (ou primeira fase) do projeto pela velocidade e facilidade de tornar a aplicação disponível para os usuários. Ao usar o modelo como piloto (ou primeira fase) surgem novas vantagens, como menor custo de saída e risco. Na PNIPTI foi perguntado aos entrevistados qual fator é mais importante (e tem maior peso) para a empresa na escolha de um fornecedor de SaaS. Para 39% dos entrevistados, a credibilidade é o fator mais importante, para 27% o modelo de negócio tem maior peso e para outros 20% , o porte da empresa é o requisito de maior relevância.

Apesar de a maioria dos entrevistados (51%) conseguir apontar pelo menos um fornecedor de SaaS, apenas 42% dos que apontaram um fornecedor afirmaram que confiam e indicam este fornecedor para um amigo do seu grupo de relacionamento. Os resultados da pesquisa mostram que o mercado nacional ainda precisa amadurecer o modelo em torno dos principais requisitos das empresas e em relação à divulgação e exposição das soluções disponíveis no mercado. Para 73% dos entrevistados, a melhor forma de divulgar e expor as soluções e fornecedores são eventos especializados para o público corporativo.

As principais barreiras para que o SaaS vire realidade nas corporações são as questões de disponibilidade, tempo de resposta e mobilidade. Nas grandes corporações existe forte interesse em usar o modelo em aplicações isoladas da infraestrutura nas localidades com mais de um milhão de habitantes e nas aplicações com baixa

Capítulo 23 • Terceirização das Aplicações de TI e Comunicaçõess • **451**

integração com o BackOffice nas localidades de até 20 mil habitantes. Tipicamente, para as corporações, as aplicações de baixa integração envolvem uma atualização por dia e operação *off-line*. A preferência pelo modelo nas cidades com até 20 mil habitantes é consequência do elevado custo atual da infraestrutura e das dificuldades atuais nesta camada da solução de tecnologia em relação a:

- Gerenciamento
- Manutenção e atualização da infraestrutura e aplicações
- Performance da solução

Em resumo, a pesquisa mostrou o enorme potencial de mercado para o modelo SaaS, mas é preciso vencer as barreiras de credibilidade, modelo de negócio, porte e divulgação e endereçar as necessidades específicas do mercado consumidor de aplicações. O SaaS transfere para o fornecedor o gerenciamento da infraestrutura, aplicações e recursos humanos e gestão da necessidade de investimentos em aplicações, infraestrutura, facilidades etc. Por isso, é muito importante que ele conquiste ganhos expressivos de escala para reduzir o custo unitário das transações. Serão os ganhos de escala que tornarão o software como serviço uma solução economicamente viável.

A alta administração das corporações tem como principal preocupação (74% das respostas) a questão de que o SaaS pode nivelar o mercado de forma abrangente e igualar o modelo de negócio da empresa com o mercado (perda de vantagens competitivas duramente conquistadas). Fica claro, pela resposta dos executivos, que é preciso maior entendimento do modelo software como serviço e identificação de mecanismos que enderecem as preocupações do alto escalão das grandes empresas.

A maioria das pequenas empresas (85%) pretende utilizar o modelo como uma solução de tecnologia, desde que existam garantias de preços competitivos, configurações de uso *on demand* e clareza na segurança das informações. Estas empresas aceitam até pagar um pouco mais pelo serviço, caso a cobrança esteja diretamente ligada a uma venda de produto ou serviço final, ou seja, elas aceitam sacrificar parte do lucro em troca da não-necessidade de investir em tecnologia.

A **terceirização da manutenção dos aplicativos** é uma alternativa bastante desejada pelos departamentos de tecnologia das grandes corporações (aproximadamente 79% dos entrevistados procuram soluções nesta direção), pois elas têm despesas bastante elevadas e crescentes na manutenção e gerenciamento das aplicações mais antigas. A taxa de crescimento destas despesas está na ordem de 11% ao ano e elas estão consumindo cada vez mais recursos do orçamento de investimentos e despesas

452 • Governança da Nova TI: Revolução

(atualmente elas representam em média 19% dos orçamentos de investimentos e despesas).

O CIO cada vez mais busca liberar a sua equipe e recursos para inovações, mas ele encontra barreiras fortes na direção contrária. A demanda por atualização e manutenção das aplicações antigas aumenta cada dia mais. Em função do legado histórico, as alternativas de revolução para as aplicações antigas são de difícil realização. A pressão para evoluir as aplicações para o ambiente moderno é cada vez maior por parte dos usuários. Este segmento de tecnologia consome mão de obra especializada e cara e que em algum momento fica ociosa ou é mal aproveitada nas atividades rotineiras da empresa, segundo o depoimento dos CIOs. Para 89% deles, os ganhos de escala do fornecedor podem reduzir dramaticamente os custos de gerenciamento e manutenção das aplicações antigas. Conforme os entrevistados, apenas com a eliminação da ociosidade e aproveitamento inadequado é possível reduzir os custos em cerca de 20% .

No entanto, a resposta adequada ao mercado ainda exige diversos cuidados, pois os CIOs exigem que os fornecedores de terceirização da manutenção das aplicações antigas apresentem clareza em relação à continuidade no negócio, tenham capital intelectual e colaboração elevada, trabalhem com valores éticos superlativos devido ao valor das aplicações para o negócio, tenham nível elevado de maturidade de processos e soluções e sejam empresas de porte para ter ganhos reais de escala.

Capítulo 24 ◆ ITaaS e Request For Proposal

Request For Proposal

Na organização formato "IT as a Service" ferramentas de RFI (Request for Invitation) e Request for Proposal (RFP) ganham importância e abrangência. Pela crescente importância, necessidade e abrangência na governança avançada de TIC, a seguir é apresentado um exemplo de request for proposal.

Request For Proposal

Página 1:
REQUEST FOR A PROPOSAL

Para realizar teste de ataque e penetração nos gateways de Internet da Companhia Brasileira da Laranja.

Página 2:
Índice

1. Introdução	3
1.1. Definições e abreviações	3
1.2. Companhia Brasileira da Laranja	3
1.3. Plano estratégico de comunicações	3
1.4. Escopo da Request for Proposal	4
2. Estrutura do RFP	4
2.1. Condições para as respostas	4
2.1.1. Confidencialidade	4
2.1.2. Respostas	4
2.1.3. Perguntas	4
2.1.4. Condições para aceitação das respostas	5

454 ◆ Governança da Nova TI: Revolução

2.1.5. Critérios de seleção	5
2.2. Estrutura das respostas	5
3. Informações do fornecedor	5
3.1. Detalhes do fornecedor	5
3.2. Relacionamentos preferenciais	5
3.3. Equipe de projeto do fornecedor	6
3.4. Referências	6
3.5. Padrões e metodologias	6
4. Rede CBL	6
5. Requisitos CBL	6
5.1. Teste de ataque e penetração	7
5.1.1. Teste de Vulnerabilidade	7
5.1.2. Teste dos procedimentos de detecção de invasões	7
5.1.3. Denial of service	7
5.1.4. Teste de penetração	7
5.2. Entregas	7
5.3. Transferência de conhecimento	8
5.4. Garantia	8
5.5. Aceitação	8
5.6. Gerenciamento do projeto	9
5.7. Documentação	9
5.8. Qualidade	9
5.9. Acompanhamento	9
6. Estimativa de custos	9
7. Matriz de aderência	9
8. Anexo 1 - Escritórios com acesso pela internet pública	10
9. Anexo 2 - Portas SMTP	10

Página 3:
1. Introdução

1.1. Definições e abreviações
CBC = Companhia Brasileira de Comunicações
CBL = Companhia Brasileira da Laranja
CISA = Certified information systems auditor
CISSP = Certified information systems security professional
IP = Internet protocol
ISDN = Integrated services digital network
ISP = Internet service provider

IT = Information technology
LAN = Local area network
PSTN = Public switched telephone network
QoS = Quality of service
RFP = Request for proposal
SLA = Service level agreement
SMTP = Simple message transfer protocol
TCP = Transmission control protocol
WAN = Wide area network

1.2. Companhia Brasileira da Laranja

A Companhia Brasileira da Laranja S.A. é uma organização internacional controlada pela sua sede em Nova York, Companhia Brasileira da Laranja Corp. A CBL pertence à família Orange desde a sua fundação, em 1936, e as atividades principais consistem no processamento da laranja, na negociação e na comercialização de *commodities* agrícolas. No último balanço, apresentou uma receita bruta anual acima de US$ 27 bilhões. A CBL também está envolvida com o gerenciamento de navios e no desenvolvimento e operação da infraestrutura de tecnologia para o agronegócio. A corporação está presente em mais de 47 países. Os principais escritórios da organização estão localizados na Argentina, no Brasil, na China, nos Estados Unidos, na França e na Inglaterra.

1.3. Plano estratégico de comunicações

O grupo começou em 1936, usando o telex para conectar os diversos escritórios da organização e atualmente utiliza linhas privadas, MPLS, Frame Relay, PSTN e ISDN para comunicação de voz e dados. Entretanto, as comunicações através do correio eletrônico aumentaram muito e hoje em dia demandam uma enorme quantidade de servidores de acesso IP.

Página 4:
O projeto da intranet foi executado com sucesso em 2002 e as informações do negócio foram consolidadas através da WAN gerenciada pela Companhia Brasileira de Comunicações. Os principais objetivos deste projeto foram:

- Aumentar a velocidade e facilidades das comunicações
- Melhorar a monitoração e controle das comunicações
- Reduzir o custo das comunicações

456 • Governança da Nova TI: Revolução

- Aumentar a confiabilidade e previsibilidade da rede
- Melhorar o planejamento da capacidade futura da rede

A rede de comunicações abrange cerca de 50 escritórios espalhados pelo mundo, com um volume intenso de dados transferidos através das tecnologias IP, Frame Relay e MPLS. A interconexão dos escritórios aumentou os riscos em relação à segurança das informações em termos de acesso não autorizado à rede CBL, pois a atual estrutura de comunicações permite maior facilidade (em relação à situação anterior) para um intruso navegar de escritório a escritório. Em função destas novas facilidades e fragilidades, a CBL está procurando identificar um fornecedor com forte experiência e domínio na segurança das informações, para realizar um teste externo de ataque e penetração de acesso à rede da organização.

1.4. Escopo do Request for Proposal

O RFP abrange teste de ataque e penetração nos pontos de acesso de internet especificados (os detalhes serão fornecidos pela equipe interna da CBL). O fornecedor escolhido será responsável por toda a operação, que inclui a metodologia, escolha de ferramentas de trabalho (proprietárias ou de mercado), transferência do conhecimento para os especialistas de segurança da CBL para que eles possam conduzir testes de invasão externa nos pontos de acesso pela nternet no futuro. O gerente do projeto atuará em colaboração com o coordenador responsável da CBL.

2. Estrutura do RFP

2.1. Condições para as respostas
2.1.1. Confidencialidade

Esta RFP será enviada para um número limitado de fornecedores, acompanhado de um termo de sigilo que define as condições de confidencialidade das informações trocadas entre a CBL e o fornecedor. O fornecedor deve completar e retornar o termo de sigilo assinado, caso ele deseje responder a RFP. Caso ele não concorde com o termo de sigilo, ele deverá enviar os documentos para o endereço a seguir.

Página 5:
2.1.2. Respostas

O fornecedor deverá entregar a RFP respondida até às 16 horas de sexta-feira, do dia 28 de março de 2008, no seguinte endereço:

Capítulo 24 ◆ ITaaS e Request For Proposal ◆ **457**

Companhia Brasileira da Laranja
Avenida da Laranja, 2487
73704 São Paulo, São Paulo

Os envelopes com as respostas da RFP em três vias em inglês devem ser endereçados ao J.J. Silva Neto.

2.1.3. Perguntas

As perguntas devem ser feitas por escrito para o J.J. Silva Neto por e-mail para rfpcbl@cbl.com.br ou por fax para +(55) 11 4444 4444. Todas as perguntas e respostas serão enviadas para todos os fornecedores.

2.1.4. Condições para aceitação das respostas

As propostas recebidas depois do prazo final não serão aceitas. A CBL responderá dentro de um mês do prazo final. Caso o fornecedor não receba a resposta nesse período, significa que a sua proposta não foi aceita. A CBL tem o absoluto direito de recusar uma proposta por razões e motivos internos da empresa. Os critérios da seleção listados no item 2.1.5 buscam ajudar o fornecedor com as respostas. A CBL não tem obrigação de aceitar quaisquer das propostas apresentadas. A aceitação de uma proposta não impede a sua rejeição no futuro e não constitui um contrato entre a CBL e o fornecedor. A CBL não pode ser responsabilizada por recusar uma proposta de um fornecedor e o fornecedor não pode contatar ou estabelecer ações legais contra a CBL em função da recusa, ou ainda solicitar indenizações financeiras ou de outra forma pela recusa da proposta. A proposta aceita estará automaticamente incluída no contrato estabelecido entre a CBL e o fornecedor.

2.1.5. Critérios de Seleção

Os principais critérios da seleção são:

- Aderência aos requisitos da CBL
- Proposta de custo da solução
- Credibilidade dos fornecedores (referências, metodologias)
- Competência dos especialistas
- Compromisso com as datas das entregas
- Compromisso com a transferência de conhecimento para especialista de segurança da CBL

458 • Governança da Nova TI: Revolução

Página 6:
2.2. Estrutura das respostas

O fornecedor deve seguir a apresentação do RFP e responder com os mesmos números dos itens de referência dos parágrafos. As informações adicionais devem ser disponibilizadas em anexos.

3. Informações do fornecedor
3.1. Detalhes do fornecedor

Forneça as seguintes informações:

Nome da empresa
Tamanho da organização (*turnover* nos últimos três anos por país)
Descrição dos acionistas
Atividade por setor (*turnover* por setor)
Gráfico da estrutura geral da organização
Gráfico da estrutura da organização em relação à RFP

3.2. Relacionamentos Preferenciais

O fornecedor deve indicar claramente os relacionamentos que ele tem com outros fornecedores (por exemplo, de software e hardware) e como pode assegurar que estes relacionamentos não serão utilizados para influenciar as recomendações.

3.3. Equipe de projeto do fornecedor

Forneça os currículos dos especialistas que trabalharão no projeto, incluindo:

- A distribuição das atividades e responsabilidades
- O nível educacional
- As competências, incluindo as certificações
- As referências de trabalhos executados em projetos semelhantes
- Os artigos e publicações
- O tempo de trabalho que eles têm com o fornecedor

3.4. Referências

Forneça informações de trabalhos semelhantes realizados em clientes de tamanho e estrutura de rede parecida com a CBL. Informe nomes e contatos dos clientes.

3.5. Padrões e Metodologias

A preferência será dada ao fornecedor que usar padrões e metodologias de segurança reconhecidas pelo mercado, como por exemplo:

- Critérios Comuns (Instituto nacional de normas e padrões)
- Padrão de segurança ISO 17799
- CISSP
- CISA

Página 7:
4. Rede CBL

A rede de comunicações abrange 52 escritórios em cinco continentes. A Companhia Brasileira de Comunicações gerencia a WAN. A rede é convergente em voz e dados nos protocolos MPLS, Frame Relay e TCP/IP. A CBL definiu quatro escritórios como principais. Estes escritórios têm equipes de TIC competentes e treinadas e as comunicações com os outros escritórios são "roteadas" através dos escritórios principais:

- Rotterdam para a Europa
- São Paulo para América do Sul
- Pequim para Ásia e Oceania
- Nova York para os Estados Unidos

Cada escritório principal tem acesso seguro de internet e Porta SMTP. O objetivo do trabalho é testar a segurança de cada um dos acessos seguros de internet, pois os escritórios de menor porte usam os escritórios principais como porta de acesso para a internet e e-mail. Na rede WAN existem diversas aplicações como correio eletrônico (Lotus Notes), ERP (SAP), aplicações cliente-servidor desenvolvidas pela CBL e intranet.

460 • Governança da Nova TI: Revolução

5. Requisitos CBL

Como já foi definido, o objetivo do trabalho é eliminar as vulnerabilidades da CBL WAN. Para tanto, é necessário:
- Identificar as vulnerabilidades
- Determinar o grau de risco
- Explicar para a equipe da CBL como eliminar as vulnerabilidades
- Fazer recomendações para melhorar a segurança da CBL WAN

Pontos de acesso internet

Existem atualmente quatro escritórios com acesso externo pela internet pública na CBL WAN (veja o anexo 1 para detalhes). A CBL fornecerá os nomes dos domínios e endereços IP ao vencedor da RFP. A CBL tem três tipos diferentes para conexão pela Internet:

- Acesso pelo site público, por exemplo: www.cbl.com.br
- Acesso como usuário remoto da CBL WAN, através da rede MPLS da CBC
- Portas SMTP dos ISP

5.1. Teste de ataque e penetração

O objetivo do teste de segurança é avaliar as soluções atuais de segurança e descobrir vulnerabilidades da rede da corporação, tendo a internet pública como porta de entrada para impedir ataques e acesso não autorizado à CBL WAN. O fornecedor descreverá as ferramentas (podem ser proprietárias ou de mercado) que usará para atacar a CBL.

5.1.1. Teste de Vulnerabilidade

O fornecedor deve descrever como ele pretende testar 400 ou mais tipos de vulnerabilidades.

Página 8:
5.1.2. Teste dos procedimentos de detecção de invasões

O fornecedor deve avaliar a efetividade dos procedimentos de detecção de invasões da CBL. A avaliação envolve testes automatizados ou manuais para determinar se a CBL consegue detectar os ataques. O fornecedor deve descrever quais testes ele pretende executar.

5.1.3. Denial of service

O fornecedor deve descrever como irá realizar teste de *denial of service* para verificar se a CBL tem algum tipo de proteção contra este tipo de ataque sem tornar o serviço indisponível.

5.1.4. Teste de penetração

O fornecedor deve descrever como ele entrará na rede CBL e como ele irá provar que entrou na rede. Como exemplo, o fornecedor pode inserir uma assinatura não intrusiva ou "roubar" alguma informação confidencial previamente acordada pelas partes.

5.2. Entregas

O fornecedor deverá descrever em detalhes o relatório que será fornecido na conclusão dos trabalhos. A CBL não quer um relatório de 300 páginas e 30.000 vulnerabilidades. O relatório deve incluir um resumo executivo, detalhes dos resultados de cada uma das atividades descritas no item 5. As vulnerabilidades devem ser categorizadas por ordem de importância (por exemplo, escala de 1 a 5).

O fornecedor deverá fornecer por escrito as recomendações sobre como melhorar a segurança da CBL WAN. A corporação busca soluções para resolver problemas de segurança, não um guia de referência rápido.

5.3. Transferência de conhecimento

O fornecedor deve descrever como ele pretende transferir o conhecimento para os especialistas de segurança da CBL, que estão localizados em Rotterdam, São Paulo, Pequim e Nova York.

5.4. Garantia

O fornecedor deve descrever as garantias da eficiência e eficácia dos trabalhos realizados, por exemplo, caso ocorra um acesso não autorizado em um escritório validado pelo fornecedor durante os testes. Quais responsabilidades o fornecedor aceita (caso aceite alguma responsabilidade) sobre os danos ocorridos do acesso não autorizado.)

5.5. Aceitação

O fornecedor deve providenciar um plano de testes de aceitação que será a base para a CBL aceitar os trabalhos realizados.

Página 9:
5.6. Gerenciamento do projeto

O fornecedor deve descrever como ele irá gerenciar o projeto para assegurar que a CBL e ele executarão os trabalhos conforme o contrato assinado.

5.7. Documentação

O fornecedor deve descrever a documentação técnica e de procedimentos que será fornecida para a CBL.

5.8. Qualidade

O fornecedor deve descrever os seus procedimentos de qualidade e aderência aos padrões públicos.

5.9. Acompanhamento

O fornecedor deve descrever como ele irá recomendar acompanhamentos deste projeto para assegurar que os escritórios testados permaneçam seguros ao longo do tempo.

6. Estimativa de custos

O fornecedor deve fornecer detalhes de todos os custos envolvidos em USD. Nos detalhes dos cálculos também devem ser incluídos, por exemplo, a projeção do número de horas ou dias por teste de escritório. O fornecedor deve indicar o valor adicional (se existir), caso a estimativa por escritório seja maior que o previsto no contrato.

7. Matriz de aderência

A matriz de aderência a seguir deve ser completada para fornecer um resumo da aderência da solução proposta com os requisitos da CBL. A não-aderência em determinados itens não irá desclassificar o fornecedor.

Ref	Descrição do item	Aderente		Observações
		Sim	Não	
3.1	Detalhes do fornecedor			
3.2	Relacionamentos Preferenciais			
3.3	CVs dos especialistas			
3.4	Referências			
3.5	Padrões e Metodologias			
5.1	Teste de ataque e penetração			
5.1.1	Teste de vulnerabilidade			
5.1.2	Teste dos procedimentos de detecção de invasões			
5.1.3	Denial of service			
5.1.4	Teste de penetração			
5.2	Entregas			
5.3	Transferência de conhecimento			
54	Garantia			
5.5	Aceitação			
5.6	Gerenciamento do projeto			
5.7	Documentação			
5.8	Qualidade			
5.9	Acompanhamento			
6	Estimativa de custos			
	Custo em USD			
	Homens-dia			
	Homens-dia por escritório			

464 • Governança da Nova TI: Revolução

Página 10:
8. Anexo 1 – Escritórios com acesso pela internet pública

Escritório	Domínio (será fornecido ao vencedor)	ISP	Endereço IP (será fornecido ao vencedor)	Comentários
Rotterdam		www.cbc.com		
São Paulo		www.cbc.com		
Pequim		www.cbc.com		
Nova York		www.cbc.com		

Total: 04 escritórios da CBL WAN para serem testados.

9. Anexo 2 – Portas SMTP

Escritório	Domínio (será fornecido ao vencedor)	ISP	Endereço IP (será fornecido ao vencedor)	Comentários
Rotterdam				
São Paulo				
Pequim				
Nova York				

Total: 04 Portas SMTP para serem testadas.

EXEMPLO DE MODELO DE AVALIAÇÃO DA RFC

Critério de Seleção		Fornecedor 1		Fornecedor 2	
0 = não respondeu 5 = respondeu perfeitamente		Avaliação	Avaliação ajustada	Avaliação	Avaliação ajustada
	Peso				

Capítulo 24 ◆ ITaaS e Request For Proposal ◆ **465**

2. Respeito procedimento					
- Telefonemas	1				
- Perguntas	1				
- Acordo de sigilo	5				
- RFP por e-mail na hora	5				
- RFP pelo correio na hora	5				
- Estrutura de respostas	3				
3. Informações do fornecedor					
- Detalhes do fornecedor	1				
- Relacionamentos preferenciais	1				
- Currículos	5				
- Referências	3				
- Padrões e Metodologias	1				
5. Requisitos da CBL					
5.1.1 Vulnerabilidades, DOS	5				
5.1.2 Teste de penetração	5				
5.2 Entregas					
- Exemplo de relatório	2				
5.2.1 Relatório executivo	2				
5.2.2 Vulnerabilidades	2				
5.2.3 Denial of service	2				
5.2.4 Recomendações	2				
5.2.5 Acompanhamentos	2				

466 ♦ Governança da Nova TI: Revolução

5.3 Transferência de conhecimento	5				
5.4 Garantia	2				
5.5 Gerenciamento do projeto	4				
5.6 Documentação	2				
5.7 Qualidade	2				
Plano de Implantação	2				
6. Estimativa de custos					
- Estimativa	10				
- Tolerância	2				
- Detalhes	2				
- Custo de novos escritórios	4				
- Testes de acompanhamento	3				
7. Matriz de aderência	3				
	94				
Total	470				
%					
6. Estimativa de custos USD					
- Vulnerabilidade + DOS					
- Teste de penetração					
- Fase 1: Teste Remoto					
- Fase 2: DOS					
: Teste penetração					

Capítulo 24 ♦ ITaaS e Request For Proposal ♦ 467

Total					
- Tolerância					
- Despesas					
- Detalhes					
- Custo de novo escritório					
- Teste de acompanhamento					
- Total de homens-dia					

As Figuras 22.1 e 22.2 a seguir mostram que o uso de ferramentas como RFI e RFP é muito mais intenso nas empresas com governança avançada de TIC do que nas organizações com governança não avançada de TI

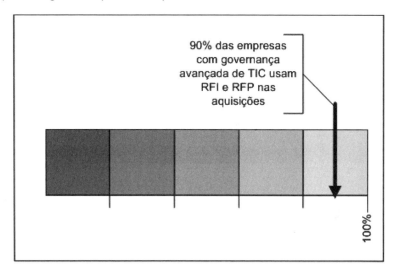

Figura 22.1 *Uso de RFI e RFP nas empresas com governança avançada de TIC.*

468 • Governança da Nova TI: Revolução

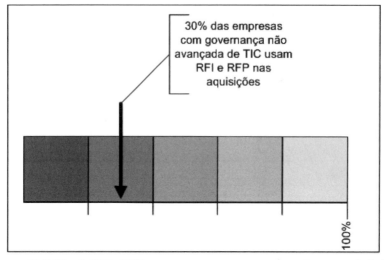

Figura 22.2 *Uso de RFI e RFP nas empresas com governança não avançada de TIC.*

Bibliografia

AGUIAR, S., WERKEMA, C. Análise de Regressão: Como Entender o Relacionamento entre as Variáveis de um Processo. Belo Horizonte: Werkema, 2006.

AGUIAR, S., WERKEMA, C. Otimização Estatística de Processos: Como Determinar a Condição de Operação de um Processo que Leva ao Alcance de uma Meta de Melhoria. Belo Horizonte: Werkema, 1996.

AGUIAR, S., WERKEMA, C. Planejamento e Análise de Experimentos: Como Identificar as Principais Variáveis Influentes em um Processo. Belo Horizonte: Werkema, 1996.

AGUREEN, S., EDGREN, J. New Factories: Job Design through Factory Planning in Sweden. Stockholm: SAF, 1980.

AHERN, D. M. CMMI Distilled: Practical Introduction to Integrated Process Improvement. Boston: Addison Wesley, 2005.

AHERN, D. M., ARMSTRONG, J. CMMI Scampi Distilled: Appraisals For Process Improvement. Boston: Addison Wesley, 2005.

ALMEIDA, A.C. A Cabeça do Brasileiro. Rio de Janeiro: Record, 2007.

ANSOFF, H I. Corporate Strategy. New York: McGraw Hill, 1965.

ANSOFF, H. I., DECLERCK R. P., do Planejamento Estratégico à Administração Estratégica. São Paulo: Atlas, 1990.

ANSOFF, R. L. Estratégia. Empresarial. São Paulo: McGraw Hill, 1977.

ANSOFF, R. L., MCDONNELL, E. J. Implantando a Administração Estratégica. São Paulo: Atlas, 1992.

APPLEGATE, L. M., MCFARLAN, F.W., MCKENNEY, J.L. Corporate Information Systems Management. Irwin, 1996.

ARCHIBALD, R. D. Managing High-Technology Programs and Projects. New York: John Wiley & Sons, 2003.

BASIL, D.C., COCK, C.W. O Empresário diante das Transformações Sociais, Econômicas, Tecnológicas. São Paulo: McGraw Hill, 1987.

BASTOS *et alii*. Manual para a Elaboração de Projetos e Relatórios de Pesquisa,

470 ◆ Governança da Nova TI: Revolução

Teses, Dissertações e Monografias. São Paulo: LTC, 1995.

BEER, M. Managing Change and Transition. Rio de Janeiro: Record, 2002.

BERNSTEIN, S. Project Offices in Practice. Project Management Journal, dec./2000.

BLOCK, T. R. e FRAME, J. D. The Project Office – A Key to Managing Projects Effectively. New York: Crisp Publications, 1998.

BOAR, B.H. The Art of Strategic Planning for Information Technology. New York: John Wiley Prof.

BOSTON CONSULTING GROUP. Perspectives on Experience BCG Boston, 1972.

BOULDIN, B. M. Agentes de Mudança: Gerenciando Novas Ferramentas para a Automatização do Processo de Desenvolvimento de Sistemas. São Paulo:McGraw Hill, 1993.

BOWDITCH, J. L., BUONO, A. F. Elementos de Comportamento Organizacional. São Paulo: Pioneira, 1992.

BRUE, G. e HOWES, R. The McGraw-Hill 36-Hour Course Six Sigma. New York: McGraw Hill, 2006.

BRUE, G. e LAUNSBY, E.G. Design for Six Sigma. New York: McGraw Hill, 2003.

CALLADO, A.A.C. Agronegócio. São Paulo: Atlas, 2006.

CAMPOS, S.M. Desvendando o MINITAB. Rio de Janeiro: Qualitymark, 2003.

CARR, N. G. É o Fim dos Executivos de TI? Info Corporate nº 12 set./ 2004.

CAVANAGH, R., NEUMAN, R., PANDE, P. Estratégia Seis Sigma. Rio de Janeiro: Qualitymark, 2007.

CHIAVENATO, I. Teoria Geral da Administração. São Paulo: McGraw Hill, 1979.

CHRISSIS, M. B., KONRAD, M., SHRUM, S. CMMI. Guidelines for Process Integration and Product Improvement. Boston: Addison Wesley, 2003.

CIO. Um novo ciclo de carreira para os CIOs. CIO, 05/06/2008.

CIO. Hora de ajustar o ROI ao negócio. CIO, 05/06/2008.

CIO. Operação de guerra. CIO, nov./dez. 2008, p. 24-27.

CLELAND, D. I. e IRELAND, L. R. Gerência de Projetos. Rio de Janeiro: Reichmann & Affonso, 2002.

COHEN, R. Implantação de Help Desk e Service Desk. Novatec, 2008.

COLLINS, J., PORRAS, J. Built to Last: Successful Habits of Visionary Companies. New York: Harper Business, 1997.

COMPUTERWORLD 490. Dez Previsões do Gartner para a TI até 2012. 2008.

COMPUTERWORLD 493. Energia: a realidade do custo nos data centers. 2008.

COMPUTERWORLD 494. TI Verde na Prática. 2008.

COMPUTERWORLD 495. Dell Estimula cCiação de Ecossistema Corporativo Verde. 2008.

COMPUTERWORLD 495. O Valor das Informações. 2008.

COMPUTERWORLD 497. Desperdício. 2008.

COMPUTERWORLD 499. Seu Próximo Data Center. 2008.

COMPUTERWORLD 500. Gestor de TI Verde: O Itaú tem. 2008.

COMPUTERWORLD 502. A TI Percebe os Benefícios da Computação Verde. 2008.

COMPUTERWORLD 503. Quebra de Paradigma. 2008.

COMPUTERWORLD 503. Tempo Sujeito a Chuvas e Trovoadas. 2008.

COMPUTERWORLD 503. Comunicação Unificada e Própria. 2008.

COMPUTERWORLD. Governança de TI? O que Ela (Não) Faz por Você. 2007.

COMPUTERWORLD. Sustentabilidade na Prática. 2008.

COMPUTERWORLD. Iniciativa Verde. 2008.

COMPUTERWORLD. Orquestrando Softwares e Qualidade. 2008.

COMPUTERWORLD. Data Centers Preparam-se Para Nova Onda. 2008.

CORADI, C. D. O Comportamento Humano em Administração de Empresas. São Paulo: Pioneira, 1986.

CORTADA, J.W. Best Pratices in Information Technology: How Corporations Get the Most Value from Exploiting their Digital Investments. Prentice Hall, 1998.

CRAMM, S. Coisas que Odeio em TI: um Guia Para Quem não Aguenta Mais Sistema Fora do Ar. São Paulço: Saraiva, 2011.

CRAWFORD, J.K. The Strategic Project Office - A Guide to Improve Organizational Performance. New York: Marcel Dekker, 2002.

CROSBY, P.B. Qualidade e Investimento. Rio de Janeiro: José Olympio, 1979.

CROSBY, P.B. Qualidade: Falando Sério. São Paulo: McGraw Hill, 1990.

CROSBY, P.B. Integração: Qualidade e Recursos Humanos para os Anos 2000. São Paulo: McGraw Hill, 1993.

DAVENPORT, T.H. Reengenharia de Processos. Rio de Janeiro: Campus, 1994.

DELL, M. O Novo Empreendedor. HSM Management, aug./1998.

DEMING, E.W. Qualidade: a Revolução da Administração. São Paulo: Saraiva, 1990.

DINSMORE, P.C. e SILVEIRA NETO, F.H. Gerenciamento de Projetos - Como Gerenciar seu Projeto com Qualidade, Dentro do Prazo e Custos Previstos. Rio de Janeiro: Qualitymark, 2004.

DRUCKER, P.F. As Fronteiras da Administração: Onde as Decisões do Amanhã Estão Sendo Determinadas Hoje. São Paulo: Pioneira, 1989.

ECKES, G. A Revolução Seis Sigma. São Paulo: Campus/Elsevier, 2001.

EMERY, J.C. Sistemas de Planejamento e Controle Organizacional. Rio de Janeiro: Interciência,, 1980.

472 • Governança da Nova TI: Revolução

ENGLUND, R. L. ,GRAHAM, R. J. e DINSMORE, P. C. Creating the Project Office - A Manager's Guide to Leading Organizational Change. New York: Jossey-Bass, 2003.

ESTY, D.C., WINSTON, A.S. O Verde que Vale Ouro. Rio de Janeiro: Campus, 2008.

EUREKA, W. E., RYAN, N. E. The Customer-driven Company: Managerial Perspectives on QFD ASI. Press Michigan, 1988.

FREITAS, M. E. Cultura Organizacional: Formação, Tipologias e Impacto. São Paulo: McGraw Hill, 1991.

FURLAN, J.D. Como Elaborar e Implementar Planejamento Estratégico de Sistemas de Informação. São Paulo: -Makron Books, 1991.

GAJ, L. Tornando a Administração Estratégica Possível. São Paulo: McGraw Hill, 1990.

GANDOLPHO, C. Muito Além da TI verde. Infocorporate, mar./2008.

GEORGE GROUP. Green Belt Lean Six Sigma Documentation.

GEORGE, M.L., ROWLANDS, D., PRICE, M., MAXEY J. The Lean Six Sigma. Pocket George Group, 2005.

GEORGE, M.L. Combining Six Sigma Quality with the Lean Speed. George Group.

GERTZ, D. Crescimento - Foco nos Clientes Atuais. HSM Management nº 12 jan.-fev./1999.

GIAMBIAGI, F. Brasil, Raízes do Atraso: Paternalismo x Produtividade. Rio de Janeiro: Campus, 2007.

GITMAN, L.J. Princípios de Administração Financeira. São Paulo: Harbra, 2002.

GOLEMAN, D. Os Mestres da Administração. Rio de Janeiro: Campus, 2007.

HAMPTON, D.R. Administração: Comportamento Organizacional. São Paulo: McGraw Hill, 1991.

HAMPTON, D.R. Administração Contemporânea. São Paulo: McGraw Hill, 1992.

HAMPTON, D.R., Administração: Processos Administrativos. São Paulo: McGraw Hill, 1991.

HAMEL, G. Dez Princípios de Revolução. HSM Management nº 6, jan.-fev./1998.

HARFORD, T. The Undercover Economist. New York: Handom House, 2007.

HARRINGTON, H.J. O Processo do Aperfeiçoamento: Como as Empresas Americanas, Líderes de Mercado, Aperfeiçoam o Controle da Qualidade. São Paulo: McGraw Hill, 1988.

HARRINGTON. H.J. Aperfeiçoando os Processos Empresariais. São Paulo: McGraw Hill, 1993.

HELDMAN, K. PMP: Project Management Professional Study Guide. New York: Wiley Publishing, 2005.

HOFER, C.W., SCHENDEL, D.E. Strategy Formulation: Analytical Concepts. St. Paul, MN: West, 1978.

IMAI, M. Kaizen: A Estratégia para o Sucesso Competitivo. São Paulo: Iman, 1990.

INFOCORPORATE 56. Mural do CIO. 2008.

INFORMATIONWEEK BRASIL. Bom Para o Brasil. 2007.

INFORMATIONWEEK BRASIL 196. Mais com Menos. 2008.

INFORMATIONWEEK BRASIL 197. A Nova Fronteira da Gestão do Conhecimento. 2008.

INFORMATIONWEEK BRASIL 197. Avanço ou Retrocesso. 2008.

INFORMATIONWEEK BRASIL. Na Medida Certa. 2008.

INFORMATIONWEEK BRASIL 205. Os CIOs do Amanhã. 2008.

INFORMATIONWEEK BRASIL 207. 17 Perguntas (e Respostas) Sobre Outsourcing. 2008.

IT GOVERNANCE INSTITUTE. CobiT 4.1 Control Objectives for Information and related Technology.

itSMF – NL. Frameworks for IT Management. Norfolk: Van Haren Publishing, 2007.

itSMF – NL. Six Sigma for IT Management. Norfolk: Van Haren Publishing, 2006.

JENSEN, B. O Desafio da Simplicidade. HSM Management nº 9, ago./1998.

JURAN, J. M., GRYNA. F. M. Controle da Qualidade. São Paulo: McGraw Hill, 1992.

KAPLAN, R. Os Confins da Terra. Rio de Janeiro: Bertrand Brasil, 1998.

KAPLAN, R., JOHNSON, H. T. A Relevância da Contabilidade de Custos. Rio de Janeiro: Campus, 1996.

KAPLAN, R., NORTON, D. A Estratégia em Ação: Balanced Scorecard. Rio de Janeiro: Campus,1997.

KAPLAN, R., NORTON, D. Alinhamento - Utilizando o Balanced Scorecard Para Criar Sinergias Corporativas. Rio de Janeiro: Campus, 2006.

KAPLAN, R., NORTON, D. Balanced Scorecard - Translating Strategy Into Action. Harvard Business Press, 1996.

KAPLAN, R., NORTON, D. Gestão da Estratégia - Experiências e Lições de Empresas Brasileiras. Rio de Janeiro: Campus, 2005.

KAPLAN, R., NORTON, D. Kaplan e Norton na Prática. Rio de Janeiro: Campus, 2004.

KAPLAN, R., NORTON, D. Mapas Estratégicos - Balanced Scorecard. Rio de Janciro: Campus, 2004.

KAPLAN, R., NORTON, D. Organização Orientada para a Estratégia. Rio de Janeiro: Campus, 2000.

KAPLAN, R., NORTON, D. Putting the Balanced Score Card to Work, Harvard Business Review, sept.-oct./1993.

KAPLAN, R., NORTON, D. The Balanced Score Card - Measures that Drives Performance". Harvard Business Review, jan.-feb./1992.

474 ♦ Governança da Nova TI: Revolução

KAPLAN, R., NORTON, D. Using the Balanced Score Card as a Strategic Management System. Harvard Business Review, jan.-feb./1996.

KERZNER, H. Gestão de Projetos - As Melhores Práticas. Porto Alegre: Bookman, 2002.

KERZNER, H. Project Management Logic Puzzles. New York: John Wiley & Sons, 2006.

KESTENBAUM, N. Obrigado Pela Informação que Você Não me Deu. Rio de Janeiro: Campus, 2008.

KIM, W. C., MAUBORGNE, R. A Estratégia do Oceano Azul - Como Criar Novos Mercados e Tornar a Concorrência Irrelevante. Rio de Janeiro: Campus, 2005.

KOTLER, P. Administração de Marketing: Análise, Planejamento, Implementação e Controle. São Paulo: Atlas, 1989.

KOTLER, P. Administração de Marketing. São Paulo: Prentice Hall, 2000.

KURATKO, D. F., HODGETTS, R. M. Entrepreneurship: A Contemporary Approach. London: Dryden Press, 1992.

LAUDON, K.C., LAUDON, J.P. Essentials of Management Information Systems: Organization & Technology in the Networked Enterprise. São Paulo: Prentice-Hall, 2001.

LAUDON, K.C., LAUDON, J.P. Management Information Systems: Managing the Digital Firm. São Paulo: Prentice Hall, 2002.

LAURINDO, F.J.B. Tecnologia da Informação - Eficácia nas organizações. Futura.

LEVY, A. R. Competitividade Organizacional. São Paulo: McGraw Hill, 1992.

LITTLE, A. D. A System for Managing Diversity. ADL Cambridge, 1978.

LITTLE, A. D. Um Sistema da Administração para a Década de 80. Rio de Janeiro: ADL, 1980.

LITTLE, A. D. Méthode de Planification Stratégique. Paris: ADL, 1989.

LUBBEN, R. T. Just-in-Time. São Paulo: McGraw Hill., 1989.

MAFFEO, B. Engenharia de Software e Especificação de Sistemas. Rio de Janeiro: Campus, 1992.

MANSUR, R. Implementando um Escritório de Projetos. Rio de Janeiro: Brasport, 2007.

MANSUR, R. Escritório Avançado de Projetos na Prática. Rio de Janeiro: Brasport, 2009.

MARANHÃO, M. ISO Série 9000 - Versão 2000. Rio de Janeiro: Qualitymark, 2000.

MENDES, J.T.G., PADILHA, J. B. Agronegócio - Uma Abordagem Econômica. São Paulo: Pearson Prentice Hall, 2007.

MERLI. S. Total Manufacturing Management. Torino: Isede, 1987.

MIGUEL, P. A. C., GEROLAMO, M. C., CARPINETTI, L. C. R. Gestão da Qualidade

ISO 9001 : 2000. São Paulo: Atlas, 2008.

MILLER, J. Project Office – One of the Fastest Growing Segments in Information Systems. Project Management Institute - Seminars & Symposium, 1998.

MONTENEGRO, E. F., BARROS J. P. D. Gerenciando em Ambiente de Mudança: Urna Ferramenta Gerencial para Neutralizar Ameaças. São Paulo: McGraw Hill, 1988.

MULCAHY, R. PMP Exam Prep. Minnetonka: RMC Publications, 2005.

MULLALY, M. Defining the Role of the PMO: The Quest for Identity. 2002.

MURATA; K., HARRINSONN, A. Como Fazer com que os Métodos Japoneses Funcionem no Ocidente. São Paulo: McGraw Hill, 1993.

O'BRIEN, J.A. Sistemas de Informação e as Decisões Gerenciais na Era da Internet. São Paulo: Saraiva, 2004.

OFFICE OF GOVERNMENT COMMERCE. ITIL Service Delivery. OGC, 2000.

OFFICE OF GOVERNMENT COMMERCE. ITIL Service Support. OGC, 2000.

OFFICE OF GOVERNMENT COMMERCE. The Official Introduction to the ITIL Service Lifecycle. London: TSO, 2007.

OUCHI, W. Teoria Z: Como as Empresas podem Enfrentar o Desafio Japonês. São Paulo: Nobel, 1985.

PRADO, D. Usando o ARENA em simulação. Belo Horizonte: INDG, 2004.

PETERS, T.J., WATERMANN JR., R.H. Vencendo a Crise. São Paulo: Harper & Row 1982.

PETERS, T.J., WATERMAN JR., R.H. In Search of Excellence: Lessons from America's Best-run Companies. New York: Warner Books, 1984.

PINSON, L. Anatomy of a Business Plan. 3. ed. Chicago: Upstart Publishing Company, 1996.

PORTER, M.E. A Nova Era da Estratégia. HSM Management Edição Especial, 2000.

PORTER, M. E. Competitive Strategy: Techniques for Analyzing Industries and Competitors. New York: The Free Press, 1980.

PORTER, M.E. Estratégia competitiva – Técnicas para Análise de Indústrias e da Concorrência. Rio de Janeiro: Campus, 1999.

PORTER, Michael E. Vantagem Competitiva: Criando e Sustentando um Desempenho Superior. Rio de Janeiro: Campus, 1990.

PORTER, M. E. Vantagens Competitivas: Criando e Sustentando um Desempenho Superior. Rio de Janeiro: Campus, 1985.

PORTER, M.E. Strategy and the Internet. HBR On Point PN 6358.

PROJECT MANAGEMENT INSTITUTE. A Guide to the Project Management Body of Knowledge. 2004.

PYZDEK, T. The Six Sigma Handbook: The Complete Guide for Greenbelts, Blackbelts, and Managers at All Levels, Revised and Expanded Edition. New York:

476 ◆ Governança da Nova TI: Revolução

Mac Graw-Hill Companies, 2010.

PYZDEK, T. The Six Sigma Project Planner: A Step-by-Step Guide to Leading a Six Sigma Project Through DMAIC. Mac Graw-Hill Companies.

RENTES, A.F., VAN AKEN, E.M., BUTLER, R. An Organizational Assessment Method for Transformation Efforts. Proceedings of the Portland International Conference on Management of Engineering and Technology, Portland, OR, USA, 1999.

RIFKIN, J. A Era do Acesso. São Paulo: Makron, 2000

ROBSON, W. Strategic Management & Information Systems. London: Pitman Publishing, 1997

RODRIGUEZ, M. V. R. Gestão da Mudança. São Paulo: Elsevier, 2005

ROESLER, C. E. Alterações Estruturais da Empresas em suas Fases de Desenvolvimento Tese de Doutorado Universidade Mackenzie São Paulo, 1986

ROSSETI, J. P., GAJ, L., COBRA, M., CABRERA, L.C.Q. Transição 2000: Tendências, Mudanças e Estratégias. São Paulo: McGraw Hill, 1993.

SAHLMAN, W.A. How to Write a Great Business Plan. Harvard Business Review, jul./aug., 1997.

SCHONBERGER, R. J. Técnicas Industriais Japonesas: Nove Lições Ocultas sobre Simplicidade. São Paulo: Pioneira, 1984.

SCHONBERGER, R. J. Fabricação Classe Universal. São Paulo: Pioneira, 1984.

SCHOMBERGER, R. J. Construindo urna Corrente de Clientes. São Paulo: Pioneira, 1992.

SERRA, L. A Essência do Business Intelligence. São Paulo: Berkeley, 2002.

SETZER, V.W. A Miséria da Computação I - X, Jornal de Software jun./1989 a ago./1990.

SHANK, J.K. A Revolução dos Custos: Como Reinventar e Redefinir Sua Estratégia de Custos para Vencer em Mercados Crescentes Competitivos. Rio de Janeiro: Campus, 1997.

TOFFLER, A., Choque do Futuro. Rio de Janeiro: Record, 1970.

TOFFLER, A., A Terceira Onda. Rio de Janeiro: Record, 1980.

TORRES, N.A. Planejamento de Informática na Empresa. São Paulo: Atlas, 1991.

TURBAN, E., MCLEAN, E. e WETHERBE, J. Information Technology for Management. New York: Wiley, 1999.

VALERIANO, D. L. Gerenciamento Estratégico e Administração por Projetos. São Paulo: Makron, 2001.

VASCONCELOS, E. H., JAMES, R. Estruturas Organizacionais, Estruturas Tradicionais, Estruturas para Inovação, Estruturas Matriciais. São Paulo: Pioneira, 1989.

VIEIRA, E. A difícil arte de comprar bem. Revista Info Corporate N° 14 nov./2004.

WATZLAWICK, P., BEAVIN, J. H., JACSON, D. D. Pragmática da Comunicação Humana. São Paulo: Cultrix, 1967.

WEILL, P., ROSS, J. W. Governança de TI: Tecnologia da Informação. São Paulo: M. Books, 2005.

WERKEMA, C. Análise de Variância: Comparação de Várias Situações. Belo Horizonte: Werkema, 1996.

WERKEMA, C. As Ferramentas da Qualidade no Gerenciamento de Processos. Belo Horizonte: Werkema, 1995.

WERKEMA, C. Avaliação de Sistemas de Medição. Belo Horizonte: Werkema, 2006.

WERKEMA, C. Como Estabelecer Conclusões com Confiança: Entendendo Inferência Estatística. Belo Horizonte: Werkema, 1996.

WERKEMA, C. Criando a Cultura Seis Sigma. Belo Horizonte: Werkema, 2005.

WERKEMA, C. Design for Six Sigma: Ferramentas Básicas Usadas nas Etapas D e M do DMADV. Belo Horizonte: Werkema, 2005.

WERKEMA, C. Ferramentas Estatísticas Básicas para o Gerenciamento de Processos. Belo Horizonte: Werkema, 2006.

WERKEMA, C. Lean Seis Sigma: Introdução às Ferramentas do Lean Manufacturing. Belo Horizonte: Werkema, 2006.

WESTERMAN, G., HUNTER, R. O risco de TI. Convertendo ameaças aos negócios em vantage competitive. São Paulo: M.Books do Brasil, 2008.

WHEELER, D.J. Understanding Variation The Key to Managing Chaos. SPC Press, Inc.

WILD, R. Work Organization. Bristol: John Wiley & Sons, 1975.

WOMACK, J. P., JONES, D, T., ROOS, D., A Máquina que Mudou o Mundo. Rio de Janeiro: Campus, 1992.

ZACHARIAS, O. J. ISO 9000-2000 - Conhecendo e Implementando. São Paulo: Quality, 2001

Websites

http://www.balancedscorecard.com

http://www.bscnews.com

http://www.bscol.com

http://www.corvu.com

http://www.isaca.org

http://www.ITIL.co.uk

http://www.SixSigmazone.com

http://www.cfe.iapmei.pt

http://www.anje.pt

http://www.iapmei.pt

http://www.garage.com

478 • Governança da Nova TI: Revolução

http://www.walmart.com
Acessado em 2011

http://computerworld.uol.com.br/negocios/2011/08/02/brasscom-setor-de-ti-
-sera-mais-competitivo-e-etico-com-nova-politica/, "Brasscom: TI mais competitiva
e ética com novos incentivos", acessado em 01/09/2011

http://info.abril.com.br/noticias/corporate/gartner/a-reducao-de-custos-na-ti-
-do-governo-29112010-34.shl, "A redução de custos na TI do governo", acessado em
01/11/2011.

http://computerworld.uol.com.br/tecnologia/2011/09/21/infraestrutura-de-ti-
-no-brasil-ainda-nao-atingiu-nivel-ideal/#ir, "Infraestrutura de TI no Brasil ainda
não atingiu nível ideal", acessado em 01/11/2011.

http://br.hsmglobal.com/notas/43716-alberto-ferreira-%7C-tecnologia-fator-
-diferencia% C3% A7% C3% A3o, "Tecnologia: fator de diferenciação", acessado em
01/11/2011.

http://www1.folha.uol.com.br/fsp/dinheiro/fi1109200801.htm, "Falha de tecnologia causa perda de dois dias de produtividade", acessado em 01/11/2011.

http://www1.folha.uol.com.br/fsp/dinheiro/fi0507200804.htm, "Pane prejudicou os negócios, dizem pequenos empresários", acessado em 01/11/2011.

http://imparbrasil.com.br/noticias/356,/1143, "Empresa 'sustentável' vale mais,
diz estudo", acessado em 01/11/2011.

http://computerworld.uol.com.br/negocios/2008/01/30/hp-implementa-novo-
-processo-de-reciclagem-de-cartuchos/, "HP implementa novo processo de reciclagem de cartuchos", acessado em 01/11/2011.

http://idgnow.uol.com.br/computacao_corporativa/2008/04/10/projeto-trans-
fere-calor-de-servidores-a-piscinas-para-economizar-energia/, "Projeto transfere
calor de servidores a piscinas para economizar energia", acessado em 01/11/2011.

http://computerworld.uol.com.br/gestao/2008/04/10/eua-devem-pressionar-
-ainda-mais-por-data-centers-verdes/, "EUA devem pressionar ainda mais por data
centers verdes", acessado em 01/11/2011.

http://computerworld.uol.com.br/gestao/2008/01/17/como-a-microsoft-esta-se--tornando-mais-verde/, "Como a Microsoft está Se tornando mais verde?", acessado em 01/11/2011.

http://computerworld.uol.com.br/negocios/2007/09/12/idgnoticia.2007-09-12.0352255334/, "IBM alerta que TI verde vai muito além de hardware", acessado em 01/11/2011.

http://itweb.com.br/30031/ti-verde-e-oportunidade-para-emergentes/, "TI verde é oportunidade para emergentes", acessado em 01/11/2011.

http://computerworld.uol.com.br/gestao/2007/06/11/idgnoticia.2007-06-09.5271245920/, "TI verde: Texas aprova lei que obriga reciclagem de PCs", acessado em 01/11/2011.

http://computerworld.uol.com.br/gestao/2007/03/29/idgnoticia.2007-03-29.9273502303/, "TI Verde: Como reduzir gasto de energia e resíduos em PCs?", acessado em 01/11/2011.

http://itweb.com.br/29336/ibm-consolida-seus-proprios-servidores, "IBM consolida seus próprios servidores", acessado em 01/11/2011.

http://computerworld.uol.com.br/gestao/2007/11/30/idgnoticia.2007-11-30.7367185298, "Racco Cosméticos promove reestruturação 'verde' com thin clients", acessado em 01/11/2011.

http://www1.folha.uol.com.br/fsp/mercado/me1008201107.htm, "Tarifa eleva preços ao consumidor", acessado em 01/11/2011.

http://www1.folha.uol.com.br/fsp/mercado/me1008201106.htm, "Energia para indústria é a 4ª mais cara do mundo", acessado em 01/11/2011.

http://computerworld.uol.com.br/tecnologia/2011/09/30/como-melhorar-a-eficiencia-energetica-do-data-center/, "Como melhorar a eficiência energética do data center", acessado em 01/11/2011.

http://computerworld.uol.com.br/tecnologia/2011/09/08/em-vez-de-reciclar--pcs-antigos-melhor-doa-los/, "Em vez de reciclar PCs antigos, melhor doá-los", acessado em 01/11/2011.

480 • Governança da Nova TI: Revolução

http://www1.folha.uol.com.br/fsp/mercado/me1008201108.htm, "Energia elétrica muito cara afeta a competitividade do setor industrial", acessado em 01/11/2011.

http://br.hsmglobal.com/notas/58258-desafios-da-ti-verde?utm_source=news_sustentabilidade_070710&utm_medium=news_sustentabilidade_070710&utm_content=news_sustentabilidade_070710_desafios-da-ti-verde&utm_campaign=news_sustentabilidade_070710, "Desafios da TI Verde", acessado em 01/11/2011.

http://www1.folha.uol.com.br/mercado/800682-tarifa-de-energia-alta-e-culpa--dos-estados-diz-governo.shtml, "Tarifa de energia alta é culpa dos Estados, diz governo", acessado em 01/11/2011.

http://www1.folha.uol.com.br/mercado/841289-tributos-na-conta-de-luz-dobram-sob-governo-lula.shtml, "Tributos na conta de luz dobram sob governo Lula",

http://www1.folha.uol.com.br/fsp/mercado/me2511201003.htm, "Reservatório em baixa deve afetar conta de luz", acessado em 01/11/2011.

http://info.abril.com.br/corporate/business-intelligence/se-entra-lixo-sai-lixo-1.shtml, "Se entra lixo, sai lixo", acessado em 01/11/2011.

http://www1.folha.uol.com.br/folha/informatica/ult124u711748.shtml, "Brasil lidera ranking mundial de spams com 14% de envio", acessado em 01/11/2011.

http://planetainteligente.blog.terra.com.br/2009/04/20/o-spam-e-chato-e-custa-muito-dinheiro/, "O spam é chato e custa muito dinheiro", acessado em 01/11/2011.

http://www1.folha.uol.com.br/fsp/informat/fr2008200814.htm, "Lixo eletrônico é material para artista criadora das tecnojoias", acessado em 01/11/2011.

http://www1.folha.uol.com.br/fsp/informat/fr2403201001.htm, "e-lixo e seus perigos", acessado em 01/11/2011.

http://www1.folha.uol.com.br/fsp/mercado/me2002201109.htm, "Governo quer eletrodoméstico eficiente", acessado em 01/11/2011.

http://www1.folha.uol.com.br/fsp/mercado/me2909201128.htm, "Software pouco competitivo", acessado em 01/11/2011.

http://cio.uol.com.br/noticias/2011/11/04/dez-tendencias-tecnologicas-para-2012-segundo-o-gartner/, "Dez tendências tecnológicas para 2012, segundo o Gartner", acessado em 01/12/2011.

http://cio.uol.com.br/gestao/2011/11/03/itaas-75-das-empresas-apostam-no--modelo-ate-2016/, "ITaaS: 75% das empresas apostam no modelo até 2016", acessado em 01/12/2011.

http://info.abril.com.br/noticias/tecnologias-verdes/os-novos-data-centers-verdes-20092011-10.shl, "Os novos data centers verdes", acessado em 01/12/2001.

http://www1.folha.uol.com.br/fsp/dinheiro/fi2003200801.htm, "Investir em TI eleva produção, diz Ipea", acessado em 01/12/2011.

http://www.conferenceboard.org, "Total Economy Database and 2011 Productivity Brief", The Conference Board, acessado em 01/12/2011.

http://cio.uol.com.br/gestao/2011/06/01/cfos-decidem-mais-sobre-ti-do-que-cios-diz-gartner/, "CFOs decidem mais sobre TI do que CIOs, diz Gartner", acessado em 01/12/2011.

http://cio.uol.com.br/gestao/2010/05/04/o-cio-se-reporta-ao-cfo-em-42-das--empresas-mostra-estudo/, "O CIO se reporta ao CFO em 42% das empresas, mostra estudo", acessado em 01/12/2011.

http://info.abril.com.br/noticias/tecnologia-pessoal/sistema-do-unibanco-sofre-pane-18072010-9.shl, "Sistema do Unibanco sofre pane", acessado em 01/12/2011.

http://info.abril.com.br/noticias/ti/internet-banking-da-cef-falha-ha-tres--dias-10112010-36.shl, "Internet banking da CEF falha há três dias", acessado em 01/12/2011.

http://info.abril.com.br/noticias/ti/servicos-do-banco-do-brasil-falham-no-domingo-06122010-11.shl, "Serviços do Banco do Brasil apresentam falhas", acessado em 01/12/2011.

http://computerworld.uol.com.br/tecnologia/2011/08/25/big-data-analise-avancada-e-vital-para-os-negocios/, "Big data: análise avançada é vital para os negócios", acessado em 01/12/2011.

482 • Governança da Nova TI: Revolução

http://cio.uol.com.br/opiniao/2011/08/11/a-201cmao-invisivel201d-do-bi/#ir, "A "mão invisível" do BI", acessado em 01/12/2011.
http://convergenciadigital.uol.com.br/cgi/cgilua.exe/sys/start. htm?infoid=27842&sid=104, "Comoditização é risco para a indústria de software brasileira", acessado em 01/12/2011.

http://computerworld.uol.com.br/gestao/2011/11/09/trabalho-remoto-traz-inumeros-beneficios-para-empresas/, "Trabalho remoto traz inúmeros benefícios para empresas", acessado em 01/12/2011.

http://cio.uol.com.br/gestao/2011/11/09/a-vez-das-nuvens-setoriais-alinhadas--as-estrategias-de-negocios/, "A vez das nuvens setoriais, alinhadas às estratégias de negócios", acessado em 01/12/2011.

http://cio.uol.com.br/gestao/2011/11/09/a-vez-das-nuvens-setoriais-alinhadas--as-estrategias-de-negocios/, "Uso de recuperação-como-serviço começa a crescer, afirma o Gartner", acessado em 01/12/2011.

http://cio.uol.com.br/tecnologia/2011/09/28/seguranca-em-saas-questoes-a--considerar/, "Segurança em SaaS: questões a considerar", acessado em 01/12/2011.

http://cio.uol.com.br/opiniao/2011/09/26/outsourcing-de-impressao-precisa--investir-em-gestao-e-planejamento/, "Outsourcing de impressão precisa investir em gestão e planejamento", acessado em 01/12/2011.

http://cio.uol.com.br/gestao/2011/09/06/dez-verdades-que-a-ti-deve-aprender--a-aceitar/, "Dez verdades que a TI deve aprender a aceitar", acessado em 01/12/2011.

http://computerworld.uol.com.br/gestao/2010/06/17/software-como-servico-4--cuidados-para-adotar-a-solucao/, "Software como serviço: 4 cuidados para adotar a solução", acessado em 01/12/11.

http://computerworld.uol.com.br/gestao/2010/08/16/terceirizacao-de-ti-esta--com-os-dias-contados-preve-analista/, "Terceirização de TI está com os dias contados, prevê analista", acessado em 01/12/2011.
http://computerworld.uol.com.br/tecnologia/2011/11/08/microsoft-fortalece--estrategia-de-nuvem-no-pais-com-office-365/, "Microsoft fortalece estratégia de cloud no País com Office 365", acessado em 01/12/2011.

PARTE 3
Capítulo 25 - IT AS A MARKET

*"Eu não vejo o controle das redes sociais como mais uma função da TI",
diz Joseph Yanoska, vice-presidente de tecnologia da American Greetings
Interactive, em Cleveland. Na opinião dele, a tarefa de controlar a nova tecnologia é da área de marketing, já que é uma ferramenta para ajudar o relacionamento com os clientes."*

Fonte: *"Qual o papel da TI na política de uso de redes sociais?",* http://cio.uol.com.br/
gestao/2011/09/27/qual-o-papel-da-ti-na-politica-de-uso-de-redes-sociais/, *acessado
em 01/11/2011.*

*As mídias sociais -Twitter, Facebook, YouTube e blogs- desempenharam
papel central na Primavera Árabe, conclui o especialista em comunicação
Philip Howard. Professor da Universidade de Washington, em Seattle, ele
conduziu o primeiro estudo quantitativo abrangente sobre o uso de mídia
digital nas revoltas que varreram o Oriente Médio e do Norte da África neste
ano, analisando mais de 3 milhões de tuítes.*

Fonte: *"Redes sociais pegaram ditadores desprevenidos, diz especialista",* http://
www1.folha.uol.com.br/tec/977486-redes-sociais-pegaram-ditadores-desprevenidos-
-diz-especialista.shtml, *acessado em 01/11/2011.*

*"Estamos revendo nossa forma de pensar sobre conteúdo", contou Perry, ao
falar de Content Fusion, ou como as mídias sociais têm mudado o marketing e as comunicações corporativas. "Pensamos cada vez menos na forma
convencional, tradicional. Pensamos menos em mídia e mais em fluxo de
redes. Menos sobre 'nós' e 'nossa mensagem' e mais sobre entender o que
as pessoas querem, sobre o que elas se importam. Não haverá mais 'big broadcast'. A ideia de canal exclusivo vai se fragmentar em diferentes tribos e
mídias", avalia.*

484 • Governança da Nova TI: Revolução

Fonte: "Rede social obriga empresa a mudar estratégia de comunicação", http://computerworld.uol.com.br/gestao/2011/09/28/rede-social-obriga-empresa-a-mudar-estrategia-de-comunicacao/, *acessado em 01/11/2011.*

A Clearswift sublinha o "paradoxo" que encontrou: 80% dos gestores afirmam que as redes geram ganhos para suas empresas, mas 48% apontam o uso de mídia social no trabalho como "preocupação". Para 57%, o maior temor é com a segurança do sistema. A consultoria avalia ser efeito dos ataques on-line, como o que atingiu a rede Playstation, da Sony. Outra companhia de segurança on-line, Webroots, obteve resultado semelhante em pesquisa com empresas pequenas e médias dos EUA e do Reino Unido, no final de 2010: 53% afirmaram se preocupar com infecções via redes sociais.

Ao justificar a proibição do acesso nas 135 delegacias do Rio no início do mês, a Polícia Civil usou outro argumento: "Para que vai acessar rede de relacionamentos? Para brincar na internet?".

Fonte: "Uso de redes sociais desafia as empresas", http://www1.folha.uol.com.br/fsp/mercado/me2509201102.htm, *acessado em 01/11/2011.*

Capítulo 26 ◆ TI Social

Levantamento da consultoria da IDC encomendado pela Unisys sobre consumerização de TI aponta que houve aumento no acesso às redes sociais para fins comerciais do País. O estudo ouviu 306 profissionais que utilizam TI como parte do trabalho do dia a dia e constatou que 34% deles usam o Facebook para trabalho. No ano passado, esse índice era de 16%.

Fonte: *"Cresce uso de redes sociais para fins profissionais, diz estudo",* http://computerworld.uol.com.br/tecnologia/2011/10/26/cresce-uso-de-redes-sociais-para-fins-profissionais-diz-estudo/, *acessado em 01/11/21011.*

A equipe previu, por exemplo, a chamada "Primavera Árabe" no Egito. "Vimos que as redes sociais em lugares como o Egito poderiam tornar-se uma ameaça ao regime", disse Doug Naqim, diretor do chamado Centro Open Source da CIA.

Fonte *"CIA admite que monitora redes sociais e chats no mundo todo",* http://idgnow.uol.com.br/internet/2011/11/04/cia-admite-que-monitora-redes-sociais-e-chats-no-mundo-todo/, *acessado em 01/12/21011.*

A agência divulgou nesta sexta (11) um relatório que prevê efeitos positivos e negativos da vida online em 2014. Apesar de aceitar muitos possíveis benefícios do uso das redes sociais, a Enisa se mostrou preocupada em relação ao grande risco de vazamento de dados pessoais e indicou que os membros da União Europeia devem pensar a considerar "sanções reais".

Fonte: *"Redes sociais podem levar a comportamento paranoico",* http://idgnow.uol.com.br/internet/2011/11/11/redes-sociais-podem-levar-a-comportamento-paranoico/, *acessado em 01/12/21011.*

486 • Governança da Nova TI: Revolução

Introdução

Existem neste exato momento muitas conversas sobre o impacto das redes sociais nos negócios. Alguns estão debatendo as questões de segurança e controle e outros, focando a visão corporativa na geração Y. No entanto, todos reconhecem como fato consumado a presença das mídias sociais na realidade das empresas brasileiras.

> *"Estamos investindo para uma total assimilação das mídias sociais na comunicação de toda marca. Assim como tivemos a profissionalização da "publicidade na Internet" nos últimos 10 anos, acreditamos que as mídias sociais estarão presentes em todo plano de comunicação daqui pra frente.".*
>
> Fonte: *"Empresas 2.0: elas sabem transformar arrobas em cifras"*, http://www.hsm. com.br/artigos/empresas-20-elas-sabem-transformar-arrobas-em-cifras, *acessado em 01/08/2011.*

Não existem mais consumidores e sim pessoas
Além disso, a partir de hoje a empresa calculará o ROA (Return over Attention) Retorno sobre a atenção de seus clientes e fará análises elaboradas de seis graus de separação e três graus de influência dos clientes. Por que não? E agora o site da sua empresa, terá Conteúdo Fixo, Conteúdo Interativo, Conteúdo Colaborativo e Jornalismo Colaborativo
http://www.hsm.com.br/editorias/nao-existem-mais-consumidores-e-sim-pessoas
Acessado em 01/08/2011

Mídias sociais em seis tendências	Quem tem medo das mídias digitais?
Os participantes dos chamados "social business" são incentivados a participar e recompensados conforme seu nível de envolvimento e atuação.	A idéia é interessante, pois o consumidor pode explorar com outros as melhores práticas e usos dos produtos. Várias empresas de pesquisa já perceberam isso e lançaram sistemas de monitoramento de redes sociais
http://www.hsm.com.br/editorias/midias-sociais-em-seis-tendencias	http://www.hsm.com.br/editorias/quem-tem-medo-das-midias-digitais
Acessado em 01/08/2011	Acessado em 01/08/2011

O consumo não é uma disputa de produtos. E uma disputa de cabeças
Com essa condição, dá para imaginar 100 mil jovens dizendo que o produto X ou a marca Y não é legal? O que pode acontecer? O impacto é muito forte e difícil de administrar. Hoje, a reputação de uma empresa está nas redes sociais
http://www.hsm.com.br/editorias/o-consumo-nao-e-uma-disputa-de-produtos-e-uma-disputa-de-cabecas
Acessado em 01/08/2011

As soluções de tecnologia física, como os agregadores de redes ou mídias sociais, precisam trabalhar com as tecnologias sociais para que exista a cultura de separação entre a vida pessoal e privada. Os exemplos ocorridos de problemas no emprego,

Capítulo 26 ♦TI Social ♦ **487**

extradição etc. mostram que a nova Tecnologia de Informações (TI) precisa trabalhar ao mesmo tempo com os agregadores e com a divulgação do manual de conduta.

Fotógrafo provoca Palmeiras no Twitter e é agredido

Depois, o Palmeiras se manifestou no Twitter oficial do clube. "Após ofender a torcida, o fotógrafo Thiago Vieira não trabalhará mais no Palmeiras. O jornal para qual ele trabalha, já foi comunicado." O *Agora*, jornal para o qual Vieira trabalhava, considerou reprovável tanto a agressão como as frases de Thiago Vieira no Twitter. Ele também não trabalhará mais para o veículo.
http://blogs.estadao.com.br/bate-pronto/fotografo-provoca-palmeiras-no-twitter-e-e-agredido/
Acessado em 01/08/2011

Advogados: empresas podem demitir em função de comentário no Twitter	**Editor da National Geographic é demitido por criticar a Veja no Twitter**
As empresas podem demitir um funcionário caso considerem que uma mensagem postada no Twitter seja ofensiva a ela – o mesmo vale para blogs e outras redes sociais. http://idgnow.uol.com.br/internet/2010/05/11/advogados-afirmam-que-empresas-podem-demitir-em-funcao-de-comentario-no-twitter/#rec:mcl Acessado em 01/08/2011	Felipe Milanez, um dos editores da National Geographic Brasil, da editora Abril, escreveu na tarde desta terça-feira (11/5) em seu perfil no Twitter que foi demitido em função de um post com críticas à revista Veja, da mesma empresa. http://idgnow.uol.com.br/internet/2010/05/11/editor-de-fotografia-da-national-geographic-e-demitido-por-criticar-a-veja-no-twitter/ Acessado em 01/08/2011

Jornalistas do grupo Folha são demitidos após comentários no Twitter

Depois de um editor da National Geographic e um fotógrafo do Agora, foi a vez de dois jornalistas dos jornais Folha de S.Paulo e Agora serem demitidos por comentários no Twitter considerados impróprios pelos veículos (que, neste caso, são do mesmo grupo).
http://idgnow.uol.com.br/internet/2011/04/04/jornalistas-do-grupo-folha-sao-demitidos-apos-comentarios-no-twitter/
Acessado em 01/08/2011

Os benefícios das mídias sociais com código de conduta explícito e claro estão relacionados com: (i) soluções grátis em que um usuário do produto e serviço da empresa responde para outro, (ii) melhoria das respostas para os clientes pela interação da comunicação e (iii) colaboração gratuita dos usuários no desenvolvimento dos produtos e serviços.

A rede social pode ser pública, privada ou especializada. Situações em que haja caos nas informações podem ser minimizadas ou eliminadas pela característica de maior controle e gerenciamento do ambiente privado. No entanto, o estratagema privado não é capaz de resolver todos os problemas referentes ao conteúdo, por isto é fácil encontrar a estratégia de redes especializadas para melhorar a gestão do conteúdo. Já é comum encontrar redes sociais especializadas em medicina, engenharia, moda etc.

488 • Governança da Nova TI: Revolução

Maturidade cultural

Com a entrada da chamada geração Y no mundo corporativo, as forças que influenciam os negócios ainda precisam de tempo para encontrar o ponto de equilíbrio. No início dos anos 1990 apareceu no universo empresarial o correio eletrônico. Durante muitos anos existiram polêmicas no Brasil sobre a questão do conteúdo, propriedade e responsabilidade. Apenas recentemente ficou claro para todos os envolvidos que o conteúdo do correio eletrônico corporativo pertence à empresa e, portanto, ela pode acessar todas as mensagens sem caracterizar que tenha ocorrido invasão da privacidade do colaborador. O poder judiciário decidiu que as empresas têm direito ao acesso total e a interpretação segundo a qual a organização responde em todos os aspectos pelo conteúdo enviado e salvo das mensagens eletrônicas é a base legal para justificar este posicionamento.

Apesar das quase duas décadas de vida do correio eletrônico moderno ainda existem muitas questões inadequadamente endereçadas. É muito comum encontrar contas de correio formatadas como "nome.sobrenome (do funcionário)"@"nome da empresa".com.br. Muitas vezes estas contas permanecem ativas mesmo após o desligamento do funcionário. É no mínimo uma situação de desconforto para o direito natural individual. A eliminação da conta de correio eletrônico que utiliza a "marca da pessoa" (nome completo) precisa fazer parte do processo de desligamento e ser feita na presença do envolvido.

O celular é outra tecnologia de idade semelhante ao e-mail corporativo que também ainda não alcançou o nível de maturidade plena. É comum encontrar questionamentos tanto entre a disponibilização do celular corporativo para o funcionário e pagamento de horas extras, como pela utilização do celular pessoal no horário e ambiente de trabalho. Estes dois exemplos ilustram que independente da geração e respectivo nível digital, a maturidade plena da utilização exige vários anos de aculturamento.

As mídias sociais também estão passando por processo de amadurecimento e as polêmicas sobre elas vão durar um bom tempo. Os relatos de demissões por conteúdo publicado em rede social ou problemas no processo seletivo ou casos em que a popularidade das contas pessoais sustenta o negócio já existem em alguma quantidade.

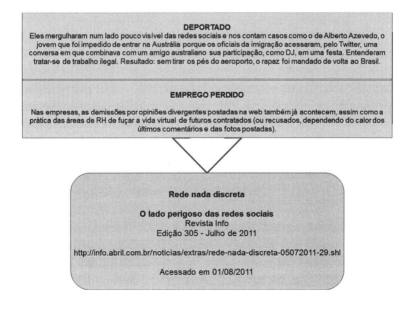

Ainda em 2012, é baixo o nível de maturidade de comportamento separado e segregado entre o que é conteúdo privado e profissional. As empresas precisam ser mais claras neste aspecto. A solução simples de proibir o acesso às redes sociais é a mesma utilizada no passado para telefonia e correio eletrônico. Até hoje, varias organizações estão sofrendo perdas econômicas pela escolha de ignorar o problema do e-mail e do celular.

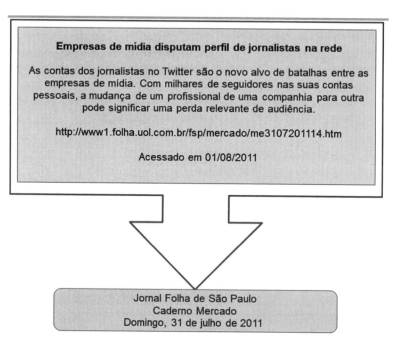

A questão da maturidade comportamental na mídia social está abrindo a oportunidade para novas profissões. O profissional de gerenciamento de conteúdo e facilitador social vem sendo demandado com forte intensidade pelas empresas e, em alguns casos, é mais interessante contratar um profissional experiente e maduro em tempo parcial do que um jovem recém-formado. O profissional ILA (Influenciador, Ligado com muitas pessoas e com Acesso às ideias, talentos e recursos) é o perfil ideal em vários casos.

O valor do impacto das mídias sociais nos negócios pode ser medido de uma forma indireta com bastante simplicidade. O artigo "Rede Globo restringe uso de mídias sociais em comerciais" (http://eutedisse.blog.br/2011/03/17/rede-globo-restringe-uso-de-midias-sociais-em-comerciais/, acessado em 01/08/2011) revela uma boa aproximação dos números de mercado. Os casos de sucesso da propaganda com mídia social da Nextel (artistas e esportistas profissionais) e Claro (Ronaldo, o "fenômeno") evidenciam que o mercado já encontrou um ponto de equilíbrio e retorno para este valor adicional. A estratégia básica é a utilização das redes sociais como fator complementador e amplificador da comunicação com o consumidor. A interatividade do canal permite a alavancagem das vendas dos produtos e serviços.

Um novo canal de comunicação ainda pouco explorado vem ganhando espaço no Brasil com boa velocidade. As novas televisões com acesso a internet, redes sociais e conteúdo customizado e dedicado estão criando para este ambiente uma oportunidade comercial similar as lojas virtuais da Apple e Google para a mobilidade. Os fabricantes Sony, Samsung e LG já estão em fase de consolidação da tecnologia social dos diversos aplicativos desenvolvidos para Facebook, Twitter, Youtube etc. Eles estão oferecendo uma experiência nova de interação do usuário com a televisão onde um novo jogo de poder é praticado. O telespectador que até agora escolhia o que assistir em função do horário e grade de programação das emissoras, com a nova TV social tem o poder de escolher o programa independente do horário e da grade de programação. É o fim da ditadura da grade de programação. Uma nova ordem de poder foi instaurada.

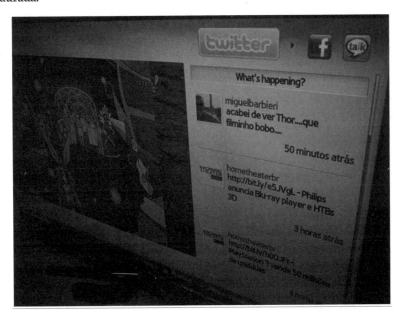

Fonte: Samsung, http://www.samsung.com, acessado em 01/12/2011.
Fonte: "Vídeo: testando a TV 3D SmartTV da Samsung", http://planetech.uol.com.br/2011/04/18/video--testando-a-tv-3d-smarttv-da-samsung/, acessado em 01/12/2011.

492 • Governança da Nova TI: Revolução

A presença das redes sociais públicas e privadas no mesmo plano da tela que a programação de televisão abre espaço para que existam estímulos específicos favoráveis (ou não) ao conteúdo apresentado em tempo real. Os fabricantes desempenham neste novo modelo um papel mais ativo em relação à audiência. De uma forma ou outra os canais e conteúdos pré-programados nas televisões impacta o comportamento do telespectador.

As lideranças políticas que estão fazendo a lição de casa e aprendendo com as mídias sociais poderão utilizá-las como uma poderosa ferramenta de apoio à propaganda política obrigatória. A comunicação integrada e interativa habilitada pelo mesmo plano da tela da televisão e mídia social permite trabalhar em tempo real com a campanha. Em pouco tempo, novas lideranças formadas de baixo para cima nas comunidades sociais vão perceber que estão preparadas para competir contra campanhas milionárias. O artigo "Hackers geram novos ataques contra governo" (http://info. abril.com.br, acessado em 01/08/2011) ilustra bem o aparecimento desta nova força na frase "A operação também conta com um vídeo divulgado no Twitter que convoca os interessados a saírem às ruas e protestar contra o mau uso das verbas públicas, especialmente em lugares como a região Serrana do Rio de Janeiro, que desde janeiro enfrenta problemas de reestruturação quando ocorreu o deslizamento de terra no local. Até hoje muitas das áreas continuam devastadas". Um novo jogo do poder político brasileiro está em fermentação com o crescimento das televisões inteligentes.

As redes privadas dos fabricantes vão permitir vantagens econômicas tão interessantes quanto as lojas virtuais atuais da Apple e do Google. Em poucos anos o faturamento destas duas lojas chegou ao patamar de sete bilhões de dólares, isto significa que as prováveis lojas da Samsung, LG e Sony poderão também alcançar o mesmo resultado em pouco tempo. O artigo "TV com internet vai ganhar o mundo em 2015" (http://info.abril.com.br, acessado em 01/08/2011) afirma que os fabricantes de televisão projetam cerca de 500 milhões de TVs com conexão de internet até o final de 2015. Aplicações como banco de milhagem ou água ou carbono vão ser enormemente favorecidas neste ambiente integrado da TV social.

Não são raras as situações em que algumas pessoas assumem que a presença da geração Y nas redes sociais esteja pressionando o aparecimento de uma nova ordem corporativa. Na prática, existe um formidável equívoco nesta linha de pensamento. É a presença maciça do internauta brasileiro de todas as idades e gerações que está incentivando a intensificação da presença das firmas nas mídias sociais. Todo vendedor de sucesso sabe que é preciso estar próximo do consumidor para vender.

Capítulo 26 • TI Social • **493**

Ou seja, como os brasileiros estão fortemente na TI social, as empresas precisam estar lá também. O fato concreto é que este é mais um caso em que a área comercial "puxou" uma nova tecnologia para as empresas.

> *De acordo com o último levantamento, 72% dos internautas já incorporaram às suas rotinas o hábito de navegar em sites de redes sociais, sobretudo para interagir com amigos, atualizar perfis e compartilhar fotos em sites como Orkut, Facebook, Twitter e LinkedIn.*
>
> Fonte: *"Brasileiros caem na rede social",* http://www.ibope.com.br, *acessado em 01/08/2011.*

> *O brasileiro é líder mundial no uso de redes sociais, aponta uma pesquisa da Nielsen. Segundo os dados apurados, 86% dos usuários ativos de Internet no Brasil acessaram redes sociais.*
>
> Fonte: *"No pódium",* http://www.cgi.br, *acessado em 01/08/2011.*

No passado recente, a mesma coisa aconteceu com a intensificação da utilização dos celulares corporativos nas empresas, soluções de mobilidade e comunicação instantânea. A organização de tecnologia das empresas vem apresentando no caso das redes sociais o mesmo comportamento anterior em relação ao celular, mobilidade e comunicação instantânea. Muitas barreiras para o negócio são criadas e poucas soluções são apresentadas. A afirmação do publicitário Walter Longo destaca com muita força a necessidade de avanço comportamental da organização de tecnologia das empresas.

> *TI causa enorme perda de produtividade no trabalho, por bloquear o acesso à inteligência distribuída na internet.*
>
> Fonte: *"TI embaça ou ajuda?",* http://info.abril.com.br, *acessado em 01/08/2011.*

Os principais argumentos usados por TI contra o avanço das redes sociais nas empresas estão relacionados a questões de segurança, controle e gerenciamento. Elas são exatamente iguais aos utilizados no passado durante o "boom" dos celulares, mobilidade e comunicação instantânea. Novamente a organização de tecnologia esta desconsiderando a relação entre o benefício e o custo da tecnologia.

As frases "Se você não seguir nossas regras, não podemos garantir que funcionará" e "As regras existem por um motivo. Sem regras, em TI e em todos os outros lugares, as pessoas criam situações que aumentam os riscos. Mas quando elas são rigorosamente impostas, com pouca oportunidade para exceções, então as regras – e aqueles que fazem as regras – tornam-se obstruções." (Hunter e Westerman, O Verdadeiro Valor de TI, p.50, 2011) ilustram bem a armadilha de estratégia desta abordagem não holística.

494 • Governança da Nova TI: Revolução

É preciso avaliar o cenário de forma abrangente e desenvolver urgentemente um ponto de equilíbrio entre a necessidade do negócio e os aspectos de segurança e controle para que as oportunidades de lucro social não sejam perdidas e o mercado seja entregue de bandeja para um concorrente com maior nível de resiliência. A urgência da revisão comportamental decorre do fato que as mídias sociais estão inaugurando um novo jogo de poder. Até recentemente os clientes aceitavam receber passivamente as informações sobre os produtos e serviços. As redes sociais estão mudando diariamente esta forma de pensar e cada vez mais os clientes estão falando e querem ser ouvidos. A interação da comunicação está mudando radicalmente o eixo do poder e o comportamento proativo vem ganhando espaço cada vez maior. O novo conjunto de forças criou um escudo invisível de proteção para o relacionamento entre corporação e consumidor que acompanha o dinamismo da reformulação das respostas sociais e comportamentais e ajusta o ponto de equilíbrio em tempo real.

A fronteira da competição está sendo alterada profundamente, pois o acesso às massas populacionais estava restrito aos que tinham recursos econômicos para anunciar os produtos e serviços nos canais da televisão. A barreira econômica ruiu com as mídias sociais. Já é possível para as microempresas (iniciantes ou não) divulgaram os seus produtos e serviços para massas populacionais. Existem nas redes comunidades com milhares de membros onde os clientes potenciais estão presentes todos os dias. É muito provável que uma nova sociedade virtual esteja sendo criada neste exato momento. Da mesma forma que existe intensa disputa para a ocupação do espaço físico para lojas nos centros comerciais famosos, o mesmo fenômeno também acontece ocorre nas comunidades sociais virtuais. Algumas representam o objeto de desejo dos vendedores.

Ficar de fora deste excitante universo do lucro por questões inadequadamente resolvidas de segurança e controle significa perder muitas oportunidades e dinheiro. Milhões de reais podem ser perdidos pelo comportamento de ausência. É preciso que a organização de TI encontre um ponto de equilíbrio para a segurança e controle, considerando de forma ampla o custo e o benefício. Se tal situação não ocorrer rapidamente, o cenário já ocorrido para celular, mobilidade e comunicação instantânea vai acontecer novamente. As empresas vão simplesmente adotar a tecnologia da mesma forma que fizeram no passado e TI será novamente acusada de embaçar. A TI que realmente estiver integrada ao negócio vai reconhecer a necessidade e saber encontrar rapidamente um novo equilíbrio que responde adequadamente ao empolgante desafio social.

Novidade?

As chamadas "vendas sociais" não representam uma novidade no mundo corporativo. Todos os profissionais de vendas afirmam desde os tempos mais remotos que o relacionamento é o fator mais importante para fechar negócios. É de fato um aspecto tão profundo que é possível afirmar que é característica intuitiva de condução. Não é preciso avançar para o tempo das redes sociais para perceber a importância de manter o foco na satisfação do cliente.

No passado, o desenvolvimento de um negócio de sucesso demandava a procura no círculo social por pessoas que obteriam benefícios com os produtos e serviços ofertados. O negócio crescia porque um cliente feliz voltava para novas compras e recomendava as ofertas para outros clientes gratuitamente. O cliente satisfeito era, sem sombra de dúvida, um dos canais de vendas.

Nas últimas décadas, o foco do modelo de negócios mudou do contato pessoal com o cliente para a automação do processo pela influência da comunicação de massa. A conexão unidirecional via rádio, televisão, jornal e revista e correio regular e eletrônico passou a ter o foco na geração de oportunidades de venda. A área de vendas tem o papel de converter estas oportunidades em transações. Ofertas que resolvam os problemas são, neste contexto, fundamentais para gerar negócios. Isto significa que a eficiência do processo de comunicação é de enorme relevância e importância para o relacionamento e satisfação do cliente.

As redes sociais têm um aspecto que as diferencia em relação às mídias tradicionais. Elas habilitam o caráter bidirecional da comunicação. Existe de fato na prática muita participação, interação e colaboração. O primeiro impacto desta nova realidade no negócio é que as empresas que estavam habituadas a gerenciar as mensagens agora precisam escutar o mercado e interagir com o consumidor. A profundidade desta nova dimensão de comunicação bidirecional é o nascimento de um modelo de negócio social. O relacionamento robusto e consistente com os clientes com foco na satisfação renasce (neste momento) em amplitude muito maior que o antigo modelo de contato pessoal com o cliente, repetição das compras e recomendação gratuita.

É reconhecido por todos que as atividades de vendas e comunicação são eventos sociais. O modelo de negócio largamente utilizado nas últimas décadas de mensagens unidirecionais afastou as empresas deste comportamento básico. As aplicações de software que apoiavam a analise estatística do modelo de comunicação unidirecional reduziram os clientes a meros registros estáticos. Não existia vida, dinamismo ou

496 • Governança da Nova TI: Revolução

conexão com a empresa. As mídias sociais romperam com esta lógica e podem virar o canal de sucesso de muitos novos empreendimentos. Um novo negócio pode, com nível muito menor de recursos financeiros, explorar este universo de oportunidades e conquistar os mercados dominados até agora por corporações tradicionais.

Empreendedorismo Social

O tema rede social no empreendedorismo e dinâmica corporativa ganhou muita relevância e força nos anos 1990. As proposições derivadas do trabalho publicado em 1973 pelo Granovetter sobre o poder dos laços fracos nas redes sociais apresentam forte convergência. É fácil perceber tal fato na consolidação das diferentes dimensões e abordagens da avaliação do empreendedorismo.

Os vários trabalhos sobre a ecologia da criação de empresas (Freeman, 1996; Audia e outros, 2005; Audia e Rider, 2006), evolução dos laços nos empreendimentos (Larson e Star, 1993; Johannisson, 2000; Lechner e outros, 2006), posicionamento empreendedor e competitividade (BURT, 1992) e comportamento empreendedor (Chell, 2000; Starr e Fondas, 1992) reforçam a imagem de que a ação humana é impactada pelas relações sociais.

O entendimento da dinâmica dos processos corporativos permite identificar os fatores críticos para o desenvolvimento de um empreendimento de sucesso. O Sebrae-SP publicou em 2009 um trabalho revelando que a taxa de mortalidade das empresas no primeiro ano de vida é de quase 30% e no quinto ano está em patamar próximo aos 60%. Poucas empresas conseguem sobreviver após cinco anos de vida. Os vários estudos que abordam a criação e morte de empresas (Cable e Schwalback, 1991; Castrogiovanni, 1996; Dunne, 1999; Bradley e Rubach, 1999; Greattie Previdelli, 2004; Sebrae Nacional, 2004, 2007; Sebrae-SP, 2009) revelam que o sucesso ou fracasso do empreendimento não é consequência apenas do ambiente de negócio. As características do empreendedor em termos de escolaridade, formação, experiência, oportunidades e capital intelectual também têm enorme impacto.

O Granovetter analisou, em 1973, o impacto das redes sociais nas iniciativas individuais sob o ponto de vista dos laços fracos (contatos eventuais e esporádicos) e os laços fortes (contatos intensos e frequentes). O autor demonstrou o relacionamento entre as semelhanças dos interesses e os vínculos de conexão. Vínculos fortes resultam em redes ou comunidades coerentes e conectadas e vínculos fracos resultam em contatos, relacionamentos eventuais e superficiais. Os laços fortes limitam as atividades empreendedoras, pois os contatos e informações da rede são semelhantes aos já

Capítulo 26 ◆TI Social ◆ **497**

existentes. Os laços fracos conectam o indivíduo com outros e habilitam a circulação e propagação de diferentes tipos de informações relevantes para os negócios (conexão entre produtores, vendedores e compradores).

As reflexões do autor sobre o papel das vinculações sociais nos negócios avançaram e ele publicou em 1985 um novo trabalho onde mostrou que as transações estão fundamentadas nas relações sociais. O Granovetter destacou que é muito comum um amigo virar um parceiro comercial (relações comerciais recorrentes exigem confiança e credibilidade). A importância dos laços é facilmente percebida pelo impacto das relações sociais nas ações humanas.

Os desdobramentos dos trabalhos do Granovetter mostraram que existem vários tipos de conexões. Normalmente elas são classificados em social, tecnológico, mercadológico, político, temporal e espacial. A importância relativa dos grupos de interesse formados é consequência da natureza das informações trocadas (muitas vezes são criados canais privilegiados para a transferência de recursos reais e virtuais). Em outras palavras, as redes amplas e diversificadas habilitam a circulação de uma grande variedade de recursos. No extremo, os laços, conexões e recursos são transformados em ativos. Os agentes econômicos bem preparados são capazes de explorar as informações trocadas e fazer a transmutação delas em capital financeiro ou monetário ou lucro.

A existência de diversas imperfeições nas informações do mercado real revela de forma clara como é possível ampliar a importância e impacto dos recursos nas redes sociais. No mundo dos negócios, as informações não circulam livremente pelos mercados e existem diversas regras formais ou não para as trocas. Normalmente existe um ambiente empresarial ambíguo e muito valor é negociado em particular. O caráter estratégico das informações para as transações econômicas pode ser medido pelo nível de assimetria para um mercado particular. Vários problemas causados pela assimetria de informações podem ser resolvidos pela simples circulação do conhecimento nas relações sociais.

Em outras palavras, é possível afirmar que a recompensa para os atores sociais dos investimentos no desenvolvimento de redes de relacionamento acontece através da ampliação relevante do capital ou ativo. Conexões de alto nível capazes de assegurar o acesso a informações privilegiadas ou únicas podem habilitar a superação da falta de capital humano ou monetário do empreendedor. É fácil perceber neste contexto que os relacionamentos podem ser considerados como ativo e capital (criação de retorno financeiro pelo acesso às informações diferenciadas). O capital intelectual coletivo

498 • Governança da Nova TI: Revolução

oriundo da rede de relacionamento é sem sombra de duvida um fator importante para a competitividade corporativa (construção regional de diversos recursos produtivos).

O empreendedor com acesso às oportunidades pode canalizar e viabilizar o negócio através da sua rede de relacionamento. As vantagens do posicionamento da empresa como plataforma de relacionamento são facilmente percebidas nas situações em que as novas iniciativas de negócio tenham sido conduzidas e orquestradas pelos novos empreendedores que ou (i) vieram de famílias tradicionalmente empreendedoras ou (ii) já estavam associados a empresas. É fácil perceber que a criação, crescimento e consolidação de uma empresa ocorre em paralelo à evolução da rede de relacionamento profissional do proprietário. A diversificação e amplificação da rede decorrente do processo de evolução do negócio mostra que ao mesmo tempo em que existe o crescimento da importância dos laços mais fracos e impessoais, também ocorre a redução da relevância dos laços mais fortes e pessoais (existe relacionamento entre a diversidade e composição da rede social da organização e a chance de sobrevivência do negócio).

As variáveis estruturais da rede social permitem a medição dos indicadores dos vínculos de relacionamento como (i) nível de transação entre as partes, (ii) influência do grau de relacionamento entre pessoas envolvidas, (iii) grau de atividade em função da localização e (iv) nível das variáveis e atributos associados com a composição do relacionamento. Localização geográfica, porte da empresa, nível de escolaridade dos executivos e outros ativos relacionais são exemplos de atributos.

O indicador de imersão empresarial geracional identifica o nível da tradição familiar e experiência empresarial ao longo de sucessivas gerações provenientes de uma mesma família. O indicador de imersão mercadológico avalia o nível de participação dos clientes que fazem parte do grupo de amigos e conhecidos do empreendedor durante o primeiro ano de vida da organização. O indicador de imersão empresarial a jusante revela o grau de encadeamento da atividade empresarial (conexão entre a empresa nova e as antigas). Normalmente as organizações já existentes exercem o papel de catapultar a criação de novas empresas.

O indicador de amplitude da rede de relacionamento avalia o nível do alcance e da diversidade dos contatos mantidos pelo empreendedor com as várias categorias de contatos existentes. Normalmente a matriz individual de relacionamento de uma empresa envolve sindicatos, associações comerciais e empresariais, grupos de interesse comum, organizações não governamentais, comunidades religiosas, clubes, grupos políticos, universidades e escolas.

Capítulo 26 ◆ TI Social ◆ **499**

As observações do mercado brasileiro revelam que o indicador de imersão mercadológico das empresas ativas é quase três vezes superior em relação ao das empresas que foram extintas. Em outras palavras, as empresas ativas apresentam maior capacidade para explorar os benefícios das redes de relacionamento e conseguem envolver os amigos e conhecidos no primeiro ano de atividade da empresa. O indicador de imersão empresarial a jusante é quase o dobro para as empresas ativas em relação às que foram fechadas. Isto significa que apenas a minoria dos empreendedores tem capacidade superior de alavancagem para o desenvolvimento e evolução do novo negócio.

Em geral, os empreendedores que encerraram as suas atividades precocemente culpam o baixo volume de vendas pelo fechamento do negócio. A avaliação das empresas ativas no mercado evidencia bastante a importância deste fator crítico de sucesso. A maioria dos empreendedores que utilizou os seus relacionamentos prévios para entender com profundidade o ramo-alvo e conquistar os primeiros clientes alcançou resultados superiores. Isto significa, em outras palavras, que o apoio e orientações da rede social do empreendedor são fundamentais para a superação das diversas barreiras dos primeiros cinco anos de vida da empresa.

Consumo Colaborativo

A ideia de trocar e compartilhar bens de consumo sem a necessidade de compra vem crescendo no mundo inteiro. A opção pelo consumo colaborativo vem sendo sustentada pela necessidade de redução dos resíduos, reutilização e reciclagem (3R's). Na área de tecnologia, os modelos de negócio aderentes ao 3R's como, por exemplo, Hardware as a Service (HaaS) e Software as a Service (SaaS) vêm crescendo em utilização com enorme velocidade nos últimos anos. A computação em nuvem é atualmente a modalidade desta família que apresenta a maior taxa relativa de expansão. No caso da nuvem, a própria tecnologia de informações foi transmutada em um serviço (iT as Service ou iTaaS). Basicamente estes modelos refletem situações em que o pensamento de compartilhar os recursos é mais atraente para a expansão do negócio e sociedade do que a compra de ativos.

É fácil perceber que a agricultura familiar pode alcançar enormes vantagens competitivas ao compartilhar os recursos comuns entre diversas fazendas e pomares de uma determinada região. Os investimentos em (i) silos para armazenamento da safra, (ii) maquinários agrícolas e (iii) tecnologia de rastreamento muitas vezes impactam sobremaneira o negócio e aumentam a exposição aos riscos. Eles agora podem ser endereçados pela transformação da compra em serviços pagos conforme a utilização. Os novos serviços habilitados pela internet aumentaram a abrangência da prática do

500 ◆ Governança da Nova TI: Revolução

escambo nas cooperativas locais através de portais que oferecem vários tipos de bens na forma de troca, aluguel, empréstimo e até doação.

É possível, desta forma, encontrar alternativas para as surpresas não planejadas e alugar um equipamento por um período fracionado ou emprestar uma furadeira para uma obra rápida. A crise econômica mundial de 2008 impactou demais a economia dos Estados Unidos e Europa e gerou a necessidade de eliminação das perdas e desperdícios dos consumidores. O compartilhamento dos recursos vem sendo uma excelente alternativa para economizar dinheiro e maximizar tanto a função utilidade dos produtos como a renda.

Na área educacional, o consumo colaborativo permite a troca de livros e uniformes nas escolas e desenvolve a consciência de maximização da função utilidade pelo compartilhamento. A consciência ambiental é um enorme aliado para alavancar o crescimento sustentável dos portais de consumo colaborativo (redução da taxa de crescimento do lixo e resíduo acumulado no meio ambiente).

O aluguel fracionado de carros, escritórios de trabalho, produtos e serviços é um exemplo de modalidade que permite tanto a viabilização de um novo negócio por um empreendedor inexperiente como a introdução de novidades no mercado com baixo custo e risco. Também existe no mercado a modalidade de compartilhamento do acesso aos fundos de investimento para o apoio financeiro aos projetos de consumo colaborado. A integração entre a cadeia produtiva de uma grande empresa e uma menor que utilize os descartes como insumo é sem sombra de dúvida um enorme benefício social e financeiro.

A grande crise de 2008 criou o momento de pensar em colaboração de alto nível. O consumo individual gera excesso de perda e minimiza a função utilidade dos produtos. O compartilhamento é o renascimento de uma modalidade do passado com nova roupagem e que habilita uma melhor alternativa para os negócios e pessoas.

As redes sociais ofereceram um bom espaço para a criação de sistemas de trocas e consumo colaborativo em que o relacionamento e conhecimento permitiram a troca ou escambo de diversos objetos (já foi compartilhado na plataforma de relacionamento de consumo compartilhado desde uma simples câmera fotográfica digital até um complexo maquinário agrícola). A confiança criada na rede social pela avaliação do perfil permitiu o estabelecimento de um canal de comunicação comum.

Os serviços que favoreceram a troca ou empréstimo de livros, jogos, discos e músicas etc. conseguiram ir além da proposta inicial. Eles conseguiram impactar positivamente o combate à pirataria. Muitas vezes a necessidade de uma bolsa ou terno de marca famosa é por apenas algumas horas. Neste caso o compartilhamento responsável oferece uma alternativa interessante para todos os envolvidos. Um novo jogo pode, agora, com a plataforma digital, ser compartilhado por diversas pessoas, viabilizando a sua aquisição conforme a legislação.

A maior vulnerabilidade deste estratagema é a existência da cultura do descuido no Brasil. O hábito do compartilhamento é um forte fator para a mudança deste comportamento em relação às coisas públicas ou emprestadas. O pleno entendimento da importância dos recursos comuns elimina as perdas da improdutiva atitude do "não é meu, portanto não vou cuidar". A eliminação da pobreza passa pela derrocada do descuido. O desenvolvimento da cultura de respeito mútuo do consumo compartilhado pode ser facilmente ampliada e difundida por cada comunidade e gerar uma nova ordem do pensamento coletivo.

Em outras palavras, da mesma forma que as bibliotecas desenvolveram o respeito mútuo entre os usuários, também é possível criar a cultura do compartilhamento inteligente com este tipo de serviço. As situações de grandes catástrofes naturais podem ser gerenciadas com muito mais efetividade através dos portais de compartilhamento. Recursos que faltam de um lado podem ser obtidos na rede e complementar os recursos existentes do outro lado. Nesta situação a solução completa pode ser oferecida para a comunidade inteira, minimizando o impacto dos problemas. O compartilhamento da riqueza disponível oferece uma extraordinária solução para a comunidade local na ocorrência de enchentes, terremotos etc.

A inteligência coletiva é um efeito colateral desta nova formatação coletiva. Todos reconhecem que existem muitas diferenças culturais e a barreira de forte desconfiança entre os brasileiros é um forte inibidor do reconhecimento dos serviços de compras coletivas pelos consumidores nacionais. No entanto, o caráter de novidade e a força das redes sociais como indutoras de novas atitudes pode ser o ponto de apoio para uma rápida adaptação. A divulgação dos casos dos que obtiveram vantagens pessoais e profissionais por meio do consumo compartilhado é, sem sombra de dúvida, a mola motriz desta engrenagem de tecnologia social.

A integração da cadeia produtiva da indústria com o artesanato permitiu a oferta com baixo custo de diversos materiais que seriam descartados como retalhos dos tecidos, partes de espelhos usados, pedaços de vidro etc. É possível estabelecer uma vantajosa rede de trabalhos artísticos com sustentabilidade ambiental e monetária.

502 • Governança da Nova TI: Revolução

Madeiras e outros restos de materiais que estão ocupando espaços importantes nas residências ou empresas podem agora ter o seu ciclo de vida continuado e serem transformados em bancadas, mesas, cavaletes etc. Objetos que estão encostados por alguns podem virar oportunidade e esperança para outros. Muitos novos talentos podem ser descobertos nas comunidades mais carentes se existir a possibilidade de acesso a instrumentos musicais, jogos educativos mais elaborados, livros, revistas etc.

A função ambiental, social e econômica de um portal que ofereça a oportunidade de doações com foco na reutilização e reciclagem dos objetos e utensílios que não servem ou interessam para as pessoas é enorme. A liberação de espaço físico nas residências e empresas é uma enorme vantagem competitiva de curto prazo. No longo prazo, os ganhos das condutas sustentáveis são gigantescos do ponto de vista social, da segurança pública, da preservação ambiental e do retorno financeiro (existe menor necessidade de impostos e criação de mercado consumidor maior).

O serviço de troca ou aluguel de bens aproximando geograficamente o usuário com o produto procurado permite o estabelecimento de valores e prazos realísticos e acessíveis. Eventuais desequilíbrios regionais na oferta e demanda dos produtos podem ser eliminados ou minimizados com o portal e o governo pode trabalhar com este tipo de estrutura para combater problemas pontuais na oferta que impactam a inflação. Basicamente, o serviço abre as portas para uma nova ferramenta de controle inflacionário em uma situação que o mercado é atendido em alguma dimensão nas suas necessidades. A possibilidade de ação pontual de correção das expectativas cria a possibilidade de operação com menor taxa de juros.

A segurança transacional através de códigos de identificação dos usuários permite a eliminação das distorções de comportamento e a manutenção do positivismo dos que praticam atitudes confiáveis. A eliminação da geração de resíduos pela continuidade do ciclo de vida é um benefício de enorme magnitude para as grandes cidades como São Paulo, que enfrentam problemas nos aterros. É possível, com este tipo de atitude, fazer a diferença e modificar o mundo através da repercussão das ações conscientes e responsáveis. A visualização do resultado das atitudes sustentáveis em relação ao consumo é o aspecto que gera a espiral positiva de comportamento. O resultado no contexto da comunidade da atitude individual mostrando o impacto do dinheiro não gasto na compra, eliminação da necessidade do espaço para guardar um objeto depois do uso e maximização do aproveitamento do ciclo de vida do produto é um catalisador de enorme significado para a popularização e ampliação da capilaridade do conceito de compra coletiva na sociedade brasileira.

Capítulo 26 • TI Social • **503**

Pé Direito nas Mídias Sociais

As mídias sociais exercem atualmente um papel destacado nos relacionamentos profissionais, por isto a adesão precisa ser corretamente planejada. As redes sociais exigem atenção especial em relação ao conteúdo e divulgação. Enquanto a tradicional tem como característica a comunicação unidirecional na qual as pessoas eram classificadas e vistas a partir de números, estatísticas e probabilidades, a mídia social demanda comunicação bidirecional no conceito de relacionamento pessoal individual. Em outras palavras, o conteúdo e a equipe precisam estar maduros e preparados para trabalhar na mídia social a imagem da corporação.

Os objetivos do negócio precisam estar explicitados e entendidos para que seja possível criar valor agregado na utilização das mídias sociais para a comunicação com os clientes atuais e novos. As iniciativas de marketing ou desenvolvimento de canal de vendas precisa atender o objetivo fundamental da execução das ações nas mídias sociais. A comunicação bidirecional exige que o foco ultrapasse a fronteira das vendas apenas. É preciso o envolvimento de toda a organização e a existência de uma filosofia clara para a comunicação com as pessoas. É um equivoco imaginar que é possível estabelecer um canal digital colaborativo com fluxo de informações em um sentido único.

Existe uma fantasia imaginada por muitos de que não existem custos para estabelecer e manter uma rede de relacionamento nas mídias sociais da internet. Os que assim pensam entendem que basta criar um perfil totalmente de graça em alguns segundos para estabelecer e manter a imagem da empresa junto ao mercado. Os profissionais liberais e consultores iniciantes são o melhor exemplo da demonstração de que a construção de uma imagem solida, coerente e robusta junto aos clientes é um exercício demorado e que demanda um enorme investimento em capital humano e financeiro.

Todo médico, dentista, engenheiro e advogado recém-formado advindo de família não tradicional na área sabe o esforço que é necessário para conquistar os primeiros clientes e equilibrar as suas contas. Existem casos em que foi preciso o investimento contínuo por mais de um ano para que o profissional conseguisse algum retorno do capital disponibilizado. Se tal situação não é um problema para os casos dos filhos das classes mais abonadas que são capazes de oferecer suporte financeiro durante esta fase da empreitada, para as classes sociais menos favorecidas que dependem da renda

504 •◦ Governança da Nova TI: Revolução

dos filhos esta situação representa uma forte barreira para o formado. O profissional que souber investir o seu tempo e dinheiro durante o tempo da graduação no desenvolvimento e consolidação de uma rede de contatos e relacionamentos vai conseguir chegar à condição de formado com uma mídia social repleta de oportunidades de trabalho.

É fácil constatar na prática brasileira este fenômeno. O artigo "Curso superior não garante renda maior" publicado pelo jornal Valor na edição de 27, 28 e 29 de maio de 2011 afirma que:

1. O rendimento médio real dos trabalhadores com curso superior cresceu apenas 0,3% entre 2003 e 2010, segundo o Instituto Brasileira de Geografia e Estatística (IBGE). No mesmo período, o rendimento médio da população empregada avançou 19% .
2. Outro fator que pode estar trazendo os salários de graduados diminuírem é o aproveitamento dessas pessoas em vagas menos qualificadas, já que elas não encontram colocação na área em que se formaram.

É evidente que os novos entrantes universitários estão encontrando dificuldades para estabelecer negócios nas suas áreas de formação e buscam alternativas para a sustentabilidade financeira. O desenvolvimento de uma rede social com foco no mercado pretendido durante o período de formação profissional facilita a superação das barreiras. Sempre é complexo enfrentar as dificuldades impostas pelo mercado com poucos recursos financeiros.

A ferramenta utilizada precisa ser compatível com a estratégia. Por exemplo, o Twitter foi feito para informar de forma instantânea as ações. Se escrever que estará almoçando em um determinado local, ou que chegou em uma cidade ou local é preciso estar preparado para um contato com um dos seus seguidores presentes no mesmo lugar. É esta disposição que permite a transformação de mensagens e seguidores em clientes. O blog corporativo atualizado periodicamente para informar os funcionários e clientes é um canal mais estático e fixo que o Twitter. Um perfil no Facebook com vários fãs pode ser utilizado para fomentar discussões sobre assuntos específicos e criar um impacto maior nos clientes sobre as novas ofertas ou relançamentos.

A clara determinação do público-alvo é a primeira atividade que deve ser realizada na estratégia da mídia social corporativa. É preciso saber com quem a empresa está conversando. A identificação é uma iniciativa de impacto tão elevado quanto a eficiência do produto ofertado para o sucesso da empreitada. O desconhecimento do público-alvo pode, em pouco tempo, consumir todo o orçamento e gerar apenas desgaste, ineficiência e comprometimento futuro da imagem corporativa.

Capítulo 26 •TI Social • 505

O analista de mídia social precisa exercer o seu papel através do conhecimento tanto das ferramentas como da aplicação, gerenciamento e medição dos resultados. Esta atividade não pode ser terceirizada porque o profissional precisa ter o saber profundo sobre o funcionamento do dia a dia da empresa, desde o chão de fábrica até a diretoria executiva. Inexiste efetividade na exploração do potencial das mídias sociais sem tal dinamismo de conhecimento.

A utilização de diversos canais permite a maximização do direcionamento dos clientes. No entanto, é preciso manter a coerência do primeiro contato e continuar a comunicação no mesmo canal iniciado. Problemas com a imagem como ocorreu com a Brastemp ("Crítica leva Brastemp ao topo do Twitter", http://info.abril.com.br, acessado em 01/08/2011) e Renault ("Renault aciona usuária na Justiça por site", http://info.abril.com.br, acessado em 01/08/2011) precisam ser endereçados na direção da redução do impacto da crise através das mídias sociais. O analista precisa estar preparado para enfrentar estas situações.

A mensagem comunicada precisa ser conhecida e entendida por todos na empresa para que o tom das conversas esteja integrado com o objetivo do negócio. Em outras palavras, o primeiro passo para a correta comunicação é o conjunto formado pela identificação dos canais que serão utilizados, conhecimento profundo do público--alvo e entendimento do conteúdo que será apresentado. A definição da qualidade da mensagem e o tom da conversa é consequência do conjunto escolhido.

A medição do desempenho exige um completo controle das ações no longo prazo. Isto significa, em outras palavras, que escolher um conjunto de impactos tão simples e pífio que qualquer ferramenta da internet consiga medir não é a resposta procurada. É preciso existir efetividade de resultado na medição do desempenho para que não seja criado um problema grave na interpretação das respostas. O assunto não pode ser resumido para a abordagem "é muito fácil ou difícil medir". É preciso identificar e estabelecer metas para as ações nas mídias sociais e medir o desempenho conforme o endereçamento destes objetivos.

O Serviço de Excelência do Ponto de Venda (SEPV) é um bom exemplo de como medir o desempenho nas redes sociais. A efetividade da estratégia de oferecer a degustação de produtos específicos nos pontos venda pode ser medida pelo retorno das ordens de compra do estabelecimento. A solução permite mapear o comportamento do consumidor em relação ao produto-alvo por região e via sistema de gestão empresarial é possível maximizar o desempenho da logística de distribuição e produção.

506 ◆ Governança da Nova TI: Revolução

A base de conhecimento do SEPV permite comparar diversos canais e estimar a reação dos clientes. Nas mídias sociais da internet é preciso simplesmente repetir as mesmas ações do ponto de venda físico respeitando as condições da superfície de contorno da cultura do mundo virtual. A avaliação do retorno do investimento nas mídias sociais ainda é novidade para muitas empresas, pois não existem fórmulas prontas. O que funciona em uma empresa não necessariamente pode ser aplicado em outra do mesmo porte e setor. A estratégia escolhida é um fator de enorme impacto na medição do retorno.

No caso das micro e pequenas empresas, as diferenças são ainda mais intensas em função das restrições do orçamento de comunicação com o mercado. Em outras palavras, é preciso ter objetivos bem definidos, robustos e integrados para medir o retorno. A resposta para o que é esperado pela presença na rede social pode ser expressa em aumento do tráfego no portal corporativo, fidelização dos clientes, criação de novos canais de atendimento, maior exposição da marca, divulgação das ofertas para nichos específicos, entendimento do ponto de vista do público-alvo e melhoria dos produtos e serviços.

A medição do resultado implica em clara definição do que é desejado e domínio da situação atual do desenvolvimento da iniciativa. Os vários objetivos podem ter a necessidade de ser medidos de forma diferente. Os critérios de mensuração e avaliação podem, por exemplo, ser diferentes em função do estágio de maturidade da ação. A sequência para chegar ao retorno sobre o investimento passa antes por estratégia, ações, ferramentas, avaliações e análises.

Os marcos intermediários que demonstram o avanço do projeto precisam estar integrados de forma coerente e robusta para serem efetivos na medição do endereçamento dos objetivos. Os casos de sucesso mostram que o acompanhamento do ponto de vista do público-alvo é de fundamental importância para alcançar resultados superiores. Muitas vezes as respostas podem ser obtidas de forma muito simples. Basta dialogar e perguntar o que as pessoas desejam. Como a função social das mídias sociais é facilitar a conversação, então é possível afirmar que a empresa está no lugar ideal para obter respostas.

Frequentemente, o impacto não acontece diretamente na forma monetária, por isto é preciso trabalhar com a medição de indicadores não financeiros. A quantidade de visitas ao portal, citações e desenvolvimento de relacionamentos e retorno do público são exemplos de indicadores que não são diretamente mensuráveis no formato dinheiro. Como eles impactam as finanças de forma direta ou indireta, é preciso entender que eles são estratégicos, avaliar os resultados tangíveis ou intangíveis obtidos e redimensionar as ações.

As ferramentas para encurtar e monitorar os endereços são de fundamental importância para divulgações no Twitter em função da limitação da quantidade de caracteres. O acompanhamento das citações permite descobrir quem divulgou o material da empresa. As ferramentas para facilitar o gerenciamento de contas no Twitter, Facebook e etc. permitem o acompanhamento dos perfis, busca em tempo real, atualizações simultâneas e integração com os serviços de encurtamento e monitoração dos endereços.

O retorno financeiro do investimento nas mídias sociais não necessariamente acontece no curto prazo. As variáveis envolvidas no jogo corporativo decorrentes dos objetivos, recursos, estratégias e ações podem levar para um cenário com visibilidade de médio e longo prazo para os resultados. A orquestração sincronizada do projeto demanda o envolvimento de toda a cadeia produtiva com todos trabalhando na mesma frequência. Em resumo, as mídias sociais não são diferentes dos outros canais de comunicação e também demandam tempo e dinheiro para gerar resultados.

O impacto do projeto nos resultados da empresa deve também ser permanentemente acompanhado para avaliar as ações executadas. O Serviço de Excelência do Ponto de Venda permite a medição das informações que não são de natureza financeira ou monetária de forma direta e a avaliação da efetividade. Indicadores financeiros indiretos como a quantidade de visitas, citações e respostas são exemplos de como medir os resultados das ações realizadas nas mídias sociais. Com o SEPV é possível selecionar as práticas mais eficientes e eficazes e focar na continuidade do trabalho.

O desempenho financeiro medido através da quantidade de novos consumidores, ticket médio etc. pode ser associado às ações realizadas através do Serviço de Excelência do Ponto de Venda. É possível, desta forma, quantificar o esforço realizado na mídia social em termos de impacto no lucro.

O aspecto bidirecional da comunicação em ambiente público exige o desenvolvimento de elevada velocidade de dinamismo. É muito simples e fácil obter as informações nestes locais e por isto as vantagens competitivas serão obtidas pelos que tiverem maior velocidade de dinamismo. A eliminação nas mídias sociais de parte das distorções das informações cria a necessidade de superar o desafio do mercado social. As novas plataformas e ferramentas que surgem diariamente reforçam a característica de jogo corporativo interativo. Em outras palavras, a empresa B vai reagir de forma

508 ◆ Governança da Nova TI: Revolução

diferenciada se a empresa A escolher a alternativa X ou Y e a empresa A vai reagir em função da sua crença em relação às atitudes da empresa B. Como na rede social existe espaço tanto para verdades como para mentiras, os concorrentes que estão de olho na sua empresa podem até mesmo ser aniquilados. Isto significa que as críticas e solicitações dos consumidores precisam fazer parte de um processo maior de busca de novidades e acompanhamento do mercado.

O desenvolvimento e evolução das métricas para avaliar o desempenho corporativo nas mídias sociais não pode virar um problema para algumas partes da organização. Tal qual a mídia tradicional, na rede social os indicadores utilizados exige disciplina e dedicação do negócio com um todo. A determinação do retorno do investimento e análise do valor ou impacto das mídias sociais deve obedecer a mesma lógica utilizada para a medição do desempenho das outras áreas e atividades da empresa. No máximo é preciso fazer alguma adaptação para características específicas das iniciativas sociais.

Uma organização sem a cultura da medição da performance do negócio precisa iniciar o projeto pelo desenvolvimento de mecanismos para coletar os dados e contratar capital intelectual para a análise. É preciso gerenciamento, dedicação e comprometimento da equipe para obter sucesso neste tipo de empreitada. É muito rápido e fácil disponibilizar dados. A transformação dos dados em informações de negócio exige muito empenho e dedicação.

É preciso manter o foco no negócio e clarificar que as métricas não representam a meta do trabalho. Os indicadores são apenas um ponto de partida com uma alternativa de caminho. Inexiste empresa que vende mais apenas porque começou a fazer medições do desempenho. É a análise e interpretação dos dados coletados e formatados que resulta no direcionamento, planejamento, ações ou iniciativas. Em outras palavras, os dados transformados em informações resultam em atitudes, ações e dinheiro.

Medir sem avaliar e interpretar é apenas desperdício de tempo e dinheiro. Isto significa que conquistar fãs ou seguidores é uma atividade inicial de curto prazo importante, no entanto, para que eles respondam as suas ofertas e comprem os produtos e serviços é preciso existir a sedução e conquista de médio e longo prazo. Para os negócios digitais também existe o mesmo tipo de relacionamento. A criação de uma dinâmica que gere uma grande quantidade de mensagens postadas no fórum é uma atividade de curto prazo importante, no entanto, a conversão delas em compras de aplicações ou conteúdo para o celular ou tablet é algo conquistado apenas no médio e longo prazo.

Capítulo 26 • TI Social • **509**

A divulgação do que estamos fazendo para os seguidores do Twitter precisa ser pensada e planejada para existir o foco no que realmente é relevante para transformar as ações em conversões direcionadas para os objetivos propostos. O conjunto selecionado de métricas e indicadores é consequência dos objetivos do negócio. Logo, se os objetivos são tangíveis, as métricas e indicadores são facilmente determinados. Sempre que existe saber profundo do destino e pleno entendimento dos objetivos, os sinais necessários para indicar a aproximação ou afastamento do alvo são bastante evidentes.

Não existe necessidade alguma de estabelecer um conjunto gigantesco de indicadores. Normalmente é um exagero utilizar mais de dez tipos diferentes de métricas para medir o nível de progresso em relação ao objetivo. Em geral, apenas alguns poucos tipos de indicadores é o suficiente para gerar os relatórios necessários. Por exemplo, se o objetivo é aumentar a penetração da marca em um determinado mercado, basta procurar pelo número de citações. Se existiu aumento, então o caminho percorrido está correto.

A relação entre causa e efeito é de enorme importância para o caminhar. A causa, que motiva ações diretas e singulares, precisa estar relacionada com o efeito, que é o resultado prático da iniciativa. É preciso, neste ponto, manter no topo da agenda que existem características da campanha e fatores ambientais que alavancam ou inibem os resultados.

Atualmente existem muitas formas para atingir o público-alvo e causar impacto nos clientes potenciais com as ofertas. No entanto, é preciso uma boa dose de pragmatismo e prudência durante a fase de análise, pois ainda não é possível realizar de forma economicamente viável o rastreamento de cada uma das interações que as pessoas têm com o negócio.

A impossibilidade do rastreamento está relacionada com a dificuldade natural de ajustar apenas um fator por vez e medir o resultado motivado da ação. Como não é possível ficar esperando pelas respostas (o tempo de reação do público-alvo em uma rede social é desconhecido), é melhor trabalhar com um conjunto de fatores e avaliar o desempenho do resultado. No mundo real das empresas que não desejam fazer experimentos científicos é bastante razoável ignorar a questão de medir o resultado individual das iniciativas e trabalhar com um conjunto orquestrado de ações.

O fator humano torna as análises complexas e difíceis. As quatro perguntas que não querem calar estão relacionadas com o que uma determinada informação explica,

510 ◆ Governança da Nova TI: Revolução

porque ela relevante para o negócio, o que ela comunica sobre a efetividade da iniciativa e qual foi o impacto da ação adotada. Como não existe ferramenta automatizada ou informatizada que ofereça uma resposta plausível, é preciso trabalhar com o capital intelectual e estudar com profundidade o caso para mapear o caminho e aplicar uma alternativa. Em outras palavras, não existe uma receita de bolo instantâneo que resolva adequadamente este conjunto de equações.

A característica deste sistema que apresenta quantidade de variáveis superior ao numero de equações é que não é possível utilizar um método padrão de indicadores e métricas com base no engajamento ou percepção para a sua resolução. É preciso desenhar uma solução customizada para a necessidade da organização. No entanto, é possível extrair a vantagem de uma solução padronizada como ponto de partida para o desenvolvimento de uma alternativa customizada para endereçar as necessidades do mercado alvo.

O resultado não pode ser entendido e comunicado com um simples gráfico. É preciso relacionar o que foi medido e avaliado para que a estratégia original seja ajustada conforme os resultados e exista melhora relevante no desempenho. O gráfico representa o começo da jornada rumo ao lucro superior. A habilidade da correta interpretação e tradução dos números e gráficos dos relatórios determina a eficiência e eficácia das ações. É necessário responder com clareza qual é a base das informações e que conclusões e recomendações é possível extrair dos dados coletados.

O segredo da efetividade está na simplificação. Não existe necessidade alguma de trabalhar com indicadores complexos para alcançar o resultado desejado. Uma correlação simples entre o nível de percepção da marca e o gráfico das vendas em um dado momento pode revelar os locais mais efetivos para as interações na rede. A avaliação do nível de satisfação dos clientes com a quantidade de acesso ao portal pode mostrar se os dois indicadores estão avançando na direção desejada e o comportamento ao longo do tempo da movimentação. É possível verificar se existe movimentação de aproximação ou afastamento dos índices e avaliar se as ações estratégicas estão movimentando estes dois fatores de forma individual ou conjunta. Como a imensa maioria dos negócios precisa de diretrizes e não de dissertações acadêmicas, é interessante evitar complexidade e detalhamento excessivo.

Normalmente inexiste necessidade de abordagem exageradamente específica com elevada precisão para um caso particular. A constante evolução das métricas justifica a falta de viabilidade deste estratagema. Basicamente existe uma retroalimentação dos resultados com os objetivos definidos e conjunto de métricas. Em outras

Capítulo 26 • TI Social • 511

palavras, os negócios são formados por processos interativos. Existe uma parte que é capital intelectual e esforço e outra que é pura arte de viver em sociedade. Não existe um mecanismo infalível no mundo em que vivemos.

É preciso trabalhar o conjunto de indicadores, pois nem sempre um índice individual é capaz de responder todas as perguntas. Em varias situações é preciso apelar para a criatividade e mudar as escolhas formatadas. Uma mera conversa pode permitir ajustes relevantes nos índices e na avaliação dos resultados.

O entendimento das respostas precisa considerar os aspectos culturais. O engajamento das pessoas nas mudanças passa pelo conceito de empresa que aprende. Nem sempre é possível evitar as falhas e erros. No entanto, a falta de compartilhamento delas é um erro que pode ser evitado. Quando uma falha é rastreada, é preciso evitar a armadilha do ego de administrar os números com foco no melhor ângulo. Empresas de sucesso utilizam uma abordagem muito simples. Elas aceitam os erros e os usam para aprender a melhorar os processos. No médio e longo prazo, maior eficiência e eficácia são alcançadas.

A cultura na qual existe a culpa individual e a palavra falha é proibida de ser dita está totalmente ultrapassada no contexto da mídia social. Sem sombra de duvida, a prestação de contas é um fato imperativo para a grande maioria dos modelos de negócio, no entanto, a aceitação do erro ou falha como oportunidade de evolução tem a mesma importância..

A melhor forma de visualizar este impacto cultural acontece na medição do retorno do investimento. Todos concordam que acompanhar os gastos em termos de tempo e dinheiro é fundamental e prudente. É absolutamente necessário entender quanto dinheiro existirá no final do período. No entanto, esta conversa não pode ficar limitada neste contexto. Reclamações, processos, mercadorias devolvidas etc. são variáveis que não aparecem no indicador e podem comprometer seriamente a sustentabilidade de longo prazo do negócio.

As questões relacionadas com a percepção da penetração, nível de satisfação dos clientes e inimigos ou advogados da marca precisam ser corretamente endereçadas para que seja possível pensar no lucro de longo prazo e superação da barreira da morte prematura. A comparação histórica permite reduzir os custos pelo alongamento dos prazos e maximizar a possibilidade de sucesso de longo prazo.

512 ◆ Governança da Nova TI: Revolução

A exploração do potencial das mídias sociais não pode ficar restrita ao universo de iniciativa direta de vendas. É preciso colocar o capital intelectual para trabalhar e aumentar a quantidade de alternativas para alcançar o coração e o bolso dos clientes. Isto significa que é preciso oferecer experiências prazerosas e agradáveis de relacionamento. É preciso evitar as situações nas quais as pessoas não tenham as ferramentas adequadas para coletar os dados necessários ou não saibam por onde começar, por isto, a atividade central do negócio precisa estar corretamente entendida e existir o desejo de demonstrar publicamente a real eficiência da organização.

Como a rede é uma experiência da era do conhecimento e não existem respostas prontas, é preciso muita prática e esforço para resolver os desafios. As mídias sociais oferecem muitas informações e a nova realidade dos negócios demanda investimentos de tempo e dinheiro para estudar os dados e extrair as informações que farão a diferença para o sucesso.

A Rede

O capital social é conseguido e cultivado por meio da interação nas redes sociais. Ele é o resultado direto da reputação, influência, ligações com outras pessoas e capacidade de acesso às ideias, talentos e recursos ("O poder das redes sociais", Tara Hunt, 2011).

O crescimento das mídias sociais tornou pública a consequência dos equívocos protagonizados por algumas marcas. A falta do saber profundo foi a principal causa do fracasso da exploração dos canais digitais sociais. Várias empresas, em especial as micro e pequenas, ainda hoje acreditam em autênticas fantasias. Elas simplesmente não sabem o que é verdade e o que é imaginação e desejo.

Ainda é comum encontrar o pensamento segundo o qual a exploração destes novos canais exige apenas um software e todo o resto é grátis (em geral os vendedores dos softwares trabalham na maximização do entendimento desta visão). Outras organizações não conseguem entender que a sua falta de habilidade no assunto não representa um fato de mercado. Elas acreditam que não é preciso definir um conteúdo robusto e coerente para a mídia e que a mera disponibilização do acesso às redes sociais para os funcionários é condição necessária e suficiente para reduzir a sua produtividade. Para estas empresas, as mídias sociais são inimigas do lucro.

Todas as pesquisas mais recentes mostram que a maioria dos usuários de internet de todas as classes sociais entra nas redes sociais mais de três horas por dia, ou seja, os

Capítulo 26 • TI Social • **513**

clientes estão presentes nestas mídias uma grande parte do dia. A medição do impacto da mídia social no negócio e retorno sobre o investimento nas redes é um tema ainda polêmico, porque muitos confundem métricas de engajamento com financeiras. A característica de relacionamento indireto gera este sentimento nos menos avisados. O número de fãs ou seguidores são indicadores de engajamento que podem influenciar (ou não) os indicadores financeiros de vendas, qualidade de clientes, número de atendimentos etc.

Tudo depende das ações realizadas. As iniciativas de relacionamento não podem ser diretamente ligadas aos resultados de vendas ou retorno de investimento. Este fenômeno já acontece desde a introdução do marketing nas mídias tradicionais. Como a interação nas redes sociais não demanda conhecimento específico em ambiente digital, é preciso filtrar racionalmente o que é relevante. O único saber necessário para o empreendedor é o desenvolvimento da sua natural capacidade de envolvimento nas conversas com as pessoas, ou seja, o desafio de publicar e gerenciar um conteúdo relevante é uma atividade relacionada com o lucro.

O simples estratagema de trabalhar com a inteligência coletiva e contribuições dos membros da rede é o suficiente para conquistar um nível elementar de engajamento necessário. As ferramentas atualmente disponíveis na rede facilitam o gerenciamento de vários perfis em uma única tela. É evidente que ninguém gosta de escutar comentários negativos sobre o seu negócio ou trabalho.

Todos concordam que este aspecto representa uma grande preocupação para todos os empreendedores. É fato comunicado e entendido que os concorrentes são teoricamente os grandes e únicos beneficiados dos fatos negativos publicados. No entanto, a prática mostra que a temida chuva de comentários negativos é facilmente revertida no curto prazo através da transparência e responsabilidade corporativa. No mundo tradicional o resultado normal das situações negativas sem reação adequada são clientes perdidos, contratos cancelados e elevação dos custos para conquistar novos clientes.

A rede social oferece a alternativa barata e simples de responder com honestidade e realismo, apresentar a versão da organização para os fatos e demonstrar que existe o espírito animal do empreendedor para o aprendizado e a correção. O consumidor simples é inteligente e sabe perceber a diferença entre um fato real e uma ilusão. O clima de transparência, honestidade e realismo faz com que o cliente exerça em vários momentos o papel de defensor da marca. A empresa sequer precisa responder algumas inverdades.

514 • Governança da Nova TI: Revolução

Como muitos consumidores já estão desempenhando estes papéis de defensores ou inimigos da marca nas mídias sociais, é importante (em alguns casos específicos é fundamental) a presença da organização para que exista o entendimento do que precisa ser melhorado ou valorizado. Em alguns mercados uma das forças da marca pode ter enorme valor e em outros ela nada significa. A certeza de algumas decisões pode ser alcançada pela característica formal e permanente do conteúdo das mídias sociais. Este aspecto é um forte catalisador da necessidade de estar presente e participando.

O pensamento de que a mídia social é de graça e de extrema facilidade pela característica de livre uso é tão verdadeiro quanto uma nota de três reais. É preciso entender esta característica e evitar o chamado "fogo amigo". De uma forma simplista, é preciso investir no planejamento, direcionamento e execução das ações. O desenvolvimento e execução das iniciativas exige envolvimento, tempo e dinheiro.

As questões de segurança digital para os serviços de integração digital precisam ser muito bem entendidas. O conhecimento da senha corporativa por outros serviços integrados ao portal social faz com que ela perca o aspecto de pessoal e intransferível e cria o risco de vazamento. Apesar dos serviços integrados às redes afirmarem que existem garantias contra o uso indevido da conta, ainda é incomum a existência de comprovações realistas para a segurança e a certeza de cumprimento das promessas. Na prática, o empreendedor deve entender que ele está escolhendo entregar a senha pessoal e intransferível do perfil da empresa para os portais e aplicativos que solicitaram esta permissão. Como algumas situações de compartilhamento de informações são inevitáveis, é recomendável estabelecer e cumprir uma política de segurança para a senha (trocas constantes e configuração da recuperação no caso de falhas). O pensamento de que é possível terceirizar para o Gmail, Facebook, Twitter ou outros o gerenciamento da segurança da senha da empresa é irrealista e de alto risco.

A frase "Queremos chamar sua atenção. Os meios de comunicação os quais todos vocês adoram serão destruídos. Se você é um hacktivista ou alguém disposto a proteger sua liberdade de informação, junte se à causa e ajude a matar o Facebook em nome de sua própria privacidade" do artigo "Membros do Anonymous planejam destruir FB" (http://info.abril.com.br, acessado em 01/09/2011) revela o risco do comportamento terrorista para o negócio. Não existe situação pior do que uma pessoa com a senha do perfil da empresa na rede social com atitude terrorista contra a marca. É também igualmente ruim ter que enfrentar um "esperto" que criou um perfil com base na marca da empresa e está apenas esperando uma oportunidade para fazer a sua "venda".

Quando foi criado o sistema da Nota Fiscal Paulista no Estado de São Paulo, muita gente imaginou que era uma forma de monitorar os gastos das pessoas e evitar a sonegação fiscal, mas o imenso volume de informações circuladas simplesmente inviabiliza tal estratégia. Aspectos como a necessidade de processamento e armazenamento inviabilizam economicamente estes controles, pois a maior informatização do monitoramento exige crescimento exponencial do capital intelectual de análise. Seria necessário um enorme exército de analistas para avaliar os resultados com nível aceitável de falso-positivo e positivo falso. Os que imaginam que os Estados Unidos ou outros países conseguirão monitorar tudo o que é feito, falado, escrito, pensado etc. através de algum tipo de equipamento de vigilância são de otimismo extremado. Até hoje, depois de séculos de comunicação escrita ou falada, os estados não foram capazes de monitorar as conversas e exercer algum tipo de controle nas condutas da população. Os levantes de 2011 contra os governos em países árabes mostram que mesmo quando existiu o desejo de monitorar e controlar as redes e as comunicações, esse monitoramento em nada foi efetivo. Manifestações foram marcadas através dos mecanismos proibidos e bloqueados e governos foram derrubados.

As redes sociais vão, de fato, permitir o armazenamento de muitas informações disponibilizadas com acesso comum. No entanto, é impensável imaginar que todas as informações de bilhões de pessoas serão armazenadas eternamente ou por longo prazo com a atual estrutura de renda. Seriam necessários trilhões e trilhões de dólares para manter vinte anos de informações. As nuvens e redes serão sem sombra de dúvida um lugar concreto e real onde os estados e as empresas terão acesso às informações escolhidas pelas pessoas para o compartilhamento. É evidente que sempre existirão os desavisados ou imprudentes que vão informar onde estão em situações em que estejam fugindo do poder público, ou que vão declarar que exercerão ilegalidades no país que pretendem visitar como turistas ou que vão oferecer provas sobre a sua renda e patrimônio em situações em que estejam sendo processados ou que permitirão a descoberta de deslizes no trabalho ou relações pessoais. Disponibilizar informações de âmbito privado em ambiente público sempre tem consequências.

Até que a maturidade da era do conhecimento seja alcançada, muita informação de característica privada será publicada e compartilhada. É bastante possível que o descuido de alguns ofereça situações concretas de problemas de privacidade e segurança no mundo real. A consequência da publicação do rastreamento em tempo real é desconhecida, no entanto, é possível afirmar que ela não é neutra. A natureza pública e compartilhada das mídias sociais exige que as empresas adotem sempre a postura de comportamento profissional. Fotos, detalhes particulares, números de telefone, endereços de correio eletrônico, senhas etc. são exemplos de descuidos que já existem nas redes sociais.

516 • Governança da Nova TI: Revolução

A imaginação de que a chamada geração Y tem perfil completamente diferente pela digitalização precoce e por isto conseguirá revolucionar os conceitos reflete otimismo exagerado. No tema propriedade intelectual, os mesmos problemas do comportamento passado estão sendo repetidos. Antigamente era muito comum o empréstimo de disco de vinil e gravação dele em fita cassete. Muitos podem falar que a qualidade atual é muito superior, mas para a época a qualidade do som da fita era boa o suficiente. O acesso a uma copia de um filme em videocassete também era muito fácil. Até mesmo a questão da censura era facilmente contornada quando as partes interessadas estavam devidamente engajadas.

Era possível encontrar em diversos estabelecimentos comerciais como supermercados, a venda de músicas e filmes gravados em fitas. Em resumo, a real questão não é sobre o fato, mas sim sobre a publicação do mesmo em mídia permanente. Por questões de controle ou viabilidade econômica, vários processos sobre direitos estão sendo extintos ou encerrados. Já foi percebido por muitos que a real questão está no acesso e a simples oferta de conteúdo legalizado consegue resolver a questão. É evidente que não é uma situação de rebeldia da geração Y contra os direitos autorais, mas uma simples questão de acesso.

A aplicação de ferramenta de avaliação racional explicita a conclusão de que é apenas mais um caso de problema antigo em que não existiu vontade ou interesse de solução até agora. A polêmica sobre direitos autorais vem atravessando diversas gerações. Na prática, a grande mudança de comportamento é que atualmente é possível visitar remotamente um amigo em qualquer parte do mundo, porque a internet é o amigo comum de todos.

Impactos e Indicadores

É possível medir o impacto gerado nas mídias sociais de diversas formas utilizando vários estratagemas diferentes. No entanto, é preciso ter em mente o que é relevante medir para a avaliação do impacto causado por uma campanha em termos de abrangência e profundidade. De uma forma geral, a abrangência e profundidade da penetração do conceito criado sobre a marca pode ser quantificada através do número de respostas (não importa neste momento se elas são favoráveis ou não). Para o estabelecimento de métricas e indicadores robustos e coerentes é fundamental consolidar as respostas em relação aos seguintes aspectos:

- Volume de impressões favoráveis (ou não)
- Evolução ao longo do tempo da quantidade de respostas

Capítulo 26 ◆ TI Social ◆ **517**

- Tempo de vida do estímulo
- Comportamento das respostas por horário ou período do dia
- Impacto da competição da campanha em relação aos novos assuntos
- Posicionamento por categoria, tema ou canal social

A avaliação da campanha em relação às etapas de compra do cliente permite estimar a influência dela nos indicadores financeiros. O nível do impacto das iniciativas nas decisões dos clientes que estavam no momento de pesquisa de preços e produtos ou fechamento de negócio ou pós-venda é diretamente proporcional à variação das vendas. A popularidade dos vídeos disponibilizados permite captar cada um destes momentos e desenvolver uma orientação focada. Também é possível, via vídeos ou conversas ao vivo, segmentar o mercado e incorporar informações em função do acesso. É fácil medir o resultado de um vídeo do produto no ponto de venda ou de uma conversa do cliente em tempo real com a engenharia sobre uma dúvida específica. A elevação destas conversas para as mídias sociais pode impactar as decisões dos fãs, seguidores e amigos.

É possível também trabalhar a rede como alavancador da presença nas outras mídias. Uma campanha com taxa elevada de conquista de novos fãs, seguidores e amigos pode extrapolar o canal de comunicação e alcançar a grande mídia tradicional. Muita divulgação gratuita pode ser obtida através de número elevado de citações.

A abrangência ou alcance da campanha pode ser medida pelas conexões com os fãs e seguidores e nível de exposição ou impacto causado. A taxa de crescimento da velocidade da propagação e respectiva variação ao longo do tempo indicam a repercussão e profundidade da campanha na rede. Poucas centenas de seguidores conseguem criar uma rede com milhões, devido ao caráter de progressão geométrica dos contatos.

O volume de arquivos enviados para os membros da rede e das respectivas respostas revela o nível de visualização. A receptividade pode ser medida tanto pelo indicador "favorito", como pelos comentários e avaliações. O grau de penetração nas camadas da rede pode ser medido pelo marcador de páginas sociais, número de inscrições no RSS, podcast e quantidade de visitas ao portal ou blog. A adoção destes estratagemas permite o dimensionamento do custo por visualização e entendimento do impacto em função do retorno recebido.

Uma reclassificação dos mecanismos de busca relacionados com as mídias sociais é também outro indicador importante do resultado. Toda vez que o motor de busca promove a marca é sinal de incremento na atividade social e catalisação do efeito multiplicador da penetração da rede.

518 • Governança da Nova TI: Revolução

A reclassificação por conta dos editores do conteúdo multimídia permite o compartilhamento da campanha nos diversos portais sociais e maximiza a oportunidade de ganho nas vendas do ambiente. Isto significa que os consumidores atingidos estão influenciando os potenciais clientes e editores de blogs. O nível de influência da marca nos canais sociais pode então ser medido em função do público-alvo e do público total atingido.

Os indicadores de abrangência e profundidade vão neste caso revelar os hábitos e interesses do público-alvo presente na mídia social, a geografia da participação dos consumidores, o sentimento de participação e a interação da audiência (volume de mensagens). A mudança de comportamento da audiência antes, durante e depois da campanha é outro índice que sinaliza o endereçamento dos objetivos propostos.

A linguagem e língua dos membros da rede também permitem avaliar o nível de penetração. Não existe sentido em aprimorar a comunicação da campanha em uma localidade que não será alcançada pelo produto. Por exemplo, se é um produto destinado para grandes capitais, a linguagem da comunicação deve ser mais cosmopolita e, em alguns casos, em português e inglês. O indicador do tempo gasto para distribuir o conteúdo para os fãs, seguidores e tempo total gasto para alcançar a capilaridade desejada via referências da rede social mostram a velocidade da campanha e formatam a preparação da resposta da empresa para atender os consumidores. Muita economia em estoque pode ser feita pelo conhecimento destes tempos ou pela sua redução.

A quantidade de visitas é influenciada pelo método de busca de conteúdo, por isto o aumento do tráfego decorrente do ganho da campanha na mídia precisa ser ajustado em função dos mecanismos de pesquisa e motores utilizados. Apenas quantificar o número de cliques ou visualizações pode distorcer os resultados. Mais importante que o crescimento da quantidade de acessos é o aumento da quantidade de interações, participações e frequência de presença.

O crescimento da porcentagem de visualizações dos vídeos ou votos recebidos nas pesquisas realizadas permite a avaliação do resultado da campanha em relação à presença da marca na mídia. Financeiramente, é possível encontrar esta maior participação de presença no indicador aumento das vendas. O nível de satisfação pós-venda pode ser facilmente medido pela retribuição dos compradores através das contribuições para melhorias ou evolução dos produtos.

A popularidade alcançada pelo conteúdo indica o nível de percepção da marca pelos consumidores potenciais e o volume de inscrições via aplicativos das redes sociais

Capítulo 26 • TI Social • **519**

possibilita entender o grau de penetração do canal (por exemplo, portal, aplicação para equipamento fixo ou móvel, torpedo etc.).

A provocação embutida na campanha estimula o debate e contestação do tema central, por isto, o número de participantes e contribuições é um indicador bastante representativo do nível de alcance e profundidade. Conversas em salas de bate-papo, eventos virtuais etc. aumentam o impacto na mídia tradicional e social da campanha de marketing social. Todo o conteúdo gerado pelo usuário nestes encontros pode ser utilizado nos outros canais aumentando a probabilidade de atender mais clientes. A preservação e proteção das interações diretas individuais permite a comparação do resultado da campanha em diversos canais. Do ponto de vista financeiro e do fluxo de caixa, o estímulo gerado pelo programa de marketing para a conexão dos clientes uns com os outros nos diversos canais gera uma enorme economia de recursos.

O impacto no nível da satisfação na resolução de eventuais problemas no primeiro contato pode ser medido através do volume de retorno dos usuários. Muito tempo e dinheiro de pesquisa e desenvolvimento pode ser economizado via retorno originado nas mídias sociais, pois o nível de barulho que os membros da rede fazem ao ter as suas sugestões ou reclamações implementadas nas novas versões do produto ou serviço é enorme.

O impacto sobre as vendas pode alavancar o caixa de tal forma que a taxa de juros do capital e respectivo acesso fiquem extremamente atraentes, gerando reflexos positivos nos comportamentos, lideranças e produtos. A taxa de retenção do cliente e visitante é maximizada via conversão das classificações e opiniões dos usuários em mudanças.

O custo da conquista ou retenção dos clientes é enormemente reduzido através da estratégia corporativa na mídia social e gera um forte impacto no valor para o negócio do ciclo de vida do cliente. Este impacto pode ser medido tanto pela variação na participação relativa como pela penetração gratuita na mídia paga.

As respostas dos eventos sociais, aumento do nível de presença e participação virtual e real e engajamento dos funcionários permitem medir o valor do programa para as aplicações corporativas. O volume recebido de colaborações indica se a marca ultrapassou o bolso das pessoas e conquistou os corações. Decisões de compra que eram apenas racionais passam a ter apelo emocional nestes casos.

A principal consequência do impacto das redes sociais nos negócios está no crescimento da sensibilidade pelas empresas das necessidades dos consumidores

520 ◆ Governança da Nova TI: Revolução

e respectiva velocidade de reação. A maior motivação para colaboração interna e externa tem enorme influência no retorno do investimento. É fato que ainda existem muitas distorções nas informações no mercado e muitos simplesmente não sabem o que deve ser feito e avaliado.

A boa notícia é que o crescimento das mídias sociais como blogs e redes de relacionamento vem melhorando o fluxo de informações e corrigindo muitas distorções e deficiências. Os blogs e comunidades de relacionamento permitem que as companhias consigam algo que era impossível até pouco tempo. Elas agora conseguem entrar em contato direto com os consumidores sem a necessidade de intermediários. Como toda novidade, muitos estão temerosos e assustados. As empresas modernas e ousadas que aceitaram essa nova forma de relacionamento com o mercado estão se aproximando cada vez mais dos consumidores e mudando para melhor a forma de fazer negócios. O benefício de baixa necessidade de capital e investimento é um forte fator de atração.

Elas estão aprendendo com as necessidades dos consumidores e conseguem rapidamente reagir ao mercado. Para alguns, isto é impossível de ser feito pelo nível de complexidade e dificuldade. Para outros, isso torna as empresas maiores e melhores.

O estabelecimento do trabalho colaborativo com parceiros, consumidores e concorrentes exige o compartilhamento do conhecimento e estratégia. É evidente que existem tanto riscos como valiosas recompensas neste modo de fazer as coisas. Em geral, as companhias que adotam modelo fechado e raramente compartilham as informações terão muita dificuldade de alcançar ganhos com a internet social. A TI social exige algum nível de exposição e abertura. O grande problema da ausência nesta nova dimensão do universo do lucro é que os clientes estão presentes e falando das empresas. Não conhecer ou participar deste diálogo pode representar um risco muito maior do que compartilhar algumas informações. O principal motivo da dificuldade em mudar a cultura dos funcionários para aumentar o nível de colaboração interna e externa está relacionado com confiança e credibilidade. Estes dois aspectos representam uma enorme barreira para a incorporação da internet social ao negócio. É importante ser realista e encontrar alternativas práticas, pois as contribuições dos consumidores neste novo modelo de ganhar dinheiro são muito concretas. Elas são facilmente identificáveis nos trabalhos sérios. É muito comum um chefe de cozinha de um restaurante receber espontaneamente sugestões dos clientes sobre novos pratos para o cardápio. Claramente o modelo colaborativo de trabalho oferece várias vantagens competitivas.

Capítulo 26 ◆ TI Social ◆ 521

O retorno do investimento na era do negócio social e digital é chamado por alguns de ROI 2.0. Apesar do novo nome, nada mudou no conceito e fórmula. A repaginação aconteceu porque no passado recente muitas empresas compravam tecnologias sem motivação para tal e com total desconhecimento dos ganhos potenciais. Vários utilizaram do artifício de um novo nome apenas para interromper este comportamento viciado de tecnologia pela tecnologia. A participação das empresas nas redes sociais precisa ser pautada por motivos reais para que seja possível alcançar retorno do tempo e dinheiro investido.

As companhias que não estão preparadas para ouvir o público, dialogar com ele, oferecer suporte aos problemas e capturar estas fontes de informações e conhecimentos não terão retorno algum nas mídias sociais. Apenas as organizações abertas para a conscientização do que se passa no mercado e no mundo em termos de vendas ou redução de custos conseguirão alcançar benefícios concretos com esta tecnologia. Se o capital intelectual da empresa não sabe o que medir, então é impossível avaliar o valor do retorno do investimento e basicamente a iniciativa vira mais uma na linha de fazer por fazer ou mal necessário. Todos sabem medir o número de visitas em um portal, mas é preciso o saber profundo do negócio para medir a quantidade de vendas geradas pelas visitas. O problema pode ser maior ou menor em função do capital intelectual corporativo.

Negócios nas Redes Sociais

As redes sociais estão sendo preponderantemente utilizadas para promover as mensagens orgânicas das empresas, monitorar e acompanhar as tendências de comportamento dos clientes e oferecer um canal de comunicação com a organização através do desenvolvimento e manutenção dos relacionamentos.

As empresas enxergam a sua atuação atual e futura nas mídias sociais, tanto nas atividades de prospecção de novos clientes via identificação voluntária e relacionamento como no contato social permanente com os clientes e na melhoria do entendimento das atitudes dos consumidores. Em outras palavras, a utilização destas mídias para vendas exige uma mudança drástica do direcionamento em curso para a prospecção. A perspectiva de vendas orientada aos novos clientes autoidentificados é uma alternativa interessante e importante para muitos negócios.

Dentro desta ótica, as mídias sociais oferecem uma ferramenta de enorme valor que ajuda na identificação do que está sendo dito sobre os produtos e serviços oferecidos. Existe, neste contexto, uma oportunidade real de envolvimento e descoberta.

522 ◆ Governança da Nova TI: Revolução

Uma das consequências do relacionamento é o início de processos de vendas. É possível desta forma descobrir quem são os verdadeiros clientes e segregar os papéis de comprador, influenciador e usuário.

A TI social permite a observação das conversas entre os clientes sem a participação de um vendedor tentando vender. É fácil entender e aprender o que é verdadeiramente importante para eles. Muitas vezes, a marca e os produtos são indiferentes em relação às necessidades. Em vários casos, existe comprometimento e paixão nas reações. O pleno saber dos valores e paixões de uma pessoa é sem sombra de duvida o passo inicial para o entendimento das atitudes. O início de uma venda passa por este caminho. Muitas vezes o medo, a insegurança e o ideal de referência revelado nas conversas sociais escancaram as portas das oportunidades. Não existem dúvidas de que a aproximação com os novos clientes é facilitada quando o perfil e as respectivas mensagens são conhecidas. Normalmente, as melhores relações de negócios acontecem nas situações de conhecimento dos aspectos pessoais. Existe uma clara passagem de recado de autenticidade.

As atividades de divulgação corporativa via mensagem orgânica, acompanhamento das tendências dos clientes e estabelecimento de canais de interação com os clientes já estão presentes em grande parte das empresas modernas. É muito barato e efetivo utilizar as redes sociais para pesquisar novas ideias de produtos e avaliar as reações da interação com os clientes. Como as coisas acontecem neste novo mundo de forma independente da presença ativa, é preciso evitar a situação em que a comunidade vire um recurso da concorrência.

Soberba

Negócios de todos os tipos e tamanhos precisam eliminar atitudes de soberba. É preciso monitorar, acompanhar e reagir às mudanças de comportamento dos clientes. Oferecer de forma não automática e surpreendente uma gentileza para um cliente que fez um comentário favorável ou que contribuiu para o desenvolvimento ou correção de um produto é uma forma simples e barata de aproximação. Novos negócios e microempresas deveriam ter cuidado especial com tais situações.

A captura do boca a boca positivo é uma ferramenta de enorme utilidade no processo de transformar uma perspectiva em venda. O custo do estratagema é muito baixo nas mídias sociais pelo elevado nível de alavancagem do potencial da comunicação digital. O conjunto de iniciativas que incluem a manutenção de uma página atualizada do perfil da empresa, distribuição de notícias relevantes, monitoração,

Capítulo 26 • TI Social • **523**

acompanhamento e respostas para as citações dos produtos e serviços e interação com escritores amadores e profissionais e imprensa convencional permite o desenvolvimento de um olhar futuro e evolução do planejamento das mudanças e suporte aos usuários.

Atualmente o telefone celular oferece tamanho nível de facilidade que qualquer pessoa pode divulgar em uma mídia social um fato relevante positivo ou negativo. A limitação de tamanho da mensagem no Twitter pode gerar uma situação de entendimento comprometido e a monitoração e acompanhamento pode explorar a oportunidade ou eliminar uma ameaça. A conversa e o entendimento das motivações dos consumidores habilita o desenvolvimento de um diálogo verdadeiro com os fãs e seguidores. Na prática, eles vão ser os canais de divulgação das novidades da empresa.

Os eventos promovidos pela campanha da empresa e respectivo registro publico ganham força e credibilidade quando divulgados pelos seguidores. Muitas vezes os ex-colaboradores aposentados ativos em outros desafios podem ser consultados para a maximização do aprendizado empresarial. Em outros casos, a empresa pode participar de forma mais ativa com a comunidade local através de programas de arrecadação. Os primeiros que trabalharem adequadamente podem economizar muito dinheiro em mídia tradicional pela repercussão da rede social. Empresas iniciantes ou novos negócios de elevado teor de incerteza podem reduzir investimentos e custos com a utilização das redes sociais para criar grupos de trabalho com compartilhamento e integração dos documentos, agendas e comunicações. O equilíbrio entre a segurança de ter informações internas em ambiente de terceiro e baixo custo deve ser avaliado e analisado em diversos momentos. O grátis pode justificar muito no momento inicial, mas perder totalmente o apelo em uma segunda fase do empreendimento.

Gestão

As redes sociais de comunicação trabalham a linguagem, os limites culturais e as relações de poder no ambiente digital e virtual. Algumas pessoas oferecem serviços via publicação do currículo profissional, destaque das áreas de interesse, projetos em desenvolvimento e finalizados e outras buscam ampliar o relacionamento social. De uma forma ou de outra, as fotos, vídeos, comentários, interações, comentários etc. refletem os interesses.

O planejamento das ações corporativas pode ser agora influenciado pelo conteúdo das redes e inaugurar um novo modelo de gestão, vendas e apuração do lucro. Isto significa que as características da teoria dos jogos descrita por John Forbes Nash Jr. estão presentes nas ações e reações. Tanto é possível reduzir as imperfeições do mercado como elas podem ser ampliadas e aprofundadas.

O impacto da rede no recrutamento de pessoas é provavelmente o melhor exemplo desta nova ordenação. Se um posicionamento honesto e objetivo reduzir a empregabilidade das pessoas, então é muito provável que elas abandonem a postura e passem a publicar apenas conteúdo neutro. Se tal situação ocorrer, as empresas perderão um canal onde o cliente é totalmente verdadeiro, excelentes oportunidades serão perdidas e modelos de negócios e trabalhos de vendas e divulgação de novos produtos serão inviabilizados pela perda do caráter verdadeiro da conversa.

A exploração da TI social e a ampliação dos canais de comunicação será inibida. Novos negócios e empresas que ganharam viabilidade pelo baixo investimento e custo do marketing retornarão à situação de inviáveis pela questão da neutralidade. O caráter de facilitação da mobilidade social pela possibilidade de marketing pessoal, empresarial e acadêmica será inibido ou perdido. Em outras palavras, é preciso entender que também existe no mundo virtual a mesma lei da ação e reação do ambiente real e os jogos realizados podem tanto aumentar a riqueza como a pobreza. Para um novo empreendimento de pequeno porte a música ambiente pode ser o fator que separa o sucesso do fracasso e tal informação pode estar na rede social.

Empresas com a IBM, que criaram uma rede social própria para o recrutamento, podem tanto conquistar melhorias no processo seletivo como terem que enfrentar aumento dos custos internos pelos problemas de gestão. Uma aplicação simples de jogo na rede social pode ser um canal de divulgação de vagas com maior direcionamento do que uma rede própria. A integração das pessoas via redes sociais habilita características da gestão quase impossíveis de serem feitas no ambiente tradicional.

A possibilidade de trabalhar em regime de colaboração com antigos funcionários ou aposentados permite a criação de um material que agrega valor tanto à cultura do negócio como ao mercado, portanto, é uma ferramenta de gestão de forte alcance. Atividades de gestão complementares ao foco da empresa e muitas vezes inviáveis ou pobremente realizadas internamente como avaliação dos currículos disponibilizados na rede e monitoração e acompanhamento dos clientes são exemplos clássicos da cooperação coletiva.

O impacto nas vendas desta nova forma de gestão integrada com as redes assume, no entanto, o caráter de relacionamento indireto, pois o resultado direto obtido pelas de ações nesses ambientes é muito baixo. Apenas a presença na rede não é um

Capítulo 26 • TI Social • **525**

fator forte o suficiente para estimular as vendas. É comum relatos de divulgação do lançamento de um livro, música ou serviço no Twitter e Facebook em que não tenha existido convencimento eficaz para as vendas.

O baixo resultado direto mostra que a conversão de usuários das redes sociais em compradores exige um nível de relacionamento mais abrangente do que oferecer promoções de curto prazo. É fácil perceber que o canal tem papel similar ao da televisão em termos de influenciar a tomada de decisões. As empresas que olham os usuários na rede como pessoas com valores, opiniões e que querem ser ouvidas e não simplesmente como consumidores que podem ser poluídos com propaganda e incentivos ao consumo estão alcançando resultados superiores.

É preciso, neste novo terreno, ir além dos números de visitas e olhar os frequentadores das redes como pessoas que estão presentes em um canal de comunicação com maior nível de relacionamento com o produto. Para alguns é um sonho e desejo de médio e longo prazo enquanto para outros é realidade possível de curto prazo. Os que ainda estão indecisos podem virar clientes assíduos quando existe uma boa estratégia de pós-venda na rede. A fidelização e atração das pessoas na direção das compras é fortemente maximizada nestes casos. A explicação é simples: é criado no consumidor o sentimento que ele é respeitado e importante para a empresa.

Quase todos concordam que a visão da mídia social como canal de relacionamento bidirecional fortalece a presença da marca na cabeça e coração dos membros da comunidade e que as citações dentro do contexto da estratégia comercial favorecem as vendas. A questão do prazo de resposta para uma campanha está relacionada com a necessidade de participação e interação e do destaque que a empresa tem para conquistar a confiança do cliente potencial. Uma grande rede de varejo digital conseguiu aumentar as vendas apenas com anúncios nas redes sociais. Isto significa que o aspecto de comportamento igual ao da televisão de propaganda unidirecional não pode ser ignorado ou desprezado. É fácil perceber que neste caso uma informação ágil, de fácil acesso e centralizada consegue impactar as vendas e de uma forma ou outra reflete o sucesso e funcionamento do trabalho do marketing nas mídias sociais no Brasil. O segredo básico da abordagem é que a aproximação da comunicação com o cliente aumenta o interesse.

Produtividade

Atualmente, os executivos de tecnologia estão recebendo a oportunidade de explicar as funcionalidades e potencialidades das mídias sociais em termos de evolução da

526 • Governança da Nova TI: Revolução

comunicação e relacionamento com clientes e fornecedores. Eles estão trabalhando com riscos, forças, fraquezas, segurança, imagem e impacto. Muitos estão também explicando o que deve ser permitido para gestores, funcionários, colaboradores, terceiros etc.

As empresas sabem que precisam buscar novidades e inovações em todos os lugares dentro e fora da organização. Cada vez é mais comum a exigência da competência capacidade de buscar e explorar inovações para o profissional de tecnologia da empresa. A intensificação da utilização das ferramentas de redes sociais aumenta a agilidade, reduz o custo do acesso, troca e desenvolvimento do conhecimento, amplia o relacionamento com clientes e fornecedores, divulga a marca, produtos e serviços etc. Isto significa que é preciso estabelecer um conjunto robusto de argumentações para proibir as redes nas empresas.

A organização de tecnologia precisa evoluir a sua atuação na direção da gestão do uso destas tecnologias e habilitação da geração de negócios nas redes sociais. Impedir o acesso apenas aumenta a distância entre TI e negócio. Os sistemas de comunicação unificada permitem o compartilhamento e integração das mensagens no formato voz, texto, imagem e vídeo de diversos dispositivos. É fato reconhecido por todos que a integração do telefone fixo e móvel, computador, tablet etc. melhora a comunicação interna e externa, amplia a abrangência do negócio e maximiza a produtividade.

Isto significa que um funcionário que está respondendo ou participando de uma rede social em nome a empresa está trabalhando de verdade. O real problema é a regulamentação deste tipo de procedimento. O código de ética ou conduta da empresa precisa ser capaz de responder satisfatoriamente esta pergunta. Uma empresa que permite que os funcionários e gestores trabalhem remotamente já respondeu uma boa parte da pergunta. Os ganhos de produtividade e redução dos custos são soberbos em vários casos. No caso de rede social é preciso ser coerente com a legislação em vigor e eliminar a possibilidade de os ganhos virarem perdas através da geração de passivo trabalhista. O claro entendimento das praticas e modalidades permitidas no Brasil para o emprego é de fundamental importância. Negociações com sindicatos podem também gerar alternativas interessantes.

A participação nas mídias sociais é uma decisão fundamental para diversos tipos de empresas e organizações. As novas ferramentas de colaboração em tempo real mudam, impactam e transformam o formato atual do trabalho e da interação com os colegas atuais e antigos, clientes, fornecedores e parceiros. A navegação necessária no novo universo do lucro social é um desafio que precisa ser enfrentado com coerência e sabedoria.

Segurança

Apesar de ser reconhecido por todos que o conteúdo das mídias sociais é de natureza pública, as questões relativas à segurança não podem ser ignoradas. É muito frustrante para qualquer empreendedor ver os seus esforços e investimentos na rede perderem valor porque a senha do perfil foi perdida e faltou agilidade na resposta sobre um produto ou serviço. Situações nas quais a senha secreta é descoberta indevidamente e mensagens falsas são publicadas ou perfis parecidos ao da empresa estão confundindo os clientes e impactando a imagem duramente construída são exemplos de vulnerabilidade da segurança que, no mínimo, exigem respostas planejadas com antecipação.

No caso das grandes empresas o novo cenário das redes sociais exige um avanço na postura do Chief Security Officer (CSO). Apenas e tão somente proibir o acesso inibe o lucro e vantagens da presença, por isto é vital um comportamento mais moderno e realista. Empresas de todos os portes e setores que estão acostumadas com um ambiente de Tecnologia de Informações (TI) onde várias barreiras foram criadas em nome da segurança estão sendo provocadas pelo mercado. A popularização do uso das novas ferramentas, como as soluções de mobilidade, nuvem e redes sociais descentralizam o acesso e localização das informações. Os benefícios para o negócio são evidentes e o ajuste no risco de segurança é plenamente recompensado pelo maior lucro.

É preciso repensar a política de segurança corporativa e revisitar os paradigmas da governança para ajustar o comportamento da organização para a realidade de competição sem barreiras. A revisão necessária não está restrita ao apertar de alguns botões, é preciso preparar a cultura para um novo desenho organizacional. A segurança tradicional de perímetro é fragilizada pela mobilidade e pelas redes sociais, por isto é necessário compensar este efeito com uma maior velocidade para as mudanças.

O novo modelo exige a equalização do desafio de proteger os ativos de informação em todos os lugares. Férias já não significam mais total afastamento do trabalho. Funcionários, fornecedores, clientes utilizam no seu dia a dia equipamentos que exploram os recursos da rede interna da companhia. A escolha de solução simplista como bloqueio do acesso às redes sociais gera perda de oportunidades de negócio e cria uma falsa ilusão de segurança.

Equipamentos móveis não autorizados conseguem navegar nas mídias usando uma das várias redes sem fio da empresa. Todos os gastos nas proibições são perdidos e vulnerabilidades adicionais e não previstas são criadas. O computador de bolso

528 • Governança da Nova TI: Revolução

pode ser utilizado como uma ponte para o acesso não autorizado à rede da empresa no processo de captura maliciosa das senhas. Não reconhecer este fato apenas aumenta o risco. Como basta ter a senha para publicar as informações nas redes, a falsa sensação de segurança do acesso bloqueado é mais um perigo do que uma solução. Por isto, é preciso mudar o paradigma da cultura e explorar os ganhos de produtividade oferecidos. As companhias com capital intelectual adequado para gerenciar os ativos das informações serão capazes de simplificar a complexidade do novo cenário e reduzir os riscos das operações. O aumento da produtividade proporcionado pela maior agilidade nas respostas da mobilidade expõe claramente a necessidade de revisão da política de segurança. É preciso urgentemente incorporar ferramentas de gestão e controle para salvar informações importantes, impedir a instalação de vírus, criptografar e compartilhar o conhecimento.

A gestão de riscos não é mais complexa nas mídias sociais, no entanto, ela é claramente diferente. É preciso adaptar as políticas de segurança ao dinamismo e descentralização da presença. O departamento de recursos humanos precisa ser agente ativo da mudança cultural necessária e desenvolver, comunicar, treinar e orientar os funcionários sobre as regras e responsabilidades. É preciso claro entendimento das diferenças entre o que é trabalho e o que é pessoal neste novo universo corporativo. Estes dois mundos precisam ser segregados. Não pode sequer existir uma "finíssima" veia de comunicação entre eles. A nova cultura corporativa precisa ser explícita neste ponto.

As companhias precisam saber dar atenção às suas estratégias para os negócios com cuidados holísticos. O crescimento do volume das informações não estruturadas é uma consequência natural do processo e precisa ser tratada com a devida maturidade. Muitas informações estão, nesta nova realidade, armazenadas fora do ambiente controlado, por isto o gerenciamento de riscos precisa trabalhar na avaliação da aplicação adequada dos recursos.

Muito do perigo da nova formatação corporativa pode ser eliminado com pequenos ajustes nos processos, aumento do envolvimento das pessoas e conscientização do papel delas na defesa das informações da companhia. A era do conhecimento que agora chega com força exige o investimento em educação. De certa forma, empregador e empregado vão mudar a dinâmica do trabalho e a maneira de avaliar as coisas. Relacionamentos de longo prazo voltarão à pauta para que o elo frágil seja reforçado.

Conscientização, ética, direitos e deveres individuais e coletivos serão os artefatos da sustentabilidade corporativa. Mercadorias devolvidas não beneficiam ninguém, são apenas perdas. O processo de seleção dos profissionais está retornando com

.Capítulo 26 •TI Social • **529**

intensidade ao foco de escolher com base nos aspectos éticos e valores das pessoas. Os selecionados serão preferencialmente os mais maduros e com histórico positivo. O conhecimento e o bom senso sobre segurança da informação passarão a ser considerados nas posições não técnicas.

É impossível, nesta nova ordem da TI social, monitorar e controlar todas as situações em que um funcionário pode publicar informações sobre o negócio. Perfis falsos podem ser criados, acesso em dispositivo pessoal pode ser feito, enfim, existem milhares de caminhos e a solução de proibir e restringir tem eficiência duvidosa.

É preciso trabalhar com os processos de trabalho em conjunto com a ética e consciência coletiva para garantir a sustentabilidade da companhia. A terceirização de TI ainda é vista por muitos como solução que oferece redução dos custos, mas a prática mostra que tal resultado não acontece e em muitos casos os custos aumentaram com terceirização. A entrega de determinadas operações da área de segurança da informação para terceiros por consumir muito tempo e energia vem enfrentando problemas por causa da perda de aspectos internos e estratégicos do negócio. A mera atividade de monitoração e reação do firewall e portais corporativos tem muito mais a dizer para a estratégia de competição do que o que esta sendo dito atualmente.

> *A Forrester Research publicou esta semana um estudo no qual aconselha os profissionais de segurança a não se precipitarem na correção de deficiências de segurança, imediatamente após um incidente. Segundo a consultoria, existe o risco de se destruírem provas importantes, necessárias para processar os cibercriminosos.*
>
> Fonte: *"Não se precipite ao corrigir falhas de segurança",* http://cio.uol.com.br/ gestao/2011/11/11/nao-se-precipite-ao-corrigir-falhas-de-seguranca/, *acessado em* 01/12/2011.

Não é mais uma questão técnica que está em pauta. A capacidade de responder rapidamente aos ataques à imagem corporativa pode tranquilizar o comportamento do negócio e do mercado em momentos de dificuldade e abrir espaço para novas oportunidades. Um terceiro consegue produzir uma resposta técnica ao ataque, mas a falta de rápida resposta comercial pode afundar o navio. É cada vez mais comum encontrar casos de empresas que terceirizaram algumas atividades operacionais de segurança de TI para reduzir custos e depois desistiram deste caminho. A abundância da abordagem de venda de ilusões para os serviços e excesso de falhas na entrega das promessas contratuais mostra que a indústria de serviços de segurança de TI precisa avançar muito a questão sobre a maturidade da especificação dos acordos, do nível

530 ♦ Governança da Nova TI: Revolução

dos serviços nos contratos e das entregas realizadas. As falhas, erros e problemas comportamentais aumentaram sobremaneira os custos das atividades de segurança de tecnologia de informações executadas por terceiros.

Os contratos até falam sobre indicadores relacionados com as atividades de segurança, monitoração e testes de invasão. O problema é que muitas empresas fornecedoras não têm o saber profundo sobre como medir e comunicar essas informações. As pequenas empresas que não têm tantos recursos de caixa quanto as grandes precisam trabalhar com efetividade a questão de transferir a responsabilidade do gerenciamento do ambiente, porque no pacote também vem o repasse das falhas, perdas e problemas do fornecedor. Os olhos da avaliação da terceirização precisam considerar este aspecto para que os investimentos nas mídias sociais não sejam perdidos por nível de maturidade inadequado do fornecedor. Olhar a empresa fornecedora é apenas uma parte do desafio na questão segurança de TI. O comportamento do funcionário dela pode ser danoso.

Em 2010, uma única empresa de serviços de segurança de TI analisou mais de 13 bilhões de eventos por dia. Isto significa que é o assunto é de grande dimensão para as organizações. Na Tecnologia de Informações Social não basta apenas identificar as ações de risco e executar um roteiro padrão de medidas para evitar o impacto no negócio. É preciso agir com inteligência para recuperação das ações críticas do negócio. Muitas vezes, apenas a disciplina de salvar regularmente as informações em disco externo é capaz de proteger a estratégia de comunicação. Manter uma cópia interna do conteúdo publicado nas mídias sociais pode resolver muitos problemas nos casos de falhas na infraestrutura de TI da empresa ou nas situações de ataques às mídias. O volume trabalhado de negócios no Facebook, Twitter, Youtube etc. pode gerar desconfortos e a possibilidade de ataques especulativos é real. Depender apenas das ações de segurança destes portais é assumir um risco desnecessário. Uma cópia do conteúdo permite uma enorme redução do custo de troca de mídia social. Maior flexibilidade e agilidade são obtidas, pois será possível operar em situação em que muitos estejam parados.

O plano para restabelecer a normalidade no caso de falhas não pode contemplar apenas o ambiente interno. É preciso trabalhar com o ambiente terceirizado também. No Brasil, ainda é fácil encontrar situações empresariais em que existem restrições orçamentárias e estrutura inadequada para o armazenamento das informações. O aumento da complexidade do ambiente de tecnologia pela eliminação das fronteiras exige a revisão de vários aspectos da estratégia do negócio. As mídias sociais mudam as necessidades da organização em termos de segurança e é preciso trabalhar em ajustes para reduzir os impactos dos incidentes.

Em 2014, uma em cada três empresas de médio porte, com receitas anuais entre os 150 milhões e os 1.000 milhões de dólares, estará usando Recovery-as-a-service, segundo previsões do Gartner. Hoje, pouco mais de 1% das empresas de médio porte usa RaaS como parte das suas operações. O serviço, que permite a replicação de máquinas virtuais para um fornecedor de cloud, pode eliminar a necessidade de gastos da ordem de 100 mil dólares por ano com recuperação de desastres ("disaster recovery"), segundo a consultoria.

Fonte: "Uso de recuperação-como-serviço começa a crescer, afirma o Gartner", http://cio.uol.com.br/gestao/2011/11/09/a-vez-das-nuvens-setoriais-alinhadas-as--estrategias-de-negocios/, acessado em 01/12/2011.

Companhias ainda não aprenderam como adotar virtualização e esse cenário tem feito com que elas se esqueçam da segurança. É o que aponta estudo global da Symantec que mapeia o uso da tecnologia nas empresas. De acordo com a pesquisa, esses negócios têm grande interesse na virtualização, mas não sabem como aplicar medidas básicas para proteger o ambiente virtual.

Fonte: "Pequenas empresas não protegem ambientes virtuais", http://computerworld. uol.com.br/seguranca/2011/11/09/pequenas-empresas-nao-protegem-ambientes-virtuais-diz-estudo/, acessado em 01/12/2011.

O apagão do Speedy da Telefônica em São Paulo ocorrido em 2008 por causa de pane na rede interrompeu as atividades de empresas públicas e privadas. A frase "Leandro Böcskei, de São Paulo, afirma que perdeu uma venda de R$ 120 mil por não poder entrar na internet" do artigo "Pane prejudicou os negócios, dizem pequenos empresários", publicada na "Folha de S. Paulo", caderno Dinheiro, em 5 de julho de 2008, ilustra bem o impacto financeiro e de imagem em um pequeno negócio por causa de uma pane no serviço prestado pelo fornecedor. Vários empreendedores relatarem na matéria perdas significativas.

É fácil perceber que um simples plano de recuperação teria permitido a exploração da ameaça e gerado vários negócios rentáveis. As perdas citadas na "Folha de S. Paulo" seriam evitadas pela mera execução das ações simples e baratas do plano de recuperação de desastres. O planejamento precisa ir além do campo monetário. Tão importantes quanto a capacidade de evitar um prejuízo financeiro são as questões relativas aos problemas legais e de imagem corporativa.

"É prudente qualificar a replicação do sistema de imagem e de suporte a falhas e sondar como o fornecedor pode suportar a conectividade de

532 • Governança da Nova TI: Revolução

aplicações durante testes de recuperação", diz. "Também precisam verificar os controles das operações do fornecedor para a exposição a potenciais conformidades regulatórias e ter um piloto para a implementação limitada da configuração de destino".

Fonte: *"Uso de recuperação-como-serviço começa a crescer, afirma o Gartner",* http://cio.uol.com.br/gestao/2011/11/09/a-vez-das-nuvens-setoriais-alinhadas-as- -estrategias-de-negocios/, *acessado em 01/12/2011.*

Kindervag e Holanda recomendam às empresas que foram vítimas de intrusão que façam uma investigação e decidam se querem avançar com uma acusação imediatamente. "Trazer um criminoso para o âmbito da Justiça pode ser problemático. Por vezes há a necessidade de manter um sistema violado em execução, para preservar as provas. Além disso, o parecer de um investigador forense bem treinado ou um oficial da lei pode demorar um período significativo de tempo."

Fonte: *"Não se precipite ao corrigir falhas de segurança",* http://cio.uol.com.br/ gestao/2011/11/11/nao-se-precipite-ao-corrigir-falhas-de-seguranca/, *acessado em 01/12/2011.*

Os novos telefones celulares podem ser um alvo fácil (raramente estão protegidos e normalmente estão conectados na rede interna da empresa) para os ataques de segurança (pontes potenciais para intrusões), por isto é fundamental o desenvolvimento tanto de plano de proteção como de utilização deles como ponto de partida para a recuperação. Uma eventual perda ou roubo dos equipamentos fixos ou móveis pode ser gerenciada para situação de menor impacto pela simples utilização da facilidade de gravação e recuperação das informações. A disciplina de armazenar uma cópia em mídia externa é muito barata. A simplicidade de acesso permite que todos (técnicos especializados em tecnologia e simples usuários) possam realizar a ação. O planejamento também pode contemplar o estratagema de balancear a utilização dos recursos de tecnologia. Esta ação de média dificuldade é capaz de gerar uma importante economia para a empresa, pois todo o ambiente de informações está trabalhando simultaneamente e uma falha em um componente apenas provoca uma redução no desempenho. A recuperação para a normalidade operacional é sempre muito rápida e de baixo impacto em função do sincronismo dinâmico do ambiente.

Imagem na Mídia

A imagem da organização nas redes sociais pode ser avaliada através de vários estratagemas e mecanismos. As ferramentas sociais nomeadas como de Blog, Orkut,

Capítulo 26 •TI Social • **533**

Youtube, Facebook, Twitter, LinkedIn fazem parte do dia a dia de todos. É real e concreta a oferta, para os membros da comunidade, de (i) oportunidade de conexão com os antigos amigos da escola, clube etc., (ii) estabelecimento de novos contatos profissionais e (iii) aproximação com desconhecidos de outros lugares para compartilhar informações, experiências e afinidades. No primeiro momento muitos buscam apenas ocupar um terreno nas redes sociais. No entanto, é fácil perceber o crescente interesse das companhias em conhecer e entender o que é falado sobre elas. "Colocou 30 pessoas para monitorar 20000 blogs e sites para evitar que algum movimento virtual prejudicasse ainda mais a imagem da companhia", artigo "O jeito foi pedir desculpas", publicado na revista Exame, edição 964, em 24 de março de 2010, página 30.

A relevância das mídias de relacionamento como meio de comunicação para gerar negócios claramente está relacionada com o que é dito. Entretanto, o universo do que é não é falado está posicionado em nível de maior profundidade e impacto. Ser um ilustre desconhecido ou sem citações pode significar desprezo e irrelevância. Gerações mais novas podem simplesmente apagar tais empresas do mundo real.

Isto significa que o valor da imagem da empresa nas mídias sociais nem sempre pode ser representado por um número absoluto diretamente relacionado com o impacto desejado. A avaliação do retorno precisa ser uma resposta coerente ao objetivo da presença. O desafio exige, portanto, a existência de um plano de negócio robusto que comunique com clareza as metas pretendidas com as atividades na rede. Como fazer apenas barulho não representa mais dinheiro no negócio, isto significa que a quantidade de citações e comentários não está diretamente relacionada com o resultado.

É preciso manter o bom senso o tempo todo e não cair na armadilha do estratagema fácil de gerar e quantificar barulho. A avaliação e medição do sentimento e coração das pessoas na rede é algo muito difícil de ser feito de forma quantitativa. No entanto, o seu nível de impacto no negócio é forte o suficiente para trazer à tona a necessidade de entendimento. Quantificar um aspecto humano intangível é um processo caro, complexo e de resultado duvidoso, por isto a melhor alternativa é qualificar o retorno das ações realizadas em relação às metas.

As dificuldades da quantificação têm como consequência o impedimento da comparação entre o realizado e planejado. No entanto, é possível medir de forma barata e funcional se o direcionamento e sucesso estão alinhados com a estratégia escolhida. Este aprendizado oferecido pelas novidades das mídias sociais têm o poder de transformar um pequeno crescimento da empresa em um fator de enorme impacto para a conquista do mercado do universo virtual e real.

534 • Governança da Nova TI: Revolução

É fato que a falta de uma receita pronta certamente dificulta muito a missão, mas a utilização coerente e robusta de algumas ferramentas em conjunto com capital intelectual correto permite tanto a comunicação e entendimento dos objetivos e metas como o seu endereçamento. Fatores como credibilidade das comunicações corporativas, perfil do público alcançado, capacidade de reação às reclamações e elogios estão relacionados com a questão de sentimento.

Basicamente é possível afirmar que se o público-alvo não participa ativamente do relacionamento, então a presença da empresa na mídia social é de baixa relevância. É preciso, em outras palavras, avaliar a qualidade da interação dos usuários com a empresa para avaliar a imagem no canal ou mídia. Pouco ou nada resolve um grande número de visitas ao portal ou blog, ou milhares de seguidores ou fãs, se não existe participação ou interação. A principal função das redes sociais é a habilitação das conversas. As pessoas querem ser percebidas como importantes no ambiente digital. Se a comunicação é apenas unidirecional, então o resultado esperado é pobre para a conversão de usuários das redes sociais em compradores.

Novo Jogo de Poder

Poder do consumidor
O jogo de poder entre empresas e consumidores está sendo profundamente alterado na era da TI social. Até pouco tempo, as reclamações dos usuários e clientes ficavam praticamente restritas ao ambiente interno da empresa. Eventualmente algumas situações eram elevadas para o nível das entidades privadas e órgãos públicos de proteção ao consumidor com amplitude de divulgação limitada e baixo impacto na imagem corporativa. Com as redes sociais, este jogo foi radicalmente invertido. O poder de amplificação das queixas de clientes nas redes sociais e respectivo impacto na imagem do negócio vem mudando o comportamento dos envolvidos. As empresas agora adotam uma atitude ativa e passaram a monitorar as reclamações na mídia social.

> *"Quando só existiam os canais tradicionais de SAC [serviço de atendimento ao consumidor], muitos casos não eram resolvidos", diz Elizangela Grigoletti, 33, gerente de inteligência e marketing da Miti, empresa que faz monitoramento de redes sociais. "As empresas agem mais rapidamente, porque acabam expostas. E o consumidor explora essa oportunidade."*
>
> Fonte: *"Redes sociais são mais ágeis que SAC como canal de reclamação",* http://www1.folha.uol.com.br/tec/989698-redes-sociais-sao-mais-ageis-que-sac-como-canal-de-reclamacao.shtml, *acessado em 01/12/2011.*

Isto significou, na prática, a incorporação ao Serviço de Atendimento ao Consumidor (SAC) do Twitter, Orkut, Blogs, Facebook, Youtube etc. Atualmente existem empresas que mantêm uma equipe para monitorar as redes sociais o dia inteiro. Elas já entenderam a questão da amplitude e velocidade das redes e procuram entrar em contato o mais rápido possível com o reclamante para manter o problema na dimensão correta.

As preocupações com a credibilidade da imagem e conhecimento das ineficiências da estrutura atual do SAC estão fazendo as empresas se movimentarem. O grande volume e penetração das mídias sociais (O Facebook tem audiência mundial de 750 milhões de pessoas) facilita muito a união dos clientes e usuários e muda o atual jogo de poder. O poder de uma citação negativa é muito grande, pois o problema de uma única pessoa pode virar uma causa coletiva.

Várias empresas já entenderam as vantagens da reversão de uma reclamação feita na mídia social. O poder de amplificação funciona tanto para o lado positivo como para o negativo, ou seja, se muitos agora sabem que existe uma queixa, também é verdade que muitos sabem que a empresa resolveu o problema. É possível com este estratagema reduzir o volume de investimentos na cara infraestrutura do SAC e melhorar o atendimento. A maior vantagem da rede é, sem sombra de dúvida, a abrangência, no entanto, a melhor estruturação da informação que nasce digital e formalizada oferece o excelente benefício de habilitar a monitoração das reclamações com análise dos problemas e rápida resposta ao cliente. Existe uma enorme redução de custos porque o processo permite que a reclamação de um único cliente responda e satisfaça as expectativas de uma grande quantidade de consumidores. Existe uma abordagem de atacado para problemas gerais e ganhos de produtividade.

A Whirpool (Brastemp e Consul) é um exemplo de empresa que monitora a sua imagem na rede. Em 2009, foi criado na corporação um grupo responsável pelo relacionamento com o cliente. O artigo "Crítica leva Brastemp ao topo do Twitter" (http:// info.abril.com.br, publicado em 28 de janeiro de 2011, acessado em 01/08/2011) revela o resultado da prática. É fácil perceber na matéria como a mídia social transformou um problema de curto prazo em uma oportunidade de negócio de longo prazo. Situações como esta permitem que a engenharia aprenda com as reclamações e sugestões e repagine os produtos e serviços conforme necessidades específicas.

A integração das ferramentas para medir a relação das pessoas com as marcas e suas opiniões é um aspecto muito importante para traduzir em números os resultados obtidos. O universo de mais de 23 milhões de usuários nacionais que navegaram diariamente nas comunidades sociais (72% do total de internautas brasileiros) gera um volume imenso de informações.

GRAU DE INFLUÊNCIA
São muitas as variáveis que fazem uma pessoa ser influente nas redes sociais; veja as principais

| Número de seguidores e quantas vezes você é retuitado e mencionado | Número de pessoas que curtem e compartilham o que você publica | Número de visualizações dos seus vídeos, quantos assinam seu canal ou favoritam seu vídeo |

NÍVEL DE ALERTA
Empresas classificam os clientes e tendem a priorizar os mais influentes nas redes sociais

Medidores de influência (Klout e PeerIndex, por exemplo)		Seguidores no Twitter
80 – Extremamente influente	e/ou	Acima de 100 mil
60 – Muito influente	e/ou	De 10 mil a 100 mil
40 – Influente	e/ou	De 1.000 a 10 mil
20 – Pouco influente	e/ou	De 200 a 1.000
10 – Pouca atividade em redes sociais	e/ou	Até 200 seguidores

Fonte: "Redes sociais são mais ágeis que SAC como canal de reclamação", http://www1.folha.uol.com.br/tec/989698--redes-sociais-sao-mais-ageis-que-sac--como-canal-de-reclamacao.shtml, acessado em 01/12/2011.

Como o impacto de apenas uma informação boa ou ruim nas redes sociais é muito grande, é preciso selecionar um conteúdo específico para explorar ou tratar a oportunidade ou ameaça. A seleção de apenas uma opinião em um ambiente onde milhões de usuários falam sobre tudo exige um profundo saber sobre as aplicações digitais. Os números mostram que um problema individual publicado na rede ganha repercussão e abrangência e consegue impactar o comportamento de todo o grupo. Também foi comprovado que o mesmo acontece com os elogios. Neste novo jogo de força, é bastante claro que os membros de uma mesma comunidade confiam muito um no outro.

A repercussão da individualidade é grande e já se percebeu que as pessoas conseguem causar fortes lucros ou prejuízos à imagem das empresas. É fácil perceber esta nova relação pelo crescimento da preocupação e investimentos das empresas para ficarem próximas dos consumidores nas redes sociais. As facilidades de prevenção de crises são enormemente aumentadas nesta configuração organizacional. Recentemente uma indústria fabricante de achocolatados anunciou a retirada do mercado de um produto bastante conhecido. A repercussão nas comunidades foi tão grande que a empresa precisou entrar nestas mídias sociais e explicar os motivos da descontinuação.

A sinceridade e transparência da organização na explicação da decisão conquistaram o respeito da comunidade. O estudo do caso das grandes montadoras de automóveis nas redes sociais mostrou que o conteúdo nas mídias e blogs impacta o comportamento do consumidor com força 500 vezes maior que os portais das empresas. A reação do fabricante apresentada no artigo "Renault aciona usuária na Justiça por site" (http://info.abril.com.br, publicado em 14 de março de 2011, acessado em 01/08/2011) ilustra com propriedade o poder de fogo do usuário nesta nova configuração do jogo de poder.

Neste novo jogo de poder, é fundamental que as organizações entendam a importância das relações nas redes sociais. É possível conquistar, de forma fácil e barata, milhares de defensores da marca. O público mais jovem presente atualmente nas comunidades pode ser o futuro consumidor (espiral positiva de sustentabilidade financeira do negócio). Dificilmente as empresas terão uma nova oportunidade como esta para cativar e assegurar o futuro da marca. O atual respeito ao usuário pode ser o fator crítico de sucesso para o crescimento futuro das vendas.

Poder político

O artigo "Integrante usa inovação para fazer ação política" ("Folha de S. Paulo", 14/08/2011, caderno Cotidiano) revela mais um passo da mudança do jogo do poder. A frase "Uma das ferramentas que eles desenvolveram é o ChequeURL, ainda em teste. O usuário digita o endereço eletrônico de uma notícia que mencione alguma das 700 maiores empresas do Brasil. A ferramenta mostra para qual candidato essa empresa doou dinheiro nas eleições de 2010 e que tipo de contrato ela pode fazer com o governo federal." demonstra que existe uma tentativa de politizar as compras e fazer o valor do dinheiro do consumidor influenciar a motivação política das empresas.

Poder do conhecimento

O poder do conhecimento e reputação revelado nas frases "Mas a remuneração da produção colaborativa é a reputação, e não só dinheiro." e "A reputação conquistada encontra compensação no mercado, onde os hackers oferecem a promessa de solução de problemas para empresas e pessoas." do artigo "Integrante usa inovação para fazer ação política" ("Folha de S. Paulo", 14 de agosto de 2011, caderno cotidiano) confirma o impacto do chamado fator "Whuffie" (valor no mundo digital em função da reputação, influência e acesso) como mecanismo de transformação do valor no universo virtual em dinheiro no mundo real ("O poder das redes sociais", Tara Hunt, 2011).

Poder coletivo

A frase "Comunidade conseguiu R$ 60 mil para ônibus que vai percorrer o interior do Brasil só divulgando tecnologia" do artigo "Redes virtuais saem à rua para provar "ativismo real" ("Folha de S. Paulo", 14/08/2011, caderno cotidiano) revela a capacidade de mobilização e impacto do capital intelectual coletivo. As frases a seguir revelam que está em andamento um processo de transferência da reputação digital para o mundo real.

538 ◆ Governança da Nova TI: Revolução

1. "O que os move é a curiosidade e o desejo por governos mais transparentes. O dinheiro vem do financiamento colaborativo, uma nova versão do velho rateio."

2. "Muitas são da Transparência Hacker, comunidade que cria ferramentas para divulgar dados já tornados públicos pelo governo – e que tirariam o sono de um leigo que tentasse entendê-los por meio dos sites oficiais."

3. "O grupo também colaborou com a implantação do sistema que abre para o público os contratos e os gastos da Câmara paulistana."

4. "Em julho, essa turma arrecadou, por meio do Catarse, site de financiamento colaborativo, R$ 60 mil para o projeto do Ônibus Hacker. Foram 500 doações para o projeto que vai rodar o país mostrando o que é possível fazer com a tecnologia."

> *"Nós não estamos falando apenas de mudanças climáticas, reciclagem e conservação de energia", diz William Blackburn, que dirige uma consultoria de sustentabilidade corporativa. "Nós olhamos de forma conjunta as questões ambientais, sociais e econômicas. "Uma abordagem estratégica para a sustentabilidade leva em conta o impacto da sua empresa sobre as comunidades que servem e atuam."*
>
> Fonte: "Em vez de reciclar PCs antigos, melhor doá-los", http://computerworld.uol. com.br/tecnologia/2011/09/08/em-vez-de-reciclar-pcs-antigos-melhor-doa-los/, acessado em 01/12/2011.

O poder coletivo da disseminação da tecnologia pelas comunidades carentes sem acesso ao computador é o primeiro passo para a criação de comunidade virtual como foco na transparência dos gastos e bastidores da política. É fácil perceber que a reputação virtual está gerando recursos financeiros no mundo real com objetivo de mudar a forma de tratamento do dinheiro publico. Não é mais apenas a questão do orçamento participativo, mas de como os gastos estão sendo realizados e o que é efetivamente entregue à população. O retorno deste movimento do poder coletivo via mundo virtual dissemina nas grandes cidades o que foi feito do dinheiro dos impostos e gera um ciclo permanente de pressão social. De certa forma, o movimento reproduz na segunda década do século vinte, de forma virtual, uma situação do mundo real da Revolução Francesa do final do século dezoito.

Nova Cultura

A Tecnisa é um bom exemplo de empresa que vem colhendo excelentes resultados com as redes sociais e nova estrutura de poder. No entanto, também existem casos

Capítulo 26 •TI Social • **539**

negativos, como a demissão do diretor comercial de uma empresa de tecnologia por causa dos comentários sobre futebol no Twitter pessoal dele. É muito claro que o novo jogo exige uma nova cultura.

É fato que as redes sociais não revolucionaram a comunicação entre as pessoas, no entanto, o aumento da velocidade, abrangência e alcance das informações é gigantesco. Muitas vezes não é possível prever o impacto de comentários considerados inocentes. Isto significa que a nova cultura não está relacionada com o aprendizado de uma tecnologia. A solução técnica é, neste caso, um aspecto de segundo plano. O real aprendizado para exploração correta do poder da TI social está relacionado com o entendimento sobre como ocorre a comunicação entre as pessoas.

O modelo convencional que exige muito dinheiro e trabalho na mídia tradicional para anunciar e vender um produto ou serviço vem sendo impactado pela nova cultura da TI social. As mídias sociais tornaram possível, com a comunicação interativa, a conquista de entusiastas da marca com investimentos muito menores. A era do conhecimento chegou definitivamente pela demanda de geração e publicação de conteúdo relevante pelas empresas. As pessoas anseiam por identificação de conteúdo, ou em outras palavras, a comunicação bidirecional exige a apresentação do chamado lado humano das empresas. A situação de pedestal corporativo em que as organizações nunca erram entra finalmente em declínio.

Na televisão tradicional existe a inserção das propagandas na programação. No mundo digital, onde as novas televisões estão entrando, as pessoas escolhem o que querem assistir. É muito fácil atualmente ignorar uma propaganda não atraente. Em alguns casos é só avançar a gravação e em outros a mesma é eliminada por aplicações ou configurações. Em algumas situações, o conteúdo selecionado pelo fabricante do aparelho acaba virando o canal de conteúdo dos usuários e apenas as propagandas disponibilizadas por eles são vistas. As grandes redes privadas organizadas nas mídias sociais pelos fabricantes como a Apple, Google, LG, Samsung, Sony etc. estão criando uma nova geração cultural.

Isto significa que a rejeição ou ignorância pelas pessoas em relação a uma marca pode ser um grande problema, pois a penetração da campanha fica restrita a apenas uma pequena parcela de simpatizantes. Podem até existir entusiastas capazes de repercutir a presença da marca nas mídias sociais, mas a abrangência será limitada para os que consideram importante o ponto de vista dos entusiastas (parte do grande valor dos entusiastas é desperdiçada).

540 ◆ Governança da Nova TI: Revolução

Uma boa dose da credibilidade na indicação do produto é perdida pelo desconhecimento ou rejeição da marca. Isto significa que é fundamental desenvolver iniciativas para superar esta barreira com efetividade. É preciso trabalhar com conhecidos com credibilidade na comunidade para que a nova cultura de interação e humanização do negócio seja efetiva. A transferência da confiança só acontece quando a marca está ativamente presente. A credibilidade acumulada dos defensores da marca apenas abre uma porta social. A reconstrução da reputação da empresa exige muito trabalho, respeito e coerência. Os depoimentos dos clientes são um excelente canal para alavancar as vendas futuras.

A transparência da comunicação é de fundamental importância nesta nova realidade. Simplesmente inexiste espaço para uma campanha de correio eletrônico em que os endereços estejam escondidos ou não seja possível responder. A mensagem passada em algumas campanhas digitais de que a empresa tudo pode, até mesmo perturbar as pessoas, e o consumidor nada pode, passa o recado de que o cliente nunca será ouvido e impede a conquista de entusiastas. Na nova cultura, os entusiastas querem ser escutados. As pessoas querem um canal de diálogo robusto e coerente. A conquista de um cliente exige os mesmos requisitos das relações humanas ou entre as pessoas e o seu animal de estimação. A conquista acontece no relacionamento do dia a dia. No caso das empresas, é preciso conversar e entender como melhorar os produtos e serviços. Normalmente o cliente é o melhor consultor que o dinheiro pode pagar e muitas vezes ele não cobra pela consultoria.

A nova cultura pode ser resumida em gente que gosta de gente e é capaz de estabelecer contatos e negócios com gente.

Microempresa

O impacto positivo para promover o negócio das companhias que aderiram às redes Twitter, LinkedIn, Facebook etc. vem motivando o segmento das pequenas e médias empresas (PME) a copiar o estratagema. Pesquisas recentes revelam que mais da metade do segmento pretende utilizar as redes sociais na promoção e divulgação das suas atividades comerciais. Uma boa parte planeja, no curto prazo, publicar atualizações diariamente. Apesar do elevado volume planejado para a participação, menos de 20% das empresas do segmento tem a intenção de utilizar algum tipo de incentivo para atrair seguidores, amigos ou fãs.

Mais da metade das organizações com atuação ativa nas mídias sociais afirmaram que a TI social impacta positivamente o negócio. O impacto ocorre como melhoria na percepção da marca e atração de novos negócios em função do trabalho realizado na rede.

Foram ouvidas nas pesquisas mais de trezentas empresas de micro, pequeno e médio porte. É fácil perceber pela velocidade de crescimento do indicador participação diária na mídia o aumento da importância deste canal de marketing para este porte de companhias. A elevada taxa de impacto positivo no negócio revela que o segmento acertou a mão e vem sendo muito receptivo aos benefícios do relacionamento. A comparação entre os anos de 2009 e 2010 revela crescimento de quase 100% para a presença diária das companhias na mídia.

Neste segmento, o LinkedIn é a comunidade mais popular, seguida pelo Facebook e Twitter. Todas elas estão com penetração acima de 65% no segmento PME. A maioria das empresas pretende utilizar os canais para relacionamento (conquista de novos clientes e melhoria do posicionamento da marca). Cerca de 20% das empresas afirmaram que irão utilizar porque os concorrentes já estão utilizando ou estão preocupados que eles decidam pela utilização. Ainda é possível encontrar entre os que ainda não aderiram o argumento de que os clientes estão ausentes destes canais ou da dificuldade no entendimento dos aspectos técnicos.

A Revolução da Nova Empresa Enxuta

Apesar do baixo investimento inicial, ainda é bastante limitada a participação brasileira no mercado de aplicativos nas redes sociais. Uma fonte potencial de renda e experiência está sendo pouco explorada no Brasil. Muitos perguntam por que os jovens *nerds* brasileiros não seguem o mesmo caminho de americanos, europeus, japoneses etc. na busca da renda própria. O que é necessário para despertar o espírito animal empreendedor e transformar *nerds* em Empreendnerds? Porque as centenas de milhares de trabalhos de conclusão de curso produzidas anualmente não conseguem virar empreendimentos comerciais? Porque as atividades individuais e em grupo desenvolvidas nas escolas não estão sendo transformadas em produtos e serviços?

O artigo "Uma aula que abalou a indústria" ("Folha de S. Paulo, , 06/06/2011, caderno The New York Times) é sem sombra de dúvida uma formidável fonte de inspiração. Os exemplos revelados na matéria mostram que as instituições de ensino brasileiras públicas e privadas já estão adequadamente instrumentalizadas para oferecer o salto social provocado pelo ensino de forma mais concreta e realista.

542 • Governança da Nova TI: Revolução

Sem a necessidade de verbas adicionais e complicadas iniciativas junto aos órgãos regulamentadores do ensino é possível oferecer aos alunos um estímulo ao conhecimento amplo da prática de mercado, experiência profissional, fonte de renda recorrente e desenvolvimento do espírito animal de empreendedor. O exercício prático descrito na matéria de desenvolver um dever de casa como a criação de um aplicativo que as pessoas usem oferece ao mesmo tempo um enorme benefício para a sociedade, comunidade local, aluno, instituição de ensino, empresas, governo e mercado. O projeto envolve a identificação de necessidades locais, que muitas vezes estão escondidas pela globalização das empresas. Os exemplos dos benefícios que uma iniciativa simples como esta pode oferecer são:

- Aproximação da escola com a realidade do mercado
- Participação de empresas que estavam impedidas desta atuação por questões de viabilidade e prioridade
- Favorecimento da governabilidade em todas as esferas pelo crescimento e desenvolvimento de macroeconomias regionais
- Melhoria do mercado, que poderá encontrar alternativas para as necessidades específicas que ficavam em segundo plano pelas prioridades da globalização

As escolas podem desenvolver patrocínios para estas atividades práticas em troca do conhecimento oferecido para a indústria local (problema da falta de tempo e dinheiro para desenvolver internamente). Os alunos vão perceber a realidade prática do mundo do trabalho pela navegação em oceano, que inclui:

- Identificação de uma necessidade especifica
- Desenvolvimento de um plano de negócio para a solução
- Execução das iniciativas com retorno real de renda

Este estratagema possibilita a exploração com efetividade única da vantagem competitiva dos alunos do bônus da idade. É possível, nesta fase da vida, ter um enfrentamento diferenciado dos riscos, pois a próxima etapa, "idade pós-formatura", inicia uma jornada progressiva e sem volta na direção do aumento da cautela em relação aos riscos. Necessidades comuns do dia a dia como aluguel, casa, casamento, filhos, esposa, aposentadoria etc. precisam ser endereçadas e custeadas desde o começo da fase de vida "trabalho profissional" e geram postura cada vez mais conservadora em relação aos riscos.

Um estudante de 12 anos deixou muitos empreendedores experientes para trás durante uma palestra do TEDxManhattanBeach. Thomas Suarez mal chegou ao ensino médio e já está sendo chamado de novo Steve Jobs. O

Capítulo 26 • TI Social • 543

garoto criou dois aplicativos para os produtos da Apple: o Earth Fortune, que troca a cor da terra conforme sua fortuna, e o Bustin Jieber, app que deixa os usuários baterem no cantor teen Justin Bieber. "Criei este aplicativo porque muitas pessoas na minha escola não gostam do Justin Bieber", disse.

Fonte: *"Garoto de 12 anos surpreende com startup"*, http://info.abril.com.br/noticias/mercado/garoto-de-12-anos-surpreende-com-startup-16112011-19.shl, *acessado em 01/12/2011.*

O momento escolar é único em relação à exposição ao risco empreendedor porque é possível colocar todas as fichas em um único número e sair sem nenhum arranhão em caso de perda total. Qualquer resultado positivo é um sucesso estrondoso. O aluno é o vencedor do jogo mesmo quando não ganha nenhum dinheiro com o empreendimento. Toda a sociedade ganha com tal opção de ensino porque os jovens podem identificar muitas das necessidades que não estão sendo atendidas simplesmente porque as empresas não têm tempo, prioridade, interesse, conhecimento ou dinheiro para trabalhar com as características específicas de uma determinada comunidade. A globalização fez com que os projetos sejam priorizados conforme a sua abrangência. Interesses locais da igreja, varejo, indústria, fazenda, agricultura, pecuária etc. podem agora ter um canal de escoamento.

Oportunidades de gerenciamento para compras coletivas ou compartilhadas para insumos agrícolas, aposentadoria, lazer, cultura e festas locais estão presentes em todas as cidades de todos os portes no Brasil. Em estados menores a abrangência geográfica é maior e nos maiores, pode ficar restrita para um bairro apenas.

O artigo revela a experiência da tarefa escolar designada para alguns alunos da Universidade Stanford em 2007 de desenvolver um aplicativo em uma rede social que as pessoas usem. O resultado alcançado foi considerado surpreendente por todos. Alguns alunos acabaram conquistaram milhões de usuários com os aplicativos gratuitos criados. Os ganhos com publicidade resultam em renda elevada para vários estudantes.

Carreiras profissionais foram alavancadas muito antes do esperado e alguns fizeram fortunas com o novo e revolucionário modelo de empreendedorismo conhecido atualmente como empresa novata enxuta. Para os jovens alunos e os professores experientes, os resultados vieram rápido demais. Uma das equipes alcançou faturamento acima de três mil dólares por dia enquanto estudava. O negócio foi vendido posteriormente por milhões.

544 • Governança da Nova TI: Revolução

O mero ensinamento aos estudantes do desenvolvimento de aplicações simples, exploração das ferramentas de distribuição e conceituação da melhoria contínua foi um procedimento operacional escolar que gerou uma nova safra de empresários e investidores. O estratagema adotado é muito fácil de ser copiado por qualquer escola brasileira. Sequer existe a necessidade de ser instituição de nível superior.

A eliminação da barreira da exigência de dinheiro, tempo e pessoal para as empresas novatas aconteceu principalmente por causa da evolução nos últimos anos do software gratuito com código-fonte aberto em conjunto com os serviços em nuvem. Os investimentos de despesas recorrentes foram reduzidos drasticamente. Com o aparecimento das oportunidades de receita rápida nas mídias sociais por causa da rede de anúncios os ingredientes finalmente puderam ser misturados e originar a revolucionária novidade de modelo enxuto de empresa.

Segundo o artigo, a classe da Universidade Stanford de 2007 virou um microcosmo do Vale do Silício e gerou o fenômeno das aplicações como catalisadoras de uma nova onda de inovação tecnológica. Os alunos agrupados em vinte e cinco equipes de três criaram aplicativos que conquistaram 16 milhões de usuários em apenas dez semanas. Durante o semestre de aulas, os aplicativos gratuitos geraram mais de um milhão de dólares em publicidade.

Muita aproximação da indústria com a escola ocorreu em função do resultado alcançado, pois vários empresários desenvolveram e trabalharam com planos de negócios para empresas enxutas. Em alguns casos o resultado financeiro não foi espetacular. No entanto, é preciso destacar e evidenciar que tal situação está longe de ser um problema. As dificuldades práticas ensinaram muito para todos os alunos. Eles estavam no momento ideal de errar e aprender com os erros. Mesmo considerando as restrições de alguns resultados, a rede social também ganhou, pois recebeu uma interessante contribuição para a sua expansão.

O novo modelo foi forte o suficiente para que os investidores mais ousados repaginassem a abordagem. Foram criados desde então vários fundos de investimentos específicos para empresas novatas enxutas e muita aproximação com a escola vem ocorrendo. O patrocínio à escola ou ao aluno são exemplos de novas modalidades de investimento em desenvolvimento.

O artigo destaca também que vários conceitos e ideias desenvolvidos na sala de aula influenciaram a estrutura dos fundos. Ficou claro que esta nova percepção do ensino funciona. Muitos dos estudantes estavam preparados no final do curso para

Capítulo 26 ◆ TI Social ◆ 545

construir uma empresa e enfrentar as dificuldades. Muitos alunos transformaram a lição de casa em empresa com recompensas significativas. A vida dos alunos e professores mudou após o trabalho escolar. Diversos engenheiros do portal da mídia social e investidores frequentaram as aulas para entender como estava sendo gerado tanto valor. A meta era criar novos mecanismos para explorar as oportunidades.

Conforme a matéria, a ideia foi de B. J. Fogg (dirige o Laboratório de Tecnologia Persuasiva em Stanford), que resolveu testar algumas de suas teorias. Ficou muito evidenciado nos trabalhos que os conceitos de negócio mais simples geraram retornos maiores. Apenas esta lição foi de imenso valor para os que entendiam que deveriam conduzir iniciativas ambiciosas. Ficou clara a importância da gestão do tempo, escopo e custo.

A proximidade da idade da geração permitiu, por exemplo, a identificação da necessidade de uma ferramenta de marketing para ajudar a comunicação com os fãs pelas bandas e músicos iniciantes ou regionais. Alguns milhões de dólares foram gerados com o projeto. Mesmo que as mudanças aumentem as dificuldades para repetição da escala de valores monetários de curto prazo dos exemplos de 2007, o ouro de longo prazo do aprendizado é uma recompensa expressiva que compensa a mudança de paradigma do ensino.

Aplicação Aposentadoria

O artigo "Brasileiro não está preparado para a aposentadoria" publicado no Portal HSM em 06 de junho de 2011 revela uma extraordinária oportunidade. Na matéria, é afirmado que: *A pesquisa "O Futuro da Aposentadoria - O Valor do Planejamento", divulgada recentemente pelo HSBC, aponta que cerca de 50% dos brasileiros entrevistados não se sentem financeiramente preparados para a aposentadoria e 25% não sabem qual será sua principal fonte de renda na aposentadoria.*

Como 10% dos entrevistados esperam receber remuneração em idade pós-aposentadoria e 51% já têm o hábito de fazer planejamento financeiro, existe um potencial enorme de mercado. A pesquisa revelou que a falta de preparo de longo prazo é consequência das restrições do entendimento financeiro. A boa notícia é que 43% dos entrevistados afirmam que já procuram aconselhamento financeiro profissional.

O problema da falta de planejamento é uma oportunidade que merece atenção para negócios nas redes sociais, pois muitos brasileiros consideram a aposentadoria como idade da liberdade, satisfação e sabedoria. Conteúdo diário pode despertar o

546 • Governança da Nova TI: Revolução

foco no planejamento e investimento de longo prazo. A publicidade de uma aplicação gratuita de aconselhamento pode gerar milhões de reais. O público feminino está mais preocupado com a aposentadoria do que o masculino, por isto é interessante avaliar as necessidades específicas das mulheres.

O aconselhamento financeiro para a aposentadoria acontece atualmente via especialistas financeiros independentes, bancos e contadores, ou seja, existe um claro foco em produtos financeiros. As alternativas de investimentos de longo prazo de ações e participação em empresas e investimentos são ainda apresentadas de forma embrionária.

As mudanças no perfil demográfico do país são permanentes e estão impactando a visão da aposentadoria futura no Brasil. Entre 1980 e 2010 a participação da população de 65 anos ou mais saltou de 4,1% para 6,9%. Em 2050, a previsão de participação é de 22,5%. Os atuais jovens em 2011 serão os formadores preponderantes desta população, por isto, é preciso começar a educação financeira imediatamente. O Brasil perde, ano após ano, a sua vantagem competitiva de bônus demográfico.

O envelhecimento da população sem a devida exploração da sua atual jovialidade vai aumentar enormemente após 2030 a pressão sobre as pessoas em idade de trabalho e recursos públicos. Cada vez menos pessoas terão que sustentar uma maior demanda de recursos para assegurar as aposentadorias e saúde publica da terceira idade. As previsões indicam que em 2030 existirão mais adultos que crianças no Brasil, ou seja, será encerrada a vantagem do bônus da idade. Após este ano a participação no total da população da quantidade de aposentados será cada vez maior e o volume de recursos necessários será crescente em relação ao produto interno bruto. Os quase vinte anos que existem até o ponto de virada mostram que o atual momento é de planejamento e preparação, tanto do ponto de vista individual como governamental. Existem muitas oportunidades abertas pela abrangência das redes sociais que são adequadas para exploração do caráter essencial do assunto aposentadoria.

Os desafios relacionados com o envelhecimento e a forte tendência dos mais jovens para o planejamento financeiro em conjunto com a aceitação da necessidade de trabalhar mais tempo para financiar a aposentadoria é uma extraordinária oportunidade de aplicação de negócio em rede social para atender a necessidade de uma parte expressiva da população que ainda não conseguiu identificar como manter a renda na aposentadoria.

Desafios do Negócio Enxuto

O bom planejamento dos custos e mercado é um aspecto de elevada importância para a realização dos sonhos. Em geral, o empreendedor é um visionário inconformado com alguma situação conhecida ou vivida que tem o espírito de "arregaçar as mangas" e iniciar um projeto. Como o universo burocrático brasileiro é amplo e complexo para a abertura de um negócio, existe muito desconhecimento sobre os aspectos regulatórios e impactos nos custos. Por causa disto vários morrem no meio do caminho. As atividades de negócio nas mídias sociais enfrentam os mesmos desafios do universo paralelo da burocracia nacional.

É preciso pautar o negócio e campanha de comunicação em cinco sólidos pilares. O primeiro é o mais óbvio, mas ainda existem os que iniciam uma jornada sem saber fazer. O negócio precisa realmente saber o que está propondo. O segundo é o planejamento. Não é porque é rede social que tudo é de graça e sem consequência futura. É preciso planejar o investimento, ponto de venda, recursos, atendimento e caixa. O terceiro pilar é o custo. Muitos confundem custo aparente de curto prazo com custo total e na hora do "vamos ver", faltam recursos e a iniciativa fracassa. É preciso uma boa estimativa do custo. Existe bom material disponível para pesquisas nas redes.

O quarto pilar é o regime fiscal e sua respectiva tributação. Este aspecto é sempre crítico. Erros por desconhecimento podem custar muito caro no médio prazo. O quinto e último pilar é o mercado. É preciso entender o mercado potencial para que uma campanha na mídia social gere resultado. É possível, através da internet, avaliar segmentos de mercado, conhecer o consumidor e sua classe social e identificar o público-alvo. É evidente que a ação precisa focar no que a empresa ou empresário querem fazer. Uma campanha feita apenas por fazer em geral não é apoiada nestes cinco pilares. Ela pode ser o grande salto do negócio, mas se for feita de qualquer jeito pode levar a empresa para um precipício sem volta.

Interesses

O artigo "Mídia pede que governo pressione Apple sobre iPad", publicado na "Folha de S. Paulo", caderno mercado, em 02 de junho de 2011, ilustra bem o novo jogo de interesses em prática. A matéria afirma que: "Editores de jornais e revistas nacionais enviaram carta ao governo federal para que ele pressione a Foxconn a tentar acordo mais vantajoso para jornais e revistas que têm aplicativos para o iPad."

548 ◆ Governança da Nova TI: Revolução

A causa-raiz desta pressão é que a Apple cobra 30% de comissão sobre a venda de conteúdo em sua loja, o que a Associação Nacional de Jornais (ANJ) e a Associação Nacional dos Editores de Revistas (Aner) entendem como um desequilíbrio de valores. A loja virtual da Apple, que já alcançou quase sete bilhões de dólares em vendas por ano, é sem sombra de dúvida um exemplo de sucesso de uma mídia social privada. Ela estabeleceu uma estrutura forte de amarração entre os aparelhos desenvolvidos iPhone, iPad e iPod e a sua loja. As inovações entregues aos clientes viraram um modelo de fidelização que praticamente criou um monopólio. O fabricante define as condições para vender na sua loja em função da elevada exposição. Não é muito diferente do que encontramos no relacionamento entre as lojas e centros comerciais de elevado público com bom nível de renda. A reportagem destaca que foi escolhida como canal de pressão a montadora eletrônica Foxconn porque ela pediu incentivos ao governo brasileiro para a construção de uma unidade industrial no país para a produção de equipamentos Apple.

Na carta dos editores enviada para os ministros das Comunicações e Desenvolvimento é solicitado que a Foxconn ajude na solução do monopólio da Apple no mercado de mídia em troca dos benefícios. As empresas de mídia nacional querem o fim da intermediação obrigatória da loja virtual da Apple nas vendas na sua rede social privada e o fim do bloqueio à base de clientes. A pressão do influenciador é necessária neste caso porque a condição de monopolista da Apple faz com que ela simplesmente ignore as pressões individuais dos "lojistas".

É algo muito similar ao mundo real, onde o dono do centro de compras escolhe um lojista entre vários candidatos e ele precisa atender a todas as condições do Shopping Center. Em resumo, ou ele aceita pagar a comissão proposta ou não vende no centro comercial. A mídia social abriu um espaço enorme para redes privadas que podem equilibrar as forças e serem os reais influenciadores deste novo mercado. É preciso entender a nova realidade e agir antes que novos monopólios sejam criados.

Agrocompras

O artigo "Citricultores de SP rateiam custos com pulverização" ("Folha de S. Paulo", 26/07/2011, caderno Mercado) revela o potencial da mídia social para o segmento do agronegócio. A matéria mostra como uma ferramenta simples de inteligência coletiva conseguiu reduzir em 21% o custo de aplicação aérea de inseticida nos pomares de laranja no Estado de São Paulo.

As compras coletivas reduziram fortemente os custos para combater a doença greening nos pomares da região de Araraquara e São Carlos. O artigo destaca que a região tinha 61,7% dos talhões doentes do Estado em 2010, segundo o Fundo de Defesa da Citricultura (Fundecitrus). No ano de 2009, a participação era de 33,1% .

Enquanto o custo do hectare pulverizado individual é de até R$ 14, o custo do hectare pulverizado coletivo é de até R$ 11. Os citricultores conseguem negociar menores preços devido à grande quantidade de produtores. Na matéria é exemplificado o caso de Ibitinga, onde 38 citricultores com área total pulverizada de 2.500 hectares gastaram apenas R$ 27,5 mil coletivamente. A soma dos custos individuais da pulverização para uma área somada igual seria de R$ 35 mil. Um citricultor de Ibitinga citado no artigo revelou que gastaria só com a pulverização aérea R$ 3.300. Ele gastou apenas R$ 2.600 graças à inteligência coletiva.

A compra coletiva também reduziu o preço dos defensivos agrícolas comprados para a pulverização. Somados os defensivos, os gastos totais individuais por hectare chegam a R$ 44. Graças ao coletivo foi possível reduzir para R$ 36. O artigo "Produtor testa sites de compra coletiva" ("Folha de S. Paulo", 16/07/2011, caderno Mercado) é um exemplo em que a inteligência coletiva digital foi além da redução dos custos corrigindo uma forte e danosa imperfeição das informações do mercado.

As cooperativas que compravam coletivamente máquinas, sementes, vermífugos etc. estão sendo substituídas por portais de compras coletivas para agricultores e pecuaristas. Os produtores das cooperativas que já estão acostumados com o modelo comum no campo de compra em grupo estão a um passo de eliminar importante distorção de mercado.

Portais lançados em 2011 no interior de São Paulo já conseguiram conquistar milhares de compradores e estão gerando negócios de máquinas e fertilizantes de milhares de reais. O poder dos pequenos nas compras em relação aos fornecedores vem sendo maximizado. A barreira da imperfeição das informações, que impedia que todos os descontos fossem repassados para todos os cooperados, foi derrubada com os portais de compras coletivas. A eliminação de intermediários democratizou o processo e o produtor passou a ter uma estrada direta com o fornecedor e descontos por volume coletivo.

Como nos portais de compras coletivas os descontos ocorrem por volume, toda vez que uma determinada quantidade de negócios é alcançada, todos são beneficiados com o menor preço. A vantagem da eliminação da distorção das informações é

550 • Governança da Nova TI: Revolução

um forte catalisador da superação de eventuais dificuldades em relação às transações digitais.

Nova Renda

É comum o entendimento de que os portais de compras coletivas são locais para ganhos de escala e produtividade. No entanto, existe no modelo de negócio a necessidade de posicionamento como mídia social. Uma elevada audiência oferece oportunidade para rendimento em publicidade. O artigo "Sites de compra coletiva duelam em oferta de carro" ("Folha de S. Paulo", 26/07/2011, caderno Mercado) ilustra bem a questão da audiência.

Segundo a matéria, dois portais de compra coletiva inauguraram em julho de 2011 a venda de carros com desconto. A promoção para conquistar mais audiência envolve a oferta de um recém-lançado compacto. Os dois portais ofereceram uma unidade do carro com mais de 50% de desconto. Não é um caso de uma promoção de compra coletiva porque apenas uma unidade é oferecida para venda.

Claramente é um esforço de aumento de audiência, pois o interessado precisa "curtir" a página da empresa no Facebook e esperar pela oferta surpresa. A promoção é vista neste estratagema como um investimento dos portais em audiência. É fácil notar tal intenção pela intensa concorrência entre as partes para serem o primeiro. A diversificação da abordagem dos portais de compra coletiva mostra que o atual faturamento de aproximadamente R$ 1,2 bilhão por ano ainda não oferece condição de lucro equilibrado.

Direito Autoral

A questão do direito autoral ganhou caráter mais abrangente em função das mídias sociais públicas e privadas. O artigo "Apple quer saber se aplicativos enfrentam processos" (http://www.itweb.com.br, acessado em 01/08/2011) revela as preocupações da organização em relação às questões relativas aos direitos autorais dos aplicativos publicados na loja virtual. A empresa claramente quer gerenciar com maior profundidade a legalidade das aplicações desenvolvidas por terceiros e publicadas no seu ponto de venda virtual.

Um caso recente de processo por violação de patente contra a Apple fez a luz amarela acender e agora a empresa quer que os seus advogados estejam cientes sobre

Capítulo 26 • TI Social • **551**

a legalidade do trabalho dos desenvolvedores e não permitam a ocorrência de novas ações por problemas de direitos autorais, intelectuais e de patentes.

A oferta de conteúdo nas mídias sociais precisa também contemplar os direitos legais para que as empresas consigam explorar as oportunidades de negócios. Ter que manter equipe de advogados para defender a empresa não apenas gera problema na imagem corporativa como aumenta o risco operacional e reduz a lucratividade da iniciativa.

O exemplo do artigo "Lodsys processa desenvolvedores por violação de patente" (http://www.itweb.com.br, acessado em 01/08/1011) mostra o impacto de infringir a propriedade intelectual. Na matéria é afirmado que a Lodsys registrou uma alegação de violação de patente contra os desenvolvedores que criaram aplicações para as lojas da Apple e Google.

No caso da Apple foi escolhido o estratagema de reduzir a abrangência do impacto. No primeiro momento a companhia optou por estabelecer uma defesa jurídica robusta para os desenvolvedores e restringir a abrangência de eventuais estragos e como segunda parte da iniciativa corporativa foi adotado o comportamento proativo. A organização enviou formulário para todos os desenvolvedores solicitando informações sobre a situação jurídica dos aplicativos e envolveu o seu corpo jurídico no assunto.

O artigo "Apple defende desenvolvedores de cobrança da Lodsys" (http://www. itweb.com.br, acessado em 01/08/2011) ilustra bem as novas preocupações que os donos das mídias sociais precisam ter para manter a saúde do empreendimento.

A matéria revela que a Apple procurou a Lodsys para chegar a um acordo. Existe um claro ponto de discordância sobre os direitos do licenciamento da utilização das patentes entre as empresas e, até que exista uma melhor definição do modelo, os desenvolvedores terão que esperar para trabalhar em novos projetos.

A questão é de alto impacto porque uma inteira comunidade de profissionais pode enfrentar problemas jurídicos em função do formato de licenciamento entre a Lodsys e a Apple. O impacto na imagem pode ser grande e ainda existe a possibilidade de ser gerado efeito dominó na rede social. É muito provável que um acordo atenda a todos os interesses adequadamente, mas o ponto importante da disputa é que agora a questão jurídica dos direitos passa a fazer parte da rotina das empresas presentes nas redes sociais.

552 • Governança da Nova TI: Revolução

Facilitador da Colaboração

O extraordinário crescimento das mídias sociais como Facebook, Twitter e LinkedIn em conjunto com a generosa avaliação dos ativos pode estar criando uma nova bolha na internet, semelhante à ocorrida nas empresas de tecnologia nos anos 1990. O conceito de integração social vem permitindo que os portais sociais corporativos ganhem significância e contribuam para a popularização do ambiente de desenvolvimento aberto via inteligência coletiva e inovação colaborativa. Existe em curso uma clara mudança na natureza da interação da equipe. O desenvolvimento em código aberto pode agora ser baseado no trabalho de uma comunidade através da codificação social. Os ambientes e ferramentas disponíveis permitem a distribuição em rede e a codificação social.

É evidente que a migração da situação de especialistas localizados em alguns poucos locais para comunidade virtual mundial para o desenvolvimento dos produtos e inovações demandam que os gerentes de projetos mudem o foco das suas atividades de gestão de tarefas para gerenciar as interações e colaborações. Um projeto no qual o time do desenvolvimento esteja localizado em Jataí, Cruz Alta e Rondonópolis e a implantação é feita em Bebedouro e Lagoa da Prata exige uma repaginação das habilidades e atividades do gerente do projeto. O caminhar nesta nova estrada exige muito direcionamento e constância de propósito para as práticas e ideias da gestão. É importante estabelecer referenciais que permitam a percepção de que os avanços acontecem no sentido correto.

As pesquisas e trabalhos publicados revelam que existe uma forte conexão entre inovação e colaboração. A colaboração facilita a inovação, maximiza os resultados das vendas pelas ofertas inteligentes e catalisa os processos operacionais pela aceleração da adoção das melhores práticas. O gerenciamento da colaboração pode ser comparado com a gestão de um portfólio de projetos com vários gerentes e equipes. Existe hierarquia, comando e controle. No entanto, as ferramentas de gestão precisam ser flexíveis o suficiente para que a inteligência aconteça em todos os sentidos e direções.

Não existe espaço na colaboração para o fluxo de inteligência apenas de cima para baixo. O gerente da colaboração precisa olhar a capilaridade da rede como uma usina de inovação e criatividade. Os principais desafios e habilidades dos gerentes da colaboração estão relacionados com a sua habilidade de serem conectores globais. Ou seja, reputação, nível de influência, facilidade de ligação com outras pessoas e acesso às ideias, talentos e recursos. A experiência profissional deve ser de tal envergadura que exista a vinculação das ideias de várias realidades para alavancar sua criatividade e relevância.

Capítulo 26 ◆ TI Social ◆ **553**

Isto significa que as fronteiras do conhecimento do gerente de projeto mudaram. Não basta, no mundo da colaboração, apenas olhar aspectos administrativos ou técnicos. É preciso entender e incorporar as boas práticas do marketing, artes, literatura, esporte, medicina, finanças etc. O transporte do conhecimento destes universos para a equipe pode gerar imensos benefícios para as entregas. Projetos de urgência elevada são enormemente facilitados quando as tarefas das pessoas são analisadas com olhos de horizonte holístico. A utilização de um conjunto de canais para procurar a inspiração permite a utilização de novas abordagens para estimular a inovação.

O engajamento de talentos geograficamente distribuídos e de várias culturas é uma demanda corriqueira e normal no mundo dos negócios. Existe uma tendência explosiva para a abrangência e disseminação da necessidade. O gerente precisa ter muita habilidade e maturidade para trabalhar a diversidade. O comportamento de aversão ao conflito e discussão de alguns gerentes por incomodar a zona de conforto não pode existir no universo da colaboração. As discordâncias fermentam as diferentes perspectivas e catalisam o processo de inovação. Gerentes experientes, maduros e viajados experimentaram várias culturas e entendem e interpretam bem as diferenças. Eles são capazes de explorar as oportunidades geradas pelos participantes de diferentes naturezas (gênero, geografia, etnia, cultura e comportamento). A nova e ainda inexplorada dimensão do talento e trabalho coletivo ampliado precisa ser avaliada com muito carinho e cuidado.

A colaboração efetiva exige participação de toda a comunidade, por isto, o alto escalão da empresa precisa bater ponto na rede. Os patrocinadores do projeto também precisam participar ativamente. A capacidade individual de colaboração do gerente de projeto deve ser um dos principais critérios para a sua escolha. Situações em que os representantes da empresa e do projeto optam pela ausência em geral aniquilam a credibilidade, a confiança e o espírito de colaboração.

As políticas internas de recompensa individual das organizações precisam ser revisitadas para valorizar o desempenho coletivo e evitar que a competição individual descarrilhe os objetivos da colaboração. Grupos em que apenas alguns estão preparados para performance superior terão neste novo conceito recompensas menores que os mais maduros. Com o avanço dos processos, os profissionais preparados dos grupos de desempenho inadequado vão sendo transferidos para os grupos maduros e, em pouco tempo, o grupo morre se não mudar de comportamento.

O gerente de projeto precisa, neste contexto, trabalhar junto com os patrocinadores para eliminar todas as barreiras para a colaboração. Os silos de conhecimento são

554 ◆ Governança da Nova TI: Revolução

estruturas capazes de sabotar os esforços da colaboração, por isso deve ser explicitamente desincentivada a sua manutenção.

A recompensa por grupo é certamente um enorme desafio para a organização, o gerente e a equipe do projeto, pois a avaliação do esforço individual dentro do grupo para realizar as entregas é mais complexa que a existente na administração tradicional, em que um superpreparado consegue gerar as mesmas entregas. Existe neste caso o problema da falta de repetitividade e previsibilidade. Também em várias situações a individualidade distancia a empresa do consumidor. Com a mudança do jogo do poder causada pelas mídias sociais, as empresas já não podem se dar ao luxo de acharem que sempre estão certas. As corporações precisam de equipes inteligentes que endereçam as entregas desejadas pelo mercado.

É muito importante que o facilitador entenda que trabalho colaborado não é sinônimo de consenso. O gerente do projeto precisa conhecer o seu papel com clareza no novo mundo social porque continuam existindo decisões que precisam ser tomadas e ações que devem ser realizadas sem debates eternos. O gerente de projeto em um ambiente colaborativo não pode decidir pela equipe, mas ele precisa facilitar as coisas para que eles cheguem às suas próprias conclusões. É evidente que o papel de facilitador envolve o direcionamento da colaboração para conclusões. O profissional precisa ser experiente para distinguir entre debate relevante e improdutivo. Os trabalhos precisam levar o jogo para o território da ação coletiva com comprometimento e equilíbrio.

Conclusão

As redes sociais da internet mudaram em definitivo a natureza da interação da equipe do projeto. As ferramentas disponibilizadas habilitaram novas formas de colaboração e o novo jogo de poder está movimentando a repaginação no direcionamento dado pelas expectativas das pessoas. As soluções baseadas em desenvolvimento e código-fonte aberto utilizando técnicas ágeis revelam que as equipes desta geração de projetos estão querendo participar ativamente das decisões que afetam o seu trabalho. O antigo modelo de empurrar de cima para baixo as decisões esta colapsando. Os líderes dos projetos precisam de imediata atualização para uma nova versão na qual eles catalisem as mudanças e superem os desafios da capilaridade, distribuição e diversidade para criar um ambiente de debate construtivo e criativo. A inteligência coletiva da equipe tem agora o poder de inovar e levar o resultado para um novo pico de excelência.

Capítulo 27 ✦ Mercado Profissional de TI no Brasil

Mercado antes crise 2008

> **Brasscom: TI mais competitiva e ética com novos incentivos**
>
> "Com apenas a desoneração da folha de pagamento, o presidente da Brasscom afirma que as empresas resolverão três problemas. O primeiro é a redução em 20% dos custos de mão de obra, considerada atualmente uma das mais caras, o que colocava o Brasil em desvantagem nos contratos de exportações dos serviços de TI. O segundo problema é que a nova medida tende a acabar com os contratos de trabalho informais. Pelos cálculos do presidente da Brasscom, dos 1,2 milhão de profissionais empregados pela indústria brasileira de TI pelo menos 50% não possuem contratos em carteira. "Hoje, temos dois grupos de empresas: o 'A' que só emprega pela CLT e o 'B' que só contrata PJ (pessoa jurídica). O 'B' tem mais condições de competir. Isso cria uma concorrência desleal. Agora a concorrência será mais ética", ressalta Gil. O último problema que a desoneração da folha de pagamento vai atacar é a redução do passivo trabalhista. Como o mercado acabou criando modelo de contratos flex, como acordo de PJ e **"pejotinha"**, o presidente da Brasscom relata que o setor tinha problemas com a Justiça trabalhista e era prejudicado na hora de pedir empréstimos nos bancos."

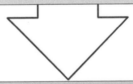

http://computerworld.uol.com.br/negocios/2011/08/02/brasscom-setor-de-ti-sera-mais-competitivo-e-etico-com-nova-politica/

Acessado em 01/09/2011

Será que a realidade brasileira atual de TI é um grande volume de profissionais experientes iniciando uma nova carreira após os quarenta anos? Se sim, será que investir em uma carreira tão curta vale a pena?

Em geral os profissionais atravessam a sua carreira inteira com o dilema entre investir em certificações de curto prazo ou em caras especializações de longo prazo. Um

556 • Governança da Nova TI: Revolução

dos caminhos para responder qual a melhor direção é avaliar o comportamento do mercado de trabalho de Tecnologia de Informações (TI) no Brasil. A pesquisa sobre as melhores empresas de TI para trabalhar publicada na revista "Computerworld" 516, de 15 de julho de 2009, revela o perfil etário dos trabalhadores. O desenvolvimento da melhor estratégia de carreira exige tanto o pleno entendimento das oportunidades para o profissional recém-formado, pleno e experiente, como a compreensão do impacto da idade na carreira.

Se, por exemplo, as oportunidades para profissionais acima de quarenta anos são escassas, e o profissional tem idade acima de trinta anos isto significa que o retorno de investimento em um curso de longa duração é baixo. O elevado investimento de tempo e dinheiro oferece neste caso apenas uma recompensa de ganho de curtíssimo prazo pelo elevado risco de desemprego estrutural (renda zero na área de TI após os 40 anos de idade).

Caso a pesquisa da "Computerworld" comprove esta hipótese, isto significa que existe um cenário de retorno pobre para o investimento em educação especializada iniciado após a idade de trinta anos de vida na área de TI. O baixo retorno (ou em alguns casos, o retorno negativo) é consequência do fato que a solução para o desemprego estrutural por causa de idade superior aos quarenta anos é o início de uma nova carreira em outro setor. A pesquisa "Melhores Empresas de TI e TELECOM para trabalhar" publicada na revista "Computerworld" 516 mostra a seguinte distribuição da participação no mercado de trabalho de TI para profissionais experientes.

Participação dos profissionais acima de 46 anos no quadro de funcionários	Quantidade de Empresas	%
Até 3%	15	25,0%
Entre 3 e 5,9%	20	33,3%
Entre 6 e 9,9%	9	15,0%
Entre 10 e 12,9%	9	15,0%
Entre 13 e 18%	4	6,7%
Acima 18%	4	6,7%
Total	60	100,0%

Fonte: "Computerworld" 516, de 15/07/2009.

Os números acima comprovam a hipótese de expulsão do mercado de TI das pessoas mais experientes e explicitam a restrição de oportunidades na área para os profissionais acima de quarenta anos (apenas uma pequena minoria conseguiu permanecer no mercado de TI após vinte anos de trabalho).

Em 88% das melhores empresas de TI para trabalhar, de cada grupo de 100 profissionais iniciantes contratados apenas 13 (no melhor caso) permaneceram no mercado após os quarenta anos de idade.

Será que o mercado profissional de TI no Brasil é tão novo que ainda não deu tempo para ter uma maior quantidade de profissionais experientes? Ou será ele vem crescendo de forma tão espetacular nos últimos anos que a parcela de profissionais acima de 40 está tão diluída assim?

Como o primeiro grande volume de profissionais especializados em TI entrou no mercado de trabalho no início dos anos 1990, é possível afirmar que já existe uma grande quantidade de profissionais formados acima de quarenta anos no Brasil (existe uma grande quantidade de ex-alunos formados nas universidades de TI que estão com idade acima de 40 anos). Para entender a questão da baixa participação de profissionais experientes é preciso avaliar o crescimento do setor de tecnologia brasileiro.

Melhores Empresas para Trabalhar - "Superempresa"	2005	2006	2009
Quantidade de empresas	30	40	60
Faturamento (R$ bi)	284,9	542,5	313,6
Total de funcionários	33.263	38.628	48.365
Funcionário/Empresa (Média)	1.109	966	806
Faturamento por funcionário (Média) R$ milhões	8,57	14,04	6,48
% funcionários acima de 35 anos	31,20%	35,60%	35,02%
Rotatividade	22,00%	27,90%	ND

Fonte: *"Melhores empresas para trabalhar". "Computerworld" 29/11/2006, 18/07/2007 e 15/07/2009.*

A pesquisa da "Computerworld" de 2006 revela que as 40 melhores empresas de TI empregavam 38.628 profissionais. Na pesquisa de 2009, o total cresceu para 48.365 por causa do aumento de 100% da quantidade de empresas avaliadas. A quantidade de profissionais por empresa vem despencando ano após ano desde a pesquisa de 2005. A participação da faixa etária acima de 35 anos caiu 0,58 pontos percentuais entre 2009 e 2006. A espetacular perda de produtividade (indicador faturamento por funcionário), em conjunto com a elevada rotatividade (quase na casa dos 30%), mostra que existe uma paulatina e constante substituição dos profissionais mais experientes pelos mais jovens.

Os números evidenciam que as oportunidades profissionais para quem está acima de quarenta anos na área de TI no Brasil são restritas e, portanto, o estratagema que maximiza o retorno do investimento em educação específica de TI é o de curso com duração curta, pois é bastante provável que o profissional tenha que iniciar uma nova carreira em outra área após os quarenta anos de idade.

A frase "Profissionais queixam-se de falta de oportunidades e de remuneração abaixo da oferecida pelo mercado" do artigo "Preconceito ronda trabalhador sênior" publicado na "Folha de S. Paulo", caderno empregos, em 14/08/2011 (http://www1.folha.uol.com.br, acessado em 01/09/2011) e a afirmação "Disseram-me que a empresa só queria pessoas de até 30 anos. Tenho a impressão de que, em 90% das ocasiões, o que barra é a idade" publicada na "Folha de S. Paulo", caderno empregos, em 14/08/2011 (http://www1.folha.uol.com.br, acessado em 01/09/2011) explicita a situação do emprego dos profissionais experientes. O projeto de lei que define cotas para os idosos nas empresas (projeto de lei nº 1.495/2011) confirma o reconhecimento do preconceito contra o cabelo branco no trabalho no Brasil.

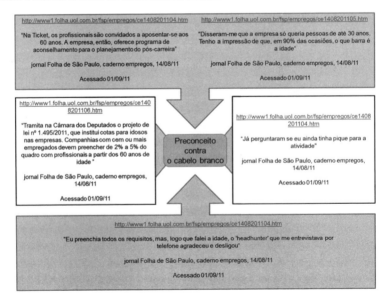

Capítulo 27 • Mercado Profissional de TI no Brasil • **559**

A crescente perda de competitividade corporativa das empresas de TI (cerca de 20% de queda do faturamento por funcionário em apenas quatros anos) revela o fracasso do preconceito ao cabelo branco. As organizações focadas no lucro já entenderam o recado do mercado e mudaram o posicionamento interno para as contratações do capital intelectual após a crise de 2008. As frases "A Arcon, por exemplo, precisou contratar pessoas com experiência há um ano. A faixa etária foi adotada como critério de desempate. A empresa de serviços de segurança digital contratou um profissional de 65 anos de idade para cargo de analista. O outro a participar da entrevista final tinha 32 anos." e "A experiência foi positiva e repetiu-se. 'Foi um trabalho de convencimento de alguns departamentos, pois há quem restrinja idade', afirma Angelo Ribeiro, gerente de recursos humanos." do artigo "Preconceito ronda trabalhador sênior" publicado na "Folha de S. Paulo", caderno empregos, em 14/08/2011 (http://www1.folha.uol.com.br, acessado em 01/09/2011) confirma que as empresas mais dinâmicas de TI mudaram radicalmente de atitude.

A importância da experiência do capital intelectual é enormemente explicitada no artigo "Moçambique oferece terra à soja brasileira" publicado na "Folha de S. Paulo", caderno mercado, em 14/08/2011 (http://www1.folha.uol.com.br, acessado em 01/09/2011). O governo de Moçambique está oferecendo uma área de 6 milhões de hectares (equivalente a três Sergipes) por cem anos em troca da experiência acumulada dos agricultores brasileiros. Eles querem reproduzir em Moçambique o sucesso do cerrado brasileiro. O ministro da Agricultura do país africano tem pressa para obter resultados positivos e quer usar os trinta anos de experiência e conhecimento do agricultor brasileiro e da Embrapa para aumentar a riqueza agrícola da sua nação.

Mercado após a crise de 2008

Em 2012, o risco de uma recessão global ainda é grande em função do nível letárgico de recuperação das economias. Em diversos países desenvolvidos o desemprego é elevado e existe uma clara redução do salário e dos benefícios dos trabalhadores de TI. A combinação do desemprego da mão de obra qualificada dos países desenvolvidos com a valorização do real, "Dólar a R$ 1,70 faz serviços das empresas brasileiras custarem 30% a mais que os das concorrentes indianas" (artigo "Real valorizado adia 'sonho indiano'", "Folha de S. Paulo", caderno mercado, 25/11/2010), com a os depoimentos sobre a escassez da mão de obra de TI: "Um estudo da Brasscom (Associação Brasileira das Empresas de Tecnologia da Informação e Comunicação) projeta para este ano um déficit de quase 92 mil profissionais de TI." (artigo "Déficit de profissionais de TI chega a 92 mil", portal http://info.abril.com.br, publicado em 08/04/2011, acessado em 01/08/2011) está gerando o efeito de maior volume de estrangeiros

560 ◆ Governança da Nova TI: Revolução

interessados em trabalhar no Brasil. Fonte: "Autorização para trabalhador estrangeiro sobe 143,7% em 5 anos" (portal http://g1.globo.com, publicado em 09/07/2011, acessado em 01/08/2011), "Autorização para trabalhadores estrangeiros cresce 19% no semestre" (portal http://g1.globo.com, publicado em 07/07/2011, acessado em 01/08/2011) e "Salários brasileiros atraem estrangeiros" (portal http://info.abril.com.br, publicado em 26/07/2011, acessado em 01/08/2011).

A reclamação sobre a falta de qualificação dos candidatos (artigo "Déficit de profissionais de TI chega a 92 mil") e a afirmação abaixo revela que os profissionais qualificados dos países desenvolvidos estão ocupando posições em TI no Brasil com intensidade.

> *O país está recebendo, principalmente, portugueses, espanhóis, norte--americanos e trabalhadores dos países da América do Sul. Os profissionais vêm para ocupar vagas nos setores ligados à engenharia, infraestrutura e tecnologia, como construção civil, portos, petróleo e gás e tecnologia da informação.*
>
> Fonte: *"Salários brasileiros atraem estrangeiros"*

Existe um claro impacto econômico futuro desta tendência para os profissionais brasileiros de TI. A maior qualificação do profissional recém-formado no exterior em relação à media das faculdades nacionais em conjunto com a valorização do real e dificuldade de emprego na Europa e Estados Unidos vai fazer com que as organizações que continuamente utilizam os computadores, redes e aplicações como ferramenta para fazer negócios prefiram a importação da mão de obra especializada. Existe uma crescente necessidade de capital intelectual superior para que as mudanças nas organizações alcancem o nível desejado de eficiência e eficácia.

As corporações precisam cada vez mais de profissionais de TI com mais habilidades e capacidades. A escolha das organizações pelo elevado discernimento da operação em conjunto com satisfação profissional e desenvolvimento permanente de capacidade coletiva via instrução pode ser suprida pela entrada de trabalhadores da Europa no Brasil. Muitos já conhecem o país ou têm parentes no território brasileiro.

O meio ambiente econômico estagnado da Europa vem segurando os salários médios dos profissionais de TI nestes três últimos anos e em muitos casos os benefícios foram reduzidos. A terceirização, computação em nuvem e outras tecnologias adotadas pelas empresas usuárias de TI vêm reduzindo a oferta de vagas na Europa. Os profissionais de TI experientes descontentes estão buscando com vigor novas oportunidades.

Capítulo 27 • Mercado Profissional de TI no Brasil • **561**

A instrução técnica, complementada por nível cultural elevado e bom entendimento dos aspectos dos negócios atrai cada vez mais o interesse das empresas no Brasil pela contratação de capacidade criativa e habilidade para fazer a diferença nos processos de negócio. Este novo cenário vem mudando a percepção das companhias sobre a formatação do capital intelectual. As corporações querem contratar profissionais capacitados que consigam contribuir para o desenvolvimento das bases internas de conhecimento de TI, tanto através de pesquisas, congressos e eventos virtuais e presenciais, autoaprendizado e instrução formal no trabalho e na escola, como na produção de conteúdo relevante em Blogs e Twitter.

As organizações da era do conhecimento entendem que a aprendizagem é um processo ativo e que as pessoas aprendem fazendo, por isto existe uma crescente busca por experiências comprovadas na carteira profissional e especializações de longo prazo. É bastante claro nos números de mercado que os profissionais experientes que investiram em treinamentos complexos estão sendo recompensados com uma renda cerca de 20% superior aos que optaram por manter como nível de graduação o diploma universitário. O artigo "Profissionais com mais de 50 anos têm aumento maior", publicado na "Folha de S. Paulo", caderno empregos, em 14/08/2011 (http://www1.folha.uol.com.br, acessado em 01/09/2011) revela, na frase "Bagagem em vários cenários é diferencial", o nível de importância e recompensa para a capacidade acumulada na era do conhecimento no Brasil

As principais razões para a escolha de especializações formais estão relacionadas com: (i) necessidade de desenvolver novas habilidades, (ii) desenvolvimento de qualificações para trabalhar em novos desafios, (iii) necessidade corporativa de resolução de problemas específicos, (iv) crescimento da exigência do empregador, (iv) reconhecimento pelo mercado, (v) preparação para uma mudança na carreira, (vi) recomendação de conhecido e (vii) preparação para nomeação (governo). Um curso de especialização com duração acima de dois anos exige muito tempo, dinheiro e energia do profissional, por isto ele vem sendo recompensado pelo esforço realizado de trabalhar durante o dia e estudar à noite com uma renda anual média vinte por cento superior aos profissionais com a mesma experiência e sem especialização formal (muitos deste grupo escolheram o caminho das certificações). A decisão de uma escolha mais difícil e trabalhosa é o resultado de um conjunto de razões em que a expectativa de maior renda foi apenas um dos aspectos considerados.

As certificações estão perdendo paulatinamente espaço em termos de importância na formação dos profissionais de TI com renda superior. Em 2011, 56% dos profissionais consideravam que elas ofereciam alguma efetividade na formatação das capacidades e habilidades profissionais e 44% entendiam que elas ofereciam bastante efetividade. O resultado mostra uma forte mudança em relação ao ano de 2010, quando 78% entendiam que elas ofereciam bastante efetividade. É uma fantástica queda de 34 pontos percentuais em apenas um ano na percepção da eficiência e eficácia das certificações para o conhecimento profissional.

Os gerentes que contratam os profissionais de TI também mudaram fortemente de posicionamento. Em 2010, 71% deles entendiam que existia bastante efetividade para as certificações, em 2011 apenas 35% mantinham este entendimento. É uma queda espetacular de 36 pontos percentuais na visão dos contratantes. Como consequência o nível de importância das certificações vem despencando ladeira abaixo. Em 2010, quase cinquenta por cento das empresas consideraram as certificações como importantes nas contratações e em 2011 apenas 32% mantinham o posicionamento (queda de 19 pontos percentuais em apenas um ano). As novas exigências do mercado vêm impulsionando um novo modelo de requisitos para as habilidades dos profissionais de TI no qual o conhecimento superior e elevado está sendo privilegiado.

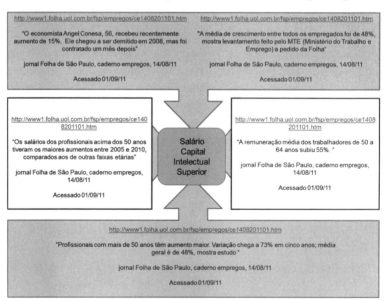

A grande maioria dos especializados foi promovida ou recebeu aumentos salariais reais por causa do desempenho superior, participação no lucro, aumento das responsabilidades, novas tarefas e troca de emprego. O impacto da certificação no salário está relacionado com aumentos reais menores dentro do mesmo cargo ocupado. Não é regra que os profissionais qualificados em um nível maior de uma certificação

Capítulo 27 ◆Mercado Profissional de TI no Brasil ◆ **563**

tenham renda maior. Em alguns casos, os certificados no nível mínimo estão recebendo uma renda anual maior.

A necessidade de qualificação estruturada e robusta para manter a competitividade corporativa esta presente em todos os lugares e explica a motivação da valorização da experiência e conhecimento e a derrocada ladeira abaixo da renda dos apenas certificados em TI. Tanto o artigo "Taxistas do Rio fazem curso de inglês para evitar 'embromation' na Copa e nas Olimpíadas" (http://noticias.uol.com.br, acessado em 01/09/2011) como a frase a seguir revelam a obrigatoriedade do conhecimento real para os negócios no Brasil pós-crise.

> *A remuneração média dos trabalhadores de 50 a 64 anos subiu 55%. Quem tem 65 anos ou mais recebeu aumento de 73%. A média de crescimento entre todos os empregados foi de 48%, mostra levantamento feito pelo MTE (Ministério do Trabalho e Emprego) a pedido da Folha.*
>
> Fonte: *"Profissionais com mais de 50 anos têm aumento maior", "Folha de S. Paulo", caderno empregos, 14/08/2011,* http://www1.folha.uol.com.br, *acessado em 01/09/2011.*

A frase abaixo confirma que a era do conhecimento chegou em definitivo em todos os cantos do globo terrestre.

> *Os produtores vão a reboque da Embrapa, que mantém na área o projeto Pro-Savana, com a Agência Brasileira de Cooperação e a Jica (Agência de Cooperação Internacional do Japão). O projeto de cooperação técnica em Moçambique é o maior da Embrapa fora do Brasil - terá 15 pessoas a partir de outubro.*
>
> Fonte: *"Moçambique oferece terra à soja brasileira", "Folha de S. Paulo", caderno mercado, 14/08/2011,* http://www1.folha.uol.com.br, *acessado em 01/09/2011.*

As frases abaixo mostram que as organizações estão em acintosa busca do bônus do conhecimento superior.

1. *A constante atualização permitiu que Carlos Eduardo de Araujo, 54, da consultoria Mackensie Agribusiness, desenvolvesse uma metodologia de custos para a empresa. "Participo de seminários aqui e no exterior", conta ele, que contabiliza oito especializações em instituições no Brasil e no exterior - incluindo a Universidade Harvard.*

2. *A diretora-executiva Miriam Blom, 50, avalia que sua bagagem - que inclui quatro anos trabalhando em Angola - foi um dos motivos de sua contratação quase*

564 ◆ Governança da Nova TI: Revolução

imediata quando voltou ao Brasil. "Viver e trabalhar em situações adversas trouxe conhecimentos novos", assinala. O mercado está menos hostil do que há dois anos, completa o diretor comercial Oswaldo de Mello Neto, 51. Com vivência de 20 anos em multinacional da área de imagem, dez em empresa de telecomunicações e um ano e meio como consultor, recebeu, há dois anos, convite "interessante" para retornar a um cargo de executivo.

Fonte: "Bagagem em vários cenários é diferencial", "Folha de S. Paulo", caderno empregos, 14/08/2011, http://www1.folha.uol.com.br, acessado em 01/09/2011.

3. O economista Angel Conesa, 56, recebeu recentemente aumento de 15%. Ele chegou a ser demitido em 2008, mas foi contratado um mês depois. "A experiência facilita o movimento."

Fonte: "Profissionais com mais de 50 anos têm aumento maior", "Folha de S. Paulo", caderno empregos, 14/08/2011, http://www1.folha.uol.com.br, acessado em 01/09/2011.

Este é o real motivo de Moçambique querer a Embrapa e agricultores brasileiros e a razão da TCS (braço de serviços de tecnologia do conglomerado indiano Tata) estar aumentando tanto a sua presença no Brasil. A frase a seguir revela o apetite dela pelo conhecimento nacional.

Empresa de serviços de tecnologia do Grupo Tata avaliada em US$ 50 bi quer contratar 18 mil na região até 2015

Fonte: "Gigante indiana mira a América Latina", "Folha de S. Paulo", caderno mercado, em 09/08/2011, http://www1.folha.uol.com.br, acessado em 01/09/2011.

Enquanto a TCS, Rede Globo, Arcon, Moçambique e outros ganham cada vez mais dinheiro com a capacitação do capital intelectual superior, uma parte das empresas da indústria nacional de software e serviços insiste em perder lucro e dinheiro com os apenas certificados.

Grande parte das empresas brasileiras de software demora muito a perceber a mudança dos ventos. O MERCADO de software e serviços de TICs deve chegar a R$ 63 bilhões em 2011. E a taxa de crescimento anual, até 2020, deve ser o dobro da do aumento do PIB (Produto Interno Bruto). Essas boas notícias (no link bit.ly/pV0ZDQ) seriam ainda melhores se não revelassem, também, que 97,3% das 75 mil empresas do setor empregam de 5 a 19 pessoas e que só 0,5% do total tem mais de 50 colaboradores. Ah, e que as margens do setor -no país- vêm diminuindo ano a ano.

Fonte: Meira, S. "Software pouco competitivo", http://www1.folha.uol.com.br/fsp/mercado/me2909201128.htm, 01/11/2011.

Capítulo 27 • Mercado Profissional de TI no Brasil • **565**

O estudo publicado no livro "Software e Serviços de TI - A Indústria Brasileira em Perspectiva", do Observatório Softex (Campinas) em 2009 revela uma enorme perda de produtividade e competitividade do trabalho. "Conforme a Figura 5.7, para o total da IBSS, a Produtividade do Trabalho cai de modo consistente durante o período 2003 a 2006. Em 2003, era de R$ 75,1 mil. Em 2006, o valor cai para R$ 63,7 mil. Comportamento semelhante, com queda observada ano a ano na produtividade, é percebido para o conjunto das empresas com 20 ou mais PO. Para as empresas de menor porte, observa-se oscilação no período, com a produtividade baixando de R$ 41,8 mil, em 2003, para R$ 37,2 mil, em 2006.", (página 83).

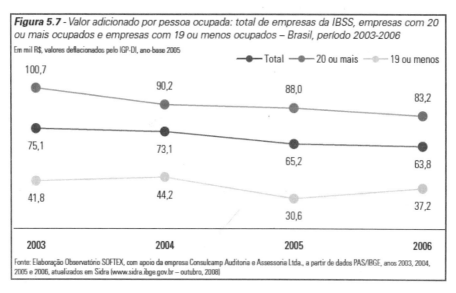

Figura 5.7 do livro "Software e Serviços de TI - A Indústria Brasileira em Perspectiva", página 84.

Observações:

1. O livro "Software e Serviços de TI - A Indústria Brasileira em Perspectiva" define a sigla IBSS como Indústria Brasileira de Software e Serviços de TI
2. O livro "Software e Serviços de TI - A Indústria Brasilcira em Perspectiva" define a sigla PO como Pessoal Ocupado ou Pessoas Ocupadas

As afirmações abaixo, de Antonio Rego Gil, confirmam a existência no setor de diversas dificuldades em relação à competitividade.

566 ◆ Governança da Nova TI: Revolução

> *Com apenas a desoneração da folha de pagamento, o presidente da Brasscom afirma que as empresas resolverão três problemas. O primeiro é a redução em 20% dos custos de mão de obra, considerada atualmente uma das mais caras, o que colocava o Brasil em desvantagem nos contratos de exportações dos serviços de TI. O segundo problema é que a nova medida tende a acabar com os contratos de trabalho informais. Pelos cálculos do presidente da Brasscom, dos 1,2 milhão de profissionais empregados pela indústria brasileira de TI pelo menos 50% não possuem contratos em carteira. "Hoje, temos dois grupos de empresas: o 'A' que só emprega pela CLT e o 'B' que só contrata PJ (pessoa jurídica). O 'B' tem mais condições de competir. Isso cria uma concorrência desleal. Agora a concorrência será mais ética", ressalta Gil. O último problema que a desoneração da folha de pagamento vai atacar é a redução do passivo trabalhista. Como o mercado acabou criando modelo de contratos flex, como acordo de PJ e "pejotinha", o presidente da Brasscom revelam que o setor tem problemas com a Justiça trabalhista e é prejudicado na hora de pedir empréstimos nos bancos.*
>
> Fonte: *"Brasscom: TI mais competitiva e ética com novos incentivos"*, http://computerworld.uol.com.br, *acessado em 01/09/2011.*

Visão dos Profissionais de Ti

A reportagem do Jornal Nacional da rede Globo sobre a falta de profissionais de TI no Brasil, veiculada em 20 de abril de 2011, revela que existe uma enorme distância entre o pensamento das empresas e dos profissionais de TI. A comunidade ProfissionaisTI revela a visão dos profissionais de TI sobre o mercado de trabalho. O canal http://www.profissionaisti.com.br/2011/04/reportagem-do-jn-sobre-a-falta-de-profissionais-de-ti-no-brasil, acessado em 01/09/2011, explicita a importância do papel do estudo para os trabalhadores da área.

Todos concordam que é preciso adquirir novos conhecimentos diariamente, através da leitura, troca de experiências, ensino formal e aprendizado de novos idiomas, em especial o inglês. No entanto, muitos entendem que o tempo e dinheiro gastos não são adequadamente recompensados pelas contrapartidas oferecidas pelas empresas. Para a maioria da comunidade, os salários pagos não são compatíveis com a realidade de necessidade de atualização contínua e permanente do profissional. Alguns entendem que existe falta de valorização profissional pela deficiência da comunicação na língua do dinheiro. Outros acham que o mercado exige muito e paga muito mal. Não é exatamente claro quem deve pagar a conta pela qualificação dos profissionais desejados pelas empresas. Como uma parte importante da qualificação é dada pela

Capítulo 27 • Mercado Profissional de TI no Brasil • 567

experiência profissional, é inconsistente a busca de qualificados em ambiente de poucas oportunidades. As oportunidades para aprendizado via estágio ou trabalhos nas escolas precisam evoluir muito para que os alunos virem os profissionais do futuro.

Muitos também afirmam que as empresas querem hoje que os profissionais de TI entendam de tudo, inclusive das rotineiras transições tecnológicas pagando salários baixos. As empresas que não têm tempo ou interesse para treinar os profissionais devem focar as suas contratações nos mais experientes, pois não é possível mais manter a atual prática dos fornecedores de tecnologia de usar o cliente como laboratório de pesquisas para o aprendizado dos seus funcionários. É preciso, segundo a comunidade, encontrar outro ponto de equilíbrio para as pessoas que estão aprendendo. O modelo precisa utilizar os recursos de incentivo à tecnologia para oferecer oportunidades para as pessoas sem emprego que precisam estudar inglês e novas tecnologias.

Alguns acreditam que o próprio mercado vai corrigir as distorções das exigências, preparação e salários. Os ajustes decorrentes da falta de profissionais podem ser efeitos colaterais interessantes do problema. Os jovens que estão avaliando as carreiras futuras estão cada vez menos interessados em trabalhar na área de TI. Para uma grande parte da comunidade a imagem do profissional de tecnologia de informações não tem o mesmo apelo que as outras profissões como médico, engenheiro, administrador, advogado etc. Existem muitas dúvidas sobre a carreira de TI na cabeça dos jovens por causa das décadas do preconceito contra o cabelo branco e nível elevado de consideração das certificações de curto prazo. A valorização salarial também não é considerada ideal pela maioria dos jovens que escolhem estudar nas boas faculdades nacionais. Muitos profissionais recém-formados nas boas escolas de TI optam por começar a sua carreira em outra área e conquistar um salário de curto prazo e perspectiva futura muito superior.

É quase unanimidade na comunidade que o espaço para os autodidatas e os capacitados pelo estudo individual é mínimo. As oportunidades para os que iniciaram o interesse por TI através de um livro são quase inexistentes. O mercado exige a formatação formal do conhecimento e reconhece os certificados com maior empenho do que o autoaprendizado. Para eles existem algumas empresas que ainda estão em fase de evolução e querem resolver as dificuldades relacionadas com as entregas de projetos com um nível irrealista de exigências para os recém-formados. Como não é fácil encontrar profissional de nível Junior com boa experiência profissional, as empresas acabam perdendo mercados importantes por causa das falhas nas entregas.

568 ◆ Governança da Nova TI: Revolução

Algumas chegam ao absurdo de oferecer oportunidade de aprendizado em que o cliente da empresa vira um autêntico laboratório de tentativa e erro. A insatisfação e geração de problema são inevitáveis neste tipo de situação. As companhias em fase de evolução ainda não entenderam que deveriam oferecer um salário inicial compatível com a produtividade e trabalhar com o ciclo de vida do talento de médio e longo prazo para gerar um elevado retorno do investimento tanto para o empregador como para o empregado. Infelizmente, muitas empresas em evolução não têm expectativa de vida de médio prazo e a maior parte delas será absorvida pelas empresas mais capacitadas em pouco tempo.

No portal é retratado um caso em que a empresa quer contratar um profissional com nível superior, dois anos de experiência, certificações Microsoft, Linux e Cisco e pagar um salário de aproximadamente US$ 1 mil. Os profissionais estão agora avaliando o custo do investimento na graduação de nível superior, certificações e experiência e concluindo que o retorno é menos interessante que em outras especializações, como a Engenharia e a Matemática. A tecnologia de informações foi em definitivo incorporada ao dia a dia dos negócios, mas apenas o capital intelectual de nível adequado conseguiu valorização.

A comunidade também reconhece que o profissional de TI já foi muito mais bem remunerado e exigido no passado recente. A existência de uma grande quantidade de formados que nem sempre estão em patamar adequado de capacitação contribuíram para a forte redução do salário real e problema de qualificação. Enquanto existiu o preconceito contra o cabelo banco, a carreira técnica foi precocemente encerrada e gerou um ciclo de desestímulo ao profissional qualificado de TI. É fácil encontrar médicos, contadores, dentistas, advogados em plena atividade profissional aos 65 anos. No Brasil a carreira técnica de TI é exercida na sua maioria por profissionais até 30 anos. São oucas as empresas que têm carreiras em Y com equivalência entre técnicos e gerentes. A central de serviços de TI é basicamente formada por recém-formados. Também foi destacada como grande barreira contra a qualificação e competitividade das empresas brasileiras em relação às indianas a característica nacional de as pessoas investirem muito tempo e dinheiro no estudo universitário e especializações e pouco tempo depois terem que jogar fora tudo o que foi duramente aprendido e mudar de carreira. Profissionais que entraram na fase "cabelo branco" que insistam no modo operacional "emprego em TI no Brasil" são fortes candidatos ao desemprego eterno.

A quase inexistência da alternativa de crescimento horizontal na carreira é um aspecto que impacta muito na qualificação. O profissional que é apaixonado pela programação e poderia aposentar como programador pelo excelente e relevante

Capítulo 27 ◆ Mercado Profissional de TI no Brasil ◆ 569

trabalho executado durante o relacionamento de longo prazo tem tal expectativa abortada porque o caminho para ganhar passa pela ocupação de um cargo mais administrativo e menos técnico. Em geral, a empresa perde com tal atitude um excelente técnico e ganha um gestor sem perfil e qualificação adequada.

Várias pessoas concluíram que não tem sentido a exigência do diploma universitário para os trabalhos que exigem apenas conhecimentos técnicos específicos. O surgimento de cargos como analista-programador, em que se imagina que o profissional seja capaz de analisar, projetar, desenvolver, codificar, vender e manter revela bem o problema da maturidade das contratações das empresas de TI que estão em fase de evolução. Alguns entendem que também existem problemas de entendimento pelas empresas usuárias de TI.

Na comunidade existe o relato de uma oferta de aproximadamente US$ 500 para um programador web. O nível de exigência em relação às outras profissões com renda equivalente é absolutamente desproporcional, principalmente se for considerado o nível de dificuldade para a conclusão da graduação. Normalmente os formandos representam apenas 25% do total dos alunos que iniciaram o curso. O elevado nível de desistência está relacionado com as dificuldades para superar as disciplinas relacionadas com lógica e matemática e a maioria dos que conseguem concluir o curso são aqueles que superaram as dificuldades e aproveitaram as oportunidades do estágio e ensino.

As repostas no fórum evidenciam que existam também os que "não conseguiram nada durante o curso" e aceitam cargos pagando pouco para se manterem no emprego. Os profissionais formados sem as capacidades para exercer consistentemente as funções do trabalho em TI dificilmente conseguem conquistar nível de experiência necessário para concorrer no mercado e, por causa disto, concorrem através de salários cada vez menores e "pejotização". Os valores de mercado ficaram mascarados com a prática e foram a causa-raiz da falta de reconhecimento destes profissionais pelas empresas usuárias de TI.

As constantes falhas nos projetos por causa da qualificação inadequada dos profissionais e fornecedores fizeram com que a maioria das empresas usuárias de TI olhassem os investimentos solicitados pela organização de tecnologia apenas como gastos. Muitas empresas pautaram os planos de carreira com base nesta realidade distorcida e adiaram ao máximo os investimentos em TI. Com isso, os melhores talentos foram perdidos por causa da falta de enfrentamento da realidade da infraestrutura e apenas os menores salários de TI permaneceram na empresa. O crescimento do negócio da empresa foi enormemente impactado pelos erros e atrasos de TI.

570 • Governança da Nova TI: Revolução

É claro para a comunidade que a maioria das vagas abertas e não preenchidas estão relacionadas com o problema do excesso de exigências de qualificação como inglês fluente, especializações, larga experiência etc. sem contrapartida salarial que justifique o investimento do profissional no emprego. Existe o relato de uma vaga para Analista Sênior com inglês fluente, nível superior e certificações como salário como "pejotinha" de US$ 2 mil na cidade do Rio de Janeiro. O salário líquido equivalente de tal situação dentro da lei trabalhista brasileira é de aproximadamente US$ 0,8 mil.

Os salários brasileiros de TI só estão em situação nominal equivalente aos pagos na Europa em recessão e crise por causa: (i) da valorização do real, que gerou um aumento nominal em dólar de quase 20% do salário no ano de 2011 e (ii) da total desconsideração do custo de vida e retorno dos impostos. O salário medido pelo poder de compra é muito maior na Europa porque eles não têm despesas obrigatórias como plano de saúde e previdência privada, escola dos filhos, reserva para desemprego pela precariedade do seguro desemprego brasileiro e etc. O diferencial do capital intelectual para ganhar da concorrência na era do conhecimento vem sendo mais bem entendido pelas empresas indianas que estão investimento no mercado nacional. A criatividade e inovação da nova gestão vêm tornando estas empresas cada vez mais qualificadas para contratarem os profissionais de TI mais bem preparados e qualificados. A frase de Hohagen, a seguir, revela a precariedade do capital intelectual

> *O principal executivo do Facebook no Brasil, o ex-Googler Alexandre Hohagen, afirmou ontem, durante evento sobre recursos humanos, que encontrar bons profissionais no Brasil não é uma tarefa fácil.*
>
> Fonte: "Contratar no Brasil é difícil, diz Facebook", http://info.abril.com.br, *acessado em 01/09/2011.*

As empresas indianas como a TCS vêm superando as barreiras para a contratação do capital intelectual de TI no Brasil através de uma postura de apetite e efetividade. Fonte: "Gigante indiana mira a América Latina" "Folha de S. Paulo", caderno mercado, 09/08/2011 (http://www1.folha.uol.com.br, acessado em 01/09/2011).

Novo Perfil Profissional

> *Para gerentes de TI, a formação dos graduados em novas tecnologias não atende às necessidades das empresas. Nesse meio tempo, os líderes de TI têm desenvolvido estratégias para assegurar que seus empregados tenham uma visão básica de negócios. Taffet, por exemplo, procura novos graduados com alguma*

Capítulo 27 • Mercado Profissional de TI no Brasil • **571**

experiência em trabalho profissional, com a compreensão de como uma empresa opera. O CIO da U.S. Gas & Electric afirma que muitas vezes eles são encaixados mais rapidamente do que outros no mercado de trabalho.

Fonte: *"Sete competências-chave mais procuradas na área de TI",* http://computerworld.uol.com.br/tecnologia/2011/10/28/sete-competencias-chave-mais-procuradas-na-area-de-ti-nao-subir/, *acessado em 01/12/2011.*

A Europ Assistance vive uma grande mudança desde o ano passado e sua área de Tecnologia da Informação tem papel central nessa transformação. "Nós passamos a entender que TI é o core business no nosso mercado. Está no topo das nossas decisões e dos nossos negócios. A ideia é se diferenciar no setor por meio da tecnologia da informação", afirma o CIO e COO da companhia, Jedey Miranda. Contratado há cerca de um ano e meio, o executivo tem responsabilidade direta nessa guinada da empresa. Desde então, o peso da TI aumentou significativamente e sua participação no faturamento da Europ Assistance subiu de pouco menos de 3% para 5,6% em 2011.

Fonte: *"Quando TI é core business",* http://computerworld.uol.com.br/gestao/2011/09/22/quando-ti-e-core-business/, *acessado em 01/12/2011.*

O mercado de TI exige atualmente tanto a existência de profissionais com perfil puramente técnico quanto os capacitados para trabalhar com as estratégias do negócio. Os profissionais de tecnologia sobreviventes precisarão desenvolver capacidades e habilidades com foco nos serviços reais de TI. É preciso, nesta dimensão, satisfazer realisticamente as necessidades do usuário interno, suportando e habilitando os processos e operações da organização. O espaço da atividade está fortemente relacionamento com o equilíbrio dinâmico da oferta e procura dos serviços.

E me dei conta de que jogadores de primeira gostam de trabalhar com jogadores de primeira, e não gostam de jeito algum de trabalhar com jogadores de terceira. A Pixar era uma empresa toda só de jogadores de primeira. Quando voltei para a Apple, foi o que resolvi fazer. É preciso ter um processo de contratação colaborativo. Quando fazemos uma contratação, mesmo que a pessoa vá ficar no marketing, eu mando conversar com o pessoal de design e com os engenheiros.

Fonte: *"Steve Jobs por Walter Isaacson". São Paulo: Companhia das letras, 2011, p.378.*

Bons profissionais graduados nas melhores escolas em Ciência da Computação e Engenharia são os candidatos naturais para estas posições. A capacidade de entendimento das necessidades das áreas de negócio para habilitar e suportar as operações

572 • Governança da Nova TI: Revolução

críticas é determinante para o enfrentamento bem-sucedido dos desafios das organizações nesta dimensão do conhecimento.

A segunda dimensão está diretamente relacionada com os processos do negócio. Os profissionais precisam trabalhar com as áreas de negócios para entender dinamicamente as estratégias da organização. Depois da identificação e mapeamento é possível idealizar os projetos de TI que endereçam as metas, objetivos e resultados dos departamentos e da organização. Em alguns casos, os gestores dos negócios também vão acumular funções relativas à tecnologia. Normalmente eles já estão maduros e têm bons conhecimentos para desenvolver projetos de tecnologia que endereçem as demandas. Os profissionais formados nas boas escolas de Engenharia, Administração, Economia e Marketing estão em geral adequadamente preparados para conduzir com sucesso esta dimensão do desafio.

A terceira dimensão está relacionada com os serviços de TI direcionados ao cliente final da empresa. Os profissionais de TI atuam em função do comportamento e experiência do consumidor. A plataforma de tecnologia desenvolvida tem como meta a transformação da TI em diferencial competitivo. As empresas de comércio eletrônico, portais de conhecimento, colaboração e relacionamento, compras coletivas, consumo colaborativo, direitos do consumidor, filmes, televisão e rádio digital (antigos ou novos) etc. que têm a tecnologia como fator habilitador do negócio formam o principal mercado para as iniciativas inovadoras dos profissionais técnicos que desenvolveram o espírito empreendedor. O moderno perfil de profissionais formados nas escolas tradicionais da Engenharia, Administração, Medicina, Economia etc. capazes de equilibrar a oferta e demanda com inovação técnica e viabilidade econômica é o desejo de consumo das organizações digitais.

A disseminação do conhecimento sobre tecnologia e o aumento da terceirização de serviços de TI está reduzindo paulatinamente a importância do conhecimento técnico específico nas empresas usuárias de TI. O antigo CIO (Chief Information Officer) que até pouco tempo atrás era subordinado diretamente ao presidente vem perdendo rapidamente substância de poder corporativo e cada vez mais está sendo substituído por outro CIO que responde ao CFO (Chief Financial Officer). O executivo financeiro exerce agora o papel de decidir os projetos TI. A pressão para redução de custos de tecnologia de informações derivadas dos problemas da gestão da área que até agora não entendeu adequadamente o que são serviços de TI é a solução corporativa para o centro de custos e desperdícios de TI.

Capítulo 27 • Mercado Profissional de TI no Brasil • **573**

Serviços Compartilhados (SC). Pessoas executando serviços de forma padronizada para os clientes internos utilizando os mesmos processos, sistemas de suporte para maximizar os recursos com governança, satisfação, qualidade, redução dos custos, controle, gerenciamento e medição.

	Empresa		
Serviços Compartilhados	Centro de lucro 1	Centro de lucro 2	Centro de lucro 3
Tecnologia de Informações	X	X	X
Recursos Humanos		X	
Contabilidade	X	X	X
Administração	X		X

No passado bem-sucedido a organização de tecnologia soube contratar os melhores engenheiros especializados em Economia, Administração, Contabilidade e Marketing formados nas boas escolas brasileiras. A mudança de mentalidade iniciada no começo do século 21 para o capital intelectual baseado na contratação de "pejotinhas" e no preconceito contra o cabelo branco causou danos enormes à imagem do departamento de tecnologia pelo grande volume de projetos irrealistas e fracassados.

> *Hoje, velocidade, capacidade e adaptabilidade são tão ou mais importantes do que custo e qualidade. Portanto, é possível concluir que quando se trata de gerenciar projetos que objetivam manter o negócio competitivo, os critérios para definição de "bom" passaram a ser velocidade, capacidade e flexibilidade. Pergunta: seus gerentes de projeto compreendem quão radicalmente suas prioridades mudaram? Eu diria que a maioria ainda não percebeu como o gerenciamento de projeto tem que mudar para se adaptar às suas novas prioridades.*
>
> Fonte: "Gerenciamento de projetos é fator chave para empresas", http://computerworld.uol.com.br/gestao/2011/11/11/gerenciamento-de-projetos-e-fator-chave-para-empresas/, *acessado em 01/12/2011.*

O erro passou a fazer parte da rotina. A consolidação da imagem negativa de TI como um mal necessário e a disseminação da tecnologia (desmistificação do assunto tecnologia) permitiu que os executivos das outras áreas entendessem a dimensão dos

574 • Governança da Nova TI: Revolução

problemas que estavam enfrentando. Apesar de a grande maioria dos executivos não ter profundidade de conhecimento nos assuntos mais técnicos, ficou claro para eles que a organização de TI não está madura o suficiente para monopolizar as conversas sobre as tecnologias e aplicações. A escolha equivocada da estratégia de contratações da organização de tecnologia gerou perda tão intensa no capital intelectual que a capacidade dela de somar valor aos produtos e serviços vendidos pelas empresas desapareceu. Por causa disto, as organizações adotaram de forma imperiosa o rígido controle dos custos de TI.

Em outras palavras, os serviços internos foram externalizados com base no menor custo. Vários executivos de TI viraram meros gerenciadores de contratos. A falta de conhecimento do negócio pelos profissionais de tecnologia é, sem sombra de dúvida, um fator de elevada relevância para a perda de espaço corporativo pelo CIO. Os profissionais com habilidades e capacidades políticas foram perdendo espaço para os "pejotinhas" que não estavam maduros o suficiente para entender a necessidade da realidade da companhia (em vários momentos solicitações absolutamente desnecessárias e inúteis foram realizadas). Em alguns casos a confusão foi tão grande que respostas impossíveis de virarem realidade foram dadas. A tecnologia, assim como o marketing é uma área-meio intimamente ligada com a atividade-fim do negócio. É a capacidade de somar valor aos produtos e serviços que define se o departamento vai ser visto como um custo ou habilitador de lucro superior.

Como consequência dos danos do capital intelectual limitado, os jovens capacitados e talentosos perderam o interesse no desenvolvimento de uma carreira profissional em TI. É fácil perceber tal situação nas melhores escolas de Negócios, Engenharia, Marketing e Economia. São raros (quase inexistentes) os jovens estudantes que pretendem ocupar no futuro um cargo de executivo de tecnologia. Muito deste fenômeno é explicado a baixa perspectiva de evolução futura e porque os novos CIOs nunca foram capazes de chegar ao topo como presidentes de uma empresa. Como a competição com os "pejotinhas" acontece apenas no plano de baixo salário, os jovens capacitados preferem trabalhar nas áreas com gestão evoluída.

As barreiras que separam o executivo de TI do seu chefe da área financeira estão relacionadas tanto com o uso excessivo de jargões técnicos quanto com a ausência da utilização de métricas objetivas. Os catálogos de serviços de TI extremamente pobres em relação à linguagem do dinheiro contribuíram sobremaneira para o desenvolvimento da atual imagem negativa da TI nas organizações e elevou em grande escala a barreira entre os projetos e a aprovação pelo CFO. O CIO foi um profissional que perdeu muito com as escolhas ruins para a gestão do capital intelectual e serviços de

Capítulo 27 • Mercado Profissional de TI no Brasil • **575**

TI. É comum encontrar nas organizações uma enorme barreira que separa os diversos sonhos inviáveis de TI e a realidade prática do departamento financeiro.

A situação de aborto do voo ao céu (CEO - Chief Executive Officer) pelo CIO e rebaixamento para o guarda-chuva do CFO criou várias arestas no relacionamento entre eles. Num passado até recente para algumas empresas nas quais os profissionais de tecnologia eram oriundos de escolas de alto nível a relação no nível de igualdade era bastante positiva e agregadora. Mesmo sendo um momento em que o departamento financeiro quase não tinha conhecimentos técnicos, para a maior parte das situações existia um excelente entendimento e os projetos de tecnologia eram validados pelas áreas sem grandes entraves.

A situação da TI "pejotizada", que já era complicada antes de 2008 pelo excesso de erros e falhas, ficou muito pior e mais fragilizada depois da crise de confiança. As companhias assumiram posicionamento de menor exposição aos riscos e queriam cortar todos os gastos desnecessários. Como a maioria das iniciativas originadas na tecnologia era de resultado impossível ou improvável, o nível de rejeição aos projetos e ao departamento foi exacerbado ao extremo. A lógica prática e realista do CFO barrou muitas iniciativas irrealistas e a maioria das poucas propostas aprovadas foi desenvolvida e conduzida pela área de negócio.

Os executivos financeiros entendem que o mecanismo de defesa criado por alguns profissionais de tecnologia de excesso de utilização de jargões técnicos para tirar o foco dos números inconsistentes apresentados geraram apenas descompasso de conduta e elevação da barreira de rejeição. Muitos dos que compartilham o foco da atuação profissional na certificação ou "pejotização" reclamam que são vistos apenas como um centro de custos. A grande maioria deste grupo de pensamento ainda não entendeu os motivos do CFO barrar tantas iniciativas inconsistentes.

O aumento da competição no mercado provocado pelas necessidades de vendas pós-crise e o crescimento do nível de maturidade das organizações tem como consequência a elevação das exigências para justificar os projetos de TI. Cada vez menos a argumentação de que os benefícios são intangíveis será aceita. Isto significa que as dificuldades de comunicação entre os departamentos de TI e financeiro precisam ser superadas urgentemente. Muitos profissionais de tecnologia têm fortes limitações na escrita, leitura e interpretação de simples mensagens eletrônicas. O alinhamento entre as duas áreas passa pelo domínio da língua portuguesa e linguagem do dinheiro.

576 • Governança da Nova TI: Revolução

O profissional de finanças precisa ter certeza da viabilidade dos resultados prometidos pela organização de tecnologia para o projeto. É preciso entender que o atual momento do mercado exige sonhos realizáveis e clareza sobre o que está sendo solicitado. A falta de transparência ou coerência na linguagem gera uma resistência natural ao projeto. A área financeira já aprendeu e reconheceu que a tecnologia é capaz de gerar melhorias nos processos, reduzir custos, eliminar perdas e desperdícios e somar valor aos produtos e serviços vendidos pela empresa. No entanto, é preciso que a solução de tecnologia apresentada tenha relacionamento com a proposta do projeto e existam métricas claras para os avanços.

Hoje em dia a maioria das tecnologias são commodities, por isto é preciso praticar dentro da organização de tecnologia a cultura de comprovação com fatos e números (infelizmente, muitos ficam apenas no plano dos sonhos) os resultados diretos para o negócio (redução de custo, aumento da margem, melhoria no estoque, dias de recebimento etc). As conversas dos CIOs com os CFOs e outros executivos precisam ser pautadas na lógica dos números e resultados. Os ganhos obtidos com os novos sistemas precisam ser mensuráveis e de fácil comprovação. Não é possível ficar no discurso da antiga TI de que os resultados são intangíveis e que não existem bolas de cristal para prever o prazo de entrega dos projetos.

O sucesso alcançado pelos gestores de TI de nível cultural adequado vem provocando um retorno aos valores antigos. Várias organizações já entenderam que é preciso contratar profissionais experientes que trabalham dentro das leis. As vantagens éticas, comportamentais e de capacidades e habilidades são enormes. Recentemente um fabricante e distribuidor de bebidas com atuação em mais de cinquenta municípios do interior de São Paulo alcançou enorme retorno com uma mera atualização do seu mal-sucedido projeto de ERP (Enterprise Resource Planning). O novo diretor de TI revelou que todo o investimento inicial realizado pela antiga organização "pejotizada" de tecnologia foi perdido porque o sistema mais atrapalhava do que ajudava a operação do negócio.

O novo CIO investiu os primeiros oito meses da nova equipe apenas no desenvolvimento do plano de negócio do projeto de troca do ERP. Várias áreas da empresa foram envolvidas para que a solução endereçasse as necessidades do crescimento da empresa de quase 20% do EBITDA (Earnings Before Interest, Taxes, Depreciation and Amortization) ao ano. Foi preciso encontrar números coerentes e robustos para justificar o investimento acima de três milhões de reais no sistema. O projeto era de gigantesca importância para o negócio, mas o fracasso da ação inicial dificultou muito o convencimento. O estratagema de trabalhar com metas e objetivos muito claros

Capítulo 27 • Mercado Profissional de TI no Brasil • **577**

com base em fatos reais foi o fator crítico de sucesso. O trabalho cooperado com o departamento financeiro revelou que o novo ERP era capaz de reduzir em 80% o tempo de fechamento contábil mensal e que esta situação permitia melhorar a avaliação das perdas e desperdícios no estoque.

O serviço disponibilizado pela organização superior de TI focada na atuação conforme a lei brasileira retornou o alto investimento em apenas dois meses. Apenas as melhorias na gestão do estoque e redução dos dias de recebimentos geraram, em sessenta dias, benefícios acima de quatro milhões de reais. A tradução da atuação da organização inteligente de TI foi lucro maior e aumento do ganho do acionista e consumidor. Os custos da emissão de mais de cinco mil notas fiscais por dia foram cortados em 65% pela redução dos problemas de estoque da corporação.

A TI capacitada conseguiu até mesmo a façanha de fazer o departamento financeiro avaliar o custo total do ciclo de vida do ERP (o custo aparente de curto prazo virou neste caso apenas um dos componentes da equação do custo total). A área de tecnologia provou que a solução de investimento inicial mais elevado tinha a melhor relação entre o custo e o benefício no longo prazo. Os números traduziram os aspectos técnicos típicos da área de tecnologia como a integração, adoção de melhores práticas para alavancar ganhos nos processos e metodologia de gestão de riscos para a implementação e execução.

A solidez no mercado do fornecedor demonstrada no plano de negócios de cinco anos dele também foi quantificada e considerada porque no projeto inicial tal fato foi ignorado e o ERP comprado ficou sem manutenção após o segundo ano porque o fornecedor nacional que tinha o preço mais baixo faliu por causa do enorme passivo. Naquela época, a TI com foco na "pejotização" não admitia o grave problema da não-conformidade com a lei trabalhista. A empresa ficou literalmente na mão de três técnicos da antiga massa falida que achavam que o cliente era um laboratório de tentativa e erro. Desta vez a TI das realizações considerou a possibilidade de problemas futuros com o desenvolvimento e suporte.

O plano de negócio desenvolvido com a colaboração dos usuários apresentou os cenários com números realistas, robustos e coerentes. Os ganhos previstos justificaram facilmente o investimento no projeto para a diretoria executiva. A empresa acostumada com o antigo modelo de gestão da organização de TI que só apresentava benefícios intangíveis ficou positivamente surpreendida com a assertividade da inteligência da TI. O ROI (Return On Investment) apresentado no projeto era extremamente realista e consistente. A prática de metas claras e catálogo real de serviços de tecnologia confirmaram na prática o retorno do investimento de dois meses.

578 ♦ Governança da Nova TI: Revolução

Este tipo de CIO evoluído está revertendo o quadro atual de subordinação do departamento de TI à área financeira. Atualmente os estudos revelam que quase 45% dos CIOs estão subordinados ao CFO. O executivo financeiro exerce em quatro de cinco empresas no Brasil o papel de aprovar ou rejeitar os investimentos em tecnologia de informações.

A TI com base no capital intelectual, experiência e respeito à legislação superou em definitivo o ciclo negativo e em cerca de 30% das empresas os CIOs formados nas melhores escolas mantiveram a subordinação ao CEO (Chief Executive Officer). Os projetos realizados por eles estavam baseados no pragmatismo prático e no catálogo real de serviços de TI (não existiam, por exemplo, serviços nomeados como acesso à rede ou desenvolvimento de páginas web). O estratagema foi bom o suficiente para manter a crescente ascensão profissional dos qualificados em um cenário de mercado muito negativo de rebaixamento do CIO. Na primeira década do século 21, a taxa de crescimento médio da subordinação do CIO ao CFO ou COO (Chief Operation Officer) foi de 8% ao ano.

Um levantamento realizado no último trimestre de 2009 com 1982 empresas mostrou que apenas os CIOs experientes e com boa formação permaneceram diretamente ligados ao CEO. A grande maioria foi rebaixada para o guarda-chuva do CFO, COO, diretor administrativo ou executivos de negócio. A pesquisa também revelou que em 80% das companhias o CFO exercia o principal papel na aprovação ou rejeição dos investimentos em tecnologia de informações. Isto significa, em outras palavras, que apenas 20% dos CIOs mantiveram o poder da caneta das aprovações. Todos eles eram experientes e formados nas melhores escolas de Engenharia, Administração, Economia, Ciências da Computação e Marketing.

Na maior parte das organizações de TI, o CIO em fase de amadurecimento precisou aceitar o seu papel de mero coadjuvante do CFO nas questões relacionadas com os projetos de tecnologia. O trabalho cotidiano era de subordinação para a liberação dos recursos, pois as informações que suportam os processos financeiros são de total controle do executivo financeiro. As grandes barreiras do capital intelectual da organização de TI geraram graves problemas na exploração da maioria das oportunidades que somavam valor aos produtos e serviços da empresa.

O estudo revelou que os 20% das organizações de tecnologia que alcançaram resultados positivos tinham correto entendimento do papel da TI na empresa, trabalhavam com coerência as dimensões financeira e tecnológica e possuíam habilidades

Capítulo 27 ◆ Mercado Profissional de TI no Brasil ◆ **579**

políticas e de comunicação para manter um bom relacionamento com os executivos de negócio. O trabalho revelou que problemas na leitura e interpretação de texto em português causaram a maior parte dos danos aos 80% que perderam para o CFO o papel de aprovar os projetos.

Felizmente, em muitas empresas a fraqueza do capital intelectual da organização de TI foi corretamente interpretada e elas estão gerando um novo ciclo de oportunidades de trabalho para o experiente e competente capital intelectual. Em geral, o departamento financeiro vem aplaudindo a forma mais adequada de conduzir a inteligência de TI e os investimentos nas soluções de tecnologia têm sido tratados em conjunto dentro do gerenciamento do portfólio de projetos. A melhoria do relacionamento entre CIO e CFO é bastante evidenciada neste caminho.

Os CIOs de nível adequado que não caíram nas armadinhas da "pejotização" mantiveram a sua subordinação à performance estratégica da companhia, ou seja, CEO, e estão trabalhando na plenitude da dimensão da TI corporativa. A boa formação acadêmica permite que ele ocupe uma posição de cunho estratégico. Isto significa que estas empresas aprenderam a reconhecer as vantagens da tecnologia para habilitar o faturamento superior. Os casos registrados no mercado nacional evidenciaram a forte participação do capital intelectual inadequado da organização de tecnologia no afundamento de diversos barcos.

A fraca inteligência da organização de TI é o principal motivo para tantos CFOs assumirem os projetos de tecnologia. Os CFOs não querem correr riscos desnecessários gerados pelos sonhos ou devaneios de alguns profissionais de TI com capital intelectual ainda não amadurecido. Isto significa que o CFO atua praticamente como um goleiro no futebol. Ele está lá para não tomar gol ou, em outras palavras, eliminar as perdas de curto, médio e longo prazo. Os riscos precisam ser, portanto, identificados e gerenciados. Apenas os CIOs bem preparados têm capacidade e coragem para gerenciar e enfrentar os riscos identificados, por isto, este papel acaba sendo realizado pelo preparado CFO na maioria das empresas que contrataram profissionais de tecnologia sem o foco na experiência e formação sólida.

A atual reclamação das empresas sobre a falta de qualificação dos profissionais de TI é a parte visível do iceberg do problema do conhecimento. As poucas companhias que mantiveram o CIO em linha direta com o CEO souberam destacar a importância da experiência e do conhecimento para trabalhar as mudanças propostas pela tecnologia e gerenciar corretamente os riscos. Em alguns casos os efeitos das alterações realizadas pelos não maduros foram sentidos apenas no longo prazo. No entanto, a

580 ◆ Governança da Nova TI: Revolução

intensidade do estrago foi enorme. Muitos, menos preparados, entendiam que apenas a situação de elevado nível de ineditismo era o suficiente para levar um projeto ao sucesso. A prática mostrou exatamente o contrário, por isto o CIO foi rebaixado.

As empresas entenderam que as perdas provocadas por um maior nível de conservadorismo no assunto tecnologia eram muito menores do que as catástrofes geradas pela TI despreparada. Como os qualificados são poucos para a grande quantidade de empresas, o realismo conservador ainda é a melhor escolha para muitos. Com a crise voltando à pauta em 2012 as organizações nacionais estão perdendo espaço para o mundo que resolveu vender no Brasil por causa da copa, olimpíadas e pré-sal e é preciso ousar mais para competir e criar vantagens competitivas. Muitas estão com as antenas ligadas na oportunidade de contratação dos bons profissionais com sólida formação na Europa pela escassez de boas escolas no território nacional e excesso de "pejotização".

As organizações estão cientes de que os efeitos dos projetos de TI são profundos por causa da integração com as operações comercias. O artigo "Pane em app da Saraiva para iPad impede download de livros comprados" (http://macworldbrasil.uol. com.br, acessado em 01/09/2011) explicita a natureza da integração e o impacto na receita, despesa e lucro de um serviço de TI. Em outras palavras, o peso da tecnologia de informações no lucro é conhecido em profundidade suficiente para que ou o CFO assuma o controle ou seja contratada uma organização de tecnologia em nível muito mais avançado do que certificações elementares.

O potencial de valor dos produtos e serviços vendidos somado ao que um bom CIO consegue oferecer é imenso. Ele é um profissional que tem a chave da casa da moeda e pode emitir dinheiro. Até pouco tempo atrás, somente as áreas de negócio tinham este poder nas mãos e as outras áreas apenas conseguiam evitar perdas. O CIO, em linha com o CEO, tem um grande poder, mas felizmente as empresas já entenderam que é preciso uma grande responsabilidade e capacidade. Projetos imaturos ou irrealistas não podem fazer parte desta realidade.

É preciso trabalhar muito para que as organizações de tecnologia não maduras encontrem em algum momento um novo ponto de equilíbrio para o conhecimento e possam ser responsáveis pela habilitação dos resultados da empresa. A soma de valor ao negócio é uma necessidade imediata, mas até que o saber profundo seja alcançado o CIO precisa estar inserido em contexto de alinhamento estratégico para que as ilusões do capital intelectual da tecnologia não gerem perdas. Como regra geral, é melhor ter o CIO subordinado ao CFO durante o seu amadurecimento.

Capítulo 27 • Mercado Profissional de TI no Brasil • **581**

As empresas cuja tecnologia seja estratégica para o negócio vão disputar os poucos CIO adequadamente preparados disponíveis no mercado nacional. Algumas companhias (em especial as multinacionais) vão acabar importando estes profissionais do mercado da matriz em função dos problemas do emprego na Europa (zona do Euro) e Estados Unidos. Os artigos "Executivos europeus vêm buscar emprego no Brasil" (http://www.valor.com.br, acessado em 01/09/2011) e "País atrai executivos estrangeiros" (http://www.valor.com.br, acessado em 01/09/2011) capturaram o início desta tendência.

Neste caso, a capacitação adequada vai posicionar o CIO em linha direta com o CEO para que as decisões sejam transmitidas com a correta influência para todos os níveis da organização. A percepção de proximidade com o CEO revela, entre outras coisas, capital intelectual, maturidade, experiência, capacidade e poder adequado. Neste nível de atuação é preciso que empresa entenda que a chamada para participar da tomada de decisões e instrumentalização tecnológica precisa ocorrer de forma cooperada e rápida. No momento de crise em que é preciso muita resiliência corporativa é fundamental que as decisões com influência cultural encontrem o menor nível de resistência interna. A aliança executiva é um aspecto de fundamental importância para viabilizar as mudanças habilitadas pela tecnologia.

Nas situações em que o CEO tenha chamado a organização de tecnologia para melhorar a performance da companhia, o real CIO vai estabelecer os canais corretos de comunicação em função das qualificações e percepções em uma dimensão acima dos aspectos técnicos. O raciocínio proativo qualificado dos profissionais preparados permite o exercício da liderança, comunicação, convencimento, agregação de valor, controle das expectativas e gestão da dissonância cognitiva. A capacidade e habilidade comercial e língua do dinheiro permitem a transmissão de informações robustas e coerentes que garantam aos interlocutores que estão em boas mãos em relação aos negócios habilitados pela tecnologia.

Em outras palavras, o CIO sem preparação para converter as estratégias da corporação em prática de TI precisa estar subordinado à orientação forte do CFO para que a tecnologia nao gere perdas. Os profissionais da organização de tecnologia que n compreendam todos os aspectos do negócio ou estão em nível de maturidade intel tual que impossibilite a movimentação na direção das ações de suporte à estratégia precisam contar com a ajuda de um CIO experiente e maduro para o correto direcionamento do trabalho. Este é um dos principais motivos da atual movimentação corporativa de sair da "pejotização" e certificação e contratação dos CIOs capacitados

582 • Governança da Nova TI: Revolução

formados nas melhores escolas (As empresas buscam profissionais capazes de atuar na dimensão dos negócios). É sempre interessante, por exemplo, que a organização de tecnologia consiga trabalhar com efetividade com a cadeia de fornecedores e distribuição.

Visão do CEO sobre os Profissionais de Ti

Todos os CEOs reconhecem que é impossível operar uma empresa sem a utilização de algumas das tecnologias disponíveis. No entanto, este fato não elimina a necessidade de justificativas robustas e coerentes para os projetos de TI. Se o CIO não é capaz de oferecer tais números, então o papel de aprovador deve ser executado pelo CFO. Por causa desta forma de pensar do CEO e pobreza das justificativas dos CIOs, muitos acham que é impossível adotar uma tecnologia sem o carimbo do departamento financeiro. É importante destacar neste ponto que vários projetos do departamento de marketing das empresas não passam pelo rito de aprovação ou rejeição do CFO.

> *O peso do Brasil na indústria de países emergentes recuou de 8% em 2000 para 5,4% em 2009, de acordo com a Onudi (Organização das Nações Unidas para o Desenvolvimento Industrial). A China mais que dobrou sua fatia na indústria mundial de 2000 a 2009 para 14,5% e hoje responde por quase metade da manufatura emergente. O motivo, diz Almeida, consiste no investimento em pesquisa, que cresceu cerca de 20% ao ano no período.*
>
> Fonte: *"Indústria perde espaço para concorrentes"*, http://www1.folha.uol.com.br/fsp/poder/8703-industria-perde-espaco-para-concorrentes.shtml, *acessado em 01/12/2011.*

A crise de estagnação da economia europeia e americana levou o pêndulo do negócio para aumentar a penetração nos mercados emergentes. São empresas que contam com profissionais qualificados que sabem explorar TI como habilitador do lucro superior. Esta tendência de invasão do mercado brasileiro é impossível de ser evitada, quer seja pela dinâmica do poder da valorização da moeda nacional pela taxa de juros estratosférica, quer seja pela preparação superior dos executivos de tecnologia como fator de mudança para superar os desequilíbrios de curto e médio prazo da economia mundial.

As incertezas levaram ao aumento do rigor das avaliações dos investimentos e a necessária agilidade das soluções de TI só acontece quando o CIO é capaz de justificar com clareza e objetividade os projetos. Nunca na história da humanidade moderna o capital intelectual da organização de tecnologia assumiu tamanho nível de importância e relevância. O CIO bem preparado (em geral formado nas melhores escolas de

Engenharia, Administração, Economia, Marketing e Ciência da Computação) sabe que deve articular o portfólio de projetos em conjunto com os usuários do negócio e com suporte do departamento financeiro.

Isto significa que as conversas precisam ser mais do que meros ruídos. Os conceitos da tecnologia precisam estar acima do jargão técnico e das receitas repetidas por papagaios e definirem o seu valor somado para o negócio. As explicações sobre como as coisas vão acontecer são importantes, mas elas só têm sentido após o entendimento de qual necessidade está sendo endereçada. A disseminação das informações sobre a tecnologia faz, por exemplo, com que a maioria dos executivos tenha conhecimentos técnicos sobre assunto complexos de TI como a computação em nuvem. A atuação do CIO neste tipo de situação (cada vez mais comum) está relacionada com a análise do valor da solução para a empresa. Os executivos de negócio não têm tal profundidade de conhecimento.

É razoavelmente simples para eles entenderem as vantagens de ordem geral relacionadas com o armazenamento, estrutura e custos, mas apenas o CIO preparado tem conhecimentos profundos para traduzir os grandes números em retorno sobre o investimento específico para a firma. Os números gerais dos benefícios propostos não necessariamente podem ser explorados pelo negócio e os processos podem ser incompatíveis com a tecnologia. Apenas o CIO pode sintetizar tal situação. A vantagem da computação em nuvem pode inexistir como realidade prática para alguns casos específicos.

Apenas os departamentos de tecnologia ou segurança estão capacitados para avaliar a segurança das informações na nuvem. Como assegurar a privacidade do acesso e qual o seu custo na computação em nuvem são perguntas típicas que estes departamentos respondem para a corporação. A explicação detalhada da mitigação dos riscos precisa ser robusta. O CIO preparado não apresenta explicações sobre como assumir um compromisso com a tecnologia. Ele apresenta as provas da validade da solução, ou seja, agrega conhecimento.

As falhas históricas dos investimentos em tecnologia com base apenas nas facilidades geraram batalhas internas entre os departamentos. A realidade da prioridade dos custos faz agora parte dos itens obrigatórios das análises. Isto significa que a avaliação da compra de um software novo leva em consideração as vantagens das facilidades em relação ao benefício financeiro detalhado. As funcionalidades e facilidades de integração da solução na estrutura fundamentadas nos dados financeiros específicos da empresa são a base de suporte da decisão.

584 ◆ Governança da Nova TI: Revolução

Os sólidos CIOs já entenderam que os investimentos significativos em TI precisam ser efetivos e os recursos existentes devem ter a sua função utilidade maximizada. A recessão derivada da grande crise de 2008 trouxe a necessidade de melhorar a alocação dos recursos nas empresas. Não existe sentido algum em investir mais dinheiro em serviços de TI que estão ociosos.

A organização de tecnologia precisa, portanto, encontrar caminhos para melhorar a exploração dos recursos disponíveis. A integração das plataformas de processos, sistemas e aplicações através do desenvolvimento de interfaces de comunicação consegue simultaneamente melhorar as facilidades das aplicações e eliminar a ociosidade.

Em geral, as ferramentas desenvolvidas custam muito menos que as perdas e desperdícios e aumentam o entendimento das reais necessidades do negócio. O CIO evoluído conhece o funcionamento da organização. As mudanças necessárias nos momentos de crise ou recessão são essenciais para a repaginação do negócio, por isto TI pode ocupar um extraordinário espaço em temos de habilitação e apoio em todos os departamentos da organização.

As tarefas das rotineiras fusões e aquisições dos momentos pós-crise podem ser enormemente facilitadas pela correta atuação da TI que soma valor ao negócio. A atividade de integração dos serviços é sem sombra de duvida a primeira tarefa da organização de tecnologia. Normalmente, os primeiros meses de uma fusão ou aquisição comprometem a maior parte dos recursos disponíveis, por isto a otimização das transações digitais tem enorme poder de redução dos custos.

Os doze primeiros meses após fusão ou aquisição representam o momento de maior explicitação do resultado superior de uma organização inteligente de TI.

O atendimento da necessidade de apoio às novas estratégias e facilitação dos ajustes orgânicos para a nova realidade são duas contribuições de enorme valor que o CIO preparado consegue oferecer. O executivo formado em boas escolas é capaz de desenvolver um mapa estratégico de longo prazo para assegurar que TI consiga somar valor nas naturais mudanças de rumo não esperadas.

O CIO precisa, portanto, ser mais do que um mero técnico certificado para: (i) entender o balanço e a demonstração de resultados, (ii) compreender a estratégia financeira de curto, médio e longo prazo e (iii) adequar os recursos existentes e futuros de tecnologia aos objetivos corporativos endereçando seus aspectos técnicos.

Capítulo 27 • Mercado Profissional de TI no Brasil • **585**

O retorno do investimento em TI não pode vir sempre de economias geradas por novas soluções e tecnologias. É preciso também oferecer números que revelem valor somado. Existe uma clara abstração na determinação do ROI porque o ambiente de negócio é dinâmico e existem diferenças nas condições assumidas com o passar do tempo. Os valores do jogo mudam e não é possível ter uma exatidão dos cálculos. Isto significa que o investimento pode ter retorno diferente do planejado. A exploração das oportunidades do dinamismo permite alcançar um ganho real superior pelo gerenciamento dos riscos. Os CIOs preparados sabem identificar com precisão os riscos de cada investimento e trabalhar com a sua exploração. Conhecer os riscos pode abrir a porta para maior exposição e prêmio.

Tanto a magnitude do retorno como a respectiva probabilidade de realização prática estão relacionadas com a efetividade do gerenciamento dos riscos. O sucesso ou fracasso dos projetos de TI está condicionado às respostas ao dinamismo do mercado. Em outras palavras, o dimensionamento do ROI desconsiderando os riscos naturais da iniciativa não faz sentido algum. O custo da solução pode aumentar ou diminuir significativamente em função ou do dinamismo do ambiente de negócio ou das expectativas para os resultados. Mudanças comportamentais podem ocorrer pela expectativa futura de curto prazo, por isto as diferenças do retorno de longo prazo precisam ser acompanhadas e gerenciadas. Os benefícios do curto prazo não necessariamente são capazes de cobrir todos os investimentos.

Um exemplo clássico desta situação é a aquisição e renovação das licenças de software em uso na corporação. Normalmente é um investimento na ordem de grandeza de centenas de milhares de dólares com nenhum benefício real de curto prazo. Em termos práticos, uma empresa utiliza tipicamente apenas um terço das funcionalidades do pacote Office. A renovação das licenças sem respectiva atualização do equipamento e integração das aplicações só gera um custo sem retorno de curto prazo. A economia de curto prazo pela não-renovação das licenças pode, no entanto, aumentar os custos de longo prazo devido à janela de oportunidade da renovação. A questão que parece ser simples é bem complexa devido ao prazo para a renovação. No entanto, uma troca de tecnologia planejada de longo prazo pode justificar a escolha e reduzir o custo de longo prazo. A renovação com base na integração dos serviços pode facilmente cortar centenas de milhares de dólares do orçamento sem perda alguma.

Em outras palavras, isto significa que é preciso encontrar um ponto de equilíbrio entre o retorno de investimento em TI de curto e longo prazo. O bom planejamento integrado permite traçar políticas de exploração dos riscos e reduzir ao mesmo tempo o orçamento atual e futuro. O acompanhamento do cenário financeiro do CFO é uma

586 • Governança da Nova TI: Revolução

forma de trabalhar com efetividade nos momentos em que a situação geral da economia está claudicante. É muito complicado escolher um portfólio de projetos de longo prazo em uma situação elevada de incerteza. Neste caso, é melhor trabalhar com o portfólio de projetos que beneficie a estratégia corporativa.

Este conhecimento e cuidado é importante porque a lógica de uma empresa privada e familiar pode ser muito diferente da de uma empresa com ações em bolsa. Existem casos nos quais a estratégia busca o lucro em cima do lucro e em outros é buscada uma condição de fomentação de projetos que incentivem o compromisso futuro da organização. O resultado atual não é o financiador do sucesso financeiro de longo prazo. Em função dessa característica, todos os investimentos são realizados com olhos focados na estratégia.

> *"Quando todo mundo estava cortando gastos, decidimos que iríamos investir em nosso caminho durante a crise", lembrou Jobs. "Íamos gastar em pesquisa e desenvolvimento, inventar um monte de coisas, de tal modo que, quando a crise acabasse, estaríamos muito à frente de nossos concorrentes." Desta política aveio a maior década de inovação sustentada de qualquer empresa nos tempos modernos.*
>
> Fonte: *"Steve Jobs por Walter Isaacson". São Paulo: Companhia das Letras, 2011, p.397.*

Isto significa que a empresa pode estar esperando os sinais de fraqueza da economia para aumentar o volume de investimentos. A organização escolhe a opção de trabalhar na contramão do mercado e contratar o capital intelectual superior barato que está nesta situação pela oferta elevada e trabalhar com o crédito para ganhar mercado. Uma boa estratégia desta linha conseguiu pagar todo o investimento em pessoas e tecnologia em menos de dois anos durante o auge da crise de confiança de 2008.

> *Dizer que o mercado de capitais é volátil seria um eufemismo. Em meio à crise na Europa, à paralisia política nos Estados Unidos e às notícias econômicas cada vez mais sombrias nas principais economias ocidentais, os investidores de empresas de TI em todo o mundo têm adotado uma postura mais cautelosa. Como consequência, o orçamento dos CIOs pode ser reduzido e novos projetos postergados, com prioridade apenas para compra de tecnologias imprescindíveis para os negócios.*
>
> Fonte: *"Qual é o papel do CFO em tempos de instabilidade econômica?",* http://computerworld.uol.com.br/negocios/2011/10/05/qual-e-o-papel-do-cfo-em-tempos-de-instabilidade-economica/, *acessado em 01/12/2011.*

Capítulo 27 • Mercado Profissional de TI no Brasil • **587**

A aproximação com o CFO e com a linguagem do dinheiro permite a correta leitura dos planos e a abertura da caixa preta do que acontece com TI para o negócio. Normalmente a mera capacidade de comunicação do CIO é capaz de traduzir as ideias dos gestores e fomentar os negócios. As vantagens do investimento em TI são bastante evidenciadas neste cenário. Ter um discurso de que estratégias diferentes demandam investimentos diferenciados em TI ajuda muito na percepção do conteúdo da caixa preta. Os pontos chave que os CIOs precisam entender estão relacionados com o valor somado e a expectativa de crescimento ou redução do negócio. Em outras palavras, as propostas de investimento em TI precisam trabalhar com a necessidade específica, relevância do gasto, gerenciamento do custo e retorno, compromisso com a necessidade, nível de motivação com a empreitada e grau de receptividade da proposta.

As constantes falhas no endereçamento destas seis dimensões levaram os executivos de TI com preparação inadequada ao caminho de sair da resposta direta ao CEO para o guarda-chuva da subordinação ao CFO. É absolutamente natural no Brasil encontrar os CFOs dando a ultima palavra nos projetos de TI teoricamente gerenciados pelos CIOs.

> *Segundo o Gartner, equipe de TI deve entender as necessidades dos negócios e criar iniciativas que mostrem de forma clara os resultados.. Analistas do mercado de TI apontam que, muitas vezes, os Chief Information Officers (CIOs) esquecem de alinhar as prioridades de TI ao negócios. Prova disso está em um levantamento realizado pelo instituto de pesquisas Gartner, que aponta que como prioridade os CEOs buscam cada vez mais retenção de clientes e funcionários, atração de novos clientes, eficiência e redução de custos. Já os CIOs sinalizam que no topo da lista estão aumentar o gerenciamento de TI e o planejamento estratégico, ampliar o valor da tecnologia nos negócios e reforçar a administração de recursos empresariais.*
>
> Fonte: *"CIOs devem desenhar projetos com resultados mensuráveis"*, http://compu-terworld.uol.com.br/gestao/2011/10/24/cios-devem-desenhar-projetos-com-resulta-dos-mensuraveis/, *acessado em 01/12/2011.*

Apenas no caso dos CIOs preparados e formados nas melhores escolas existiu a formação de parceria coerente entre os aspectos de TI e financeiros do negócio nos projetos de tecnologia. O trabalho cooperado permite a consideração do impacto nos processos de negócios e capacitação empresarial nos projetos de tecnologia. Os benefícios estratégicos deste tipo de estratagema são de enorme monta, mas exigem que o CIO e organização de TI tenham capacidade de comunicação e demonstração do valor somado.

588 ◆ Governança da Nova TI: Revolução

Os objetivos estratégicos, quando suportados pelas aplicações de tecnologia, oferecem para as organizações um resultado financeiro de mercado mais robusto e de maior abrangência. A evolução da tecnologia utilizada hoje por uma empresa tem enorme impacto nas suas decisões futuras. Em outras palavras, a efetividade do investimento e o valor somado é aumentada quando o portfólio de projetos trabalha de forma integrada os aspectos técnicos e financeiros dos projetos.

Os profissionais de TI atualizados adequadamente estão preparados para enfrentar o desafio de trabalhar na era dos negócios digitais. Eles formam o pequeno grupo dos "cabeça de tecnologia de informações". A interatividade dos sistemas está em franca evolução com o aumento da participação da geração dos "gamers" no mercado profissional, por isto, é cada vez maior a importância da capacidade do capital intelectual para o desenvolvimento do ambiente corporativo. O novo jogo de poder das redes sociais exige uma mentalidade superior da organização de tecnologia. As comunidades nas quais o consumidor tem o poder da palavra penetraram os alicerces do mundo dos negócios e tornaram obsoleto o gerenciamento de TI baseado em alguns aspectos técnicos entendidos por poucos profissionais.

Os líderes empresariais querem que a organização de tecnologia assuma o seu papel na governança, segurança, controle de custos, retorno do investimento em função da maximização da produtividade. As aplicações das redes sociais, colaboração etc. precisam ser vistas por TI com olhos no lucro. Vários profissionais de TI ainda não reconheceram o prejuízo para a sua própria carreira futura do estratagema conhecimento com base em certificações elementares.

O forte avanço do software social mostra que o canal consumidor é atualmente um grande fomentador dos avanços da tecnologia. A TI com foco apenas empresarial perdeu muita participação nos últimos anos e as inovações do conteúdo geradas pelas redes sociais, blogs etc. estão sendo traduzidas em lucros e prejuízos corporativos. Existem muitas oportunidades para serem exploradas e a nova TI pode assumir um papel maiúsculo na estrada escancarada pelos usuários de tecnologia.

O conteúdo patrocinado dos blogs e redes sociais precisa da tecnologia para saber se a campanha corporativa decolou no momento esperado ou se existe desatualização de conteúdo. Os líderes preparados de TI estão evoluindo na direção do equilíbrio controlado das inovações nascidas no canal usuário. O atendimento do consumidor aumenta a felicidade dos colaboradores pelo crescimento das ofertas, vendas e satisfação dos clientes. A organização de TI precisa, neste novo contexto de poder, ter atuação visionária para alavancar as receitas e colaborar efetivamente com a inovação. Se

Capítulo 27 ◆Mercado Profissional de TI no Brasil ◆ **589**

para os produtos a engenharia é o astro-rei, para os serviços este papel cabe à organização de tecnologia.

A experiência do conhecimento pleno assume neste momento da história moderna das corporações o papel de perceber a relevância dos projetos e ajustar o estilo de gerenciamento baseado na "pejotização" e certificação elementar. Os CIOs atualizados reconhecem o veloz desenvolvimento da tecnologia de consumo e trabalham com a interação dos produtos digitais. A segurança pessoal e de ativos já acontece no plano virtual. Os artigos "Rastreador de iPad perdido leva publicitária a perseguição policial pelas ruas de São Paulo" (http://tecnologia.uol.com.br, acessado em 01/09/2011), "Programas ajudam a recuperar PC ou celular roubado; veja vídeo" (http://www1.folha.uol.com.br, acessado em 01/09/2011), "Em SP, publicitária recupera tablet com ajuda de aplicativo (http://www1.folha.uol.com.br, acessado em 01/09/2011), "Caça e caçador" (http://www1.folha.uol.com.br, acessado em 01/09/2011) revelam que já é possível entender o deslocamento das pessoas e trabalhar com a equipe de vendas para eliminar as perdas no trânsito das grandes cidades. Os comportamentos inadequados dos vendedores também são eliminados ou inibidos pela abertura da caixa preta. A segurança pessoal e de ativos habilitada pela ferramenta precisa do comportamento ético dos profissionais de TI, pois com ela é possível vigiar, filmar ou fotografar o usuário sem o seu conhecimento e autorização.

Esta simples aplicação de rastreamento é a ponta do iceberg do lucro superior da nova TI ética que respeita as leis. Os sistemas similares de rastreamento nos carros nacionais que permitem assegurar a questão da manutenção preventiva e corretiva dos componentes mecânicos podem virar ferramentas para salvar vidas ao: (i) enviar mensagens automáticas nas colisões em função do impacto do acidente e (ii) controlar os mecanismos computadorizados para evitar os atropelamentos, batidas e desrespeito às leis.

O artigo "Hackearam meu carro" (http://info.abril.com.br, acessado em 01/09/2011) ilustra bem este novo campo de atuação da nova TI. Já existem mais de 70 computadores conectados que tanto podem virar ferramentas do bem ou do mal. O mesmo GPS que salva vidas pelo envio de mensagens para o serviço de emergência nos acidentes graves pode ser explorado por ladroes que descobrem a localizaçao do carro. Uma simples música "fora da normalidade da legislação ou pirata" pode agora inserir um código malicioso nos sistemas do carro e permitir comandos remotos que podem parar, acelerar ou frear o carro em locais determinados. É evidente que a capacidade de enviar a condição da situação do óleo, acelerador, freio etc. para a central de manutenção e agendar automaticamente as revisões também pode ser utilizada pelas

590 • Governança da Nova TI: Revolução

autoridades para controlar a velocidade dos carros nas cidades, evitando abusos e acidentes.

Não existem duvidas de que o universo atual de oportunidades de TI é imenso. As seguradoras ganham, dentro deste novo contexto, canais de diferenciação do risco e clientes. É possível, por exemplo, mudar as condições da apólice (em situação prevista no contrato) por mudança comportamental ao volante do motorista ou por declarações incorretas ou por fraude como a troca do condutor do carro depois do acidente. Problemas graves podem ser evitados. Na prática, é um jogo no qual todos os éticos ganham. Uma simples aplicação de proatividade na comunicação dos problemas do fornecimento de energia elétrica pelas operadoras pode evitar um enorme volume de ligações e nivelar as informações dos clientes de forma adequada. A repercussão de tal medida é de enorme impacto apenas pela melhoria do planejamento do usuário. Uma pessoa que mora em um prédio que pretende fazer as compras do mês depois do trabalho pode mudar os planos com a informação sobre a falta de energia e minimizar a sua insatisfação. As explicações da operadora sobre chuva e quedas de árvores serão mais bem aceitas se o desconforto causado for menor.

Na área da saúde, as oportunidades para os desenvolvedores e gestores saltam aos olhos. A regulamentação que permite prêmios para os clientes que ficam no regime de prevenção das doenças, que é infinitamente mais barato que a correção, pode acontecer em rede social privada com acompanhamento da medicação, histórico e melhoria. Um simples portal que integre paciente, exames, receitas médicas, histórico do paciente, farmácias, laboratórios e médicos é uma aplicação de enorme valor financeiro e social. A linha de produtos inaugurada pelo iPhone da Apple é um exemplo como vídeos rápidos podem divulgar as informações para um alvo específico. A característica de popularização da tecnologia de tablets é uma extraordinária oportunidade de interação. O estreitamento tão falado entre empresa e escola pode finalmente virar realidade e permitir o emprego remoto de uma força de trabalho capacitada e barata.

> *Diante do crescente volume de dados armazenados eletronicamente, companhias usam outros métodos de pesquisa e obtenção de informação. Nas empresas, o antigo hábito de fazer do e-mail a principal fonte de registro está ficando para trás. É o que mostra o estudo Pesquisa 2011 sobre Retenção de Informações e eDiscovery realizado pelo instituto de pesquisas Applied Research a pedido da Symantec. O levantamento ouviu profissionais de TI e da área jurídica de 2 mil companhias em 28 países para identificar como elas gerenciam o crescente volume de dados armazenados eletronicamente e como se preparam para a solicitação de eDiscovery, como é conhecido o método de pesquisa e obtenção de dados eletrônicos.*

Capítulo 27 ◆ Mercado Profissional de TI no Brasil ◆ **591**

Fonte: "E-mail não é mais principal fonte de registro, aponta estudo", http://compu-
terworld.uol.com.br/tecnologia/2011/11/01/e-mail-nao-e-mais-principal-fonte-de-
-registro-aponta-estudo/, *acessado em 01/12/2011.*

A nova realidade dos negócios com dados não estruturados e o competitividade corporativa é um fenômeno pouco entendido e muitos acham que mais blogs ou
mensagens é a resposta. A organização de TI inteligente vai desempenhar o papel de
aprender com este formato de informações e estruturar o conhecimento para que o
negócio faça a sua mágica do lucro. A preparação na língua do dinheiro é fundamental
para esta nova realidade. As tecnologias relevantes para o usuário, consumidor e corporações vão ser dominantes. O gerenciamento de TI precisa acontecer em um estilo
de liderança que privilegie o talento e a paixão dos usuários. A pauta da agenda da inovação reduz o foco nos recursos e financiamento e ganha a dimensão da orientação e
produtividade.

O mundo da TI que tudo limita e ameaça fica reduzido para o universo dos profissionais conhecidos por "cabeça de tecnologia de dados". A inteligência dos preparados
permite que os usuários experimentem os modernos recursos e tenham a sensação de
que TI está aberta ao mundo contemporâneo. O relacionamento com o consumidor,
excelência do ponto de venda e inteligência do negócio deixam de ser meros jargões
usados pelo departamento de TI e passam a fazer parte da prática diária da organização de tecnologia preparada. O constante medo dos não maduros sai de cena e entra
em campo a simplicidade prática dos preparados.

A simples integração do sistema de excelência do ponto de venda com os blogs dos
consumidores é capaz de criar uma poderosa ferramenta de inteligência do negócio
muito mais barata e efetiva que várias aplicações de mercado. Microempresas que
privilegiem o conhecimento podem agora avançar no terreno de corporações mundiais de enorme poder econômico e político. Em outras palavras, o CIO que rejeita a
percepção da atualidade não está preparado para o panorama mais amplo da nova TI.

A avaliação do ROI dos projetos de TI parte do princípio de que a organização de
tecnologia consegue tanto trabalhar o contexto geral através de uma sequência evolutiva de contribuições menores como comunicar adequadamente aos usuários do
negócio o que eles podem esperar dos serviços de TI. A exploração do conhecimento
coletivo permite entregar partes do todo ao usuário no curto prazo, enquanto a ferramenta de integração ainda está em fase desenvolvimento. Basicamente, a TI inteligente passa o recado da importância do conteúdo e trabalho cooperado. A agilidade
das entregas em pequenas partes permite a evolução por experimentação e possibilita
a entrega do trabalho mesmo em momentos de forte incerteza.

592 • Governança da Nova TI: Revolução

A correta dimensão dos controles e processos para os projetos de TI elimina o problema comum das perdas e desperdícios das redundâncias geradas. O perfil que entrou na moda do experiente capital intelectual acaba de vez com o fácil estratagema utilizado por muitos de abordagem de tamanho único dos projetos e torna a TI inteligente uma entidade colaboradora do negócio. A fácil atuação inibidora dos não adequadamente preparados está sendo substituída com enorme velocidade pelo pensamento de "é uma possibilidade que pode ser mais bem explorada" dos profissionais experientes formados nas boas escolas.

Os usuários deixam de perceber, neste contexto, TI como uma barreira em que eles precisam encontrar outros caminhos para obter êxito nas suas realizações de negócio. As frases abaixo já fazem parte do passado nas organizações que superaram o preconceito contra o cabelo branco.

> *TI causa enorme perda de produtividade no trabalho, por bloquear o acesso à inteligência distribuída na internet.*
>
> Fonte: "TI embaça ou ajuda?", http://info.abril.com.br, acessado em 01/08/2011.

> *Nesta nova era, a tecnologia é vital para o sucesso. No entanto, aos olhos de muitas equipes de marketing, o departamento de TI parece um grupo lento e desatualizado, preso no século passado, tentando reengenharia de processos de negócios com sistemas de ERP que levam anos para serem implementados. Como resultado, diretores de marketing têm olhado para a nuvem e para o modelo de software como serviço como caminho rápido e direto para resolver suas necessidades tecnológicas, contornando a TI. Infelizmente, é o CIO que tem que aparar as arestas quando se trata de integração e segurança.*
>
> Fonte: "Como melhorar as relações entre a TI e Marketing", http://cio.uol.com.br, acessado em 01/09/2011.

Nas empresas onde a maturidade do capital intelectual de TI ainda não foi alcançada é fácil encontrar a situação em que as equipes de vendas adotaram as tecnologias de consumo para aumentar a produtividade e a escolha equivocada da organização de tecnologia de desativar as aplicações não é autorizada pelo CFO. Os executivos rejeitam a decisão de TI porque ela é inibidora da geração de receita e o papel esperado para a área de tecnologia é o de habilitador do lucro. Infelizmente, ainda é comum a falta de entendimento do papel de TI pela própria organização de tecnologia.

Capítulo 27 ◆ Mercado Profissional de TI no Brasil ◆ **593**

A atitude habilitadora do escritório inteligente de TI que trabalha a aplicabilidade da solução a favor da empresa exige a cultura aberta dos profissionais preparados que buscam em todos os momentos oportunidades para aumentar o grau de habilitação de negócio pela tecnologia. É claro que os jovens formados conhecem muitos aspectos técnicos da tecnologia atual, mas isto não é condição necessária e suficiente para trabalhar em TI. Mesmo nas empresas fornecedoras de tecnologia, é preciso que exista um importante nível de orientação ao negócio, já que apenas com esta visão é possível sair da condição de inibidor para habilitador de negócio. Em um passado recente uma grande empresa de tecnologia nacional perdeu muitos negócios porque resolveu controlar o acesso dos funcionários à internet. Os problemas comportamentais existentes continuaram mesmo após as restrições (paradas excessivas para fumar, café etc.). Os funcionários que estavam buscando via internet soluções para o negócio reagiram com simplicidade e pararam de fazê-lo. A empresa perdeu tanto os negócios gerados pelas pesquisas como pelas falhas e atrasos dos que estavam lá apenas para bater cartão. A internet foi apenas e tão somente uma desculpa. A solução necessária de ajustar o comportamento nunca foi feita e atualmente a empresa é 70% menor do que era no início dos anos 2000.

A mente aberta dos "cabeças de Tecnologia de Informações" permitiu a utilização de uma abordagem mais efetiva para o desenvolvimento de sistemas. Para aumentar a velocidade do desenvolvimento de uma nova aplicação, o moderno CIO preparado utiliza a estrutura pronta das redes sociais e a integração com a escola para trabalhar com os previamente selecionados codificadores talentosos disponíveis e dividir o trabalho do desenvolvimento do sistema em diversas partes, para que os profissionais capacitados possam trabalhar paralelamente. Após a aprovação do código, a equipe interna trabalha os componentes como uma biblioteca de rotinas e faz a integração. Poder contar com uma estrutura barata, conhecida e capacitada acelera muito a velocidade da entrega do trabalho inteiro e gera enorme valor comercial.

A mente aberta e organizada do novo departamento de TI permite oferecer grandes mudanças e vantagens para o negócio. O mundo na segunda década do século 21 está repleto de incertezas e confusões derivadas, por isto as empresas de sucesso estão tão interessadas na contratação de profissionais experientes formados nas boas escolas brasileiras. Eles sabem que eles estão acostumados com a necessidade de superar diversas barreiras e trabalhar em ambiente recheado de incertezas. Profissionais que conduziram com sucesso projetos com inflação acima de 80% ao mês reconhecidamente sabem traçar estratégias de trabalho em ambiente altamente volátil.

594 • Governança da Nova TI: Revolução

Como o mundo das mídias sociais é o da publicação de qualquer coisa em todos os lugares, é preciso trabalhar com a capacitação superior do profissional experiente que sabe que a volatilidade ambiental exige que mesmo a informação verificada tradicionalmente seja submetida ao processo de aprovação corporativa antes de ser publicada interna ou externamente.

É evidente que estes CIOs sabem que é possível publicar conteúdo não aprovado ou autorizado através de vários equipamentos eletrônicos pessoais no trabalho. Por causa disto a política simplória de bloquear o acesso às redes sociais é totalmente irrelevante ou destrutiva como fator de segurança. O gestor capacitado sabe que a governança em torno do conteúdo é a solução que resolve. Em outras palavras, a organização de tecnologia assume que a empresa está preparada para selecionar e contratar pessoas com comportamento profissional. Os que agem de forma amadora são descartados no processo de contratação e retenção dos talentos. Esta mudança de paradigma sinaliza para a empresa que compete às pessoas assumirem a responsabilidade pelos seus atos. A nova governança vai identificar, sinalizar e comunicar os desvios. Cabe ao profissional assumir e justificar a sua atitude.

Esta nova TI assume a postura de dizer sim para as oportunidades e sai da facilidade e pobreza gerencial de negar tudo e inibir a inovação. O certo ou errado é da alçada de quem o fez. Muita simplicidade e redução de custo são introduzidas por este estilo inteligente de gestão. O jogo muda completamente neste cenário, pois a preparação da infraestrutura de tecnologia fica condicionada à aprovação da iniciativa. As questões essenciais neste contexto estão relacionadas com: (i) comunicação aos líderes de negócio das oportunidades de mudanças que as novas tecnologias possibilitam, (ii) garantia de que o negócio esteja preparado para o nível de autonomia e responsabilidade que as tecnologias possibilitam e (iii) planejamento da implementação.

O baixo custo e risco permitem que a engenharia e organização de tecnologia testem em situação prática de dia a dia as ferramentas de wikis e blogs e explorem a sua aplicabilidade para o negócio. Um projeto-piloto permite descobrir com baixo risco se a cultura corporativa está pronta para a mudança a partir da qual os autores são responsáveis, para o bem ou para o mal, pelo conteúdo publicado. Como tudo pode ser publicado em todos os lugares, os leitores também precisam entender o seu papel neste novo contexto de incertezas. Em outras palavras, é deles, para o bem ou para o mal, a responsabilidade de avaliar a relevância e veracidade da informação lida.

O CIO adequadamente preparado facilmente reconhece neste novo momento cultural que não é papel da organização de tecnologia gerenciar a publicação de conteúdo

Capítulo 27 • Mercado Profissional de TI no Brasil • **595**

colaborativo nas redes sociais. TI exerce o papel de apoiador do usuário e de varredor do que foi publicado. A responsabilidade pelo conteúdo é do usuário de negócio. Este equilíbrio gerencial permite que as tecnologias que as pessoas usam no seu dia a dia as acompanhem em todos os lugares. Acaba o drama de precisar de ajuda para ler um simples e-mail fora do local de trabalho. Os profissionais preparados de TI já repaginaram o seu papel na empresa. O custoso e desgastado perfil de salvador da pátria morre e nasce o vantajoso papel de TI integrada ao negócio e amiga do lucro.

Enquanto a TI ultrapassada fixa atuação na dimensão da inibição do lucro e inovação (desativação de aplicações não aprovadas ou salvador da pátria que finge não ver e não resolve o desafio), a TI preparada habilita a inovação e o lucro superior (suporta tecnologias que aumentam a produtividade dos usuários). A capacitação adequada permite a viabilização de comunidades virtuais para trabalhar as boas práticas de gerenciamento da tecnologia.

A área de TI da empresa pode formatar, por exemplo, um fórum virtual dos seus usuários de negócio onde eles perguntam e respondem sobre a melhor utilização das ferramentas de tecnologia de consumo no negócio. Os profissionais de tecnologia podem atuar tanto na dimensão da provocação para ajudar a formar a opinião, como na gestão da demanda da consumerização. A segurança é maximizada pela eliminação das surpresas e o dimensionamento mais preciso da demanda permite o desenvolvimento de projetos para a oferta com melhor direcionamento das necessidades do público-alvo.

A comunidade permite a inovação rápida pelos usuários através da incorporação das modernas tecnologias de consumo com baixo custo de suporte e apoio. O próprio usuário apresenta soluções de negócio e tecnologia para os outros. As ideias, disseminação das iniciativas lucrativas e rejeição das alternativas deficitárias acontecem formalmente dentro do fórum. A organização de tecnologia pode, neste contexto, desenvolver os projetos com justificativas sólidas e robustas baseadas nas práticas específicas do negócio e no atendimento da demanda reprimida e futura. A nova TI experimenta uma grande mudança pela utilização da metodologia comunitária de gestão integrada com os usuários. É preciso, sem dúvida alguma, muito capital intelectual para trabalhar neste modelo de menor custo e maior lucro.

O fórum não é apenas um local para a gestão da demanda. Ele representa um novo ponto de equilíbrio para o processo de aculturamento tecnológico do usuário. O diálogo honesto e documentado da rede social privada permite que os profissionais de negócio entendam o funcionamento do risco de TI. É importante destacar que existe

596 • Governança da Nova TI: Revolução

uma enorme diferença entre idade cronológica e experiência. A experiência é resultado de realizações e capacidade de ser alavancador, por isto, contratar um gerente de TI acima de 40 anos não significa superação do preconceito do cabelo branco. A superação acontece apenas quando o contratado é formado adequadamente e tem mentalidade aberta e atualizada para as novas tendências de tecnologias emergentes.

Na prática, não interessa se o profissional nasceu no mundo digital ou imigrou para este universo para falar com fluência a língua do dinheiro na tecnologia. É claro que para a maioria das empresas a tecnologia precisa ser pensada de maneira diferente porque o que foi feito até agora ficou restrito ao que foi imaginado por um perfil profissional inadequado. O lucro superior simplesmente não está na tecnologia. Tanto os nativos como os imigrantes digitais fluentes na linguagem do negócio estão preparados para explorar as oportunidades. O processo de pensamento dos CIOs qualificados permite que eles possam ir além dos seus próprios limites atuais e alcancem o posto máximo disponível nas empresas. Esta evolução profissional exige o desenvolvimento de um comportamento de total respeito as leis locais. É fácil perceber que o apagão do comportamento ético e não aderente à legislação trabalhista barrou muitos no caminho em direção ao topo. Na língua do dinheiro, o máximo degrau da hierarquia corporativa é reservado apenas para os cumpridores dos seus deveres e obrigações.

Conclusões

Muitos profissionais da área de tecnologia da informação convivem com algumas regras trabalhistas definidas em uma agenda não oficial e para eles esta situação representa o real sentido normal do trabalho. Como a maioria deste grupo ficou no meio do caminho, é interessante revisitar este padrão comportamental no emprego para que seja possível criar uma espiral positiva de sucesso. Na era do conhecimento, a quantidade de horas trabalhadas em um projeto ou problema não representa em nenhum momento uma expectativa sobre a qualidade dos resultados e a questão-chave é a produtividade do trabalho.

Os bons gerentes entendem que apenas os profissionais capazes de gerenciar o seu próprio tempo têm o perfil adequado para trabalhar na era conhecimento. Em outras palavras, as oito horas do expediente comercial devem ser suficientes para o cumprimento de todas as atividades profissionais do dia. A priorização dos projetos, tarefas e solicitações precisa contemplar a plena utilização dos recursos. Em geral, todas as tentativas de trabalhar na era do conhecimento com uma agenda acima da capacidade fracassaram. O resultado gerado foi apenas erros, falhas e graves perdas monetárias.

Capítulo 27 ◆Mercado Profissional de TI no Brasil ◆ **597**

A fluência na língua do dinheiro dos gestores de negócio vem provocando mudanças profundas. Muitos deles reconhecem que precisam melhorar o processo de seleção e contratação de profissionais e fornecedores de TI, pois existem vários casos de claras falhas na preparação para enfrentar os modernos desafios. Todos reconhecem que alguns perfis profissionais não evoluíram para a era contemporânea do conhecimento.

Os profissionais especializados experientes formados nas boas escolas estão ocupando um papel cada vez mais relevante dentro da organização de tecnologia das empresas usuárias de TI. No entanto, o especialista maduro em determinadas tecnologias precisa olhar os aspectos técnicos em função do negócio para ser bem-sucedido neste momento em que as incertezas futuras exigem habilidades expandidas de escopo de atuação. O Steve Jobs cofundador da Apple criou um estilo de comunicação de extremo sucesso pela fluência na língua do dinheiro. A frase "Jobs pouco fala de gigabytes. Ele prefere dizer que 'no iPod cabem mil músicas'. Faça o mesmo, simplificando os termos técnicos sem usar definições abstratas." do artigo "Como fazer apresentações no estilo Steve Jobs" (http://info.abril.com.br, acessado em 01/09/2011), mostra que ele traduziu a sua elevada e genial especialização técnica na simplicidade da linguagem do negócio. Sem usar jargões técnicos, ele era capaz de criar apresentações de enorme impacto.

O profissional especializado precisa estar preparado para atender as necessidades da empresa, comunicando as propostas e resultados na linguagem entendida pelo negócio. A organização de TI de uma exportadora de grãos precisa, por exemplo, comunicar as iniciativas e realizações em termos do impacto no resultado dos milhões de toneladas de soja exportadas por ano. Portanto, o profissional precisa aproveitar as oportunidades formais e informais de treinamento (projetos cooperados com os usuários) e desenvolver a sua competência de comunicação. A busca comprometida desta habilidade tão importante para a interpretação da tecnologia aumenta as chances de crescimento na companhia na direção do topo.

É evidente que é preciso coerência na corrida para o posto de CEO. Muitos profissionais de TI ficaram no meio do caminho por causa de armadilhas criadas por eles mesmos quando alardeavam que eles sabiam fazer tudo, mas os repetidos fracassos mostraram que eles não estavam preparados para as novas responsabilidades. Como a pobreza dos resultados obtidos impacta toda a organização de tecnologia, é preciso que o CIO delegue o papel de coadjuvante para os ainda não preparados que são capazes de explorar as oportunidades de aprendizado.

598 ◆ Governança da Nova TI: Revolução

O profissional que aceita um papel com mais responsabilidade ou demanda de tempo do que ele pode entregar está olhando a sua carreira com espectro de amplitude apenas de curto prazo. É preciso cuidado para não ser contaminado pela satisfação imediata de salário ou prestígio ligeiramente maior. Vários casos de mercado similares mostraram como resultado a aceleração do encerramento da carreira.

É fato que o mercado nacional para o profissional de TI é muito competitivo. No entanto, é preciso manter o bom senso e não cair no canto da sereia da certificação barata. Muita gente no Brasil ainda acredita que existe relação entre certificações e capacidade profissional. Apesar de esta crença já ter sido totalmente destruída pelos fatos reais do mercado, ainda é possível encontrar alguns profissionais seduzidos pelas facilidades da obtenção de novas certificações. Os executivos só enxergam algum valor nestas credenciais quando elas estão associadas com a experiência de realizações de sucesso. Este fato explica porque apenas alguns perfis de CIO têm espaço na subordinação direta ao CEO e subida para o topo.

A escolha pelo profissional de aperfeiçoamento e ampliação de conhecimento conforme a atividade atual e expectativa futura revela um planejamento de carreira robusto que é admirado pelas chefias e executivos. Em geral, o estratagema de atirar para todos os lados não é bem visto pelo mercado. O profissional de TI tem acesso e conhecimento de muitas informações reservadas ou sensíveis da empresa e das pessoas, por isto é importante que os membros da organização de tecnologia sejam percebidos como profissionais discretos e sem interesse em fofocas ou temas polêmicos.

O tempo investido na socialização com os usuários e desenvolvimento de conexões com todas as esferas da empresa é essencial para a evolução da reputação profissional. Existe uma enorme diferença entre atender a necessidade do negócio e agradar as chefias ou superiores hierárquicos. O profissional que tem o desejo de ser o salvador da pátria pela ajuda aos colegas está ultrapassado na dinâmica moderna das organizações. A necessidade de controle, transparência e previsibilidade obriga que sempre seja feito o que é possível com repetitividade para evitar desgastes desnecessários e oferecer vantagens competitivas para a empresa. Os projetos precisam desta dinâmica para que os prazos apertados, difíceis, mas realistas sejam cumpridos. Toda chefia gosta de prazo curto pela facilidade de planejamento, no entanto, o seu cumprimento é fundamental. Projetos fora da realidade prática do realizável em nada ajudam.

Resumo

O valor proporcionado pelo trabalho é consequência do resultado obtido, por isto o profissional de TI precisa focar a sua atuação nos maiores benefícios para o negócio. A maioria dos CEOs quer que o resultado superior seja feito dentro das condições das leis trabalhistas. Eles sabem que o trabalho duro dos profissionais preparados de TI só é percebido pelo resultado alcançado. A pauta da evolução da carreira deve ser suportada pelo equilíbrio dinâmico dos pilares sucesso sustentável, produtividade e efetividade.

Bibliografia

ADLER, P. S; KWON, S.-W. Social capital: prospect for a new concept. Academy of Management Review, v. 27, n. 1, p. 17-40, 2002.

ALDRICH, H; ZIMMER, C. Entrepreneurship through social networks. SEXTON, D; SMILOR, R. (Org.) The Art and Science of Entrepreneurship in a Global Context. New York: Routledge, 1997.

AUDIA, P. G; RIDER, F. I. Entrepreneur as an organizational products revisited. BAUM, J. R, BARON, R. A; FRESE, M. (Ed.) The Psychology of Entrepreneurship. Hillsdale, NJ: Lawrence Erlbaum Associates, 2006.

AUDIA, P. G; FREEMAN, J; REYNOLDS, P. The Special Evolution of Organizational Founding: Evidence from US Instrument Manufacturers. Berkeley, CA: University of California, 2005.

BIRLEY, S. The role of networks in the entrepreneurial process. Journal of Business Venturing, v. 1, n. 1, 1986, p. 107-117.

BORGATTI, S. P; FOSTER, P. C. The network paradigm in organizational research: a review and typology. Journal of Management, v. 29, n. 6, 2003, p. 991-1013.

BOHANNAN, P; DALTON, G. (Ed) Markets in Africa. Evanston: Northwestern University Press, 1962.

BRADLEY, D.B; RUBACH, M. J. Small business bankruptcies: a comparison of causes from 1981 to 1995. Journal of Business & Entrepreneurship, v. 2, n. 1, 1999, p. 31-50.

BURT, S. R. Social contagion and innovation: cohesion versus structural equivalence. The American Journal of Sociology, v. 92, n. 6, 1987, p. 1287-1335.

602 ◆ Governança da Nova TI: Revolução

BURT, S. R. Structural Holes: The Social Structure of Competition. Cambridge, MA/London: Harvard University, 1992.

BURT, S. R. Structural holes versus network closure as social capital. LIN, N; COOK, K; BURT, S. R. (Ed.) Social Capital: Theory and Research. New York: Aldine de Gruyter, 2001.

CABLE, J; SCHWALBACH, J. International comparisons of entry and exit. GEROSKI, P. A; SCHUWALBACH, J. (Ed.) Entry and Market Contestability: An International Comparison. Oxford: Basil Blackwell, 1991.

CASTROGIOVANNI, G. S. Pre-startup planning and the survival of new small business: theoretical linkages. Journal of Management, v. 22, n. 6, 1996, p. 802-813.

CHELL, E. Networking entrepreneurship and microbusiness behavior. Entrepreneurship and Regional Development, v. 12, n. 3, 2000, p. 195-214.

COLEMAN, J. S. Social capital in the creation of human capital. American Journal of Sociology, v. 94 (supplement), 1988, p. 95-120.

COMPUTERWORLD. Melhores Empresas de TI e TELECOM para trabalhar. Revista "Computerworld", 29/11/2006.

COMPUTERWORLD. Melhores Empresas de TI e TELECOM para trabalhar. Revista "Computerworld", 18/07/2007.

COMPUTERWORLD. Melhores Empresas de TI e TELECOM para trabalhar. Revista "Computerworld" 516, 15/07/2009.

DUNNE, T; ROBERT, M. J; SAMUELSON, L. The growth and failure of US manufacturing plants. Quarterly Journal of Economics, v. 104, n. 04, 1999, p. 671-698.

FREEMAN, J. H. Entrepreneurs as organizational products: semiconductor firms and venture capital firms. LIBECAP, G. D. (Ed.) Advances in the Study of Entrepreneurship, Innovation and Economic Growth, v. 1, Greenwich, : JAI Press, 1986, p. 33-52.

GATNER, W. B. "Who is the entrepreneur?" is the wrong question. Entrepreneurship theory and practice. Summer edition, 1989, p. 47-68.

GIMENO, J; FOLTA, T. B; COOPER, A. C; WOO, C. Y. Survival of the fittest? Entrepreneurial human capital and persistence of underperforming firms. Administrative Science Quarterly, v. 42, n. 4, 1997, p. 750-783.

GRANOVETTER, M. The strength of weak ties. American Journal of Sociology, v. 78, n. 6, 1973, p. 1360-1380.

GRANOVETTER, M. Economic action and social structure: the problem of embeddedness. American Journal of Sociology, v. 91, n. 3, 1985, p. 481-510.

GRANOVETTER, M. A theoretical agenda for economic sociology. In: GUILLEN, R. C; ENGLAND, P; MEYER, M. Economic Sociology at the Millennium. New York: Russell Sage Foundation, 2001.

GRANOVETTER, M. The impact of social structure on economic. The Journal of Economic Perspectives, v. 19, n. 1, 2005, p. 33-50.

GREATTI, L; PREVIDELLI, J. J. Perfis empreendedores: análise comparativa das trajetórias de sucesso e fracasso no município de Maringá. In: Encontro Nacional Da Associação Nacional dos Programas De Pós-Graduação em Administração, 28, 2004, Curitiba. Anais. Curitiba: Anpad, 2004.

HALINEN, A; TÖRNROOS, J. A. The role of embeddedness in the evolution of business networks. Scandinavian Journal of Management, v. 14, n. 3, 1998, p. 187-205.

HESS, M. Spacial relationships? Towards a reconceptualization of embeddedness. Progress in Human Geography, v. 28, n. 2, 2004, p. 165-186.

HIRSCHMAN, A. O. The Strategy of Economic Development. Connecticut: Yale University Press, 1958.

HOWARD, P. The Digital Origins of Dictatorship and Democracy: Information Technology and Political Islam, Oxford University Press, USA, 2010.

HUNT, T. O poder das redes sociais. Subtítulo: Como o Fator Whuffie - seu valor mundo digital - pode maximizar os resultados de seus negócios. São Paulo: Gente, 2011.

ISAACSON, W. Steve Jobs por Walter Isaacson, São Paulo: Companhia das Letras, 2011.

604 • Governança da Nova TI: Revolução

JACK, S. L. The role, use and activation of strong and weak network ties: a qualitative analysis. Journal of Management Studies, v. 42, n. 6, 2005, p. 1233-1259.

JOHANNISSON, B. Networking and entrepreneurial growth. SEXTON, D; LANDSTRON, H. (Ed.) Handbook of Entrepreneurship. London: Blackwell, 2000.

KLYVER, K; TERJESEN, S. Entrepreneurial network composition: an analysis across venture development stage and gender. Women in Management Review, v. 22. n. 8, 2007, p. 682-688.

KLYVER, K; HINDLE, K; MEYER D. Influence of social network structure on entrepreneurship participation - A study of 20 national cultures. International Entrepreneurship and Management Journal, v. 4, n. 3, 2008, p. 331-347.

LARSON, A; STARR, J. A. A network model of organization formation, entrepreneurship. Theory and Practice, v. 17, n. 2, 1993, p. 5-11.

LECHNER, C; DOWLING, M; WELPE, I. Firm networks and firm development: the role of the relational mix. Journal of Business Venturing, v. 14, n. 1, 2006.

LEIBENSTEIN, H. Entrepreneur and development. The American Economic Review, v. 57, n. 2, 1968, p. 72-84.

LIN, N. Building a theory of social capital. In: LIN, N; COOK, K; BURT, R. (Ed.) Social Capital: Theory and Research. New York: Aldine de Gruyter, 2001, p. 3-30.

MARCONI, M. A; LAKATOS, E. M. Fundamentos de metodologia científica. São Paulo: Atlas, 2003.

MARQUES, S; SILVA, W. S; CARACAS, S. A. M. Determinação dos fatores macroeconômicos que contribuem com a mortalidade de empresas no Brasil. In: Encontro de Engenharia de Exploração e Produção de Petróleo, 4, 2005, Curitiba. Anais. Curitiba: Engep, 2005.

MARTES, A. C. B. (Org.) Redes e sociologia econômica. São Paulo: EdUFSCar, 2009.

MARTINELLI, A. Contexto do empreendedorismo. MARTES, A. C. B. (Org.) Redes e sociologia econômica. São Paulo: EdUFSCar, 2009, p. 207-238.

MATA, J. PORTUGAL, P. Life duration of new firms. The Journal of Industrial Economics, v. 42, n. 3, 1994, p. 227-245.

MATTHEWS, C. H; MOSES, S. B. Family background and gender: implications for interest in small firm ownership. Entrepreneurship and Regional Development, v. 7, n. 4, 1995, p. 365-377.

MAXIM, P. S. Quantitative Research Methods in the Social Sciences. New York: Oxford University Press, 1999.

MERCKLÉ, P. Sociologie des réseaux sociaux. Paris: La Découverte, 2004.

MIZRUCHI, M. S. Análise de redes sociais: avanços recentes e controvérsias atuais. MARTES, A. C. B. (Org.) Redes e Sociologia Econômica. São Paulo: EdUFSCar, 2009, p. 131-159.

NAJBERG, S; PUGA, F. P; OLIVEIRA, P. S. S. Criação e fechamento de empresas no Brasil: 1995-1997. Textos para Discussão, n. 79, Rio de Janeiro: BNDES, 2000.

NOOY, W; MRVAR, A; BATAGELI, V. Exploratory social network analysis with pajek. New York: Cambridge University, 2005.

NUCCI, A. R. The demography of business closing. Small Business Economics, v. 12, 1999, p. 25-39.

OBSERVATÓRIO SOFTEX. Software e Serviços de TI - A Indústria Brasileira em Perspectiva. Campinas, 2009.

PETERSON, R. A; KOSMETZKY, G; RIDGEWAY, N. M. Perceived causes of small business failures: a research note. American Journal of Small Business, v. 8, n. 1, 1983, p. 15-19.

POLANYI, K. The economy if instituted process. GRANOVETTER, M; SWEDBERG, R. (Ed.) The sociology of economic life. San Francisco: Westview, 1985.

PORTES, A. (Ed.) The Economic Sociology of Immigration: Essays on Networks, Ethnicity and Entrepreneurship. New York: Russel Sage Foundation, 1998.

PORTER, A; SENSEBRENNER, J. Embeddedness and immigration: notes on the social determinants of economic action. American Journal of Sociology, v. 98, n.6, 1993, p. 1320-1350.

POWELL, W.P.; SMITH-DOERR, L. Networks and economic life. SMELSER, N.J.; SWEDBERG, R. (Ed.). The handbook of economic sociology. Princeton: Princeton University, 1994, p. 268-403.

RAGIN C. Turning the tables: how case-oriented research challenges variable-oriented research. Comparative Social Research, v. 16, 1987, p. 27-42.

RIVOLE, C. A; ANDREAZZI, T; GOUVÊA, R; ZANATTA, J. B. Reflexões sobre empreendedorismo: estudo de casos de sucesso e de insucesso. In: Encontro Nacional da Associação Nacional dos Programas de Pós-Graduação em Administração, 28, 2004. Anais. Curitiba: Anpad, 2004.

ROGERS, E. M; LARSEN, K. Silicon Valley Fever. New York: Basic, 1984.

SEBRAE NACIONAL. Fatores condicionantes e taxa de mortalidade de empresas no Brasil: relatório de pesquisa. Brasília, 2004 e 2007.

SEBRAE - SP. 10 anos de monitoramento da sobrevivência e mortalidade das empresas: relatório de pesquisa. São Paulo, 2009.

STARR, J; FONDAS, N. A model of entrepreneurial socialization and organization formation. Entrepreneurship: Theory and Practice, v. 17, n. 1, 1992, p. 57-67.

STEINER, P. The sociology of economic knowledge. European Journal of Social Theory, v. 4, n. 4, 2001, p. 443-458.

STEINER, P. Le marché selon la sociologie économique. SOCIUS Working Papers, Lisboa: Universidade Técnica de Lisboa, 2005.

TRUZZI, O. M. S; SACOMANO NETO, M. Economia e empreendedorismo étnico: balanço histórico da experiência paulista. RAE - Revista de Administração de Empresas, v. 47, n. 2, 2007, p. 37-48.

UZZI, B. Social structure and competition in inter-firm network: the paradox of embeddedness. Administrative Science Quarterly, v. 42, n. 1, 1997, p. 481-505.

VALE, G. M. V. Laços como ativos territoriais: análise das aglomerações produtivas na perspectiva do capital social. Tese de Doutorado em Administração de Empresas, Pró-Reitoria de Pós-Graduação, Universidade Federal de Lavras, Lavras, 2006.

VALE, G. M. V. Territórios vitoriosos: o papel das redes organizacionais. Rio de Janeiro: Garamond, 2007.

VALE, G. M. V; AGUIAR, M. A. S; ANDRADE, N. A. Fatores condicionantes da mortalidade de empresas. Brasília: Sebrae Nacional, 1998.

VASCONCELOS, G. M. R; REZENDE, S. F. L; GUIMARÃES, L. O; FACHIN, R. C. Mobilizando relacionamentos e acessando recursos na criação e evolução de novos negócios. Organizações & Sociedade, v. 14, n. 41, 2007, p. 113-134.

WASSERMAN, S; FAUST, K. Social Network Analysis: Methods and Applications. Cambridge: Cambridge University, 1999.

WESTERMAN, G., HUNTER, R. O Verdadeiro Valor de TI. São Paulo: M.Books do Brasil, 2011.
ZUKIN, S; DIMAGGIO, P. Introduction. In: ZUKIN, S; DIMAGGIO, P. (Ed.) Structures of capital. The Social Organization of Economy. Cambridge: Cambridge University, 1990.

ZIMMER, C; ALDRICH, H. Resources mobilization through ethnic networks: kinship and friendship ties of shopkeepers in England. Sociological Perspectives, v. 30, n. 4, 1987, p. 422-445.

GASPAR, M. O jeito foi pedir desculpas. Revista Exame 964, 24/03/2010, p. 30.

PORTAIS

Acessado em 2010

http://www16.fgv.br/rae/eletronica/index.cfm?FuseAction=Artigo&ID=433 1&Secao=ARTIGOS&Volume=7&numero=1&Ano=2008, "Empreendedorismo, inovação e redes: uma nova abordagem." RAE-eletrônica, v. 7, n. 1, 2008, acessado em 04/02/2010.

608 ♦ Governança da Nova TI: Revolução

Acessado em 2011

http://olhardigital.uol.com.br/negocios/digital_news/noticias/redes_sociais_tem_pouco_impacto_nas_vendas_online_aponta_estudo, "Redes sociais têm pouco impacto nas vendas online, aponta estudo", acessado em 01/08/2011.

http://www.pontomarketing.com/midias-sociais/midias-sociais-quem-disse--que-social-sales-e-algo-novo/, "Mídias sociais: Quem disse que "Social Sales" é algo novo?", acessado em 01/08/2011.

http://www.scielo.br/scielo.php?script=sci_arttext&pid=S0034--75902010000300008&lng=pt&nrm=iso&tlng=pt, "Redes sociais na criação e mortalidade de empresas", acessado em 01/08/2011.

http://info.abril.com.br/noticias/tecnologias-verdes/consumo-colaborativo-e-o--novo-escambo-2.0-02062011-12.shl, "Consumo colaborativo é o novo escambo 2.0", acessado em 01/08/2011.

http://www.cursodeecommerce.com.br/blog/empresas-midias-sociais/, "Etapas para a entrada da sua empresa nas mídias sociais", acessado em 01/08/2011.

http://pensandogrande.com.br/como-medir-retorno-do-investimento-em-midias-sociais-nas-pequenas-empresas/, "Como medir retorno do investimento em mídias sociais nas pequenas empresas?", acessado em 01/08/2011.

http://blog.internetbudi.com.br/2010/06/08/13-fatos-sobre-metricas-em-midias-sociais/, "13 fatos sobre métricas em mídias sociais", acessado em 01/08/2011.

http://www.marketeria.com.br/dia+a+dia/post+218+9+mitos+sobre+redes+sociais+redes+sociais, "9 mitos sobre redes sociais", acessado em 01/08/2011.

http://www.i9socialmedia.com/100-maneiras-de-medir-o-impacto-gerado-nas--midias-sociais, "100 maneiras de medir o impacto gerado nas Mídias Sociais", acessado em 01/08/2011.

http://www.masternewmedia.com.br/2009/11/07/midias_sociais_e_negocios_como_as_empresas.htm, "Negócios Através Das Redes Sociais", acessado em 01/08/2011.

http://www.bstqb.org.br/?q=node/160, "Impacto das Redes Sociais", acessado em 01/08/2011

http://www.cmcrh.com.br/novo/noticias/8-inovacao-convergencia-digital-redes-sociais-grande-impacto-na-gestao-de-pessoas, "Inovação, Convergência Digital, Redes Sociais: Grande Impacto Na Gestão De Pessoas", acessado em 01/08/2011.

http://computerworld.uol.com.br/tecnologia/2011/05/30/mobilidade-redes-sociais-e-nuvem-impactam-a-seguranca-da-informacao/, "Segurança: o impacto da mobilidade, redes sociais e nuvem", acessado em 01/08/2011.

http://gazetaonline.globo.com/_conteudo/2011/03/noticias/a_gazeta/economia/796363-empresas-monitoram-queixas-de-clientes-nas-redes-sociais. html, "Empresas monitoram queixas de clientes nas redes sociais", acessado em 01/08/2011.

http://www.administradores.com.br/informe-se/informativo/como-mensurar-a-imagem-da-sua-empresa-nas-redes-sociais/31698/, "Como mensurar a imagem da sua empresa nas redes sociais?", acessado em 01/08/2011.

http://www.ibope.com.br/giroibope/9edicao/internet.html, "O poder das redes sociais", acessado em 01/08/2011.

http://ecommercenews.com.br/artigos/o-impacto-das-redes-sociais-sobre-os-consumidores, "O impacto das redes sociais sobre os consumidores", acessado em 01/08/2011.

http://www.techlider.com.br/2010/09/uso-de-midia-social-em-pme-deve-dobrar-em-2010/, "Uso de mídia social em PME deve dobrar em 2010", acessado em 01/08/2011.

http://www1.folha.uol.com.br/fsp/newyorktimes/ny0606201101.htm, "Uma aula que abalou a indústria", acessado em 01/08/2011.

http://www.hsm.com.br/editorias/rh/brasileiro-nao-esta-preparado-para-aposentadoria?utm_source=news_rh_060611&utm_medium=news_rh_060611&utm_content=news_rh_060611_brasileiro-nao-esta-preparado-para-aposentadoria&utm_campaign=news_rh_060611, "Brasileiro não está preparado para a aposentadoria", acessado em 01/08/2011.

http://www.hsbc.com.br/1/2/ofuturodaaposentadoria, "O Futuro da Aposentadoria. O poder do planejamento. Relatório Brasil", acessado em 01/08/2011.

http://www.hsm.com.br/editorias/rh/abrindo-seu-proprio-negocio?utm_source=news_rh_060611&utm_medium=news_rh_060611&utm_content=news_rh_060611_abrindo-seu-proprio-negocio&utm_campaign=news_rh_060611, "Abrindo seu próprio negócio", acessado em 01/08/2011.

http://www1.folha.uol.com.br/fsp/mercado/me0206201119.htm, "Mídia pede que governo pressione Apple sobre iPad", acessado em 01/08/2011.

http://idgnow.uol.com.br/internet/2009/07/15/facebook-versus-orkut-compare-os-recursos-de-cada-rede-social/, "Facebook versus Orkut: compare os recursos de cada rede social", acessado em 01/08/2011.

http://idgnow.uol.com.br/internet/2009/08/06/visita-de-fundadores-de-facebook-e-youtube-reacende-debate-sobre-publicidade-em-redes-sociais/, "Redes sociais se agigantam, mas enfrentam problemas com a publicidade", acessado em 01/08/2011.

http://doslucas.blogspot.com/2008/07/oportunidades-redes-sociais-empresas.html, "Como as empresas estão usando as redes sociais em seus negócios", acessado em 01/08/2011.

http://jmmwrite.wordpress.com/2009/08/05/estagio-e-empregos-na-ibm-e-em-parceiros-da-ibm/, "Estágio e Empregos na IBM e em parceiros da IBM", acessado em 01/08/2011.

http://pt.wikipedia.org/wiki/Rede_social,"Rede social", acessado em 01/08/2011.

http://informatica.hsw.uol.com.br/linkedin.htm, "Como funciona o LinkedIn", acessado em 01/08/2011.

http://info.abril.com.br/professional/redes-sociais/o-valor-do-twitter-para-as-emp.shtml, "O valor do Twitter para as empresas", acessado em 01/08/2011.

http://www.itweb.com.br/noticias/index.asp?cod=78385&utm_source=newsletter_20110609&utm_medium=email&utm_content=Apple% 20

quer% 20saber% 20se% 20aplicativos% 20enfrentam% 20processos&utm_
campaign=ITWebDirect, "Apple quer saber se aplicativos enfrentam processos", acessado em 01/08/2011.

http://www.itweb.com.br/noticias/index.asp?cod=78326, "Lodsys processa desenvolvedores por violação de patente acessado em 01/08/2011.

http://www.itweb.com.br/noticias/index.asp?cod=78239, "Apple defende desenvolvedores de cobrança da Lodsys", acessado em 01/08/2011.

http://info.abril.com.br/noticias/mercado/tv-com-internet-vai-ganhar-o-mun-
do-em-2015-09072011-5.shl, "TV com internet vai ganhar o mundo em 2015", acessado em 01/08/2011.

http://info.abril.com.br/notcias/internet/renault-aciona-usuaria-na-justica-
-por-site-14032011-20.shl, "Renault aciona usuária na Justiça por site", acessado em
01/08/2011.

http://info.abril.com.br/noticias/internet/critica-leva-brastemp-ao-topo-do-
-twitter-28012011-32.shl, "Crítica leva Brastemp ao topo do Twitter", acessado em
01/08/2011.

http://www.ibope.com.br/calandraWeb/servlet/CalandraRedirect?temp=5&proj
=PortalIBOPE&pub=T&db=caldb&comp=Noticias&docid=39D1E142AFCFDAF883
25782400545EE9, "Brasileiros caem na rede social", acessado em 01/08/2011.

http://www.cgi.br/publicacoes/revista/edicao03/txt.htm, "No pódium", acessado
em 01/08/2011.

http://info.abril.com.br/corporate/aplicacoes-de-gestao/ti-embaca-ou-ajuda.
shtml, "TI embaça ou ajuda?", acessado em 01/08/2011.

http://info.abril.com.br/noticias/seguranca/hackers-geram-novos-ataques-con-
tra-governos-01082011-7.shl, "Hackers geram novos ataques contra governo", acessado em 01/08/2011.

http://www.blogdogusmao.com.br/v1/2011/05/27/curso-superior-nao-garante-
-renda-maior/, "Curso superior não garante renda maior", Jornal Valor, edição de 27,
28 e 29 de maio de maio de 201, acessado em 01/08/2011.

612 ◆ Governança da Nova TI: Revolução

http://www1.folha.uol.com.br/fsp/dinheiro/fi0507200804.htm, "Pane prejudicou os negócios, dizem pequenos empresários", acessado em 01/08/2011.

http://www1.folha.uol.com.br/fsp/mercado/me2607201119.htm, "Citricultores de SP rateiam custos com pulverização", acessado em 01/08/2011.

http://www1.folha.uol.com.br/fsp/mercado/me2607201108.htm, "Sites de compra coletiva duelam em oferta de carro", acessado em 01/08/2011.

http://www1.folha.uol.com.br/fsp/mercado/me1607201117.htm, "Produtor testa sites de compra coletiva", acessado em 01/08/2011.

http://www1.folha.uol.com.br/fsp/mercado/me2511201023.htm, "Real valorizado adia "sonho indiano"", acessado em 01/08/2011.

http://info.abril.com.br/noticias/carreira/deficit-de-profissionais-de-ti-chega-a-92-mil-08042011-23.shl, "Déficit de profissionais de TI chega a 92 mil", acessado em 01/08/2011.

http://g1.globo.com/concursos-e-emprego/noticia/2011/07/autorizacao-para-trabalhador-estrangeiro-sobe-1437-em-5-anos.html, "Autorização para trabalhador estrangeiro sobe 143,7% em 5 anos", acessado em 01/08/2011.

http://g1.globo.com/economia/noticia/2011/07/autorizacao-para-trabalhadores-estrangeiros-sobe-194-no-semestre.html, "Autorização para trabalhadores estrangeiros cresce 19% no semestre", acessado em 01/08/2011.

http://info.abril.com.br/noticias/carreira/salarios-brasileiros-atraem-estrangeiros-26072011-47.shl,"Salários brasileiros atraem estrangeiros", acessado em 01/08/2011.

http://gecorp.blogspot.com/2007/08/o-impacto-das-mdias-sociais-no-mundo.html, "O impacto das mídias sociais no mundo dos negócios", acessado em 01/09/2011.

http://www16.fgv.br/rae/eletronica/index.cfm?FuseAction=Artigo&ID=4838&Secao=F%C3%93RUM&Volume=6&Numero=1&Ano=2007, "Ação econômica e estrutura social: o problema da imersão". RAE-eletrônica, v. 6, n. 1, 2007. Acessado em 01/09/2011.

http://info.abril.com.br/noticias/internet/membros-do-anonymous-planejam--destruir-fb-10082011-6.shl, "Membros do Anonymous planejam destruir FB", acessado em 01/09/2011.

http://computerworld.uol.com.br/negocios/2011/08/02/brasscom-setor-de-ti--sera-mais-competitivo-e-etico-com-nova-politica/, "Brasscom: TI mais competitiva e ética com novos incentivos", acessado em 01/09/2011.

http://www1.folha.uol.com.br/fsp/empregos/ce1408201104.htm, "Preconceito ronda trabalhador sênior", acessado em 01/09/2011.

http://www1.folha.uol.com.br/fsp/empregos/ce1408201105.htm, Frase, "Disseram-me que a empresa só queria pessoas de até 30 anos. Tenho a impressão de que, em 90% das ocasiões, o que barra é a idade", acessado em 01/09/2011.

http://www1.folha.uol.com.br/fsp/empregos/ce1408201106.htm, "Projeto define cota para idoso em empresa", acessado em 01/09/2011.

http://www1.folha.uol.com.br/fsp/mercado/me1408201102.htm, "Moçambique oferece terra à soja brasileira", acessado em 01/09/2011.

http://www1.folha.uol.com.br/fsp/empregos/ce1408201101.htm, "Profissionais com mais de 50 anos têm aumento maior", acessado em 01/09/2011.

http://noticias.uol.com.br/cotidiano/2011/08/14/taxistas-do-rio-fazem-curso--de-ingles-para-evitar-embromation-na-copa-e-olimpiadas.jhtm, "Taxistas do Rio fazem curso de inglês para evitar "embromation" na Copa e nas Olimpíadas", acessado em 01/09/2011.

http://www1.folha.uol.com.br/fsp/empregos/ce1408201102.htm, "Bagagem em vários cenários é diferencial", acessado em 01/09/2011.

http://www1.folha.uol.com.br/fsp/mercado/me0908201109.htm, "Gigante indiana mira a América Latina", acessado em 01/09/2011.

http://www.profissionaisti.com.br/2011/04/reportagem-do-jn-sobre-a-falta-de--profissionais-de-ti-no-brasil/, "Reportagem do JN sobre a "falta de profissionais de TI" no Brasil", acessado em 01/09/2011.

614 ◆ Governança da Nova TI: Revolução

http://info.abril.com.br/noticias/carreira/contratar-no-brasil-e-dificil-diz-facebook-17082011-31.shl, "Contratar no Brasil é difícil, diz Facebook", acessado em 01/09/2011.

http://macworldbrasil.uol.com.br/noticias/2011/08/25/pane-em-app-da-saraiva-para-ipad-impede-download-de-livros-comprados/, "Pane em app da Saraiva para iPad impede download de livros comprados", acessado em 01/09/2011.

http://www.valor.com.br/carreiras/985552/executivos-europeus-vem-buscar--emprego-no-brasil, "Executivos europeus vêm buscar emprego no Brasil", acessado em 01/09/2011.

http://www.valor.com.br/carreiras/985794/pais-atrai-executivos-estrangeiros, "País atrai executivos estrangeiros", acessado em 01/09/2011.

http://tecnologia.uol.com.br/ultimas-noticias/redacao/2011/03/18/rastreador--de-ipad-perdido-leva-publicitaria-a-perseguicao-policial-pelas-ruas-de-sao-paulo.jhtm, "Rastreador de iPad perdido leva publicitária a perseguição policial pelas ruas de São Paulo", acessado em 01/09/2011.

http://www1.folha.uol.com.br/tec/935478-programas-ajudam-a-recuperar-pc--ou-celular-roubado-veja-video.shtml, "Programas ajudam a recuperar PC ou celular roubado; veja vídeo", acessado em 01/09/2011.

http://www1.folha.uol.com.br/fsp/tec/tc2906201122.htm, "Em SP, publicitária recupera tablet com ajuda de aplicativo", acessado em 01/09/2011.

http://www1.folha.uol.com.br/fsp/tec/tc2906201120.htm, "Caça e caçador". acessado em 01/09/2011.

http://info.abril.com.br/noticias/blogs/bitnocarro/seguranca/hackearam-meu--carro-2/, "Hackearam meu carro", acessado em 01/09/2011.

http://cio.uol.com.br/gestao/2011/08/27/como-melhorar-as-relacoes-entre-a-ti--e-marketing/#ir, "Como melhorar as relações entre a TI e Marketing", acessado em 01/09/2011.

http://info.abril.com.br/noticias/blogs/como-se-faz/blog-info-como-se-faz/steve-jobs-powerpoint/#ir, "Como fazer apresentações no estilo Steve Jobs", acessado em 01/09/2011.

Bibliografia • **615**

http://www1.folha.uol.com.br/fsp/cotidian/ff1408201102.htm, "Integrante usa inovação para fazer ação política", acessado em 01/09/2011.

http://www1.folha.uol.com.br/fsp/cotidian/ff1408201101.htm, "Redes virtuais saem à rua para provar 'ativismo real'", acessado em 01/09/2011.

http://cio.uol.com.br/carreira/2009/09/15/mit-preve-a-sobrevivencia-de-tres--perfis-de-cios-no-futuro/, "MIT prevê a sobrevivência de três perfis de CIOs no futuro", acessado em 01/09/2011.

http://cio.uol.com.br/carreira/2010/02/17/cargo-de-cio-esta-perdendo-o-glamour-diz-consultor/, "Cargo de CIO está perdendo o glamour, diz consultor", acessado em 01/09/2011.

http://cio.uol.com.br/gestao/2010/03/29/as-barreiras-que-separam-cios-e-cfos/, "As barreiras que separam CIOs e CFOs", acessado em 01/09/2011.

http://cio.uol.com.br/gestao/2010/05/04/o-cio-se-reporta-ao-cfo-em-42-das--empresas-mostra-estudo/, "O CIO se reporta ao CFO em 42% das empresas, mostra estudo", acessado em 01/09/2011.

http://cio.uol.com.br/carreira/2011/04/18/quem-manda-no-cio/, "Quem manda no CIO?", acessado em 01/09/2011.

http://cio.uol.com.br/gestao/2011/02/02/como-convencer-o-cfo/, "Como convencer o CFO?", acessado em 01/09/2011.

http://cio.uol.com.br/gestao/2011/06/01/cfos-decidem-mais-sobre-ti-do-que--cios-diz-gartner/, "CFOs decidem mais sobre TI do que CIOs, diz Gartner", acessado em 01/09/2011.

http://cio.uol.com.br/carreira/2008/02/08/voce-esta-ultrapassado/, "Você está ultrapassado?", acessado em 01/09/201.

http://cio.uol.com.br/gestao/2011/09/27/qual-o-papel-da-ti-na-politica-de-uso--de-redes-sociais/, "Qual o papel da TI na política de uso de redes sociais?", acessado em 01/11/2011.

616 • Governança da Nova TI: Revolução

http://www1.folha.uol.com.br/tec/977486-redes-sociais-pegaram-ditadores-des-prevenidos-diz-especialista.shtml, "Redes sociais pegaram ditadores desprevenidos, diz especialista", acessado em 01/11/2011.

http://computerworld.uol.com.br/gestao/2011/09/28/rede-social-obriga-empre-sa-a-mudar-estrategia-de-comunicacao/, "Rede social obriga empresa a mudar estratégia de comunicação", acessado em 01/11/2011.

http://www1.folha.uol.com.br/fsp/mercado/me2509201102.htm, "Uso de redes sociais desafia as empresas", acessado em 01/11/2011.

http://computerworld.uol.com.br/tecnologia/2011/10/26/cresce-uso-de-redes--sociais-para-fins-profissionais-diz-estudo/, "Cresce uso de redes sociais para fins profissionais, diz estudo", acessado em 01/11/2011.

http://www1.folha.uol.com.br/fsp/mercado/me2909201128.htm, "Software pouco competitivo", acessado em 01/11/2011.

http://idgnow.uol.com.br/internet/2011/11/04/cia-admite-que-monitora-redes--sociais-e-chats-no-mundo-todo/, "CIA admite que monitora redes sociais e chats no mundo todo", acessado em 01/12/21011.

http://idgnow.uol.com.br/internet/2011/11/11/redes-sociais-podem-levar-a--comportamento-paranoico/, "Redes sociais podem levar a comportamento paranoico", acessado em 01/12/21011.

http://www.samsung.com/br/microsite/smarttv/?cid=ppc_smarttv_google_searchnetwork_smarttv_20110818, "Samsung SmartTV", acessado em 01/12/2011.

http://planetech.uol.com.br/2011/04/18/video-testando-a-tv-3d-smarttv-da-samsung/, "Vídeo: testando a TV 3D SmartTV da Samsung", acessado em 01/12/2011.

http://cio.uol.com.br/gestao/2011/11/09/a-vez-das-nuvens-setoriais-alinhadas--as-estrategias-de-negocios/, "Uso de recuperação-como-serviço começa a crescer, afirma o Gartner", acessado em 01/12/2011.

http://computerworld.uol.com.br/seguranca/2011/11/09/pequenas-empresas--nao-protegem-ambientes-virtuais-diz-estudo/, "Pequenas empresas não protegem ambientes virtuais", acessado em 01/12/2011.

http://cio.uol.com.br/gestao/2011/11/11/nao-se-precipite-ao-corrigir-falhas-de-seguranca/, "Não se precipite ao corrigir falhas de segurança", acessado em 01/12/2011.

http://www1.folha.uol.com.br/tec/989698-redes-sociais-sao-mais-ageis-que-sac-como-canal-de-reclamacao.shtml, "Redes sociais são mais ágeis que SAC como canal de reclamação", acessado em 01/12/2011.

http://computerworld.uol.com.br/tecnologia/2011/09/08/em-vez-de-reciclar-pcs-antigos-melhor-doa-los/, "Em vez de reciclar PCs antigos, melhor doá-los", acessado em 01/12/2011.

http://info.abril.com.br/noticias/mercado/garoto-de-12-anos-surpreende-com-startup-16112011-19.shl, "Garoto de 12 anos surpreende com startup", acessado em 01/12/2011.

http://computerworld.uol.com.br/tecnologia/2011/10/28/sete-competencias-chave-mais-procuradas-na-area-de-ti-nao-subir/, "Sete competências-chave mais procuradas na área de TI", acessado em 01/12/2011.

http://computerworld.uol.com.br/gestao/2011/11/11/gerenciamento-de-projetos-e-fator-chave-para-empresas/, "Gerenciamento de projetos é fator chave para empresas", acessado em 01/12/2011.

http://computerworld.uol.com.br/gestao/2011/09/22/quando-ti-e-core-business/, "Quando TI é core business", acessado em 01/12/2011.

http://www1.folha.uol.com.br/fsp/poder/8703-industria-perde-espaco-para-concorrentes.shtml, "Indústria perde espaço para concorrentes", acessado em 01/12/2011.

http://computerworld.uol.com.br/negocios/2011/10/05/qual-e-o-papel-do-cfo-em-tempos-de-instabilidade-economica/, "Qual é o papel do CFO em tempos de instabilidade econômica?", acessado em 01/12/2011.

http://computerworld.uol.com.br/gestao/2011/10/24/cios-devem-desenhar-projetos-com-resultados-mensuraveis/, "CIOs devem desenhar projetos com resultados mensuráveis", acessado em 01/12/2011.

http://computerworld.uol.com.br/tecnologia/2011/11/01/e-mail-nao-e-mais-principal-fonte-de-registro-aponta-estudo/, "E-mail não é mais principal fonte de registro, aponta estudo", acessado em 01/12/2011.

Governança dos Novos Serviços de TI na Copa

Autor: Ricardo Mansur
296 páginas
1ª edição - 2012
Formato: 16 x 23
ISBN: 78-85-399-0245-3

O grande fluxo de visitantes para os Jogos Olímpicos de Londres em 2012 poderia ser uma enorme dor de cabeça para os negócios se não fosse a transformação habilitada pela infraestrutura de tecnologia. A nova Tecnologia de Informações (TI) é a grande esperança dos negócios londrinos para 2012. É preciso aprender com os exemplos e impedir que na Copa de 2014 no Brasil exista o risco de um apagão na internet, trânsito, energia elétrica, esgoto, água ou telefonia por causa da enorme quantidade de pessoas que acessarão estas "utilities".

Vários negócios não diretamente relacionados com os jogos serão afetados porque a largura de banda entregue será ajustada dinamicamente para atender toda a demanda. A tradução do ajuste tem nome de racionamento. Praticamente todas as medidas para gerenciar a demanda de pico serão habilitadas por serviços de TI. O plano de continuidade desenvolvido para o negócio precisa que a organização de tecnologia contemple com efetividade as necessidades do trabalho móvel adicional para atender a demanda dos jogos.

É bem provável que o governo desenvolva planos para ajudar nos ajustes do achatamento do pico e redução do tensionamento da demanda. Várias organizações já consideram a proposta de jornada de trabalho flexível para aplainar a necessidade de viagens e entregas para a região central das grandes cidades brasileiras durante o período dos jogos. O fracasso em desenvolver um bom plano e permitir a possibilidade da exploração de brechas na segurança pode levar uma inteira cadeia produtiva para uma situação muito próxima da falência. Quem já começou a jogar o jogo está em clara vantagem competitiva.

À venda nas melhores livrarias.

Impressão e acabamento
Gráfica da Editora Ciência Moderna Ltda.
Tel: (21) 2201-6662